CW01642726

Les Français d'Algérie
de 1830 à aujourd'hui

DU MÊME AUTEUR

Au service du Parti, le parti communiste, les intellectuels et la culture (1944-1956), Fayard, 1983.

Édition, introduction et notes de : Boris Souvarine, *À contre-courant,* Écrits 1925-1939, Denoël, 1985.

Le Réveil des somnambules, le parti communiste, les intellectuels et la culture (1956-1985), Fayard, 1987.

La Lune et le Caudillo, le rêve des intellectuels et le régime cubain (1959-1970), Gallimard, 1989.

Refus et violences, Politique et littérature à l'extrême droite, des années 1930 aux retombées de la Libération, Gallimard, 1996.

Édition, avant-propos et notes de : Philippe Ariès, *Le Présent quotidien, 1955-1966,* Éditions du Seuil, 1997.

Le Savant et la Politique, Essai sur le terrorisme sociologique de Pierre Bourdieu, Grasset, 1998.

Jeannine Verdès-Leroux

Les Français d'Algérie de 1830 à aujourd'hui

Une page d'histoire déchirée

Le Grand Livre du Mois

© Librairie Arthème Fayard, 2001.

AVANT-PROPOS

Ce livre est né d'une interrogation simple : qui sont les Français d'Algérie ? Pourquoi, près de quarante ans après leur arrivée en France, suscitent-ils encore trop souvent des jugements dépréciatifs ou suspicieux ? Des articles fraternels écrits par Philippe Ariès dans les années 1960 alors qu'il était encore peu connu et que je lisais trente ans plus tard avaient attisé ma curiosité. En 1994, la sortie du Premier Homme *d'Albert Camus me poussa à m'intéresser de plus près à ces Français particuliers. J'eus l'envie d'en rencontrer; une série de questions se posaient à moi, et d'abord le fait que les historiens du temps présent avaient laissé de côté ce problème. Des entretiens – qui, au début, étaient passifs – m'intriguaient : je les comprenais mal. Je me mis donc à en écouter beaucoup (cent soixante-dix), à enregistrer et en même temps, à lire, en remontant le temps : la Seconde Guerre mondiale, les années 1930, le début du XXe siècle, jusqu'à l'époque de la longue conquête. J'éprouvais, en écoutant des Français très divers par leur âge, par leur métier, par leur origine, par leur lieu de vie, un intérêt vif et des étonnements. Rien de ce que j'entendais et que je reconstituais ne ressemblait aux clichés qu'on leur avait apposés, mais ils restaient différents des « métropolitains », étaient presque « exotiques ». Ils n'avaient posé aucun problème d'« intégration » à la société globale; en revanche, cette société leur en posait. Au fur et à mesure que j'avançais dans mes lectures, des réponses s'imposaient.*

Les années de la conquête, caractérisées par les indécisions des gouvernements, avaient vu s'affronter les pro-colonisateurs et les anti. Rien ne m'étonna plus que les enthousiasmes de Victor Hugo, exprimés dans son passionnnant Choses vues *: « Je crois que notre nouvelle conquête est chose heureuse et grande. C'est la civilisation qui marche sur la barbarie. C'est un peuple éclairé qui va trouver un peuple dans la nuit. Nous sommes les Grecs du monde ; c'est à nous d'illuminer le monde. Notre mission s'accomplit, je ne chante qu'hosanna. » Je fus étonnée aussi par l'acharnement déployé pendant près de dix ans par Bugeaud pour combattre la colonisation : il se disait préoccupé par l'audience de la France en Europe, par le coût exorbitant en hommes et en argent d'une conquête très difficile, par l'absence de profit futur pour la France, par la passion d'indépendance de cette population, passion partagée par tous les peuples mais marquée plus encore chez ces peuples qu'il estimait fiers et belliqueux. À ces débats francs et vifs avait succédé, sous Napoléon III, un faible intérêt puis un tournant spectaculaire avait été pris par la III*e* *République naissante. Jules Ferry, se voulant héritier de la Révolution et ayant vécu une dure défaite qui avait été close par l'amputation du territoire, voyait dans la colonisation une suite, une manifestation des Lumières et une compensation pour la défaite. Comme d'autres pays européens, la France, grisée par les avancées de la science et des techniques, se voulait le guide des civilisations « inférieures » et voyait dans cette « mission civilisatrice » une tâche profitable économiquement pour la France, et pour les colonisés, profitable dans tous les domaines. Rapidement, ce discours s'étendit à presque toutes les familles politiques et s'imposa. Il atteignit son sommet en 1930, lors de la célébration du centenaire de l'Algérie : hommes politiques de la métropole, notables d'Algérie – qu'il soient Français ou « Français musulmans » – utilisaient les mêmes mots et expri-*

maient la même joie, le même orgueil, devant les transformations spectaculaires du pays, devant les « succès » de la colonisation. Ce discours de triomphe, rapporté dans ce livre, est difficile à comprendre aujourd'hui, mais il est celui que les Français d'Algérie ont inlassablement entendu, dans lequel ils baignaient et ils le croyaient, avec une extrême ardeur. Ils y adhéraient avec la même foi quand, dans les années 1958-1960, ce discours fut butalement abandonné et condamné. Des jugements moraux s'abattirent sur la colonisation – devenue le colonialisme –, ils ne visaient pas seulement la conquête, le mode d'organisation de l'Algérie, ses institutions, mais les Français. Pierre Mendès France, renonçant brusquement en 1958 à sa « fierté impériale », demanda qu'on ne soit pas injuste avec les vivants et qu'on ne les rende pas responsables « d'un état de choses dont l'origine remonte à leurs ancêtres » : il fut, sur ce point, totalement isolé. Les mouvements militants condamnèrent globalement, sans précaution ni même information, les Français d'Algérie ; il s'ensuivit de l'indifférence lors de leur arrivée dramatique, voire de l'hostilité. Comment ces Français qui avaient vécu pendant près de huit ans dans une profonde anxiété auraient-il pu comprendre ce changement radical ? En écoutant soigneusement ces Français qui parlaient des bonheurs enfuis, j'entendais aussi, accompagnant ces évocations passionnées, un plaidoyer pro domo *qui était exactement le discours républicain forgé dans les années 1880 et qui avait parcouru toute la première moitié du* XXe *siècle.*

Si un regard d'abord ethnologique m'a amenée à consacrer plus de la moitié du livre à des points forts de l'histoire de l'Algérie française, à ses tournants et retournements, à ses légendes – en particulier les chapitres II *et* III *–, c'est qu'elle permet de comprendre ces Français-là, leur singularité. Car il ne fallait pas seulement les faire entendre, il fallait aussi essayer de les expliquer. On reste étonné par la cécité de la classe politique d'alors et par celle des mouvements militants qui n'ont pas su les accueillir.*

CHAPITRE PREMIER

Jalons pour une histoire existentielle

LE BONHEUR D'ÊTRE FRANÇAIS D'ALGÉRIE

« Quelle chance d'être né au monde sur les collines de Tipasa. Et non à Saint-Étienne ou à Roubaix. Connaître ma chance et la recevoir avec gratitude », écrivait Camus alors que les « événements » avaient éclaté en Algérie moins de trois mois auparavant[1]. Quand *Le Premier Homme* sortit en 1994, la presse fut prolixe et elle célébra surtout deux thèmes, la mère et l'instituteur : ce sont à l'évidence des sujets œcuméniques et innocents. Mais sur le sujet brûlant, la naissance de l'écrivain sur la terre d'Algérie, il y eut moins de réactions. Être Français d'Algérie fut et est encore ressenti dans l'opinion, de manière plus ou moins avouée, comme une faute, ce qui est source d'une incompréhension profonde, irrémédiable sans doute, entre les Français d'ici et ceux nés en Algérie. Dans un long monologue plein d'amertume, un Algérois a dit : « Si on me demandait : "Si vous aviez à renaître, qu'est-ce que vous voudriez être ?", je répondrais que je préférerais recommencer l'aventure d'être pied-noir, ça nous a plus apporté que ce qu'on

1. Albert Camus, *Carnets*, III, 20 janvier 1955, Gallimard, 1989, p. 154 (le lieu d'édition est Paris, sauf indication contraire).

nous a enlevé. Il n'y a que nous qui le sachions » (*entretien 50, génération 1930-1939*)[2].

LA « FAUTE » DES FRANÇAIS D'ALGÉRIE

Fiers d'être Pieds-noirs, ces Français nés en Algérie sont suspectés : Pierre Nora ne voyait-il pas que la condamnation à mort « infligée » par Camus à Meursault dans *L'Étranger* « devient alors l'aveu troublant d'une culpabilité historique et prend les allures d'une anticipation[3] » ? Que veut dire culpabilité historique ? Péché collectif ? Au cours des entretiens, je n'ai jamais posé une question en ce sens, ayant toujours été convaincue que la culpabilité ne peut qu'être individuelle, conception qui est au centre d'une pensée démocratique. J'ai constaté que les susceptibilités de mes interlocuteurs étaient pourtant vives sur ce sujet, car ils avaient souvent ressenti, voire reçu ce genre d'accusation ; aussi ils se « défendent » passionnément : « Personnellement, je refuse que l'Histoire puisse me condamner, le fait d'être né quelque part ne peut pas être infamant. » « L'idée qu'être né quelque part à un certain moment puisse être entachée de façon indélébile de culpabilité, je considère que c'est le pire des racismes » (*entretien 79, génération 1940-1945*).

Comment ne pas citer ici Sartre ? Dénonçant le système colonial, il insistait sur le fait que, pour lui, il n'y avait pas « de bons colons » et des « colons très méchants » qui seraient responsables de la misère et des humiliations. En note, il précisait qu'il n'appelle pas colons les petits fonctionnaires et les

2. On reprend ce mot « pied-noir » sans pouvoir apporter de réponse à son sens, ni à sa date de naissance. J'ai lu beaucoup de textes qui l'utilisent avant l'indépendance de l'Algérie et cet emploi ne comportait aucune intention péjorative, à aucun moment, contrairement à ce que croient les Français d'Algérie.

3. Pierre Nora, *Les Français d'Algérie*, Julliard, 1961, p. 191.

ouvriers ; ils sont « à la fois victimes et profiteurs innocents[4] » : il faut souligner la saveur de cette appellation. Il semblerait donc que ce ne soit pas un péché d'être né là-bas. Pourtant, un peu plus loin, Sartre écrit : « Le cycle infernal du colonialisme est une réalité. Mais cette réalité s'incarne dans un million de colons, fils et petits-fils de colons, qui ont été modelés par le colonialisme et qui pensent, parlent et agissent selon les principes du système colonial[5]. » À la même époque, Germaine Tillion avait décrit la composition de cette population de 1 042 409 minoritaires : « Des "vrais" colons, il y en a 12 000 environ, dont 300 sont riches et une dizaine excessivement riches (vraisemblablement plus riches à eux dix que tous les autres ensemble). Avec leurs familles, les 12 000 colons constituent une population d'environ 45 000 personnes [...]. Les autres "colons" – un million d'êtres humains – sont des ouvriers spécialisés, des fonctionnaires, des employés, des chauffeurs de taxi, des garagistes, des chefs de gare, des infirmières, des médecins, des enseignants, des standardistes, des manœuvres, des ingénieurs, des commerçants, des chefs d'entreprise[6]. » Cette réalité qui était connue, qui était publique, fut très généralement « oubliée ».

Lorsque Pierre Mendès France renonça à la « fierté » impériale pour adhérer aux certitudes décolonisatrices, il lança un avertissement qui n'a pas été entendu. Mettant en question la colonisation « au plan des principes » tout en affirmant qu'elle avait apporté « autre chose que des inconvénients ou des maux, autre chose qu'une exploitation sans contrepartie », il demandait qu'on portât attention à ceux qui étaient nés dans ces colonies, qui y vivaient : « On peut réprouver telle conquête réalisée il y a cent, deux cents ou trois cents ans. Mais on commettrait, à l'égard des vivants, une grande erreur et peut-être une grande

4. Jean-Paul Sartre, « Le colonialisme est un système » (1956), *Situations*, V, Gallimard, 1964, p. 27.
5. *Id.*, p. 43.
6. Germaine Tillion, *L'Algérie en 1957* (Éditions de Minuit, 1957), republié en 1961 sous le titre *L'Afrique bascule vers l'avenir*, rééd., 1999, Éditions Tirésias, p. 68 [7 432 colons possédaient moins de dix hectares].

injustice en voulant mettre fin brutalement à toutes les conséquences d'un état de choses dont l'origine remonte à leurs ancêtres[7]. »

LA LÉGENDE NOIRE

Il existe une forme d'injustice qui, flagrante au temps des fureurs de la décolonisation, perdure : j'ai souvent entendu ces dernières années des propos aussi outranciers que ceux de Vincent Monteil, qui avait appartenu au cabinet de Jacques Soustelle. Après avoir parlé de ses rares amis d'Algérie, il enchaînait : « Les autres, tous les autres, qu'ont-ils été, depuis plus d'un siècle, sinon les auteurs ou les complices, en tout cas les bénéficiaires, de la plus révoltante injustice coloniale ? Quant à leur fréquentation quotidienne, elle est difficilement soutenable pour qui n'apprécie pas particulièrement la suffisance, l'ignorance crasse et cet accent "à couper au couteau" qui donne envie [...] de "prendre au mot la langue"[8]. » Cette communauté a apporté à la France un prix Nobel de littérature, Albert Camus (1957), et un prix Nobel de physique, Claude Cohen-Tannoudji (1997), tous deux élèves du grand lycée, le lycée Bugeaud. La faculté de lettres, par exemple, a connu des professeurs d'une grande audace, d'une immense curiosité et dont l'œuvre a duré. On n'en finirait pas de rapporter les évocations reconnaissantes et vivaces faites par d'anciens élèves des lycées ; j'ai entendu, par exemple, évoquer le très jeune ensei-

---

7. Pierre Mendès France, postface à « La politique de Carthage », de Simone Gros, 25 juin 1958, republié dans P. Mendès France, *Œuvres complètes*, IV, *Pour une République moderne, 1955-1962*, Gallimard, 1987 (1re citation, p. 430 ; 2e citation, p. 434).

8. Vincent Monteil, *Soldat de fortune*, Grasset, 1966, p. 210. Un agrégé, soldat en Algérie, décrit les Pieds-noirs qu'il rencontre dans le Sud : « La plupart sont très arrogants, très simplifiés et très antipathiques. Dans l'ensemble, ils donnent l'impression d'en être restés au XVIIIe siècle, l'intelligence en moins. » Pierre Boudot, *L'Algérie mal enchaînée*, Gallimard, 1961, p. 93. Ce type d'appréciation est très fréquent.

gnant Fernand Braudel arrivant en 1923 au lycée de Constantine (*entretien 99, né avant 1910*).

Plus de la moitié de la population au moment de l'exil s'était arrêtée aux études primaires ; un certain nombre de femmes et d'hommes que j'ai écoutés avaient quitté l'école à douze ou treize ans : il y a là sans doute un décalage avec la métropole, l'école obligatoire devait être l'objet d'un contrôle moindre en Algérie[9]. Mais le fait de ne pas avoir poursuivi d'études n'implique en rien les défauts que Vincent Monteil et beaucoup d'autres imputent à ces Français ; il est impossible de comprendre ce qu'il met sous l'expression « ignorance crasse » comme de comprendre ce que veulent dire les étiquettes, « réactionnaire », « fasciste », « gros colon », qui sont apposées sur à peu près n'importe quel Français d'Algérie.

> J'ai entendu, dans de nombreux entretiens, s'exprimer des stupeurs et des indignations au souvenir de l'accueil reçu. En pensant à son arrivée à vingt ans – deux ans avant l'indépendance –, dans un lycée parisien, étant d'une famille modeste et « nettement à gauche », une femme dit avec une véhémence aujourd'hui souriante : « Là, c'est le cauchemar, une classe de cinquante élèves et l'attitude des filles extrêmement politisées, extrêmement manichéistes, catégoriques. Je venais d'Algérie, j'étais une sale Pied-noire, et la période du putsch..., c'était moi qui avais fait le putsch. J'ai senti un sectarisme, un simplisme dans la vision des gens et des choses... C'était le premier hiver en métropole, j'étais seule..., c'était déjà une situation un peu difficile, et sentir cette hostilité..., même les profs [...]. J'ai senti ça comme quelque chose de tellement injuste [...]. Pour moi, ç'a été une révélation » (*entretien 161, génération 1940-1945*)[10].

René-Jean Clot écrivait quelques années avant sa mort, dans

---

9. Dans un rapport publié par *La Documentation française* en 1976, l'auteur, Pierre Baillet, assure que la main-d'œuvre rapatriée est en moyenne plus instruite que celle des métropolitains, il parle d'un taux élevé de personnes ayant suivi des études supérieures et il affirme que 2 actifs sur 100 n'ont aucun diplôme ; ce dernier chiffre me semble peu réaliste [*Notes et études documentaires*, n° 4275, 29 mars 1976, p. 59]. Léo Palacio écrit que 52 % se sont arrêtés aux études primaires ; 19 % ont atteint le baccalauréat et 8 % ont poursuivi des études supérieures (*Les Pieds-noirs dans le monde*, Éditions John Didier, 1968, p. 127).

10. Aucun mot n'est changé dans les entretiens enregistrés lorsqu'ils sont cités anonymement. Les points de suspension signalent un long silence. Les points de conduite indiquent que j'ai fait une coupure dans cet extrait soit parce qu'il s'agissait de répétitions, soit parce que les propos s'éloignaient du sujet avant d'y revenir. La ponctuation est, bien sûr, discutable.

un très bref et émouvant souvenir, *Une patrie de sel :* « Avec douleur nous nous sommes aperçus que, parlant des Pieds-noirs, les métropolitains se trompaient de portes, de noms, de dates, de lois et, disons-le, d'Histoire de France[11]. »

LES FRANÇAIS ET L'ALGÉRIE

La méconnaissance que les Français d'ici ont montrée à l'égard des Français d'Algérie, l'insensibilité à leur sort, voire l'hostilité ouverte, m'ont semblé d'autant plus énigmatiques au début de cette recherche que je « croyais », l'ayant très souvent lu – ce qui montre la force de l'erreur –, qu'il y avait eu un consensus national autour du refus de sécession lors de la guerre d'Algérie, ou du moins une large majorité. Il me semblait logique que l'approbation donnée au statut de l'Algérie française impliquât de la sympathie ou, au minimum, de l'intérêt pour la population française; or on ne trouvait rien de tel. Raoul Girardet a affirmé qu'il y avait eu un consensus national et il voyait dans l'issue, c'est-à-dire l'approbation écrasante des accords d'Évian (oui : 90,70 % des suffrages exprimés au référendum du 8 avril 1962), un déplacement décisif, une inversion dont il disait analyser les causes : « L'essentiel pour l'histoire de la conscience nationale reste que, tout au moins à partir de la fin de l'année 1960, l'État a délibérément usé de tout le poids de son autorité, de toute la puissance de coercition, de pression et de persuasion dont il pouvait disposer pour orienter l'opinion dans une voie différente de celle où cette opinion s'était trouvée jusque-là officiellement engagée[12]. » Ce point de vue ne semble pas éloigné d'ailleurs de ce que le général de

11. René-Jean Clot, *Une patrie de sel ou Le souvenir d'Alger*, Témoignage, Librairie bleue, 1992, pp. 42-43.

12. Raoul Girardet, *L'Idée coloniale en France* (1972), rééd., Hachette, 1978, p. 401 (coll. « Pluriel »).

Gaulle écrivit après avoir quitté le pouvoir : « Quant à la tactique, je devrais régler la marche par étapes, avec précaution. Ce n'est que progressivement, en utilisant chaque secousse comme l'occasion d'aller plus loin, que j'obtiendrai un courant de consentement assez fort pour emporter tout [...]. Sans jamais changer de cap, il me faudrait donc manœuvrer, jusqu'au moment où, décidément, le bon sens aurait percé les brumes[13]. » Le général de Gaulle ayant mis près de quatre ans pour arriver aux négociations, à l'indépendance, il m'avait semblé plausible que cette durée ait tenu au travail qu'il avait dû faire sur l'opinion pour l'amener à renoncer à ses idées ou à ses passions anciennes. Une série de sondages sur l'Algérie, menés de 1955 à 1963 et analysés par Charles-Robert Ageron, apporte des conclusions différentes[14].

L'opinion publique et la « guerre » d'Algérie

Les guillemets mis ici au mot guerre renvoient à l'analyse d'un Français d'Algérie, René Mayer : « Dans une guerre, les adversaires se situent de part et d'autre d'une ligne de front. On reconnaît l'ami et l'ennemi. On sait en général qui tue qui. [...] En Algérie, où chacun des peuples en présence avait noué avec les deux autres des relations affectives, tourmentées et subtiles, la situation était d'une complexité sans rapport avec la fulgurante clarté des affrontements martiaux. Mais, plus grave encore que son inadéquation sémantique, l'expression "guerre d'Algérie" par les simplifications abusives dont elle a été porteuse, contenait en germe le caractère bâclé des solutions qui ont été mises en œuvre pour y mettre fin. Puisque c'était une

13. Charles de Gaulle, *Mémoires d'espoir*. Le Renouveau, 1958-1962, Omnibus/Plon, 1994, p. 44.

14. Charles-Robert Ageron, « L'opinion française devant la guerre d'Algérie », *Revue française d'histoire d'outre-mer*, LXIII, n° 231, 2ᵉ trim. 1976, pp. 256-285.

guerre, un cessez-le-feu conclu entre les deux armées qui étaient supposées s'affronter devait suffire à résoudre la question. Ce prétexte a permis que ne soit associé aux négociations de paix ni un Français d'Algérie, ni un Musulman préférant rester Français, ni un nationaliste modéré souhaitant que les commmunautés européenne et juive restent implantées dans le pays [...]. Enfin, la notion réductrice de “guerre” a fourni à la hiérarchie militaire de l'A.L.N. [...] la légitimité sans laquelle elle n'aurait jamais pu si aisément écarter les autres courants et confisquer ce pouvoir sans partage qu'elle a exercé depuis[15]. » Le mot « guerre » était utilisé par les militants de l'extrême gauche qui assenaient que sa non-utilisation était de l'hypocrisie; en imposant ce mot et l'idée, ils voulaient une indépendance radicale et non une indépendance négociée; la « sécurité pour les uns » et la « démocratie pour les autres » semblent ne pas les avoir préoccupés. On utilisera cependant parfois, faute d'avoir trouvé un terme meilleur, ce mot pour désigner la période 1954-1962. Charles-Robert Ageron, présentant les sondages, a écrit : « La guerre d'Algérie fut d'abord une guerre politique où la partie non militaire fut plus déterminante que les opérations militaires[16] », mais il reprend le mot guerre.

Les sondages menés donc de 1955 à 1963 montrent que, malgré des hésitations et des fluctuations, il n'y a jamais eu un consensus national en faveur du *statu quo* – c'est-à-dire « l'Algérie, c'est la France » –, ni même une majorité, et cette opinion peut être reliée au faible intérêt que les Français ont toujours porté aux problèmes des colonies.

Les spécialistes ont très souvent relevé et regretté ce fait. Par exemple, la préface du *Congrès international de l'évolution culturelle des peuples coloniaux* (1937) s'étonnait du succès du congrès, car, rappelait-elle, « il fallait compter en outre avec l'apathie bien connue d'une grande partie de l'opinion à l'égard des problèmes d'ordre colonial ». Le *Bulletin du comité de l'Afrique française*, voyant sa tâche

15. René Mayer, *Algérie : mémoire déracinée*, L'Harmattan, 1999, pp. 234-235.
16. Ch.-R. Ageron, « L'opinion française... », *article cité*, p. 256.

terminée au début 1960, se saborda, et l'auteur de « L'Adieu », bien placé pour connaître l'état d'esprit des Français, écrivit : « Ce qu'un Rudyard Kipling appelait la "conscience impériale", si fortement enracinée dans la masse britannique à la fin du XIXe siècle et au début de celui-ci, le peuple de France ne l'avait pas[17]. »

De larges fractions ont été tôt favorables à des négociations, se sont résignées relativement tôt à l'idée d'indépendance, ont condamné très massivement la semaine des Barricades[18] ; elles se sentaient peu « solidaires » des Français d'Algérie, et ce avant les « Barricades » qui ont sans aucun doute approfondi la fracture[19].

La lecture de ces sondages, faite avec beaucoup de prudence (car que met-on sous le mot « autonomie » et même sous celui de « négociations » ?), montre un décalage indiscutable entre la classe politique (les différents gouvernements, les partis politiques), telle qu'elle se montre dans ses déclarations *officielles*, et l'opinion publique. Les hommes politiques, Pierre Mendès France, François Mitterrand, aussi bien que le président René Coty ou Michel Debré, etc., en appelaient aux valeurs patriotiques et impériales qui auraient été celles des Français ; ce n'est pas ce que les sondages indiquent. Mais que valaient les proclamations publiques ? Raymond Aron a écrit dans ses *Mémoires* que ce qui l'avait frappé à l'époque, « c'était le décalage entre les convictions des hommes qui gouvernaient la

---

17. Le Congrès international de l'évolution culturelle des peuples coloniaux (septembre 1937) avait réuni des ethnologues (Paul Rivet, président du comité d'organisation, Marcel Griaule, secrétaire du comité d'organisation, Germaine Dieterlen, Michel Leiris, Louis Massignon, Marcel Mauss, Denise Paulme, Jacques Soustelle, etc.), des fonctionnaires coloniaux, par exemple Robert Delavignette, alors directeur de l'École de la France d'outre-mer, des médecins, des enseignants, des missionnaires, etc., Léopold Sédar Senghor, etc. *Rapports et compte rendu*, 1938, p. 13. Gaston Joseph, « L'Adieu », *Bulletin du Comité de l'Afrique française*, 1er trim. 1960, p. 26.

18. Pendant la semaine des Barricades (janvier 1960), 14 gendarmes mobiles ont été tués par des manifestants qui eurent, de leur côté, 8 morts ; 75 % des Français approuvaient les poursuites engagées contre les meneurs. Il faut souligner que le général Maurice Challe a écrit que l'affaire des Barricades était « une erreur imbécile et tragique », *Notre révolte*, Presses de la Cité, 1968, p. 145.

19. *Le Monde* publia le 25 février 1960 une tribune, « Plaidoyer pour la famille Hernandez », où l'auteur, Jean Olivieri, s'alarmait du fait que cette barricade « somme toute fragile » risquait de se transformer en « mur de haine » entre les populations françaises de France et d'Algérie.

France et les propos publics qu'ils tenaient par souci de "l'opinion", dont ils se croyaient prisonniers. Georges Bidault, Jacques Soustelle et Michel Debré mis à part, dont la sincérité ne prêtait pas au doute, je me demande si un seul des ténors de la IVe République croyait à l'Algérie française[20] ». Que comprendre ? Une grande fraction de l'opinion n'était pas très attachée à l'Algérie française, et l'essentiel de la classe politique n'y croyait plus, mais elle tenait un discours contraire : cela peut certainement expliquer une partie des malentendus profonds avec les Français d'Algérie.

L'opinion semble s'être formée assez vite, même si, au départ, les Français avaient montré peu d'intérêt pour l'Algérie ; cet intérêt semble s'être manifesté, selon Charles-Robert Ageron, après la décision du rappel des disponibles, en avril 1956. Un chiffre est à retenir, celui des Français qui se disaient pour le maintien du *statu quo* : en octobre 1955, 47 % ; en avril 1956, 40 % ; en septembre 1957, 36 %. Mais ne pas se dire partisan de l'Algérie française ne voulait pas dire, bien sûr, être pour l'« abandon » de l'Algérie : ainsi, en septembre 1957, 47 % des Français jugeaient que la revendication d'indépendance n'était pas justifiée. On voit que, avant l'arrivée du général de Gaulle au pouvoir, il n'y avait pas de consensus national, le commentaire de Charles-Robert Ageron est ici exact : « Les partisans de l'Algérie française apparaissent donc au début de 1958 comme bien moins nombreux qu'on ne le pensait généralement à l'époque[21]. » Après un temps d'incertitudes, (il est vrai que de nouvelles questions étaient posées aux Français, sur l'intégration par exemple[22]), le putsch des généraux d'avril 1961 semble avoir clarifié les positions : interrogés le mois suivant, 69 % des Français pensaient que l'Algérie serait un État indépendant.

---

20. Raymond Aron, *Mémoires*, Julliard, 1983, p. 369. Il a quelque amusement de lire sous la plume d'Aron en *1961* : « La plupart [des hommes de la IVe République] n'ignoraient plus, en 1956, la nécessité de la "décolonisation", mais comment la faire accepter par l'opinion, par les Debré, Soustelle, Bidault et autres trublions d'un nationalisme plus ridicule que touchant », « Adieu au gaullisme », *Preuves*, n° 128, oct. 1961, p. 3.

21. Ch.-R. Ageron, *article cité*, p. 266.

22. En juillet 1958, 52 % des Français pensaient que l'intégration était une « bonne chose », mais seulement 40 % pensaient qu'elle était possible...

Interrogés à chaud après les accords d'Évian, 82 % des Français se diront satisfaits et 8 % insatisfaits. Il faut souligner que 45 % trouvaient que ces accords étaient « désavantageux » pour les Français d'Algérie[23]. Charles-Robert Ageron écrit que l'historien « ne peut cacher les marques d'un égoïsme déplaisant[24] ».

Cette position des métropolitains n'était pas nouvelle : en mai 1959, interrogés sur leur degré de solidarité avec les populations d'origine européenne qui vivaient en Algérie, 38 % des métropolitains se disaient « tout à fait solidaires », 38 % peu ou pas du tout, le reste ne répondant pas[25]. En août 1961, alors qu'une majorité relative des Français pensait que les Européens ne pourraient pas rester dans l'Algérie indépendante, 69 % refusaient d'être mis à contribution pour les indemniser. En janvier 1962, les réponses des Français interrogés à nouveau sur leur degré de solidarité montrent que la distance s'était accrue : 29 % se disaient assez solidaires ou tout à fait; *53 % ne se sentaient pas ou plus solidaires*[26].

En septembre 1962, ayant appris l'exode massif, 31 % des Français interrogés trouvaient l'aide accordée par les pouvoirs publics « excessive », 36 %, suffisante et 12 %, insuffisante. Il n'y a aucun commentaire à faire. Dans ce même sondage, 53 % des Français interrogés estimaient que les « rapatriés » ne faisaient pas ce qu'il fallait pour s'adapter à la France métropolitaine. Les faits ont répondu au-delà de tout à cette accusation. Germaine Tillion, complétant en 1999 son étude de 1957, note que, « après les épreuves de la transplantation », cette minorité

23. L'attitude de l'universitaire René Pomeau est sans aucun doute exceptionnelle : il a voté *non* tout en étant pour l'indépendance de l'Algérie, car il trouvait que ces accords ne permettaient pas à la minorité européenne « de demeurer sur sa terre natale dans des conditions acceptables par un *modus vivendi* avec la majorité arabe ». *Mémoires d'un siècle*, Fayard, 1999, p. 409.

24. Ch.-R. Ageron, *article cité*, p. 278.

25. Ch.-R. Ageron précise que la solidarité était plus forte dans les classes aisées et chez les personnes âgées que chez les ouvriers et les jeunes. Le Nord-Ouest se disait le plus solidaire ; la région parisienne et le Sud-Est, les moins. Les récits que j'ai entendus confirment que les habitants du Nord ont manifesté de la solidarité et que ceux de la région parisienne et surtout ceux du Sud-Est ne se montrèrent pas solidaires.

26. Ce qui semblerait avoir été décisif alors est l'exportation vers la France des pratiques de l'O.A.S., fait que les Français d'Algérie n'ont pas dû savoir ou percevoir.

contribua à « dynamiser l'économie et sa présence joua un rôle dans la vague de prospérité française connue sous le nom de "Trente Glorieuses"[27] ».

Les pouvoirs publics, donc, et le général de Gaulle n'ont pas eu beaucoup de travail de « persuasion », de « pression », à faire pour convaincre les Français ; il semblerait même que ceux-ci étaient en avance sur le général de Gaulle à qui ils faisaient pourtant confiance pour résoudre le problème : 69 % en novembre 1960. Dans ce sondage, la majorité des Français, à qui plusieurs réponses étaient proposées, mettaient comme premier obstacle à la paix l'intransigeance du F.L.N. (56 %) ; l'action des pays communistes venait ensuite (39 %), puis l'attitude des Européens d'Algérie (36 %) : contrairement à ce que beaucoup de Français d'Algérie croient encore, on voit par ce chiffre de 56 % que les Français d'ici avaient peu de sympathie pour le F.L.N. Bien plus, l'indifférence écrasante des Parisiens en apprenant les morts et les blessés de la manifestation du F.L.N. en octobre 1961 montre que celui-ci n'était pas soutenu par les « masses » françaises : « À l'époque, écrit Jean-Paul Brunet, beaucoup de Parisiens s'étonnent que l'"ennemi", le F.L.N., ait eu l'audace de manifester au cœur de la capitale et, une forme de racisme aidant, sont tout prêts à excuser la police d'avoir tapé un peu fort et laissé quelques cadavres sur le terrain[28]. »

Les raisons du peu de solidarité

Les opinions qu'exprimaient les Français sur leur – peu de – solidarité puis leur indifférence ou leur hostilité lors de l'exode

27. G. Tillion, *L'Afrique bascule vers l'avenir*, *op. cit.*, p. 6.

28. Jean-Paul Brunet, *Police contre F.L.N.* Le drame d'octobre 1961, Flammarion, 1999, p. 12. Son dépouillement minutieux des archives de police l'amène à parler de 30 morts (environ) et d'« un nombre considérable de blessés », pp. 329-332.

s'expliquent essentiellement à deux niveaux : d'abord, une très mauvaise information, une désinformation qui tenait à la presse. « À lire une certaine presse, avait écrit Camus, il semblerait vraiment que l'Algérie soit peuplée d'un million de colons à cravache et à cigare, montés sur Cadillac[29]. » Les actualités cinématographiques, les magazines illustrés ont largement contribué à étayer et à renforcer les engagements; Michel Winock, exposant ses positions face aux événements, ajoute, en parlant de ces images : « Il nous restait l'impression que nous avions affaire à une bande de sauvages, faite d'anciens combattants à béret basque et de blancs-becs vociférants [...]. Par ces clichés sur les Pieds-noirs, nous nous sentions justifiés de les maudire[30] ». Les soldats du contingent ont renforcé ces images en stigmatisant la richesse des colons, leur cruauté impitoyable d'exploiteur (« faire suer le burnous »), leur âpreté (le prix du verre ou du litre d'eau[31]). Une étude menée ces dernières années auprès d'appelés montre de leur part une xénophobie sans fard; Claire Mauss-Copeaux résume un thème prégnant de son enquête : « Les colons ne sont pas des Français[32]. » Les colons sont donc riches, « radins » et pas français; les appelés parlent comme s'ils n'avaient rencontré que des gros colons et quasiment jamais des « petits Blancs », selon le terme ambigu qui désigne la majorité des Français d'Algérie. On pourrait penser que les appelés, ayant passé un temps long sur le terrain, avaient vu, avaient observé, et que ce qu'ils décrivaient était

29. A. Camus, « La bonne conscience », *L'Express*, 21 octobre 1955, republié dans *Cahiers Albert Camus*, 6 (1987), p. 72.

30. Michel Winock, *La République se meurt*. Chroniques, 1956-1958, Éditions du Seuil, 1978, p. 32.

31. Robert Buron, qui sera un des négociateurs des accords d'Évian, note le 28 mai 1956, dans ses *Carnets politiques de la guerre d'Algérie*, ce qu'il avait retenu d'une discussion avec des jeunes de l'Action catholique ouvrière qui faisaient circuler des lettres : « Les colons sont maussades et cupides. Certains nous vendent le litre d'eau jusqu'à six francs ». Plon, 1965, p. 34.

32. Claire Mauss-Copeaux, *Appelés en Algérie*, Hachette, 1998 (« Le portrait des Pieds-noirs », pp. 228-237). On pourrait s'interroger sur l'étroitesse du groupe interrogé, mais préfaçant le livre, Philippe Joutard souligne la pertinence de l'analyse : « L'intérêt de cette approche ne réside pas dans le nombre de réponses, mais dans la qualité des témoins, et dans le travail de l'historien pour faire émerger un discours, le croiser avec des sources différentes (archives privées ou publiques ou presse), le comparer avec d'autres propos », p. 5.

bien le monde réel[33] : en fait, projetés brutalement, malgré eux, dans une situation déroutante, très complexe, ils étaient soumis à toutes sortes de propagandes, celle de mouvements politiques français et celle du camp adverse.

À partir des archives du Service historique de l'armée de terre, Daniel Lefeuvre a analysé la propagande adressée par le F.L.N. aux soldats du contingent : elle s'articulait autour de peu de thèmes. D'abord, l'armée était envoyée en Algérie pour défendre les gros colons ; ceux-ci étaient accusés de vichysme et de collaborationnisme, et ils étaient décrits comme immoraux, dissolus et cyniques. Le second thème portait sur la ruine de la France due à la guerre : Trésor vidé, position internationale affaiblie, honneur national abaissé, indépendance perdue pour obtenir le soutien financier américain. Enfin, la guerre d'Algérie entraînait la misère pour le peuple français (chômage, pénurie). Soulignant qu'il est bien difficile de mesurer l'efficacité de cette propagande, Daniel Lefeuvre pense qu'on peut en revanche mesurer sa « crédibilité » : « Le dénigrement de la personnalité des colons, de leur richesse rejoint – mais a-t-elle aidé à la forger – une image qu'on trouve répandue chez les appelés et que l'opposition française à la guerre d'Algérie a largement contribué à propager. » En revanche, il estimait que tout ce qui portait sur la ruine et la misère de la France n'avait pas dû rencontrer d'écho tant ces affirmations « controuvent la réalité métropolitaine[34] ».

Les récits des appelés ont sans aucun doute renforcé les images péjoratives des Français d'Algérie élaborées par des groupes politiques, par la presse, et diffusées par des porte-parole prestigieux, par exemple François Mauriac.

Les informations de François Mauriac semblent minces : qu'apprend-il en décembre 1954 et que diffuse-t-il aussitôt aux lec-

33. Le fait de séjourner en Algérie ne suffit pas pour comprendre : parmi la masse des informations de « première main » que la revue *Esprit* publie, on en trouve beaucoup de *fort douteuses*. Par exemple, un prêtre (anonyme) écrit : les populations européennes attendent « 1°) la paix ; 2°) la sauvegarde de leurs intérêts légalement acquis ; 3°) la sauvegarde de leur droit de demeurer Français. Mais il faut bien noter que ce troisième point ne vient qu'en tout dernier lieu. Si leur vie et leurs biens demeurent en danger, ils sont prêts à partir pour le Brésil », « Un prêtre d'Algérie », mai 1956, p. 864.

34. Daniel Lefeuvre, « Les réactions algériennes à la propagande économique pendant la guerre d'Algérie », dans : *La Guerre d'Algérie et les Algériens (1954-1962)*, sous la direction de Charles-Robert Ageron, Armand Colin, 1997, pp. 231-243 (citation p. 241).

teurs de l'*Express*? M. (c'est sans doute André Mandouze, écrit le commentateur, Jean Touzot) lui a fait « un portrait saisissant des deux milliardaires, peut-être séparatistes dans le fond de leur cœur, qui méprisent tous les ministères, mais qui haïssent celui-ci[35] ». Les bloc-notes consacrés à l'Algérie montrent que Mauriac n'avait aucune connaissance des Français d'Algérie. Lorsqu'il pensera en mai 1962 à « l'arrachement imposé aux déracinés de l'Algérie », il expliquera les raisons de son « apparente insensibilité » : « Ce qui m'en sépare, c'est ce grand tas de morts qui épaissit et qui monte jour après jour, ces cadavres de pauvres, d'enfants, de femmes de ménage[36] »; il rend donc toute la communauté coupable des meurtres commis par l'O.A.S. et ne dit pas pourquoi, quatre ou cinq ans avant l'existence de l'O.A.S., il était déjà insensible au sort des Français d'Algérie.

Dressant, en mai 1962, le bilan de ses prises de position sur l'Algérie, il écrivait : « Je me reproche, quant à moi, d'avoir toujours mis l'accent avec trop de complaisance sur la disproportion des deux communautés, d'avoir eu sans cesse à la bouche ces huit cent mille et ces neuf millions, et de ne pas avoir suffisamment tenu compte du dynamisme des moins nombreux et du capital humain qu'ils représentaient. Le nombre n'est pas tout. » Il faut remarquer que Mauriac se trompait sur le chiffre (ils étaient un peu plus d'un million, on l'a signalé) et il n'a pas cherché à le vérifier. Quelques lignes avant de s'adresser cette menue critique, Mauriac avait évoqué ce « peuple très singulier, d'une race méditerranéenne, française par la langue, mais non par le tempérament, soumise à des passions raciales dont la métropole était à mille lieues, et que la seule idée de céder devant l'Arabe réduisait au dernier désespoir[37] ». Pas de tempérament français, écrit Mauriac. Donc, étranger. Et étranger, serait-ce un péché?

Certes, l'affirmation que ce peuple est différent n'est pas toujours liée à de la suspicion. Par exemple, Charles-André Julien écrivait en 1931 : « Le peuple nouveau, très différent du peuple français, est le produit d'une fusion ethnique et d'une adaptation aux conditions naturelles du pays, qui accusent son caractère audacieux, dynamique, indépendant et volontiers frondeur[38]. » En revanche, la reconnaissance d'une différence, d'une « étrangeté », était connotée négativement dans le bloc-notes de François Mauriac.

Au-delà de l'information fausse sur les Pieds-noirs, l'hostilité

---

35. François Mauriac, *L'Express*, 5 déc. 1954, *Bloc-notes*, t. I, Éditions du Seuil, 1993, p. 230.
36. F. Mauriac, *Le Figaro littéraire*, 9 mai 1962, *Bloc-notes*, *op. cit.*, t. III, p. 181.
37. F. Mauriac, *Le Figaro littéraire*, 25-27 mai 1962, *Bloc-notes*, *op. cit.*, t. III, pp. 190-191.
38. Charles-André Julien, *Histoire de l'Afrique du Nord*, Payot, 1931, p. 689.

des Français d'ici est, plus fondamentalement et obscurément, une réponse à leur pacifisme profond. Épuisé par la première Guerre mondiale (1 400 000 morts, 600 000 mutilés, deux tiers de l'industrie détruits...) puis par une défaite foudroyante, par une occupation pesante, meurtrière, l'amenant au bord de la guerre civile, ce pays ne voulait et, peut-on dire, ne pouvait envisager une nouvelle guerre, de nouvelles pertes. Les Français d'Algérie opposent sans cesse à ces drames leurs propres pertes : elles sont certes importantes, mais la population civile n'a subi en Algérie que des effets très atténués ; même la défaite de 1940, dont ils parlent souvent avec émotion, ils ne l'ont éprouvée qu'en pensée, ce qui est très loin d'une défaite vécue. Ils n'ont jamais participé en première personne à l'ensemble des épreuves inouïes et répétées que les Français ont traversées de 1914 à 1945, épreuves qui débordent *de beaucoup* les combats ; ils ne les avaient pas ressenties, puis la détresse des années de la « guerre » d'Algérie et de l'exode les ont empêchés de comprendre le sentiment tragique qu'éprouvaient les Français. Cette différence immense éclaire des incompréhensions de part et d'autre. Cet épuisement de la France explique – ce qui ne veut pas dire excuse – l'égoïsme des Français ; ils ont facilement accepté une vision dénigrante des Français d'Algérie pour des raisons profondes et inavouables, car elle justifiait leur repli, elle leur ôtait toute mauvaise conscience. Il faut savoir aussi l'attachement modéré des métropolitains à l'Algérie pour comprendre l'injustice du regard qu'ils portaient sur leurs compatriotes d'Algérie ; il était pour eux relativement facile d'accepter de ne pas garder un pays « exotique », ils ne pensaient pas en terme de « perte ».

DES BIENFAITS AUX MÉFAITS DE LA COLONISATION

L'image négative des Français d'Algérie s'enracine avant tout dans l'histoire propre de la France et non dans la réalité des Français d'Algérie. Elle sera d'autant plus tenace qu'elle prit toute sa vigueur au moment où s'inversait radicalement la version officielle et quasi générale de la colonisation : à l'« œuvre française » jugée magnifique succéda la « nuit coloniale ».

Écrivant pour la collection du « Centenaire de l'Algérie », en 1930 donc, *Un siècle de colonisation, études au microscope,* Émile-Félix Gautier concluait : « S'il existe quelque part sur la planète une région où, tout mis en balance, le phénomène colonial ait abouti à un épanouisssement plus éclatant qu'en Algérie, on n'imagine pas où ça peut bien être[39]. » Il faut souligner, contrairement à des idées qui circulent, que les tenants de l'œuvre française n'ont jamais caché ou sous-estimé les horreurs de la conquête : « La guerre est toujours laide, quand on la regarde de près, mais cette guerre-là fut parmi les plus laides[40]. » Tous les épisodes sombres ont été connus en leur temps. Je me suis souvent demandé, au début de cette recherche, comment et quand on était passé des vérités brutales d'hier aux dénégations et censures, ou aux outrances et mensonges délibérés d'aujourd'hui ; je n'ai pas trouvé la réponse[41].

Henri Hauser, ayant quelques réticences à l'égard de l'*Histoire de l'Afrique du Nord* de Charles-André Julien, saluait son « entier souci de vérité », car, ayant écrit que la guerre avait été inexpiable, Julien

---

39. Émile-Félix Gautier, *Un siècle de colonisation. Études au microscope*, Alcan, 1930, p. 347.

40. É.-F. Gautier, *L'Algérie et la métropole*, Payot, 1920, p. 56.

41. Ch.-A. Julien parle d'un renversement des représentations *au cours* de cette longue guerre, ce dont je ne suis pas sûre : rapportant que, au début de la conquête, les soldats ne brûlaient pas les moissons « en cachette », ne massacraient pas « en faisant des tirades humanitaires », il écrit abruptement : « Ils s'en firent gloire. » Mais, évoquant le scandale que provoqua à la Chambre des pairs l'enfumade des grottes du Dahra, il concluait que c'était cela qui avait conduit les généraux à devenir « prudents », c'est-à-dire à éviter la « publicité », *Histoire de l'Afrique du Nord*, *op. cit.*, pp. 632-633.

avait dit aussi que l'adversaire était « impitoyable, massacrant, torturant atrocement les prisonniers[42] ». On rappelle ici l'atrocité de la guerre de conquête et des luttes de résistance pour signaler que les descriptions qui en étaient faites ont toujours montré une grande franchise.

L'Iconographie historique, choisie et commentée par Gabriel Esquer lors du centenaire de la conquête, montre que le XIXe siècle racontait et illustrait les atrocités des uns et des autres. Par exemple, Raffet évoque le « Combat dans la Grande Rue » à Constantine (1837) : « C'était cette rue qu'il fallait prendre maison par maison et sous un feu d'autant plus terrible qu'on ne voyait pas d'où il venait. C'est dans cette rue où l'on marchait jusqu'aux genoux dans des cadavres et dans le sang que nous avons perdu le plus de monde » (maréchal de Saint-Arnaud). *L'Illustration* avait publié en 1845 « Les grottes du Dahra » (1844), épisode qui avait provoqué alors une vive émotion à Paris et qui est devenu une des antiennes de l'anticolonialisme encore aujourd'hui, faisant comme s'il dévoilait un fait dissimulé.

Une image montre les « Souffrances d'un officier captif » (1836) : ce sont les « souffrances inouïes d'un jeune officier français prisonnier d'Abd el-Kader que les Arabes lui firent endurer avant de le laisser parvenir près du Sultan ». « L'assaut de Zaatcha » (1849) montre un échec d'assaut contre un soulèvement organisé par un ancien cheikh d'Abd el-Kader dans la subdivision de Batna : « Les prisonniers français furent mis à mort après avoir été suppliciés, et les femmes de Zaatcha se montrèrent plus féroces que les hommes[43]. »

« La nuit coloniale »

L'analyse qui domine aujourd'hui semble avoir l'avenir pour elle ; elle est partagée, avec de faibles variantes, par des sphères

42. Henri Hauser, compte rendu de « Ch.-André Julien, *Histoire de l'Afrique du Nord* », *Revue historique*, mai-juin 1932, p. 667.

43. Gabriel Esquer, *Iconographie historique de l'Algérie depuis le XVIe siècle jusqu'à 1871*, Plon, 1929, t. II, n° 488 ; t. III, n° 639 ; n° 725 ; n° 832. Les trois volumes rassemblent un millier de reproductions de peintures, estampes, images populaires, sculptures, médailles, dessins, remarquablement commentés. Ces œuvres sont, comme l'écrit l'auteur, le témoignage d'un état d'esprit et de la sensibilité d'une époque ; les déformations d'un fait montrent sous quelle forme celui-ci a été popularisé.

idéologiques diverses. Elle se résume par l'expression « la nuit coloniale », livre publié par Ferhat Abbas en 1962 ; ce n'était pas un titre trouvé pour accrocher les lecteurs, l'expression figure dans le texte et l'idée y est longuement développée. « Aucune colonisation n'a été plus injuste que celle de la France en Algérie. Aucun système colonial n'a eu, avec plus de cynisme et de férocité, la pensée de détruire le peuple vaincu[44]. » Bien que, dix-huit ans plus tard, dans *Autopsie d'une guerre*, Ferhat Abbas indiquât que le schéma général qu'il avait présenté était sans doute exagéré, ce qu'il proposait comme corrections ne changeait rien à la thèse forte de la « nuit coloniale » tombant en 1830 sur l'Algérie, une Algérie qui était dotée d'un « État algérien » : un des « crimes majeurs » de la France, c'est qu'elle avait « détruit l'État algérien et les cadres politico-sociaux de la société arabe[45] ». Ferhat Abbas ajoutait que le pays était « prospère » en 1830, au moment où la France s'était installée dans « une guerre odieuse avec la ferme volonté d'usurper un pays [...]. Le génocide est dans sa pensée[46] ». La colonisation « est le meurtre et le crime[47]. »

Les Français d'Algérie en lisant ces propos reprocheront à Ferhat Abbas d'avoir oublié que la régence était turque, qu'il n'y avait pas d'État algérien et ils rappelleraient ce qu'il avait écrit en 1936 : « Si j'avais découvert la nation algérienne, je serais nationaliste et je n'en rougirais pas comme d'un crime [...], je ne mourrai pas pour la patrie algérienne, parce que cette patrie n'existe pas[48]. » Des Pieds-noirs m'ont *récité* cette phrase, disant trouver en Ferhat Abbas de la duplicité et certains ont évoqué ses revendications du temps du *Jeune Algérien*[49]. Duplicité ou évolution ? Cette question est sans réponse car

---

44. Ferhat Abbas, Guerre et révolution d'Algérie. 1. *La Nuit coloniale*, Julliard, 1962, p. 110.
45. F. Abbas, *La Nuit coloniale*, *op. cit.*, p. 47.
46. *Ibid.*, p. 63.
47. *Ibid.*, p. 73.
48. F. Abbas, dans *L'Entente*, 23 février 1936, cité par Hildebert Isnard, « Aux origines du nationalisme algérien », *Annales*, oct.-déc. 1949, p. 467.
49. Les articles que Ferhat Abbas avait publiés depuis 1922 dans l'hebdomadaire du Dr Bentami furent publiés en livre en 1930, *Le Jeune Algérien* [Il comprenait : « Le service militaire des indigènes algériens » ; « L'exode des ouvriers algériens en France » ; « L'intellectuel musulman en Algérie » ; « La Tragédie d'hier et l'incertitude de demain »]. Une réédition de 1981 (Éditions Garnier frères) a ajouté un extrait du Rapport au maréchal Pétain (1941). Dans l'avertissement daté de mai 1981, F. Abbas affirme avoir adhéré au F.L.N. « au lendemain du 1er novembre 1954 » (p. 26). Quand se situe ce lendemain ? Selon Roger Quillot, en juin

Ferhat Abbas a opposé en 1962 un démenti à Charles-André Julien qui, dix ans auparavant, lui avait imputé du « romantisme » : il répondit qu'il n'avait pas été « dupe » alors, que ce romantisme était une apparence et que s'il s'était battu sur le terrain de la légalité, c'était parce qu'il avait pensé que c'était « le chemin le plus court[50] ». Ferhat Abbas n'aide guère à le comprendre : par exemple, en 1962, il écrit qu'il avait vu en 1930 que les fêtes du Centenaire étaient organisées « dans le meilleur style raciste[51] ». Si ce souvenir est exact, pourquoi fit-il appel à la France en 1936, et surtout pourquoi affirma-t-il avec force qu'il n'y avait pas de patrie algérienne ?

Il situe son changement en 1941, après la défaite de la France : « Entre nations colonisatrices et peuples colonisés, le rapport de force avait changé[52]. » En tout cas, c'est bien avant le déclenchement de la guerre d'indépendance, en lançant le *Manifeste du peuple algérien* (1943), que Ferhat Abbas apportait des réponses nouvelles : « La nationalité et la citoyenneté algériennes offrent au musulman algérien plus de sécurité et donnent une plus claire et plus logique solution au problème de son évolution et de son émancipation » [que la politique d'assimilation]. La deuxième réponse donnait la raison de cette revendication nouvelle : « Le refus systématique ou déguisé de donner son accès dans la cité française aux Algériens musulmans a découragé tous les partisans de la politique d'assimilation étendue aux autochtones[53]. »

Augustin Berque avait fait une brève analyse du malheur des « Évolués » : « Voilà bien le drame, poignant jusqu'aux larmes, des "Évolués". Ils provoquent notre sympathie, mais ayons le courage de le dire, à distance. Alors leur amertume s'exaspère[54]. » Ferhat Abbas ne cessa par la suite de repousser toute espèce d'assimilation et de réclamer la *formation* d'une entité positive, la patrie algérienne, la nation algérienne, ce qui n'était pas revendiquer une « restauration ».

1955 (*La SFIO et l'exercice du pouvoir*, Fayard, 1972, p. 615). Dans ce cas, Ferhat Abbas a montré une duplicité indiscutable en allant embrasser publiquement Albert Camus lors de la réunion « pour une Trêve civile » en janvier 1956.

50. F. Abbas, *La Nuit coloniale*, *op. cit.*, pp. 122-123.
51. *Ibid.*, p. 125.
52. *Ibid.*, p. 135.
53. Cité par H. Isnard, « Aux origines du nationalisme algérien », *article cité*, p. 468.
54. Augustin Berque, « Les intellectuels algériens » (*Revue africaine*, 1947), *Écrits sur l'Algérie*, Aix-en Provence, Édisud, 1986, p. 103. Parlant ici de « distance », A. Berque écrit dans un texte non daté : « Oui, pendant un quart de siècle, j'ai reçu à la direction des Affaires indigènes les intellectuels musulmans. J'ai noué, avec beaucoup d'entre eux, de précieuses amitiés, j'ai vécu leur drame intellectuel. J'ai su leurs angoisses. Et parmi les plus jeunes, certains, confiants dans ma main qui les guidait, m'ont en pleurant appelé leur père. Je les ai tous aimés », « Dialogue avec Luciani », *id.*, p. 209.

En juin 1947, il avait été reçu par le président de la République, Vincent Auriol, et il lui avait exposé ses vues sur la République algérienne : il est clair que celui-ci n'était pas enclin à le comprendre ni même à l'entendre car il consigne la réponse qu'il lui fit et il faut en remarquer le ton : « "Vous n'avez jamais été un État et on vous a délivré de la servitude alors que, comme vous l'avez dit vous-même, vous n'étiez que des tribus luttant les unes contre les autres. D'ailleurs, vous-même, vous êtes le symbole vivant de ce qu'a fait la France. Vous êtes nourri de notre propre lait et de notre propre culture ainsi que tous ceux qui voudraient aujourd'hui rompre l'unité française. Mais sans la France, que ferez-vous, que voulez-vous?" Je l'ai ému[55]. »

Aimé Césaire, intervenant en 1956 dans un meeting tenu à Paris « contre la poursuite de la guerre en Afrique du Nord », avait dit : « Le drame le plus important, le plus riche de conséquences, c'est moins, peut-être, le drame initial de la conquête coloniale que le drame de la confiance trahie. Je veux parler de cette confiance que tous les peuples coloniaux, tous, sans exception, à un moment donné de leur histoire, ont été amenés à faire à la puissance colonisatrice[56]. » Ferhat Abbas illustre le découragement de sa génération de musulmans francisés qui croyaient à la France « républicaine et libérale », qui avaient été traversés de beaucoup d'espoirs sans cesse déçus, par exemple, par la modestie de la réforme de Clemenceau, en février 1919, ou par le retrait du projet élaboré en 1937 par l'ancien gouverneur Maurice Viollette. Un historien, Xavier Yacono, a affirmé *en 1956, à Alger même*, que le *Manifeste* de 1943 avait ouvert une nouvelle période[57].

Les corrections que Ferhat Abbas apportait dans *Autopsie d'une guerre* à sa description d'un « ordre colonial » médiéval étaient en fait mineures. Comme d'autres anciens leaders l'ont fait – Hocine Aït Ahmed, Abderrahmane Farès[58], par exemple –, il parle de classes et de jeux partagés « sans violence, ni racisme avoué »; il évoque certaines familles européennes qui considéraient les étudiants musulmans qu'elles

55. Vincent Auriol, *Mon septennat*, 1947-1954, Gallimard, 1970, p. 47.
56. Aimé Césaire, « La mort des colonies », *Les Temps modernes*, mars-avril 1956, p. 1367.
57. Xavier Yacono, « L'Algérie depuis 1830 », *Revue africaine*, 1956 (Centenaire de la Société historique algérienne), p. 189.
58. Cf. Hocine Aït Ahmed, *Mémoires d'un combattant*, S. Messinger, 1983 ; Abderrahmane Farès, *La Cruelle Vérité*, Plon, 1982.

logeaient « comme des hommes au même titre que leurs propres enfants » ; il se souvient d'étudiants pieds-noirs amicaux, de l'atmosphère « sereine » entre les étudiants, de l'équité du corps professoral à l'université : « Je ne connais pas un seul étudiant musulman qui ait été brimé à cause de sa race », écrit-il, rappelant qu'ayant présidé pendant six ans l'association des étudiants musulmans, il était bien placé pour savoir[59]. Il avait d'ailleurs déjà écrit dans *La Nuit coloniale* que « le corps enseignant ignorait le racisme et ne recherchait que le succès de l'élève, quelle que fût son origine[60] ». Ayant toujours reconnu les transformations de l'Algérie (citant les barrages, les routes, les grands travaux portuaires, les voies ferrées, l'électricité, les écoles, etc.), il avait toujours dit que les Algériens ne vivaient que des « miettes » que la colonisation leur abandonnait[61] et qu'à côté de l'Algérie moderne était l'autre Algérie, « celle des multitudes analphabètes et des sous-alimentés chroniques, celle des millions d'enfants sans écoles et sans pain, celle des bidonvilles nauséabonds, celle de la mortalité infantile et des tuberculeux sans toit[62] ».

Dans un livre publié en 1984, *L'Indépendance confisquée*, Ferhat Abbas revenait sur la misère : « L'Algérie, colonie française, était une terre en voie de modernisation en pleine évolution. Malheureusement, les Algériens tenus à l'écart, abandonnés à leur triste sort, demeuraient, dans leur grande majorité plongés dans la misère[63]. » Il rapportait qu'un ministre syrien lui avait dit en 1962 : « L'œuvre de la France est admirable ! Si la France était restée vingt ans de plus, elle aurait fait de l'Algérie l'équivalent d'un pays européen », et il lui avait demandé si les Algériens étaient capables de gérer un pays « en pleine prospérité ». Il lui avait répondu que la question essentielle n'était

---

59. F. Abbas, *Autopsie d'une guerre*, L'aurore, Garnier, 1980, pp. 123-124.

60. F. Abbas, *La Nuit coloniale*, *op. cit.*, p. 114. Ce qui n'empêche pas Charles-André Julien d'écrire : Ferhat Abbas « trouva que ses maîtres mettaient peu de hâte à lui délivrer son diplôme ». *L'Afrique du Nord en marche, Nationalismes musulmans et souveraineté française* (1952), 3ᵉ éd. revue, Julliard, 1972, p. 241. Il ne cite pas sa source ; est-ce un propos privé de F. Abbas ?

61. F. Abbas, *La Nuit coloniale*, *op. cit.*, p. 97.

62. *Ibid.*, p. 101.

63. F. Abbas, *L'Indépendance confisquée*, Flammarion, 1984, p. 117.

pas là : « L'indépendance ne se justifie pas par la capacité d'un peuple à l'assurer. Elle est avant tout le droit d'un peuple à être lui-même, à reconquérir son identité et sa dignité[64]. »

L'ethnologue Paul Rivet, l'un des fondateurs, avant la guerre, du Comité de vigilance des intellectuels antifascistes (C.V.I.A.) publia dans *Le Monde*, en 1957, un « testament », « Indépendance et liberté ». Il pressentait que ses « compagnons de lutte » allaient protester; il avait hésité à écrire ces lignes; pourtant il fallait « qu'elles soient lues et méditées par tous ceux qui veulent travailler à l'amélioration des conditions de vie matérielle et intellectuelle de l'humanité tout entière ». En effet, ce qu'il avait cru, comme toute sa génération – l'indépendance est une panacée contre toutes les misères humaines – lui paraissait une erreur; l'indépendance devait rester un but ultime, mais il fallait *d'abord lutter* contre la misère matérielle et intellectuelle : « Ces populations déshéritées, qui parviennent à l'indépendance, sont menacées de sombrer dans le désordre et l'anarchie et, de ce fait, exposées à subir la dictature d'un homme ou d'une minorité. Toute l'histoire des cinquante dernières années démontre à l'évidence cette troublante et cruelle vérité. » Il appartenait aux peuples « évolués » d'aider les pays « attardés » à acquérir la culture, à améliorer leurs conditions de vie « et à brûler les étapes qu'eux-mêmes ont mis des siècles à parcourir »; les peuples « attardés » devaient comprendre que cette aide, loin d'être humiliante, était *« un droit »* et qu'elle nécessitait de leur part « un effort continu, réfléchi et tenace ». Il disait avoir élaboré son analyse après avoir effectué un véritable tour du monde; il fallait résister à la catastrophe qui attendait ces populations déshéritées : devenant indépendantes, elles ne seraient pas libres pour autant[65].

64. *Ibid.*, p. 118.
65. Paul Rivet, « Indépendance et liberté », *Le Monde*, 1er février 1957, p. 1 et p. 3. [Je laisse de côté un thème important pour Paul Rivet : les effets désastreux pour les organisations internationales de l'entrée des peuples nouvellement indépendants]. Un de mes interlocuteurs, ayant quitté l'Algérie avant la Seconde Guerre mondiale, avait été partisan de l'indépendance; il revient sur une partie de ce qu'il appelle ses illusions; il continue de penser que ce que la colonisation a réalisé « a été fait au compte-gouttes » mais il considère maintenant qu'il faut que « les peuples se changent eux-mêmes », « il faut des siècles pour qu'un peuple atteigne un certain niveau, une certaine capacité »; or il avait naguère associé comme une évidence indépendance et progrès et il voit que l'indépendance n'a conduit qu'à des horreurs, à une régression (*entretien 141, né avant 1910*).

La colonisation : des bouleversements intérieurs

Les colonisés francisés ont souvent affirmé que les progrès matériels, les innovations, avaient produit chez eux des effets négatifs : bouleversements intérieurs, habitudes et liens arrachés, cultures occultées... ; il s'agit, bien sûr, d'intellectuels. En 1956, Mouloud Mammeri avait parlé d'une âme « ravagée » par les éducateurs français[66]. Un professeur qui avait enseigné pendant trente ans dans des pays devenus l'Union française lui répondit que le travail des enseignants, même s'il avait dû provoquer quelque douleur comme tout accouchement, était positif. La colonisation, lui disait-il, avait trouvé dans une société « sclérosée » « un matériel humain façonné par des siècles de peur imprescriptibles, par des siècles d'obéissance à des rites éternellement fixés, rites [...] qui détruisent le principal ressort de la pensée ». Il avait constaté que les colonisateurs, en brisant les vieux cadres sociaux, avaient fait accéder les enfants à une vérité supérieure, « la priorité de la libre critique sur les conformismes mutilants et rétrogrades ». « Nous nous sommes penchés avec angoisse sur ce problème qu'est le choc de deux civilisations. Que Mammeri veuille bien reconnaître avec nous que ce problème n'a jamais existé que parce qu'il était posé par l'Occident lui-même[67]. »

Dans un texte qui fut publié après sa mort, Augustin Berque avait analysé la complexité de l'intellectuel algérien et ses malaises : ses combats (« vaincre l'opposition des siens »), ses aspirations (« il est entré aux facultés »), ses acquis (« notre enseignement, notre contact ont aiguisé sa sensibilité et son esprit »), ses désillusions (« la valeur sociale est, neuf fois sur dix, différente de la valeur scolaire »), ses déceptions (« déra-

66. Édouard Roditi, présentant Mouloud Mammeri dont *Preuves* publiait une nouvelle, « Le zèbre », citait une lettre déjà publiée de Mammeri dans laquelle celui-ci avait écrit que le prêtre ou l'instituteur « ravage l'âme précisément », n° 76, juin 1957, p. 32.

67. E. Rethault, « Correspondance », *Preuves*, n° 77, juil. 1957, p. 90.

ciné et surtout désencadré, [il] parvient difficilement à fonder un ménage[68] »). Aujourd'hui, on ne parle plus d'« acquis » et de difficultés, seulement de pertes, de drames indépassables. Par exemple, André Nouschi parle de culture vivante et occultée, de quasi-schizophrénie chez Jean Amrouche. « Faut-il s'étonner qu'un enfant bercé par les chants traditionnels de sa mère puisse les oublier ? C'est toute la différence entre un Camus et un Amrouche Mouhoub. Au temps de la reconquête, alors le passé remonte en surface, celui de l'enfance enfoui dans le tréfonds du cœur. On mesure mieux la nature des déchirements de ce Kabyle/Français, est-ce original ? Je ne le crois pas[69]. » En fait, ce problème peut être celui de certaines émigrations ; surtout, André Nouschi met entre parenthèses une question difficile mais passionnante : ce que le même Jean Amrouche a trouvé dans l'acquisition de la culture française ; ses entretiens avec Paul Claudel, par exemple, montrent un goût très vif pour cette littérature, une connaissance remarquable, une culture accomplie. Est-ce que ces acquis ne comptent pas ou sont bien peu ?

Pendant la guerre d'Algérie, les intellectuels francisés semblaient souvent vouloir tirer un trait sur leur passé, semblaient éprouver de la gêne, comme s'ils devaient se faire absoudre par leurs compatriotes/combattants... Ainsi, Jean Amrouche avait publié dans *Le Monde*, en *1958*, une grande plainte furieuse. Mouloud Feraoun s'en était scandalisé : « Rien de plus jésuite que ce déchirement qu'il simule, de plus faux que ce complexe d'infériorité qu'il s'avise aujourd'hui d'étaler à longueur de colonnes. Voilà un monsieur qui a tout renié du Kabyle, francisé jusqu'au bout des ongles, admis partout sans réticence, admiré et écouté dans les milieux littéraires parisiens, rédacteur en chef à la radiodiffusion nationale, qui brusquement se découvre une nature de bicot, de bicot brimé, d'homme inférieur qui ne peut être ni assimilé ni intégré[70]. » Texte vigoureux et précieux : non seulement Jean Amrouche n'a pas été un « bicot brimé », mais sa culture d'ori-

68. A. Berque, « Les intellectuels algériens », *Écrits sur l'Algérie*, *op. cit.*, pp. 103-104.
69. André Nouschi, *Préface* à Jean El-Mouhoub Amrouche, *Un Algérien s'adresse aux Français*, L'Harmattan / Awal, 1994, pp. 14-15.
70. Mouloud Feraoun, *Journal, 1955-1962*, Éditions du Seuil, 1962, p. 262 (17 janvier 1958).

gine, loin d'être occultée comme l'écrit André Nouschi, a été sauvegardée et transmise : aurait-il oublié les travaux linguistiques de René Basset, « le promoteur des études berbères », études qui sont encore décrites aujourd'hui « comme une base indispensable de la recherche en linguistique berbère », ainsi que les travaux de quelques autres[71] ?

Le verdict sur les déchirements, sur les bouleversements provoqués par la présence française est une lecture assurée qui ne pose jamais de questions. Or il y a une question qu'on ne peut éluder, et à laquelle on répondra au chapitre III : comment expliquer l'évolution de la communauté juive d'Algérie ? L'arrivée des Français en 1830 avait bousculé leurs habitudes, leur langue, leur statut. Jeanne Terracini, elle-même juive, née à Alger en 1911, a évoqué, dans un livre récent, les juifs nés après la conquête et « restés à cheval entre deux mondes[72] ». Avant de recevoir la citoyenneté française (octobre 1870), cette communauté avait entrepris, avec une grande rapidité, sa « modernisation » ; en 1870, les juifs prirent « leur courage à deux mains » et devinrent Français. Les jeunes générations, s'exprimant en français, coupaient le lien du langage, ce qui était pour leurs pères « tailler dans la chair vive », elles s'éloignaient de l'Écriture sainte, de la prière, et se portaient vers « la clarté des salles de classe d'un lycée tout neuf[73] ». Leur réussite est mesurable[74]. En 1962, forte de 150 000 personnes environ, cette communauté, arrachée à ses racines profondes, a dû s'exiler. Elle a montré une capacité d'adaptation particulièrement réussie. Si les enfants musulmans ont eu l'âme « ravagée »

---

71. Le premier jugement sur René Basset est de Jacques Berque : « Cent vingt-cinq ans de sociologie maghrébine », *Annales*, juill.-sept. 1956, p. 314 (cette synthèse était faite à l'occasion du centenaire de la Société historique algérienne). La seconde appréciation est de Salem Chaker, « Réflexions sur les études berbères pendant la période coloniale », *Revue de l'Occident musulman et de la Méditerranée*, 34, 1982, 2, p. 89. Cf. aussi Guy Basset, « René Basset », *Parcours*, n° 4, été 1985, pp. 22-25.

72. Jeanne Terracini, *Si bleu le ciel, si blanche la ville* (1988), Albin Michel, 1996, p. 15.

73. J. Terracini, *Si bleu le ciel...*, *op. cit.*, pp. 73-75.

74. D'après le rabbin Eisenbeth [*Les Juifs de l'Afrique du Nord*, Alger, Imprimerie du lycée, 1936], on trouve en 1930, dans le département d'Alger, 50 médecins, 23 avocats, 20 pharmaciens, 11 professeurs, 38 instituteurs 3 notaires ; dans le département de Constantine : 8 médecins, 6 avocats, 20 pharmaciens, 4 professeurs, 11 instituteurs, 2 notaires ; dans le département d'Oran : 27 médecins, 11 avocats, 7 pharmaciens, 10 professeurs, 44 instituteurs, 2 notaires.

par l'école française, comme l'a affirmé Mouloud Mammeri, il faut expliquer l'adhésion des jeunes juifs à cette école et leur succès.

Jacques Berque a affirmé : « Notre histoire coloniale est riche de séquences positives alternant avec les atroces[75]. » Il faut admettre que même les séquences positives peuvent laisser des traces qui n'étaient pas prévues, pas imaginées[76]. La rencontre de deux civilisations à des stades si différents ne pouvait que bousculer celle à qui on disait de « suivre », d'apprendre ; ce choc demandait une mutation, non un simple apprentissage. Sans doute, dans la vie quotidienne, les Français d'Algérie n'ont pas perçu ces froissements ou ces difficultés, tant ils étaient pris par quelque chose à construire, et les élites, qui étaient profondément sûres que des phènomènes culturels « ayant une signification et une valeur *universelle* » n'étaient apparus que dans la civilisation occidentale, « uniquement dans celle-ci[77] », voulaient les partager, fût-ce en les imposant.

Ce rappel veut attirer l'attention sur une réalité : ce livre entend faire connaître la vraie nature des Français d'Algérie et donc se centre sur leurs conduites et cherche à les expliquer. En avoir fait l'objet d'étude ne veut pas dire qu'on soit indifférent à l'évolution des autres populations, mais on ne peut traiter en même temps des sujets si différents. De ce fait, ce livre doit, même s'il ne l'explicite pas en permanence, répondre aux *a priori* aujourd'hui banals qui accablent les Français d'Algérie. Les questions sur leur rôle sont importantes, les réponses ne se trouvent pas dans les livres platement anticolonialistes, dans les pensées primaires et accusatrices. « C'est seulement dans la

75. Entretien avec Jacques Berque, « De l'impérialisme à la "transcolonisation" » dans : Jean Lacouture, Dominique Chagnollaud, *Le Désempire*, Denoël, 1993, p. 211.

76. « Vous nous avez enculés pendant un siècle et demi et maintenant, les mains dans les poches, vous nous demandez pourquoi on marche de travers », Boualem Sansal, *L'Enfant fou de l'arbre creux*, Gallimard, 2000, p. 104. L'image, bien que grossière, a sa pertinence : la rencontre, brutale à son origine, garda de la brutalité, même si celle-ci fut souvent involontaire ; la transformation, à marche forcée, d'un monde resté complètement à l'écart du mouvement scientifique et technique, entraînait l'imposition d'autres valeurs, d'autres mesures, d'autres rythmes...

77. Max Weber, *L'Éthique protestante et l'esprit du capitalisme*, trad. fr., Plon, 1964, p. 11.

mauvaise littérature, a écrit Pasternak, que les vivants sont divisés en deux camps et n'ont aucun point de contact. Dans la réalité, tout est tellement entremêlé[78] ! »

L'Histoire militante

La perception du militant Ferhat Abbas de *la nuit coloniale*, est devenue celle de la plupart des historiens. Le professeur José Aboulker, né à Alger, qui avait choisi de vivre en France en 1945 et qui avait estimé pendant la guerre d'Algérie qu'il fallait laisser (c'est son terme) l'indépendance aux Algériens, critique les historiens d'aujourd'hui : ils sont « tous de la génération décolonialisante-tiers-mondiste, même s'ils ne sont pas de gauche » ; « pour eux, le phénomène de la colonisation a été non point un moment de l'histoire comme ils devraient l'étudier, mais une aberration honteuse de l'histoire, ils la voient d'un point de vue de la morale *a posteriori* » (*entretien du 18 mars 1997*). L'adjectif *colonial* ne se borne pas à situer une époque, c'est une étiquette réprobatrice : *L'Étranger* est ainsi un roman colonial. Deux universitaires ont affirmé : « Le roman de Camus, "révélateur d'une situation historique explosive", propose en 1942 une solution efficace aux angoisses des colons français de 1930 : l'Arabe vous menace ? Vous croyez qu'il vous menace ? Tuez-le. » Qu'une auditrice intervienne, en réponse à cette « analyse », pour dire que *L'Étranger* n'est pas un roman colonial et en souligner « la portée universelle » illustre les passions militantes[79].

Un universitaire, politologue de formation, a écrit que, parmi toutes les études qu'il faut mener pour « débarrasser l'appareil théorique bourgeois de ses poussières ethno- et europée-centristes », il faut

78. Boris Pasternak, *Le Docteur Jivago*, 9ᵉ partie, XIV, « Pléiade », p. 1035.

79. Christiane Achour et Simone Rezzoug, « Brisure dans une cohérence discursive : l'autochtone dans les textes coloniaux de 1930 en Algérie », *Des années trente : groupes et ruptures*, Éditions du C.N.R.S., 1985, p. 90, et l'intervention de Dominique Desanti dans la discussion : « Tout en rappelant son opposition politique à l'attitude de Camus pendant la guerre d'Algérie, elle tient à souligner la portée universelle de *L'Étranger*, qui n'est pas, à ses yeux, un roman "colonial" » (p. 118).

faire une « analyse systématique » de « la littérature coloniale algérienne, de C. Richard à A. Camus, en passant par F. Duchêne, L. Bertrand, R. Randau et autres indigénistes[80] ».

La littérature coloniale a bel et bien existé ; un « grand prix » avait été créé en 1921 et la liste des dix premiers lauréats ne nous dit plus rien. Roland Lebel, titulaire d'un grand prix et auteur d'une *Histoire de la littérature coloniale,* définit cette littérature comme la production d'écrivains coloniaux qui édifient leurs romans « sur des documents solides et étendent la portée de leur œuvre en l'ouvrant à des considérations non seulement philosophiques mais ethniques et sociales[81] ». Écartant la littérature « touristique », il lui opposait la littérature coloniale, écrite « non pas pour le divertissement mais pour l'instruction du public[82] ». Dans son long palmarès, Roland Lebel mettait au premier rang Louis Bertrand (*Le Sang des races*) et Robert Randau (*Les Colons*, *Les Algérianistes*).

En mettant Camus dans la même famille, Jean-Claude Vatin fait une lecture militante, c'est-à-dire une mauvaise lecture ; il porte un jugement moralo-politique. De même, le verdict émis par trois auteurs sur le beau récit de Jean Pélégri, *Le Maboul* (1963), relève du même dogmatisme qu'on espère voir un jour enterré : « Face à l'irrédentisme des Arabes et à l'insécurité qui pèse sur la possession de la terre, le roman colonial répond en multipliant les justifications idéologiques de la présence des colons sur le sol algérien. [...] Après la Seconde Guerre mondiale, lorsque la colonisation agraire sera fortement contestée, on mettra plutôt en avant le droit à hériter des proches aïeux [...] et surtout le droit que donne la mise en valeur des terres par la sueur et le sang. Ces justifications idéologiques tendent à valoriser le personnage du petit colon. [...] Plus on se rapproche de la fin de la guerre d'Algérie coloniale, plus cette tendance s'accentue, et elle ne cessa pas avec les romans postérieurs à l'indépendance, ceux de Jules Roy [...] ou ceux de J. Pélégri qui établissent un lien surréel entre l'homme et la terre[83]. »

La littérature n'est pas seule à être malmenée ; l'histoire n'y échappe pas. E.-F. Gautier est un « historien colonial » ; les deux

80. Jean-Claude Vatin, *L'Algérie politique, Histoire et société*, Presses de la Fondation nationale des sciences politiques (1974), 2e éd. revue et augmentée, 1983, p. 54. Si l'auteur n'expliquait pas ce qu'est un « appareil théorique bourgeois », il lui opposait en note le marxisme, « science européenne d'origine et cosmogonique de vocation »...

81. Roland Lebel, *Histoire de la littérature coloniale en France*, Larose, 1931, p. 79.

82. *Id.*, p. 82.

83. Hubert Gourdon, Jean-R. Henry, Françoise Henry-Lorcerie, « Roman colonial et idéologie coloniale en Algérie », *Revue algérienne de sciences juridiques, économiques et politiques*, vol. XI, n° 1, mars 1974, pp. 163-164.

démographes qui l'exécutent en une phrase – il a « une assurance toute coloniale » – oublient ou plus probablement ignorent l'hommage que Lucien Febvre avait rendu à Gautier à sa mort en 1940 : « E.-F. Gautier était bien autre chose pour nous qu'un géographe de haute intelligence, un explorateur remarquable, un historien pénétrant et un écrivain de race. Qu'il le sût ou non, ce non-domestiqué, ce sauvage [...] était bien de notre famille, de la famille positive et critique des *Annales*. Ici, nous avons toujours mis en lumière de notre mieux l'œuvre si remarquable de ce spécialiste en toute spécialité – qui alliait dans une synthèse toute personnelle son métier de géographe, ses vastes curiosités d'historien, sa fantaisie d'écrivain et son talent d'essayiste[84]. » Jacques Berque, dont les positions sur la décolonisation sont bien connues, disait voir, en 1956, la pensée de Gautier succomber à « la réaction maussade » des spécialistes, alors qu'il n'aurait garde de la « répudier », et il le mettait au rang des grands noms de « la science maghrébine », avec Émile Masqueray, Edmond Doutté, Robert Montagne[85] : science maghrébine et pas science coloniale.

La version *la nuit coloniale* est celle des gouvernements algériens et on peut comprendre l'utilité à court terme de cette réécriture de la mémoire ; on en voit aussi les séquelles. Il faut la liberté et l'immense et improbable talent de Boualem Sansal pour laisser comprendre, en 1999, dans un roman superbe, *Le Serment des barbares*, que la transformation du passé de l'Algérie depuis près de quarante ans a entraîné un présent atroce et empêche la construction d'un avenir. A-t-il des chances d'être entendu par ses compatriotes et aussi par les plumitifs, journalistes et historiens français qui propagent et relaient de mille manières les légendes noires doublées de légendes pieuses ? Rien n'est moins sûr.

Comme Charles-Robert Ageron l'a écrit il y a quelques années, « voici plus de vingt ans que l'Homme blanc a déposé

84. Lucien Febvre, dans cette brève note, annonçait que les *Annales* rendraient à Gautier « un très grand hommage », janv. 1940, p. 55 (l'époque, la suspension provisoire de la revue l'ont empêché). Sur Gautier, historien « colonial » : Youssef Courbage, Philippe Fargues, *Chrétiens et Juifs dans l'islam arabe et turc*, Payot, 1997, p. 74 et p. 67.

85. Jacques Berque, « Cent vingt-cinq ans de sociologie maghrébine », *article cité*, p. 309. Fernand Braudel, dans un texte écrit en 1969, parlait de Gautier comme d'un « historien génial, aujourd'hui méconnu ou plutôt incompris », *Les Mémoires de la Méditerranée*, Éditions de Fallois, 1998, p. 220.

partout dans le monde le “fardeau colonial” dont parlait Kipling ; partout il reste pourtant fustigé, parfois condamné pour crime contre l’humanité[86] ». Claude Lévi-Strauss a dit de son côté il y a une douzaine d’années : « Le colonialisme fut le péché majeur de l’Occident », ajoutant immédiatement : « Toutefois, sous le rapport de la vitalité et de la pluralité des cultures, je ne vois pas qu’avec sa disparition on ait fait un grand bond en avant[87]. »

« L’ŒUVRE FRANÇAISE »

« La colonisation est le plus grand fait de l’histoire », affirmait Paul Reynaud, ministre des Colonies, en inaugurant l’exposition coloniale de 1931. « Le Français est colonial par vocation. Ce n’est pas l’exiguïté de son territoire, ni les luttes religieuses qui l’ont chassé, c’est le goût de l’aventure, de la découverte, de la curiosité sympathique à l’égard des races nouvelles[88]. » Aux antipodes de l’histoire *la nuit coloniale*, on trouve une histoire exposant et exaltant *l’œuvre française* ; cette histoire qui hier était officielle est aujourd’hui surtout émise par des Français d’Algérie. Des livres consacrés aux réalisations de la France reprennent les bilans enthousiastes du Centenaire et les complètent[89], ou se consacrent à un domaine : la médecine, l’enseignement, l’agriculture, par exemple. Dans les années 1930, cette version dominait avec une assurance joyeuse[90]. Il y avait bien sûr des oppositions, dont celle du parti communiste

86. Ch.-R. Ageron, « L’exposition coloniale de 1931. Mythe républicain ou mythe impérial ? », *Les Lieux de mémoire*, sous la dir. de P. Nora, Gallimard, collection « Quarto », 1997, t. I, p. 495.

87. Claude Lévi-Strauss, Didier Éribon, *De près, de loin*, Éd. Odile Jacob, 1988, p. 213.

88. Paul Reynaud, *L’Empire français*, Éditions Guillemot et de Lamothe, 1931, p. 13 et p. 16.

89. Cf. Pierre Goinard, *L’Algérie, œuvre française*, Robert Laffont, 1984.

90. Cf. dans le chapitre III, « Le triomphe de la colonisation », l’analyse des fêtes du centenaire de l’Algérie.

aux effectifs alors étiques[91], et les critiques n'ont jamais manqué. Jean Grenier, enseignant alors à Alger, convaincu que la France faisait une œuvre de progrès, avertissait pourtant en 1937 : « N'oubliez pas *malgré tout.* Ils ont faim[92]. » Camus avait publié en 1939, dans *Alger républicain*, une série d'articles, « Misère en Kabylie », trop connus pour qu'on les présente, et il n'a pas été le seul à voir cette misère[93].

Bien au-delà de l'année 1930, et malgré des dissonances qui s'amplifiaient, la classe politique, à gauche comme à droite, a répété que le dessein de la France et ses résultats étaient « civilisateurs ». Par exemple, en 1956, Pierre Mendès France, parlant de « 1 200 000 hommes et femmes » qui « ne sauraient envisager de vivre ailleurs que sur cette terre à laquelle leurs parents et eux-mêmes ont donné un visage nouveau », énumérait ceux qu'il fallait sauver et pourquoi : « Ces petits colons isolés courageusement dans leurs fermes [...]; ces ouvriers, fonctionnaires ou cadres qui peinent dans les villes; [...] ces professeurs, médecins, instituteurs, missionnaires qui se sont acharnés depuis des années à montrer aux Algériens le visage de la France civilisatrice et bienfaisante[94]. » Que l'œuvre de la

91. Le *Bulletin du comité de l'Afrique française* reproduisait en mai 1930 un tract du Parti communiste avec des dessins et une légende en arabe, qu'il traduisait ainsi : « Après avoir pénétré dans votre pays, après avoir tué vos familles et brûlé vos récoltes, après avoir volé vos terres, la Colonisation française vous a donné l'ignorance, le vin, le libertinage, l'oppression odieuse. Vous vous entretuez (Maroc, Syrie) ; vous faites six mois de service de plus que les soldats français. L'Autorité vous considère comme des esclaves et les Colons fêtent votre esclavage par un centenaire. Le 1er mai, vos frères, les travailleurs français manifesteront contre leur Bourgeoisie. Fraternisez avec eux ; manifestez contre le Centenaire, contre votre mise en esclavage, contre la Colonisation française ». [Nous reproduisons les majuscules de la traduction du Bulletin]. Emmanuel Sivan parle de 280 adhérents en 1929, 200 en 1931, 130 en 1932. *Communisme et nationalisme en Algérie*, Presses de la Fondation nationale des sciences politiques, 1976, p. 55.

92. Jean Grenier, « Ils ont faim », *Nouvelle Revue française,* déc. 1937, p. 1040. Louis Bénisti (1903-1995) se souvenait d'un repas chez Jean Grenier, au début des années 1930 : « Il nous parlait [...] de la France dont l'action apportait avec les contraintes de la colonisation, l'esprit de ses penseurs et le souffle de la liberté. D'une France qui d'une part maintenait sa présence par la force et qui, de l'autre, faisait une identité à un pays encore soumis à des coutumes moyenâgeuses ». *On choisit pas sa mère (sic), inédit* [écrit en 1984], 2e chapitre, p. 5. Cité avec l'autorisation de Jean-Pierre Bénisti que je remercie vivement.

93. Par exemple, un ouvrage de souvenirs évoque, cinquante ans plus tard, l'émotion ressentie par l'auteur quand, instituteur débutant, il fut envoyé en Kabylie en octobre 1939 à la place d'un instituteur mobilisé et vit soixante élèves dont il décrit le dénuement : « J'avais le cœur serré devant tant de misère », Lucien Patania, *Chronique d'un itinéraire singulier*, À compte d'auteur, 1995, p. 123. (Voir chapitre IV, « Le cours ordinaire des choses »).

94. Pierre Mendès France, « Le salut de l'Algérie », *L'Express,* 24 janvier 1956, republié dans *Œuvres complètes*, IV, *op. cit.*, p. 158.

France soit bienfaisante, positive était l'opinion la plus répandue. On analyse, en annexe, les discours de Pierre Mendès France, et de très nombreux discours du général de Gaulle où l'œuvre « magnifique » de la France en Algérie était répétitivement saluée[95] : ce bilan permet de mesurer la force de cette certitude qui maintenant est passée sous silence, ou niée, voire inversée.

L'expression *œuvre française* est aujourd'hui condamnée, renvoyée à droite, voire à l'extrême droite. Pourtant *Le Monde,* par exemple, la qualifiait en 1959, sous la plume d'Hubert Beuve-Méry, de « magnifique malgré son passif » : « Faudrait-il donc tout lâcher, tout brader, se replier peureusement et piteusement sur l'Hexagone métropolitain ? Se désintéresser du sort d'un million de compatriotes et de l'œuvre – magnifique malgré son passif – qu'ils ont réalisée[96] ? » Cette affirmation pourrait-elle prendre place dans ce journal aujourd'hui ?

> Il ne s'agit pas là de l'opinion personnelle d'Hubert Beuve-Méry ; c'est tout le journal qui envisage ainsi les problèmes de l'Algérie. En 1956 par exemple, un manifeste de l'Association des oulémas musulmans d'Algérie avait suscité une réponse très vive du journal : « L'excès même des arguments dont [l'Association] use dans son manifeste et l'ignorance de l'histoire qu'elle révèle en attribuant à l'intervention de la France en Algérie en 1830 l'origine des malheurs du pays diminuent l'autorité de son intervention. C'est faire bon marché en effet de l'objectivité que d'écarter délibérément du jugement les traits bienfaisants d'une œuvre dont l'importance n'est contestée par aucun musulman algérien de bonne foi[97]. »

Que l'œuvre soit grande n'était pas seulement l'opinion de politiques ou de journalistes. Dans les années trente, Fernand Braudel, rendant compte de *l'Histoire de l'Afrique du Nord* de Charles-André Julien, écrivait : « De l'examen impartial auquel

95. Cf. annexe II, « *Les vérités de Pierre Mendès France* » ; annexe III, « Une page déchirée ».

96. Hubert Beuve-Méry, *Le Monde,* 27 août 1956, republié dans : *Onze ans de règne*, 1958-1969, Flammarion, 1974, p. 180.

97. *Le Monde,* 17 janvier 1956.

il la soumet, l'œuvre française, en Afrique du Nord, ne sort pas diminuée, tant s'en faut. À côté de nos fautes et nos erreurs qu'il serait impolitique de méconnaître, il y a notre œuvre de civilisation dont parle justement M. Julien. Le hasard qui est une grande force nous a conduits en Afrique du Nord. Nous avons accompli là de grandes choses. Nous pouvons regarder le passé, pensons-nous sans remords[98]. »

> En 1972, décrivant sa formation d'historien, Fernand Braudel expliquait : « En tout cas, je n'ai pas compris, à cette époque de ma vie, le drame social, politique, colonial qui était cependant sous mes yeux. Ce n'est qu'au-delà de 1939, il est vrai, que le paysage s'est assombri en Afrique du Nord et que la nuit est alors tombée d'un coup. Je me vois donc des excuses. Tout d'abord le besoin de vivre quand on a vingt ans [...]; la difficulté d'apprendre l'arabe [...]; l'inquiétude exclusive qui est la mienne au sujet de l'Allemagne [...]. Et surtout, il faut le dire, en 1923, en 1926 et durant les années qui suivent, l'Algérie française ne se présente pas à mes yeux comme un monstre[99]. »

Il faut souligner que dans les années de la guerre d'Algérie, des écrits qui admettaient ou même demandaient l'indépendance jugeaient en même temps que l'œuvre accomplie était positive. Raymond Aron, qui fut l'un des premiers, sinon à concevoir, du moins à dire publiquement l'inévitabilité de l'indépendance, écrivait dans *La Tragédie algérienne* : « Ces Français ont créé l'Algérie d'aujourd'hui, ils ont fertilisé les terres, ils ont creusé, bâti, ils ont lutté contre la nature et contre les hommes[100]. »

---

98. Fernand Braudel, « À propos de l'*Histoire de l'Afrique du Nord* de Ch.-A. Julien », *Revue africaine*, 1er et 2e trim. 1933, p. 52, republié dans *Autour de la Méditerranée*, Éd. de Fallois, 1996. Dans la *Revue historique*, Henri Hauser ayant dit le « mérite éminent et rare » du livre, avait estimé que le jugement de Julien sur l'œuvre française était « plutôt sévère ». « Parlons net, M. Julien n'aime pas les colonisations, les efforts d'un peuple pour s'installer sur la terre d'un autre, fût-ce à côté de lui et, somme toute, pour améliorer son genre de vie ; il ne croit pas l'opération avantageuse ni même durable » (mai-juin 1932, p. 667). Préfaçant le livre de Julien, Stéphane Gsell avait écrit : « Il n'aime pas les impérialismes et les nationalismes, les manières trop fortes et les opérations coloniales trop fructueuses ; il réserve sa sympathie aux gens qui reçoivent les coups et qui souvent d'ailleurs ont fait ce qu'il fallait pour les recevoir », p. x.

99. F. Braudel, « Ma formation d'historien », *Écrits sur l'Histoire*, II, Flammarion, 1994, p. 12 (coll. « Champs »), (texte publié dans *Journal of Modern History*, déc. 1972).

100. R. Aron, *La Tragédie algérienne*, Plon, 1957, p. 70 (coll. « Tribune libre »). Il faut souligner, sur ce terrain, la liberté de R. Aron ; il a souligné que par sa position sur l'indépen-

Cette opinion n'était pas contestée, avait donc écrit *Le Monde* pendant les événements d'Algérie ; même à cette époque, la mise en question, ou la condamnation, resta longtemps minoritaire.

« L'œuvre française », une opinion rarement monolithique

Tout au long de la présence française, de nombreux livres ont d'un même élan soutenu *et* critiqué sévèrement « l'œuvre » de la France ; il est inutile de trop s'attarder sur cette littérature non pas parce qu'elle est oubliée, mais parce qu'elle était sans effet à l'époque. Un exemple peut suffire, celui de Jean Mélia, qui fut un temps chef de cabinet du gouvernement général de l'Algérie et qui était bien connu comme « indigénophile ». Ses livres mêlent étroitement deux soucis : dénoncer tout ce qu'il y a « de cruel et d'inique » dans *Le Triste Sort des Indigènes musulmans d'Algérie*[101] (1935) et prôner l'assimilation, la francisation « entière, absolue » de l'Algérie, jugée nécessaire aussi bien pour le bonheur de l'Algérie que pour l'avenir de la France ; celle-ci a besoin de l'Afrique pour rester « une nation de premier rang[102] ».

> Dans ce livre, Jean Mélia dressait un tableau très sombre du sort des Indigènes traités en Français de seconde zone, « hors du droit commun, dans une infériorité morale, sociale et politique[103] ». Il multipliait les critiques contre l'expropriation, le code forestier, les tribunaux d'exception, les « salaires de famine »... Aujourd'hui, une critique aussi nette serait perçue comme approuvant la revendication d'indépendance. Ce n'était nullement le cas. Jean Mélia pensait aussi que la France avait fait du bien : elle avait assaini les terres et leur

dance, il s'était trouvé en dehors de *tous* les partis, « parce qu'on fond je n'aurais jamais pu dire que les tenants de l'Algérie française étaient des "chiens". Et que je ne pensais pas qu'ils fussent moralement coupables ». Propos recueillis par B.-H. Lévy, *Nouvel Observateur*, mars 1976, republiés dans *De Sartre à Foucault*, Hachette, 1984, p. 87.

101. Jean Mélia, *Le Triste Sort des Indigènes musulmans d'Algérie*, Mercure de France, 1935 (les mots « cruel et inique » : p. 14).

102. *Id.*, voir pp. 8-10.

103. *Ibid.*, p. 10.

avait rendu la fertilité qui faisait d'elles autrefois « le grenier de l'Europe », elle avait apporté l'ordre et la paix, la santé, l'instruction, « si bien qu'à l'heure actuelle l'Algérie ne peut plus ne pas être française [104] ».

En 1950, alors que des revendications étaient proclamées au grand jour, que les traumatismes créés par les massacres d'Européens et la répression de mai 1945 étaient encore vifs, Jean Mélia, dans une *Histoire de l'Université d'Alger*, célébrait l'Algérie, terre française, pas seulement par ses vignobles et par ses industries, mais par l'instruction « qui pétrit l'âme algérienne à l'image même de l'âme française [105] ». Retraçant l'essor de l'enseignement, il concluait à la nécessaire francisation de l'Algérie. En 1950, répétons-le. En lisant son ton lyrique, son assurance pour parler de la « mission morale enfin réalisée » par la France, on mesure l'énorme distance qui sépare le jugement porté aujourd'hui sur cette société de la vue qui était encore courante dans les années 1950. Ainsi Jean Mélia félicitait-il la France de son travail d'instruction, et il écrivait que, s'il y avait 100 000 enfants d'origine musulmane qui fréquentent les écoles primaires, 900 000 autres « ne peuvent y entrer, faute de place [106] ». Cette disproportion ne peut être évoquée aujourd'hui sans être assortie d'une condamnation de la France. Or Jean Mélia voulait, sans la moindre hésitation, que l'Algérie soit française, éternellement.

Ce type de sensibilité était courant à l'époque : certitude de la supériorité de la civilisation française et nécessité de réformes en faveur des musulmans. Il est intéressant de relever ce que le gouverneur Roger Léonard dit des élus du premier collège de l'Assemblée algérienne, en 1953 ; tous considèrent « la souveraineté française comme un dogme et la supériorité de notre culture et de notre civilisation comme une évidence », mais la moitié environ trouvent nécessaire « de faire aux musulmans une place plus large, d'avoir plus d'égards pour leur dignité comme pour leurs immenses besoins [107] ». Ce réformisme peut sembler bien tiède pour l'époque, mais il indique que les élus n'étaient pas tous des réactionnaires crispés comme il est souvent dit. On a trouvé parfois une sensibilité proche dans les entretiens, (mais l'idée d'assimilation avait disparu) ; des militants de gauche, critiques sur plus d'un point, louent l'œuvre, la présence française.

---

104. *Ibid.*, p. 15.
105. J. Mélia, *Histoire de l'université d'Alger*, Alger, La Maison des Livres, 1950, p. 11.
106. *Id.*, p. 273. Les chiffres de J. Mélia ne prétendaient pas être « vrais », mais ils voulaient mettre en évidence le poids considérable des enfants non scolarisés.
107. Roger Léonard, *Souvenirs du pays perdu, inédit* [écrit dans les années 1970], *3 vol.*, prêtés et cités avec l'autorisation de Jean-Claude Léonard que je remercie vivement, t. I, p. 139.

Lucien Febvre, dans son *Rabelais,* tenait à rappeler que « chaque époque se fabrique mentalement son univers » et qu'elle « se fabrique mentalement sa représentation du passé historique » ; cette représentation du passé malmène, transforme, falsifie, ignore le passé réel. L'historien doit prendre de la distance avec la représentation d'aujourd'hui pour déchiffrer l'univers d'hier, en accumulant des faits, en les contrôlant, en recherchant des aspects laissés dans l'ombre ; sur ce terrain, la tâche est particulièrement difficile.

Jusqu'à la fin de l'Algérie française, l'opinion qui a prédominé était donc la conviction que l'œuvre de la France était grande malgré des erreurs, malgré des drames, malgré des choses qui n'étaient pas faites, qu'elle était une avancée sur la voie du progrès, de la civilisation. Cette opinion est maintenant très rare et circonscrite ; en tout cas, elle n'est presque jamais énoncée ; elle l'a été récemment, et exceptionnellement, par le président de la République : « Pacification, mise en valeur des territoires, diffusion de l'enseignement, fondation d'une médecine moderne, création d'institutions administratives et juridiques, voilà autant de traces de cette œuvre incontestable à laquelle la présence française a contribué [...]. Traces matérielles certes, mais aussi apport intellectuel, spirituel, culturel [...]. Aussi, plus de trente ans après le retour en métropole de ces Français, il convient de rappeler l'importance et la richesse de l'œuvre que la France a accomplie là-bas et dont elle est fière ». Ainsi parlait Jacques Chirac en inaugurant, le 11 novembre 1996, un monument à la mémoire des victimes civiles et militaires tombées en Afrique du Nord de 1952 à 1962[108].

L'opinion d'Edmond Charlot – qui a été le premier éditeur de Camus – est ici particulièrement intéressante, car sa personnalité et ses activités sont connues : « Loin de moi l'idée de penser que la France n'avait rien fait en Algérie. Elle y a presque tout fait et en tout cas plus que ce qu'aucun pays n'a fait dans le

108. Allocution de Jacques Chirac, président de la République, 11 novembre 1996, *Bulletin d'information du GNPI,* organe semestriel du Groupement national pour l'indemnisation des biens spoliés ou perdus d'outre-mer, févr. 1997, n° 145, p. 42.

monde colonial. Mais elle n'est pas allée jusqu'au bout[109] » : ces mots ont été publiés en 1989.

L'évolution de l'expression « Algérie française »

L'expression « Algérie française » est utilisée depuis l'indépendance comme une étiquette politique infamante ou comme un slogan dérisoire. « Parle-t-on de la Picardie française », ironisait Jean Daniel fin 1962, en ajoutant que « si la chose était vraie on n'aurait pas besoin de la préciser[110] » : il oubliait l'extrême fréquence, la généralité et surtout l'usage tout proche de cette expression par la gauche, par Pierre Mendès France par exemple. Son usage s'est maintenu presque jusqu'à la fin de la présence française : région française, Algérie française, départements français étaient des expressions courantes, à gauche comme à droite.

À l'Assemblée consultative provisoire, au cours d'un long débat consacré en juillet 1945 à la répression menée par l'armée après le massacre de plus de cent Européens dans le Constantinois le 8 mai 1945, José Aboulker (Compagnon de la Libération, étudiant en médecine, situé à l'extrême gauche) s'en prenait à tout ce qui avait empêché et retardé les réformes « qui doivent tranformer [l'Algérie] en une région française[111] », c'est-à-dire à « un colonialisme qui sent sa fin prochaine ». « Quand je pense à l'état larvaire de la démocratie dans les États arabes, avec, par exemple, les syndicats égyptiens présidés par les commissaires de police *(Sourires),* ou quand je me souviens des préjugés raciaux ou des méthodes coloniales de certains de nos alliés, je prétends que c'est sans le moindre sentiment d'infériorité que nous pouvons nous livrer honnêtement,

---

109. Edmond Charlot, « La culture pied-noir, ça n'existe pas », dans : Monique Ayoun, Jean-Pierre Stora, *Mon Algérie*, Acropole, 1989, p. 228.

110. Jean Daniel, « Les raisons de l'espoir », *L'Express,* 1er novembre 1962, p. 17, republié dans *De Gaulle et l'Algérie*, Éditions du Seuil, 1986, pp. 261-265.

111. José Aboulker, Assemblée constituante provisoire, séance du 10 juillet 1945, *J.O.*, p. 1351, col. 1.

lucidement, démocratiquement, à notre examen de conscience : le bilan sera tout de même positif (*Très bien ! Très bien !*)[112]. »

Lors d'un entretien, José Aboulker est revenu à deux reprises sur son état d'esprit d'alors : « On n'était pas anticolonialiste, on n'était pas pour une indépendance, ça n'existait pas ; moi j'ai fait un discours à l'Assemblée pour qu'on donne des droits aux Algériens. [...] on était pour la liberté des individus, pas pour la liberté d'une nation, le problème ne se posait pas. » « J'étais contre le colonialisme dominateur et répresseur contre les individus, injuste et moralement inacceptable, mais ça n'allait pas du tout jusqu'à admettre encore l'idée d'indépendance. Et à mon avis le terme de décolonisation n'existait pas encore ; quand j'ai fait mon intervention en 45, il n'existait pas ; il n'existait pas en français en tout cas. Alors, la chose... » (*entretien du 18 mars 1997*).

À la fin de son intervention du 10 juillet 1945 , José Aboulker rappelait à la métropole ses torts : « Le tort de ne pas avoir encore appliqué réellement l'ordonnance du 7 mars et avant tout de ne pas avoir réalisé l'égalité totale des droits sociaux, avant de passer bientôt à l'extension des droits politiques et à la citoyenneté française pour tous ; le tort de ne pas supprimer une fois pour toutes cet appendice périmé qui traîne derrière nos lois et nos décrets : la mention “applicable à l'Algérie”, et de ne pas traiter les trois départements africains comme les autres[113]. »

Après les attentats du 1er novembre 1954, Pierre Mendès France avait parlé fort clairement : « On ne transige pas lorsqu'il s'agit de défendre la paix intérieure de la nation, l'unité, l'intégrité de la République. Les départements d'Algérie constituent une partie de la République française. Ils sont français depuis longtemps et de manière irrévocable. Leurs populations, qui jouissent de la citoyenneté française et sont représentées au Parlement, ont d'ailleurs donné [...] assez de preuves de leur attachement à la France pour que la France à

112. J. Aboulker, *id.*, p. 1354, col. 3.
113. *Ibid.*, p. 1355, col. 1.

son tour ne laisse pas mettre en cause son unité. Entre elles et la métropole il n'y a pas de sécession concevable. Cela doit être clair une fois pour toutes et pour toujours aussi bien en Algérie et dans la métropole qu'à l'étranger[114]. »

À cette séance du 12 novembre 1954, le ministre de l'Intérieur, François Mitterrand, répondit sans ambiguïté à une série d'interpellations : « Faut-il que l'Algérie ferme la boucle de cette ceinture du monde en révolte depuis quinze ans contre les nations qui prétendaient les tenir en tutelle ? Eh bien ! non, cela ne sera pas, parce qu'il se trouve que l'Algérie, c'est la France, parce qu'il se trouve que les départements de l'Algérie sont des départements de la République française[115]. » « Tous ceux qui essayeront, d'une manière ou d'une autre, de créer le désordre et qui tendront à la sécession seront frappés par tous les moyens mis à notre disposition par la loi. Nous frapperons également tous ceux qui y contribueront, même indirectement. Il n'est pas supportable que, par voie de presse, d'écrits, de discours ou sous quelque forme que ce soit, à plus forte raison par les armes, un citoyen s'oppose à la nation, au risque de la déchirer. En tout cas, s'il le fait, le gouvernement n'a qu'un devoir, et vous pouvez compter sur le ministre chargé de cette mission, au nom de ce gouvernement, pour décider des mesures qui s'imposeront. Il y a dans l'histoire de la République assez d'exemples, de grands exemples, vers lesquels notre volonté doit se reporter dans les moments difficiles. L'Algérie, c'est la France[116]. »

Le parti communiste est souvent attaqué aujourd'hui sur son attitude pendant la guerre d'Algérie ; il lui est reproché de ne pas avoir compris le nationalisme algérien, et c'est toujours la même phrase qui est citée : fidèle à l'enseignement de Lénine, le parti communiste « ne saurait approuver le recours à des actes individuels susceptibles de faire le jeu des pires colonialistes si même ils n'étaient pas fomentés

---

114. P. Mendès France, intervention à l'Assemblée nationale, 12 novembre 1954, republiée dans *Œuvres complètes*, III, *Gouverner, c'est choisir*, 1954-1955, Gallimard, 1986, p. 455.

115. François Mitterrand, Assemblée nationale, séance du 12 novembre 1954, *J.O.*, p. 4967, col. 2.

116. *Id.*, p. 4968, col. 1.

par eux[117] ». Cette phrase a bien été prononcée par Robert Ballanger dans ce débat, mais elle ne suffit pas à résumer l'intervention et son point central. Car on y trouve les expressions caractère national, sentiment national, revendications nationales, nation algérienne en formation, réalités nationales, aspirations nationales, mouvement national algérien, réalité algérienne; certaines de ces expressions, comme mouvement national, étant utilisées plusieurs fois[118]. Il interpellait le ministre de l'Intérieur avec des arguments cohérents et forts : « Votre position, celle du gouvernement – l'Algérie est une province française, c'est trois départements français –, est une position bien fragile et bien simpliste pour résister à la force des faits et des réalités algériennes. Si l'Algérie est une province française, pourquoi la sécurité sociale, les allocations familiales n'y jouent-elles pas comme en France? Pourquoi cette discrimination contre les travailleurs algériens? Si l'Algérie est une province française, pourquoi la loi municipale n'est-elle pas semblable à la loi française? Pourquoi y a-t-il des communes mixtes avec des administrateurs? Pourquoi les habitants de ces communes sont-ils privés des droits du citoyen les plus élémentaires? Pourquoi, si l'Algérie est une province française, y a-t-il un gouverneur général? Personne ne croit à ces affirmations, même pas vous, monsieur le ministre[119]. » Alice Sportisse, député communiste d'Oran, fut plus réservée que Robert Ballanger; toutefois, elle affirma qu'il ne s'agissait pas de trois départements, que les Algériens était un « peuple colonisé[120] » et qu'ils aspiraient à « l'institution d'une république algérienne ayant son parlement, son gouvernement et sa constitution[121] ».

Lors de sa chute, en février 1955, Pierre Mendès France maintenait et développait sa position : défendre l'intégrité de la République française, dire la fierté du travail accompli et

117. Robert Ballanger, Assemblée nationale, séance du 12 novembre 1954, *J.O.*, p. 4955, col. 1.

118. Le problème du nationalisme algérien embarrassait pourtant le parti communiste, comme le disent ses critiques; c'est dans une revue marginale, *La Pensée*, et sous la plume d'un universitaire, Jean Dresch, qu'on parle du « fait national algérien » et qu'on demande de négocier « en reconnaissant seulement, au prélable, le fait national algérien, le droit des Algériens à l'indépendance », n° 68, juil.-août 1956, p. 13. Les réticences du parti communiste tiennent en partie au fait que les dirigeants avaient une vue nette des « petits Blancs ». Claude Roy, « en avance » sur son parti, se souvenait d'une conversation privée avec Maurice Thorez au début de 1955; celui-ci lui avait rétorqué qu'il y avait « un petit peuple de prolétaires européens, dont il fallait penser à préserver les droits légitimes », *Somme toute*, Gallimard, 1976, p. 78.

119. R. Ballanger, séance du 12 novembre 1954, *J.O.*, p. 4954, col. 2.

120. Alice Sportisse, séance du 12 novembre 1954, *J.O.*, p. 4957, col. 2.

121. *Ibid.*, p. 4958, col. 1.

répondre à la misère dont, affirmait-il, la France n'était pas responsable : « Et j'aurais du mépris pour un gouvernement qui [...], s'agissant d'un territoire menacé comme celui-là, aurait opéré un pareil choix pour des fins autres que celles qui concernent l'intérêt national. [...] il est vrai qu'aucune mesure d'ordre politique ou administratif, qu'aucune précaution militaire ne sera suffisante si nous n'apportons pas en même temps aux populations autochtones une aide rapide et massive contre le chômage et contre la faim. Il est vrai que notre ennemi, au-delà de quelques malheureux égarés par des propagandes criminelles, notre ennemi, c'est la misère *(Applaudissements à gauche et sur quelques bancs à l'extrême droite),* la misère qui fournit aux recruteurs de fellaghas les réserves disponibles de la faim et du désespoir. Certes, nous pouvons faire état, et nous le faisons souvent avec fierté, de nos investissements, de nos barrages, des écoles, des hôpitaux, de l'extension remarquable des terres cultivées, des prospections, des grands travaux. [...] Cette pression démographique qui submerge les ressources alimentaires est un phénomène qui se constate dans toutes les régions du monde et dont l'administration française n'est pas responsable, sinon par les progrès, que nous ne pouvons pas regretter, de l'hygiène et de l'équipement sanitaire que nous avons mis en place[122]. » À la fin de son intervention, il affirmait : « Je ne pense, ce soir, qu'à la pérennité française en Afrique du Nord, à cette pérennité que symbolisera demain l'implantation en Algérie de notre nouvelle école de Saint-Cyr[123]. »

Ce que dit Mendès France en 1955 ou en 1956[124] est exacte-

122. Un an plus tard, Jean Amrouche parlant de la misère et de la faim « qui sèche les lèvres et torture les entrailles », dit « que partout où il règne, l'état colonial entretient et répand » la faim. Discours prononcé à la salle Wagram, 27 janvier 1956, *Économie et humanisme,* mars-avril 1956, republié dans : *Un Algérien s'adresse aux Français, op. cit.*, p. 23. À ce que dit P. Mendès France sur la pression démographique pour la déplorer, Jean Amrouche a une réponse : « la natalité galopante est effet d'un réflexe de l'organisme social menacé de mort par la colonisation et qui n'a pas d'autre moyen de lutter et d'assurer la survie que de mettre de son côté la puissance du nombre [...] » « Algeria fara da se », *Témoignage chrétien,* 8 nov. 1957, *id.*, p. 43.

123. P. Mendès France, Intervention à l'Assemblée nationale, 3 février 1955, *Œuvres complètes, III, op. cit.*, pp. 710-711 et p. 716.

124. En avril 1956, Mendès France explique que l'impératif pour la France est sa permanence en Algérie : « Croyez bien que tous ceux qui ont étudié les problèmes dont vous m'entretenez savent que la perte de l'Algérie (et ensuite inévitablement de toute l'Afrique du nord) serait un désastre national sans précédent. La France en souffrirait profondément et pen-

ment ce que les Français d'Algérie pensaient et dirent en 1958, en 1960, en 1962 : œuvre française, fierté, civilisation matérielle, pérennité de la France... Sans s'attarder ici aux discours du général de Gaulle sur l'œuvre française, qui sont analysés plus loin, relevons au moins une assurance qu'il donna pendant la semaine des Barricades (janvier 1960) : la France « veut aboutir à une paix qui soit la paix, faire ce qu'il faut pour que le drame ne recommence pas ensuite, agir de manière à ne pas perdre, en fin de compte, l'Algérie, ce qui serait un désastre pour nous et pour l'Occident[125]. »

Il est souvent reproché aux Français d'Algérie d'avoir été inconscients, ignorants, en croyant encore à l'Algérie française après l'arrivée du général de Gaulle au pouvoir. Du discours du 4 juin 1958 à Alger – le fameux « Je vous ai compris » – il est fréquemment affirmé qu'il était habile, ambigu. On peut noter que Raymond Aron, que personne n'a jamais supposé ignorant ou inconscient, ayant lu ce discours, déclara à Harvard, le 12 juin 1958 : « Le monde doit prendre note que ni les colons, ni l'armée, ni le gouvernement de Paris ne seront jamais prêts à abandonner l'Algérie. Cela peut nous plaire ou nous déplaire, mais la décision semble définitive[126]. »

L'abandon, en un temps très court, d'idées qui avaient été fortement exprimées et répétées par la classe politique, explique le désarroi et le désespoir des Pieds-noirs ; ils n'avaient pas eu le temps de voir, d'éprouver ce changement tant il fut accéléré. Aujourd'hui, parler d'œuvre française est encourir une condamnation ou de la suscipion, et même susciter de la gêne pour en avoir parlé naguère[127].

---

dant des dizaines d'années ; il lui faudrait en effet transformer alors d'une manière profonde toute sa structure économique [...] le rôle de la France dans le monde au point de vue politique serait aussi bouleversé d'un seul coup. » Lettre à M. Malosse sur la présence française en Algérie, 21 avril 1956, *Œuvres complètes, IV, op. cit.*, pp. 184-185.

125. Charles de Gaulle, *Discours et messages*, III, Avec le renouveau, Plon, 1970, Allocution du 29 janvier 1960, p. 162.

126. R. Aron, « Discours de Harvard », 12 juin 1958, *Commentaire*, févr. 1985, p. 442.

127. Maurice Aymard, préfaçant *Autour de la Méditerranée*, de Braudel, prend quelques précautions pour parler des comptes rendus écrits par Fernand Braudel dans les années 1930. « Il n'échappe pas, et il ne pouvait sans doute pas échapper à la fascination de cette "Algérie française" que "l'Armée française a faite avant les colons" » (1996), Livre de poche, 1998, p. 17 [il faut souligner le verbe *échapper*].

LES ANACHRONISMES ET LES MIRAGES D'UNE HISTOIRE POLITIQUE

Cette recherche qui écarte les deux thèses, *la nuit coloniale* et *l'œuvre française*, ne veut pas non plus faire une histoire politique telle que Charles-Robert Ageron l'a construite et largement imposée[128]. L'hypertrophie du regard qu'il a porté sur le politique (le mouvement revendicatif de l'émir Khaled ; les courants du nationalisme algérien[129], c'est-à-dire les oulémas, l'Étoile nord-africaine, le parti populaire algérien, le Congrès musulman ; le parti communiste algérien ; les forces politiques des Européens, c'est-à-dire les Croix de feu, le parti populaire français, etc.) aboutit à décrire une société définie avant tout par des antagonismes et des tumultes politiques. Des Français d'Algérie, Charles-Robert Ageron ne parle que pour décrire leur évolution démographique et l'agriculture coloniale ; quant musulmans, ils existent en tant que militants, et l'historien a tendance à enfler leur activité politique. Parlant souvent des « masses », sans jamais dire comment il les a auscultées, les voyant fort facilement enfiévrées, exaltées, sans dire comment il a mesuré cette fièvre, il brosse une société intensément politisée.

> « Seul le conflit gréco-turc – la guerre de l'indépendance, disaient les Turcs – enfiévra véritablement les masses algériennes. Les victoires de Moustafa Kemal [...] exaltaient les imaginations » (p. 298). « Le Mzab, alors en quasi-révolte depuis qu'on avait décidé de lui appliquer la conscription, se révélait une "pépinière de nationalistes" et les riches Mozabites finançaient volontiers tous les journaux d'opposition » (p. 298). Dans les années 1933-1935, « la contestation politique ne fut pas seulement le fait de quelques individualités ; elle gagna les masses » (p. 419). « Le régime colonial était donc remis en

128. Ch.-R. Ageron, *Histoire de l'Algérie contemporaine*, II, *De l'insurrection de 1871 au déclenchement de la guerre de libération*, P.U.F., 1979.

129. Au cours de l'entretien déjà cité, M. José Aboulker dit : « Ces historiens qui font des pages et des pages sur les partis nationalistes avant la guerre de 40 ne se rendent pas compte à quel point c'était quelque chose de minoritaire, de minuscule » (*entretien du 18 mars 1997*).

cause. “Tout, sauf le *statu quo*”, écrivait Ferhat Abbas le 18 janvier 1935 ; malgré son côté romantique, cet appel symbolisait assez bien le sentiment de l’opinion algérienne » (p. 419). « Toute l’Algérie musulmane se mit à rêver d’une Algérie libre et fédérée à la nation arabe » à l’automne de 1944 (p. 569). « Dans les cinémas d’Algérie fréquentés par les Musulmans, chaque apparition du chancelier était saluée d’applaudissements prolongés » (p. 556) [il s’agit de Hitler]. On pourrait recopier des dizaines de propositions aussi péremptoires, aussi générales, mais qui sont invérifiables, et même, dans le dernier cas, unanimement contestées.

Un Constantinois, parlant dans un entretien des lectures qu’il avait faites pour comprendre le pays perdu – F. Abbas, E.-F. Gautier, etc. –, dit : « Après, j’ai lu Ageron, j’ai dit : qu’est-ce qu’il raconte ? C’est de la chair à canon pour la théorie marxiste. En plus, quand on lit ce livre et qu’on est Pied-noir, on se sent vraiment agressé..., pour parler des autres comme ça... mais quelle image on aurait de la France... Quoi, les Pieds-noirs n’ont jamais eu de débats de conscience, ils n’ont jamais eu de copains musulmans... Moi qui ai grandi dans une famille qui est vraiment, comme on dit maintenant dans les chaumières, multiculturelle..., ça c’est l’histoire dite militante » (*entretien 177, génération 1940-1945).*

Qu’il y ait eu des poussées de fièvre dans les années 1934-1937, comme l’écrit Charles-Robert Ageron, les cris d’alarme du *Bulletin du comité de l’Afrique française* et la promulgation du décret Régnier[130] en apportent une confirmation ; mais ce *Bulletin* recherchait avec obstination, on peut même dire traquait, tout ce qui pouvait paraître « antifrançais » et qui parfois ne l’était pas, Jean Mélia, par exemple, était suspecté.

130. À partir de 1933, le *Bulletin du Comité de l’Afrique française* a multiplié les rubriques « À l’assaut de l’Afrique française du Nord », « L’agitation nord-africaine », « Le malaise nord-africain », etc., chroniques rendant compte de toutes les manifestations, de tous les écrits venant d’un parti « anticolonial » : les Oulémas de Ben Badis, le parti communiste, l’Étoile nord-africaine, etc. Les articles, dont un grand nombre était écrit par Joseph Desparmet, professeur d’arabe au lycée d’Alger, montrent une connaissance réelle du monde arabe et une volonté offensive de maintenir la « prépondérance française » ; évoquant des menaces sur la paix civile, ils voulaient obtenir des mesures de prévention. Le décret Régnier (du nom du ministre de l’Intérieur du ministère Flandin) sortit en avril 1935, renforçant les lois et règlements prévus pour la répression des désordres ou manifestations contre la souveraineté française.

Charles-Robert Ageron non seulement amplifie les mouvements politiques, mais il lit ce passé dont on connaît l'issue comme si le nationalisme des années 1950-1960 y était déjà inscrit[131], et il les case, pour reprendre une expression d'Augustin Berque, dans « nos tiroirs occidentaux[132] ». Ce faisant, il accable implicitement les Français d'Algérie puisqu'ils n'avaient rien vu de ce qui, selon lui, était visible et lisible. Or qu'avait vu de ces agitations algériennes le bon observateur, Augustin Berque, alors à la sous-direction des Affaires indigènes ? Il a décrit, en 1932, ce qu'il voyait depuis 1920 : « D'abord, le khalédisme qui se forma des mécontents d'après-guerre, de l'effervescence des premières élections, des colères des démobilisés [...]. M. Khaled, qui se décernait du génie et pensait travailler pour l'éternel, fut grignoté en deux ans par la direction des Affaires indigènes. [...] Ce fut ensuite le bolchevisme, l'épouvantail de la faucille et du marteau. M. Kaid Hammoud, non encore pourvu d'un riche domaine, se déclarait collectiviste, et M. le docteur Bentami, dont faiblissait la clientèle, avouait que tout n'était pas à condamner dans le système communiste. [...]. Puis le ballon bolcheviste se dégonfla. [...] Vint après la propagande du cheikh Benalioua, fondateur d'une confrérie nouvelle qui croissait avec une inquiétante rapidité. Ses affiliés de Constantine, en proie à une épilepsie collective et tous, comme il se doit, favorisés de visions miraculeuses, affolèrent certains administrateurs pronostiquant déjà l'insurrection générale. [...] Soudain, par enchantement, l'effervescence s'apaisa. Benalioua sollicita les Palmes académiques et fit passer notre candidat dans l'arrondissement de Sétif. Comme quoi, en islam berbère, il n'est pas toujours opportun de se hâter pour enrayer un mouvement ! Bien au contraire ! » Augustin Berque estimait éphé-

131. Jacques Berque disant que son père ne pouvait concevoir des « sauts » dans l'évolution, ajoutait : « nous-même, qui écrivons cela aujourd'hui, nous n'en avions pas l'idée à l'époque, non plus sans doute que la plupart des futurs héros de l'indépendance n'imaginaient alors les bouleversements à venir », « Augustin Berque par un témoin de sa vie », *Écrits sur l'Algérie*, *op. cit.*, p. 17.

132. Augustin Berque, « Les capteurs de divin » (1951), *Écrits sur l'Algérie*, *op. cit.*, p. 90.

mère, inconsistante, imprévisible l'agitation dans le Maghreb d'alors [133]. Les Français d'Algérie ne voyaient à peu près rien de ces fièvres, ou ne les prenaient pas au sérieux, ou encore, comme Augustin Berque, ils pouvaient penser que c'était « une psychologie de sursauts ». D'ailleurs, si ces tensions avaient été au premier plan de la vie, comment auraient-ils pu vivre, au quotidien, un bonheur passionnément évoqué par Camus et qui encore aujourd'hui est raconté et ressassé [134] ?

Pour une histoire existentielle

« L'Histoire, telle qu'elle est écrite d'habitude, donne aux événements "politiques" publics la plus grande importance, tandis que les faits spirituels – "intimes" – sont largement oubliés : pourtant ce sont eux – les faits intérieurs – qui, dans l'expérience des êtres humains, sont les plus réels et les plus immédiats ; ce sont eux, et eux seuls qui, en dernier ressort, constituent la vie ; il s'ensuit donc que ce que disent la plupart des historiens politiques n'a aucun sens. » Isaiah Berlin résume ainsi la vue que Tolstoï avait de l'Histoire [135].

Ce qui nous intéresse dans ce livre, ce sont les modes de vie des Français d'Algérie, c'est-à-dire leur vie quotidienne [136], leur travail, leurs héritages et leurs emprunts, la poussière d'habi-

---

133. A. Berque, « Quel avenir ? », extrait de *Le Néo-wahabisme*, ouvrage inédit, *Écrits sur l'Algérie*, *op. cit.*, pp. 196-197.

134. Dans un panégyrique de Charles-Robert Ageron, Daniel Rivet pose tout de même une question, il lui demandait s'il n'aurait pas pu restituer une « topographie plus complexe et plus douloureuse » de l'Algérie française que celle qu'il avait donnée à voir, en évoquant *Le Premier Homme*, « Charles-Robert Ageron, historien de l'Algérie coloniale ». *La Guerre d'Algérie au miroir des décolonisations françaises*, Société française d'histoire d'outre-mer, 2000, p. 14. Le mot « complexe » est à retenir.

135. Isaiah Berlin, *Les Penseurs russes*, Albin Michel, 1984, p. 68 (« Le hérisson et le renard »).

136. Ce thème a été abordé par des Pieds-noirs, en particulier : Marc Baroli, *La Vie quotidienne des Français d'Algérie* (1830-1914), (1967) ; rééd., L'Harmattan, 1992 ; Pierre Mannoni, *Les Français d'Algérie*, L'Harmattan, 1993 ; Joëlle Hureaux, *La Mémoire des Pieds-noirs* de 1830 à nos jours, Olivier Orban, 1987, Daniel Leconte, *Les Pieds-noirs*, Éditions du Seuil, 1980.

tudes, de loisirs, d'illusions, d'attachements qui les animaient. C'est sans doute parce qu'ils ont « perdu » – c'est ainsi qu'ils sont perçus et se perçoivent[137] –, que les Français d'Algérie n'ont guère attiré l'attention des historiens et qu'ils sont jugés sans avoir été étudiés. Un professeur de médecine, Félix Lagrot, m'avait écrit après notre rencontre : « Il est désirable et bon d'être jugé et vu par un "troisième œil" sincère[138]. » La distance est nécessaire, en effet, pour écouter, pour chercher à comprendre et pour expliquer ; il m'a toujours semblé indispensable de travailler sur un objet extérieur[139]. Être de plain-pied donne une aisance certaine, mais elle est souvent illusoire ; la connivence empêche aussi de poser certaines questions, même d'y penser, et ce sont parfois les plus décisives. Quant à « juger », rien ne me paraît plus juste que ce que Raymond Aron a écrit dans *La Tragédie algérienne ;* il invitait à prendre en compte les revendications des nationalistes mais sans abandonner les Français d'Algérie, et il faisait l'hypothèse : « Probablement nos sentiments seraient-ils ceux de nos compatriotes d'Algérie si nous étions à leur place[140] », remarque qui devrait limiter, autant que possible, le jugement.

Fernand Braudel a écrit : « Un jour peut-être, sur ces années perdues, un "Pied-noir" écrira un livre comme *Autant en emporte le vent*[141]. » Ce roman n'existe pas. Le volume considérable d'écrits de Pieds-noirs – récits d'enfance, souvenirs, livres sur « l'œuvre française », livres d'histoire, etc. – apporte, me semble-t-il, assez peu à la compréhension de ce monde original, complexe, contradictoire. D'abord parce que beaucoup

137. « Tout le monde est perdant dans cette affaire. Qui est gagnant ? Nous, on a perdu. Les intellectuels ont une amère victoire. Les Algériens, ils ont gagné une identité, je n'en suis pas sûr. Est-ce qu'en histoire vous connaissez un exemple où tout le monde perd ? » (*entretien 79*).

138. Lettre de Félix Lagrot [Alger, 1899, Toulouse, 1998] à l'auteur, Toulouse, 3 juillet 1996.

139. Les travaux sur le communisme faits par des communistes, sur le catholicisme par des catholiques et même sur le monde juif par les juifs sont (au mieux) partiels. Marc Ferro rapporte des propos anciens de Braudel disant à Léon Poliakov : « Comment peux-tu comprendre les juifs si tu n'étudies les juifs que de l'intérieur ? » Débat « Histoire et conscience de l'Histoire », *Mémoire et Histoire*, XXVe colloque des intellectuels juifs de langue française, Denoël, 1986, p. 155. Bonne leçon.

140. R. Aron, *La Tragédie algérienne*, *op. cit.*, p. 70.

141. F. Braudel, « Ma formation d'écrivain », *article cité,* p. 12.

sous-estiment la singularité de la vie en Algérie, certains, de souche française en particulier, disent dans les entretiens, qu'ils vivaient comme on vivait dans n'importe quelle province de l'Hexagone[142]. La familiarité fait que le plus souvent un Pied-noir ne ressent pas le besoin d'expliquer une conduite ou une opinion, puisque ce sont pour lui des évidences ; « c'était comme ça » est une expression très fréquente, dans tous les entretiens. L'une des tâches d'un « troisième œil » est d'expliquer *pourquoi « c'était comme ça »*, de rendre intelligible une société qui n'a pas été comprise en son temps et qu'on n'a pas cherché à comprendre après l'exil[143]. Enfin, beaucoup d'écrits de Pieds-noirs, répondant implicitement aux condamnations qu'ils ressentent avec amertume, se cantonnent dans des plaidoyers *pro domo*, dans la défense de la présence française, avec souvent des schématismes et des blancs.

On explique, en annexe, ce qu'on a recherché dans les entretiens qui sont à la base des chapitres IV et V évoquant la vraie texture de la vie des individus : une mentalité, non des informations. Mais aussi importante que la collecte de souvenirs, d'émotions est leur transmission : il faut donner aux lecteurs les clés pour comprendre les modes d'être et les espoirs des Français d'Algérie. On ne le répétera jamais assez, ils sont profondément, et on peut dire inconsciemment, les enfants de l'idéologie de la IIIe République, de cette « fierté impériale » que Jules

142. Des livres échappent bien sûr à cette vue simplifiée. Par exemple, *L'Escalier de Béni-Saf*, d'Henriette Georges (Robert Laffont, 1988) où est racontée la vie en commun des trois populations. Il existe aussi un document important, les *Souvenirs d'un Français d'Algérie*, d'Aimé Baldacci (né à Alger en 1916) : les souvenirs racontent la vie privée et la vie professionnelle et aussi, de manière détaillée, l'histoire de l'Algérie que l'auteur a connue : ces 8 volumes, parus de 1983 à 1997 (À compte d'auteur, sauf les volumes 2, 3 et 4 publiés chez Sorlot-Lanore) font plus de 2 600 pages : ce volume fait que ces livres ne peuvent être lus que par des Français d'Algérie et des spécialistes.

143. Il est très fréquent de trouver une absence complète de sensibilité au drame des Pieds-noirs : à la fin d'une très grosse *Histoire de la guerre d'Algérie*, Alistair Horne écrit : « La capacité d'assimilation de la France et son expansion économique ont permis en définitive, dès la fin des années 60, au "problème pied-noir" de n'être plus qu'un souvenir. » Albin Michel, 1980, pp. 567-568. Alain-Gérard Slama écrit dans *La Guerre d'Algérie* : « De Gaulle pensait que la crise algérienne "se tasserait" vite. Il ne s'est pas trompé. La première loi d'amnistie fut votée dès 1964. En une génération, les Pieds-noirs ont guéri de leur "nostalgérie". » Gallimard, 1996, p. 126 (coll. « Découvertes »).

Ferry avait mise en forme après les balbutiements, les contradictions d'une conquête d'abord jugée plus encombrante que fructueuse. On ne peut s'en tenir à restituer les récits des Pieds-noirs si l'on n'a pas d'abord montré la formation de leur société, ses conditionnements propres.

La « mission civilisatrice » de la France

En introduction à toute lecture de propos de Français d'Algérie, il est bon de rappeler qui étaient ceux qui ont cru à la valeur positive de la conquête, qui l'ont soutenue et justifiée : Victor Hugo par exemple. Il est connu qu'il trouvait que la conquête de l'Algérie était « une chose heureuse et grande », cela en réponse à Bugeaud qui venait d'être nommé gouverneur de l'Algérie en 1841. Celui-ci était hostile à cette conquête parce qu'elle empêchait, estimait-il, la France de « parler haut » à l'Europe et aussi parce que l'Algérie était « très difficile à coloniser », le sol étant « improductif ». Hugo, s'étonnant que ce qu'on avait appelé le grenier des Romains soit devenu ce que Bugeaud avait vu (« un pied et demi de distance entre chaque tige de blé »), restait persuadé qu'il fallait défendre cette conquête : « C'est la civilisation qui marche sur la barbarie. C'est un peuple éclairé qui va trouver un peuple dans la nuit. Nous sommes les Grecs du monde ; c'est à nous d'illuminer le monde. Notre mission s'accomplit, je ne chante qu'hosanna[144]. » (Comment ne pas penser ici aux « Adieux du vieillard » tahitien dans le *Supplément au Voyage de Bougainville* de Diderot : « Nous ne voulons point troquer ce que tu appelles notre ignorance contre tes inutiles lumières[145] ? ») Victor Hugo, faut-il le souligner, n'avait aucun intérêt économique

144. Victor Hugo, *Choses vues* [1841], t. I, Gallimard, « Folio », I, 1997, p. 168.
145. Diderot, *Supplément au Voyage de Bougainville*, II, Les adieux du vieillard, « Pléiade », p. 971.

en Algérie et sa certitude de la supériorité de la civilisation française ne l'aveuglait pas sur les méthodes qu'elle pouvait employer.

Apprenait-il des atrocités par la bouche d'un général? Il les notait [146]. Ou encore, dans un plaidoyer contre la peine de mort, il imaginait l'arrivée de la guillotine à Alger; évoquant la mer, le ciel, le palmier, l'aloès, le figuier, il racontait que tous les regards des passants étaient indifférents à ces beautés et restaient fixés sur des colis que les douaniers ouvraient : « C'était la civilisation qui arrivait à Alger sous la forme d'une guillotine [147]. »

Si Hugo ou Lamartine étaient sûrs que la France devait « illuminer le monde », apporter partout les Lumières, des images de l'époque indiquent que la conception qu'avait l'armée de la civilisation était parfois sévèrement jugée.

Par exemple, une lithographie, publiée par Gabriel Esquer, montre un « Arabe » qui tourne le dos à un militaire : « Homme du désert ! quoi, tu repousses la civilisation ! » Légende : « Mais, sauvage, tu ne sais donc pas que les peuples civilisés jouissent d'une infinité d'institutions admirables !... de bureaux !... de droits réunis !... de douanes !... d'octroi !... d'impôts directs et indirects !... et la censure ! !... Oh ! si tu connaissais nos censeurs ! [148]... »

Jules Ferry a parlé de la mission civilisatrice de la France comme d'un devoir tenant à sa supériorité; Hugo, qui avait

146. V. Hugo, *Choses vues*, t. II, *op. cit.* [15 octobre 1852], pp. 286-287 : « Dans les razzias, il n'était pas rare de voir les soldats jeter à leurs camarades des enfants qu'ils recevaient sur la pointe de leurs baïonnettes. Ils arrachaient les boucles d'oreilles des femmes, les oreilles avec, et coupaient les doigts pour avoir les anneaux. Atrocités du général Négrier. Le colonel Pélissier. Les Arabes *fumés* vifs » [Le général Négrier avait à deux reprises commandé la province de Constantine; il y avait réprimé des révoltes avec une énergie qui avait soulevé contre lui les journaux de la métropole. Le colonel Pélissier avait été responsable de l'enfumade des grottes du Dahra.] C'est donc bien des années après qu'on parlait encore des exactions de l'armée, Hugo étant alors en exil. On remarque qu'il n'avait pas assisté à la séance de la Chambre des pairs (11 juillet 1845) au cours de laquelle le prince de la Moskowa et le comte de Montalembert avaient dit leur horreur d'un acte de cruauté qu'ils jugeaient inqualifiable et avaient demandé au ministre, le maréchal Soult, de ne pas se contenter de dire qu'il « désapprouvait hautement » l'enfumade des grottes; le maréchal, embarrassé, avait ajouté qu'il « déplorait ». Cf. Raoul Busquet, « L'affaire des grottes du Dahra », *Revue africaine,* 3e-4e trim. 1907, n° 266-267, pp. 126-128. Voir chap. II, « La lente éclosion de l'Algérie française ».

147. V. Hugo, *Choses vues*, *op. cit.*, t. I [20 octobre 1842], p. 197.

148. G. Esquer, *Iconographie historique de l'Algérie*, *op. cit.*, t. III, n° 745 (Charlet).

pensé la même chose, n'avait eu sous Louis-Philippe ni pouvoir ni audience – bien qu'il fût pair du royaume. L'affirmation d'une mission est vite devenue, sous la IIIe République, le discours officiel et l'est restée longtemps. Pour comprendre les conduites des Français d'Algérie, il faut prendre la mesure de ce discours conquérant. Jules Ferry, en nouant trois idées fortes – la grandeur à redonner à la France amoindrie par la défaite et la perte de provinces, la mission qui incombe à une civilisation « supérieure » parce qu'elle est scientifique et technique, et des préoccupations économiques (« la politique coloniale est fille de l'industrialisation ») – forge la première doctrine coloniale bien constituée qui va se propager, se maintenir. Les discours sur la « mission civilisatrice » de la France ont été très fréquents. Il faut pourtant souligner fortement que les immigrés qui venaient du pourtour de la Méditerranée ou de la France continentale, voire de l'Allemagne, n'avaient jamais eu en tête un tel but. Jacques Chevallier, qui fut ministre, député, maire d'Alger, et qui mourut Algérien en 1971, évoquait pendant la guerre d'Algérie des ancêtres venus de Lyon : « Qui les avait poussés là ? Nul souci d'apporter la civilisation ni la vocation d'un quelconque apostolat, mais simplement la cruauté de la vie qu'ils voulaient surmonter en tentant leur chance dans ce pays neuf, un pays à bâtir[149]. » Les Français d'Algérie ne parlent jamais de mission dans les entretiens et dans leurs écrits, mais ils protestent, quelles que soient leurs opinions politiques personnelles, devant la description d'une *nuit coloniale*. Même ceux qui parlent d'injustices ou d'erreurs disent qu'il y a eu des progrès qui sont pour eux indiscutables. « Serait-il équitable que les Algériens indépendants ne veuillent retenir que les

149. Jacques Chevallier, *Nous Algériens...*, Calmann-Lévy, 1958, p. 12. Une notice sur Jacques Chevallier affirme : « Fils d'un bourgeois lyonnais, son grand-père fait fortune à Alger dans le bois, les futailles, le vin, et l'assoit sur l'autre rive, à Sète. Jacques Chevallier est élevé à Bordeaux, puis en Louisiane, où son père s'est marié dans la petite noblesse française, à Alger enfin où la famille possède une immense propriété à El Biar », Jean-Louis Planche, « Jacques Chevallier », *Autrement*, Mémoires, n° 56 (1999), p. 160 ; la remarque de J. Chevallier semblerait donc mal s'appliquer à sa propre famille, mais elle a une valeur générale.

erreurs de ces cent trente-deux années de colonisation qui régénérèrent spectaculairement leur pays le faisant passer d'un état quasi moyenâgeux à celui d'une civilisation du XXe siècle ? » écrit Suzon Pulicani-Varnier[150], rejoignant ainsi l'idée centrale d'Augustin Ibazizen, Français d'origine berbère, qui avait sous-titré son livre, *Le Pont de Bereq'Mouch*, « le bond de mille ans[151] ».

Charles-André Julien, dont il n'est pas besoin de détailler les engagements anticolonialistes, parlait de l'impossibilité qu'avaient eue les Turcs à donner une « impulsion nouvelle au vieux Maghreb » ; « l'inertie berbère l'a emporté, si bien qu'au début du XIXe siècle le Maghreb tout entier vivait replié sur lui-même selon des normes millénaires[152] » et il a toujours souligné les progrès frappants du pays pendant la présence française. Un homme, très engagé à gauche, a déclaré au cours d'un entretien : « Pendant la guerre, la presse présentait l'ensemble des Pieds-noirs comme des colonialistes, c'est affolant [...]. Je trouve que, quand on présente un siècle et demi d'histoire d'Algérie comme uniquement une forme de... d'exploitation, c'est absolument faux, ça c'est la pensée totalitaire. Si on n'y était pas allés, que ce serait-il passé ? Une misère noire, aucun progrès technique, aucun progrès scientifique dans ce pays. La France a apporté énormément, qu'on le veuille ou non. Qu'il y ait des formes d'exploitation, c'est pas douteux, c'est même pas la peine d'aller là-bas » (*entretien 66, génération 1910-1919*). L'opinion à peu près générale des Français d'Algérie est que la colonisation a fait entrer dans le monde moderne une société qui était incapable de le faire par elle-même.

150. Suzon Pulicani-Varnier, *L'Algérie des quat'jeudis* ou Algérie d'enfance, Versailles, Éditions de l'Atlanthrope, 1992, p. 169.

151. Augustin Ibazizen, *Le Pont de Berq' Mouch* ou le bond de mille ans, La Table Ronde, 1979.

152. Ch.-A. Julien, *Histoire de l'Afrique du Nord*, Des origines à 1830, 2e édition revue par Christian Courtois (1951), Payot, 1994, p. 694.

Polyvalence de l'européocentrisme

Maxime Rodinson, écrivant qu'à partir du milieu du XIXe siècle « la supériorité économique, technique, militaire, politique, culturelle de l'Europe devient écrasante tandis que l'Orient s'enfonce dans le sous-développement », ajoutait que l'européocentrisme avait alors « une coloration tout spécialement méprisante[153]. » Avant d'aller plus avant sur ce terrain, il ne faut pas oublier ou ignorer ce qu'était la perception musulmane de l'Occident dans les siècles antérieurs : comme l'a montré longuement Bernard Lewis, elle était non seulement méprisante mais hostile ; il n'y avait aucune curiosité, aucun intérêt intellectuel pour l'Occident, seulement une méconnaissance complète des « infidèles », des « barbares »[154].

L'européocentrisme a combiné, en fait, plusieurs colorations ; d'abord, il est vrai, un certain mépris, mais aussi la reconnaissance d'un passé jugé brillant, et une curiosité très vive, ce qui est toujours loin du mépris. L'Europe considérait avoir pris la seule voie possible pour entrer dans la « civilisation » ; on trouve fréquemment les mots « attardés », « retardés », « primitifs » ou « semi-primitifs », « dégénérés » et « inférieurs » pour décrire les populations locales[155]. C'est Clemenceau qui, s'opposant à Jules Ferry à la Chambre, le 30 juillet 1885, dira ce qu'il fallait penser de la notion de race inférieure : « Races supérieures, races inférieures, c'est bientôt dit !

---

153. Maxime Rodinson, *La Fascination de l'islam*, Maspero, 1980, p. 87 et p. 88.

154. Bernard Lewis, *Comment l'islam a découvert l'Europe* (1984), Gallimard, 1992 (coll. « Tel »).

155. Il faut noter que le premier numéro du premier journal de l'équipe de Ben Badis, écrit en 1925, que « le peuple algérien est un peuple faible et insuffisamment évolué » et il reprochait à la France, dont les bienfaits matériels lui semblaient indiscutables, de n'avoir pas porté la moitié d'un tel effort sur « l'amélioration de l'état intellectuel et moral des populations indigènes ». Cité dans Ali Merad, *Le Réformisme musulman en Algérie* de 1925 à 1940, Paris/ La Haye, Mouton, 1967, p. 445. On peut noter aussi que Mouloud Mammeri, écrivant en 1950 sur la poésie kabyle, la dit « primitive ou semi-primitive », mots prohibés aujourd'hui et considérés comme coloniaux. « Évolution de la poésie kabyle », *Revue africaine,* 1er et 2e trim. 1950, p. 125.

Pour ma part, j'en rabats singulièrement depuis que j'ai vu des savants allemands démontrer scientifiquement que la France devait être vaincue dans la guerre franco-allemande, parce que le Français est d'une race inférieure à l'Allemand » ; et il évoquait les Hindous, les Chinois, dont il admirait les civilisations [156].

Faut-il rappeler que ce n'est pas propre à l'Europe de croire à sa supériorité ou à son excellence ? « L'humanité cesse aux frontières de la tribu, du groupe linguistique, parfois même du village ; à tel point qu'un grand nombre de populations dites primitives se désignent d'un nom qui signifie les "hommes" (ou parfois, dirons-nous avec plus de discrétion, les "bons", les "excellents", les "complets"), impliquant ainsi que les autres tribus, groupes ou villages ne participent pas des vertus – ou même de la nature – humaines, mais sont tout au plus composés de "mauvais", de "méchants", de "singes de terre" ou d'"œufs de pou" [157]. »

Beaucoup d'images et d'écrits traitent l'Orient et l'islam avec condescendance ou le caricaturent. Renan est accusé, depuis presque un demi-siècle, du pire racisme. Aimé Césaire, venant de le citer, poursuivait : « Hitler ? Rosenberg ? Non, Renan [158]. » Renan, dans sa conférence *L'Islamisme et la science*, avait déclaré : « Toute personne un peu instruite des choses de notre temps voit clairement l'infériorité actuelle des pays musulmans, la décadence des États gouvernés par l'islam, la nullité intellectuelle des races *qui tiennent uniquement de cette religion leur culture et leur éducation.* Tous ceux qui ont été en Orient ou en Afrique sont frappés de ce qu'a de fatalement borné l'esprit d'un vrai croyant, de cette espèce de cercle de fer qui entoure la tête, la rend absolument fermée à la science, incapable de rien apprendre ni de s'ouvrir à aucune idée nouvelle [159]. » Le texte n'a besoin d'aucune exégèse, Renan

156. Georges Clemenceau, discours du 30 juillet 1885, cité par Jean-Baptiste Duroselle, *Clemenceau*, Fayard, 1988, p. 223.

157. Claude Lévi-Strauss, *Race et histoire* (1952), rééd., « Folio », 1987, p 21.

158. Aimé Césaire, *Discours sur le colonialisme*, Présence africaine, 1955, p. 15.

159. Ernest Renan, « L'Islamisme et la science », conférence faite à la Sorbonne le 29 mars 1883, *Œuvres complètes, I*, Calmann-Lévy [1947], p. 946. J'ai souligné ces mots qui souvent semblent ne pas avoir été bien lus.

attaque *la religion* : « Ce pli inculqué par la foi musulmane est si fort que toutes les différences de race et de nationalité disparaissent par le fait de la conversion à l'islam » (il en exceptait les Perses).

Renan s'arrêtait longuement sur les cinq siècles pendant lesquels le monde musulman avait été, disait-il, « supérieur, pour la culture intellectuelle, au monde chrétien [160] », pour expliquer que ce qu'on désigne comme la philosophie arabe est en fait grecque ; c'est par ce détour, la traduction arabe des ouvrages grecs, que l'Occident avait reçu « le ferment de tradition antique nécessaire à l'éclosion de son génie ».

De là, il développait l'idée que les pays musulmans « s'abîment dans la plus triste décadence intellectuelle », alors que l'Occident entrait résolument « dans cette grande voie scientifique de la vérité [161] ». « En tuant la science, [l'islam] s'est tué lui-même, et s'est condamné dans le monde à une complète infériorité [162]. » Renan finissait sa conférence par un hymne à la science, « âme de la société ; car la science est la raison [163] ». Les espoirs illimités mis dans la science et les techniques ont poussé des républicains du début de la IIIe République à être sûrs d'une « mission » à accomplir ; malgré la tiédeur de son républicanisme, Renan exprime avec force une pensée alors très partagée.

Faisant l'éloge de la réédition des œuvres complètes de Renan, Lucien Febvre parlait en 1949 d'« admirables textes » à relire, dont *Le Judaïsme comme race et religion* et *L'Islam et la science ;* sur cette conférence, il ajoutait une note : « Bien curieuse, cette conférence, pleine de méfiance et, disons, de mépris pour l'islam considéré comme foncièrement hostile à la science d'Occident. Elle permet de voir combien rapidement changent d'optique les problèmes humains à fondement historique – et c'est un beau thème de méditation [164]. » Au lieu de méditer, un universitaire observe que de nos jours Renan tomberait « sous le coup de la loi »..., opinion aussi absurde que redoutable. Kolakowski a expliqué que la force mais aussi les faiblesses et la vulnérabilité de l'identité culturelle européenne tenaient au processus d'autocritique permanente qu'elle a mis en route au moment où elle prenait une conscience claire d'elle-même. Ce processus n'est ni

160. *Id.*, p. 947.
161. *Ibid.*, p. 953.
162. *Ibid.*, p. 958.
163. *Ibid.*, p. 960.
164. Lucien Febvre, « Renan retrouvé », *Annales*, avr.-juin 1949, p. 203.

simple ni rectiligne ; ce changement d'optique selon les époques pose des questions fondamentales. Mais la mise en question de soi ne suppose pas l'autodestruction ; simplement, « l'identité culturelle européenne s'affirme dans le refus d'admettre une identification achevée, par conséquent dans l'incertitude et l'inquiétude[165] ». Le renoncement à la « mission civilisatrice » de la France et de l'Europe, lié (aussi) à une mise en question de leurs propres valeurs, ne demande pas que les descendants du XIXe siècle condamnent abruptement un moment historique et leurs ascendants.

D'une manière qui n'est pas discutable donc, un mépris se manifestait au XIXe siècle et au début du XXe siècle pour juger les « Arabes » *de cette époque-là.* Mais un respect pour le passé brillant de cette civilisation jugée morte s'exprimait aussi. On pourrait citer sans fin des auteurs qui répétaient cette appréciation.

Les indigènes sont « les fils d'une civilisation en retard, mais qui a jeté de grands éclats il y a quelques siècles », écrit un auteur oublié[166], ou : « Pendant cinq ou six siècles, [le peuple arabe] tint le sceptre des lumières et de la civilisation[167] » ; « la civilisation arabe fut une des plus brillantes qu'ait connues l'histoire. Elle est morte comme bien d'autres[168] », écrivait Gustave Le Bon. Les manuels d'histoire, de géographie, de lecture de cette époque usent bien sûr du vocabulaire impérialiste (notre domination, nos bienfaits), mais ils font toujours des références louangeuses à la « haute civilisation » que les Arabes avaient apportée à l'Espagne[169].

Il est convaincant de relever qu'au premier congrès de l'Association des étudiants musulmans nord-africains (Tunis, 1931) un professeur algérien, Saadeddin Bencheneb, tint à dire que l'histoire des Arabes n'était « pas totalement passée sous silence dans les manuels utilisés en Algérie », et, commente Charles-Robert Ageron : « Il osa même dire que l'histoire telle qu'elle était enseignée pas les Européens était supérieure au catalogue événementiel de l'histoire musul-

165. Leszek Kolakowski, « Où sont les barbares ? Les illusions de l'universalisme culturel », *Le Village introuvable*, Bruxelles, Éditions Complexe, 1986, pp. 101-122.
166. J. Berthomier, *La Vérité sur l'Algérie*, Dentu, 1861, p. 44.
167. Lucien Leclerc, *Histoire de la médecine arabe*, Ernest Leroux, 1876, t. I, p. 3.
168. Gustave Le Bon, *La Psychologie politique*, 2e éd., Flammarion, 1919, p. 236.
169. Voir, par exemple, un manuel écrit par un instituteur d'Algérie : H. Andrieu, *Petite Histoire de l'Algérie*, Miliana, A. Legendre, 1894, p. 21.

mane traditionnelle[170]. » Néanmoins on trouve maintenant écrit un peu partout que la France « occultait » cette histoire.

Cette civilisation apparaissait donc, aux yeux des Européens, en retard, bloquée et incurieuse. Tocqueville écrivait en 1847 que la société musulmane « n'était pas incivilisée; elle avait seulement une civilisation arriérée et imparfaite[171] ».

L'européocentrisme n'empêchait pas une curiosité aiguë et souvent amicale pour ce monde « étranger », cette curiosité remontant au XVIIIe siècle[172]. On est surpris, débordé par le volume considérable, et par là illisible, d'écrits consacrés à l'Algérie au XIXe siècle : voyages, romans, poésie, théâtre, initiation[173]; on y voit l'envie de connaître, d'explorer, et le souci de préserver. Préserver a deux sens : c'est sauvegarder l'existence des hommes, c'est aussi conserver leur singularité, les faire « évoluer » certes, mais en jugeant qu'il faudra beaucoup de temps.

Auguste Burdeau poussait loin ses prudences ou son pessimisme, ou la condescendance, mais il n'était pas isolé quand il disait à la Chambre des députés : « Il ne faut pas désespérer, les siècles aidant, d'élever à nous les Arabes » [et aussi : « On peut espérer tout des Kabyles »][174]. Il était souvent répété qu'il ne fallait rien brusquer, qu'il fallait laisser le temps agir.

---

170. Ch.-R. Ageron, « L'Association des Étudiants musulmans nord-africains en France durant l'entre-deux-guerres », *Revue française d'histoire d'outre-mer,* t. LXX, 1983, n° 258-259, p. 35.

171. Alexis de Tocqueville, *De la colonie en Algérie*, Rapport sur l'Algérie, 1847, Bruxelles, Éditions Complexe, 1988, p. 169.

172. Pour les XVIe et XVIIe siècles, il existe très peu de relations de voyages, mais des relations de missionnaires, des récits de captifs et de consuls, d'envoyés extraordinaires, donc des récits hostiles, rapportant des misères et des plaintes. Au XVIIIe siècle, un esprit nouveau apparaît : « Ce sont de simples voyageurs, parfois des savants ou des érudits qui, tenus à l'écart de la vie politique, pourront observer et juger choses et gens de la Régence avec une plus grande sérénité d'esprit. » Marcel Colombe, « L'Algérie turque », *Initiation à l'Algérie*, Adrien Maisonneuve, 1957, p. 100.

173. Charles Tailliart (vice-recteur de l'Académie d'Alger) soutient et publie sa thèse sur *L'Algérie dans la littérature française*; et, en thèse complémentaire, il publie un *Essai de bibliographie méthodique et raisonnée* sur le sujet, qui présente 3176 références françaises, (les ouvrages étrangers, même traduits, ne figurent pas). Champion, 1925. On y trouve des textes d'écrivains (romanciers, poètes, dramaturges...) et d'historiens, au sens le plus large, allant de professionnels aux soldats de l'armée d'Afrique, en passant par des hommes politiques, des fonctionnaires, etc.

174. Auguste Burdeau, *L'Algérie en 1891.* Rapport et discours à la Chambre des députés, Hachette, 1892, p. III.

Au début de la IIIe République, en 1881, une Société française pour la protection des Indigènes des colonies avait été fondée. Le verbe « protéger » est aujourd'hui prohibé quand il s'agit d'êtres humains ; cela semblait alors un acte nécessaire et positif comme l'atteste le nom du président d'honneur, Victor Schoelcher.

Pourtant, parler de protéger les Indigènes, n'est-ce pas voir le peuple « arabe » tel que Maupassant le dépeint, « étrange, enfantin, demeuré primitif comme à la naissance des races[175] ».

Maupassant décrit tout ce qu'il voit « d'attardé » dans ce peuple qui n'a « aucune des petites choses indispensables qui font commode l'existence ». Tout lui paraît grossier, rudimentaire : ce peuple est à peine capable de coudre les peaux de bouc pour porter l'eau, incapable de raccommoder une tente, etc. « Les Arabes passent, toujours errants, sans attaches, sans tendresse pour cette terre que nous possédons, que nous rendons féconde, que nous aimons avec les fibres de notre cœur humain[176]. » Cet étonnement apitoyé n'implique pas de l'hostilité, car Maupassant juge sévèrement, condamne même les moyens utilisés par le gouvernement pour installer les Européens.

Ce qui est évident, c'est que beaucoup de militaires, de colons et de voyageurs étaient si peu hostiles aux « Indigènes » qu'ils s'habillaient, plus ou moins, comme eux, les imitaient, comme si cela devait les rapprocher de ce peuple « étrange »[177].

Gabriel Esquer fait voir dans *L'Iconographie* qu'il a rassemblée, un maréchal des logis, Vergé, vêtu comme les Indigènes, apprenant l'arabe, ayant parfois vécu seul au milieu d'eux (t. II, n° 372), le lieutenant-colonel Marey-Monge (avec cape, turban, veste brodé, armes...) qui était, il est vrai, « agha des Arabes » (de novembre 1834 à mars 1839) (t. II, n° 425) ; il publie une photographie d'Ernest Feydeau en costume de voyage, en 1860 (turban, courte culotte bouffante, grande écharpe...) (t. III, n° 923), une photographie du colon Max de Tonnac, maire de Birkadem en 1835, qui portait le burnous et parlait l'arabe (t. III, n° 720), etc.

175. Guy de Maupassant, « Au soleil » (1884) dans : *Écrits sur le Maghreb*, Minerve, 1991, p. 83.

176. *Id.*, p. 84.

177. On ne doit pas oublier que des matinées et des soirées mondaines à Paris aimaient imiter l'existence orientale. Autre exemple, Flaubert n'hésitait pas à porter gandoura, chéchia et à vêtir Rosanette, dans *L'Éducation sentimentale,* de veste, calotte, pantalon, etc. orientaux.

Les Français se pensaient supérieurs, mais ils étaient attirés et cherchaient à se familiariser avec ce peuple. Sans aucun doute cette curiosité n'a existé que dans les premières décennies. Au cours de certains entretiens, on m'a montré des photographies familiales du siècle dernier et du début du siècle : lors de repas importants, de fêtes, l'assistance était mélangée.

Que les Européens se soient senti supérieurs (encore faudrait-il savoir ce que veut dire un sentiment de supériorité[178]), des images populaires, des dessins, des peintures le montrent, mais il y en a de bien plus nombreux qui tournent en dérision les nouveaux arrivants, qu'ils soient militaires ou colons. Gabriel Esquer en présente un grand choix dans l'*Iconographie historique* déjà citée.

« Le sérail est à nous ! » Légende : « Cré mâtin, conçois-tu ça, Pâcot, dire que dans un mois l'sérail est à nous ! ! ! » (t. II, n° 282). « Assez de salamalek comme ça... Carnivaures de moricots qu'on m'apporte de suite vingt sultanes dont six onanisques [*odalisques*] et deux bédouines, avec le brule-gueule du dey et son tabac 1re qualité » (t. II, n° 291. J.-J. Grandville). « J'te l'avais ben dit, Pâcot, les particulières ont la peste, ça n'peut être que ça ! ! ! » [Deux soldats à l'infirmerie. Ch. Nanteuil, t. II, n° 294]. « Mais, mon cher monsieur Dupuis, vous vous êtes donc fait marchand de dattes ou fabricant de pastilles du sérail ? – Du tout ! du tout ! Je me suis fait colon... » (lithographie de Cham, t. III, n° 749). « Un nouveau débarqué. "Tiens ! il paraît qu'en Algérie il faut aussi travailler !" » (Maboul ; publié dans *Le Tirailleur algérien,* t. III, n° 943*).* C'est tout de même mettre sérieusement en doute la supériorité des Européens.

La peinture orientaliste et la sympathie pour l'exotisme

La curiosité et l'admiration se manifestent dans l'essor de la peinture orientaliste. Dès 1832, le voyage de Delacroix au Maroc apporte une série de thèmes nouveaux. Adrien Dauzats (1804-1868), Théodore Chassériau (1819-1856), Eugène Fromentin (1820-1876), Gustave Guillaumet (1840-1887), Eugène Girardet (1853-1907), Étienne Dinet (1861-1929)[179] et d'autres,

178. Paul Bénichou, parlant de l'attachement de sa mère à son ascendance espagnole, dit qu'elle en tirait « une espèce d'orgueil, un sentiment de supériorité européen, hispanique par rapport au Maghreb », mais qu'elle gardait pourtant une « rancune profonde » à l'égard de l'Espagne qui avait chassé les juifs espagnols. *Mélanges sur l'œuvre de Paul Bénichou,* Gallimard, 1995, p. 209. Ce sentiment de supériorité est un sentiment *intime,* perceptible dans la famille, mais il est clair que ce sentiment de supériorité reste *sans effet.*

179. Voir Lynne Thornton, *Les Orientalistes, peintres voyageurs (1828-1908),* A.C.R., 1983.

exaltés par le pays qu'ils découvrent, au point que Guillaumet retourna neuf fois en Algérie, apportent aux historiens comme aux curieux d'aujourd'hui une certaine connaissance de ce monde, encore que Fromentin ait traduit beaucoup plus de choses (mœurs, paysages...) par ses récits que par ses peintures, ainsi qu'il l'avouait[180]. Comme l'écrivit Jean Alazard en faisant le bilan de la peinture au moment du Centenaire, il se créa très vite « un “poncif” orientaliste, éloigné de toute vérité d'observation », au point que même chez Delacroix l'une de ses dernières œuvres, *La Perception de l'impôt arabe* (1863), n'avait d'oriental « que le titre et les costumes[181] ». Mais tout n'a pas tourné au poncif.

L'historien peut aussi, comme l'écrivait Fernand Braudel en 1931, trouver chez un peintre qui n'était pas un grand peintre (il parlait de Gustave Guillaumet) une œuvre « sincère », donnant des informations précises d'un grand intérêt : « C'est en Kabylie et plus encore dans le Sud, en bordure du désert, que le peintre a le plus longtemps séjourné. Il a vécu, des mois durant, dans de misérables maisons de pisé ou sous les tentes des nomades. [...] Il s'est penché avec une sympathie généreuse sur la vie quotidienne des indigènes, vrais personnages de la Bible ou de l'Antiquité, et, dans ce domaine où il est souvent si émouvant, il fait figure de précurseur [...]. Aucun [peintre] n'avait su peindre, jusque-là, aussi exactement, la simple chronique de leur existence. Jamais Guillaumet ne songe à dramatiser, à forcer la note. Fileuses du Sud, femmes qui pressent les olives, maisons aux murs énormes, atelier de céramique, place de Bou-Saada dans sa quasi-immobilité ensoleillée, tels sont les personnages et les décors [...]. Il est hors de discussion [...] que grâce à lui l'Algérie a livré son dernier grand thème pictural et

---

180. « L'insuffisance de mon métier me conseilla, comme expédient, d'en chercher un autre, et la difficulté de peindre avec le pinceau me fit essayer de la plume », Eugène Fromentin, préface (1874) à la réédition de *L'Été dans le Sahara* et *Une Année dans le Sahel*, « Pléiade » (1984), p. 5.

181. Jean Alazard, « L'Algérie et les arts de 1830 à nos jours », dans *Histoire et historiens de l'Algérie*, introduction de Stéphane Gsell, Alcan, 1931, p. 352.

non le moins riche[182]. » Ces peintres sont aujourd'hui souvent condamnés non seulement sur le plan esthétique, mais aussi sur le plan « moral », comme s'ils avaient abaissé les peuples qu'ils peignaient ; on peut, peut-être, penser que parfois ils ont mal compris ou mal interprété, mais ils étaient tous en fait empreints d'une « sympathie généreuse ». Devant les condamnations de ce passé et sa réécriture, l'attachement marqué par Jacques Berque à l'exotisme en 1989 est une bonne leçon : « Le terme exotisme paraît injurieux même aux élèves de première année de notre École des langues orientales. Je le regrette pour vous, jeunes gens, si vous mettez au rebut l'aventure et la couleur du monde, oubliant que par là même vous renoncez à vous faire aventure et couleur pour les autres[183]. »

L'exploration de l'Algérie

Il faut rappeler, plus pour l'état d'esprit dont elle témoignait que pour les travaux publiés, « L'exploration scientifique de l'Algérie » : cette commission avait été instituée en 1837 par le ministre de la Guerre et le travail de terrain dura de 1839 à 1842[184]. Les publications relatives aux sciences naturelles, à l'archéologie et aux beaux-arts, à l'histoire, à l'ethnographie, parurent de 1844 à 1867, suscitant l'enthousiasme d'Ernest Renan : l'exploration était « l'un des titres de gloire de la France au XIXe siècle, et la meilleure justification d'une conquête qui a mis en lumière chez la nation conquérante tous les talents, excepté ceux du colonisateur[185] ». Lors du centenaire de la conquête, une collection se présenta comme la suite et le supplément de « L'exploration scientifique de l'Algérie » ; elle était consacrée au bilan économique, intellectuel et social

182. Fernand Braudel, « La découverte de l'Algérie et la peinture française au XIXe siècle » (*Revue africaine*, 1931), republié dans *Autour de la Méditerranée*, *op. cit.* p. 148.
183. Jacques Berque, *Mémoires des deux rives*, Éditions du Seuil, 1989, p. 41.
184. Cf. Daniel Nordman, « L'exploration scientifique de l'Algérie : le terrain et le texte », dans *L'Invention scientifique de la Méditerranée*, Éditions de l'École des hautes études en sciences sociales, 1998, pp. 71-95.
185. Ernest Renan, « Exploration scientifique de l'Algérie. La société berbère », *Revue des Deux Mondes*, 1er septembre 1873, p. 138.

de l'œuvre accomplie après « un siècle d'occupation », terme utilisé dans la présentation de la collection.

Les ouvrages étaient répartis en cinq sections : I. Institutions politiques, administratives et financières de l'Algérie – Politique indigène ; II. Inventaire scientifique et mise en valeur du sol ; III. Études géographiques ; IV. Études archéologiques et historiques ; V. Vie intellectuelle et artistique – Instruction publique.

La IVe section comprenait : *L'Âge de la pierre en Algérie* (Maurice Reygasse) ; *Les Leçons de Rome en Afrique* (Stéphane Gsell) ; *Les Monuments romains de l'Algérie* (Eugène Albertini) ; *Iconographie de l'Algérie* (Gabriel Esquer) ; *La Régence d'Alger en 1830* (Georges Yver) ; *La Politique coloniale de la Monarchie de Juillet* (Christian Schefer) ; *L'Armée d'Afrique* (général Paul Azan) ; *La Pénétration saharienne* (Augustin Bernard) ; *L'Habitation algérienne. Le costume algérien* (Georges Marçais) ; *Les Études archéologiques, historiques et linguistiques (arabe et berbère) en Algérie* (Eugène Albertini, Georges Yver, Henri Massé, André Basset).

Stéphane Gsell [186], préfaçant *Histoire et Historiens de l'Algérie* (1931) [187], rappelait qu'autour des années 1840 ceux qui étudièrent l'Algérie n'y étaient pas préparés par une formation, par leur métier – c'étaient surtout des officiers –, mais ils s'étaient conduits selon lui en « savants de haute valeur » ; Gsell citait un certain nombre de « non-professionnels » dont, bien sûr, l'interprète principal de l'armée d'Afrique, Slane, qui avait traduit l'*Histoire des Berbères* (1854), et les *Prolégomènes* (1863) d'Ibn Khaldoun [188]. Après cette « vieille école », une ère nou-

186. Stéphane Gsell (1864-1932), membre de l'École française de Rome de 1886 à 1890. Professeur à l'école supérieure des lettres d'Alger et à la faculté de lettres de 1890 à 1912. Professeur au Collège de France (1912, chaire d'Histoire de l'Afrique du Nord, créée pour lui). Directeur du Musée des antiquités algériennes et inspecteur des antiquités de l'Algérie, charge qu'il conserva jusqu'à sa mort. D'une œuvre d'une ampleur considérable, retenons, pour les avoir lus, les 8 volumes de l'*Histoire ancienne de l'Afrique du Nord*, publiés de 1913 à 1928 chez Hachette.

187. Contributions de J. Alazard, E. Albertini, A. Bel, F. Braudel, G. Esquer, E.-F. Gautier, Dr E. Leblanc, G. Marçais, W. Marçais, P. Martino, M. Morand, M. Reygasse, Ch. Tailliart, G. Yver, J. Zeiller. C'est Ch.-A. Julien qui avait établi le plan général du volume et sollicité les collaborateurs qu'il jugeait qualifiés.

188. S. Gsell, Introduction, *Histoire et Historiens...*, *op. cit.*, p.7-8 ; Slane avait d'abord publié, par les soins de l'imprimerie du Gouvernement général, le texte arabe de l'*Histoire des Berbères*, en 1847. Dans ce volume, William Marçais faisait le point de : « Un siècle de recherches sur le passé de l'Algérie musulmane », pp. 139-175. Ce texte et un article de Alfred Bel, directeur de la médersa de Tlemcen, « Caractères et développement de l'islam en Berbérie », pp. 177-206, montrent bien l'ampleur de la curiosité des Français pour l'Algérie musulmane.

velle avait commencé ; le 20 décembre 1879, était promulguée la loi créant les écoles supérieures d'Alger[189] qui deviendront, par loi du 30 décembre 1909, l'université d'Alger. L'installation des écoles avait amené des générations d'universitaires : « Les maîtres de l'enseignement supérieur ne sont pas seulement des professeurs, écrivait le recteur Charles Tailliart ; ils sont aussi des savants appliqués à la recherche personnelle ; le champ à déchiffrer était assez vaste, il avait attendu assez longtemps de bons ouvriers qui fussent sur lui à demeure ; il était temps de les appeler[190]. » Alger s'ouvrit alors à toute une série d'enseignements sur le monde arabe et berbère[191].

En 1930, on trouvait les chaires ou maîtrises de conférences suivantes : Ethnographie et Archéologie préhistorique de l'Afrique du Nord, Antiquités de l'Afrique, Histoire des Arabes et de la Civilisation musulmane, Archéologie musulmane, Histoire moderne de l'Afrique, Géographie du Sahara, Géographie de l'Afrique, et un enseignement d'études orientales comportant langue arabe, arabe moderne ; littérature arabe, grammaire arabe, philosophie musulmane ; langue et civilisation berbères[192].

Jacques Berque a affirmé que, autour de ces années-là, la faculté des lettres se mit à « oublier » l'Algérie ; mais il estimait que cette période était « aujourd'hui trop décriée ». Ce qui est hors de doute, c'est que l'accent n'était plus mis sur les études arabes à la faculté des lettres ; dans les recherches, dans les écrits, publiés par exemple par la *Revue africaine,* l'Algérie devient de plus en plus française.

À cette époque s'éloignant des études arabes, s'était éteint « ce janissaire roux à mine débonnaire, Mohammed Ben Cheneb, *couloughli* de Médéa et dernier islamologue de céans », faisait remarquer Jacques Berque[193]. Sur la tombe de cet islamologue, le doyen de la faculté des lettres, Pierre Martino, avait dit son admiration et son res-

189. Une école supérieure de médecine avait été créée en *1859.* Alphonse Laveran (prix Nobel 1907), médecin militaire né à Paris en 1845, découvrit le parasite du paludisme en 1880 à Constantine. L'Institut Pasteur d'Alger fut ouvert en 1894.

190. Ch. Tailliart, « L'université d'Alger », *Histoire et Historiens.., op. cit.*, p. 366.

191. Cf. A. Cour, « Notes sur les chaires de langue arabe d'Alger, de Constantine et d'Oran,1832-1879 », *Revue africaine,* n° 318, 1er trim. 1924 ; Henri Massé, « Les études arabes en Algérie, 1830-1930 », *Id.*, n° 356, 3e trim. 1933.

192. À l'époque, la faculté de droit organisait un enseignement magistral de législation algérienne, tunisienne et marocaine et un enseignement magistral de droit musulman et coutumes indigènes. Ces enseignements pouvaient être sanctionnés par des examens spéciaux.

193. Jacques Berque, *Mémoires des deux rives, op. cit.*, p. 22 [*Couloughli* : se disait d'Algériens ayant dans leur ascendance du sang turc].

pect pour cette carrière « unique » (instituteur à vingt ans et professeur d'université à cinquante-cinq ans), mais il avait souligné avec emphase les *mérites de la démocratie française* : elle aime à proposer en exemple des hommes des plus modestes arrivant aux emplois les plus hauts, et elle a la « forte volonté » de ne connaître « aucune distinction d'origine, de classe sociale, de race ou de religion quand il faut désigner ceux qui sont les plus dignes d'enseigner ». Il rappelait aussi que des motifs « d'hostilité et d'incompréhension » s'étaient longtemps accumulés sur cette terre et que cet enseignant était le symbole « des meilleures possibilités[194] ».

La progression de l'effectif des étudiants avait été au-delà des prévisions[195]. Mais, parmi toutes les questions que l'avenir de l'Université posait au recteur, une est à relever : « Le jour est-il proche ou est-il reculé loin encore dans l'obscurité de l'avenir, où Berbères et Arabes, économiquement et socialement transformés, auront des fils nombreux dans nos facultés ? On n'y peut compter pour demain, mais ne sera-ce pas après-demain[196] ? » En 1929-1930, 97 étudiants musulmans étaient inscrits à l'université d'Alger sur un total de 2 013 étudiants, soit 4,8 %. En 1960-1961, ils étaient 1 317 (dont 172 filles) sur 7 248 inscrits, soit 18,1 %[197].

Le XIXe siècle et le début du XXe témoignent donc d'une activité intellectuelle intense, de vues ambitieuses, d'une curiosité très grande pour les mondes arabe et kabyle.

La *Revue africaine* a illustré cette activité. Son fondateur, Adrien Berbrugger (1801-1869), chartiste, arabisant, historien, archéologue, avait été secrétaire particulier du maréchal Clauzel en 1835; il avait

194. Pierre Martino, « M. Ben Cheneb (1869-1929) », *Revue africaine*, 1er et 2e trim. 1929, n° 338-339, pp. 150-159.

195. Faculté de droit : 1879, 80; 1898, 250; 1910, 281; 1929, 828.
Médecine et pharmacie :1879, 42; 1898,186; 1910, 178; 1929, 548.
Sciences :1879, 11; 1898, 67; 1910, 88; 1929, 212.
Lettres : 1910, 204; 1920, 266; 1929, 282.
Le recteur Charles Tailliart signala, lors de la célébration du centenaire – ce qui augmente le poids de son affirmation – que le mouvement antisémite de 1897 avait *débuté* par des manifestations d'étudiants; pendant quelques années les effectifs furent en décroissance au droit et à la médecine du fait de la défection des étudiants israélites, préférant des facultés où leur vie quotidienne « fut moins sujette à des inquiétudes », « L'université d'Alger », *article cité*, p. 363.

196. Ch. Tailliart, « L'université d'Alger », *article cité*, p. 380.

197. Guy Pervillé, *Les Étudiants algériens de l'université française*, Éditions du C.N.R.S., 1984, pp. 29-30.

suivi les expéditions de Mascara, de Tlemcen, de Constantine et en avait rapporté de nombreux manuscrits arabes qu'il fit conserver à Alger. Conservateur de la bibliothèque-musée, il avait fondé, en 1856, à l'instigation du maréchal Randon, la Société historique algérienne et la *Revue africaine;* la dernière livraison de la revue qui s'arrêta fin 1960 portait le numéro 464-465... Lors du centenaire de la Société, en 1956, Jérôme Carcopino disait sa surprise en découvrant dans la *Revue* une centaine de mémoires, d'articles et de notes d'Adrien Berbrugger; c'est le « véritable homme orchestre de l'investigation africaine » commentait-il, tout en regrettant qu'il n'ait pas été « assez démangé par l'esprit critique »[198]. La passion amenait tous les collaborateurs à écrire abondamment, sur tout, avec brillant et, on le voit aujourd'hui, avec parfois peu de prudence. Beaucoup d'articles de la revue se lisent comme des histoires, des contes plutôt que comme des résultats.

Très tôt, des sociétés étaient fondées : Société archéologique de la province de Constantine (1852), Société historique algérienne (1856), Société de recherches scientifiques et d'acclimatation de Bône (1863), Société de géographie de la province d'Oran (1878), Société de géographie d'Alger (1896), etc.. Les initiateurs et les présidents étaient presque toujours des militaires, ce qui informe sur leur état d'esprit.

La passion des militaires et autres « non-professionnels » au début de la conquête, puis celle des universitaires, créèrent une atmosphère exceptionnelle. De cette époque, de cet état d'esprit relèvent les résurrections de Timgad et de Djemila, grâce au Service des monuments historiques de l'Algérie qui avait été créé en 1880. Ce milieu avait de grandes audaces, mais il vivait en vase clos : rien de ces recherches ou de ces fouilles ne parvenait aux habitants, fussent-ils européens, comme l'attestent certains dégâts commis par les nouveaux arrivants, ainsi que le signale Stéphane Gsell. L'historien a raconté la longue histoire de Pasteur – petite localité située à 25 kilomètres de Batna – (autrefois, Lamaggiga), habité bien avant les Romains. Il parlait des ruines romaines et de l'extrême difficulté de l'implantation française : malgré la soumission du cheikh Mohammed Ben Bouaziz en 1837, il y eut, pendant quarante ans environ, beaucoup de soulèvements, de retournements, de fermes pillées, de colons égorgés, de villages détruits. Le village, appelé alors Sériana, fut dénommé Pasteur en novembre 1893 par décision du gouverneur général, Jules Cambon. Le village s'était accru dans les années 1890 de Français venant du

198. Jérôme Carcopino, discours, centenaire de la Société historique algérienne (19, 20, 21 mai 1956), *Revue africaine,* 1956, p. 16.

Vaucluse, de la Drôme, de l'Isère : Gsell parlait de maisons construites alors en pierres de taille ou en moellons « empruntés » aux ruines de l'antique Lamiggiga, ce qui faisait, écrivait-il, « saigner le cœur des archéologues »...

Cette monographie pose aujourd'hui une question : pourquoi, malgré tant de retournements, de pillages, d'égorgements, etc., des Européens se sont-ils obstinés à s'y implanter ? Pensaient-ils, comme l'a écrit Stéphane Gsell, que ce village « doit être, au milieu de populations obstinées dans leur intraitable barbarie, un témoignage durable et une noble justification de notre conquête[199] » ? Cela ne semble guère probable, cette obstination reste difficile à comprendre.

Tout ce travail d'exploration, de fouilles, de recherche fait partie de *l'œuvre française* ; il va avec l'idée de la supériorité de l'Europe et de la France et les universitaires en sont d'autant plus persuadés qu'ils sont les premiers à chercher et à faire ces découvertes en Algérie.

Un grand vecteur de l'Algérie française : l'école primaire

La version l'*œuvre française* avait cette diffusion et cette force par l'effet de l'enseignement primaire. Charles-André Julien et bien d'autres ont souligné le poids de la formation scolaire qui marque souvent pour la vie. Des phrases enthousiastes, toujours les mêmes, du petit Lavisse, qui étaient sans cesse citées, sont condamnées aujourd'hui. Les hussards de la République ont été avec ardeur les porteurs de cette foi et de cette vulgate.

Jacques Ozouf cite, dans *Nous les maîtres d'école,* des opinions très représentatives. Par exemple : « Étant tout enfant, j'admirais,

---

199. S. Gsell, *Pasteur, un village en Algérie*, Alger, Typographie Adolphe Jourdan, 1894. Il publie la lettre de Louis Pasteur remerciant le gouverneur Cambon : « La pensée que mon nom pourra éveiller un jour dans l'âme d'un enfant le premier sentiment de patriotisme me fait battre le cœur. Je vous aurai dû dans ma vieillesse cette grande joie » (25 novembre 1893).

dans *Le Petit Journal illustré*, les gravures montrant le drapeau tricolore hissé sur quelque point de l'Afrique [...]. J'étais peut-être naïf, mais je croyais que ces colonies, promues plus tard au rang d'Empire, participaient à la grandeur de la France. Je me conformais aux idées répandues par nos manuels d'histoire. Peut-être ont-ils exagéré, peut-être nous ont-ils trompés... Je ne veux pas faire de reproche à ceux qui ont travaillé pendant un demi-siècle pour l'empire colonial, ils méritent notre gratitude » (né en 1884). « Suite de l'éducation reçue dans la famille et l'école, je me passionnais [...] pour les exploits de nos grands colonisateurs. Les pages illustrées du *Petit Journal*, les leçons de notre instituteur qui, avec sa baguette, nous faisait suivre sur la carte la route de ces intrépides [...], tout cela nous enthousiasmait » (né en 1888). « Quant aux conquêtes coloniales, en général, ceux avec qui j'avais échangé quelques propos considéraient que les peuples ainsi soumis à notre autorité n'auraient qu'à y gagner : on les sortirait de leur état sauvage, on les instruirait. J'en étais convaincue moi-même » (née en 1881). « J'estimais, et je crois encore, que nous faisions beaucoup pour les indigènes : routes, écoles, hôpitaux » (né en 1882)[200]. Si l'on rappelle rapidement ce fait connu, le rôle de l'école primaire, c'est parce qu'il est pour beaucoup dans les croyances des Français d'Algérie, et qu'il en éclaire la formation et le sens.

La découverte de la conquête : quelques regards de voyageurs

La courte histoire de l'Algérie française reste encore aujourd'hui difficile à comprendre; son instabilité, ses tournants brusques ont laissé des traces sur les populations. Au temps de la célébration du centenaire de la conquête (1930), tout fut décrit de la manière la plus laudative; tous les orateurs affirmèrent que les méthodes coloniales de la France étaient un exemple pour le monde entier. Mais, avant cette époque d'euphorie, des erreurs avaient été relevées en permanence,

200. Jacques Ozouf, *Nous les maîtres d'école*, Gallimard-Julliard, 1967, pp. 24-25, p. 189, p. 188 (coll. « Archives »).

erreurs matérielles, erreurs psychologiques, erreurs lourdes de péril.

Dès le début de la conquête, la manie des Français de vouloir reproduire les environs de Paris dans un pays jugé admirable était vivement critiquée. Horace Vernet, lors de son premier voyage, en 1833, écrivait sa déception à un de ses amis : « Mes yeux cherchaient avec avidité ces Arabes, ces chevaux, ces minarets après lesquels je soupirais depuis longtemps. Rien de tout cela. Au milieu de baraques en décombres, je ne voyais de tous côtés qu'enseignes de marchands de vin à droite, chandelles à sept sous la livre à gauche : “Aux rendez-vous des Bourguignons”, “Grand café de la Marine”; partout des cafés remplis de femmes, de soldats, de gamins; enfin, tout ce que nous voyons aux environs de Paris. J'avoue que j'ai été fort désappointé. » Il confirmait que le pays était « admirable sous tous les rapports » et qu'il était « riche »[201]. Durant les premières décennies, les dévastations, les laideurs et les contresens de l'urbanisme, les blessures infligées, les injustices, étaient dénoncées et on pourrait sans effort citer ici des dizaines de livres. Par exemple, Ernest Feydeau se scandalise en 1860 des « actes de vandalisme » des Français : « On a beaucoup abîmé, beaucoup enlaidi, à moitié détruit Alger[202] » et il attaquait violemment « l'idée funeste » qui avait fait transformer une élégante mosquée en cathédrale – (« Et quelle cathédrale, bon Dieu ! ») –, l'implantation de cabarets en plein quartier maure, les horribles maisons françaises avec leurs volets verts, etc. « L'Alger français, à l'heure qu'il est, il faut avoir la franchise de l'avouer, est une succursale des Batignolles[203]. » Plus grave-

201. Lettre d'Horace Vernet au général Atthalin, mars 1833, dans : Amédée Durande, *Joseph, Carle et Horace Vernet, Correspondance et biographies*, Hetzel, 1864, p. 97 et p. 100. Il écrit aussi : « les indigènes ne demandent pas mieux que de nous aimer et de trafiquer avec nous; mais il sera impossible d'établir des relations amicales, tant que l'armée sera composée, pour la plus grande partie, de l'écume des nations étrangères, des compagnies de discipline de notre armée, qui frappent, qui volent, qui violent et qui sabrent journellement les habitants [...] la conquête une fois faite par les armes, il y a les cœurs à subjuguer, et les mouches ne se prennent pas avec du vinaigre [...] », p. 101.

202. Ernest Feydeau, *Alger, étude*, Michel Lévy frères, 1862, p. 8.

203. E. Feydeau, *id.*, p. 24, p. 26, et p. 28.

ment, Ernest Feydeau parlait d'oppression : « Nous froissons leurs idées, leurs habitudes, leurs mœurs, leurs préjugés[204] ! » Il rendait pourtant hommage aux maréchaux Bugeaud, Randon, Pélissier et dressait le bilan des « énormes sacrifices » d'hommes et d'argent qui avaient été faits en dix ans : « Nous avons créé des routes, défriché des landes, assaini des marais, bâti des villes, aménagé des forêts, construit des hôpitaux, des magasins, des entrepôts, curé des ports, creusé des puits et rendu la tranquillité à une étendue de pays considérable[205]. » Feydeau voulait que la France ne laisse que de grandes traces ; alors, coloniser, oui, mais pas n'importe comment : il demandait « pitié pour les Maures » dont les propriétés avaient changé de mains. Et il voyait, en 1860, dans les juifs, « supérieurs par une intelligence et une subtilité sans pareilles », qui dès les premiers jours de l'occupation avaient « compris que les Français leur apportaient la liberté[206] », une race qui était avant tout une alliée. En quelques mois, s'étant promené habillé « en Turc », il s'était attaché avec confiance à ce beau pays.

Vingt ans plus tard, Maupassant renforçait vigoureusement les critiques et les avertissements d'Ernest Feydeau. L'urbanisme, bien sûr, le choquait : le progrès était « mal appliqué à ce pays », le quartier européen d'Alger, « joli de loin », ne tenait pas compte du climat. « Nous sommes restés des conquérants brutaux, maladroits, infatués de nos idées toutes faites. Nos mœurs imposées, nos maisons parisiennes, nos usages choquent sur ce sol comme des fautes grossières d'art, de sagesse et de compréhension[207]. » Mais il n'était pas seulement choqué par un bal en plein air, une vraie fête de Neuilly, ou par la gaucherie, par l'inadaptation des Français, il était révolté par les « moyens absolument iniques » utilisés par le gouvernement vis-à-vis des Arabes pour favoriser l'établissement des Européens[208]. En même temps, il disait constater que les nouveaux

204. E. Feydeau, *ibid.*, p. 40.
205. E. Feydeau, *ibid.* p. 55.
206. E. Feydeau, *ibid.*, p. 175 et p. 177.
207. G. de Maupasssant, « Au soleil », *op. cit.*, p. 45.
208. G. de Maupassant, *id.*, p. 126.

venus rendaient l'Algérie productive, ce que les « Arabes » étaient incapables de faire. On l'a déjà signalé, il portait des jugements sévères, par exemple : « Qui dit Arabe dit voleur, sans exception » ; et il revenait plusieurs fois sur certains aspects, le vol, la fourberie, l'esprit « chicanier, querelleur, plaideur et vindicatif » de ce peuple[209]. Il en condamnait la religion et surtout le ramadan : « Il est facile de comprendre quelle furieuse exaltation résulte, pour ces cerveaux bornés et obstinés, de cette dure pratique religieuse[210]. » Manquant de compréhension et de sympathie pour les colonisés, Maupassant se disait pourtant indigné par les conditions de la colonisation. Il faut le souligner, au XIXe siècle, les critiques ont été permanentes et elles provenaient de toutes parts.

Que les conditions de la colonisation soient discutables, Jules Ferry, disant le constater, n'en était pas moins certain que cette expérience était une « marche en avant » : la critique n'était « nullement inconciliable avec une foi profonde et raisonnée dans les destinées de l'Afrique française. Mais cette foi ne peut ni tout justifier ni tout couvrir[211]. » Pendant deux mois, la commission sénatoriale que Ferry présidait (1892) avait visité les trois provinces, avait beaucoup vu et beaucoup écouté, ce n'était pas « un voyage à la Potemkine[212] ». Jules Ferry croyait en une mission civilisatrice de la France – on en parlera au chapitre III. Il estimait que le souvenir des luttes s'effacerait avec le temps, à condition qu'il ne soit pas perpétué par des injustices ; or il en avait vu beaucoup : rigueurs du régime forestier, poids des impôts, séquestres, etc. Le peuple musulman, assurait-il, ne demandait pas du tout à être associé aux libertés politiques mais il aspirait à un pouvoir juste. D'où les réformes qu'il proposait pour le gouvernement de l'Algérie.

209. G. de Maupassant, *ibid.*, p. 86.
210. G. de Maupassant, *ibid.*, p. 62.
211. Jules Ferry, *Le Gouvernement de l'Algérie*, rapport sur l'organisation et les attributions du gouverneur général de l'Algérie fait au nom de la commission sénatoriale d'étude des questions algériennes, Armand Colin, 1892, p. 8.
212. *Id.*, p. 6-7.

Sur l'attitude des colonisés face à la conquête

Ce livre se consacre aux Français d'Algérie ; néanmoins, il faut s'arrêter rapidement sur le regard porté par la France sur les populations autochtones. Au XIXe siècle, les militaires qui écrivaient avec prolixité parlaient tous de populations belliqueuses et hostiles ; Bugeaud estimait même que cette hostilité ne cesserait jamais. Au XXe siècle, on parle beaucoup moins de l'état d'esprit des populations locales, on les observe mais on ne les interroge pas ; ce qu'elles pensaient alors, personne ne semblait le rechercher. On rencontre beaucoup d'aperçus divergents dont on ne connaît pas, ou mal, les sources.

Une *Histoire d'Algérie* signée de trois historiens de premier plan en leur temps, Stéphane Gsell, Georges Marçais et Georges Yver, fut publiée en 1927. Les auteurs affirmaient que la France semblait avoir dégagé, après des essais contradictoires, une politique « susceptible de sauvegarder à la fois sa suprématie et les intérêts légitimes de ses sujets ». Ils estimaient que les dispositions hostiles qui s'étaient maintenues assez longtemps après les luttes contre les « envahisseurs » s'étaient atténuées. Ils rappelaient l'opposition et la force des religions : « L'espoir subsiste au cœur de tout bon Musulman, même s'il s'incline sincèrement devant la fatalité présente qu'un jour, peut-être, son pays redeviendra “terre d'islam”[213]. » Pourtant, l'enthousiasme religieux ne leur paraissait pas à l'origine des insurrections ; c'étaient des mobiles d'ordre matériel qui avaient compté. Ils soulignaient les effets dangereux de la conquête : elle « a rapproché les indigènes les uns des autres en les plaçant dans une même sujétion », elle a contribué à « islamiser des populations d'orthodoxie douteuse et a travaillé, par une aberration inconsciente, à renforcer le seul sentiment qui pût unir ses

213. Stéphane Gsell, Georges Marçais, Georges Yver, *Histoire d'Algérie*, Boivin, 1927, p. 293 (coll. « Les vieilles provinces de France »).

sujets contre elle » ; ils condamnaient le fait d'avoir imposé aux populations berbérophones l'emploi de la langue arabe dans les actes administratifs et judiciaires[214]. Ils exposaient les perturbations dans l'ordre social et dans l'ordre économique que l'unification d'une contrée, qui avait toujours été morcelée, avait provoquées et ils affirmaient la grande efficacité des efforts qui avaient été faits en matière d'assistance, de prévoyance et d'enseignement[215]. Leur conclusion était que la prospérité matérielle était incontestable et sans doute durable, mais que les résultats intellectuels et moraux paraissaient moins satisfaisants. « La masse indigène, écrivaient-ils, échappe encore en grande partie à notre action et n'a guère modifié ses façons de penser, de sentir et de vivre. » Néanmoins, l'œuvre était dite immense et source du prestige de la France dans le monde[216]. Ce texte est représentatif d'une époque et de son univers mental : il conjugue, on le voit, des critiques franches avec une foi entière en l'avenir de l'Algérie française.

Que les résultats « moraux » soient précaires ou peu sûrs, bien des écrits le disent. On trouve çà et là des propos assurés, mais imprécis, lors de la célébration du centenaire de l'Algérie. Par exemple, Émile-Félix Gautier écrit : « Vis-à-vis de la conquête française tout semble se passer comme si l'indigène n'avait aucun sentiment d'aucune espèce, ni d'affection ni de haine. L'observation la plus impartiale ne décèle rien d'autre que de l'atonie. Comme s'il y avait au tréfonds de l'âme cet aphorisme d'indifférence : Celui-là ou un autre ! », bref, le Français était simplement pour l'indigène le nouveau beylik[217] ; et, trois pages plus loin, Gautier affirmait que le lien noué entre les colons et les indigènes était « plus solide qu'on ne pense. Ce sont des liens confus, difficiles à débrouiller[218] ». Edmond

214. *Id.*, p. 294.
215. L'effort médical en particulier était considéré comme très positif : médecins de colonisation, consultations gratuites, vaccine, soins ophtalmiques, pratiques d'hygiène, cliniques pour les femmes musulmanes, infirmeries pour indigènes..., *ibid.*, p. 306.
216. *Ibid.*, p. 322.
217. E.-F. Gautier, *Un siècle de colonisation*, *op. cit.*, p. 235.
218. *Id.*, p. 238.

Norès, avocat général à la cour d'appel d'Alger, écrivant un livre sur la Justice pour cette même collection du Centenaire, portait une appréciation différente : cette foule n'était pas « passive et amorphe » parce qu'elle était silencieuse, « elle nous entend, elle nous épie – et elle nous juge[219] ». Ces remarques étaient éloignées des certitudes du commissaire général du Centenaire parlant de la conquête réalisée par la France « des esprits et des cœurs » ou des sentiments du cheikh El Arab Bouaziz Ben Gana : « Si les indigènes avaient connu les Français en 1830, ils auraient chargé leurs fusils non point avec des balles, mais avec des fleurs pour les recevoir[220]. »

La *Revue africaine* a posé des jalons qui informent sur un certain *état d'esprit d'opposition* à la présence française : publication de chansons kabyles, entre autres sur l'insurrection de 1871[221], ou présentation par Joseph Desparmet d'un poème qu'il avait entendu en 1905 à Blida sur la chute de la régence d'Alger[222]. Mais comment savoir la diffusion, l'impact de ces textes ? Dans un cas, la « chanson d'El Hadjdj Guioum », conçue pendant la Grande Guerre, Joseph Desparmet parle de « sentiment commun », de « vogue universelle », d'un « besoin général » auquel cette chanson répondait : « narguer l'Européen dans l'embarras et le narguer sans danger[223] ». Néanmoins, il semble y avoir eu de la distance entre l'intention de la chanson et le loyalisme des musulmans d'Algérie dans la guerre. Charles-Robert Ageron signale deux faits qui tendent à montrer que, malgré une active propagande germano-turque, il n'y eut pas alors de mouvement d'opposition à la souveraineté française : « Les services de la censure postale se disaient frappés, de 1914 à 1916, par les sentiments profrançais des ouvriers algériens vivant en France et leurs lettres auraient contribué, selon le gouverneur, à "la bonne tenue des Kabyles" pendant ces années ». « Pour l'emprunt national de 1916,

---

219. Edmond Norès, *L'Œuvre de la France en Algérie. La Justice*, Félix Alcan, 1931, p. 710.

220. Cité dans : Gustave Mercier, *Le Centenaire de l'Algérie*, Alger, Éditions Soubiron, 1931, t. I, p. 296.

221. « Chansons kabyles de Smaïl Azikkiou », présentation et traduction de Dominique Luciani, *Revue africaine*, 1er trim. 1899, pp. 17-33, et 2e trim. 1899, pp. 142-171.

222. « L'entrée des Français à Alger » par le cheikh Abdelkader, avant-propos et traduction de Joseph Desparmet, *Revue africaine*, n° 344-345, 3e-4e trim. 1930, pp. 224-256.

223. Joseph Desparmet, « La chanson d'Alger pendant la grande guerre », *Revue africaine*, n° 350-351, 1er et 2e trim. 1932, pp. 54-61.

15 000 Musulmans versèrent 2 867 000 francs. La soucription des Musulmans algériens à l'emprunt de guerre 1917 atteignit 2 915 000 francs; pour l'emprunt de 1918 à 4 % elle fut de 6 281 376 francs[224]. » La brève insurrection de 1916 dans les Aurès, liée à la conscription forcée, ne remettait pas en cause la présence française[225].

Sur l'état d'esprit de la population en 1940, Jacques Berque apporte une attestation dans ses *Mémoires* : « Pendant deux ou trois semaines, une unanimité bouleversante confondit Français et Algériens dans un sursaut naïf de combat. J'en appelle aux témoignages des gens assez âgés pour avoir vécu ces instants. Mon père, que ses fonctions mettaient en contact avec les deux communautés, partageait l'élan, et me communiquait les informations[226]. » Il raconte avoir découpé dans la presse les appels des conseils municipaux et les prônes du vendredi dans les mosquées. Cette velléité fut brève mais on comprend qu'elle ait conforté les Européens dans leurs certitudes.

Le gouverneur Roger Léonard donne, sans s'y attarder, une petite indication sur l'état d'esprit d'une population kabyle dans les années 1950. Étant allé visiter Tizi-Ouzou, il assure que la population était respectueuse de l'autorité car elle avait beaucoup de choses à lui demander, « d'abord l'ouverture de nouvelles écoles, pour les filles maintenant comme pour les garçons ». Soulignant que l'assistance était nombreuse, il commentait : « Il est toujours intéressant de savoir comment est fait le nouveau gouverneur général, ne serait-ce au retour que pour pouvoir s'en moquer auprès des femmes[227]. » Donc, les autorités savaient que, derrière des discours déférents – et souvent beaucoup trop –, la distance, la moquerie pouvaient exister.

224. Ch.-R. Ageron, *Histoire de l'Algérie contemporaine*, *op. cit.*, p. 265 et p. 266.

225. Parlant minutieusement de l'insurrection du Sud constantinois et longuement des résistances (désertions, insoumissions) pendant la guerre de 1914, Gilbert Meynier conclut : « La domination coloniale, même moins quiète, n'est pas sérieusement ébranlée », *L'Algérie révélée*, Genève, Droz, 1981, p. 599.

226. J. Berque, *Mémoires des deux rives*, *op. cit.*, p. 94.

227. R. Léonard, *Souvenirs du pays perdu*, *op. cit.*, t. I, p. 163.

SUR LES RAPPORTS QUOTIDIENS ENTRE LES COMMUNAUTÉS

Si l'on manque d'études précises sur les rapports réels entre les communautés dans le passé, on possède, sur la fin de la présence française, non seulement des témoignages oraux, mais, comme l'écrit Jean Pélégri, des « preuves ». Disant ses déchirements et sa « lenteur » pour en venir à l'idée d'indépendance[228], il a insisté sur une histoire « souterraine » qui livre mieux que des traces : « Et l'on sera étonné si un jour est publiée la correspondance qui a continué de s'échanger, depuis 1962, et malgré la séparation, entre les uns et les autres. Comme un héritage, la terre divise; mais aussi elle relie[229]. »

Les lettres d'employés à leurs patrons-colons que j'ai pu lire m'ont profondément surprise. Et aussi une lettre de condoléances du président du comité de village d'Aguemoun (ex Fort-National) adressée aux enfants d'une femme, autrefois sage-femme en Kabylie, qui venait de mourir, en 1996. Cette lettre boucle un drame familial : son mari – maire de Fort-National – avait été assassiné en 1955 par le F.L.N., elle avait vite fui avec ses huit enfants ce lieu devenu dangereux et elle était allée travailler à Alger qu'elle quitta l'été 1962. L'assemblée, disait cette lettre, « a rendu un vibrant hommage à cette noble dame qui reste aussi aux yeux de ceux qui l'ont connue un exemple de bravoure, de sagesse et surtout de sociabilité. La génération d'aujourd'hui [...] « a compris que l'Histoire omet souvent et volontairement le combat de certains pour qui les femmes et les hommes sont égaux devant Dieu. Votre mère, en qui la population kabyle a toujours trouvé dans un passé récent, refuge et protection, était de cela [*sic*][230] ».

« Je savais aussi que sous l'histoire apparente et officielle de l'Algérie, celle de l'injustice et de l'inégalité coloniales, s'était

---

228. Dans une lettre adressée à *L'Express* le 10 octobre 1960 et publiée le 20 novembre 1960, Jean Pélégri apportait son soutien au livre de Jules Roy, *La Guerre d'Algérie*; il demandait que soit définie avant qu'il ne soit trop tard « une issue équitable ». Le mot indépendance n'était pas écrit, sans doute n'était-il pas encore pensé. Dans des pages écrites en septembre-octobre 1988, et non utilisées dans *Ma mère l'Algérie*, Jean Pélégri parlant de son père vieillissant « dans l'amertume de la douleur », dit : « Je me suis souvent demandé si ma tendresse pour lui n'avait pas gêné ou retardé ma prise de conscience » (Documents remis par l'auteur).

229. J. Pélégri, *Ma mère l'Algérie* (Alger, 1989), Arles, Actes Sud, 1990, p. 32.

230. Lettre du président du comité de village d'Aguemoun, adressée à M. Jean-Pierre Frapolli, 19 mai 1997 (double remis par M. Antoine Frapolli, cité avec son autorisation; je l'en remercie vivement).

déroulée entre Algériens et Pieds-noirs, écrit Jean Pélégri, là où les relations étaient quotidiennes, une autre histoire, tout aussi réelle que l'autre mais souterraine. Une histoire qui était faite, en dépit du système colonial, d'entretiens, de conciliabules, d'échanges, et parfois de tendresse[231]. » Augustin Berque avait noté : « Tel colon européen qui, en plein bled, respire à pleins poumons les effluves de la brousse, comprend mieux son voisin le fellah que ne le ferait tel médecin musulman[232]. » Cette histoire est celle des campagnes; dans les villes, le côtoiement était le plus généralement indifférent, encore que, on l'a cité, un Constantinois, critiquant vivement le livre de Charles-Robert Ageron, s'est exclamé : « Quoi, les Pieds-noirs n'ont jamais eu de débats de conscience, ils n'ont jamais eu de copains musulmans » *(entretien 177)*. D'après les entretiens, on le verra au chapitre IV, les rapports entre les communautés dans les villes, étaient essentiellement de deux types : coexistence sans hostilité[233], et des liens d'amitié, avec des limites infranchissables dues d'abord au statut des femmes.

Un Pied-noir qui resta jusqu'en 1972 en Algérie, avec le « désir de servir », se souvient de n'avoir eu aucun camarade algérien dans l'enfance : « On ne se fréquentait pas, on s'ignorait mais il n'y avait aucun mépris, aucune méchanceté »; au-delà de l'enfance, c'était la même chose : « On était entouré de ce monde dont on ne parlait pas la langue mais eux parlaient français, on n'avait aucun rapport, de l'ignorance, mais ce n'était pas du mépris. C'était comme ça » *(entretien 17, génération 1920-1929)*. « Je dois manquer abominablement de curiosité, d'intérêt pour certaines choses [...]. Je mentirais si je vous disais que c'était le fait que j'étais trop absorbé par mes activités professionnelles, ce n'est pas vrai, on trouve toujours le temps de

231. J. Pélégri, *Ma mère l'Algérie*, *op. cit.*, p. 72.

232. A. Berque, « Les intellectuels... », *op. cit.*, p. 101. Il avertissait aussi que la jonction des intellectuels algériens et de leurs coreligionnaires pouvait se faire par « démagogie », à l'occasion d'une crise.

233. Mario Faivre (né en 1922) écrit : « Je crois qu'Alger, à l'époque de mon enfance, était la ville la moins raciste que j'ai connue. [...] Tout ce monde avait l'habitude de vivre en se côtoyant, dans la rue, dans les cafés, les cinémas, les transports. Mais chacun, chez soi, gardait sa façon de vivre », *Le Chemin du Palais d'Été*, Regirex-France, 1982, p. 97.

s'intéresser aux choses quand vraiment... [...]. Je considère comme quelque chose de scandaleux que j'aie vécu cinquante ans en Algérie sans faire vraiment un effort conscient et organisé pour mieux la connaître, pour mieux connaître les Arabes, les gens au milieu desquels nous vivions. [...] Je considérais tout ce qui m'entourait comme quelque chose de fixé, de définitif..., ça se passait comme ça » *(entretien 47, génération 1910-1919).*

Ceux qui ont fréquenté leurs voisins et ont éprouvé des amitiés, disent des choses proches de ce que dit maintenant ce natif d'une banlieue d'Alger : « J'ai toujours vécu en contact avec des musulmans, sans aucun problème [...], j'avais beaucoup d'amis musulmans [...]. Nous savions qu'on ne pouvait pas aller au-delà d'une certaine frontière, cette frontière est vraiment difficile à déterminer [...]. Il y avait deux choses qui nous séparaient; du côté des Européens, chez certains, et je crois qu'il faut dire chez certains, un sentiment de supériorité, ce sentiment de supériorité était alimenté par le sentiment de décalage qu'il y avait dans le niveau de vie [...] mais il y avait une barrière du côté des musulmans parce que leur religion est très contraignante, et il y a des choses qu'ils ne peuvent pas faire, qu'ils ne doivent pas faire, sauf à courir le risque d'être rejetés [...]. Pour beaucoup d'Européens, les choses aboutissaient à une règle simple : "On s'entend très bien avec les musulmans si on ne touche pas à leur religion, si on ne s'occupe pas de leurs femmes" [rire], c'était comme ça, on ne mettait pas en question. On était obligé de se dire qu'il y avait des limites » (*entretien 32, génération 1930-1939*). Alors ces amitiés n'étaient pas comme les amitiés européennes : « D'abord, la France ne pouvait pas intervenir pour obliger les musulmans à faire sortir les femmes, c'est pas possible; et puis, vous avez un ami, au bout d'un certain temps, on n'a plus de sujets de conversation; on ne parlait pas des mêmes choses..., on ne peut pas poser des questions qui peuvent gêner, c'est pas si simple, on vivait mêlés et pas mêlés » *(entretien 117, génération 1920-1929).* Le fait était bien connu, mais personne ne voulait en tirer les conséquences : un grand frein, dit l'un de mes interlocuteurs, c'est « la femme cloîtrée »; « On avait beau dire que nous célébrions ensemble les fêtes chrétiennes, les fêtes juives, les fêtes musulmanes, c'était une façade, on s'envoyait une corbeille de gâteaux, des dattes, mais il n'y avait pas de repas familiaux, toujours à cause des femmes qu'on n'avait pas le droit de voir » (*entretien 108, génération 1910-1919*)[234].

234. Le reproche fait aux Pieds-noirs de n'avoir pas voulu de mariages mixtes est un jugement abstrait. Une famille qui choisit en 1962 la nationalité algérienne vécut une double expérience : le père « plaidait pour la justice, pour les laissés-pour-compte », mais c'était autre chose d'accepter un mariage mixte; une de ses filles épousa un Algérien : « ce fut un écroulement ».

La paralysie des gouvernements français face au statut de la femme musulmane en Algérie avait de très bonnes raisons, mais elle avait aussi des conséquences lourdes. Germaine Tillion l'a souligné en 1957 : la société musulmane « s'est efforcée d'effacer les femmes de la catégorie active et pensante de l'humanité. Or, comme ce sont les femmes qui élèvent les enfants, il en résulte souvent pour cette société une arriération chronique[235] ». C'est une donnée qu'il faut avoir en permanence en tête quand on veut déchiffrer cette société.

Au cours des entretiens, on a donc constaté que les différences sont grandes entre les habitants des grandes villes (Alger et Oran surtout) et ceux des campagnes et des petites villes situées à l'intérieur du pays. Les échanges que Jean Pélégri a souvent évoqués, Augustin Ibazizen les confirme, mais il y insiste : il y avait aussi d'autres relations. Dans son *Testament d'un Berbère*, il raconte ses élans souvent contrariés vers sa nouvelle patrie car il avait été parfois « témoin d'injustices, d'humiliations gratuites, de heurts inutiles, de colères inassouvies, de refus fanatiques et d'agressivités rentrées » ; mais il avait vu aussi « les gestes heureux des Justes, les démarches affectives des cœurs sensibles, les bienfaits inévaluables et certains de l'œuvre française, les chances exceptionnelles de progrès qu'elle offrait au monde indigène[236] ». Mouloud Feraoun, assassiné par l'O.A.S. en mars 1962, et qui dans son *Journal* montre souvent une profonde exaspération devant les Français qui étaient restés « dédaigneusement à l'écart[237] », parlant d'une haine qu'il pensait parfois « définitive », s'interrogeait aussi : « Peut-on prétendre que cet amour n'existait pas, qu'il n'y avait rien d'autre que les privilèges ? Il y avait quelque chose de très difficile à définir mais qui rendait possible la coexistence pacifique[238]. » Un Pied-noir qui a dès sa jeunesse

---

Et mon interlocutrice avoue sa surprise : la famille algérienne de son beau-frère était aussi hostile au mariage que sa famille, alors qu'elle avait cru que « la famille algérienne serait au septième ciel que leur fils épouse une Française » (*entretien 84, née après 1945*). Les Français d'Algérie, c'est évident, ne sont pas seuls responsables de la non-fusion.

235. G. Tillion, *L'Afrique bascule...*, *op. cit.*, p. 71.

236. Augustin Ibazizen, *Le Testament d'un Berbère*, Albatros, 1984, pp. 179-180.

237. Mouloud Feraoun, *Journal, 1955-1962*, *op. cit.*, p. 45 (nov.-déc. 1955).

238. *Id.*, p. 219 (4 avril 1957).

voulu venir vivre en France, et qui donc n'a pas connu l'exil que ses compatriotes ont vécu, revient plusieurs fois sur l'issue : « Moi je pensais que, bon, les Algériens étaient chez eux, et je pensais qu'ils avaient le droit à être indépendants, mais je pensais, j'ai toujours pensé, je continue à penser que c'est tout à fait dramatique que les Pieds-noirs n'aient pas pu rester en Algérie normalement. Ils s'aimaient bien quand même les Pieds-noirs et les Algériens, franchement, ils s'aimaient bien, c'est le même pays, c'est des gens finalement... des gens modestes, ils s'aimaient bien quoi, absolument » (*entretien 140, génération 1930-1939*)[239].

Des liens dénoués par la haine

La haine, beaucoup de Pieds-noirs la subissant, l'ont ressentie tardivement et avec stupeur. Dans l'ultime phase de la guerre, une grosse pierre « frôla » une Algéroise, Suzon Pulicani-Varnier, alors qu'elle se rendait à son bureau : « Interdite, je me retournai brusquement. Immobile, le bras encore dressé, l'agresseur me fixait intensément et son regard brûlait d'une telle haine que j'en fus terrifiée. [...] Je ne pense pas que le geste haineux dont je venais d'être l'objet m'ait visée personnellement. Je ne savais rien de ce garçon, il ignorait tout de moi. [...] Son mépris s'adressait simplement à une Européenne[240]. » Fille et belle-fille de colon d'Oranie, Andrée Montero se souvient de son premier effroi, en 1960 : un ouvrier agricole repeignait la façade de sa maison et s'en « acquittait avec amour », « il me souriait pendant que je lui donnais quelques directives ». « Je m'apprêtais à vaquer à mes occupations quand quelque chose de puissant m'obligea à me retourner. Un

239. À un autre moment, l'interviewé dit : « Les propos... pas racistes mais un peu méprisants vis-à-vis des Arabes, des "bicots", des "melons" etc., c'était tout le temps, pas mes parents, pas dans ma famille, mais chez les petits copains à l'école, c'était effrayant, permanent, [...] des insultes qui visiblement dépassent la pensée des gens. [...] On baignait là-dedans, c'était tellement naturel que... on pouvait dire que c'était pas malintentionné, c'est ça qui est effrayant » (*entretien 140*).

240. S. Pulicani-Varnier, *L'Algérie des quat'jeudis*, *op. cit.*, p. 169.

abîme d'étonnement, de stupéfaction me cloua sur place : le sourire aimable s'était mué en une seconde en regard d'aversion, d'irréversible condamnation ; il baissa aussitôt la tête[241]. »

La haine, ce n'est pas seulement celle que chaque Européen reçut, c'est tout autant celle qui montait en lui, qu'il éprouva et dont à peu près personne n'a parlé dans les entretiens. Le Pied-noir, qu'on vient d'évoquer (*entretien 140*), qui était convaincu que les Algériens avaient le droit à l'indépendance, qui pendant la bataille d'Alger « s'accrochait », dit-il, avec toute sa famille, à propos de la torture, se retrouva jeune officier en Algérie, en avril 1961. Il a, lucidement et avec une certaine difficulté, voulu communiquer son état d'esprit d'alors et ses contradictions ou plutôt ses transformations involontaires. Il connaissait l'aspect noir de l'armée – la torture –, mais, à son arrivée, il vit « des moments épouvantables de répression contre d'anciens fellaghas ralliés » et des attentats contre des Européens : « Je dois dire que, par rapport aux opinions que je m'étais faites avant, ça m'a marqué beaucoup, il y a des attentats qui m'ont choqué profondément, quoi. Oui, je ne pouvais pas penser... J'ai eu aussi à voir des visions d'horreur, quand vous arrivez après un accrochage et que vous voyez des cadavres, cinq ou six cadavres sur la route et qu'on veut montrer aux populations pour les impressionner... [...] Il m'a fallu pas mal de temps quand même pour revenir à un état plus normal [...] deux, trois ans, ah oui, ça marque psychologiquement... Il y a aussi une chose qui m'a beaucoup marqué, c'est de voir comment, le fait d'être dans une ambiance de guerre, surtout ce type de guerre, où on connaît son adversaire [...], ce qui m'a vraiment surpris, c'est de voir des jeunes du contingent, au bout d'un moment ils finissent par souhaiter l'accrochage, souhaiter l'action [...] c'est très très curieux, on vit dans une ambiance où on veut être actif, c'est très curieux, ça, ça m'a surpris [...] puis, finalement, une sorte d'exaltation pour aller au combat quoi, c'est extrêmement curieux... y compris chez des gens dont on n'aurait jamais

241. Andrée Montero, *Le Cri retenu*, Montpellier, Africa Nostra, 1987, p. 63.

pensé qu'ils puissent être comme ça, et probablement, deux ans après, quand ils sont rentrés chez eux, dans une vie normale, c'est terminé, c'est oublié, mais ils sortent... on a l'impression qu'on sort de soi-même. [*Vous aussi* ?] Oui, oui, j'ai senti que c'était quelque chose que, si j'étais resté plus longtemps, ça aurait fini par me gagner, c'est ça que je dois dire,... un peu une évolution malgré moi... une fois, il y a eu un attentat où un couple de petits vieux se sont fait tuer par une grenade qui était lancée chez eux... épouvantable, c'est le genre de choses... il y a eu aussi des attentats avec des coups de couteau, donc, bon, on finit par en vouloir, voyez. » Revenant, bien plus tard dans l'entretien, sur l'état d'esprit qui s'était dessiné en lui, il dit avec des interruptions et des rires au moment le moins attendu : « J'avais commencé à avoir la mentalité du gars qui est sur le front [...]. Je me sentais en porte-à-faux, une contradiction en moi, j'étais embarqué dans une position qui n'était pas la mienne..., c'est ça qui m'a troublé le plus, deux, trois ans, peut-être plus..., ce basculement..., finalement, quand on suit ce qui est en train de se passer au Kosovo, la guerre peut provoquer des comportements absolument inimaginables[242]. »

Ce long passage veut rappeler le *climat* dans lequel vivaient non seulement l'armée, mais aussi les populations civiles. Les auteurs des descriptions hostiles et fausses de cette population oublient ou sont incapables d'imaginer ce climat dans lequel chacun peut s'échapper, peut basculer, peut sortir de soi, peut éprouver de la haine pour ceux qu'il aimait bien la veille, avec qui il vivait. L'état de haine que beaucoup ont dû traverser et dont ils ne veulent pas parler fut *passager* dans la masse de la population, mais non, semble-t-il, chez les « combattants » et chez les politiques.

Charles Poncet dans une correspondance tardive avec Amar Ouzegane (1976) manifesta une surprise douloureuse : il lui rappelait qu'il

242. L'entretien a eu lieu en avril 1999. Comme il est dit à la note 11, aucun mot n'est changé ; les points de suspension indiquent de longs silences ; ici, ils ont été parfois très longs.

avait rêvé pendant les événements de construire une « fraternité inconnue », rêvé d'une paix qui ne serait pas la « victoire totale » du F.L.N. et lui disait : « Nous nous sentions fraternels avec le camp des victimes, mais nous n'y appartenions pas. Et nous ne mesurions pas la haine qui vous animait et dont, vingt ans après, ton texte est encore tout imprégné[243]. » Il semble qu'il y ait les combattants et les autres. On se trouve ainsi face à *deux histoires* : une histoire *secrète*, que vivent des fractions des deux populations, les Algériens et les Pieds-noirs, à travers une correspondance, dans des voyages de retour. Et une histoire *officielle*, celle des politiques et celle, il faut le souligner, d'universitaires algériens. Selon eux, il n'y a pas (encore) de réconciliation du fait des oppressions, des humiliations, du « joug totalitaire » (A. Bouteflika) exercé par la France.

Mahfoud Kaddache, de l'université d'Alger, chargé de clôturer, en novembre 2000, un colloque sur « La guerre d'Algérie au miroir des décolonisations françaises », en appelait à l'histoire « scientifique », à la « vérité historique » et indiquait les aspects à développer : « Les horreurs de la conquête coloniale, les massacres de mai 1945, les tortures durant la guerre de libération, la vision des harkis, les folies meurtrières de l'O.A.S. [...] le problème des archives restent encore vus différemment par les uns et par les autres[244] ». Outre que la vérité ne gît pas toute constituée au fond d'archives officielles, il faut souligner qu'il y a beaucoup d'autres événements et gestes qu'il faut analyser. La réconciliation ne peut exister que si l'on pose au départ, comme l'a affirmé Jacques Berque, qu'il y a eu des séquences atroces *et* des pages positives. Les accusations des ex-colonisés, reçues et même réclamées par des descendants des ex-colonisateurs (mais fort loin d'eux), risquent de relancer sans fin les plaintes, les ressentiments, les jugements et des fables noires en guise d'histoire.

Les retrouvailles faciles

La haine s'est vite évanouie dans la population. Un Algérois me disait : « Tout ce qu'on a raconté, ce qu'on raconte encore à Paris, sur les horreurs de la colonisation, la manière dont étaient traités les Arabes..., en ce qui concerne une certaine iniquité,

243. Lettre de Charles Poncet à Amar Ouzegane, 23 septembre 1976, reproduite dans *Camus et l'impossible Trêve civile*, pp. 194-195 ; écrit entre 1976-1981, selon Jean-Claude Poncet qui m'a autorisée à citer cet *inédit*; je l'en remercie vivement.

244. Mahfoud Kaddache, *La Guerre d'Algérie au miroir des décolonisations*..., *op. cit.*, p. 683.

c'est vrai, mais il ne faut pas croire que l'iniquité pollue tous les rapports humains car j'ai quand même passé l'été 62, j'étais en Algérie au moment de l'indépendance, j'y suis resté plusieurs années. Si j'avais été aussi horrible qu'on le dit, ou ma communauté aussi horrible, je n'aurais pas eu les relations que j'ai eues, qui ont toutes été très bonnes » *(entretien 3, génération 1920-1929).* Tous les récits des retours en Algérie s'accordent pour parler de retrouvailles émouvantes dépassant toutes les attentes.

En 1983, André Chouraqui revient – ou retourne – à Aïn-Témouchent, instant dont il rêvait depuis longtemps : « Tous les occupants s'affairent : "Vous êtes chez vous, ne cesse de me répéter la maîtresse de maison. Pauvres de vous et pauvres de nous ! Comment avons-nous pu faire ce que nous vous avons fait !" C'est elle qui pleure en me faisant visiter la maison. [...] Le pain, les dattes, les gâteaux, le petit-lait sont servis. [...] "Fais venir ta femme, tes enfants. Reviens habiter cette maison, c'est la tienne. Elle est grande, il y aura de la place pour tous." L'émotion des retrouvailles a gagné tout le monde, même les jeunes, nés après l'indépendance de l'Algérie [...]. Mon fils Emmanuel n'est pas moins bouleversé que moi. [...] Officier de réserve dans l'armée d'Israël, il n'avait rencontré d'Arabes que sous le feu des champs de bataille. La chaleur fraternelle de l'accueil dépasse ce qu'il pouvait imaginer[245]. »

Sans doute moins lyriques dans la forme qu'André Chouraqui, mais aussi enthousiastes, de nombreux femmes et hommes ont évoqué dans les entretiens des retours, des cadeaux, des émotions. Un fils et frère de colon raconte : « On est retournés en 72 ; j'avais dit à mon frère : viens, ça t'intéressera [...]. On y a été, on a été prendre un bain, manger des oursins. L'après-midi, on se pointe en bas, dans les bâtiments de la ferme, ils reconnaissent mon frère, ils l'accueillent ; dix minutes après, les youyous des femmes, elles dégringolent du douar et elles viennent embrasser ma femme, ma belle-sœur, elles apportaient des œufs, des poulets... On a dit : "Arrêtez, on prend l'avion demain, on est juste venu vous dire bonjour" ; ils étaient... incroyables, il n'y a rien eu à faire. Il a fallu qu'ils nous emmènent partout... C'est ça l'Algérie (rire) » *(entretien 39, entretien 1920-1929.)*

245. André Chouraqui, *Histoire des juifs d'Afrique du Nord*, Hachette, 1985, pp. 7-8.

L'HISTOIRE ET LA VIE

Camus et bien d'autres rappelaient qu'il y a deux réalités : le colonialisme et la vie des hommes ; ce livre s'intéresse à la vie. Louis Althusser a montré sans l'annoncer que la vie est loin de la théorie. Marxiste particulièrement dogmatique, il possédait l'analyse du colonialisme, mais il était né en 1918 en Algérie, à Birmandreis ; il était un Pied-noir fils de deux Pieds-noirs, petit-fils d'un garde-forestier venu de la Nièvre pour trouver « une situation », car, du côté des parents de ce grand-père comme de ceux de sa grand-mère, « il n'y avait pas assez de terre pour installer et nourrir le jeune couple ». Il a bien connu la vie quotidienne dans cette colonie-là. « Mon grand-père ruina sa santé en d'indéterminables courses diurnes et nocturnes à cheval. Il était aimé des Arabes et des Berbères. Il avait pour tâche de protéger les forêts contre les chèvres qui grimpaient aux arbres et dévoraient les jeunes pousses, mais surtout de combattre les feux, qui pouvaient embraser les bois. Mais il était chargé aussi de tracer les routes dans les accidents d'un relief difficile, et de surveiller les travaux[246]. » Évoquant la profonde solitude vécue pendant près de quarante ans par ses grands-parents « jetés sans transition de la campagne morvandelle, où régnait la convivialité paysanne traditionnelle, dans les forêts les plus reculées et sauvages d'Algérie », il insistait sur l'inlassable patience et le courage de son grand-père qui le poussaient à de longues absences. Au cours de l'une d'elles, sa grand-mère avait affronté l'insurrection de Margueritte : le village avait été assailli par une bande de Musulmans, les révoltés avaient blessé leur caïd, assassiné un garde-champêtre français ; ils donnaient aux Européens qu'ils rencontrèrent le choix : la conversion à l'islam ou la mort. « Ceux qui se prêtèrent à cette conversion

246. Louis Althusser, *L'Avenir dure longtemps* (1992), nouv. éd. augmentée, Livre de poche, 1994, pp. 49-50.

furent épargnés[247]. » La grand-mère de Louis Althusser lui avait très souvent raconté cette peur : « Elle était seule à la maison forestière avec ses deux filles et les troupes d'Arabes exaltés risquaient de passer dans les environs immédiats, et, dans leur fureur, bien que mon grand-père et ma grand-mère fussent aimés des indigènes de l'endroit, comme ces troupes venaient d'ailleurs et de fort loin, on pouvait craindre le pire. La nuit du plus grand risque, ma grand-mère la passa sans dormir, ses deux petites-filles (dont ma future mère) reposant sans crainte auprès d'elle dans le sommeil. Elle m'a dit : deux balles dans le canon pour mes deux filles, et une troisième à portée de la main pour moi. Jusqu'au matin[248]. » Louis Althusser n'éprouve pas le besoin d'expliquer l'insurrection, d'en dire les « causes », il raconte une menace effrayante, qui a marqué sa grand-mère et sa propre enfance.

Comment retrouver l'histoire ordinaire ? Un Pied-noir que ses études avaient fait échapper aux horreurs et aux déchirures de la guerre se plaignait doucement d'avoir été « très malheureux » à son arrivée à Paris (« les gens de gauche, en France, considéraient que tous ceux qui venaient d'Algérie étaient des colons et des réactionnaires »), et il évoquait les rapports affectifs qui s'étaient établis là-bas, « des liens tissés qui restent, des gens qui sont nés sur la même terre, qui se sont... détestés mais estimés, des points de culture commune » et il finit par dire : « Ce n'est peut-être pas compréhensible pour quelqu'un qui n'a pas vécu là-bas. » Comme je lui rappelais que je n'étais pas de « là-bas », il répondit aussitôt : « Oui, mais vous avez tellement discuté avec eux pour avoir une idée précise » *(entretien 137, génération 1930-1939)*. J'avais donc entrepris d'écouter, d'interroger, parfois de discuter[249]. La

247. Ch-R. Ageron, à qui nous empruntons cette description, signale qu'une compagnie de tirailleurs écrasa la rébellion ; un tirailleur et seize révoltés furent tués. L'armée organisa des battues, 166 hommes furent inculpés, la chambre d'accusation en retint 125. Ch.-R. Ageron, *Histoire de l'Algérie*..., *op. cit.*, p. 67. Le verdict fut modéré : aucune condamnation à mort ; 81 acquittements sur 107 inculpés survivants (Montpellier, 1903).

248. L. Althusser, *L'Avenir dure longtemps*, *op. cit.*, p. 51.

249. Voir annexe I, *Les entretiens*.

mémoire n'est pas l'Histoire, certes. Marc Ferro parlait, dans un colloque d'intellectuels juifs, *des* mémoires qu'il fallait accumuler avant de faire l'histoire. La mémoire des Pieds-noirs, un pan décisif de cette Histoire, en a été expulsée ; il faut donc lui accorder une grande place, même si on en sait les limites. Toute mémoire est déformante, et l'exil, souvent vécu douloureusement, n'a pu qu'en accentuer les biais. Il est patent que cette mémoire simplifie, embellit le passé, et que les conditions de l'exil ont fait naître une nouvelle manière d'être pied-noir. Le premier écran, c'est peut-être que se soit construite entre les Pieds-noirs une grande *solidarité,* quelles que soient leurs opinions, leur position sociale. L'un des premiers pièges des entretiens est peut-être cette solidarité.

Préfaçant un livre collectif se voulant un inventaire de l'apport des Pieds-noirs à la culture française, Emmanuel Roblès rappelait ses rencontres avec des Pieds-noirs au cours de ses voyages, à Denver, à Calgary (Canada), à Nouakchott, à Abidjan, à Caracas... « Ce n'est pas sans émotion que je me rappelle ce jeune tailleur de Bab el-Oued qui, de Boston, vint avec sa femme me rejoindre à Albany, dans l'État de New York, moins pour entendre ma conférence [...] que pour parler un peu avec moi de "là-bas". [...] Une autre fois, en juillet 1971, en reportage au Chili, [...] j'arrivai à Maria Elena [...]. On m'apprit alors qu'un de mes compatriotes souhaitait me voir mais qu'il était de service sur un gisement lointain. Je le rejoignis donc en jeep. » Disant qu'il pourrait multiplier les exemples, il soulignait que les Pieds-noirs « conservent toujours ce sens de l'hospitalité et cette merveilleuse faculté de "contact" qui est une [de leurs] vertus les plus foncières ». Il évoquait les repas pris « comme là-bas », les veillées où s'échangeaient « comme des mots de passe, les noms de figures fameuses, fictives ou réelles » et les remémorations "poignantes" du printemps sur les collines, de mounas pascales[250], de matchs de football, de pêches fabuleuses[251].

250. Le lundi de Pâques, les Espagnols et les Français d'origine espagnole des villes *font la mouna ;* ils vont faire, en groupes, une partie de campagne au cours de laquelle, après beaucoup de choses, ils mangent cette pâte briochée. Cf. André Lanly, *Le Français d'Afrique du Nord,* (1962), 2ᵉ éd., Bordas, 1970, p. 124.

251. *Les Pieds-noirs*, présentés par Emmanuel Roblès, Philippe Lebaud éditeur, 1982, pp. 11-12. Les dix-neuf contributeurs représentent à peu près toutes les opinions politiques, tous les engagements.

La solidarité, c'est le partage d'une même destinée. Charles Poncet, comme son ami Camus, avait rêvé d'une autre issue « qui aurait aboli les injustices dont vous étiez victimes sans écraser les Pieds-noirs sous une nouvelle injustice », écrivit-il plus tard à Amar Ouzegane[252]. Il quitta l'Algérie en octobre 1968, car elle lui était devenue étrangère. Pendant les années de guerre, il s'était senti troublé, gêné d'être en marge, loin du gros des Pieds-noirs qui oscillait entre l'illusion et le désespoir aveugle, et tout aussi loin des « enragés de justice historique ».

> Charles Poncet raconte une réunion, tenue en février 1955, après un appel rédigé par Charles-Robert Ageron, chez Robert Malan, chrétien progressiste : « Obsédés de justice pour les seuls Algériens, ils vivaient dans leur monde clos, imbus de leur supériorité intellectuelle et de leur culture, pour la plupart métropolitains et indifférents au sort d'une communauté à laquelle ils n'appartenaient pas. Raillant les convictions simplistes des Pieds-noirs, qui en effet n'étaient sensibles qu'aux bienfaits de la colonisation, ces enragés de la justice historique n'en voyaient, eux, que les méfaits[253]. »

Longtemps après l'indépendance, Charles Poncet répétait : « Comme un million de nos compatriotes, nous appartenons à l'innombrable troupe des vaincus. Nous partageons leur destin [...]. Solitaires dans une foule hostile, nous avons toujours, même dans le désespoir ou la colère, senti notre solidarité avec elle[254]. » « Je me suis toujours senti français, comme Camus, et tout en me séparant de la communauté française, dont j'estimais que l'aveuglement la menait à la ruine, je ne récusais pas mon appartenance à cette communauté. Je savais que mon destin était lié au sien, et je ne voulais pas m'y soustraire[255]. »

Cette fraternité nouvelle submerge les nombreux clivages qui étaient là-bas très marqués. Solidaires parce que sacrifiés, parce que vaincus, les Français d'Algérie ont d'abord en commun la

---

252. Lettre de Charles Poncet à Amar Ouzegane, Nice, 23 sept.1976, *Camus ou l'impossible Trêve...*, *op. cit.*, p. 198.
253. Charles Poncet, *Camus et l'impossible Trêve...*, *op. cit.*, pp. 10-11.
254. Charles Poncet, *Camus ou l'impossible Trêve...*, *id.*, p. 118.
255. Lettre de Charles Poncet à Amar Ouzegane, 23 sept. 1976, *ibid,*. p. 193.

naissance sur une terre aimée, inoubliable et perdue. « Quarante ans est un temps honnête, ce nous semble, pour reconnaître que ces foutus colons ont plus chéri cette terre que nous qui sommes ses enfants », a écrit Boualem Sansal[256]. L'attachement profond, charnel, la manière de parler des paysages de l'enfance, de les décrire répétitivement semblent suspects à bien des Français de l'Hexagone, comme s'il y avait là-dessous une nostalgie « coloniale ». On trouve bien autre chose dans cet ensorcellement qui peut avoir la même force, le même frémissement, chez des émetteurs qui diffèrent par leur métier, par leur lieu de vie, par leurs opinions. Le mot « magique » est souvent revenu dans les entretiens, même pour parler de lieux qu'un Français d'ici voit comme austères, sans charme, voire un peu effrayants. Alors que retenir des entretiens? Ils sont là pour apprendre qui sont les Français d'Algérie. C'est pour les comprendre qu'on a dû chercher à connaître et à décrire la longue conquête et ses légendes, les débats menés en France et le regard critique de celle-ci sur les colons, puis le triomphe de la colonisation, culminant en 1930, l'année du centenaire de l'Algérie française. Les souvenirs des Français d'Algérie s'inscrivent dans cette histoire-là, elle les rend intelligibles. Ils sont tournés vers eux-mêmes, irrémédiablement fixés; mais pour un passé aussi clos, sans ressuscitation possible, à quoi serviraient des interrogations, des autocritiques, le ressassement d'occasions manquées? C'est un pays qui n'existe plus m'a-t-on souvent rappelé. La réalité complexe, bigarrée, qu'on a trouvée dans les entretiens, a fort peu à voir avec ce qui a été dit et écrit sur eux. On comprend qu'un Algérois ait dit, pour clore l'entretien : « Quand je vois comment on raconte l'histoire que nous avons vécue, je commence à douter de toute l'Histoire de France » (*entretien 106, génération 1920-1929*).

256. Boualem Sansal, *Le Serment des barbares*, Gallimard, 1999, p. 375.

CHAPITRE II

La lente éclosion de l'Algérie française

Pour décrire les Français d'Algérie tels qu'ils vivaient, tels qu'ils étaient à la fin de la présence française, il ne serait d'aucun intérêt de raconter toute la longue histoire qui mit aux prises les Français et les Africains du Nord, histoire que la tradition fait remonter à Saint Louis. La croisade de Saint Louis ou le rêve de Catherine de Médicis d'obtenir pour son fils Henri de Valois le titre de roi d'Alger n'expliquent en rien 1830. Cette histoire n'a pas pesé sur les Français des années 1930-1960. En revanche, certains faits, par leur ancienneté, par la limpidité de leur leçon, par leur héroïsme et par leur pittoresque (les récits des captifs par exemple, ou plutôt la connaissance de l'existence de tels récits) ont participé aux certitudes des Français d'Algérie, à leurs attentes ; leur propre histoire s'enracine dans une histoire aménagée, allégée peut-on dire, orientée.

L'année 1830 apparaît le plus souvent dans les textes comme une naissance ou un couperet ; la date de la prise d'Alger est abusivement isolée. Il existe au moins deux visions ; assez fréquemment, les Français d'Algérie connaissent plus ou moins ce qui a amené 1830, mais ils ignorent ou minimisent la longue et impitoyable guerre de conquête. L'histoire militante, au contraire, répète longuement, récite avec un raffinement de chiffres et de précisions les combats, mais elle escamote les tensions, les conflits d'avant 1830 ou les transforme, se contentant d'imputer le débarquement de 1830 aux intentions impérialistes d'un roi (méchant), Charles X. L'attachement des Français d'Algérie à un passé lointain, qui pourtant fut le plus souvent houleux, malheureux et dangereux, se comprend : plus la durée de l'histoire franco-algérienne est longue, plus elle justifie la revendication de l'Algérie, terre natale, comme terre française ; les bribes qu'ils connaissent de l'histoire d'affrontements, d'avanies, d'échecs entre les rois et les deys rendent pour eux, nécessaire, mieux, inévitable, le débarquement de 1830. Il est donc nécessaire de survoler cette sombre histoire.

L'ANCIENNETÉ DE L'IMPLANTATION FRANÇAISE

La proclamation faite aux troupes à Toulon en mai 1830 rappelait aux soldats – dont elle célébrait l'ardeur pour venger l'insulte faite au pavillon français –, qu'« à plusieurs époques les étendards français ont flotté sur la plage africaine[1] ». La première concession française en Afrique date de 1560 ; un Corse, Lenche, et un Marseillais, Didier, obtinrent, moyennant une redevance annuelle, le monopole de la pêche du corail au Bastion de France, situé entre La Calle et Bône, et ils se livrèrent à l'exportation de tout ce qu'ils pouvaient trouver (blé, orge, cire, cuir, chanvre...). Confiscations, pillages, incendies, déprédations, restitutions jalonnent l'exploitation et l'extension des concessions françaises pendant près de trois siècles. Après la destruction du Bastion en 1604 – c'était la seconde fois – et une longue période de guerre entre la France et la Régence, de 1610 à 1628, Richelieu intervint et donna à Sanson Napollon, Corse d'origine et Marseillais d'adoption, un rôle de premier plan dans les relations franco-algériennes : celui-ci obtint en

1. Proclamation faite aux troupes par le comte de Bourmont, général en chef, 10 mai 1830, dans : Alfred Nettement, *Histoire de la conquête d'Alger*, Jacques Lecoffre, 1856, p. 282.

septembre 1628 un contrat spécial avec le Divan ; il stipulait la restitution du Bastion et en réglait les conditions de fonctionnement. En 1631, deux ans avant sa mort au combat, il fut nommé capitaine et gouverneur du Bastion de France. Sanson Napollon, on l'a noté dans des entretiens, fait partie du passé que l'Algérie française voulait célébrer et le Centenaire lui porta attention, les honneurs militaires lui furent rendus juste trois siècles après sa mort[2].

Les puissances européennes et la régence turque

L'expédition de 1830 s'inscrit dans une longue suite de bombardements, de prises, d'échecs d'assaut, d'expéditions, d'occupations[3] dans lesquels le Portugal, l'Espagne, l'Angleterre, les Pays-Bas, la France s'étaient illustrés pendant plusieurs siècles. Les pays européens disaient vouloir arrêter les courses des pirates[4], sauver les captifs, interdire des supplices barbares, bref imposer la sécurité et la paix et abolir l'esclavage des chrétiens. L'état de guerre était permanent : rivalités des

---

2. Sanson Napollon fut tué au combat en 1633 alors qu'il tentait de donner à la France un morceau du littoral entre Bône et Tabarka. Les honneurs militaires lui furent rendus le 5 juin 1933. Une société, Le Bastion de France, fut fondée en 1929 pour restaurer le Bastion qui avait été détruit en 1827 et il fut classé alors monument historique. La société voulait faire connaître S. Napollon [Cf. Louis Filippi, « L'œuvre de la société le "Bastion de France" », *Revue africaine*, 1935, 1er congrès de la Fédération des sociétés savantes de l'Afrique du Nord].

3. La première tentative française pour s'établir eut lieu à Djidjelli en 1664 ; une armée turque de plus de 10 000 hommes mit fin à cette occupation qui avait duré un peu plus de deux mois. L'idée d'occuper un poste fixe voulait non seulement « purger » la mer des corsaires mais visait un résultat plus haut : « l'empire de la Méditerranée ». Cf. François Charles-Roux, *France et Afrique du Nord avant 1830*, Alcan, 1932, pp. 156-161.

4. De nombreux Français d'Algérie sont prolixes sur les courses des pirates turcs mais ils ignorent la piraterie chrétienne d'un passé lointain. Braudel a raconté comment la Méditerranée occidentale tombe au pouvoir des marins d'Égypte, d'Afrique du Nord, d'Espagne, « tous passés sous l'étendard vert » ; « la mer, charrieuse de richesses, passe au service de l'islam » ; elle fait grandir ses villes maritimes, Alexandrie, Palerme, Tunis ; d'autres cités poussent ou renaissent, Bougie, Alger, Oran, Almeria, Séville. « Cette fortune dure plus d'un siècle. Sans doute, l'islam se heurte-t-il assez tôt à la piraterie chrétienne : c'est le destin des riches que d'offrir proies et tentations aux pauvres. Vers le xe siècle, contrairement à la situation plus tard classique, le riche, c'est le musulman, le pirate, le chrétien. » *Grammaire des civilisations*, Flammarion, 1993, p. 89 (coll. « Champs »).

puissances chrétiennes et de l'Empire ottoman, et aussi rivalités des puissances européennes entre elles, piraterie et représailles, nécessités âpres du commerce et devoir de rédemption des captifs occupent l'époque. « Avec les Barbaresques, écrivait François Charles-Roux, la paix se jurait toujours. On dit la paix jurée de 1628, de 1640, de 1666, etc., etc. C'était une précaution supplémentaire pour la rendre stable, mais une précaution bien inutile. Car on aurait pu dire serment de Barbaresque comme on dit serment d'ivrogne. Malgré leur serment de respecter la paix, les Barbaresques ne tardaient jamais à la violer, en faisant une guerre de fait[5]. » Les Barbaresques ont, dans les livres, mauvaise réputation, quoiqu'on puisse lire, parfois, qu'il valait mieux être captifs de l'autre côté de la Méditerranée qu'en France[6]. Après tout, comment Engels voyait-il les Barbares après la conquête de l'Algérie par la France ? Regrettant que la liberté ait été détruite, il précisait : « Nous ne devons pas oublier que ces mêmes bédouins sont un peuple de voleurs dont les principaux moyens d'existence consistaient à faire des incursions chez les uns et les autres, ou chez les villageois sédentaires, prenant ce qu'ils trouvaient, massacrant tous ceux qui résistaient, et vendant le reste des prisonniers comme esclaves » ; « mus par la convoitise du gain » comme les nations les plus civilisées, ils employaient, selon Engels, « des moyens plus grossiers et plus cruels[7]. »

Décrivant les ambitions espagnoles au Maghreb, Charles-André Julien a parlé de débuts triomphants : reddition de Mers

---

5. F. Charles-Roux, *France et Afrique du Nord...*, *op. cit.*, p. 124.

6. Adrien Berbrugger, « De l'esclavage musulman en France », *Revue africaine*, 1re année, n° 1, oct. 1856, pp. 38-41 ; la France faisait peu de prisonniers turcs, mais elle pouvait en acheter à Malte ou à Venise ; souvent ils travaillaient sur les galères, alors qu'en Algérie beaucoup de captifs travaillaient chez des particuliers et étaient en général assez bien traités. *El trato de Argel*, de Cervantès, raconte les malheurs d'un couple que la captivité a séparé, Aurelio et Silvia, dont les maîtres musulmans veulent obtenir les faveurs ; ce drame est rempli de scènes ou de récits édifiants (un prêtre valencien torturé, brûlé, par exemple) et de considérations sur l'inhumanité du peuple « qui trouve plaisir à donner la mort aux serviteurs du Christ », sur l'honneur des chrétiens et sur leur faible ardeur à la charité, « s'ils n'étaient pas si avares de leurs dons pour délivrer des fers de la prison les captifs chrétiens... », 1re traduction intégrale, *Revue africaine*, vol. 35, 1er trim. 1891, pp. 111-160.

7. Friedrich Engels, « Extraordinaires révélations. Abd el-Kader. La politique étrangère de Guizot » (de notre correspondant à Paris), *The Northern Star*, 22 janvier 1848, dans : *Marx, marxisme et Algérie*, textes de Marx-Engels présentés par René Gallisot, « 10/18 », 1976, p. 25.

el-Kébir (1505), prise d'Oran (1508), prise de Bougie (1510), mais ces ports, transformés en places fortes *(presidios)*, vécurent en état de siège et ne purent survivre qu'à coups de razzias. Il n'y eut jamais de colonisation espagnole : « Au lendemain même de leur victoire, les vainqueurs se convertissaient en vaincus, les conquérants devenaient des assiégés[8]. » « C'est dans l'ornière de l'occupation restreinte que la politique espagnole s'engage, dès le principe, et se maintiendra jusqu'à la fin, a écrit Braudel. Cette méthode porte la responsabilité de la faillite des entreprises espagnoles en Afrique[9]. » Cet « impérialisme restreint » a perduré pendant près de trois siècles ; l'occupation, en bordure de la mer, a été renforcée par l'arrivée des frères Barberousse au Maghreb ; ceux-ci se liant à l'Empire ottoman, s'y soumettant, disséminant leurs garnisons dans tout le pays, rendirent permanents les échecs des puissances européennes, le plus célèbre étant le désastre de l'expédition de Charles Quint en 1541, perdant 8 000 hommes et 140 navires. D'autres échecs moins connus laissèrent « l'orgueil des Turcs » intact : par exemple, les bombardements français, sans aucun effet, de 1661 et 1665, ceux de 1682 à 1688 qui avaient abouti à une paix coûteuse. Le bombardement de 1688 est partout décrit comme terrible : du 3 au 16 juillet, plus de dix mille bombes s'étaient abattues sur la ville, et il s'inscrivit dans la mémoire des Algérois. L'Espagne avait connu un échec retentissant contre Alger en 1775, et un nouvel échec en 1783, puis en 1784 – alors que l'escadre espagnole était renforcée par des navires de Naples et de Malte (et avait reçu une indulgence plénière et la bénédiction *in articulo mortis* du pape pour tous les combattants...) –, un autre échec s'était soldé par une paix à des conditions fort dures... Peu de temps avant la conquête par la

8. Jean Cazenave, « Les présides espagnols d'Afrique », *Revue africaine*, n° 311, 2ᵉ trim. 1922, p. 227.

9. Fernand Braudel, « Les Espagnols en Algérie, 1492-1792 », dans : *Histoire et historiens de l'Algérie*, Alcan, 1931, p. 244 (collection du « Centenaire de l'Algérie »). Fernand Braudel, parlant des « erreurs initiales » de l'installation française en Algérie, précisait « la politique d'occupation restreinte a failli nous coûter très cher », remarque qui permet de connaître l'univers mental de l'époque.

France, l'Angleterre avait, à trois reprises, bombardé Alger pour exiger l'abolition de la course et de l'esclavage des chrétiens ; l'attaque de mai 1816 avait obtenu la libération de 1 200 captifs, mais le dey était resté libre de sa course. Neuf ans plus tard, une autre attaque anglaise avait été sans résultat (1825). Quelles que fussent les raisons invoquées des attaques, celles-ci étaient fréquentes, ordinaires ; il serait aussi fastidieux que difficile d'en dresser le bilan, mais il faut en savoir l'ampleur.

La régence turque, qu'une certaine réécriture actuelle de l'histoire présente comme un État sûr, évolué, etc., a été décrit par Charles-André Julien comme une succession de « complots, émeutes et massacres » ; encore parlait-il du XVIIe siècle, époque de « l'âge d'or », de la richesse, grâce aux bénéfices de la piraterie [10]. Alger fut, au XVIIe siècle et au début du XVIIIe siècle, « une ville très vivante, dont le ravitaillement amenait des environs immédiats, des jardins du Sahel, de la Mitidja, de Cherchell, de Blida, de Miliana, de Médéa, de la Kabylie, du Sud même, quantité de denrées, grains, légumes, fruits divers, figues, dattes, huile, beurre, miel, bétail, viande, tabac, cire, charbon, laines, soies, cuirs et peaux [11] » ; l'enceinte d'Alger contenait, au milieu du XVIIe siècle, plus de 100 000 habitants auxquels s'ajoutaient les esclaves chrétiens, dont l'effectif, selon les sources, oscillait entre 25 000 et 35 000 [12]. Mais à partir de 1740 environ, Alger connut le déclin et l'appauvrissement, les courses ne rapportant plus grand-chose, mais la décadence de la piraterie n'est pas l'unique cause. Une épidémie de peste, s'étalant sur quinze ans à la fin du XVIIIe siècle puis reprenant avec violence de 1817 à 1819, a largement contribué au dépeuplement de la ville et à son appauvrissement ; René Lespès indique

10. Charles-André Julien, *Histoire de l'Afrique du Nord*, Payot, 1931, pp. 538-558 (« L'âge d'or de la course algérienne et tunisienne »).

11. René Lespès, *Alger. Études de géographie et d'histoire urbaines*, Alcan, 1930, p. 162 (coll. du « Centenaire de l'Algérie »).

12. R. Lespès, *Alger*, *op. cit.*, p. 130.

pour la seule année 1787, plus de 16 000 citadins morts de la peste[13]. Au début du XIXe siècle, la population d'Alger était tombée à 30 000 habitants ; c'était une ville déchue lors du débarquement de l'armée française ; celle-ci ne trouva d'ailleurs que 122 esclaves[14].

À toutes les époques, l'autorité des deys ne s'étendait qu'à une petite partie de l'Algérie. Les Kabyles ne cessèrent de s'insurger contre les Turcs, écrit Charles-André Julien qui précise : « De 1810 à 1815, les Kabyles des Babors, les Flissa, le Titteri, à qui s'ajoutèrent les Tunisiens, les battirent de tous côtés[15]. » En butte à des difficultés incessantes sur son territoire, la régence entretenait des conflits avec presque toute l'Europe.

La cour de France et la régence turque

La *Correspondance des deys d'Alger avec la cour de France (1579-1833),* publiée en 1889, apporte un éclairage décisif sur les rapports de la régence et des différents gouvernements français[16] ; elle a contribué à entretenir l'idée de l'illégimité de la régence turque, de la duplicité de son comportement – qui est décrit comme une alliance de brutalité effrontée et de pusillanimité – et donc à justifier la conquête.

Cette publication témoigne de l'esprit conquérant de la IIIe République. L'éditeur scientifique, Eugène Plantet, attaché au ministère

13. Soulignant que la peste n'était pas inconnue à Alger (1740, 1752-1755), René Lespès parle d'une « fureur croissante » de ce fléau : 16 721 morts à Alger dans la seule annéee 1787 et l'épidémie a continué jusqu'en 1798. La famine accompagnait presque toujours la peste : en outre, il y avait eu en 1755 un tremblement de terre (celui qui détruisit Lisbonne) dont les secousses s'espacèrent sur deux mois (acqueducs coupés, manque d'eau...). « Jamais Alger n'a connu à la fois autant de souffrances » que dans la seconde moitié du XVIIIe siècle. Lespès mentionne aussi des attaques de Kabyles interceptant le ravitaillement aux portes de la ville, (1767), des pillages, des sauterelles qui dévorent les récoltes... (*Alger, op. cit.*, pp. 138-139).

14. R. Lespès, *Alger, op. cit.*, p. 137.

15. Ch.-A. Julien, *Histoire de l'Afrique du Nord, op. cit.*, pp. 565-566.

16. Eugène Plantet, *Correspondance des deys d'Alger avec la cour de France*, 2 vol., 1579-1700 ; 1700-1833, Alcan, 1889.

des Affaires étrangères, avait minutieusement dépouillé les archives des Affaires étrangères, de la marine, des colonies et de la chambre de commerce de Marseille. Il mêlait répétitivement à la longue analyse préfaçant cette correspondance une justification « morale » de la conquête ; il citait, entre autres choses, l'apostrophe d'une oraison funèbre de Bossuet – que Chateaubriand avait citée dans ses *Mémoires* à propos de l'expédition de 1830 et que la plupart des publications coloniales ont souvent répétée – : « Tu céderas ou tu tomberas sous ton vainqueur, Alger, riche des dépouilles de la chrétienté. Tu disais en ton cœur avare : je tiens la mer sous mes lois et les nations sont ma proie. La légèreté de tes vaisseaux te donnait confiance : mais tu te verras attaquée dans tes murailles [...]. Nous verrons la fin de tes brigandages[17]. »

Cette volumineuse correspondance aide à comprendre l'expédition de 1830 et les vicissitudes des débuts de la colonisation. On y lit des dessous aujourd'hui bien connus de la « louche affaire » des créances Bacri-Busnach et la connivence de ceux-ci avec Talleyrand, les rêves de Bonaparte, les projets qu'il mit en chantier mais qu'il abandonna quand il fut devenu l'Empereur tant l'Europe l'absorba, et, d'une manière générale, on suit de près les relations politiques entre la France et la régence d'Alger.

À toutes les époques, les gouvernements français avaient exprimé des plaintes, parlé d'outrages, demandé des réparations, mais ils avaient aussi souvent cherché des compromis, usé de patience, connu quelques moments pacifiques. Le dernier consul de l'Ancien Régime, J.-B. de Kercy, avant de rejoindre son poste en 1782, tout en se disant « flatté » par la confiance du roi, avait montré non seulement de la franchise mais un état d'esprit nouveau : « Depuis un siècle, règne entre la cour de France et la régence d'Alger une espèce de bonne intelligence. [...] Cette régence a cependant enfreint mille et mille fois les traités, a fait éprouver aux Français des dommages considérables et subir des humiliations affreuses. Le plus souvent, on n'en a obtenu aucune satisfaction et, si l'on en a

17. E. Plantet, *Introduction*, *Correspondance des deys...*, t. I, pp. XI-LXXV.

obtenu une, elle a toujours été imparfaite : cependant l'on s'en est contenté. On a préféré des sacrifices, quelque grands, quelque contraires qu'ils fussent à la dignité de la France, à une rupture ou au danger d'une rupture. » Il estimait nécessaire une expédition militaire contre Alger et suggérait une attaque par la terre qui, selon lui, ne serait pas de longue durée ; il fallait détruire le gouvernement d'Alger, mais ne pas rester en Algérie – car ce serait onéreux –, alors qu'il fallait penser au seul pays « qui convienne à la France », l'Égypte[18]. Ce rapport fut sans aucun effet.

Quittant son poste en 1790, le consul de Kercy fit un rapport sur Alger[19] qui montre que l'idée d'anéantir la régence était ancienne. La France, affirmait le consul, souffre bien plus que les autres pays chrétiens des courses des corsaires parce qu'elle a une grande étendue de côtes sur la Méditerranée et qu'elle ne peut renoncer à sa navigation « sans causer la ruine de ses provinces méridionales » (p. 106). La guerre était jugée nécessaire mais « plus redoutable qu'une guerre avec toute autre nation » (p. 107). Il fallait assurer préalablement le salut des Français : retirer les agents des Comptoirs de la compagnie d'Afrique, racheter ceux des esclaves français qui avaient été pris « injustement », sachant que la plupart étaient de « mauvais sujets » ; réfléchir au sort des missionnaires, mais ils étaient de « véritables saints à qui aucun sacrifice ne coûterait pour le bien de l'humanité » (p. 110). L'examen de tous les échecs de l'Espagne (bombardements, débarquements) amenait à proposer un débarquement à Sidi-Ferruch et une armée de terre de trente à quarante mille hommes. La capture du trésor, dit considérable, du dey permettrait de payer « amplement » les frais de la guerre. En détruisant Alger, la France servirait « à son détriment » la marine de Gênes, de Naples, de la Sardaigne, de la Toscane, du Portugal, des États-Unis, des villes hanséatiques, de la Prusse, et le pavillon du pape : la France ne pouvait maintenir sa propre navigation « qu'en laissant à la leur un libre cours » et elle ne pouvait attendre cependant « une grande reconnaissance » de leur part. Après la destruction d'Alger, « le grand seigneur se garderait

18. F. Charles-Roux, *France et Afrique du Nord...*, *op. cit.*, extrait du Mémoire du consul de Kercy (1782) et analyse, pp. 324-334.

19. Consul de Kercy, *Mémoire renfermant diverses notions sur Alger*, dans : Collection de documents inédits sur l'histoire de l'Algérie depuis 1830, 2e série, III, publiés par Gabriel Esquer, Champion, 1927, pp. 92-150.

bien de maltraiter les Français qui sont dans ses États et de leur interdire tout commerce, autrement on trouverait facilement le moyen de lui faire porter la peine de sa mauvaise humeur ». Les derniers mots du *Mémoire* étaient : *Delenda est Carthago*. Le but était donc le châtiment d'un régime qui multipliait les prises de bâtiments, les captures d'équipages et les vexations, la liste en était minutieusement dressée (pp. 98-103).

La République, amie du dey

La République allait connaître une époque paisible ; mieux, Eugène Plantet affirme qu'elle trouva dans le dey « un ami généreux et un allié fidèle[20]. » Du fait de difficultés financières, elle lui emprunta en 1793 les sommes nécessaires pour payer les céréales qu'elle achetait dans la régence ; Bacri et Busnach prêtèrent leur concours à l'importation des blés en France et ils surent trouver à Paris un protecteur puissant, Talleyrand. La République emprunta à nouveau en 1796 et le dey, Hassan, expliqua fort aimablement pourquoi il ne pouvait pas prêter tout ce qu'on lui demandait : « Mes chers amis, je vous prie de ne pas vous fâcher de ce que nous n'avons pas pu compléter la somme d'un million de piastres que vous demandiez. Tout le monde sait qu'il n'y pas de mines dans la régence ; l'argent produit par les villes qui sont sous notre domination, en Orient comme en Occident, est dépensé annuellement à solder nos armées victorieuses, et cette somme est à peine suffisante. Vos Excellences, connaissant ces détails, nous excuseront et dorénavant, pour tout ce dont vous pourrez avoir besoin chez nous, un moindre signe suffira. Nous ne vous le refuserons d'aucune façon, à moins que la chose demandée n'existe pas ici non plus[21]. » La « bonne intelligence » que l'échange de lettres

20. E. Plantet, *Introduction, op. cit.*, p. XLVIII.
21. Sidi Hassan au directoire exécutif de la République française, 1er juillet 1796, *Correspondance des deys d'Alger...*, t. II, *op. cit.*, p. 459.

saluait ne dura pas longtemps : l'expédition d'Égypte amena la Turquie a exigé des régences d'Alger, de Tunis et de Tripoli, qu'elles déclarent la guerre à la France. Elles le firent sans enthousiasme, sans ouvrir les hostilités. Simplement, à Alger, le consul et les résidents français furent emprisonnés, les concessions françaises, confisquées par le bey de Constantine, furent pillées, leur personnel emprisonné. Pratiques courantes...

Dès mai 1800, Bonaparte, Premier consul, renouait les relations politiques et commerciales. L'état de guerre, écrivait-il, « est aujourd'hui sans motif, contraire aux intérêts des deux peuples ; il le fut toujours aux inclinations du gouvernement français[22]. » Mais cet armistice fut très vite rompu, de nouveau sous la pression de la Turquie et aussi de l'Angleterre. Le dey Mustapha obéissant en apparence prit beaucoup de précautions : rappelant que c'était un devoir de sa religion d'obéir aux ordres du Sultan – nous sommes « une partie des esclaves qui courbent la tête sous le joug du Sultan » –, il exposait ses souhaits à Bonaparte en disant qu'ils devaient rester un « profond secret ». « Si la flotte ottomane fait voile vers ces parages et si vous en avez avis, comme vous êtes actuellement considéré comme ennemi, il faut préparer un certain nombre de vaisseaux de guerre [...] pour intercepter les passages et prendre ou brûler tout ce qui viendra vers vous. C'est en écartant de nous de pareils malheurs que vous observerez les lois de l'amitié, et nous espérons, s'il plaît à Dieu, pouvoir avant peu reconnaître ce service d'ami[23]. » Bonaparte se montra compréhensif : « Des raisons de politique vous ont forcé la main, mais la lettre que vous m'avez écrite et la conduite que vous avez tenue depuis le départ du citoyen Dubois-Thainville m'ont bien fait comprendre la raison de votre conduite. Le passé est le passé[24]. »

22. Bonaparte, Premier consul de la République française, à Mustapha, dey d'Alger, 24 mai 1800, *id.*, pp. 488-489.
23. Mustapha, dey d'Alger, à Bonaparte, Premier consul de la République française, 13 avril 1801, *ibid.*, p. 493 et p. 494.
24. Bonaparte, à Mustapha, dey d'Alger, 24 novembre 1801, *ibid.*, p. 495.

LES CHIMÈRES DE NAPOLÉON BONAPARTE

Le répit de 1801 sera très court : de nouveau, insulte au pavillon français, massacre de soldats d'un vaisseau échoué et esclavage des survivants, capture de bateaux d'approvisionnement de l'armée et équipage envoyé au bagne... Le chargé d'affaires, Dubois-Thainville, écrivit au dey que les rapports qu'il venait de recevoir sur le sort du bateau échoué faisaient « frémir » et il lui demandait, au nom et d'après les ordres de Bonaparte, une série de réparations[25]. Trois mois plus tard, Bonaparte écrivit directement au dey : « Si vous voulez vivre en bonne amitié avec moi, il ne faut pas que vous me traitiez comme une puissance faible ; il faut que vous fassiez respecter mon pavillon, celui de la République italienne où je commande, et que vous me donniez réparation de tous les outrages qui m'ont été faits[26]. » Moins de dix jours plus tard, n'ayant rien reçu alors qu'il avait envoyé un officier pour obtenir une réponse article par article, Bonaparte haussa le ton, il était fort loin de la patience, de l'esprit de conciliation de l'Ancien Régime ou de la République. Le 27 juillet 1802, il écrit au « Grand et magnifique Seigneur » Mustapha : « Je vous demande donc réparation éclatante pour les griefs dont je me suis plaint dans ma dernière lettre [...]. Je vous fais également connaître mon indignation sur la demande que vos ministres ont osé faire que je paye 200 000 piastres. Je n'ai jamais rien payé à personne, et, grâce à Dieu, j'ai imposé la loi à tous mes ennemis. J'ai détruit l'Empire des Mamelucks [...]. Craignez le même sort, et, si Dieu ne vous a pas aveuglé pour vous conduire à votre perte, sachez ce que je suis et ce que je peux faire. » Il rappelait l'alliance qu'il venait de renouveler avec la Sublime Porte, parlait de ses désirs d'amitié, de son absence de

25. M. Dubois-Thainville à Mustapha, dey d'Alger, avril 1802, *ibid.*, pp. 498-500.
26. Bonaparte à Mustapha, dey d'Alger, 18 juillet 1802, *ibid.*, pp. 500-502.

visée ambitieuse, et il poursuivait : « Si vous ne réprimez pas la licence de vos ministres qui osent insulter mes agents et de vos bâtiments qui osent insulter mon pavillon, je débarquerai 80 000 hommes sur vos côtes et je détruirai votre régence. [...]. Que vous et votre Conseil réfléchissiez donc bien sur le contenu de cette lettre, car ma résolution est immuable[27] ! » Le dey Mustapha avait dû être éclairé par Dieu et par son « bon génie », ainsi que le Premier consul le lui avait souhaité, car la longue réponse qu'il adressa quinze jours plus tard à son « compagnon » et « ami » Bonaparte avait aussi changé de ton. Il assurait : « Premièrement, ma réponse est que je désire vous satisfaire sur tous les points. » Suivaient treize points promettant, entre autres choses, une arrestation, l'affranchissement de matelots français, la destitution d'un capitaine, le respect du pavillon de la République italienne, la protection assurée aux affaires de La Calle, etc. ; et le dernier engagement était : « Quatorzièment, dorénavant, notre ami, s'il survient quelque chose entre nous, écrivez-moi vous-même et tout s'arrangera à l'amiable. » Il voulait tellement que tout s'arrange que, rappelant en huitième point les 200 000 piastres qu'il avait demandées en indemnité de pertes essuyées, il promettait : « Soit que vous nous accordiez ou que vous nous refusiez cette somme, nous n'en serons pas moins amis[28]. » On ne s'étonnera pas qu'Eugène Plantet souligne avec jubilation la transformation du dey, son passage « de l'insolence à une déférence absolue », les honneurs exceptionnels donnés aux officiers de l'escadre, les satisfactions accordées[29]...

Napoléon, pousuivant les rêves de Bonaparte, envoya en 1808 un officier, le chef de bataillon du génie Boutin, faire des études sur place, clandestinement bien sûr, pour établir les cartes dont un débarquement aurait besoin. Le travail effectué,

27. Bonaparte, Premier consul de la République française, à Mustapha, dey d'Alger, 27 juillet 1802, *ibid.*, pp. 503-504.

28. Mustapha, dey d'Alger, à Bonaparte, Premier consul de la République française, 12 août 1802, *ibid.*, pp. 504-507.

29. E. Plantet, *Correspondance des deys...*, *op. cit.*, p. 505.

Reconnaissance des villes, forts et batteries d'Alger, des environs, etc. [...] pour servir au projet de descente et d'établissement définitif dans ce pays, fut beaucoup apprécié par Napoléon qui le fit savoir à l'auteur. Cependant, le projet d'expédition contre Alger était abandonné, et le rapport de Boutin servit à élaborer le plan de campagne de l'expédition de 1830.

Napoléon, envoyant ses instructions à son ministre de la Marine en 1808 pour qu'il médite sur l'expédition d'Alger, « tant sous le point de vue de mer que sous celui de terre », ne parlait pas d'établissement définitif. Il lui demandait de chercher un ingénieur « discret », « homme de tact et de talent », « un peu officier de marine et un peu ingénieur de terre », pour qu'il se promène « en dedans et en dehors des murs et que, rentré chez lui, il écrive ses observations, afin qu'il ne nous rapporte pas de rêveries[30]. » À travers le projet d'une expédition à Alger, Napoléon songeait toujours à une marche vers l'Orient et voulait porter atteinte à l'influence et au commerce de l'Angleterre.

C'est en civil que Boutin alla à Alger et sa mission ne fut pas sans danger : « M. Dubois-Thainville [le consul] et moi ayant prolongé une promenade jusqu'auprès de l'Aratch, le dey fit dire quelques heures après, que le consul devait bien savoir que les Francs n'allaient point là et qu'on n'y retournerait plus. Le janissaire attaché au consulat m'ayant accompagné au cap Matifou, le dey le menaça en cas de récidive de le faire enterrer tout vif, etc. », écrivit-il à son ministre (p. 17). Dans son mémoire, Boutin proposait un lieu de débarquement, Sidi-Ferruch, décrivait les ouvrages de défense, évaluait les forces du dey et les munitions de guerre ; il décrivait le ravitaillement, les ressources en eau, la température, les maladies, les sauterelles (« Nous devons parler de ce phénomène ») ; il proposait l'époque propice à un débarquement (10 mai-10 juin). Il donnait aussi des précisions sur les populations locales ; il portait un jugement très sévère sur les Turcs et les « Koulouglous » (« le despotisme le plus barbare et le plus absurde »), sur les Maures des villes « qui dès les premiers jours se plièrent sous le joug des conquérants », sur les « nègres », qui étaient « en général de très mauvais sujets et bons à rien ». Il signalait que les Kabyles avaient conservé « un grand caractère d'indépendance », il n'émettait

30. Lettre de Napoléon Ier à Decrès, citée par Gabriel Esquer, dans : *Introduction* à *Reconnaissance des villes, forts et batteries d'Alger*, par le chef de bataillon Boutin (1808), Champion, 1927, p. IV. Lors de la célébration du centenaire de l'Algérie, un monument fut élevé près de Dély-Ibrahim à la mémoire du commandant Boutin.

aucun jugement sur les juifs, évalués à 10 000 à 12 000, ni sur les « Beskeris », ni sur les « Mozabis » (p. 74). Il parlait également des productions du pays, de son commerce, de sa monnaie, une partie de ces derniers renseignements étant puisés dans l'ouvrage alors classique, traduit en 1743, du docteur Shaw[31]. Outre l'utilité de ce rapport pour les militaires, étant donné ce qu'il disait sur le débarquement et sur les résistances à surmonter, il a aujourd'hui l'intérêt de montrer comment l'époque voyait les populations locales et quelle connaissance elle en avait.

Les atermoiements de la Restauration

Les années qui séparent l'Empire de l'expédition d'Alger connurent des embellies, des flatteries et des récriminations de part et d'autre. Le consul Pierre Deval – qui reçut, réellement, les fameux coups de manche du chasse-mouche du dey – est présenté avec assurance par Charles-André Julien, comme un homme « taré », un « proxénète »[32]. Louis XVIII, en le nommant en décembre 1814, avait parlé de sa « probité », de sa « sagesse », de ses talents, et il avait demandé au dey d'Alger, Ali, de l'accueillir avec « bienveillance »[33] ; ce que le successeur, Omar, manifesta avec ostentation : « Notre très fortuné, très magnifique, très formidable, très illustre ami, votre serviteur Pierre Deval, nommé consul pour résider auprès de nous, étant arrivé ici, nous en avons éprouvé la plus vive satisfaction. Le susdit consul étant un homme doué d'esprit, d'une volonté

31. Thomas Shaw, religieux anglais, a voyagé dans le Maghreb de 1720 à 1732 ; son livre, publié en 1738, fut traduit en France en 1743. Il a été récemment réédité : *L'Algérie un siècle avant l'occupation française*, Imprimerie de Carthage, 1968.

32. Ch.-A. Julien, *Histoire de l'Afrique du Nord*, *op. cit.*, p. 577.

33. Louis XVIII à Ali, dey d'Alger, 14 décembre 1814, *Correspondance des deys...*, *op. cit.*, p. 523. Pierre Deval remplaçait Dubois-Thainville à qui le dey avait fait signifier qu'il devait quitter la régence ; la lettre, adressée au comte de Jaucourt, ministre des Affaires étrangères, donnait comme motifs des « différends survenus [...] au sujet des insultes faites à votre pavillon et pour des intérêts majeurs de nos sujets ». Sidi Mustapha, Vekilhardji de la marine, au comte de Jaucourt, 17 octobre 1814, *ibid.*, p. 521. Le consul expulsé avait été « rappelé ». Pierre Deval, qui lui succédait, reprenait du service après vingt ans d'interruption ; il avait été destitué en 1794 du poste de consul à Bagdad.

sage et d'une conduite digne d'éloges, expérimenté et empressé à faire tous ses efforts pour arranger et disposer les affaires de manière que notre amitié réciproque prenne de nouveaux accroissements, nous prêterons audit consul toute l'assistance nécessaire pour tous les objets, [...] et nous aurons pour lui tous les égards qu'il mérite[34]. »

On est surpris de voir l'intensité de l'intérêt porté alors à la régence : rapports, avis, projets d'expédition, mémoires sur la colonisation de l'Afrique abondent... Cette curiosité ne venait pas seulement de particuliers et d'hommes politiques de France, mais de toute l'Europe. En 1818, les grandes puissances (Angleterre, Autriche, Prusse, Russie) chargèrent la France et la Grande-Bretagne de notifier aux régences barbaresques l'abolition absolue de la course : « Si les régences persistaient dans un système ennemi de tout commerce paisible, elles provoqueraient inévitablement contre elles une ligue générale des puissances de l'Europe, et elles doivent considérer, avant qu'il ne soit trop tard, que l'effet d'une telle ligue peut mettre en danger leur existence même[35]. » Après deux audiences, les envoyés furent « contraints de remettre à la voile sans avoir pu obtenir la plus légère satisfaction[36] ».

Peu après cet échec total des amiraux anglais et français, le consul Deval envoya un mémoire à son ministre en décembre 1819; il rappelait l'inefficacité, l'inutilité des bombardements français effectués à la fin du XVIIe siècle et des récents bombardements anglais, et il indiquait la seule solution pouvant mettre fin à la piraterie : faire le siège d'Alger du côté de terre, l'exécution étant facile. La ville tombant aux mains des Européens, tout le système de piraterie serait anéanti. Il souhaitait la conquête d'Alger et la colonisation de la régence[37]; il était loin d'être alors le seul à penser en termes de

---

34. Omar, dey d'Alger, à Louis XVIII, 2 mars 1816, *ibid.*, pp. 539-540 (Omar fut étranglé en septembre 1817).

35. « Notification des grandes puissances européennes à Hussein, dey d'Alger », 5 septembre 1819, dans : *Correspondance des deys...*, *op. cit.*, p. 543.

36. E. Plantet, note sur la « Notification des grandes puissances... », *id.*, p. 543.

37. Mémoire de Deval (1819), F. Charles-Roux, *France et Afrique du Nord...*, *op. cit.*, pp. 522-525.

colonisation. Mais le gouvernement, empêtré dans la liquidation des créances anciennes Bacri-Busnach et sans cesse inquiété par les conflits surgissant autour des concessions, se voulait patient. Le ministre des Affaires étrangères ne souhaitait alors que la paix ; on le voit lors d'une nouvelle restitution des concessions. Le ministre multiplia les protestations de coopération et d'amitié, il voulait consolider, étendre les relations commerciales si anciennes, si avantageuses, etc. pour les deux parties. Il remerciait vivement le dey de l'accueil « bienveillant », « amical » fait au nouveau consul de Bône, il disait seulement sa surprise de voir qu'on ne lui ait pas rendu sa maison – elle avait été confisquée en 1798 à l'occasion de la guerre d'Égypte, les agents expulsés, et elle était occupée par un consul anglais ; il en demandait la restitution, avec mille politesses. Ne disait-il pas, pour conclure : « Permettez-moi d'ailleurs de vous présenter l'offre de mes services comme l'expression amiable des sentiments distingués avec lesquels je suis plus cordialement que personne au monde, Très illustre et magnifique Seigneur, votre très parfait et sincère ami[38]. » Le dey avait répondu laconiquement : « Les Français sont nos amis et les Anglais le sont aussi ; il ne me convient de faire de la peine à l'un ni à l'autre », et il lui disait d'écrire lui-même à l'Angleterre[39].

Aucune visée impérialiste donc chez Louis XVIII, ni chez son frère. En montant sur le trône en 1824, Charles X envoya au dey d'Alger l'expression de son « affection » et de sa « bienveillance » et il assura que l'amitié et la paix entre la France et la régence seraient affermies[40]. Mais, dès octobre 1826, le consul général dut protester à propos d'hostilités contre le pavillon romain : deux de ses navires avaient été capturés, le gouvernement pontifical avait sollicité l'intervention de la France en faveur de son pavillon qui n'était pas reconnu par la

38. Le duc de Montmorency, ministre des Affaires étrangères, à Hussein, dey d'Alger, 20 avril 1822, *Correspondance des deys...*, *op. cit.*, pp. 545-546.

39. Hussein, dey d'Alger, au duc de Montmorency, ministre des Affaires étrangères, *id.*, 29 juin 1822, p. 548.

40. Charles X à Hussein, dey d'Alger, 20 septembre 1824, *ibid.*, p. 549.

régence. Le consul y joignait les plaintes de capitaines de navires français qui avaient été « appelés à bord des corsaires algériens par des coups de canons à boulets, et qui ont été maltraités et dépouillés[41]. » Le dey d'Alger éluda la question de la valeur de bâtiments romains, comme celle des actes de piraterie vis-à-vis des bâtiments français. Plus que jamais, il se mit à parler des créances de Bacri. Charles-André Julien fait remarquer qu'il est « impossible de suivre le sort des créances » de Bacri au cours des débats parlementaires et des pourparlers sous la Restauration ; ce qui est bien vrai. Mais connaître le montant de ces créances, ou plutôt les variations du montant, permet de comprendre le caractère de l'affaire : les Bacri « présentèrent alors, sans pièces comptables à l'appui, le montant de leurs créances, qui s'était accru de tant d'intérêts composés qu'il atteignait 24 millions. Une commission entreprit l'examen et le ramena à 14, puis à 8 et enfin à 7 millions, d'accord avec le fondé de pouvoir des créanciers. Plus tard, l'opposition, faisant état de la correspondance de l'ancien consul à Alger, Dubois-Thainville, assura, sans être contredite, qu'on eût pu transiger pour 700 000 ou 800 000 francs[42]. » Le dey, parlant des créances de Bacri, accusa le consul Deval d'avoir touché 2 millions. Le ministre français des Affaires étrangères projeta une longue réponse : il y écartait énergiquement ces accusations et exigeait des réparations pour les bâtiments romains et français, menaçant la régence de « calamités » si elles n'étaient pas consenties, tout en réaffirmant les sentiments de paix et de conciliation du roi[43]. Le Conseil des ministres se prononça contre l'envoi de cette lettre et se montra résolu à se venger. Le consul Deval était donc chargé d'expliquer au dey en quoi ses demandes touchant aux créances Bacri étaient inadmissibles. C'est en avril 1827 que le dey, exaspéré de ne pas avoir de réponses à ses lettres à propos des créances Bacri et du

41. M. Deval, consul général, et le capitaine Fleury à Hussein, dey d'Alger, 29 octobre 1826, *ibid.*, pp. 557-558.
42. Ch.-A. Julien, *Histoire de l'Afrique du Nord*, *op. cit.*, p. 575.
43. Le baron de Damas, ministre des Affaires étrangères, à Hussein, dey d'Alger, 28 février 1827, *Correspondance des deys...*, *op. cit.*, p. 562.

comptoir de La Calle, frappa le consul avec le manche de son chasse-mouche.

Pourquoi avoir affirmé plus haut que le consul Deval avait réellement reçu ces coups ? Parce que cet incident fut longtemps objet de polémique. Deval, sans doute parce qu'il avait été fort noirci par les peintures que Charles-André Julien en avait faites, fut suspecté d'avoir fabulé, d'avoir inventé ce geste. Il est amusant de lire dans la *Revue africaine* « la lettre du dernier dey d'Alger au grand vizir de l'Empire ottoman », publiée en 1952. Le traducteur de ce document turc, conservé dans les archives du gouvernement turc à Istanbul, en soulignait le style « barbare », les fautes d'orthographe dont certaines étaient « graves », et les négligences.

Dans cette longue lettre, récapitulant une histoire de brouilles et étant évidemment toute à sa louange, le dey écrivait : le consul, « dans son entêtement et son orgueil, répondit en termes offensants que "le roi et l'État de France ne peuvent envoyer de réponses aux lettres que tu leur a adressées" et osa y ajouter des paroles outrageantes pour la religion musulmane [...]. Ne pouvant supporter cet affront qui dépasse toute limite supportable, et n'écoutant que le courage naturel aux Musulmans, je l'ai frappé deux ou trois fois de légers coups du chasse-mouche que j'avais dans mon humble main ». Les hostilités étaient ouvertes ; le Bastion de France avait été une fois de plus rasé (« ce fut une grande allégresse »), mais des navires français avaient pu rembarquer les « infidèles » et les armements qui s'y trouvaient. « L'ennemi de la religion mahométane [...] a donc ouvert sans raison valable les hostilités contre l'Odjak victorieux, et mis le siège devant Alger par mer avec ses vaisseaux de malheur ». Le dey sollicitait l'envoi d'« une certaine quantité de troupes de la ville de Smyrne et des quatres régions côtières », après avoir écrit : « Bien que, jusqu'à présent, les vils infidèles français assiègent par mer l'Odjak victorieux, avec six ou sept navires puissants, nous n'avons, Dieu merci, absolument besoin de rien ; et avec l'assistance et la grâce de Dieu et par la bienveillance de Sa Majesté impériale, nous avons, grâce à Sa Majesté le Padichach, la capacité de repousser les attaques non seulement des Français, mais des autres nations si elles nous assiégeaient ensemble » (19 décembre 1827)[44].

---

44. Erküment Kuran, « La lettre du dernier dey d'Alger au grand vizir de l'Empire ottoman », *Revue africaine*, n° 430-431, 1er et 2e trim. 1952, pp. 188-195. Quarante ans après cette publication, un historien, Marc Michel, écrit encore : « le dey Hussein aurait frapppé de son chasse-mouche le consul de France ». *Histoire des droites en France*, III, *Sensibilités*, sous la dir. de Jean-François Sirinelli, Gallimard, 1992, p. 128. Est-ce pour noircir le régime de Charles X dont il écrit qu'il voulait « se renflouer » qu'il maintient de la suspicion sur le consul Deval ?

Les coups de chasse-mouche assenés au représentant de la France étaient un affront au roi. Une division navale fut aussitôt envoyée pour exiger des excuses solennelles, avertissant qu'en cas de refus elle ouvrirait les hostilités. La marine recueillit le consul et le personnel des établissements de Bône et de La Calle (juin 1827), qui venaient d'être encore détruits, mais elle n'obtint rien. Le blocus commençait. François Charles-Roux résume l'état d'esprit du roi : faire la guerre « le moins possible » et « la terminer le plus tôt possible »[45]. Le ministre de la Guerre remit à Charles X, en octobre 1827, un long rapport dans lequel il proposait une expédition et un débarquement : « Quand bien même le roi n'aurait d'autre dessein que de punir les Algériens, en détruisant leur ville, ce résultat devrait suffire pour décider l'expédition. » Il recommandait l'installation en Afrique : « Il est permis de penser qu'il sera facile à des Français de s'y maintenir » : pays fertile, très bonnes rades, mines, climat sain, etc. La population qu'il évaluait à moins de 2 millions de personnes, ne devait pas être hostile : d'une part, parce qu'elle avait « une exécration profonde des Turcs », d'autre part, parce que la France montrerait « un esprit de tolérance », ferait un gouvernement « juste et réparateur ». Il évaluait les forces des Turcs et entrait dans les détails de l'expédition : coût, effectifs des troupes, approvisionnement, époque favorable, etc. Selon Gabriel Esquer, le ministre avait consulté le *Mémoire* de Boutin : cela apparaît clairement. Le ministre faisait observer que si la France levait le blocus sans avoir obtenu satisfaction, d'autres pays pourraient faire l'expédition, en particulier l'Angleterre. Il essayait de convaincre le roi de la force et de la gloire qu'une victoire apporterait à la France. L'une des premières choses qu'il lui avait dite était : il peut « n'être pas inutile de rappeler quelquefois à la France que la gloire militaire survit à la révolution et que la monarchie légitime ne garantit pas seulement le pays des invasions étrangères, mais qu'elle

45. F. Charles-Roux, *France et Afrique du Nord...*, *op. cit.*, p. 541.

sait aussi faire flotter nos étendards dans les contrées lointaines ». Il proposait une expédition en avril 1828. Sur ce rapport qu'il remit au roi le 14 octobre 1827, le ministre de la Guerre, le marquis de Clermont-Tonnerre, dut y porter, le 16 octobre : « Le roi a ordonné d'attendre[46]. »

Charles-André Julien, analysant longuement la question d'Alger devant la Chambre, fait apparaître des discussions confuses, un roi « indulgent » qui, certes, demande des réparations mais dont les exigences sont réduites à peu de chose. Il souligne les incertitudes, les contradictions du cabinet Martignac (tombant en août 1829) qui, un jour, disait vouloir « une satisfaction éclatante » et, un autre jour, parlait des « espérances d'un arrangement »... Un nouveau plénipotentiaire envoyé à Alger subit un refus et son bateau essuya le feu des batteries barbaresques. C'était encore un camouflet, un fait grave. Quand Charles X ouvrit la session de 1830, au mois de mars, il assura ne pas pouvoir laisser impunie l'insulte à son pavillon. L'opposition parla de guerre désastreuse, coûteuse, d'un approvisionnement et d'un débarquement pleins de difficultés... Le ministre de la Marine répondit en exprimant sa confiance dans l'expédition, et il disait aussi ne pas pouvoir se prononcer sur l'avenir d'Alger[47]. Une note du président du Conseil, le prince de Polignac, fut envoyée à tous les ambassadeurs français pour expliquer le but de l'expédition contre la régence : destruction de la piraterie, abolition de l'esclavage des chrétiens, suppression du tribut payé par les puissances chrétiennes à la régence. La lettre précisait : « Si... il arrivait que le gouvernement même existant à Alger vint à se dissoudre, alors le roi, dont les vues, dans cette question, sont toutes désintéressées, se concerterait avec ses alliés pour arrêter le nouvel ordre des choses qui, pour

46. « Le rapport du marquis de Clermont-Tonnerre, ministre de la Guerre, sur une expédition à Alger (1827) », présenté par le général Paul Azan, *Revue africaine*, n° 340-341, 3ᵉ et 4ᵉ trim. 1929, pp. 207-253.

47. [Charles]-André Julien, « La question d'Alger devant les Chambres sous la restauration », *Revue africaine*, n° 311, 2ᵉ trim. 1922, pp. 270-305, n° 312-313, 3ᵉ et 4ᵉ trim. 1922, pp. 425-456.

le plus grand avantage de la chrétienté, devrait remplacer le régime détruit[48]. » L'avenir paraissait donc ne pas avoir été décidé.

La prise d'Alger

L'expédition connut une victoire rapide ; la flotte avait quitté Toulon le 25 mai 1830, elle débarqua trois semaines plus tard à Sidi-Ferruch : marche sur Alger, intense bombardement, le 5 juillet, le dey livra la ville. Un envoyé du dey, accompagné de l'interprète Louis de Bracevitz, qui trente-deux ans auparavant avait participé à la campagne d'Égypte, communiqua au dey la convention que le comte de Bourmont, général en chef de l'armée française, lui demandait de signer : il s'engageait à laisser au dey « sa liberté et la possession de toutes ses richesses personnelles », de choisir le lieu où il souhaitait se fixer, et il l'assurait de le protéger ainsi que tous les soldats de la milice. « L'exercice de la religion mahométane restera libre. La liberté des habitants de toutes les classes, leur religion, leurs propriétés, leur commerce et leur industrie ne recevront aucune atteinte ; leurs femmes seront respectées. Le général en chef en prend l'engagement sur l'honneur[49]. » Le dey, apposant son sceau, demanda que le délai pour l'entrée des troupes françaises soit prolongé. La prise de possession fut retardée de deux heures ; l'entrée des troupes eut lieu à midi ; elle « manqua de solennité », écrivit Gabriel Esquer dans son livre *La Prise d'Alger* (1923).

---

48. Lettre du prince de Polignac, 12 mars 1830, dans : A. Nettement, *Histoire de la conquête...*, *op. cit.*, p. 268. [À propos de l'abolition de l'esclavage des chrétiens, rappelons qu'il ne restait que 122 esclaves en 1830].

49. Convention entre le comte de Bourmont, général en chef de l'Armée française, et Hussein, dey d'Alger, 5 juillet 1830, E. Plantet, *Correspondance des deys d'Alger...*, *op. cit.*, pp. 569-570.

De tous les détails que fournit Gabriel Esquer, deux intéressent directement nos préoccupations. D'abord, la réaction des populations : certains des indigènes (mot utilisé par l'auteur) étaient « impassibles et comme indifférents », d'autres, qui avaient eu peur des « horreurs d'un assaut » « témoignaient de leur étonnement et de leur joie en dansant au son des musiques militaires »; les juifs « témoignaient bruyamment leur allégresse; un grand nombre couraient comme des fous dans la rue »; les Turcs témoignaient « une résignation pleine de dignité ». Un autre détail éclaire l'imaginaire du temps : « La Casbah, dont l'imagination française avait fait un palais féerique, apparut en réalité comme une habitation à peine tolérable pour les habitudes européennes. Des colonnes, des vasques, un escalier de marbre blanc, le bariolage des boiseries, des faïences de couleur étaient le seul luxe de ces bâtiments irréguliers aux pièces blanchies à la chaux, longues, étroites et infectées d'insectes de tous les genres[50]. »

Un ordre du jour annonça aux troupes la fin de la guerre, le 6 juillet : après l'éloge du dévouement de l'armée, il poursuivait : « Vingt jours ont suffi pour la destruction d'un État dont l'existence fatiguait l'Europe depuis trois siècles. La reconnaissance de toutes les nations civilisées sera, pour l'armée d'expédition, le fruit le plus précieux de ses victoires[51]. »

Une proclamation adressée aux Algériens fait conclure que, malgré toutes les irrésolutions énoncées et les ouvertures promises sur l'avenir d'Alger, l'expédition venait pour y rester. Cette proclamation du général de Bourmont, traduite avant le départ du corps expéditionnaire par des arabisants dont Silvestre de Sacy, avait été aussitôt mise en circulation. Elle s'articule autour de trois thèmes : la « mauvaise nature » du pacha à qui la France est obligée de faire la guerre car il lui a manifesté « des sentiments d'hostilité et de haine »; les bonnes dispositions de la France et ce qu'elle attend de la population; les mal-

50. Gabriel Esquer, Les Commencements d'un empire, *La Prise d'Alger* (1830), Champion, 1923, p. 378 et p. 379. L'*Iconographie historique de l'Algérie*, de Gabriel Esquer (Plon, 1929), montre des fantasmes amoureux, qui seront de brève durée. Par exemple d'A. Devéria : « Yusuf et Kabboura, fille du dey, surpris dans le Sérail » (t. II, n° 450) [Yusuf, qui devint général, pseudonyme de l'aventurier Joseph Venturi, 1809-1866, héros de roman, est dans la mémoire des Pieds-noirs] et « Mauresque donnant à manger à un prisonnier français » (« une "Mauresque" donne des aliments à un sympathique prisonnier qui n'a d'yeux que pour elle, tandis que sous un palmier le vieux mari dort paisiblement » (t. II, n° 451).

51. G. Esquer, *La Prise d'Alger*, *op. cit.*, p. 388.

heurs qui attendent la population si elle manifeste de mauvaises dispositions.

Premier thème, la mauvaise nature du pacha : « Vous n'ignorez pas les excès de sa tyrannie, la dépravation de sa mauvaise nature, et nous n'avons pas besoin de vous exposer ses mauvaises qualités et ses actes honteux ; car il est évident pour vous qu'il ne marche qu'à la ruine et la destruction de votre pays, ainsi qu'à la perte de vos biens et de vos personnes. On sait qu'il n'a d'autre désir que de vous rendre pauvres, misérables, plus vils que ceux que la malédiction divine a frappés. » Ce thème était longuement développé.

Deuxième thème, la France s'adresse aux Musulmans avec une « entière amitié », avec des « sentiments pacifiques et affectueux » : « Lorsque vous serez convaincus que notre but unique est votre bien et votre intérêt, vous nous enverrez, avec vos parlementaires, toutes les provisions dont notre armée victorieuse a besoin [...]. Lorsque vos convois nous seront parvenus, nous vous en remettrons immédiatement, en argent comptant, le prix que vous en désirerez, et même plus encore. »

Troisième thème, la paix ou la destruction : « Mais (à Dieu ne plaise !) s'il arrivait que vous agissiez contrairement à ce que nous avons dit, et que vous préférassiez nous résister et nous combattre, sachez que tout le mal et tous les désordres qui en résulteront viendront de votre fait ; ne vous en prenez qu'à vous-mêmes, et soyez certains que ce sera contre notre volonté. » Cet avertissement était fortement souligné : « Si donc vous vous opposez à nous par des hostilités, vous périrez tous jusqu'au dernier. [...] Personne ne pourra détourner de dessus vous la destruction, si vous ne tenez aucun compte de mes avis ni de mes menaces[52]. » Cet énoncé a le mérite de la clarté et révèle une certaine lucidité. Des rapports qui avaient écrits les années précédentes en faveur de l'expédition faisaient

52. Cette proclamation a été publiée dans la *Revue africaine* (n° 32, mars 1862, pp. 147-156) en arabe et en français ; le texte arabe est de Jean-Charles Zaccar, Silvestre de Sacy et Bianchi. Elle est traduite en français par Louis-Jacques Bresnier, titulaire de la première chaire d'arabe vulgaire d'Alger, ouverte en 1837, et qu'il occupa jusqu'à sa mort en 1869.

l'hypothèse d'une soumission, voire d'une adhésion à la nouvelle puissance, par haine et ressentiment contre les Turcs. Le général de Bourmont avait compris qu'il ne suffit pas d'exécrer le maître turc pour aimer celui qui le remplaçait, surtout s'il était chrétien[53].

Il est clair que l'expédition ne visait pas seulement la punition du dey pour insulte au pavillon français; une installation par la force était pensée. Victor Hugo a rapporté que lors de l'annexion de Tahiti en 1844, Louis-Philippe lui avait dit : « Nous avons fait une faute en prenant ce chien de protectorat. Nous avons cru faire une chose populaire pour la France, et nous avons fait une chose embarrassante pour le monde. L'effet populaire a été médiocre; l'effet embarrassant est énorme[54]. » Louis-Philippe aurait pu appliquer ces mots à l'expédition d'Alger dont il devait gérer les suites; elle n'était pas populaire et il héritait d'une chose embarrassante pour le monde et aussi, bien sûr, pour la France.

LES GUERRES DE CONQUÊTE

Autant la date du 5 juillet est présente dans la mémoire des Français d'Algérie, autant, on l'a déjà souligné, la longue guerre de conquête est mal connue et sous-estimée. On ne veut pas dire qu'ils auraient dû apprendre les détails de l'histoire-bataille, car ce type d'histoire est de peu d'intérêt, mais que le plus souvent, l'ignorance de la durée de cette guerre, du prix et de la cruauté des luttes, a suscité des malentendus et des attentes déçues. Sont surtout connus des héros nationaux, Bugeaud, Lamoricière, des héros locaux, le sergent Blandan, le

53. Bien plus tard, Joseph Desparmet a publié un poème, qu'il avait entendu à Blida en 1905 et qui disait parmi beaucoup d'autres vers : « Hélas ! où est Mezghenna [Alger], la sultane de toutes les villes ? La voilà dans les mains de nos ennemis ! Elle est tombée au pouvoir des chrétiens au culte abject. » « L'entrée des Français à Alger par le Cheikh Abdelkader », *Revue africaine*, n° 344-345, 3e et 4e trim. 1930, pp. 224-256.

54. Victor Hugo, *Choses vues*, août 1844, « Folio », 1997, t. I, p. 233.

trompette Escoffier, Pirette, et Abd el-Kader, et des épisodes comme « la prise de la Smala ».

La conquête et son long achèvement n'ont pas fait l'objet d'une bonne et claire étude ; sans doute parce que les innombrables matériaux – souvenirs et correspondances d'officiers, biographies militaires, études de détail... – se perdent à la fois dans des informations très minutieuses, fastidieuses et beaucoup d'imprécisions, et ne s'appuient que sur *une* mémoire ; ce qui les rend décourageants.

Il existe tout de même une grosse histoire, *Conquête et pacification de l'Algérie*, par le général Paul Azan (1931)[55]. L'auteur la présente comme l'histoire militaire de l'Algérie vue du côté français. Il signale la continuité de son effort pendant trente ans, l'utilisation d'une masse considérable de documents et l'aide que lui avait apportée le personnel du Service historique de l'armée. On trouve beaucoup d'éléments dans ce livre, mais on peut lui adresser au moins trois critiques. D'abord, conformément aux normes de la collection qui le publie, aucune source n'est indiquée. Ensuite, la passion militaire et colonisatrice de l'auteur l'amène à porter des jugements paraissant très simplistes. Enfin, Paul Azan semble croire que l'accumulation de détails insignifiants pour le lecteur moyen (contenu d'une ration ou composition d'une prise : combien de drapeaux, de fusils, de canons, de chevaux, de tambours, etc.) donne de la rigueur à l'ouvrage ; or elle le rend le plus souvent ennuyeux ; le nombre très élevé d'embuscades, d'attaques, de retournements, de perfidies, longuement narrés, rend le livre difficile à lire et surtout à mémoriser. Cela tient sans doute au but qu'il s'assignait : fournir des enseignements à l'armée.

Pour comprendre certains aspects des rapports entre les populations musulmanes et européennes, il faut avoir quelque idée de la conquête dont il paraît difficile de fixer le terme exact, même si les historiens avancent toujours 1857. Une première phase va du débarquement de Sidi-Ferruch à la reddition d'Abd el-Kader (1830-1847). Une deuxième phase est la pacifi-

55. Général Paul Azan, *Conquête et pacification de l'Algérie*, Librairie de France, 1931, 544 p. Le général Azan signale qu'en 1863 le maréchal Randon, ministre de la Guerre, avait décidé de faire écrire une histoire militaire par des officiers ; une tranche était impartie à chacun. Le résultat était si long et si inégal qu'il ne fut jamais publié.

cation de la Kabylie (1848-1857). Peut-on dire que l'installation était alors solide, complètement assurée ? En fait, elle fut attaquée, sinon mise en péril par l'insurrection de la Kabylie en 1871 ; et, plus tard, par une série de troubles agitant le Sud et les confins algéro-marocains, amenant l'annexion du Mzab (1882) et la conquête des oasis. Les dernières opérations visant à « pacifier » ont été menées par le général Lyautey, dans le territoire d'Aïn-Sefra de 1903 à 1906.

Les luttes furent barbares des deux côtés, mais pour des raisons simples à comprendre, leur écho a surtout sens et force chez les vaincus[56]. Les vainqueurs avaient été des militaires de passage ; les Européens qui s'étaient installés en Algérie n'avaient pas participé à ces luttes ; ils ne pouvaient donc avoir de souvenirs personnels, glorieux ou douloureux, à transmettre à leurs enfants.

La résistance d'Abd el-Kader

La première phase, celle qui suit le débarquement, mêle incertitudes, incohérences, imprudences et audaces. Dans l'une des premières histoires de la conquête, parue en 1856, donc avant son achèvement officiel, l'auteur, Alfred Nettement, parlant de la période 1830-1837, écrivait : « On ne sait ni ce que l'on peut, ni ce que l'on doit, ni ce que l'on veut faire. Ce vague des idées, ce tiraillement des volontés, se reflètent dans l'extrême et rapide mobilité dont est marqué le choix des hommes qu'on envoie gouverner l'Algérie [...] ; au lieu de continuer, on recommence, et l'on piétine au lieu de marcher[57]. » Toutes les correspondances militaires l'attestent. Le 11 août 1830, le comte de Bourmont, ayant appris la révolution de Juillet, s'exila. Son successeur, le général Clauzel, parut si

56. Hocine Aït Ahmed, *Mémoires d'un combattant*, Éditions Sylvie Messinger, 1983, p. 15 : « Il y avait omniprésence française dans notre imaginaire sous forme de phobies, de hantises : Bichuh, l'animal fantastique dont nous menaçaient nos mamans, n'était autre que Bugeaud. »

57. Alfred Nettement, *Histoire de la conquête d'Alger*, *op. cit.*, p. 540.

plein d'initiatives, si belliqueux, qu'il fut très vite rappelé (septembre 1830-janvier 1831). Son successeur, le général Berthezène, reçut de longues instructions qui étaient avant tout prudentes : « La réduction des forces de l'armée d'Afrique a fait suspendre l'exécution du projet de colonisation qui avait été présenté par le général comte Clauzel. Cette question reste indécise, sans cependant que le roi ni son gouvernement entendent rien préjuger pour l'avenir. Jusqu'à ce moment, Sa Majesté a été de laisser seulement à Alger les troupes nécessaires pour assurer la conservation de cette ville et d'une partie du pays qui l'environne[58]. » À l'indécision du roi et du gouvernement, il faut ajouter l'état sanitaire de l'armée : « Il n'y a pas de jour où il n'entre 100 et jusqu'à 150 hommes à l'hôpital, sans compter les valétudinaires qui restent à la chambre[59]. »

En juillet 1833, Louis-Philippe nomma une commission chargée d'aller en Algérie « pour recueillir sur les lieux tous les faits propres à éclairer le gouvernement, soit sur l'état actuel du pays, soit sur les mesures que réclame son avenir »; à son retour, elle fut absorbée par une autre commission, la Commission d'Afrique. Les conclusions de cette grande commission étaient favorables [ou résignées] au maintien de l'occupation, mais celle-ci devrait être restreinte, localisée à Alger et ses alentours, Oran, Bougie, Bône et ses alentours, et elles recommandaient l'organisation d'un gouvernement stable. En juillet 1834, la régence fut nommée « Possessions françaises du nord de l'Afrique » ; celles-ci ne reçurent officiellement le nom d'Algérie qu'en octobre 1839, par décision du ministre de la Guerre.

En fait, dans les années 1830, le débat entre occupation restreinte et occupation totale n'était pas tranché et des idées d'abandon se manifestaient. L'échec coûteux en hommes du siège de Constantine, en novembre 1836, parut donner raison

58. Le ministre de la Guerre au général Berthezène, 31 janvier 1831, dans : Victor Demontès, *Les Préventions du général Berthezène contre la colonisation de l'Algérie*, Larose, Alger, Imprimerie algérienne [1914], p. 63. Une longue introduction (56 pages) présente les papiers du général Berthezène relatifs à la colonisation.

59. Le général Berthezène au ministre de la Guerre, Alger, 8 août 1831, dans V. Demontès, *Les Préventions...*, *op. cit.*, p. 113.

aux adversaires de la colonisation : la prise d'Alger coûtait cher et elle ne rapportait rien. Pourtant, se retirer, n'était-ce pas laisser la place à l'Angleterre ?

Très vite, il parut évident à tout le monde que la population locale n'était pas paisible, mais hostile, belliqueuse et inassimilable par ses croyances, ses mœurs, ses idées, ses passions. Nombreux étaient les parlementaires qui insistaient sur les coûts engagés et le peu de profit qu'on pouvait attendre d'une contrée à laquelle on avait prêté des ressources qu'elle n'avait pas : cultures tropicales impossibles, faible rendement des céréales, plaines marécageuses, etc. À ceux qui parlaient chiffres, Lamartine opposa en 1834 rien de moins que la question de l'honneur et l'humanité. « Eh quoi ! Messieurs, les nations n'ont-elles qu'une balance de chiffres à établir ? Et serons-nous descendus à ce degré de matérialisme social que l'arithmétique dût s'asseoir seule dans les conseils de la Chambre et du Gouvernement et peser seule les résolutions de ce noble pays ? Si l'or a son poids, la politique, l'honneur national, la protection désintéressée du faible, l'humanité n'ont-ils pas le leur ? » « Remettre, comme le propose M. Passy[60], les rivages et les villes d'Afrique à des princes arabes, ce serait confier la civilisation à la barbarie, la mer à la garde des pirates et nos colons à la protection et à l'humanité de leurs bourreaux ». « La pensée de l'abandon d'Alger resterait éternellement comme un remords sur la date de cette année, sur la Chambre et sur le Gouvernement qui l'auraient consenti[61]. »

Il y avait donc des débats à Paris, et il y avait le théâtre des opérations avec des changements très fréquents à la tête du

60. Hippolyte Passy avait insisté sur le caractère belliqueux de la population qui voyait comme ennemis « des hommes qui viennent pour l'expulser des terres qui lui appartiennent », les périls étaient donc grands : luttes, insécurité pour les colons, sacrifices ; la France se privant en outre de troupes dont elle pouvait avoir besoin. Il proposait la reconnaissance de la nationalité « arabe » et la remise du territoire à des princes arabes. Toutefois, il pensait que cette politique était « prématurée » par rapport à l'opinion et donc il se ralliait ou se résignait à une occupation limitée, d'après René Valet, *L'Afrique du Nord devant le Parlement au XIXe siècle*, Champion, 1924, p. 134.

61. Lamartine, *Archives parlementaires* du 29 avril 1834, cité par : René Valet, *L'Afrique du Nord devant le Parlement...*, *op. cit.*, p. 122.

commandement des troupes d'Afrique : en sept ans, il fut assuré par le général Clauzel, le général Berthezène[62], le duc de Rovigo, le général Avizard par intérim, le général Voirol, le général d'Erlon, le maréchal Clauzel, le général Rapatel par intérim, le général Damrémont, le général Valée, chacun ayant plus ou moins sa politique, et le premier gouverneur, le comte d'Erlon, nommé en juillet 1834, ne resta qu'un an.

Au début, a écrit Alfred Nettement, les Français « sentaient seulement qu'ils étaient entourés d'ennemis ; ils avaient l'épée à la main, ils s'en servirent à tâtons[63] ». Les difficultés apparaissent alors à l'est avec le bey de Constantine et à l'ouest avec Abd el-Kader. Le général Desmichels, commandant de la région d'Oran, voulait si peu la guerre et surtout ne voulait pas de combats sanglants qu'il entreprit de négocier avec Abd el-Kader : une convention (24 février 1834) permit à ce dernier de s'affirmer comme le chef des musulmans, reconnu comme tel par les Français, et d'organiser ses forces. Il pénétra dans Médéa et Miliana et nomma un bey de Titteri. « Il ne lui manquait, a noté Charles-André Julien, que de jeter les Français à la mer, pour exercer sur l'Algérie occidentale une autorité sans exemple depuis les Almohades[64]. » Le général Desmichels, sévèrement critiqué par le gouverneur Drouet d'Erlon qui trouvait que sa méthode de pacification était une « aberration politique[65] », fut rappelé. Son remplaçant, le général Trézel, voulant soustraire des tribus à Abd el-Kader et lui reprendre des territoires, lança une attaque lamentable, y perdant plus de

62. On ne peut qu'être étonné par l'assurance de Charles-André Julien traitant Berthezène de « général soliveau », « vieux soldat, peu intelligent et médiocrement cultivé, brutal mais honnête quoique avare. [...] Berthezène reconnut, sans doute, que la tâche était au-dessus de ses forces et demanda son rappel ». *Histoire de l'Afrique du Nord, op. cit.*, pp. 585-586. Car ce général peu intelligent et brutal a écrit des propos qui renforcent la démonstration de Julien : « Cette conquête, si utile à l'Europe, eût été [...] un bienfait pour l'humanité, si la cupidité ne fût venue bientôt après corrompre et pervertir l'œuvre de l'armée » (p. 99), ou : « Nous parlions *humanité*, et tous nos actes étaient empreints de violence, d'iniquité, de fraude et de cruauté » (p. 193). *Dix-huit mois à Alger*, ou Récit des événements qui s'y sont passés depuis le 14 juin 1830, jour du débarquement de l'armée française, jusqu'à la fin de décembre 1831. Montpellier, Auguste Ricard, 1834.

63. A. Nettement, *Histoire de la conquête...*, *op. cit.*, p. 537.

64. Ch.-A. Julien, *Histoire de l'Afrique du Nord*, *op. cit.*, p. 592 [dynastie des Almohades, 1130-1269].

65. Général Paul Azan, *Conquête et pacification de l'Algérie*, *op. cit.*, p. 97.

260 hommes (et ayant plus de 300 blessés) (juin 1835 : la Macta) ; il fut rappelé, ainsi que le premier gouverneur.

La défaite de la Macta a dû être impressionnante si l'on en croit la description faite par Émile Masqueray, cinquante ans plus tard : « C'est donc là-bas que l'armée de Trézel, enveloppée de cavaliers sauvages, haletante et rompue, s'est fait hacher sans merci. Le convoi abandonné, les blessés massacrés, leurs têtes coupées avec des cris épouvantables, la colonne assaillie à son tour, aveuglée par la fumée, terrassée par la chaleur, délirant d'épouvante, des hommes nus et sans armes courant avec des éclats de rire au-devant des Arabes, d'autres chantant à genoux un hymne au soleil, les derniers survivants du 66ᵉ de ligne, entonnant la *Marseillaise* comme un chant de mort, le général ne pouvant ni se faire tuer ni se faire obéir[66]. »

Clauzel, devenu maréchal, fut de nouveau envoyé à Alger où il arriva en août 1835. Sa proclamation aux habitants faisait des promesses aux Européens : « Attirer des cultivateurs européens dans la régence pour fertiliser par leurs travaux les terres les plus riches du monde connu, donner ensuite un grand développement au commerce [...]. Nous formerons à force de persévérance un nouveau peuple, qui grandira plus vite encore que celui qui commença sa création au-delà de l'Atlantique, il n'y a pas un siècle. » Des rappels sévères aux Indigènes concluaient la proclamation : « Et vous, Indigènes, vous qui n'avez pas suffisamment apprécié jusqu'ici l'avantage et l'honneur d'être considérés comme les égaux de ceux qui vous ont élevés jusqu'à eux ; vous qui semblez regretter l'humble position dans laquelle vous viviez autrefois ; [...] vous, dont nous respectons les mœurs et la religion et la propriété, mettez fin à vos intrigues coupables [...] et apprenez [...] qu'il faut obéir aux puissants, à la nécessité ; et que celui qui peut protéger doit aussi punir, s'il y est contraint[67]. »

---

66. Émile Masqueray, *Souvenirs et visions d'Afrique* (1893), 2ᵉ éd., Alger, Adolphe Jourdan, 1914, p. 279. Agrégé d'histoire, il fut nommé au lycée d'Alger en 1872 ; il devint titulaire de la chaire d'histoire et d'antiquités de l'Afrique en 1880 et fut directeur de l'École des lettres d'Alger de cette date jusqu'à sa mort en 1894.

67. Maréchal Clauzel, proclamation du 19 août 1835, dans : *Correspondance du maréchal Clauzel* (1835-1837), publiée par Gabriel Esquer, Larose, 1948, t. I, pp. 28-30. Collection de documents inédits sur l'histoire de l'Algérie après 1830.

Le ministre de la Guerre, le maréchal Maison, estima ce programme éloigné « de la lettre et de l'esprit des instructions » qui avaient été données sur la colonisation agricole : « Le gouvernement ne devait pas, en encourageant directement et prématurément les essais de colonisation, imposer à la France des charges que ne justifierait aucune nécessité et qui ne seraient compensées par aucun avantage. » Il critiqua aussi les « paroles de défiance » adressées aux Indigènes et les assimila aux "préventions" d'une partie des colons ; il lui faisait savoir que ce paragraphe avait paru "acerbe" en France et ajoutait : « Je crains qu'il soit plutôt contraire que favorable au but que vous devez vous proposer. » Il lui demandait de combattre la "défiance" et la "hauteur" à l'égard des Indigènes ; cet esprit avait « toujours été un des plus grands obstacles à notre établissement dans des pays conquis[68]. »

Le maréchal Clauzel lui répondit qu'il ne connaissait pas le pays et que, quand on a fait des études sérieuses des hommes et des choses, on sait qu'il faut user d'un « système de sévérité prompte et de fermeté » ; « encore un peu de temps, concluait-il, et tout sera pacifié en Afrique, mais il faut pour cela le vouloir et me le permettre[69]. » Il s'était lancé, quant à lui, dans la colonisation en acquérant des biens « assez considérables », écrit Gabriel Esquer préfaçant cette très volumineuse correspondance ; celle-ci éclaire le caractère du gouvernement de Clauzel à Alger : un conflit permanent avec Paris[70].

La tactique du maréchal Clauzel, telle qu'elle est rapportée dans des livres très divers, paraît avoir été peu efficace et même dangereuse : il rentre dans des villes importantes, Mascara, Tlemcen, Oran, Médéa, pour prouver que la France est décidée à s'installer, puis il se retire ; il est clair que le retrait des troupes après la prise d'une ville était l'occasion pour Abd el-Kader de revanches éclatantes. Sans doute, la tactique de Clauzel s'explique en partie par la décision du ministre de la Guerre de réduire le corps d'occupation, conformément aux votes des Chambres sur le budget. Mais pourquoi lança-t-il alors l'assaut de Constantine en novembre 1836 ? Lors de la démission du cabinet Thiers, le ministre de la Guerre, le maréchal Maison, lui

68. Le ministre de la Guerre au gouverneur général, 9 septembre 1835, *id.*, pp. 102-104.
69. Le gouverneur général au ministre de la Guerre, 28 septembre 1835, *ibid.*, pp. 173-174.
70. G. Esquer, *Préface* à : *Correspondance du maréchal Clauzel*, *op. cit.*, p. VIII.

avait envoyé des instructions claires : « Il faut vous renfermer dans les limites de l'occupation actuelle, dans celle de l'effectif dont vous disposez, dans celles des crédits législatifs[71]. » Le sucesseur du maréchal Maison, le lieutenant-général baron Bernard, lui envoya une lettre tout aussi claire : il lui répétait que le mode définitif d'occupation n'était pas décidé, que des renforts ne pouvaient « absolument » pas lui être envoyés ; il lui expliquait que si ses moyens lui paraissaient suffisants, il était « autorisé à faire l'expédition », et il concluait : « Il dépend donc de vous seul de prendre à cet égard une détermination, selon que vous trouverez les moyens à votre disposition suffisants ou insuffisants[72]. » Une seconde lettre, très longue, du ministre lui rappelait que personne ne lui avait ordonné cette expédition, on la lui avait seulement autorisée si..., etc.[73] Clauzel entreprit l'expédition, il dut faire une retraite rapide, désastreuse, laissant plus de 450 morts, des blessés, des malades, et abandonnant du matériel. Il télégraphia au ministre : « L'expédition de Constantine n'a pas eu un succès complet[74]. » Il fut assez vite rappelé (février 1837).

Le successeur de l'indocile maréchal Clauzel, le général Damrémont, était invité à faire une occupation restreinte du littoral, à concentrer les forces sur les points les plus importants. La situation semble avoir été intenable : rester dans les ports, c'était être rejeté à la mer, et poursuivre les assaillants, ce n'était pas faire une occupation restreinte, c'était l'étendre. C'est l'époque où Bugeaud, partisan convaincu de l'occupation restreinte, envoyé en renfort en mai 1836, recevant le commandement des troupes de la province d'Oran, conclut avec Abd el-Kader la convention de la Tafna (mai 1837) : les clauses

71. Le ministre de la Guerre, maréchal Maison, au gouverneur général, 30 août 1836, *ibid.*, t. II, p. 85.

72. Le ministre de la Guerre, lieutenant-général baron Bernard, au gouverneur général, 18 octobre 1836, *ibid.*, t. II, pp. 194-195.

73. Le ministre de la Guerre au gouverneur général, 3 novembre 1836, *ibid.*, t. II, p. 249-253.

74. Le gouverneur général au ministre de la Guerre, dépêche télégraphique, 2 décembre 1836, *ibid.*, t. II, p. 295.

n'étaient pas conformes aux instructions qu'il avait reçues de son ministre, en ce qui concernait la souveraineté de la France et le tribut annuel, et il accordait à Abd el-Kader d'énormes territoires. Ce fut considéré comme une faute politique grosse de conflits.

Les raisons que Bugeaud donna, à l'époque de la signature de cette paix, parurent peu convaincantes. Il admettait qu'Abd el-Kader allait se créer une petite armée, soumettre de nouvelles tribus, se faire une artillerie, mais qu'il serait « moins fort quand il aurait 6 000 hommes réguliers et du canon ». Sa force avait été jusqu'à présent sa légèreté : liberté de mouvements, aucune protection à assurer. Avec son armée, il aurait des villes, des dépôts à garder, bref, il ne serait plus insaisissable ; les chefs arabes seraient encore longtemps dans « l'art de l'enfance » de la tactique. « Il faut un siècle avant de savoir harmoniser les trois armes sur un champ de bataille. Ils auront les inconvénients de la tactique sans en avoir les profits. » Par ailleurs, l'armée française saurait, dans la paix, ouvrir des relations avec les Arabes, « leur infiltrer nos mœurs, nos goûts, nos usages », leur apporter du bien-être[75].

Tocqueville critiqua vivement ce traité qu'il jugeait impolitique et qui avait montré, une fois de plus, que l'amitié de la France était « toujours fatale » : « Le traité de la Tafna a livré à Abd el-Kader le territoire admirable qu'occupaient les Douairs et les Smelas. Le même traité a remis entre ses mains la malheureuse petite tribu coulougli des Ben Zetoun, la seule de la Mitidja qui eût embrassé ardemment notre cause. Il l'a fait égorger tout entière sous nos yeux. [...] Ne serait-il pas temps enfin de montrer, ne fût-ce qu'en un petit coin de désert, qu'on peut s'attacher à la France sans perdre sa fortune ou sa vie[76] ? »

Après l'échec de négociations avec le bey de Constantine, le général Damrémont conduisit en personne une nouvelle expédition contre la ville (octobre 1837) : elle fut prise, maison par maison, « et sous un feu d'autant plus terrible qu'on ne voyait pas d'où il venait. C'est dans cette rue [la Grande Rue] où l'on

75. Général Bugeaud, « Mémoire sur notre établissement dans la province d'Oran par suite de la paix (juillet 1837) », *Par l'épée et par la charrue*, introduction, choix et notes du général Azan, P.U.F., 1948, p. 36 et p. 35.
76. Alexis de Tocqueville, Travail sur l'Algérie (1841), *De la colonie en Algérie*, Bruxelles, Complexe, 1988, p. 99.

marchait jusqu'aux genoux dans des cadavres et dans le sang que nous avons perdu le plus de monde. Une grande maison à droite semblait en feu tant elle nous envoyait de mitraillade [...]. On donnait la mort ou on la recevait avec cette rage du désespoir qui serre les dents et renvoie les cris au fond de l'âme », a rapporté le maréchal Saint-Arnaud[77]. Cette victoire semble avoir coûté cher : cent-quatorze morts, selon le général Azan, une centaine d'officiers et un millier de soldats morts, d'après Charles-André Julien, mais les deux auteurs sont d'accord pour signaler la mort du général Damrémont, des centaines de blessés, dont le général Lamoricière, grièvement, et des victimes du choléra.

Grâce à la convention de la Tafna, Abd el-Kader organisait pendant ce temps une grande armée, soumettait de nouvelles tribus, n'essuyant de refus que de certains Kabyles[78], poussait ses activités jusque dans le beylik de Constantine. Le passage sans combat des « Portes de fer » (défilé des Bibans) par le duc d'Orléans et par le maréchal Valée – successeur de Damrémont –, qui voulait démontrer qu'il était le maître des territoires à l'est de la Mitidja, fut dénoncé par Abd el-Kader. Il revendiquait l'est de la province d'Alger et il déclara la guerre sainte aux Français (novembre 1839) : plus de cent soldats tués près du camp d'Oued el-Alleug, colons tués dans la Mitidja, pillages, panique, combats dispersés, combats en Oranie, d'où émerge « la défense héroïque de Mazagran » : 123 hommes repoussent 2 000 hommes conduits par le khalifa de Mascara aux ordres d'Abd el-Kader. Des peintures, des dessins, des

---

77. Lettre du maréchal Saint-Arnaud citée par G. Esquer, pour commenter une peinture connue de Raffet, « Constantine, Combat dans la Grande Rue », *Iconographie historique...*, *op. cit.*, t. II, n° 488. F. Braudel rendant compte de cette *Iconographie...*, après avoir critiqué Horace Vernet qui prête aux soldats « des allures de pure convention », écrit de Raffet : « Si l'on a la chance d'entrevoir la vraie figure de la conquête, c'est à son talent qu'on le doit, à son art d'une probe exactitude, à son sens merveilleux du mouvement. Raffet a le don inestimable de la vie », *Gazette des Beaux-Arts*, 1930, republié dans : *Autour de la Méditerranée*, Éditions de Fallois, 1996, Livre de poche, pp. 136-137.

78. Bugeaud parle à plusieurs reprises de tribus qui n'ont pas obéi à l'Émir, les montagnes de Bougie et de Djijelli, mais elles n'ont obéi « à personne », lettre à Thiers, 29 février 1844, *Par l'épée et par la charrue*, *op. cit.*, p. 165 ; et trois ans plus tard : « J'ai tellement intimidé les Kabyles, par la manière dont j'ai traité les quatre premières tribus que j'ai traversées [en Grande Kabylie] qu'ils ont renvoyé Abd el-Kader », lettre à Thiers, 11 juin 1847, p. 317.

images populaires l'exaltent; des couplets le chantent sur l'air de *la Marseillaise,* une liqueur porte ce nom...[79]. Des prises de ville (Médéa, Miliana...), des combats (le col de Mouzaïa, El-Affroun...) se succèdent; leur glorification par des peintres ne peut cacher les « sombres couleurs » de l'armée : de juin 1840 à l'automne, 4 200 hommes sont morts dans les hôpitaux et à l'automne, 12 000 hommes sont absents en raison de maladies. En janvier 1841, le maréchal Valée envoya à son ministre, le maréchal Soult, un rapport sur l'état sanitaire de l'armée : les soldats couchent le plus souvent par terre, ils ne peuvent se déshabiller « pendant plusieurs mois », ils dorment dans leurs vêtements « humides ou imprégnés de miasmes délétères »; « le soldat souffre de la faim » : denrées insuffisantes et de mauvaise qualité; dureté du climat, opérations fatigantes et périlleuses. Le soldat « lutte quelque temps, mais les forces l'abandonnent peu à peu et lorsqu'il est atteint par la fièvre, les remèdes les plus énergiques sont impuissants pour relever un corps complètement usé, et il s'éteint misérablement[80]. »

Après ces échecs, il fut décidé de changer de politique et de changer les hommes. Bugeaud avait renoncé à « la chimère » – c'est son terme – d'une occupation restreinte, il en avait vu l'échec complet. À la Chambre des députés, en 1840, il déclara : « L'occupation restreinte peut-elle donner la sécurité agricole ? Les événements de Mitidja ont suffisamment prouvé le contraire [...], l'occupation restreinte ne diminue en rien les forces de l'ennemi, elle ne fait que les refouler un peu; elle vous constitue dans un état constant de défensive, qui vous établit dans une sorte d'infériorité, qui donne de l'audace aux Arabes et les encourage à passer à travers vos postes, quelque

79. Voir en particulier dans l'*Iconographie historique*, de G. Esquer, t. III, n° 578, n° 579, n° 584, n° 585.

80. Rapport du maréchal Valée au ministre de la Guerre, 5 janvier 1841, extrait cité par Paul Azan, *Conquête et pacification..., op. cit.*, pp. 254-255. Tocqueville s'était déclaré, cette année-là, impressionné par le caractère « meurtrier » du séjour en Afrique pour les soldats : maladies, malnutrition, mauvaises conditions d'hébergement, etc. : « Entretenir soixante-et-dix mille hommes dont une partie meurt tous les ans dans les hôpitaux et qui coûtent cent millions, c'est là un état de chose intolérable et qui, s'il se prolongeait, annulerait notre action dans le monde et ferait bientôt abandonner l'Afrique », Travail sur l'Algérie (1841), *De la colonie en Algérie, op. cit.*, p. 84.

multipliés que vous les supposiez[81]. » En janvier 1845, il rappelait encore : l'occupation restreinte « nous exposerait à une guerre perpétuelle[82] ». Il fut nommé gouverneur en janvier 1841, ayant pour mission la destruction de la puissance d'Abd el-Kader. Lors de sa nomination, il écrivait à un ami : « Rassurez-vous, le gouvernement ne m'a pas *choisi* pour me faire subir la seconde *humiliation* d'un traité de la Tafna. J'ai ordre au contraire de pousser vivement la guerre contre Abd el-Kader et de n'écouter de sa part aucune proposition[83]. »

Bugeaud, demandant un peu plus tard une augmentation de l'effectif de l'armée, écrivait : « Je dis à la France : "Vous avez voulu la conquête alors que je ne la voulais pas ; sachez en supporter les conséquences. Ne serait-il pas insensé d'avoir fait d'immenses sacrifices pour l'obtenir, et de ne pas vouloir les conditions nécessaires pour la conserver[84] ?" » Les succès de Bugeaud tiennent sans doute à sa tactique mais aussi aux moyens qu'il demandait et qui lui furent, semble-t-il, accordés : 108 000 hommes, le tiers de l'armée française, a écrit Charles-André Julien, chiffre toujours repris. Est-il exact et à quel moment ? Bugeaud réclame, en 1842, 80 000 hommes et il affirmait au début de 1845 qu'il n'avait jamais eu 100 000 hommes et qu'il voulait que les effectifs atteignent ce chiffre[85] ; il a souvent répété que le chiffre officiel devait être réduit du fait des blessés, des malades, des employés aux travaux, etc.

> En 1845, Bugeaud écrit au ministre de la Guerre : « Nous avons en ce moment 10 000 malades, nous venons de perdre dans les différents combats [...] environ 800 hommes. Ajoutez à cela les garnisons indispensables, les convalescents, les indisponibles et non-combattants de

81. Général Bugeaud, discours à la Chambre des députés, 14 mai 1840, *Par l'épée et par la charrue*, *op. cit.*, pp. 74-75.
82. Maréchal Bugeaud, discours à la Chambre des députés, 24 janvier 1845, *id.*, p. 196.
83. Bugeaud au colonel d'Esclaibes, 14 janvier 1841, *Lettres inédites*, publiées par Mlle Feray-Bugeaud d'Isly, Émile-Paul Frères, 1923, p. 229.
84. Général Bugeaud, *L'Algérie. Des moyens de conserver et d'utiliser cette conquête*, Dentu, 1842, pp. 26-27.
85. Maréchal Bugeaud, discours à la Chambre des députés, 24 janvier 1845. *Par l'épée...*, *op. cit.*, p. 200.

toute nature, tels que les musiciens, les pelotons hors rang, les compagnies d'administration, les compagnies d'auxiliaires pour aider le génie dans les travaux indispensables, les hommes en congé, les ordonnances des officiers, et vous trouverez qu'il n'y a pas la moitié de l'effectif disponible pour la guerre [...]; que dis-je, la moitié; en déduisant les garnisons, il n'y en a pas le tiers[86]. »

Dans une proclamation aux colons, en octobre 1845, Bugeaud annonçait que le roi et son Conseil avaient décidé que de « grands renforts » seraient envoyés[87], car la catastrophe de Sidi-Brahim où 400 soldats avaient été massacrés avait suscité une grande révolte. Selon Alfred Nettement, l'armée atteignit 115 000 hommes en octobre 1845, grâce à ces renforts[88].

Les demandes de Bugeaud s'appuient essentiellement sur trois arguments. D'abord, le tempérament et les talents guerriers des « Arabes » : « Tous font la guerre, depuis le vieillard de quatre-vingts ans jusqu'à l'enfant de quinze ans, et cette population de 4 millions d'âmes ne compte pas moins de 5 à 600 000 guerriers, tous très habiles, pris individuellement[89]. » Ensuite, le caractère toujours insoumis de ce peuple : « Il n'est pas dans la nature d'un peuple guerrier, fanatique et constitué comme le sont les Arabes, de se résigner en peu de temps à la domination chrétienne. Les Indigènes chercheront souvent à secouer le joug, comme ils l'ont fait sous tous les conquérants qui nous ont précédés[90]. » L'histoire de ce peuple « nous apprend combien ils sont prompts à la révolte; leur antipathie pour nous et notre religion durera des siècles[91] ». Enfin, Bugeaud l'a souvent dit, tous les peuples ont une envie irrépressible d'indépendance : « Consultez l'histoire, et vous ne verrez pas un peuple accepter le joug d'un conquérant sans chercher toutes les occasions de le briser. Vous en avez actuellement

86. Maréchal Bugeaud, lettre au maréchal Soult, 6 octobre 1845, *ibid.*, pp. 229-230.
87. Maréchal Bugeaud, proclamation aux colons, Alger, 15 octobre 1845, *Par l'épée...*, *op. cit.*, p. 243.
88. A. Nettement, *Histoire de la conquête...*, *op. cit.*, p. 611.
89. Maréchal Bugeaud, discours à la Chambre des députés, 24 janvier 1845, *Par l'épée...*, *op. cit.*, p. 199.
90. Maréchal Bugeaud, proclamation aux colons de l'Algérie, 15 octobre 1845, *id.*, p. 243.
91. Général Bugeaud, *L'Algérie. Des moyens de conserver...*, *op. cit.*, p. 7.

plusieurs exemples sous les yeux en Europe. Comment donc supposer que le peuple arabe, si fier, si fanatique, si belliqueux, si bien préparé pour la guerre par sa constitution sociale et agricole, accepte si promptement notre domination[92] ? » De ces réalités – la vocation guerrière du peuple arabe, la volonté d'indépendance des peuples – découle la tactique à concevoir, car en Algérie, « la force est diffuse, elle est partout, et une armée européenne s'y trouve dans la situation d'un taureau assailli par une multitude de guêpes[93] ». « C'est dans les colonnes mobiles et non dans les postes d'occupation qu'est la soumission du pays », écrit Bugeaud à Thiers, exposant clairement ses désaccords avec la politique suivie jusqu'alors, de postes, de camps, et de blockhaus[94].

> Au début de 1841, quand Bugeaud avait pris ses fonctions à Alger, l'un de ses amis lui avait reproché de ne pas avoir fait l'éloge du maréchal Valée. Il avait répondu : « Vous trouvez que j'aurais dû parler de mon prédécesseur. Je croyais que c'était de règle pour les académiciens, mais non pas pour les généraux. Au reste, j'ai fait l'éloge de l'armée [...]. L'éloge du chef s'y trouvait compris. Mais je vous jure qu'il m'eût été impossible de parler de sa manière de faire la guerre favorablement. Il valait donc mieux ne rien dire que de vanter ce qui est mauvais, ce que je déplore[95]. » Dès son arrivée, Bugeaud diminua de nombreux postes permanents dans lesquels Valée avait installé des garnisons, il substitua à cette politique défensive une politique offensive consistant à employer des colonnes mobiles.

Sa tactique sur le terrain était faite d'attaques, de ravages, d'incendies des cultures. En 1843, il fit paraître anonymement en Algérie un article où il expliquait qu'il avait d'abord eu « horreur » de la razzia mais qu'il en avait vu la nécessité; il fallait la pratiquer. « On se révolte contre la razzia en Afrique, et l'on trouve tout simple qu'en Europe on bombarde et on

92. Discours du maréchal Bugeaud dans un banquet offert par la population d'Alger au comte de Salvandy, ministre de l'Instruction publique, 16 juillet 1846, *Par l'épée...*, *op. cit.*, p. 277.

93. Bugeaud, *L'Algérie, Des moyens de conserver...*, *Par l'épée...*, *op. cit.*, p. 125

94. Lettre du général Bugeaud à Thiers, Alger, 5 août 1836, *id.*, p. 18.

95. Lettre du général Bugeaud à d'Esclaibes, Blida, 23 avril 1841, *ibid.*, p. 88.

affame une grande ville. [...] Les bombes, les projectiles de toute espèce traversant les maisons, écrasent des femmes, des enfants, des vieillards [...]. Ces êtres inoffensifs veulent quitter la scène d'horreur; ils se présentent aux portes [...], souvent même le commandant de la place les chasse parce qu'ils n'ont plus de vivres. Que fait l'armée assiégeante ? Elle les repousse à coups de fusil et les force à rentrer dans cet enfer. [...] La razzia est cent fois moins cruelle que les scènes dont je viens de vous retracer le tableau[96]. » Bugeaud, qui pratiquait ouvertement les razzias, tenait à mettre en garde contre les excès de rigueur à l'égard des tribus vaincues, razziées. Il s'adresse ici au duc d'Aumale : « Si vous êtes trop rigoureux, vous faites que les autres n'osent plus venir à vous, qu'elles vous fuient [...]. Les combats et les razzias [...] ont détruit la puissance morale de l'Émir et ont fondé la vôtre. On vient à vous de toutes parts, gardez-vous d'éloigner par des vengeances trop rigoureuses[97]. » Il parle de bons châtiments et sans aucun doute considérait-il bon d'avertir les tribus du sort qui les attendait : si elles se soumettaient, « il ne vous sera fait aucun mal. Dans le cas contraire, j'entrerai dans vos montagnes; je brûlerai vos villages et vos moissons; je couperai vos arbres fruitiers et alors ne vous en prenez qu'à vous seuls[98]. » Ou bien : « Je vous déclare que je traiterai en ennemis toutes les tribus qui auront reçu et assisté ces hommes de malheur et que je respecterai le territoire de toutes celles qui n'auront pas écouté leurs funestes conseils. Elles pourront venir commercer librement avec nous; elles seront respectées, et justice leur sera toujours rendue. Les méchants, au contraire, seront traités comme ils le méritent[99]. »

---

96. « La situation de l'Algérie à la fin de 1843 », *Le Moniteur algérien*, journal officiel de la colonie, 25 décembre 1843 (paru sans titre, signé « Un touriste »), *Par l'épée et par la charrue*, *op. cit.*, p. 162. Ce texte contient aussi une critique du traité de la Tafna, « si modéré que toute la presse le blâma » : « Cela les a-t-il empêchés, en novembre 1839, d'envahir la plaine, de vous attaquer partout, et de couper en un seul jour 250 têtes de vos soldats et de vos colons ? », *op. cit.*, p. 159.

97. Le maréchal Bugeaud à S.A.R. le duc d'Aumale, 12 mai 1846, *Par l'épée...*, *op. cit.*, p. 259.

98. Cette proclamation du gouverneur général aux chefs de sept tribus, qu'il nommait, était parue dans *Le Moniteur algérien*, 14 avril 1844, *id.*, pp. 167-168.

99. Proclamation parue dans le *Moniteur algérien*, supplément du 2 mars 1846, *ibid.*, pp. 248-249.

Les principaux épisodes de la conquête sous le commandement de Bugeaud sont la prise de la smala d'Abd el-Kader (mai 1843)[100], la fuite de l'Émir au Maroc, la guerre marocaine – bombardement de Tanger et bataille de l'Isly (août 1844), traité de Tanger (septembre 1844) avec le sultan du Maroc qui s'engageait à ne plus prêter son appui aux rebelles et mettait Abd el-Kader hors la loi. Cependant, la lutte n'était pas finie. Une agitation extraordinaire secouait le Dahra ; Bugeaud parlait de « fièvre d'insurrection » et il prescrivit la dévastation des récoltes, l'incendie des vergers, des pillages. La révolte, commencée en avril, se propagea rapidement. C'est dans ce cadre que se situe l'enfumade des grottes du Dahra (19-20 juin 1845).

Ces dernières décennies, cet épisode a été cité et amplifié, les auteurs semblant avoir cru faire une découverte. Cet épisode, on l'a signalé, avait produit à l'époque même une grande émotion à la Chambre des pairs (11 juillet 1845) ; le comte de la Moskowa, fils du maréchal Ney, et le comte de Montalembert étaient intervenus pour faire connaître et répudier avec « horreur » ce « meurtre prémédité[101] » ; il est donc inutile de faire la leçon aujourd'hui car l'époque a su la faire publiquement.

Au début du XXe siècle, un archiviste du gouvernement général à Alger trouva une relation autographe du colonel Pélissier au colonel de Saint-Arnaud, rédigée au moment même, et une relation autographe qu'il écrivit douze ans plus tard. Ce qui amena l'archiviste à décrire les conditions dans lesquelles une fraction de tribu avait été asphyxiée sur ordre du colonel Pélissier[102].

---

100. G. Esquer, commentant dans l'*Iconographie historique...* des représentations de la prise de la smala (n° 640, n° 641, n° 642), écrit qu'elle était composée de 20 000 personnes dont 5 000 combattants et fut attaquée par le duc d'Aumale avec 600 cavaliers et 1 300 fantassins ; il tua 300 ennemis, fit 3 000 prisonniers et un immense butin. Charles-André Julien, dans l'*Histoire de l'Afrique du Nord* (*op. cit.*, p. 603), parle d'une smala de 30 000 personnes qui fut attaquée par le duc d'Aumale avec 500 hommes : il parle d'« une étonnante audace » et même d'« imprudence ». La réponse est donnée par Bugeaud qui, exprimant son « allégresse » après avoir reçu le rapport du duc d'Aumale, lui écrit : « Oui, vous avez bien fait de ne pas attendre l'infanterie ; il fallait brusquer l'affaire comme vous l'avez fait », 23 mai 1843, *Par l'épée et par la charrue*, *op. cit.*, p. 144. Les fantassins n'étaient pas encore arrivés, le duc d'Aumale avait attaqué avec seulement 500 ou 600 cavaliers.

101. Il y avait eu, un an plus tôt, près d'Orléansville, un acte du même type, mais beaucoup moins meurtrier. En juin 1844, les membres d'une tribu, réfugiés dans des grottes avec leurs familles, tiraient sur les troupes. Le colonel Cavaignac « fut obligé de les enfumer pour les faire sortir, et ne peut rappeler à la vie sept femmes et cinq enfants qui ont péri ». Général Paul Azan, *Conquête et pacification...*, *op. cit.*, p. 329.

102. Raoul Busquet, « L'affaire des grottes du Dahra », *Revue africaine*, n° 266-267, 3e-4e trim. 1907, pp. 116-144, et appendice (lettres et rapports).

Après six mois d'agitation et de répression, un millier de personnes s'étaient réfugiées avec bétail et bagages, dans une grotte, véritable forteresse naturelle. N'obtenant pas la reddition demandée, le colonel Pélissier fit mettre le feu à des fascines bloquant la porte de la grotte ; toute la nuit, « les soldats nourrissent les fournaises ». Le lendemain matin, voulant récupérer ceux « dont les intentions étaient bonnes », écrit-il en 1857, il vit le « hideux spectacle de gens s'affaissant les uns sur les autres » ; il écrit qu'une soixantaine de personnes furent sauvées le matin, et une cinquantaine le soir. Le rapport officiel parla de 500 morts. Un officier espagnol attaché à l'état-major de la colonne expéditionnaire parle, dans une lettre archivée, de 800 à 1 000 morts. Le colonel Pélissier dans un rapport à Bugeaud (22 juin 1845), se présente comme l'exécutant d'ordres précis : « La marche que vous m'aviez indiquée. » Bugeaud écrivit au maréchal Saint-Arnaud : « Pélissier a employé tous les moyens, tous les raisonnements, toutes les sommations. Il a dû agir de rigueur. J'aurais été à sa place, j'aurais fait de même mais j'aime mieux que ce lot lui soit tombé qu'à moi[103]. » Dans une lettre au ton offensif adressée à son ministre, le maréchal Soult, Bugeaud écrit brièvement : « Je vous l'ai déjà dit, je prends sur moi la responsabilité de l'acte de M. le colonel Pélissier. Si le gouvernement jugeait qu'il y a justice à faire, c'est sur moi qu'elle doit être faite[104]. » Saint-Arnaud, rencontrant peu après la même situation que celle du colonel Pélissier (15 août 1845) fit murer la caverne : « Personne... que moi ne sait qu'il y a là-dessous cinq cents brigands qui n'égorgeront plus les Français ».

Dans la relation qu'il fit douze ans après, Pélissier, qui a été honni dans l'opinion pour cet acte[105], concluait : « Je suis humain, mais n'eussé-je que l'hypocrisie de l'humanité, je ne sais ce que j'aurais pu faire au-delà de ce que j'ai fait pour épargner à ces malheureux l'impasse infernale où ils sont tombés et très en dehors de ma volonté. Tout en déplorant la condition de ces sauvages malheureux, j'ai toujours eu le calme inséparable de la conscience d'un devoir accompli[106]. »

Bugeaud partit pour la France en août 1845, afin de régler un désaccord avec le gouvernement au sujet de questions d'organi-

103. Raoul Busquet, « L'affaire des grottes... », *article cité*, p. 138.
104. Le maréchal Bugeaud au maréchal Soult, Alger, 18 juillet 1845, *Par l'épée...*, *op. cit.*, p. 208.
105. Cela n'empêcha pas Pélissier de devenir maréchal et gouverneur général de l'Algérie (1860-1864).
106. Raoul Busquet, « L'affaire des grottes... », *article cité*, p. 163.

sation et de colonisation. À la fin de septembre 1845, l'insurrection englobait une grande partie des provinces d'Alger et d'Oran. Des événements graves se produisirent à la frontière marocaine ; Abd el-Kader était revenu en Algérie et il anéantit à Sidi-Brahim presque toute la colonne du lieutenant-colonel Montagnac : 400 morts. Bugeaud regagna l'Algérie en octobre. Il parle, dans les mois qui suivent son retour, des « fatigues énormes » de l'armée, d'« efforts inouïs[107] », mais il obtint l'accalmie puis l'étouffement de l'insurrection. Il fit, contre l'ordre du gouvernement, une expédition en Kabylie, puis démissionna. Il écrivit à Guizot : « Monsieur le ministre de la Guerre a sans doute déjà fait connaître au Conseil ma détermination de me retirer devant l'accueil que la Chambre a fait au projet de loi sur les colonies militaires. Je suis sûr qu'*in petto* vous approuvez ma résolution. De même que vous ne voudriez pas, en gouvernement, défendre des idées qui ne seraient pas les vôtres, vous penserez que je ne dois pas plus vouloir appliquer en Afrique des systèmes de colonisation et de gouvernement qui répugnent à ma raison pratique, et partant à mon patriotisme[108] » À ce moment-là, conclut Charles-André Julien, « Abd el-Kader n'est plus qu'un homme traqué. Les troupes tiennent fermement l'Algérie dont il suffira de parfaire l'unité en occupant la Kabylie et les oasis sahariennes[109] ».

Quittant définitivement l'Algérie, Bugeaud dressa pour les colons, le 30 mai 1847, le bilan de son travail de « colonisateur ardent » : « Voyez ces villes fondées ou relevées de leurs ruines ; voyez les

107. Lettre de Bugeaud au général de Bar, février 1846, cité par Paul Azan, *Conquête et pacification...*, *op. cit.*, p. 365.

108. Maréchal Bugeaud, lettre à Guizot du 21 mars et 28 mai 1847, *Par l'épée...*, *op. cit.*, p. 294. Un an auparavant, Bugeaud avait prié Guizot de soumettre au roi sa demande d'un successeur; il souhaitait se retirer pendant l'été 1846, mais la catastrophe de Sidi-Brahim le fit repartir en Algérie. En juillet 1847, il écrivait au général Charon que rien ne pourrait le faire revenir sur ses adieux définitifs à l'Algérie : « Je ne voulais pas être l'applicateur de toutes les idées absurdes qui régnent en colonisation, [...] je ne voulais pas être l'artisan de systèmes qui tendent à la destruction de mon œuvre. » Il critiquait les plans de Lamoricière, de Dufaure, de Tocqueville et demandait qu'on les appliquât vite : « On reconnaîtra peut-être alors que la colonisation à bon marché ou par les intérêts individuels ne peut se faire avec quelque efficacité que lorsqu'elle sera précédée d'une base solide aux frais de l'État avec le puissant élément que nous offre l'armée », 8 juillet 1847, *Lettres inédites*, *op. cit.*, p. 309.

109. *Avant-propos* de Ch.-A. Julien à : *Par l'épée et par la charrue*, *op. cit.*, p. v.

routes, les ponts, les édifices de toute nature, les barrages, les conduites d'eau, les villages qui ont surgi, et dites si nous n'avons pas fait en colonisation, au milieu d'une guerre ardue, plus qu'on n'avait le droit d'attendre en raison des moyens exigus qui ont été mis à notre disposition[110]. » À son ami Thiers, il faisait, dans une très longue lettre, l'éloge de son travail militaire : « J'ai vaincu complètement toutes les insurrections; j'ai étendu notre domination dans le désert; j'ai détruit toutes les forces qu'Abd el-Kader avait amenées de l'ouest; j'ai tué aux Arabes plus de 10 000 de leurs guerriers les plus ardents; j'ai dissous la Deïra par le désespoir qui a suivi les nombreux échecs de l'Émir; j'ai usé le fanatisme des Arabes, à tel point qu'ils sont aujourd'hui soumis comme des moutons et nous donnent sans la moindre résistance, là des chevaux pour remonter notre cavalerie, là des armes, là de l'argent, là des troupeaux et en somme une valeur d'environ trois millions[111]. »

Le duc d'Aumale, successeur de Bugeaud, fut rapidement chassé par la révolution de février 1848. Abd el-Kader s'était rendu au général Lamoricière (décembre 1847) qui s'était engagé à le faire conduire en Orient, engagement que le duc d'Aumale avait confirmé. Le gouvernement, soumis à une opposition qui disait ne pas vouloir que le prince outrepassât son droit, n'honora pas la promesse : l'Émir fut retenu quelque temps en France et c'est le prince-président, Louis-Napoléon Bonaparte, qui lui annonça sa mise en liberté en octobre 1852 et le fit conduire en Orient où il mourut en 1883.

Tocqueville : « Quelle espèce de guerre on peut et on doit faire aux Arabes »

Avant de poursuivre l'esquisse de l'achèvement de la conquête, il est intéressant d'écouter Tocqueville parler, en 1841, de « quelle espèce de guerre on peut et on doit faire aux Arabes ». Revenant d'Algérie, il condamnait la guerre aussi

110. Le maréchal Bugeaud aux colons de l'Algérie, Alger, le 30 mai 1847, dans : *Par l'épée..., op. cit.*, p. 295.
111. Bugeaud à Thiers, Oran, le 11 juin [1847], *Par l'épée..., op. cit.*, pp. 306-307.

« inintelligente » que « cruelle » qu'il y avait vue; la France faisait la guerre « d'une manière beaucoup plus barbare que les Arabes eux-mêmes ». Il condamnait des officiers qui pensaient qu'on ne devait épargner personne et qui regrettaient donc qu'on fît des prisonniers. Mais Tocqueville désapprouvait aussi des hommes qui trouvaient mauvais « qu'on brûlât les moissons, qu'on vidât les silos, et enfin qu'on s'emparât des hommes sans armes, des femmes et des enfants ». Il explicitait sa position : « Ce sont là, suivant moi, des nécessités fâcheuses mais auxquelles tout peuple qui voudra faire la guerre aux Arabes sera obligé de se soumettre. Et, s'il faut dire ma pensée, ces actes ne me révoltent pas plus ni même autant que plusieurs autres que le droit de la guerre autorise évidemment et qui ont lieu dans toutes les guerres d'Europe. En quoi est-il plus odieux de brûler les moissons et de faire prisonniers les femmes et les enfants que de bombarder la population inoffensive d'une ville assiégée ou que de s'emparer en mer des vaisseaux marchands appartenant aux sujets d'une puissance ennemie ? » La guerre en Europe était faite à des gouvernements, non à des peuples comme en Algérie, d'où la différence de méthodes. Pour détruire la puissance d'Abd el-Kader, il fallait s'attaquer aux tribus, rendre leur position intenable. Pour cela, Tocqueville voyait deux moyens, « l'interdiction du commerce » et « le ravage du pays », c'est-à-dire la destruction des moissons, des razzias qui devaient être menées par de petits corps mobiles, et non par une grande armée [112]. Il faut souligner que cette analyse de la légitimité et de la nécessité de la razzia est la même que celle que Bugeaud exposa un peu plus tard. On reviendra sur les prises de position de Tocqueville, partisan résolu de la colonisation. Il faut retenir ici son idée centrale : une seule chose est pour lui interdite : tuer des prisonniers, tuer des hommes ou femmes pris au cours d'une razzia. Tuer « tout ce qui se ren-

112. Alexis de Tocqueville, Travail sur l'Algérie (1841), *De la colonie en Algérie*, *op. cit.*, pp. 76-79.

contre » barbare, contraire au droit de la guerre. Mais la guerre contre une population demande que tous les autres moyens soient employés, affirmait Tocqueville.

La conquête de la Kabylie et la prise de Laghouat

En janvier 1845, Bugeaud avait déclaré à la Chambre des députés : « Nous serons donc contraints de prendre la Kabylie, non pas que les populations soient inquiétantes, envahisseuses, hostiles ; non, elles défendent vigoureusement leur indépendance, quand on va chez elles, mais elles n'attaquent pas. Mais c'est un refuge pour nos ennemis, et puis ce spectacle de l'indépendance fatigue les tribus soumises qui payent l'impôt et qui voient auprès d'elles des voisins qui ne le payent pas. Nous serons donc obligés de prendre la Kabylie un jour ou l'autre ; mais nous pourrons choisir notre temps[113]. » Les nombreuses contributions écrites par des militaires pour une histoire des campagnes de Kabylie insistent au contraire sur le caractère belliqueux, « remuant », des populations kabyles et sur leur hostilité. « Fière de n'avoir jamais vu nos armes pénétrer chez elle [la tribu des Beni Raten] [...] avait cru pouvoir nous braver impunément, en venant plusieurs fois [...] insulter notre poste de Tizi-Ouzou. Ces faits ne pouvaient pas rester impunis, sans ajouter beaucoup à son influence, et un châtiment exemplaire était devenu indispensable, pour détruire son ascendant sur les autres tribus[114]. » Il faut souligner une idée obsessionnelle, châtier, et l'affirmation, qui est aussi fréquente qu'elle l'est à propos des Arabes : ce peuple a une humeur belliqueuse et fière, ce dernier terme est éclairé par un officier parlant d'un combat : des hommes « que nous avions battus mais qui n'étaient pas vaincus[115] ».

---

113. Maréchal Bugeaud, discours à la Chambre des députés, 24 janvier 1845, *Par l'épée...*, *op. cit.*, pp. 196-197.

114. *Campagne de Kabylie en 1857. Marche générale de la campagne.* Mémoire publié avec autorisation du ministre de la Guerre par le capitaine d'artillerie Eugène Clerc, Lille, Lefevre-Ducrocq, 1859, p. 22. Il faut remarquer la date de publication.

115. Colonel Robin, « Notes et documents concernant l'insurrection de 1856-1857 de la Grande Kabylie », *Revue africaine*, 1er trim. 1899, pp. 41-77.

La révolution de 48 prit position sur la question algérienne ; elle proclama l'Algérie territoire français et lui accorda une représentation dans les assemblées nationales. Les combats en Kabylie commencèrent ; ce furent d'abord des révoltes et des opérations de police. L'épisode le plus connu est la prise de Zaatcha, oasis au nord de Biskra, en réponse à une insurrection. Après un échec d'assaut en juillet 1849, l'oasis fut prise en novembre, au terme d'un siège d'un mois et demi qui coûta à l'armée française 1 500 tués et blessés, bilan aggravé par les ravages exercés par le choléra. L'*Histoire générale* de Lavisse et Rambaud précise : « Aucun des défenseurs de Zaatcha ne fut épargné. La ville fut rasée, l'oasis détruite[116]. » Soumission de Bou-Saâda, pacification de l'Aurès[117], combats au nord-ouest de Sétif, embuscades, occupation de La Calle, il y avait toujours de grands désordres. Le nouveau gouverneur, le général d'Hautpoul, arrivé en novembre 1850, voulait faire une grande expédition en Kabylie, ce que le gouvernement refusa, ne voulant pas engager de nouvelles dépenses ni envoyer de renforts ; il n'autorisait que des opérations précises, limitées.

La campagne de Kabylie proprement dite se déroula sous le commandement du maréchal Randon, chargé par Napoléon III du gouvernement de l'Algérie en décembre 1851[118] et il intervint aussi dans le Sud. Il organisa la marche sur Laghouat ; elle avait été l'une des premières oasis à se soumettre, elle s'insurgea en 1852 sous l'impulsion d'une inimitié compliquée entre des notables et la ville fut prise par une guerre de rue meurtrière. « Laghouat était aux mains des troupes françaises, mais dans quel état ! Muraille d'enceinte éventrée, maisons démolies, population décimée par la mort ou par la fuite : dans un rapport adressé à l'évêque d'Alger, le 18 février 1853, l'abbé Suchet

116. Ernest Lavisse, Alfred Rambaud, *Histoire générale du IVe siècle à nos jours*, Armand Colin, 1899, t. XI, p. 564.

117. Le général Azan signale : « Les villages de Narah ayant refusé de payer l'impôt... [le colonel Canrobert] dut, le 5 janvier 1850, prendre d'assaut cette position [...]. La répression fut sévère : les défenseurs de Narah furent tués ou écrasés sous les décombres de leurs maisons détruites ou livrées aux flammes ». *Conquête et pacification...*, *op. cit.*, p. 412.

118. Le maréchal Randon, nommé gouverneur, prit l'initiative de fouilles et de la conservation des antiquités ; c'est un des paradoxes des militaires de l'époque.

[...] signalait que la population était réduite à 450 ou 500 âmes, en grande majorité femmes et enfants[119]. » Alors que le ministre de la Guerre s'était déclaré hostile à une occupation militaire, les militaires, après quelques hésitations, se prononcèrent pour l'occupation en arguant de l'importance stratégique de Laghaout. Le commandant supérieur nommé alors eut à faire face aux problèmes de subsistances de la ville : 450 ou 500 habitants « dénués de tout » et un millier de militaires, dont 200 blessés. Roger Le Tourneau souligne à la fin de son étude que pour empêcher un accroissement démesuré de l'influence du chérif, les Français avaient été « amenés à agir presque à l'improviste[120]. » Rien n'est plus exact que de parler d'une action à l'improviste ; la conquête est pleine d'actions de cette sorte, elle se présente comme l'enchaînement d'actes non prévus, dictés par les circonstances, les politiques ne faisant que suivre les militaires.

> Eugène Fromentin arrivant à Laghouat quelques mois après la prise de la ville a rapporté ce qu'on lui racontait : « Quant à la lutte qui se prolongea dans la ville et se répéta de maison en maison, elle fut désespérée de la part des Arabes, mais courte, et terrible seulement pour eux. Sur les deux mille et quelques cents cadavres qu'on releva les jours suivants, plus des deux tiers furent retrouvés dans la ville. La guerre de rue est atroce, et l'homme y devient fou, soit qu'il se défende, soit qu'il attaque[121]. » « On dit que pendant longtemps la ville sentit la mort, et je ne suis pas bien sûr que l'odeur ait entièrement disparu[122]. » « Tous les survivants avaient pris la fuite [...]. Femmes, enfants, tout le monde s'était expatrié. Les chiens eux-mêmes, épouvantés, privés de leurs maîtres, émigrèrent en masse et ne sont pas revenus. Ce fut donc pendant quelque temps une solitude terrible [...]. Dès le premier soir, des nuées de corbeaux et de vautours arrivèrent on ne sait d'où [...]. Pendant un mois, ils volèrent sur la ville comme au-dessus d'un charnier, en si grand nombre qu'il fallut

119. Roger Le Tourneau, « Occupation de Laghouat par les Français », *Études maghrébines, Mélanges Charles-André Julien*, P.U.F., 1964, p. 126.
120. *Id.*, p. 136.
121. Eugène Fromentin, *Un été dans le Sahara. Œuvres complètes*, Gallimard, « Pléiade », p. 90.
122. *Id.*, p. 93.

organiser des chasses pour écarter ces hôtes incommodes. Ils s'en allèrent enfin d'eux-mêmes[123]. » « La ville se repeuple aussi, mais lentement. [...] Toutes les maisons sont vides, depuis la plus pauvre jusqu'à la plus riche ; on dirait une ville entièrement déménagée. » Le lieutenant qui lui faisait visiter la ville, et qui avait été un des premiers à y entrer, lui parlait des habitants et de leur comportement ; ils n'étaient pas méchants, disait-il, une chose pourtant l'inquiétait : « On ne sait jamais le temps que peut durer une forte rancune. À les voir, on les dirait incapables de se souvenir, et je ne jurerais pas que le jour venu de régler leurs comptes, ils n'auraient pas le plus grand plaisir à me remplir le ventre de cailloux, ou à m'écorcher vivant, pour faire un tambour avec ma peau[124]. » Fromentin, très attentif aux traces de la bataille, aux lieux qui en avaient été les témoins, ne montre aucune révolte, ne juge pas. Pas davantage que quand le domestique qu'il dit bien aimer est condamné à être bâtonné pour lui avoir volé sa bourse et l'avoir dépensée. « Ce petit incident [...] m'a fait réfléchir. Avec des valets fatalistes, les négligences sont dangereuses ; et je me suis promis, à l'avenir, de ne plus tenter personne[125]. »

La campagne de Kabylie est une série de combats, d'insurrections, de soumissions, de résistances. Le dernier épisode, le plus connu, c'est la conquête des sommets du Djurdjura, c'est le combat d'Icheriden. Dans un ordre du jour du 15 juillet 1857, le maréchal Randon félicitait les soldats d'avoir ainsi assuré une « base inébranlable » pour la conservation de la conquête. « Des cimes du Djurdjura jusque dans les profondeurs du Sud, le drapeau de la France se déploie victorieusement [...]. L'Algérie reconnaissante applaudit à vos triomphes ; trouvez dans ce témoignage la récompense de ce que vous faites depuis vingt-sept ans pour la prospérité de cette belle colonie, le plus beau fleuron de la couronne de France[126]. » 1857 est considéré par

123. *Ibid.*, p. 95.
124. *Ibid.*, p. 96.
125. *Ibid.*, p. 142. Émile Masqueray a écrit que les pages de Fromentin sur Laghouat faisaient un morceau « absolument hors de pair », et il décrivait la bataille de Lagouhat qui avait atteint, disait-il, « le comble de l'horreur », *Souvenirs et visions d'Afrique*, *op. cit.*, 2e éd., p. 175, et *sq.* ; faisant ailleurs le portrait du général Morris, il écrivait : « Il a pris part à toutes les chevauchées épiques qui font de notre histoire une sorte d'Iliade » (p. 61). La « poétisation » des guerres de conquête montre bien l'univers mental que cette époque se fabriquait.
126. Maréchal Randon, Fort-Napoléon, 15 juillet 1857, cité dans général Azan, *Conquête et pacification...*, *op. cit.*, p. 473.

les militaires comme par les historiens comme la fin de la conquête. Vingt-sept ans d'un immense effort militaire. En 1895, le gouverneur général Jules Cambon inaugura à Icheriden un monument pour commémorer la « lutte douteuse un moment et glorieuse » qui terminait l'œuvre de conquête commencée à Sidi-Ferruch.

> Ce monument commémorait en même temps un deuxième combat qui avait (presque) clos la grande insurrection de 1871. Jules Cambon s'exaltait en rappelant que les légions romaines n'avaient pas pu pénétrer les massifs de la Kabylie alors que la « domination française » l'avait fait. La place accordée dans ce discours aux morts français était plus petite que celle qui visait les Kabyles. Le gouverneur général évoquait ce que ceux-ci devaient à la France, l'école, les hôpitaux, et ce que la France leur devait, la reconnaissance qu'elle éprouvait : leur présence au premier rang de l'armée française lors de la difficile conquête de Madagascar ; ils avaient laissé à Tananarive « bien des leurs à côté de nos soldats[127]. »
>
> Des troupes indigènes ont participé aux côtés des troupes françaises à la conquête de l'Algérie – Bugeaud en parlait fréquemment[128] – et elles furent présentes dans la « pacification » de la Kabylie et lors de la grande insurrection de 1871. Dans un bilan dressé pour le Centenaire, Georges Yver expliquait qu'il y avait eu dès le début des partisans et que d'autres tribus, nombreuses, n'avaient pas hésité, une fois vaincues, à combattre avec les Français contre leurs coreligionnaires. « Ces revirements ne sont pas dus à la supériorité militaire de la France. Les ambitions des chefs, les rivalités d'influence, les querelles de famille ou de *çoff* ont, en maintes circonstances, déterminé l'attitude des populations et contribué, autant que l'emploi de la force, à la soumission du pays[129]. »

---

127. Jules Cambon, « Le monument d'Icheriden », discours prononcé le 29 octobre 1895, publié dans : *Le Gouvernement général de l'Algérie (1891-1895)*, Champion, 1918, pp. 397-399.

128. Dès son premier commandement, en 1836, Bugeaud utilisa des auxiliaires : Mustapha [il le dit dans la lettre suivante « respectable et de très bon conseil »] « a fait une très belle charge ; il m'a rapporté un certain nombre de têtes ; ce spectacle m'a fait horreur, mais je n'ai pu malgré cela m'empêcher de donner des éloges à l'intrépidité de ses guerriers, et quelque argent aux simples soldats [...], Bugeaud au ministre de la Guerre, le maréchal Maison, Oran, 16 juin 1836, *Par l'épée..., op. cit.*, p. 2. « Je ne veux pas terminer, monsieur le Maréchal, sans vous dire un mot de nos alliés les Douairs. J'en suis extrêmement content ; ce sont d'intrépides et habiles cavaliers. Ils sont évidemment supérieurs à nos cavaliers pour éclairer, tirailler et combattre dans les terrains difficiles [...]. Il serait juste et politique, monsieur le Maréchal, de faire un bon traitement à ces hommes qui servent si bien notre cause. » Bugeaud au ministre de la Guerre, Tlemcen, 24 juin 1836, *id.*, pp. 14-15.

129. Georges Yver, « La conquête et la colonisation de l'Algérie », *Histoire et Historiens de l'Algérie*, Alcan, 1931, pp. 286-287.

Les troupes indigènes sont intervenues dans les guerres coloniales – au Tonkin, à Madagascar, en Tunisie, au Maroc –, dans la guerre de Crimée et dans les guerres du XXe siècle : ces réalités ont toujours rassuré les Français d'Algérie sur le loyalisme des Indigènes et sur la solidarité des populations[130].

Tous navrés par les malheurs récents de l'Algérie, des Pieds-noirs en parlent en invoquant le *passé militaire commun* : « Vous voyez des égorgeurs parce que vous avez de l'anarchie, mais c'est une population très sympathique, elle est très aimable, ils sont très gentils, et on les a fait battre à nos côtés pendant près d'un siècle. C'est un régiment colonial qui a repris Douaumont, ils ont fait Cassino, ils ont été l'essentiel de la 1re armée de De Lattre, alors quand même... les envoyer aux égorgeurs locaux... Nous sommes responsables, moi j'ai honte de ce qui se passe en Algérie » *(entretien 98, génération 1910-1919).*

L'INSURRECTION DE 1871

L'étape suivante est la grande révolte de la Kabylie en 1871, connue sous le nom de son instigateur, le bachaga Mokrani ; elle mit aux prises, pendant près d'un an, environ 200 000 insurgés et 86 000 soldats, dans les derniers temps du conflit, livrant 340 combats[131]. Des écrits nombreux avancent des interprétations différentes, mais quelques éléments importants semblent assurés, en particulier sur le rôle de la naturalisation des juifs lors du déclenchement de l'insurrection, naturalisation non pas désirée mais redoutée par les Kabyles[132].

---

130. Le gouvernement avait déposé le 14 mai 1918, sous la signature du ministre de l'Intérieur et du ministre de la Justice, un « projet de loi sur l'accession des indigènes musulmans algériens aux droits politiques ». L'exposé des motifs insistait sur la « fidélité » de la population indigène : « Elle a apporté dans des circonstances nombreuses un concours précieux à l'armée française. Au Tonkin, à Madasgascar, en Tunisie et au Maroc, les régiments de tirailleurs et de spahis algériens se sont distingués par leur dévouement [...]. Dans la guerre actuelle, alors que nos ennemis escomptent des défaillances et des trahisons, les musulmans algériens ont fourni, par voie d'engagements volontaires ou par voie d'appel, des contingents importants à la défense nationale » *Renseignements coloniaux*, supplément à *L'Afrique française*, n° 7 et 8, juil.-août 1918, pp. 114-120. [De telles réalités expliquent pourquoi l'histoire de la conquête et de la présence française semble encore impossible à écrire, des deux côtés de la Méditerranée.]

131. Ces 340 combats sont répertoriés dans un tableau chronologique des principaux faits de l'insurrection : Louis Rinn, *Histoire de l'insurrection de 1871 en Algérie*, Alger, Adolphe Jourdan, 1891, 671 p.

132. Le décret Crémieux accordant la naturalisation collective aux juifs en octobre 1870 avait-il joué sur le déclenchement de l'insurrection, est-il souvent demandé. Alfred Rambaud, comme les auteurs de son époque, s'appuyant sur le *Rapport fait au nom de la commission d'enquête* (1875) par La Sicotière, écrit que la naturalisation en bloc des juifs avait inquiété les

L'insurrection naît de la rencontre de causes européennes et de causes locales. L'établissement par Napoléon III du régime civil en Algérie (mars 1870), les désastres de la guerre franco-allemande, la captivité de l'empereur et des conflits violents en Algérie entre la population européenne alors « antimilitariste jusqu'à l'obsession » et les militaires, inquiétèrent une population pour qui l'armée était objet de respect[133]. Cette désorganisation, ces désordres semèrent le trouble, d'autant plus que des régiments d'Afrique avaient été rappelés sur le théâtre des opérations et que les forces étaient réduites à 45 000 hommes. Par ailleurs, le bachaga Mokrani avait de solides raisons d'avoir des revendications et du ressentiment contre la France. Son père avait été khalifa de 1838 jusqu'à sa mort en 1853. Lui-même avait vu réduire progressivement ses prérogatives et ses avantages matériels ; il n'était que bachaga. Il était, certes, officier de la Légion d'honneur, il avait été invité aux chasses à Compiègne, mais il était devenu un fonctionnaire, payant des impôts, aux prises avec l'administration pour des histoires de corvées de ses « sujets »... Dans les premiers temps de la conquête, les généraux en chef avaient trouvé des « alliés inespérés » dans des seigneurs qui venaient d'eux-mêmes leur offrir de vastes territoires ; ils leur avaient garanti « dignités, honneurs, privilèges » en échange des tributs qu'ils auraient à payer et de leur participation aux combats. Mais « le jour où nous nous sommes crus assez forts pour nous passer d'eux, écrit le colonel Rinn, nous avons trouvé que nos engagements avaient été bien imprudents, et nous n'avons plus vu, dans ces alliés de la première heure, que des individualités gênant l'œuvre de progrès[134] ». Mokrani est décrit comme un homme trop averti pour

musulmans ; elle « leur fit craindre de voir la même mesure, par un nouveau coup de tête, prise à leur égard » [*L'Insurrection algérienne de 1871*, Berger-Levrault, 1891, p. 7]. Ch.-A. Julien écrit que le décret Crémieux « fut largement utilisé pour entretenir la peur qu'avaient les musulmans qu'on leur appliquât une mesure analogue », « L'insurrection en Kabylie », *Preuves*, déc. 1963, p. 64. De manière peu expliquable, un certain nombre d'entretiens affirment que les musulmans se sont révoltés en 1871 parce qu'on ne leur accordait pas la naturalisation, et qu'ils la voulaient. Cette affirmation est sans aucun fondement.

133. Ch.-A. Julien, « L'insurrection de Kabylie, 1870-1871 », *article cité*, p. 60.

134. L. Rinn, *Histoire de l'insurrection...*, *op. cit.*, p. 3.

espérer chasser les Français, mais il avait cru le moment venu pour faire « une manifestation armée asssez longue et assez accentuée pour forcer le gouvernement français [...] à compter avec la puissance des grandes familles » et obtenir le rétablissement du khalifa. Après des hésitations, des précautions, des méfiances, il se décida : dans une lettre adressée à l'officier commandant supérieur du district de Bordj-bou-Arreridj, il confirmait sa démission, refusait de toucher son mandat du mois de février, et concluait : « Je ne veux pas être l'agent du gouvernement civil » et « Je m'apprête à vous combattre ; que chacun aujourd'hui prenne son fusil [135] ! »

Des luttes anciennes avec le *çoff* rival des Mokrani étaient devenues aiguës, ses troupes étaient novices – malgré quelques succès –, de grandes familles avaient pris leurs distances, voire l'avaient désavoué, Mokrani, assez isolé, se tourna vers une autorité religieuse, le cheikh El-Haddad, pour obtenir qu'il mette ses forces à son service pour combattre les Français. Le 8 avril 1871, le cheikh appela à la guerre sainte : en quelques jours, il fournit plus de 100 000 hommes au bachaga. D'un coup et grâce à cette jonction, le caractère de l'insurrection changeait – la rébellion seigneuriale de Mokrani devenait une guerre sainte, une guerre populaire –, elle s'intensifiait – car les nouveaux insurgés avaient une organisation ancienne –, et elle s'étendait considérablement – l'insurrection qui avait débuté à la Medjana aboutissait à Ouargla, à 400 kilomètres au sud, et des combats se déroulèrent à 320 kilomètres à l'est et à 280 km à l'ouest de la Medjana. La proclamation religieuse avait été avant tout un moyen d'action, soutint Aziz, le fils du cheikh El-Haddad, lors de son procès : « Du moment que j'étais insurgé, je devais mettre en œuvre tous les moyens utiles à ma cause ; le djehad, comme les titres que j'ai pris ou qu'on m'a donnés [...] n'étaient que des procédés d'exécution imposés par les circonstances [136]. » S'appuyant sur de nombreux articles de l'épo-

135. L. Rinn, *Histoire de l'insurrection...*, *op. cit.*, p. 154.
136. *Id.*, p. 202.

que même, en particulier sur des articles de propagande, Louis Rinn estime que l'attachement des montagnards à leur terre, à leur sol, fut décisif ; on leur répétait que les terres seraient attribuées aux Français qui avaient été ruinés par les Prussiens, et particulièrement aux Alsaciens-Lorrains. D'où la révolte, avec des razzias, des assassinats, des pillages de fermes, des combats. Après l'écrasement de la Commune, l'armée reçut rapidement des renforts. La mort de Mokrani en mai, la reddition d'El-Haddad et de son fils en juillet affaiblirent la rébellion ; en octobre, les derniers insurgés étaient écrasés, sauf à Ouargla et Touggourt qui ne furent repris qu'au début de 1872 ; le successeur et frère de Mokrani, Bou Mezrag, fut trouvé près d'Ouargla à la fin du mois de janvier 1872. Les luttes avaient été acharnées ; cependant, il n'y avait pas eu beaucoup de tués ni de blessés du côté français : sur 2 586 morts dans l'année 1871, plus de la moitié avaient succombé aux fatigues [137].

Ce qui a frappé les contemporains, c'est la lourdeur des sanctions. Il est remarquable que le colonel Rinn – qui avait lui-même participé à ces combats et qui est sévère pour les insurgés et dans l'interprétation qu'il fait de l'insurrection – parle d'une répression « terrible, et pour beaucoup, hors de proportion avec la culpabilité ». Il montre que les insurgés et les insoumis furent traités, *en même temps*, comme des belligérants vaincus, comme des sujets indigènes et comme des habitants du territoire français. Comme belligérants, ils se virent imposer une amende de guerre (36 582 298 francs). Comme indigènes, ils durent payer, en terre ou en argent, une somme uniformément fixée à la valeur du cinquième de leur capital immobilier (7 933 860 francs et 446 406 hectares) [138]. Comme habitants du

137. L. Rinn parle aussi de colons assassinés, mais ne donne pas de chiffres, et d'indigènes restés fidèles, tués au combat ; il dit avoir relevé les chiffres de 429 tués et 650 blessés indigènes, mais affirme qu'ils sont bien au-dessous de la réalité. *Histoire de l'insurrection...*, *op. cit.*, p. 647.

138. L'un de mes interlocuteurs a déclaré, sans que j'aie parlé de cette insurrection : « Je dis que nous avons fait beaucoup, avec des bavures incontestables, aussi bien au moment de la conquête qu'après. Après la révolte kabyle de 1871, quand on a séquestré 600 000 hectares de terres kabyles, ç'a été une ânerie absolument monstrueuse. On ne prend pas la terre à des petits paysans » *(entretien 108, génération 1910-1919)*.

territoire français, ils furent soumis à la juridiction des tribunaux [139].

Il est difficile, on peut dire impossible, de déceler, à partir des travaux français de l'époque, les motifs profonds de l'insurrection. Aujourd'hui, il est banal – et convenable – de transformer cette lutte confuse, ambiguë, politique, religieuse, en lutte d'indépendance, en la rattachant à Jugurtha [140]. Cet appel à un très lointain passé n'a aucun sens, elle n'éclaire pas l'insurrection, réelle, de 1871 ; celle-ci est transformée, interprétée par chaque époque qui l'évoque.

Certains comportements individuels peuvent-ils nous éclairer ? Bou Mezrag, frère et successeur de Mokrani, fut condamné à mort, puis la sentence fut commuée en déportation à vie en Nouvelle-Calédonie. Il obtint sa grâce en 1878, sur place, pour avoir participé à la répression d'une révolte de Canaques. Charles-André Julien écrit : « Il ne semble pas avoir compris qu'elle avait les mêmes causes que celle de Kabylie [141]. » Affirmation peut-être légère, car qui sait avec exactitude les « causes » de ces insurrections surgissant dans des sociétés profondément différentes ? Peut-être Bou Mezrag savait-il pourquoi il s'était battu. Il existe toujours une pluralité de causes dans les révoltes. Sans doute la dimension de *refus* l'emporte de beaucoup sur des causes repérables ; elle est, tout du moins, toujours très importante.

Des chansons témoignent de la blessure des Kabyles. En 1899, Dominique Luciani traduisit et publia à Alger des chansons kabyles dont l'auteur était mort depuis plusieurs années ; elles se référaient toutes à l'insurrection :

1871 fut l'année de notre ruine ;
Elle nous brisa les reins
Ô ma bouche, ne cesse de chanter ! *(chanson de neuf strophes).*

Une autre chanson se lamente sur la mort du bachaga :

---

139. L. Rinn, *Histoire de l'insurrection...*, *op. cit.*, pp. 648-650.

140. Les massacres familiaux que commit Jugurtha et les luttes de pouvoir qu'il mena ont été transfigurés en gestes d'un pur héros, d'un résistant : cette manipulation d'un passé si lointain m'intéressait et, lisant la fabuleuse *Histoire ancienne de l'Afrique du Nord* de Stéphane Gsell, j'ai été moins étonnée par l'histoire cruelle de Jugurtha que par une notation sur la méthode de Metellus, élu consul en 109 av. J.-C. : ravage des campagnes, mise à sac des bourgs, tueries de populations, etc. Et Gsell commentait : « Cette manière de faire la guerre, analogue à celle dont Bugeaud usa en Algérie... » (t. VII, *La République romaine et les rois indigènes*, Hachette, 1930, p. 195). Notre époque condamne la façon dont le maréchal Bugeaud a mené la guerre, alors que Gsell, comme son temps, décrit un fait sans le juger.

141. Ch.-A. Julien, « L'insurrection en Kabylie », *article cité*, p. 66.

El Hadj Mohammed Aït Moqran
A été tué par un soldat ivre
Le Medjana est habité par les porcs.

Le jour où on combattit à El Khazzan,
Les chrétiens furent anéantis
Quelle défaite pour les cochons[142] ! *(sixième et septième strophes).*

Les administrateurs – c'était le statut de Dominique Luciani – pas plus que les historiens, ne cachaient les épisodes de la conquête, les pages sombres écrites par la France aussi bien que les gestes qui lui étaient hostiles.

LES LENDEMAINS DE 1871 : UNE ÈRE NOUVELLE?

Peut-on affirmer, comme Charles-André Julien, que la fin de l'insurrection ouvrait l'ère de la colonisation triomphante? On est impressionné, en lisant les documents d'époque et les sources militaires en premier lieu, de constater que l'insécurité restait grande. Vingt ans après la fin de l'insurrection de 1871, le colonel Rinn s'interrogeait sur la transformation de la société, qu'il jugeait indéniable mais lente, et sur son avenir : « Est-ce à dire que nous n'aurons plus d'insurrection en Algérie? Non, certes; nous en aurons encore et pendant longtemps. Nous pourrons bien quelquefois rencontrer comme gouverneur un homme supérieur qui [...] saura, comme M. Tirman, préserver le pays de tout soulèvement pendant neuf ou dix ans; mais il serait imprudent de compter qu'il en sera toujours ainsi[143]. » Après coup, il semble troublant que les multiples avertisse-

142. « Chansons kabyles de Smaïl Azikkiou », présentation et traduction de Dominique Luciani, *Revue africaine*, 1er trim. 1899, pp. 17-33 et 2e trim. 1899, pp. 142-171. D.L. avait débuté à vingt ans comme auxiliaire à la préfecture de Constantine; il fut ensuite administrateur de commune mixte, puis fonctionnaire au gouvernement général. Il présida en 1927 la Société historique algérienne. Il devint, après sa retraite, maire d'El-Biar et délégué financier; il mourut en 1932. Selon Gabriel Esquer, il parlait l'arabe et le berbère « à la perfection ».

143. L. Rinn, *Histoire de l'insurrection...*, *op. cit.*, p. 666.

ments sur l'insécurité n'aient pas été pris en compte. Par exemple, au congrès de l'Afrique du Nord, tenu à Paris en 1908, un membre du gouvernement général, parlant d'une population « réduite par la force », avait affirmé que « personne ne pourrait dire avec une conviction absolue qu'elle a désarmé définitivement[144] ».

Quelques temps forts signalent l'insécurité; il s'agit de troubles localisés et sans visée de résistance, semble-t-il, et dont on ne parvient pas à cerner ou à en épuiser les « causes », en particulier, le massacre de la mission Flatters (1881), la révolte de Bou-Hamama (1881), la révolte de Margueritte (1901), les troubles du Sud-Oranais (1903-1906). Ces événements ont-ils été connus ? Dans les entretiens, on entend surtout parler d'une vie présentée comme paisible depuis longtemps, d'une vie qui ne connaissait aucune crainte. Ces troubles, le plus souvent, n'ont pas dû être transmis, ou bien ils étaient racontés de manière anonyme : il y avait des bandits qui... Si j'ai longuement signalé au premier chapitre les récits de la révolte de Margueritte que Louis Althusser avait souvent entendus de la bouche de sa grand-mère, c'est que de tels cas semblent exceptionnels.

Il est vrai que les espérances étaient grandes et que 1871 fut un tournant. L'insécurité, plus forte qu'on ne le croyait, n'empêchait pas la vie quotidienne; même si, comme le juge Lyautey en décrivant une scène vue près de Batna, au début de 1878 : « Triste tableau de la vie de colon : père et fils se relayant pour veiller, le fusil chargé, à l'intention des Arabes : récoltes arrachées sur pied, pommes de terre enlevées, et justice illusoire; impunité. Le chef de bande serait le fils d'un cheikh du Sud [...], volant pour voler, contre les roumis[145]. »

Les lettres de Lyautey témoignent des contradictions flagrantes d'une coexistence qui connaît des amitiés, des haines, des mépris, d'une époque « splendide » qui était heureuse et

144. R. Ruyssen, « Le code de l'indigénat », *Congrès de l'Afrique du Nord*, Alger, Imprimerie Victor Heintz, 1908, p. 7 [tiré à part].

145. Lyautey, « Notes de voyage en Algérie », dans : André Le Révérend, *Un Lyautey inconnu*, Correspondance et journal inédits, 1874-1934, Perrin, 1980, p. 55 (18 février 1878).

menacée. Cette correspondance éclaire le climat de l'époque avec franchise – il s'agit de lettres privées – et elle montre le rôle de l'armée dans la colonisation. À Alger, Lyautey cherchait à connaître le monde arabe ; il aimait raconter ses découvertes.

> Par exemple, il décrit un jour à son père son petit cercle dans sa « chère casbah » : il est « fort bien composé, et, ce qui me flatte infiniment, c'est que j'y ai ma place, mon petit banc ». Il évoque ses amis : son professeur d'arabe qui est le *khodja* du bureau arabe, le muphti, son ami Maheddine Chérif, sorti de la médersa, et un petit-fils du dernier dey, « pensionné par le gouvernement » ; leur sujet de conversation était surtout la métaphysique : « Le muphti et le chérif sont très ferrés en théologie et la discussion ne sort guère des preuves de l'existence de Dieu, de la vie future et des peines de l'autre monde, comme conclusion[146]. »

Heureux d'avoir franchi les barrières et de connaître une société civilisée, Lyautey voyait aussi des Arabes hostiles et des Européens arrogants, qui insultaient et même menaçaient les Arabes. Il avait par exemple rencontré près d'Orléansville un caïd, appartenant à la plus haute noblesse religieuse : « Il est intelligent, orgueilleux, très riche, nous hait et nous méprise ; passé depuis longtemps en territoire civil, il fait la cour au sous-préfet, a toutes les faveurs du nouveau régime et passe au Bureau arabe pour très dangereux en cas de troubles ; commandeur de la Légion d'honneur[147]. » Aux tensions que de tels notables ne manquaient pas de créer s'ajoutaient les travers et les « tares » de la presse. Lyautey la jugeait très sévèrement et la rendait en grande partie responsable de l'agitation qu'il pressentait et qu'il comprenait. En 1881, il écrit : « Comment l'Arabe ne serait-il pas exaspéré ? Il n'est pas de jour où cette

146. Lyautey à son père, Alger, 10 juillet 1881, *id.*, pp. 104-105. Ce mode de vie n'est pas, précise-t-il, celui de ses camarades « qui ne se doutent pas qu'il y ait autre chose à faire que de se promener à cheval dans les promenades à la mode, de faire une partie de barque, de rencontrer la gentry au café coté et de terminer la soirée au théâtre des Variétés, où se jouent *Le Petit Duc* ou *les Cloches de Corneville* », Lyautey à sa mère, 1er juil.1881, *ibid.*, p. 100.

147. Lyautey à son père, Orléansville, 14 décembre 1880, *ibid.*, p. 75.

chose honteuse et infecte, qui est la presse algérienne, ne le vilipende, ne lui promette l'extermination, ne lui dénie tout sentiment d'honneur, de loyauté, toute intelligence, toute aptitude à quoi que ce soit, ne lui annonce que la disparition et un pseudo-esclavage sont le vrai but [...]. Depuis deux ans, injures, insultes, de la part de certains voyous français se sont accumulées ; le père Turban (Bou Hamama), qui n'est pas un sot, a profité de cet état d'esprit et de l'absence de troupes [...], tant que nous n'en reviendrons pas à un système plus civilisé, plus humain, plus poli à leur égard, les insurrections se renouvelleront à époques fixes [148]. »

Bien des troubles, des violences échappent aux analyses causales. Comment comprendre la fin horrible de la mission Flatters ? Un projet de Transsaharien vers le Niger, qui demandait des explorations sur le terrain, aboutit au massacre de cette mission en mars 1881. La description par Lyautey – qui avait souhaité se joindre à une prochaine tentative de ce genre – donne une idée des risques, des formes de violences et aussi de l'état d'esprit de l'armée d'Afrique. « Hier, à l'arrivée de la dépêche, [à Alger], on était terrifié : quatre cavaliers épuisés sont arrivés à Laghouat, annonçant qu'à plus de quinze jours de marche, au sud, Flatters et la plupart des officiers, surpris pendant la nuit, avaient été massacrés. Un jeune sous-lieutenant, Dianous, qui est précisément d'un régiment d'Alger, échappa au massacre et ramassant ce qui restait de la caravane, soixante hommes, turcos et spahis, perça avec énergie et repiqua au nord. Au bout de deux jours, épuisés de faim et de fatigue, ils acceptèrent les dattes que les Touaregs vinrent amicalement leur offrir. Les dattes étaient empoisonnées. Dianous et vingt-sept hommes périrent, trente échappèrent et au moment où les quatre cavaliers les avaient quittés, cette poignée d'hommes tenait encore, se défendant et marchant. Immédiatement, l'agha d'Ouargla lança quatre cents cavaliers sur méhari, mais il n'y a aucune chance pour qu'il retrouve autre chose que leurs os : trente

148. Lettre, citée, du 10 juillet 1881, de Lyautey à son père, *ibid.*, p. 107.

hommes, à trois cents lieues, sans vivres, sans munitions, et cernés. Que d'énergie dépensée ! C'est splendide[149]. » Si l'on est frappé par le caractère d'un massacre de nuit et par l'offre de dattes empoisonnées sans en imaginer des causes plus subtiles que l'hostilité à toute présence étrangère, on est très étonné par le mot de la fin du jeune Lyautey – il a vingt-sept ans –, « c'est splendide ». Le projet du Transsharien fut abandonné, mais non celui de la conquête du Sahara ; elle fut faite dix ans plus tard.

Très peu de temps après le massacre de la mission Flatters, une révolte connue sous le nom de son chef, Bou-Hamama, éclata dans l'Atlas saharien : des tribus attaquèrent, tuèrent des militaires, envahirent et prirent Frenda, massacrèrent des centaines d'ouvriers espagnols, peut-être un millier, qui travaillaient sur des chantiers d'alfa.

Guy de Maupassant, arrivé comme journaliste en juillet 1881, écrivit un article sur Bou-Hamama, en mêlant ses opinions et les rumeurs : les faits qu'il rapporte viennent « de tout le monde », prévient-il, ajoutant qu'il était impossible d'« obtenir un détail certain sur ce qui se passe ou s'est passé à trois kilomètres du point où l'on se trouve ». L'« insaisissable farceur » Bou-Hamama avait disparu ; « on commence à supposer qu'il n'a jamais existé ». Mais il existait bel et bien et il avait été poussé à la révolte par la famine, l'objectif de sa « bande peu nombreuse » était de « vider des silos ou piller des convois ». Pour Maupassant, il ne semblait y avoir « ni haine » « ni fanatisme religieux », seulement la faim. La famine vient, écrit-il, du système de colonisation qui consiste à « ruiner l'Arabe, à le dépouiller sans repos » : là est pour lui l'origine de l'insurrection, et elle en annonce d'autres. Il désignait aussi une autre cause : les alfatiers espagnols avaient été « violents, sanguinaires, terribles » envers les habitants, d'où une vengeance « épouvantable » de la part des Arabes. L'armée, selon les rumeurs, avait été incapable de prévoir cette « boucherie prévisible » et de la juguler, elle avait été impuissante pour attraper une poignée de révoltés qui chargeaient et fuyaient sans laisser de traces, tel « un vol d'oiseaux ». Il parle de 300 personnes égor-

---

149. Lyautey à son père, Alger, 2 avril 1881, 1 heure du matin, *Un Lyautey inconnu*, *op. cit.*, p. 89.

gées, de femmes violées, d'hommes mutilés, d'Espagnols faits prisonniers par les Arabes [il est difficile de penser qu'il n'y pas de « haine »] et d'un énorme butin de « la valeur de plusieurs millions en vivres et en marchandises » [il est difficile de penser que ce butin répond seulement à la « faim »][150].

Paul Leroy-Beaulieu donna une autre version de l'insurrection ; il trouvait grave qu'elle survienne cinquante ans après la conquête : selon lui, les ravages des chantiers avaient fait de 1 000 à 1 200 morts. Il demandait une répression immédiate, puis la recherche des responsabilités ; toutes les autorités lui paraissaient fautives, n'ayant même pas pris en compte des appréhensions qui avaient été exprimées, mais il faudrait trouver la part de chacun et il fallait trancher aussi la question des droits des Indigènes. Le ton était alarmiste : le prestige de la France était considérablement atteint parmi les Arabes[151]. Paul Leroy-Beaulieu ne faisait aucune hypothèse, encore moins ne donnait-il de réponse aux « causes » de cette révolte ; de tels échecs étaient pour lui naturels quand un peuple « civilisé » a affaire à des bandes « barbares ». La répression de la révolte aboutit, en 1882, à l'annexion du Mzab soupçonné d'avoir ravitaillé les insurgés. On aurait aimé savoir ce qu'en a pensé Lyautey qui, deux ans plus tôt, se montrait fasciné par cette civilisation qu'il qualifiait d'« implacable » : « Ce peuple industrieux, commerçant, laborieux, actif et honnête, notre fidèle point d'appui au milieu des nomades du désert. » « Quoique nos alliés, nos tributaires et pas tout à fait nos sujets, absolument jaloux de ce qui leur reste d'indépendance, et surtout de leur isolement, de leur homogénéité, de leur exclusivisme ; voulant bien aller ailleurs faire leurs affaires et rapporter leurs profits, mais craignant par-dessus tout qu'on vienne les déranger[152]. »

150. Guy de Maupassant, « Au soleil » (1884), dans : *Écrits sur le Maghreb*, Minerve, 1991, pp. 55-60.

151. Paul Leroy-Beaulieu, « La politique française en Algérie », *Journal des Débats*, 5 juillet 1881, republié en brochure, sous ce titre, Chaix, 1881.

152. Lyautey à Joseph de La Bouillerie, décembre 1880, *Un Lyautey inconnu*, *op. cit.*, p. 80. En avril 1853, une députation du Mzab était venue à Alger ; les délégués avaient amené des chevaux de « soumission » de la part de chaque ville et ils acceptèrent l'impôt annuel exigé. C'est à cela que se réfèrent les mots « tributaires et pas tout à fait sujets » ; en 1882, ils devinrent « sujets ».

On ne reviendra pas sur la révolte de Margueritte, déjà évoquée ; c'est l'un des très rares cas, peut-être le seul où la religion ait été explicitement le moteur de l'émeute et des meurtres. Le dernier épisode, peu connu mais évoqué par Charles-André Julien, est la mission de Lyautey, nommé alors général, pendant trois années, à Aïn-Séfra (1903-1906), dans le sud de l'Oranie. À la suite d'une attaque, dans le Figuig, de l'escorte du gouverneur Charles Jonnart[153], et qui avait été suivie d'autres attaques, Lyautey reçut le commandement d'un territoire autonome.

Les lettres publiées de Lyautey, comme celles du maréchal Clauzel ou du maréchal Bugeaud, étalent sans ambiguïté le rôle qu'ils se donnaient ; tous commettent des actes qui outrepassent, voire contredisent les instructions gouvernementales. La conduite politique de la conquête et de l'installation a été souvent infléchie par les convictions et les ambitions de militaires de haut rang.

Les activités du général Lyautey furent multiples : mettre fin aux troubles, négocier, arbitrer, allécher par des intérêts matériels, mais aussi faire prolonger le chemin de fer et en assurer la sécurité, être toujours en mouvement pour « pacifier ». Très vite, il écrit à un ami : « Vous avez dit le mot, il faut "digérer" et non conquérir le Maroc. Dès maintenant, pour ce qui me concerne, j'ai préparé, je crois, de bons jalons [...]. Avec du doigté, du droit de suite exercé à propos, des répliques très fermes et immédiates aux moindres agressions, mais doublées d'un état de négociations quasi permanent, on peut faire beaucoup. Voici trois opérations de police que je fais assez loin, tout en lunchant chez l'amel de Figuig et en cherchant à soudoyer des chefs de tribus marocaines, et tout cela en sourdine et sans que personne ne crie[154]. » Il raconte au vicomte de Vogüé : « Mes troupes sont sans cesse en mouvement, sans bruit, sans

---

153. Charles Jonnart est le gouverneur qui a passé le plus de temps en Algérie : oct. 1900-juin 1901 ; mai 1903-mars 1911 ; janv. 1918-juil. 1919. La plus grande partie des mandats des gouverneurs ont été brefs.

154. Lyautey à Max Leclerc, 29 décembre 1903, *Choix de lettres, 1882-1919*, Armand Colin, 1947, pp. 220-221.

histoires. J'ai déjà fait avancer jusqu'au Guir, j'ai poussé mes avant-postes à 60 km à l'ouest. » Cette poussée obtient des résultats : aman de deux grosses tribus, quinze cents tentes venant faire amende honorable, députation de trois grosses tribus, lettres de Bou-Hamama, toujours actif. Mais il se plaint furieusement des contradictions dans les ordres qu'il reçoit : les lettres privées lui disent : « Marchez, allez de l'avant, on vous couvre » et les lettres officielles : « Ne bougez pas ». Or il le répète, il marche : « Quant à entendre, en France, parler de moi par les "coups que je frapperai", comme vous semblez l'escompter, on peut se... fouiller [...] car on ne les entendra pas ; j'ai déjà fait trois opérations de police assez raides dont personne n'a parlé, et il en sera, plaise au Ciel, toujours ainsi [...]. C'est aux résultats seuls que les gens de bonne foi pourront juger l'œuvre [155]. » Lyautey surveille, pacifie et il applique ce qu'il appelle sa doctrine : « Ne jamais faire un pas en avant sans le sanctionner par l'occupation [156]. » Il assure qu'il ne cherche jamais l'incident, mais que « eux » le créent ; il a une longue frontière à protéger, il subit des razzias et des incursions de Marocains jusqu'à 300 kilomètres à l'intérieur du territoire algérien. Toujours sur le qui-vive, en mouvement, l'œil ouvert, il a aussi le temps de faire de grands dîners, de beaux voyages, il aime les grands seigneurs, les tournées des ksour, des pèlerinages à de saints tombeaux. La pacification fut efficace, affirme Charles-André Julien, sans doute. Mais elle fut longue, mêlant des opérations de police et des pratiques « féodales [157]. »

Lyautey a, infiniment plus que l'armée de la conquête, contribué à façonner des rapports « coloniaux ». Les gouvernements parlaient de « civiliser », c'est-à-dire occidentaliser les Indigènes ; ils disaient souhaiter qu'ils apprennent des Français,

---

155. Lyautey au vicomte E.-M. Vogüé, 13 janvier 1904, *id.*, pp. 223-224.
156. Lyautey à Max Leclerc, 9 août 1904, *ibid.*, p. 228.
157. Victor Barrucand a signé aux côtés d'Isabelle Eberhardt, le dernier texte de celle-ci, qui a été publié posthumement, *Dans l'ombre chaude de l'islam* ; la dédicace d'I. Eberhardt, dépeinte le plus souvent comme « anticolonialiste », éclaire l'ambiguïté du rôle du général Lyautey : « Au général Lyautey commandant de la subdivision d'Aïn-Sefra ce livre sauvé des eaux est dédié en gratitude et en hommage pour répondre au vœu d'Isabelle Eberhardt et au sentiment de son collaborateur » [republié, Arles, Actes-Sud, 1996].

qu'ils évoluent dans ce sens, tout en répétant que ce processus serait long; plus les années passeront, plus ils en éloigneront d'ailleurs le terme. Lyautey ne croit pas à une occidentalisation et ne la souhaite pas; pour lui, les Indigènes ne sont pas des « barbares », et pas des ennemis, ce ne sont même pas des adversaires; il faut les prendre comme ils sont, avec leurs mœurs, leurs coutumes, leur religion, le poids et les valeurs de leur passé [158]. Il veut les séduire, les convaincre, les soumettre, être proche *et* être reconnu supérieur, être le protecteur. Quand il décrit une soirée de détente – « Les fils de l'agha, mes pages, ont sauté à terre; ils me tiennent l'étrier et m'embrassent les mains, et, accoudés sur les ouçadas, nous laissons venir le repas, le sommeil, les rêves » [159] –, il montre qu'il veut et sait s'adapter, qu'on doit s'adapter à des mœurs que la République juge, dans son discours, archaïques, dépassées, à l'opposé des mœurs démocratiques. En fait, la République qui disait qu'il fallait faire évoluer, « élever » les indigènes, n'intervenait jamais sur des terrains décisifs (le statut des femmes, par exemple) et elle utilisait en fait comme alliées certaines des hiérarchies « dépassées » de cette société. La pratique de Lyautey dans ses différents séjours algériens a été la recherche d'un *modus vivendi*.

La longue conquête (1830-1857) et les nombreux sursauts qui suivent – dont la révolte de Mokrani, les troubles du Sud-Oranais que Lyautey arrêta – ont abouti, vers 1905, à une paix qui durera environ quarante ans. Les transformations spectaculaires du pays, les certitudes installées sur le terrain après 1870, renforcées par l'esprit conquérant de la IIIe République, font que les contemporains ressentent tous les soubresauts

158. Ses « Notes de voyage en Algérie » (1878), dans *Un Lyautey inconnu*, *op. cit.*, montrent sa passion immédiate pour le pays, ses curiosités, ses choix. Par exemple, s'il trouve « moins de cachet » à la Casbah d'Alger qu'à celle de Constantine, c'est parce que « la civilisation y a trop passé » (p. 57); il entre à la mosquée de la marine à Alger et note : « L'Arabe priant est superbe; je respecte décidémment de plus en plus ces gens-là, si ignorants de ce que peut être le respect humain, si fiers et si dignes dans leur foi » (p. 59). Ainsi qu'il l'écrit, il regarde, il écoute, n'ouvre pas la bouche mais ouvre les yeux et les oreilles, il furète, dès son premier voyage en Algérie, il a alors vingt-quatre ans.

159. Lyautey à sa sœur, 3e partie, 18 juin 1905, *id.*, p. 248.

comme des agitations destructrices, sans légitimité. Dans l'élan de la construction, les immigrés européens ne les analysent pas, ne s'en inquiètent pas réellement, mais ils veulent qu'on les prévienne ou qu'on les réprime pour sauver une œuvre en chantier.

COLONISER : UN DÉBAT VIF, UNE VOLONTÉ POLITIQUE INDÉCISE

On n'a évoqué ou cité ici, de la longue guerre de conquête et de la phase appelée la pacification, que des épisodes saillants, en les retenant parce qu'ils étaient très connus et objets de représentation, ou énigmatiques (le massacre de la mission Flatters), ou porteurs de risques (la catastrophe de Sidi-Brahim), ou très cruels (Zaatcha). Il n'y a donc rien d'inattendu dans cette rapide histoire-bataille. Très abrégée, elle doit suffire à mettre en mémoire la longueur, la dureté et le coût de la guerre ; ces données ont joué un grand rôle dans les idéologies de la décolonisation : les conditions d'établissement de la France au XIXe siècle étaient racontées et commentées pour condamner les Français des années 1950-1960 en les rendant coupables de faits anciens.

> Un Algérois se souvient d'une rencontre, à Paris, avec un étudiant américain du Kansas, de Wichita. Apprenant qu'il était Français d'Algérie, l'Américain lui dit : « "*Algeria, oh it's really bloody*". J'ai dit : "oui". Depuis s'est incrusté en moi..., j'avais envie de lui dire, je ne l'ai pas dit : "Et Wichita, Kansas, c'est construit sur quoi ?" C'est quelque chose qui me travaille souvent quand je pense à l'Amérique... ces donneurs de leçons états-uniens, je trouvais ça absolument insupportable, encore aujourd'hui, je garde ce sentiment. Quand je sais sur quoi s'est construit les États-Unis, qui sont finalement qu'une Algérie qui a réussi à force de génocide » *(entretien 86, génération 1940-1945).*

Le retour sur cette guerre pose une question capitale : après avoir lu de très nombreux écrits de militaires, on se demande pourquoi cet acharnement dans les combats, car l'absence de volonté politique des différents gouvernements est pendant longtemps évidente. Une seule idée est constante : la France ne peut pas reculer, ne peut pas abandonner l'Algérie. L'opinion qu'exprime Tocqueville semble avoir été partagée par presque toute la classe politique : « Je ne crois pas que la France puisse songer sérieusement à quitter l'Algérie. L'abandon qu'elle en ferait serait aux yeux du monde l'annonce certaine de sa décadence. Il y aurait moins d'inconvénients à nous voir enlever de vive force notre conquête par une nation rivale[160]. » Il répète cet avertissement : « Tout peuple qui lâche aisément ce qu'il a pris et se retire paisiblement de lui-même dans ses anciennes limites proclame que les beaux temps de son histoire sont passés. Il entre visiblement dans la période de son déclin[161]. » Les gouvernements successifs estiment que la France ne peut reculer, mais ils manifestent beaucoup d'hésitations, improvisent de multiples décisions qui sont parfois vite oubliées ou qui sont contradictoires, ou qui sont inapplicables. On ne peut guère trouver, jusqu'en 1870, de visée impérialiste. Les gouvernements ne savent que faire d'une conquête embarrassante, très coûteuse, meurtrière, sans cesse grosse de conflits : par exemple, l'attitude hostile de l'Angleterre avait empêché la France de tirer les conséquences de sa victoire de l'Isly (août 1844) et l'avait conduite à signer avec le Maroc un traité que Bugeaud avait trouvé insatisfaisant.

Ce qui est plus étonnant aujourd'hui que les incertitudes des hommes politiques, ce sont les certitudes des colonisateurs : on a cité Hugo, Lamartine ; on s'arrêtera sur Tocqueville. Et, face à ces grands esprits, qui trouve-t-on comme critiques de la colonisation ? Bugeaud pendant dix années, un député complètement oublié, Amédée Desjobert, et beaucoup d'écrits polémiques.

---

160. A. de Tocqueville, Travail sur l'Algérie (1841), *De la colonie en Algérie*, *op. cit.*, p. 57.

161. *Id.*, p. 59.

Bugeaud s'est battu pendant dix ans pour essayer de convaincre les gouvernements de Louis-Philippe que l'installation en Algérie était coûteuse, porteuse de risques, tant sur le plan politique (l'indépendance de la France) qu'économique (son essor), et qu'elle engageait le pays pour une longue durée. En février 1841, arrivant comme gouverneur général, il résumait pour les populations d'Alger ses convictions passées : « À la tribune comme dans l'exercice de mon commandement, j'ai fait des efforts pour détourner mon pays de s'engager dans la conquête absolue de l'Algérie. Je pensais qu'il lui faudrait une nombreuse armée et de grands sacrifices pour atteindre ce but ; que, pendant la durée de cette vaste entreprise, sa politique pourrait en être embarrassée, sa prospérité intérieure retardée. Ma voix n'a pas été assez puissante pour arrêter un élan qui est peut-être l'ouvrage du destin. Le pays s'est engagé, je dois le suivre[162]. » Pendant dix ans, il avait déploré les grandes dépenses d'hommes et les millions que la guerre coûtait. La conquête, écrit-il en 1837, « demanderait au pays des sacrifices exorbitants et presque permanents[163] » et ces sacrifices et ces dépenses n'apportaient rien : « Je ne crois pas du tout que l'on soit récompensé des frais et du sang versé[164]. »

Cette opinion semble avoir été si peu reçue en son temps et est si peu connue aujourd'hui qu'il est utile d'en rappeler quelques expressions. En mai 1838, il écrit à un ami : « La Restauration se targue de nous avoir *donné* l'Algérie, elle ne nous a donné qu'Alger et elle nous a fait un funeste présent. Je crains qu'il ne soit pour la monarchie de Juillet ce que l'Espagne a été pour l'Empire[165]. » En août 1839, il écrit à son ami Pierre Genty de Bussy, qui avait été intendant civil à Alger (de 1831 à 1835) : « Ah ! misérable Afrique ! de quel embarras tu es aujourd'hui que de grandes circonstances se présentent ! Je me

162. Le lieutenant-général gouverneur général Bugeaud aux habitants de l'Algérie, 22 février 1841, *Par l'épée...*, *op. cit.*, p. 80.

163. Bugeaud, « Mémoire sur notre établissement dans la province d'Oran par suite de la paix », *id.*, p. 36.

164. Le général Bugeaud au maréchal Maison, ministre de la Guerre, Tlemcen, 24 juin 1836, *ibid.*, p. 13.

165. Bugeaud à d'Esclaibes, 26 mai 1838, *Lettres inédites*, *op. cit.*, p. 182.

trompe, tu as toujours été un embarras, à présent tu es un immense danger[166] ! » Il lui parle quelques mois plus tard d'un « abîme où viennent s'engloutir chaque année 50 millions et 10 000 hommes[167] ».

Bugeaud mettait en garde le gouvernement : pour bien mener la guerre en Algérie, il faudrait y déployer des forces importantes « dont l'absence en Europe serait un immense danger pour le pays[168]. » L'intensité, la longueur et donc le coût de la guerre, il les explique, on l'a déjà exposé, par le caractère et les dons guerriers des peuples de l'Algérie et par le fait que, comme tous les peuples, ils ne veulent « accepter le joug d'un conquérant sans chercher toutes les occasions de le briser[169] ». Même quand il sera devenu un « colonisateur ardent », il ne manquera pas de souligner ce qui sépare ces peuples de la France : leur « fanatisme religieux » et leur « sentiment national[170] ». Sur un autre point, capital, il s'oppose encore aux colonisateurs : ceux-ci disaient que la France apportait ou apporterait aux Indigènes le bien-être matériel et les valeurs morales, spirituelles de la civilisation européenne. Il avait répondu : « Les bienfaits de votre civilisation [que ce peuple] n'apprécie pas ne peuvent compenser de pareils sacrifices » et il avait décrit les sacrifices que la présence française imposait à ce peuple : « Vous allez le resserrer sur le sol, vous allez le forcer à réduire infiniment ses troupeaux qui faisaient son aisance ; vous allez l'obliger à travailler durement toute l'année, lorsqu'il ne travaillait que trois mois pour se procurer d'abondance d'orge et de froment » ; pour lui, la France apportait une « cruelle révolution[171] ».

Se battant pour une colonisation militaire, autre combat qu'il devait perdre, il développait l'idée que sans cette militarisation,

166. Bugeaud à Genty de Bussy, 16 août 1839, *id.*, p. 203. Les « grandes circonstances » désignent la question d'Orient.

167. Bugeaud à Genty, 6 novembre 1839, *ibid.*, p. 215.

168. « Mémoire sur notre établissement dans la province d'Oran... », *Par l'épée...*, *op. cit.*, p. 34.

169. Discours du maréchal Bugeaud dans un banquet..., 16 juillet 1846, *id.*, p. 277.

170. Ordre général du maréchal Bugeaud, 18 mars 1846, *ibid.*, p. 250. Tocqueville et Louis Veuillot (*Les Français en Algérie*, 1841, réédité en 1979) parlaient aussi d'« esprit national ».

171. Discours du maréchal Bugeaud dans un banquet..., *ibid.*, p. 277.

de simples citoyens seraient incapables de dominer le peuple arabe : « Il est évident que cette colonisation incapable de se défendre des Arabes, *qu'il faut spolier pour la placer* [souligné dans le texte], devra être gardée perpétuellement par une armée croissant en proportion de l'extension de la colonie européenne[172]. » Parlant de « fâcheuse conquête », de « grand fardeau », Bugeaud n'explicite donc pas seulement les torts et les maux causés à la France, mais les maux dont les populations locales vont souffrir. Il fait ses analyses en étant soucieux avant tout de l'idée qu'il se fait de son pays, de sa grandeur, de son indépendance : « Quand je compare les efforts et les sacrifices d'hommes et d'argent aux avantages qui peuvent résulter de la possession de tout le pays entre le désert, Tunis, le Maroc et la mer, quoique guerrier par goût et par profession, je ne me sens pas le courage de conseiller à mon pays cette conquête. Je ne sais point flatter l'amour-propre de la nation aux dépens de ses plus chers intérêts ; et je suis convaincu que la conquête absolue de l'Afrique pourrait compromettre son indépendance en Europe[173]. »

Un jour, Bugeaud parla de ceux qui pourraient avoir un avis proche de celui qui avait été d'abord le sien, « les pères de famille qui voient périr leurs enfants en Afrique », et il ajoutait : « Ils ne parlent pas, ils n'écrivent pas, ils travaillent et ne sont pas consultés. » Il les opposait à une espèce qu'il n'aimait pas, « l'aristocratie de l'écritoire[174] ». Ses attaques fréquentes contre cette « aristocratie » éclairent en partie une de ses mauvaises images. Qu'il déplore qu'on ne consulte pas « ceux qui travaillent » et « n'écrivent pas » est à remarquer, car « l'aristocratie de l'écritoire » ne pensait jamais à connaître leur avis...

Bugeaud qui évoquait souvent la « puissance » de la force des choses est donc passé d'un refus de la conquête à l'idée d'une occupation restreinte, puis, en voyant son coût exorbitant

172. Bugeaud à Genty de Bussy, 30 mars 1847, *Lettres inédites*, *op. cit.*, p. 302.
173. Bugeaud, « Mémoire sur notre établissement dans la province d'Oran par suite de la paix » (1837), *Par l'épée...*, *op. cit.*, p. 37.
174. Le général Bugeaud à la Chambre des députés, 15 janvier 1840, *id.*, p. 64.

et son impossibilité (ce serait « la guerre perpétuelle »), en est venu à l'idée de « prendre tout le pays », il précise : « malgré nous, peut-être même en dehors de nos idées et nos théories, qui étaient fausses[175]. » Quand donc la force des choses l'emportera, il sera un chef militaire inflexible, un entraîneur d'hommes, très soucieux d'eux, élaborant une tactique de mobilité et faisant de l'armée l'exécuteur de grands travaux d'utilité publique.

Il faut remarquer que de ce militaire complexe, très réfléchi, très actif, certes dur, mais l'époque et le métier le sont, ne survivent que deux images : pour certains, il est le colonisateur, le responsable de méthodes cruelles, un bourreau. À l'opposé, beaucoup de Pieds-noirs en ont une belle image : c'est le glorieux soldat de la conquête, eux aussi ignorent ses réflexions contre la colonisation. Qui d'ailleurs leur en aurait parlé ? Ces opinions de Bugeaud dérangent tout le monde.

L'Algérie française, on ne saurait trop le souligner, a eu une naissance difficile. De tous les textes qui demandent l'abandon de l'Algérie, l'un publié dès la fin 1830, réunit avec une radicalité exceptionnelle, les arguments qu'on trouve dispersés dans des textes oubliés. « Osons le dire : dans cette guerre injuste, la prétendue insoumission des Kabildes [*sic*] est du patriotisme ; ils défendent leur patrie, leurs femmes, leurs enfans [*sic*], comme nous défendrions nous-mêmes les nôtres si un insolent étranger osait, les armes à la main, fouller [*sic*] aux pieds notre belle France[176]. » Faire le sacrifice des soldats est illégitime : « Le sang français ne doit être versé que pour la France, que pour repousser l'ennemi de nos foyers[177]. » La colonisation est irréalisable pour le baron de Lacuée : d'abord, parce qu'il n'y a pas de terres à distribuer en Algérie, toutes celles qui sont propres à la culture ont leurs propriétaires, et parce que la France n'a pas d'excédent de population à déverser. Il faudrait

175. Le maréchal Bugeaud à la Chambre des députés, 24 janvier 1845, *ibid.*, p. 196.

176. Baron de Lacuée, *Économie politique des colonies d'Alger*, Charles Bechet, décembre 1830, p. 45 (note) [le nom est suivi de la mention : ancien maître de requêtes au Conseil d'État, avocat].

177. *Id.*, p. 93.

des forces considérables pour occuper le territoire et donc le coût en serait, lui aussi, considérable. L'auteur rappelait que, pendant ce temps, les habitants de la Sologne étaient « couverts de haillons et forcés de manger un pain noir et malsain[178] ». Il soulignait aussi tout ce qui sépare la France des populations locales : les langues, les coutumes, la religion. Disant ne pas se laisser éblouir par l'éclat des victoires, mais vouloir écouter seulement le patriotisme et l'amour de la vérité, l'auteur demandait, en décembre 1830, que la France abandonne vite Alger.

À cette époque, les écrits qui s'opposent à la colonisation ou qui sont au moins réticents et inquiets, insistent sur le caractère indomptable d'un peuple « toujours en armes »; attaché à sa religion et donc hostile aux chrétiens, il est attaché aussi à sa « nationalité » et son histoire prouve qu'il a toujours été ennemi de toute nation voulant s'établir chez lui[179]. Un député qui serait complètement oublié sans ses prises de position sur la question d'Alger, Amédée Desjobert, député de la Seine-Inférieure de 1833 à 1852, s'attachait à montrer à la Chambre et dans des publications régulières que la colonisation était impraticable : pas seulement en raison de la population, intraitable, attachée à sa religion, à la propriété, mais aussi en raison des difficultés qu'il y aurait à cultiver. La guerre (saccages, incendies, villes dépeuplées) était cruelle. L'idée d'extermination était « abominable », elle était à proscrire absolument, et l'idée de refoulement était également refusée car elle conduirait à une extermination. Les sacrifices en hommes et en argent étaient condamnés. Le député proposait d'occuper quelques ports, mais en laissant le pays se gouverner lui-même. Il tenait à démontrer que cette possession coûteuse affaiblirait la France[180].

Tocqueville, très loin des anticolonisateurs, est loin aussi du pragmatique Bugeaud; son opinion a été vite constituée et il

178. *Ibid.*, p. 93.

179. Cf. A.G., *Les Français à Alger. Y resteront-ils ?* Dentu, 1840.

180. Amédée Desjobert, *La Question d'Alger. Politique, colonisation, commerce*. Dufart, 1837. Une série de brochures répète inlassablement ses avis : *Discours sur la question d'Alger*, 1834; *L'Algérie en 1838; L'Algérie en 1844; L'Algérie en 1846; Discours du projet de loi relatif à des crédits exceptionnels*, 1847.

s'est battu pour elle. Il affirme en 1847 : « Nous admettrons donc, comme vérité démontrée, que notre domination en Afrique doit être fermement maintenue[181]. » Que plusieurs membres de la commission des crédits extraordinaires de la Chambre aient vivement soutenu l'opinion contraire ne le troublait pas, la question était pour lui tranchée. Dix ans auparavant, il avait déclaré : « La vérité est que, si nous pouvions en arriver à tenir fermement et à posséder paisiblement cette côte d'Afrique, notre influence dans les affaires générales du monde serait fort accrue[182]. » Mais il restait vague sur ce qu'était l'influence de la France et sa mesure. Ce qui augmenterait la « force » de la France ce serait la possession de Mers el-Kébir et d'Alger. L'explication de Tocqueville était ici toute simple : si la France ne gardait pas ces positions, celles-ci seraient prises par une autre puissance européenne : « Si elles ne sont pas pour nous, elles seront contre nous[183]. » En 1837, Tocqueville avait jugé sévèrement les méthodes de l'administration (qui travaillait « au mépris du droit et des droits[184] ») et avait critiqué certaines pratiques de l'armée. En 1841, il légitime l'utilisation systématique des razzias, et, en 1847, il n'a que des éloges à faire : « L'armée n'a pas montré moins d'intelligence et de perspicacité quand il s'est agi d'étudier le peuple conquis, qu'elle n'avait fait voir de brillant courage, de patiente et de tranquille énergie en le soumettant à nos armes[185]. » Les six ans de commandement de Bugeaud sont donc approuvés, célébrés même par Tocqueville[186]. Ses idées de conquête et de soumis-

181. A. de Tocqueville, *Rapport sur l'Algérie, op. cit.*, p. 155.

182. A. de Tocqueville, *Travail sur l'Algérie, op. cit.*, p. 60.

183. A. de Tocqueville, *id.*, p. 61.

184. A. de Tocqueville, *Lettre sur l'Algérie, op. cit.*, p. 39.

185. A. de Tocqueville, *Rapport sur l'Algérie, op. cit.*, p. 152.

186. L'ami de Tocqueville, Gustave de Beaumont, était allé en Algérie fin 1843 et avait parcouru les environs de Médéa, de Miliana, de Cherchell, accompagné par des cavaliers hadjoutes ; très bien reçu partout, il avait été enthousiasmé. Bugeaud racontait à un ami que son ancien « antagoniste », Beaumont, lui avait « sauté au cou » en disant : « Vous m'avez vaincu encore plus que les Arabes ; je proclamerai partout que vous avez résolu la question de la guerre que je croyais insoluble. [...] Votre armée est admirable ! [...] Elle fait des choses incroyables tout en faisant la guerre. » Bugeaud à Genty, 6 janvier 1844, *Lettres inédites, op. cit.*, p. 271. Les éloges de Tocqueville peuvent s'appuyer sur les impressions de Beaumont, en plus des impressions qu'il rapporta de son voyage en 1846.

sion montrent qu'il était sûr de la supériorité de la France ; en 1841, il affirme – contre toute vraisemblance : « Les exemples de nos arts, de nos idées, de notre puissance ont puissamment agi » même sur les populations qui combattent la France, et il assure : « L'Afrique est désormais entrée dans le mouvement du monde civilisé et n'en sortira plus[187]. » Il ne veut pas pourtant qu'on pousse ce peuple « demi-civilisé » dans la voie de la civilisation européenne : « Il serait aussi dangereux qu'inutile de vouloir leur suggérer nos mœurs, nos idées, nos usages », il faut les pousser « dans le sens de celle qui leur est propre[188] ». De la manière la plus claire, il affirme que ces peuples ne sont pas certes « incivilisés », mais qu'ils sont « arriérés », « à moitié civilisés », « à moitié barbares », « à peu près barbares » : ce ne sont pas des « égaux » et il convient de le leur marquer. Il dessine ce que doit être « l'esprit général » du gouvernement de l'Algérie : « Il n'y a ni utilité ni devoir à laisser à nos sujets musulmans des idées exagérées de leur propre importance, ni de leur persuader que nous sommes obligés de les traiter en toutes circonstances précisément comme s'ils étaient nos concitoyens et nos égaux. Ils savent que nous avons, en Afrique, une position dominatrice. [...] Les peuples à demi civilisés comprennent malaisément la longanimité et l'indulgence [...]. La justice exacte, mais rigoureuse, doit être notre seule règle de conduite vis-à-vis des indigènes quand ils se rendent coupables envers nous[189]. » Il est revenu, bien revenu, de l'idée qu'il avait émise en 1837 : « Rien enfin dans les faits connus ne m'indique qu'il y ait incompatibilité d'humeur entre les Arabes et nous. » « Il n'y a donc point de raison de croire que le temps ne puisse parvenir à amalgamer les deux races[190]. » Un peu plus tard, revenant d'un voyage de deux mois en Algérie, il avait corrigé :

187. A. de Tocqueville, *Travail sur l'Algérie*, *op. cit.*, p. 61
188. A. de Tocqueville, *Rapport sur l'Algérie*, *op. cit.*, p. 172.
189. A. de Tocqueville, *Rapport sur l'Algérie*, *op. cit.*, p. 171.
190. A. de Tocqueville, *Lettre sur l'Algérie*, *op. cit.*, p. 55.

« La fusion de ces deux populations est une chimère qu'on ne rêve que quand on n'a pas été sur les lieux[191]. »

Tocqueville, partisan de la colonisation de l'Algérie, est pour une colonisation partielle : il écarte toute implantation européenne dans des territoires qui sont occupés par des tribus fortes et hostiles, par exemple autour de Mostaganem, ou par des tribus alliées, amies, comme autour de Bône, et il écarte toute la Kabylie : haine des étrangers combinée avec l'« horreur religieuse » pour les chrétiens, montagnes impénétrables et « humeur inhospitalière » des habitants[192].

Il fallait donc faire venir à tout prix et implanter une population européenne. Mais Tocqueville lançait un avertissement : « Si [...] nous agissions de manière à montrer qu'à nos yeux les anciens habitants de l'Algérie ne sont qu'un obstacle qu'il faut écarter ou fouler aux pieds ; si nous enveloppions leurs populations, non pour les élever dans nos bras vers le bien-être et la lumière, mais pour les y étreindre et les y étouffer, la question de vie ou de mort se poserait entre les deux races. L'Algérie deviendrait, tôt ou tard [...] un champ clos [...] où les deux peuples devraient combattre sans merci, et où l'un des deux devrait mourir. » « Ne recommençons pas, en plein XIXe siècle, l'histoire de la conquête de l'Amérique. N'imitons pas de sanglants exemples que l'opinion du genre humain a flétris[193]. » Partisan résolu de la colonisation, il se disait conscient, comme le seront la plupart des colonisateurs d'alors, que l'on ne pouvait faire ou laisser faire n'importe quoi.

La colonisation de l'Algérie a donc été, dans ses débuts, l'objet d'un débat permanent. Jules Ferry, évoquant en 1891, au Sénat, les dix-huit années que la Chambre avait passé à discuter la question de la colonisation, sous la forme s'établir ou partir, concluait que l'entrée à Alger en 1830 ne témoignait ni d'une

191. A. de Tocqueville, *Travail sur l'Algérie, op. cit.*, p. 142.

192. A. de Tocqueville, *Lettre sur l'Algérie, op. cit.*, p. 42 et p. 46. En 1837, Tocqueville oppose les « Cabyles » aux « Arabes ».

193. A. de Tocqueville, *Rapport sur l'Algérie, op. cit.*, p. 178 et p. 179.

« vaine gloriole » ni d'un « appétit de conquêtes[194] ». Cette lecture semble exacte. On peut bien parler de lente éclosion de l'Algérie française : son coût très élevé en hommes et en argent a été au centre des débats, a suscité beaucoup de réticences et beaucoup d'inquiétudes.

Les Français d'Algérie des années 1950 ne pensaient pas au passé, ils en savaient très peu de chose. Dans des entretiens, certains Français d'Algérie se plaignent de la carence de l'enseignement sur ce passé, mais cette revendication ne s'exprime que parce que l'expérience a été brutalement arrêtée et condamnée. Naguère, ils n'y pensaient pas, ils ne connaissaient que des épisodes héroïques, peints ou gravés par des artistes plus ou moins officiels, des noms donnés à des villages (Montagnac ou Blandan...), et ils ne savaient rien des débats français. À vrai dire, ils vivaient au présent, et le présent qu'ils connurent, c'était le triomphe de la colonisation.

194. Jules Ferry, *La République des citoyens*, présentation d'Odile Rudelle, Imprimerie nationale, 1996, t. II, p. 435 (Sénat, séance du 6 mars 1891).

CHAPITRE III

Le triomphe de la colonisation

1930, L'ANNÉE DES GRANDES PROMESSES

« Célébrer le centenaire de l'Algérie : existe-t-il une tâche plus séduisante, plus pleine d'enseignements, plus évocatrice de souvenirs, d'émotions et de promesses[1] ? » Ces lignes ouvrent le millier de pages présentant les manifestations qui, de janvier à juin 1930, célébrèrent le centenaire du débarquement et l'œuvre accomplie : les réalisations permanentes (les musées), l'inauguration de monuments commémoratifs (le monument de Boufarik « À la gloire de la colonisation française », le monument de Sidi-Ferruch, le monument Boutin, le monument du Bastion de France), les restaurations et fouilles, les routes et pistes, les ouvroirs, l'artisanat, les écoles, les œuvres sociales, les publications du Centenaire, les expositions (une quinzaine), les cinquante-six congrès tenus en Algérie, les manifestations sportives, les fêtes et illuminations – entre autres, la revue du

1. Gustave Mercier, *Le Centenaire de l'Algérie*, Exposé d'ensemble, t. I, Alger, Éditions P. et G. Soubiron, 1931, p. 9. G. Mercier, commissaire général du centenaire, était alors délégué financier, membre du Conseil supérieur de l'Algérie. Jacques Berque écrit qu'il « rassemble [à un moment] presque toutes les catégories de supériorité sociale. Délégué financier, président des chemins de fer, fils d'un grand maire de Constantine, apparenté à un groupe financier notoire, arabisant et berbérisant ». *Le Maghreb entre deux guerres*, Éditions du Seuil, 3e éd., 1979, p. 325.

12 avril 1930 qui avait reconstitué les troupes de l'armée d'Afrique –, les manifestations théâtrales et musicales, le voyage de Gaston Doumergue, président de la République, les déplacements officiels de ministres, sénateurs et députés, du grand chancelier de la Légion d'honneur, du conseil municipal de Paris, des représentants du Conseil d'État, de la Cour des comptes, du Conseil national économique, des attachés militaires étrangers, les voyages de journalistes français et étrangers...

À ce bilan s'ajoutaient des cérémonies en métropole : célébration de « l'illustre maréchal » Bugeaud (une plaque fut apposée sur l'immeuble où il était mort du choléra en 1849), inauguration d'un foyer indigène à Genevilliers[2], défilé des troupes d'Afrique le 14 juillet, grande fête à l'hôtel de ville de Paris où « les bachaghas et aghas, dans leurs somptueux manteaux de pourpre, brodés d'or, occupaient dans les splendides salons de la maison commune, une place d'honneur[3] » : ces quarante personnalités, dont les noms et les fonctions étaient énoncés, avaient toutes la Légion d'honneur, de chevalier à grand-croix. En les recevant, le président du conseil municipal avait émaillé son discours d'expressions comme « la plus grande gloire », « le plus grand profit », « la vaillante population indigène », « la marche bienfaisante de la civilisation », « l'union fraternelle des diverses familles ethniques », « cette véritable apothéose », « ces inoubliables journées », etc.[4] Pour le préfet de la Seine, il n'y avait pas, « dans l'histoire générale

2. Le mot « indigène » s'était généralisé jusqu'à la Seconde Guerre ; c'était alors un terme « choisi ». « On parlait des "notabilités indigènes", des "officiers indigènes", de la direction des "Affaires indigènes", etc. Et mes camarades d'école musulmans, devenus interprètes, instituteurs, cadis, ne se sentaient nullement diminués quand ils disaient, parfois même avec une certaine fierté : "Nous autres, les indigènes" ». Le Thomet, « L'étrange tabou », *Revue de la Méditerranée*, sept.-oct. 1951, n° 45, p. 604. Au début de la présence française, le mot « Arabe » était couramment utilisé, puis il fut remplacé par « indigène » ; enfin l'ordonnance du 7 mars 1944 décida d'imposer le mot « musulman » pour désigner les Arabes et les Kabyles. Aimé Dupuy, vice-recteur honoraire de l'académie d'Alger, a écrit que ceux-ci s'étaient mis à considérer le mot indigène comme offensant, car il renvoyait au régime d'exception dit de l'indigénat. « Remarques sur le sens et l'évolution du mot : "indigène" », *L'Information historique*, sept-oct. 1963, pp. 152-157.

3. *Le Centenaire de l'Algérie*, *op. cit.*, t. II, p. 494.

4. Discours de Jean de Castellane, président du conseil municipal, 15 juillet 1930, *op. cit.*, t. II, p. 497.

des peuples, de conquête comparable à celle de l'Algérie[5] » ; il parlait de paix, de liberté, de joie, de « magnifique joyau », de « maternelle administration », de « terre de rêve »... Un adjoint au maire d'Alger exprima, au nom des élus indigènes et de la population musulmane tout entière, fierté, honneur, et gratitude à la « mère affectueuse », à sa « touchante sollicitude », à son « inépuisable générosité », à sa « bienveillance persévérante ».... Les acclamations du « peuple vibrant et enthousiaste » de Paris au passage des troupes indigènes, le 14 juillet, avaient montré « combien était définitive et absolue l'entrée de l'Algérie musulmane dans la grande famille française[6] ».

Cette entente avait été rappelée peu avant, lors de l'inauguration du monument commémoratif de la mission Foureau-Lamy par le cadi d'Ouargla : la France « releva sans soumettre, respectant la religion, les traditions, les coutumes des peuples dont elle faisait désormais ses enfants, en ne leur demandant en retour que la promesse d'une loyale collaboration. Le sang de 75 000 de ses enfants d'Algérie qui dorment aujourd'hui sur les champs de bataille de la Somme, de l'Yser, de la Champagne et de Verdun a scellé à jamais cette promesse[7] ». Soulignons que, selon Charles-Robert Ageron, il y avait eu 25 711 morts et disparus[8].

Les deux gros volumes du Centenaire, ornés de très nombreuses photographies, reproduisaient les discours des invités, des responsables locaux et les déclarations des notables indigènes. Le 10 mai 1930, lors d'un banquet de 500 convives, le président de la République avait clôturé une série de discours : évoquant la beauté de la ville d'Alger, il assurait que, « derrière la façade somptueuse qui se mire dans la mer, il n'y a plus ni la misère, ni la terreur, ni la violence, ni la paresse qu'on y trouvait avant nous ». « Sécurité, bien-être matériel et moral, liberté dans l'ordre, respect des croyances religieuses et des biens,

5. Discours d'Édouard Renard, préfet de la Seine, 15 juillet 1930, *ibid.*, p. 499.
6. Discours de M. Boumedine, adjoint au maire d'Alger, 15 juillet 1930, *ibid.*, p. 500.
7. Discours de Si Ahmed Ben Cheikh, 16 mars 1930, *Le Centenaire*..., *op. cit.*, t. I, p. 322.
8. Charles-Robert Ageron, *Histoire de l'Algérie contemporaine*, t. II, P.U.F., 1979, p. 261. S'y ajoutaient 72 035 blessés.

civilisation, voilà ce que la France avait promis [...]. Français d'origine et Français indigènes collaborent cordialement [...] pour réaliser le même idéal [...], la prospérité et la grandeur de l'Algérie unie pour toujours à la mère-patrie indivisible et républicaine[9]. »

Le discours officiel de l'entre-deux-guerres

Cette évocation est peut-être trop rapide pour donner la mesure de l'ampleur et des ambitions, et des ratés, de cette célébration, aussi on y reviendra. Mais elle suffit pour donner une idée du climat affectif et idéologique dans lequel les Français d'Algérie ont vécu, dans lequel beaucoup sont nés. Une question difficile que pose la courte vie de l'Algérie française est ce renversement complet : les cinquante premières années avaient été marquées par l'indécision, les doutes, les critiques, le pessimisme. Les cinquante années qui suivent (1880-1930) sont dominées par l'assurance, des certitudes, des dithyrambes, l'optimisme le plus aveugle; cette inversion s'était faite très rapidement.

Dans ce chapitre, on s'attarde autant sur les légendes noires et dorées de la colonisation que sur l'implantation des populations car elles expliquent en profondeur les croyances des Français d'Algérie, leur révolte et leur incompréhension à la fin de la présence française; il leur était sans doute impossible de réagir autrement qu'ils ne l'ont fait tant ils étaient façonnés par ce passé.

Quelques éléments structurent le discours de la République : d'abord, l'Algérie française est née de la jonction de « la gloire des soldats » et des « labeurs héroïques des colons ». Les Fran-

9. Discours du président de la République, Gaston Doumergue, *Le Centenaire...*, *op. cit.*, t. II, p. 431.

çais d'ici ont pensé que l'attachement des Français d'Algérie aux valeurs militaires était né des événements de 1954-1962 ; à ce titre, il a été critiqué et parfois ridiculisé. En fait, il est ancien ; il tient aux récits choisis et embellis, aux images légendaires de la conquête et il restera très vif en Algérie alors que ces valeurs ont perdu leur prestige dans de larges fractions de l'opinion en France.

Le discours officiel, parlant des habitants, se limite en fait aux colons, ces agriculteurs « qui fécondèrent ce sol de leurs sueurs et de leur sang ». Dans les années 1950, les Français d'ici imaginèrent leurs compatriotes comme des agriculteurs prospères, ayant fait des fortunes « colossales », et ont fréquemment réagi à partir de cette image. Elle était, au moins, doublement fausse : les Français d'Algérie, dans leur immense majorité, n'étaient pas des agriculteurs, et la plupart des agriculteurs n'étaient pas riches du tout.

Un autre thème, ambigu, est développé : la croissance de la population indigène. La forte natalité est attribuée à la seule médecine, aux « bienfaits » de la civilisation. Cette affirmation comportait une part d'exactitude (les effets de la vaccination) et elle avait raison de rappeler que la colonisation n'avait pas décimé la population, mais elle ignore les « secrets » de la natalité [10]. Ce discours, que l'on peut dire optimiste – l'accroissement accéléré de la population est un « succès » de la colonisation –, aurait dû reculer en constatant la natalité galopante de l'Algérie, indépendante ; or il est encore tenu par des Français d'Algérie, je l'ai entendu.

Surtout, ce qui domine le discours des autorités françaises est l'affirmation, inlassablement martelée, d'un peuple français généreux, bienveillant, paternel, mais aussi fraternel, idée à

10. On a cité, au chapitre premier, Jean Amrouche qui voit dans la natalité galopante des autochtones un réflexe de survie, un acte de résistance. Dans les années 1950, Louis Massignon entend parler de propagande anticonceptionnelle avec horreur, bien sûr, venant des colons qui voulaient donc limiter la croissance des populations locales. Jean-Paul Sartre voit l'inverse : « Pour que les salaires et le prix de la vie soient au plus bas, il faut une concurrence très forte entre les travailleurs indigènes, donc que le taux de la natalité s'accroisse », « Portrait du colonisé par Albert Memmi », *Situations*, V, Gallimard, 1964, p. 51.

laquelle les notables indigènes répondaient par l'expression d'une grande gratitude envers ce peuple, et de dévouement, d'amour pour la mère-patrie. Le discours officiel posait donc comme un fait admis l'inégalité de deux populations « alliées », complémentaires. Ce discours se traduisait par des rapports inégalitaires qui empruntaient des colorations très diverses (paternalisme, rapport d'éducateur, rapport de patron, rapport de plaisanterie, rapport de mépris, etc.).

> Que le peuple indigène soit dévoué, loyal, était sans cesse affirmé. Le commissaire général du centenaire de l'Algérie, par exemple, participant aux fêtes à Paris, avait rappelé dans un discours particulièrement euphorique que les populations indigènes n'avaient jamais « marchandé leurs sacrifices et leur dévouement ». Célébrant l'enthousiasme que les populations avaient montré d'un bout à l'autre de l'Algérie pendant le voyage du président de la République, il soulignait que, lorsque le débarquement avait été commémoré en son lieu même : « Quelle chaleur et quelle explosion dans les sentiments que tous, intellectuels, fonctionnaires, artistes musulmans, ouvriers et marabouts, voulurent exprimer[11] ! »

L'ensemble de ces thèmes – gloire de l'armée, labeur des colons, croissance spectaculaire de la population conquise, loyauté de cette population, supériorité de la population conquérante – était l'armature du discours républicain colonial qui avait commencé à être élaboré après 1871 [12] et surtout à partir des années 1880. Les malheurs et les affres de la Grande Guerre semblent avoir porté ce discours de triomphe à son paroxysme entre les deux guerres. C'est ce discours que les Français d'Algérie avaient entendu depuis leur jeunesse ; ils y adhéraient pleinement, ils le vivaient quotidiennement. Lorsqu'ils le tinrent dans les années 1950, bien des Français d'ici s'en scandalisèrent, l'imputèrent aux « gros colons », aux

---

11. Gustave Mercier, discours du 15 juillet 1930, *Le Centenaire...*, *op. cit.*, t. II, p. 503.

12. 1871, ce n'est pas seulement la perte de l'Alsace-Lorraine, c'est aussi l'insurrection en Kabylie qui, a affirmé plus tard le gouverneur Jules Cambon, « a été pour beaucoup dans le développement de la colonisation du pays », discussion du rapport sur la colonisation d'Émile Labiche, Sénat, 26 mars 1897, dans *Le Gouvernement général de l'Algérie, 1891-1897*, Champion, 1918, p. 154.

« cent familles », aux milliardaires, ils y virent un discours « ultra ». Étrange oubli...

Pour comprendre le climat des années 1930, sa prégnance et sa permanence dans les décennies qui suivent en Algérie, il faut remonter au début de la colonisation pour en suivre les transformations et en montrer la naissance. Rien n'est plus éclairant que de lire ce que, sous la Restauration, le général Berthezène et le maréchal Bugeaud ont écrit quand ils avaient le commandement des troupes et le gouvernement de la colonie.

RETOUR AUX DÉBUTS DE LA COLONISATION

Les constatations du général Berthezène

En 1831, le général Berthezène s'alarme de l'arrivée des premiers colons, il répète à son ministre que le pays « ne fournit aucune espèce de ressources[13] ». Or il voit débarquer « une foule de gens sans aveu, sans moyens d'existence[14] », dont beaucoup sont des artisans avec femmes et enfants. Le 31 juillet 1831, le général écrivait à son ministre qu'il n'avait vu qu'une seule famille d'agriculteurs, dont deux membres étaient morts et trois étaient à l'hôpital. « Les autres personnes qui se disent propriétaires sont pour la plupart des spéculateurs sans le sou qui ont accaparé je ne sais comment beaucoup de terrains et, comptant sur la crédulité publique, ils se flattent de les revendre à des prix élevés et de pouvoir faire fortune. » Quant à ceux qui cultivent, et qui sont très rares, ils sont poltrons : « Il leur faudrait à chacun un bataillon pour protéger leur propriété[15]. » Il

13. Dépêche du général Berthezène au ministre de la Guerre, 24 mai 1831, dans : Victor Demontès, *Les Préventions du général Berthezène contre la colonisation de l'Algérie*, Larose et Alger, Imprimerie nationale, [1918] p. 208.

14. Dépêche du général Berthezène au ministre de la Guerre, 21 mars 1831, *id.*, p. 202.

15. Lettre du général Berthezène au ministre de la Guerre, 31 juillet 1831, *ibid.*, p. 229.

rappelle souvent que les militaires risquent leur santé et leur vie pour des spéculateurs. À la fin de son commandement, il demande à son ministre de lui envoyer un commissaire général de police, « mais capable et probe » car l'augmentation de la population européenne amène « conséquemment » des hommes « turbulents et mauvais sujets[16] ». Son diagnotic est brutal : pays souvent infertile (la Mitidja « entièrement inculte[17] »), gens sans aveu, souvent dans « un état de misère et de dénuement », et la plupart ne sont pas des Français. Après avoir signalé à son ministre qu'il donne des vivres à six cents personnes arrivées en un mois « pour les empêcher de mourir de faim », il lui demande : « Il m'importe de savoir si votre intention est d'en faire délivrer à tous les colons qui abordent sur ces rivages, n'importe la nation dont ils font partie, ou si ces secours doivent être réservés pour les sujets français[18]. » En mai 1831, un relevé de l'état numérique des Européens indiquait 340 Français, 320 Anglais (c'est-à-dire nés surtout à Malte et à Gibraltar), 307 Espagnols, 106 Sardes, 33 Toscans, 24 Napolitains, 11 Grecs, 11 Autrichiens, puis quelques Tunisiens, Suisses, « Maroquins », Romains, un Danois, un Suédois. S'y ajoutent 48 Turcs et Maures, qui étaient partis lors de la prise d'Alger. Au total, 1 229 personnes[19]. Le 5 décembre 1831, le général Berthezène parlait de 3 121 personnes dont 1 371 étaient des Français[20].

Dans un rapport au ministre de la Guerre, le général Berthezène faisait part de ses observations sur les hommes : il disait les avoir étudiés « avec soin et sans intérêt », c'est-à-dire, expliquait-il, qu'il n'avait aucune visée de pouvoir en Algérie : « Les Maures, façonnés au joug et amollis depuis de longues années, ne sont pas dangereux malgré leur mécontentement. Froissés dans leurs mœurs et leurs habitudes, ruinés, réduits à la misère, traités avec mépris et administrés par des

16. Lettre du général Berthezène au ministre de la Guerre, 18 septembre 1831, *ibid.*, p. 276.
17. Rapport adressé au ministre de la Guerre par le baron Berthezène, 17 août 1831, *ibid.*, p. 234.
18. Lettre du général Berthezène au ministre de la Guerre, 4 septembre 1831, *ibid.*, p. 243.
19. « État numérique des Européens de toute nation dont les passeports ont été déposés », 11 mai 1831, *ibid.*, p. 223.
20. Chiffre cité par V. Demontès, *Les Préventions...*, *op. cit.*, p. 232.

étrangers, leur sort est à plusieurs égards pire que sous les deys et ils ne peuvent ni nous aimer ni goûter l'espèce de civilisation que nous pouvons implanter chez eux. Il y a là quelque chose à faire. Les Romains laissaient toujours aux peuples vaincus le soin de leur administration municipale.

« Les Arabes et les Cabaïls [*sic*], légers, perfides, fiers et indépendants, ont presque toujours vécu insoumis [...]. Aguerris, braves, méprisant la mort et fanatiques à l'excès, ils haïssent les chrétiens comme infidèles et comme étrangers et sont toujours prêts à prendre les armes contre eux à la voix d'un marabout. L'amour de l'argent seul peut contrebalancer ces dispositions ennemies. [...] Leur sobriété est étonnante. [...] Ils passent facilement de l'état d'hostilité à l'état de paix et vice-versa. [...] Tels ils sont aujourd'hui, tels ils étaient il y a 4 000 ans et tels sans doute dans plusieurs milliers d'années. Ce serait une erreur de penser qu'on obtiendra d'eux des contributions, jamais ils ne se soumettront[21]. »

LES ÉTONNEMENTS, LES IMPATIENCES ET LES CERTITUDES DU GÉNÉRAL BUGEAUD

Au tableau découragé de Berthezène, Bugeaud apporte quelques confirmations, sauf sur deux points essentiels. D'abord, sur l'état de l'agriculture aux mains des Arabes. En 1847, il venait de lire dans *Le Constitutionnel* un article qu'il jugeait « très bien », sauf sur un point : « Ce n'est pas exact de dire que l'Algérie soit aussi inculte qu'on le prétend dans cet article et ailleurs. Les Arabes cultivent mal, parce qu'au fond ils n'ont pas besoin de cultiver mieux; mais ils cultivent beaucoup, et vous seriez étonné, d'après les idées reçues, en voyant l'immensité des terrains en culture[22]. » Malgré cela, s'étant converti à la colonisation, il estimait qu'il faudrait faire « un

---

21. Rapport adressé au ministre de la Guerre..., dans V. Demontès, *Les Préventions...*, *op. cit.*, pp. 232-233.

22. Bugeaud à Thiers, Alger, 11 mars 1847, dans : Bugeaud, *Par l'épée et par la charrue*, P.U.F., 1949, p. 289. En *1883*, le comte d'Haussonville écrit : « Nous n'en sommes plus à nous figurer qu'on y peut découvrir de grands espaces vacants ne connaissant pas de propriétaires, ou faciles à acquérir. Toutes les terres y sont, sinon occupées, du moins possédées à titre particulier ou collectif, mal cultivées, il est vrai, mais cependant cultivées ou livrées à la pâture d'innombrables troupeaux », « La colonisation officielle en Algérie », II, *Revue des Deux-Mondes*, 1er juill. 1883, p. 80.

appel séduisant » pour peupler le territoire : « Partout où il y aura de bonnes eaux et des terres fertiles, c'est là qu'il faut placer les colons, sans s'informer à qui appartiennent les terres ; il faut les leur distribuer en toute propriété[23]. »

Contre une autre idée reçue, Bugeaud répète que le pays est sain : « Il n'est pas vrai que le climat dévore inévitablement quiconque est Européen. Il y a en Afrique beaucoup de lieux très sains et je ne crois pas même qu'il y ait autant de lieux malsains qu'en France. Les marais dont on parle tant sont fort rares ; il n'en existe guère qu'autour d'Alger, dans la Mitidja, autour de Bône et au bas du Sig [...]. Partout ailleurs, le pays est sain ; seulement les vallées basses, comme partout, le sont moins que les coteaux et les montagnes[24]. » Que les colons soient souvent malades s'explique pour lui aisément sans avoir à parler d'insalubrité : « Travailler beaucoup, se mal nourrir, se mal vêtir, se mal loger ne sont pas les moyens de se bien porter nulle part[25]. »

Dans une brochure qu'il publia en 1842, Bugeaud écrit qu'en 1836 et 1837, lors de son premier séjour, il avait une « idée peu avantageuse » de la fertilité du sol. Mais il avait depuis son arrivée en 1841 parcouru tout le pays, et ses convictions avaient changé : l'Algérie produisait beaucoup de grains et une immense quantité de bétail et elle pouvait en produire davantage ; il répétait que les Arabes cultivaient de « vastes surfaces[26] ».

De manière presque unanime, les Français d'Algérie – pas seulement les agriculteurs – parlent d'un pays inculte lors de l'arrivée de la France, du travail immense, épuisant, des premiers colons, de la mortalité des Européens en raison de l'insalubrité du pays. Des souvenirs, écrits et oraux, rapportant des récits familiaux, tournent autour des efforts héroïques des colons pour cultiver un sol ingrat. Le discours prononcé par Amédée Froger, maire de Boufarik, lors de l'inauguration du monument élevé le 5 mai 1930 « à la gloire de la colonisation française » *est*, pour les Français d'Algérie, la réalité : « Alentour,

23. Discours du général Bugeaud à la Chambre des députés, 14 mai 1840, *Par l'épée...*, *op. cit.*, p. 77.
24. Bugeaud à Thiers, en mer, le 14 juin 1847, *ibid.*, p. 307.
25. *Ibid.*, pp. 307-308.
26. Général Bugeaud, *L'Algérie. Des moyens de conserver et d'utiliser cette conquête*. Dentu, 1842, pp. 46-47.

c'était le marécage avec sa vase épaisse et ses eaux dormantes... C'était la solitude morne et impressionnante, c'était la brousse qui cachait le pillard, c'était la fièvre, c'était la nuit, c'était la mort. Au milieu de ce chaos, les Français vinrent construire le Camp d'Erlon [...]. Et dès lors, partout, du levant au couchant, du nord au sud, la lutte fut entreprise, âpre et sévère. Pendant vingt ans, sans relâche, il fallut assainir, cultiver et construire. La mort devant tant d'audace réclamait sans cesse son tribut. Les régiments étaient décimés, les colons disparaissaient, mais de nouveaux arrivants venaient à chaque moment prendre la pioche de ceux qui tombaient[27]. »

On peut lire et entendre à l'infini de telles descriptions. Le nom du général Duvivier est souvent cité. Dans un livre qu'il publia en 1841, il faisait des remarques qui sont *à l'opposé* des affirmations de Bugeaud : « Les troupes, depuis onze ans, ont fait de rudes épreuves de l'insalubrité des positions où on les a jetées. Les cimetières sont là pour le dire. Jusqu'à présent, ils sont les seules colonies toujours croissantes, que l'Algérie présente[28]. » « Les plaines, telles celles de Bône, de la Mitidja et tant d'autres, sont des foyers de maladie et de mort. Les assainir – on n'y parviendra jamais. » « Les plaines, pour les Européens, sont et seront toujours longtemps de vastes tombeaux. Qu'on abandonne ces fétides fosses[29]. »

Que penser de ces contradictions de deux acteurs-observateurs ? Il faut rappeler que Bugeaud, propriétaire d'un domaine dans le Périgord, y avait fait l'apprentissage de la vie agricole pendant sa demi-solde de 1815 à 1830, et qu'il aimait la condition d'agriculteur[30]. Était-il optimiste ? Toutes ses lettres qui ont été publiées montrent au contraire un homme facilement assombri ou exaspéré. Beaucoup de matériaux de cette sorte donnent à l'historien des hésitations et de la prudence.

Sans remonter à l'époque romaine, notons que les géographes et les historiens de l'Algérie affirment que la Mitidja était, sous la domination arabe, prospère et qu'elle le resta au début de la domination turque ; mais à la fin du XVIIIe siècle, les habitants « accablés d'impôts, soumis à de dures corvées, ruinés par de fréquentes razzias », aban-

---

27. Discours d'Amédée Froger, Boufarik, 5 mai 1830, *Le Centenaire de l'Algérie*, *op. cit.*, t. I, p. 285.
28. Général Franciades-Fleurus Duvivier, *Solution de la question d'Algérie*, Gaultier-Laguionie, 1841, p. 49.
29. *Id.*, p. 117 et p. 118.
30. Bugeaud à Genty de Bussy, Lyon, 18 avril 1849 : « Je serais l'homme du monde le plus heureux si, la France assurée de ses destinées, je pouvais vivre paisiblement de mes champs jusqu'à la tombe, sans être autre chose que laboureur », *Lettres inédites*, Émile Paul frères, 1923, p. 381.

donnèrent la plaine ou n'y cultivèrent que ce qui était indispensable pour leur subsistance[31]. Venture de Paradis, qui avait séjourné à Alger jusqu'en 1789, avait écrit : « Les terres sont très fertiles, mais plus de la moitié du royaume est en friche[32]. » En 1830, la Mitidja semble avoir été à l'abandon.

Le point central des conceptions de Bugeaud est le rôle de l'État dans la colonisation : « Faire des routes, des chemins vicinaux, des barrages, des conduites d'eau [...], diviser les terres en raison des facultés et des besoins de chaque famille » ; c'est, poursuit-il, un travail immense, et « il serait parfaitement insensé de l'abandonner aux caprices de l'intérêt individuel[33]. »

« Il faut, avec des ouvriers civils, une dépense de 5 000 ou 6 000 francs pour établir une famille de manière qu'elle puisse vivre en travaillant. Les entrepreneurs de colonisation, les capitalistes, dont on parle tant, ne pourront pas et ne voudront pas faire cette dépense pour installer les familles. Il faut donc que l'État vienne en aide à la colonisation ; il peut le faire plus économiquement que personne à l'aide des bras de l'armée[34]. » Bugeaud explique au général Charon, gouverneur qui lui succéda, que pour dissiper « les illusions de la colonisation à bon marché ou par les intérêts individuels », il faut faire des expériences, se hâter d'appliquer les plans du général Lamoricière, de Tocqueville, de Dufaure : « On reconnaîtra peut-être alors que la colonisation à bon marché ou par les intérêts individuels ne peut se faire avec quelque efficacité que lorsqu'elle sera précédée d'une base solide faite aux frais de l'État avec le puissant élément que nous offre l'armée[35]. »

L'État doit donc aider les colons non seulement en construisant les infrastructures du pays, mais en procurant des moyens à chacun. Des exclamations avaient ponctué son discours quand

31. Sur le passé de la Mitidja, Julien Franc cite en particulier Ibn Khaldoun, Léon l'Africain (début du XVIe siècle), Diego de Haëdo (fin du XVIe siècle), et Thomas Shaw (XVIIIe siècle), *La Colonisation de la Mitidja*, Alcan (« Collection du Centenaire »), 1928, pp. 49-52.

32. Venture de Paradis, « Alger au XVIIIe siècle » [présenté par Edmond Fagnan], *Revue africaine*, 1895, 39e vol., pp. 265-314.

33. Bugeaud à Thiers, 14 juin 1847, *Par l'épée...*, p. 309.

34. *Id.*, p. 308.

35. Bugeaud au général Charon, La Durantie, 8 juillet 1847, *Lettres inédites*, *op. cit.*, p. 309.

il avait affirmé devant la Chambre : « L'ordonnance royale leur assurerait des armes et des munitions pour se défendre, des outils aratoires, du bétail, des secours en bois et en fer pour bâtir leurs villages défensifs et agricoles, et enfin des vivres pendant deux ou trois ans, jusqu'à ce qu'ils puissent s'en procurer eux-mêmes[36]. » Le massacre, en novembre 1839, de colons installés dans des fermes isolées de la Mitidja, fonde son refus ferme de colons « individuels » ; il veut de « grandes associations de colonisateurs[37] ».

Bugeaud et les colons

Devenu « colonisateur ardent » et mettant l'armée au service des colons, Bugeaud use de mots durs pour les juger. Il leur reproche leur métier d'origine, leur inaptitude à l'agriculture, leur pauvreté, leur nationalité et, lapidairement, leur moralité : « La lie de tous les peuples qui bornent la Méditerranée[38]. »

On pourrait multiplier ici les citations. En 1843 : « Alger, ce guêpier où viennent aboutir tous les rêveurs, tous les meurt-de-faim de France, gens très recommandés par les pairs et les députés. C'est la pire espèce de colons que tous les gens de plume, de robe, d'industrie qui, n'ayant pas su faire leurs affaires dans la métropole, viennent chercher fortune en Algérie. Ils ne savent rien faire de leurs dix doigts, ils n'ont pas le sou, comment pourraient-ils exploiter une concession ? Pour peupler le village de Saint-Ferdinand [...], on m'a envoyé de Paris des familles parmi lesquelles se trouvent un libraire, un huissier-priseur, un courtier, etc. Ce sont des laboureurs qu'il nous faut[39]. » En 1847 : « La plupart des familles envoyées de France par

36. Discours du général Bugeaud à la Chambre, 14 mai 1840, *Par l'épée...*, *op. cit.*, p. 77.

37. Proclamation aux habitants de l'Algérie, 22 février 1841, *id.*, p. 81. « La dévastation de la Mitidja » a été longuement racontée dans *La Colonisation de la Mitijda*, *op. cit.*, pp. 206-221 ; la description de Julien Franc est fascinante : précisions, traits de bravoure et même d'héroïsme, belles figures de la colonisation (Pirette, baron de Vialar) constituent une application pratique de la théorie de la colonisation triomphante : « Enfin, quelle admirable leçon d'énergie nous ont donnée ces colons qui, nullement découragés par l'adversité, attendaient le premier moment d'accalmie pour se mettre de nouveau au labeur ! » Le géographe des années 1930 relit tout naturellement les années 1830 avec les yeux du centenaire.

38. Bugeaud au général Charon, La Durantie, 4 septembre 1848, *Lettres inédites*, *op. cit.*, p. 325.

39. Bugeaud à Genty de Bussy, Alger, le 17 novembre 1843, *id.*, p. 265.

les bureaux n'étaient pas habituées au travail de la terre. C'étaient des libraires ruinés, des huissiers, commissaires-priseurs, etc., dans le même cas, des garçons de bureau renvoyés, des marchands qui avaient fait banqueroute. » Bugeaud était allé interroger des familles de colons et il en soulignait la pauvreté : « Elles m'ont accusé un avoir qui variait entre 400 francs et 500 francs ; une m'a déclaré avoir 10 000 francs, une autre 3 000, mais qui ne sont pas réalisables. Je vous demande ce que l'on peut faire avec 400 francs ou 500 francs pour fonder un établissement agricole et assurer la nourriture d'une famille pendant au moins un an[40] ? » Il se plaignait aussi de voir arriver des infirmes et de nombreux vieillards et enfants ; alors qu'il faudrait une population active, énergique, il recevait « une population bariolée d'étrangers de tout âge, sans liens, sans ensemble, parce qu'elle est sans discipline[41] ».

Bugeaud était amer, a-t-il écrit, de voir de jeunes Français mourir pour implanter des Espagnols et des Italiens. Quand il quitte l'Algérie, en juin 1847, 47 274 Français étaient installés et 62 126 étrangers[42]. Les Européens qu'il doit administrer, ce sont, affirme-t-il, « les gueux d'Espagne, d'Italie, de Malte[43] ». Il manifeste le même agacement, la même déception, ou plutôt de la « répugnance » – c'est son mot – en voyant arriver des colons allemands. En 1846, mécontent de recevoir plus de 450 « Prussiens », par décision du Conseil des ministres, et s'engageant pourtant à « tout faire pour qu'ils réussissent », il alla inspecter leur installation à La Stidia. Il écrivit à son ministre qu'il était « très satisfait des travaux exécutés par les troupes et de toutes les dispositions paternelles et de bonne administration prises à l'égard de ces malheureuses familles », mais qu'il avait éprouvé un « sentiment pénible » en les voyant : 84 hommes seulement sur 467 personnes, et presque tous étaient « faibles et maladifs..., les yeux très malades..., les membres décharnés et les muscles de la face ont presque disparu » ; il estimait qu'il y en avait à peine une quinzaine susceptibles de faire un travail

40. Bugeaud à Thiers, en mer, 14 juin 1847, *Par l'épée..., op. cit.*, p. 311.
41. Lettre confidentielle du maréchal duc d'Isly au maréchal Soult, Excideuil, 6 octobre 1845, *Par l'épée..., op. cit.*, p. 230.
42. Marcel Larnaude, *L'Algérie*, Berger-Levrault, 1950, p. 111.
43. Bugeaud à Genty de Bussy, Alger, le 30 mars 1847, *Lettres inédites, op. cit.*, p. 304.

énergique. « J'avoue que je n'ai pu m'empêcher de déplorer que tant d'efforts de la part de nos soldats, tant de dépenses de la part de l'État soient appliqués à une population qui est si loin de répondre au but que nous devons nous proposer. » « Ah ! je vous en conjure, Monsieur le Ministre, dans l'intérêt de la France et de la colonie, qu'il ne soit plus envoyé de ces convois en masse des familles d'outre-Rhin, admises sans examen préalable et rigoureux. Et d'ailleurs, qu'avons-nous besoin de familles allemandes pour peupler notre colonie, quand nos sous-officiers et nos soldats m'accablent tous les jours de leurs demandes pour coloniser ! » Sachant que les cultivateurs, quand ils avaient des économies, n'avaient pas envie d'aller s'installer en Afrique, Bugeaud concluait qu'il faudrait faire venir des prolétaires et il ajoutait : « Prolétaires pour prolétaires, ne vaut-il pas mieux prendre des Français et de préférence des Français choisis par les conseils de révision disciplinés et aguerris[44] ? » On comprend pourquoi il veut une colonisation militaire : ce seront des Français, des hommes jeunes, et il faudra les marier. Ce colon-là, entraîné, robuste, sera apte à l'agriculture et, ayant appris à être toujours sur ses gardes, il ne laissera jamais « rouiller » son fusil.

> À Thiers, qui craignait la « maladie du pays » et « l'esprit de retour », il opposait des faits : il avait placé à Mered 67 soldats qui étaient libérés depuis dix-huit mois, ils étaient toujours là : « Comment supposer que des hommes qui ne possédaient rien en France et qui se trouvent tout d'un coup propriétaires de dix hectares, d'une maison, de bestiaux, d'un mobilier agricole, d'arbres qu'ils ont plantés, de cultures qu'ils ont soignées, vont de gaieté de cœur se refaire prolétaires ? Cela ne s'est pas encore vu en Afrique et cela ne se verra pas[45]. »

---

44. Le maréchal d'Isly au ministre de la Guerre, 30 novembre 1846, dans Michel Drosson, *Histoire de la création de La Stidia*, Toulouse, chez l'auteur, 1985, pp. 103-105. Dans un *post-scriptum*, Bugeaud signalait qu'il y avait des familles sans chef, des enfants sans père ni mère, et des hommes seuls ayant perdu leurs femmes et leurs enfants ou qui n'avaient jamais été mariés. Il soulignait aussi dans son rapport que, ne voulant pas que les chefs arabes qui l'accompagnaient aient une idée « fâcheuse » de la France, il leur avait dit que c'était « par charité » qu'on avait envoyé en Afrique ces pauvres qui étaient non des Français, mais des Prussiens.

45. Bugeaud à Thiers, Alger, le 27 mars 1847, *Par l'épée.., op. cit.*, p. 292. Il signalait que 42 soldats-colons seulement sur 67 étaient mariés parce qu'ils n'avaient « pas été envoyés en France chercher des femmes » ; ils épousaient des filles de colons civils.

Déçu par la qualité des colons, Bugeaud avait été aussi, à son arrivée, mécontent de la quantité : « En admettant que l'on puisse donner le nom de colons à tous les Européens qui sont venus en Afrique et qui sont presque tous des marchands ou des artisans, nous n'en aurions pas encore 40 000 ». Ils vivaient à Alger et dans sa banlieue, à Oran, à Mostaganem, à Philippeville et à Bône[46]. L'année de sa démission, en 1847, il parle de 110 000 Européens[47].

Lors de son départ définitif, Bugeaud faisait un bilan positif du travail de l'armée (« La sécurité, dans le présent du moins, dépasse nos espérances »), de la colonisation, et il promettait aux colons d'être toujours leur avocat chaleureux. Mais il leur disait aussi qu'il aimait mieux servir leurs intérêts que de flatter leurs passions et leur amour-propre ; aussi il avait condamné au passage les conséquences de « spéculations exagérées et irréfléchies ». Surtout, il leur recommandait d'apprendre à compter avec le temps : « Comme si on fondait, en quelques années, sur un sol nu, un pays à l'image de la France : c'est l'œuvre des siècles. » Il trouvait injuste qu'ils critiquent les gouvernants, les administrateurs, ainsi qu'ils le faisaient : « Vous vous en prenez toujours aux gouvernants de ce qui ne doit être attribué qu'aux difficultés des choses. Ces difficultés, vous les mesurez rarement ; vous considérez peu l'ensemble général de nos nécessités, et vous ne voyez la plupart du temps que les intérêts qui vous touchent de plus près[48]. » Il faut reconnaître que le maréchal Bugeaud était ici un politique ne recherchant pas la popularité.

Ses lettres et rapports soulèvent deux thèmes qui ne cesseront jamais de hanter les représentations de la population française d'Algérie : leur origine étrangère, et leur « moralité ». Le problème de l'origine de la population est simple : la nécessité d'un concours étranger était patente car la France n'a jamais connu de grands mouvements d'émigration : de 1820 à 1882,

46. Bugeaud, *L'Algérie, Des moyens de conserver...*, *op. cit.*, p. 132.
47. Bugeaud à Genty, Alger, 8 février 1847, *Lettres inédites*, *op. cit.*, p. 298.
48. Proclamation du maréchal Bugeaud, Alger, 30 mai 1847, *Par l'épée...*, *op. cit.*, p. 296.

380 000 Français ont émigré, alors que, durant la même période, 8 590 000 Anglais et Irlandais, 4 600 000 Allemands, 700 000 Italiens l'ont fait[49].

LA FORMATION DES FRANÇAIS D'ALGÉRIE

Les effectifs de la population au XIXe siècle

De 1830 à 1853, le peuplement européen fut constitué uniquement par l'arrivée d'émigrés, car les décès des Européens dépassaient les naissances; en 1849, année extrême, 10 493 décès furent enregistrés contre 5 206 naissances. À partir de 1854, l'augmentation de la population se fit en partie par les naissances qui l'emportaient sur les décès; mais il est encore arrivé que la mortalité connaisse une hausse telle qu'elle contrebalançait les naissances : en 1868, dernière année où ce fait se soit produit, il y eut 9 951 décès et 8 360 naissances[50].

Quelques chiffres suffisent à faire voir la progression de la population européenne.

1831 : 3 228
1841 : 37 374
1846 : 109 400 *[pour les années 1841 et 1847, les chiffres avancés par Bugeaud sont donc exacts]*
1851 : 131 283 *[l'année 1849 avait connu un recul, on vient de le signaler; les publications officielles mettent en cause en particulier l'apparition du choléra et le départ d'une population ouvrière, les travaux de construction ayant été suspendus à la suite d'une crise née de spéculations « exagérées » à Alger, à Oran, à Blida]*
1861 : 192 646

49. Henri de Peyerimhoff, *Enquête sur les résultats de la colonisation officielle de 1871 à 1895*, Alger, imprimerie Torrent, 1906, t. I, p. 12 [H. de P. était alors directeur de l'agriculture, du commerce et de la colonisation].

50. *Id.*, p. 166.

1872 : 245 117
1881 : 385 362
1891 : 485 973
1901 : 583 844[51].

La population de « souche » française

Dans un essai de démographie sur l'origine des Français en 1896, Victor Demontès fournit pour chaque département français deux indications : le nombre de Français de chaque département établis en Algérie et le rapport de cet effectif à la population départementale. Une première lecture permet de savoir ce que certains départements ont *perdu* : en tête la Corse, 25,1 %; puis le Territoire de Belfort, 24,3 %; les Pyrénées-Orientales, 19,2 %; les Hautes-Alpes, 14,9 %; le Vaucluse, 12,2 %; les Basses-Alpes, 11,3 %; la Drôme, 10,3 %. Si on lit l'importance du contingent de chaque département établi en Algérie, on trouve en tête la Corse (7 303), puis la Seine (6 370), les Bouches-du-Rhône (4 565), l'Hérault, (4 401), les Pyrénées-Orientales (4 016), le Gard (3 947), la Drôme (3 142); l'Ardèche, l'Aude, l'Aveyron, la Haute-Garonne, les Hautes-Pyrénées, l'Isère, la Meurthe-et-Moselle, le Tarn, Belfort, le Var, le Vaucluse ont fourni entre 2 000 et 3 000 personnes. Seulement trois départements, l'Eure-et-Loir, l'Orne, la Vendée, ont fourni moins de 500 de leurs natifs[52].

Sans qu'on puisse évaluer la vitalité des associations régionales, il est intéressant de signaler que *Les adresses du Tout-Alger* répertorie, en 1955, vingt-sept associations : Alsace-Lorraine; Anjou-Maine-Touraine-Orléanais; les Enfants de l'Ardèche; les Sangliers des

---

51. Les chiffres de H. de Peyerimhoff sont proches de ceux de Victor Demontès cités ici (*Le Peuple algérien*, Alger, Imprimerie algérienne, 1906), mais, pour 1901, il donne le chiffre de 632 094 Européens, sur lesquels les Français, dit-il, figurent au nombre de 358 129; il a dû ajouter, aux Français naturalisés, les Européens.
52. V. Demontès, *op. cit.*, pp. 82-84.

Ardennes; l'Ariège; la Betterave, Artois, Flandre et Picardie; les Enfants de l'Aude; les Enfants du Velay, du Boulonnais et de l'Auvergne; les Enfants de l'Aveyron; les Basques; les Gars du Berry; Bourgogne et Lyonnais; la Bretagne; la Champagne; les Corses d'Alger; le Dauphiné réunissant l'Amicale des Drômois, les Hautes-Alpes, l'Isère; la Franche-Comté; les Enfants du Gard et du Languedoc; la Gascogne; les Enfants de l'Hérault; les Enfants de la Marche et du Limousin; la Normandie; la Parisienne; les Enfants du Poitou; la Provence; les Catalans et le Roussillon; la Savoie. Dans de grandes circonstances (le 4 juin 1958, par exemple), des enfants pouvaient porter les costumes de la province dont leur famille était originaire; des photographies l'attestent.

Quelques mouvements d'émigration française constituant la colonisation officielle sont bien connus et ils sont aujourd'hui souvent surestimés : l'envoi de près de 14 000 ouvriers « parisiens » par décret de septembre 1848; l'envoi, à la suite du coup d'État de Louis-Napoléon, de 3 000 républicains, suivi d'un deuxième transport d'opposants en 1858[53]. L'une des peintures des Français d'Algérie, et elle est récente, accentue et magnifie l'arrivée de ces transportés politiques de 1848 et 1851, sans doute parce que cette vue, en donnant à cette population une origine de « victime » la « réhabilite ». Après la défaite de 1871, près de 1 200 familles d'Alsaciens-Lorrains voulant rester Français furent envoyées pour mettre en valeur et exploiter les terrains concédés.

Il reste dans les mémoires, à côté de ces « transportés », des aristocrates, des légitimistes que le changement de gouvernement en 1830 avait privés de fonction, et qui partirent, avec des capitaux parfois considérables, acheter des grandes propriétés dans les environs d'Alger. Vialar, Tonnac, Franclieu, Saint-Guilhem, Bonneviale, etc. représentent la première colonisation libre de la Mitidja, qui fut anéantie par Abd el-Kader en novembre 1839.

53. Les « transportés » furent envoyés à Lambèse et dans des colonies agricoles transformées en colonies pénitentiaires (Bourkika, Aïn-Benian, Aïn-Sultan, Bou-Tlélis, Pont-du-Chélif, Sidi-Naceur).

Après la fermeture des Ateliers nationaux et les combats sanglants qui suivirent, l'Assemblée prit, en septembre 1848, un décret proposant l'envoi d'ouvriers désirant devenir agriculteurs – des terres leur seraient concédées gratuitement[54] –, et l'envoi d'ouvriers d'art : ils seraient employés à « l'installation définitive des cultivateurs et à l'établissement de centres, constructions d'habitations, enceintes, routes et autres travaux publics ». Un arrêté précisait les conditions de l'installation. Tous devaient produirent des pièces sur leur profession, sur leur aptitude physique, sur leur moralité, et être âgés de moins de soixante ans ; ils se présenteraient devant une commission spéciale et leur admission en Algérie serait prononcée par le ministre de la Guerre. Un crédit de cinquante millions avait été ouvert au ministère de la Guerre, à répartir en plusieurs exercices, de 1848 à 1851, pour l'établissement de colonies agricoles et pour des travaux d'utilité publique. En masse, des ouvriers se présentèrent ; plus de 100 000 demandes furent déposées. Le décret promettait le transport, l'abri, à l'arrivée, sous des tentes ou des baraques, et la construction par l'État, « dans le plus bref délai possible », d'une habitation, un lot de terre de deux à dix hectares, des semences, des instruments de culture, des bestiaux, des rations de vivres et aussi tous les besoins de culte, l'instruction, la santé publique « et tous les autres avantages accordés » aux autres centres[55].

Sous des discours idylliques, l'Assemblée avait les mêmes intentions que Bugeaud, rallié sans état d'âme à la République, quand il exposait au gouverneur de l'Algérie, le général Charon, les grands buts de l'opération : « 1. débarrasser la France d'un élément de troubles incessants ; 2. remplir envers un grand nombre de prolétaires une partie des promesses insensées que

54. Les titres définitifs de propriété ne devraient être délivrés que *trois ans* plus tard, après vérification de l'état de culture des terres.

55. « Colonisation de l'Algérie », décret du 28 septembre (1848), ministère de la Guerre, dans Émile et Simone Martin-Larras, « En chaland de Paris à Marseille en 1848 », *Les Cahiers du Musée de la Batellerie*, n° 19, juillet 1986, p. 30. L'un des auteurs, Simone Martin-Larras, écrit : « Ces "pas déportés... mais" de 1848 dont nous pouvons nous enorgueillir d'être les descendants », *op. cit.*, n° 18, mai 1986, p. 5.

leur a faites la révolution de février; 3. peupler la colonie[56]. » La République était pressée, en effet, de se débarrasser d'éléments turbulents et elle hâta leur départ[57].

Lors du départ solennel du premier convoi, en octobre 1848, le général Lamoricière, ministre de la Guerre et ancien soldat de l'armée d'Afrique, ainsi qu'il tenait à se présenter, fit de belles promesses : « Les champs que vous allez défricher sont fertiles; ils seront à vous, les fruits qu'ils produiront, vous n'aurez point à les partager et vous avez la certitude d'arriver à vivre dans l'aisance avec vos familles. » Honnêtement, il avertissait que les travaux à entreprendre seraient « durs et pénibles », mais il tenait à ce que les nouveaux colons disent d'avance leur reconnaissance à la France : « Les millions qui doivent assurer votre bien-être et celui de vos familles, ce sont les représentants de toute la France qui les ont votés; ils les ont fournis par l'impôt que paient tous vos concitoyens; c'est le sacrifice de ceux qui possèdent à ceux qui ne possèdent pas pour assurer leur avenir par la propriété[58]. » Dans une étude sur les saints-simoniens en Algérie, Marcel Émerit soulignait la fidélité du général Lamoricière à la religion saint-simonienne : ce discours de Lamoricière éclaire cette religion-là[59].

56. Le maréchal Bugeaud au général Charon, 4 septembre 1848, *Lettres inédites, op. cit.*, p. 325. Bugeaud donnait des conseils pour l'établissement de ces nouveaux colons; il ajoutait des avis d'une grande brutalité pour les « transportés », qu'il ne voulait pas voir mélanger avec les « prolétaires non coupables » : uniforme, tête rasée « pour qu'ils soient reconnus des tribus environnantes », prime aux Arabes « pour chaque déserteur qu'ils ramèneraient », une heure par jour d'éducation morale et religieuse, « la discipline intérieure serait sévère sans être tracassière » (p. 326). Bugeaud a participé au choix de Lyonnais pour le dernier convoi (mars 1849).

57. La colonisation a paru, *pendant longtemps*, dans beaucoup de milieux, un moyen d'éloigner le « péril social ». Une brochure publiée sous les auspices de la Société Coligny, société protestante de colonisation, émet l'idée que l'émigration pourrait être « un canal d'issue à ce trop-plein de la population pauvre qui, sans cela, pourra se soulever un jour comme un torrent et tout dévaster sur son passage ». Eugène Réveillaud, *L'Établissement d'une colonie de Vaudois français en Algérie*, Fischbacher, 1893, p. XVII.

58. Discours de Lamoricière, ministre de la Guerre, 8 octobre 1848, dans « En chaland de Paris à Marseille en 1848 », *op. cit*, n° 19 , p. 49.

59. Marcel Émerit, *Les Saints-Simoniens en Algérie*, Les Belles Lettres, 1941, nombreuses notations et pp. 137-148. Tocqueville dresse dans ses *Souvenirs* un portrait élogieux de Lamoricière, et Victor Hugo en fait dans *Choses vues* un bref portrait corrosif : apprenant que les ouvriers allaient voter pour Louis Bonaparte, Lamoricière avait bondi : « Ils veulent Louis Bonaparte ? Eh bien, voyez-vous, je vous donnerai à tous une trempée, mille noms de noms comme en Afrique, sacrebleu ! Je ne voulais pas de la République, moi; mais puisque j'y suis, j'en suis ! Ah ! vous voulez l'aigle à présent ! Eh bien, je lui mangerai les tripes ! [...] Il y avait en effet de l'étourneau dans Lamoricière, mais il y avait aussi de l'épervier », nov. 1848, « Folio », 1997, t. I, p. 740.

À l'arrivée du premier convoi en Algérie, le général de Saint-Arnaud procéda à sa réception en grande cérémonie. « Il leur promit sa bienveillance, sa sollicitude, s'engageant à leur venir en aide [...], mais ne leur dissimulant pas cependant que, pour acquérir sinon la fortune, du moins le bien-être et l'aisance, leurs efforts personnels et leur persévérance au travail seraient bien plus puissants que le concours de l'administration. » Publiant ses Mémoires près de quarante ans plus tard, le général Du Barail nous apprend aussi ce qu'avait été la vraie réaction de l'armée : « Tous ces pauvres diables, que nous allâmes recevoir [...] nous firent l'effet d'assez tristes pionniers de la civilisation, et nos soldats, qui n'ont pas besoin de beaucoup de phrases pour caractériser les choses, adoptèrent, presque immédiatement, le mot *colon*, comme expression d'un joyeux et sympathique mépris. » Cette notation est à retenir car elle a circulé. Le général Du Barail rapporte qu'il fut impossible d'enseigner l'agriculture « à des gens qui n'avaient jusqu'alors manié que la navette ou le tire-pied », et il avait gardé une note mensuelle ainsi conçue : « X. n'entend rien aux travaux de la campagne, a une peur affreuse de son bœuf[60]. » Cette phrase a été souvent citée.

Il est exact qu'il y avait très peu d'agriculteurs parmi les nouveaux colons ; les rapports mensuels fournis au gouverneur par le directeur de la colonie sont clairs : en janvier 1849, par exemple, sur 63 colons à El-Affroun, il y a 6 agriculteurs, et, sur 19 colons à Bou Roumi, il y a 3 agriculteurs. Les autres sont fondeur, tuilier, tisserand, confiseur, limonadier, facteur rural, perruquier, peintre, cordonnier, serrurier, maçon, menuisier, sellier, coiffeur, garçon limonadier, concierge, commis papetier, etc. Julien Franc, reproduisant la liste complète des métiers de ces deux colonies agricoles, parle de l'inaptitude de la grande majorité aux travaux de la terre[61]. E. et S. Larras, rappelant que la classe ouvrière de 1848 était de souche rurale, suggèrent que les éléments de cette classe ne pouvaient pas avoir été aussi incompétents qu'on le dit en matière de culture et d'élevage[62]. Or les notes de conduite et de travail des colons d'El-Affroun et de Bou Roumi en avril 1850 ne sont pas toujours satisfaisantes : le choix que fait Julien Franc de ces observations montre que l'incompétence est souvent affirmée, sans parler de ceux qui s'enivrent, ne se conduisent pas bien, sont paresseux ou nonchalants : « Fait tous les métiers, excepté celui d'agriculteur » ; « N'est rien moins qu'agriculteur (peintre) » ; « N'est

60. Général François-Charles Du Barail, *Mes souvenirs*, Plon, 1894, t. I, p. 347.
61. Julien Franc, *La Colonisation de la Mitidja*, *op. cit.*, p. 349.
62. E. et S. Larras, *op. cit.*, n° 18, p. 15.

pas propre à la culture (confiseur) » ; « Ne sait ni ne veut travailler (menuisier) ; « Incapable de travailler ; bonne conduite » ; « N'a que des filles pour enfants ; ne fait rien » ; « N'est propre à rien », etc.[63].

L'arrivée des ouvriers-colons fut un désenchantement immédiat : à peu près rien ne les attendait, leur travail antérieur, en effet, les préparait mal à cette vie. Charles-André Julien parle d'un « poignant martyrologe » attesté par des centaines de lettres archivées[64]. Le choléra, l'inadaptation, le découragement caractérisent cette aventure. Une commission nommée par le ministre de la Guerre visita les colonies agricoles pendant l'été 1849 : si elle jugea le recrutement déplorable, elle trouva aussi l'organisation précipitée et insuffisante. Le rapporteur avait déclaré à l'Assemblée : « Il est deux points sur lesquels tout le monde semble d'accord : le premier, c'est que ces colonies ont été le produit de la nécessité, des circonstances, et qu'elles ont été, dans une proportion notable du moins, composées d'éléments défectueux peu en harmonie avec leur destination [...]. Le second est de s'abstenir de tout acte, presque de toute parole qui pourrait ressembler à une condamnation anticipée [...]. Il y a plus d'une critique à faire, plus d'une objection à élever sur ce qu'ont été ces colonies. » Il proposait, au nom de la commission qui avait enquêté dans quarante et un villages, de ne plus fonder de colonies agricoles « dans les mêmes conditions ni avec les mêmes éléments », « la dépense n'est pas en rapport avec les produits[65] ». Bref, l'échec était prévisible et il fut très tôt annoncé. Seulement 195 « déportés politiques » de 1848 s'établirent définitivement en Algérie[66]. Plus de cinquante ans après cet échec, Henri de Peyerimhoff, dans un rapport officiel, prononçait un verdict impitoyable : ces ouvriers-colons ne

63. J. Franc, *La Colonisation...*, *op. cit.*, p. 351.
64. Ch.-A. Julien, *Histoire de l'Afrique du Nord*, Payot, 1931, p. 662.
65. Discours de Charles Reybaud, rapporteur, dans : Comte d'Haussonville, « La colonisation officielle en Algérie », I, *Revue des Deux-Mondes*, 1er juin 1883, p. 510. Il fait un bilan sévère : départs, expulsions, « habitudes de fainéantise et d'insubordination », troubles à Mazagran (p. 509) ; il note, sans interpréter, que les Arabes « avaient paru s'intéresser à leur sort » (p. 508).
66. Xavier Yacono, « L'Algérie en 1830 », *Revue africaine*, 1956 (numéro du centenaire de la Société historique algérienne), p. 169.

connaissaient rien à la terre, ils souffraient du climat – ce qui est banal – et ils avaient montré « l'indiscipline d'insurgés de la veille, et la paresse de l'atelier national inoccupé[67] ».

L'installation des Alsaciens-Lorrains ressemble par plus d'un point à l'aventure des transportés de 1848, même si le résultat ne fut qu'un demi-échec[68]. Les intentions du gouvernement différaient de celles de l'Assemblée de 1848, car elles étaient empreintes de solidarité, mais, écrit le président de la Société de protection des Alsaciens-Lorrains demeurés français, le comte d'Haussonville, l'Assemblée s'était « étourdiment empressée de recourir [...] presque aux mêmes moyens » que ceux utilisés en 1848 et dont l'insuccès avait été constaté en 1850[69]. Il s'agissait pour l'Assemblée de marquer les « liens de cœur indissolubles » avec les populations de l'Alsace et de la Lorraine dont elle avait cédé « avec une douleur profonde, sous l'empire de circonstances qu'elle n'a point faites, le territoire matériel ». Une concession de cent mille hectares « des meilleures terres » était attribuée aux Alsaciens-Lorrains. La loi votée en juin 1871, moins sentimentale que la première proposition, insistait sur le fait que son but principal était de procurer à l'Algérie les colons dont elle avait besoin. Une nouvelle loi, de septembre 1871, créa des commissions destinées à recevoir les candidats à l'émigration, d'en constater la moralité et l'aptitude, et elle instaurait un minimum de ressources pour les nouveaux colons. Ceux qui se présentèrent en foule n'étaient pas les agriculteurs aisés qu'avait souhaité le rapporteur; le tri entre

67. H. de Peyerimhoff, *Enquête sur les résultats de la colonisation...*, *op. cit.*, p. 30.

68. Le mouvement d'émigration des Alsaciens vers l'Algérie avait commencé en 1838 : 1787 vinrent alors s'installer; quelques maires du Bas-Rhin informés que le gouvernement délivrait des secours de route aux ouvriers indigents et offrait le passage gratuit à tout ouvrier jeune et valide, poussèrent à cette émigration; le mouvement se ralentit puis reprit à partir de 1852; les préfets d'Alsace avaient publié en 1853 une brochure, en allemand, à l'usage des émigrants. Mais le ministre de la Guerre, constatant que l'installation d'individus « incapables, sans énergie ou sans ressources » était un sytème « ruineux », demanda que les préfets veillent désormais à ce que les candidats aient « quelques ressources pécuniaires ». J. Franc, *La Colonisation...*, *op. cit.*, pp. 379-380.

69. Comte d'Haussonville, « La colonisation officielle... », *article cité*, p. 510. Il faut souligner le mot « protection »; lorsqu'il est associé au mot « indigénes », il est considéré aujourd'hui comme marque de mépris raciste. L'époque avait un autre usage du langage que la nôtre.

les demandeurs de concessions « ne fut pas toujours très heureux » : ceux qui furent retenus étaient sans ressources, nullement préparés par leurs professions antérieures, ils étaient presque tous ouvriers de fabrique[70]. Un nouveau décret détermina, en octobre 1871, les conditions dans lesquelles la colonisation officielle pouvait les accueillir.

Grâce au séquestre mis sur les tribus jugées coupables et sur les individualités compromises dans l'insurrection de 1871, le gouvernement s'était assuré des terres de première qualité qu'en temps ordinaire la colonisation aurait eu de très grandes difficultés à obtenir. « Dans le département d'Alger, c'est la riche pointe orientale de la Mitidja et les grandes vallées kabyles qui furent utilisées tout d'abord. » « Dans Constantine, la belle vallée de la Soummam est ouverte par le séquestre. » « Moins forte est la poussée dans le département d'Oran qui ne s'est pas insurgé, et où les ressources domaniales sont faibles[71]. »

Plusieurs centaines de familles partirent sans posséder les 5 000 francs exigés comme première mise de fonds par la loi de septembre 1871. On les abrita mal, on leur distribua des rations de vivres, et des terres avec des semences et des instruments aratoires. Le gouvernement d'Algérie dut prélever sur ses ressources ordinaires des sommes importantes pour subvenir aux besoins de cette immigration. Incapacité, dénuement, dangers du climat, tentes et méchants gourbis : les Alsaciens-Lorrains « n'avaient pas tardé à payer leur tribut aux fièvres et aux maladies, une assez forte mortalité s'était déclarée parmi eux[72] ». La Société de protection des Alsaciens-Lorrains et la Commission de Alsaciens-Lorrains instituée auprès du ministère de l'Intérieur intervinrent alors, enquêtant, fournissant des secours et en surveillant leur emploi. La Société de protection chercha alors à recruter des colons « plus à l'aise » et y parvint ; le président en

70. *Id.*, p. 512 et p. 513.

71. H. de Peyerimhoff, *Enquête sur les résultats...*, *op. cit.*, p. 45.

72. L. Louis-Lande, « Les Alsaciens-Lorrains en Algérie », *Revue des Deux-Mondes*, XLVe année, 1er sept. 1875, p. 92.

tira une conclusion claire : « Plus la Société de protection s'est éloignée des us et coutumes de la colonisation officielle, plus elle a laissé à ses protégés le soin de se tirer d'affaire presque à eux tout seuls et avec leurs propres ressources, plus le succès s'est accentué[73]. »

Maupassant a immortalisé dans une page saisissante la misère des Alsaciens-Lorrains. Il avait rencontré une vieille femme « exténuée », assise dans la poussière, la « face ridée », « un air las, accablé, désespéré ». « C'était une Alsacienne qu'on avait envoyée en ces pays désolés, avec ses quatre fils, après la guerre. Elle me dit : "Vous venez de là-bas ?" Ce "là-bas" me serra le cœur. – Oui. Et elle se mit à pleurer. [...] On leur avait promis des terres. Ils étaient venus, la mère et les enfants. Maintenant trois de ses fils étaient morts sous ce climat meurtrier. Il en restait un, malade aussi. Leurs champs ne rapportaient rien, bien que grands, car ils n'avaient pas une goutte d'eau. Elle répétait, la vieille : "De la cendre, Monsieur, de la cendre brûlée. Il n'y vient pas un chou, pas un chou, pas un chou !", s'obstinant à cette idée de chou [...]. Je n'ai jamais rien vu de plus navrant que cette bonne femme d'Alsace jetée sur ce sol de feu où il ne pousse pas un chou. » Il ajoutait, quelques lignes plus loin : « Tous nos colons installés au-delà du Tell en pourraient dire à peu près autant[74]. »

Dans son rapport sur la colonisation officielle, Henri de Peyerimhoff concluait que la colonisation par les Alsaciens-Lorrains avait fourni des résultats très médiocres au point de vue de la mise en valeur du sol, mais qu'il n'en était pas de même en ce qui concernait le peuplement : selon une enquête ouverte en 1899, sur 1 183 familles qui avaient été installées, seulement 387 possédaient encore leur concession, 519 familles ne l'avaient plus mais elles étaient restées en Algérie, trouvant des emplois dans le commerce, dans l'industrie et dans l'admi-

73. Comte d'Haussonville, « La colonisation officielle... », *article cité*, p. 522.

74. Guy de Maupassant, « Au soleil » (1884), *Écrits du Maghreb*, Minerve, 1991, pp. 51-52.

nistration, de petits emplois précise-t-il ; 277 familles avaient « disparu »[75].

Les drames des ouvriers « parisiens » et ceux des Alsaciens-Lorrains sont des indications sur la population en train de se former, sur les conditions de travail, sur l'acharnement qu'il fallait pour s'implanter et prospérer. Ces deux expériences amènent à penser que le diagnostic porté par Bugeaud sur le travail, sur le climat, sur les maladies, était peut-être un peu trop optimiste.

La colonisation libre est moins connue que la colonisation officielle. Les premières exploitations agricoles de la Mitidja furent, on l'a signalé, anéanties par les troupes d'Abd el-Kader à la fin de 1839, mais la colonisation libre survécut et se développa même « de façon remarquable » de 1850 à 1870. De 1880 à 1908, elle se substitua largement à la colonisation officielle dans les régions les plus fertiles et les plus anciennement mises en valeur, dans la Mitidja, dans la plaine de Bône. La petite propriété, dont la constitution avait été l'objectif principal de la colonisation officielle, tendit alors à disparaître au profit de la moyenne et de la grande propriété dans ces régions. Dans la Mitidja, en 1921, lors de la phase triomphante de la colonisation, les 3,9 % des propriétés qui avaient une étendue supérieure à 100 hectares représentaient 55 % de la superficie de la plaine ; 59,3 % des propriétés avaient une superficie inférieure à 10 hectares et ces petits domaines atteignaient juste 10 % de la superficie de la plaine[76]. La colonisation libre, selon Georges Yver, a donné à la transformation économique de l'Algérie une cadence plus rapide que la colonisation officielle ne l'aurait fait[77].

La colonisation libre est à l'origine d'une lecture – toujours en cours – sur les « gros » colons. Charles-Robert Ageron écrivait, il y a quarante ans : « Les colons français ne furent pas ces

75. H. de Peyerimhoff, *op. cit.*, p. 52.
76. J. Franc, *La Colonisation...*, *op. cit.*, pp. 654-655.
77. Georges Yver, « La conquête et la colonisation de l'Algérie », *Histoire et historiens de l'Algérie*, Alcan, 1931, pp. 267-306 (voir pp. 304-305).

va-nu-pieds que la légende a dits et auxquels croit encore M. Nora. Des travaux précis ont montré que la plupart des colons étaient déjà des propriétaires ou des fermiers à l'aise, venus tenter fortune. Depuis 1871 jusqu'à nos jours, la terre d'Algérie fut moins un front de pionniers qu'un placement de pères de famille. » Il donnait un exemple : le père d'Édouard Herriot, « modeste officier subalterne, acquit à sa retraite une propriété en Algérie[78] ». Passons sur l'étonnement que donne l'exemple, les mots « modeste » et « subalterne » ne faisant pas pressentir l'aisance. Des placements de pères de famille ? Que penser des petits vignerons ruinés par le phylloxéra en 1878, de tous ceux qui, appauvris, découragés par la dépréciation de la garance, par la maladie du vers de la soie, durent quitter leur région et allèrent tenter leur chance en Algérie ? Tout, loin de là, ne fut pas couronné de succès. Hildebert Isnard a raconté cette émigration et a parlé en particulier des colons capitalistes lyonnais qui, à partir de 1881, se portèrent le long du golfe de Bougie et dans la plaine de Bône ; ce mouvement est important, il coïncide avec la création du vignoble, mais n'est qu'un élément de l'essor de la colonisation[79].

L'apport étranger dans la formation de la population française d'Algérie

L'émigration étrangère a embarrassé tous les gouvernements et a provoqué des politiques fluctuantes, parfois contradictoires : à certains moments, volonté de voir les étrangers posséder un minumum de ressources, à d'autres, leur donner des concessions gratuites comme aux Français, expulser les chô-

78. Charles-Robert Ageron, « Un métropolitain devant la mentalité algérienne » [compte rendu de Pierre Nora, « Les Français d'Algérie », 1961], *Preuves*, févr. 1962, pp. 86-87.

79. Hildebert Isnard, *La Vigne en Algérie, étude géographique*, Gap, Orphrys, t. II, 1954, pp. 480-486.

meurs étrangers, tenir les étrangers à distance ou bien les naturaliser (loi du 24 juin 1889 naturalisant automatiquement les fils d'étrangers nés en Algérie).

Enfantin, qui avait fait partie de la commission scientifique créée en août 1839, insistait sur la nécessité d'une colonie européenne et il sollicita en 1843 une mission d'enquête et de propagande en Allemagne ; elle lui fut refusée. Le comte Guyot, directeur de l'Intérieur à Alger de 1838 à 1847, envoya en 1843 au ministre de la Guerre un rapport pessimiste et prudent : il ne voulait pas qu'on provoquât l'émigration allemande, mais il ne fallait pas l'exclure. Simplement, il fallait l'admettre avec précaution : les Allemands faisaient « un usage immodéré des spiritueux », contractaient les fièvres plus souvent que les autres et avaient encore moins de moyens que les Français ; ils dépensaient parfois leur argent pendant le long voyage[80].

Jusqu'à la guerre de 1914, la méfiance xénophobe s'exprima ouvertement ; il n'est pas rare de rencontrer les mots « péril étranger ». Un professeur d'histoire au lycée d'Alger, Maurice Wahl, écrit en 1882 : « La présence de tant d'étrangers constitue un embarras dans le présent et un péril pour l'avenir ». « Nous n'avons pas conquis l'Algérie pour en faire un pays cosmopolite ; terre française elle est, terre française elle doit rester. Il faudrait d'abord surveiller soigneusement l'arrivée des émigrants, surtout des Espagnols, n'admettre que les gens pourvus de papiers en règle et de moralité constatée, expulser sans merci les vagabonds et les dangereux ; toute l'hospitalité du monde ne saurait nous obliger à recevoir chez nous le rebut des autres peuples[81]. » « La prépondérance française est-elle menacée ? » demandait en 1906 un autre professeur du lycée d'Alger, Victor Demontès ; il ne s'inquiétait pas seulement des étrangers mais de l'importance numérique des naturalisés : « Grâce à la loi de 1889, plus de 5 000 naturalisés pénètrent annuellement dans les rangs de nos nationaux. Or, s'il est prudent, s'il est politique de vouloir briser tout lien politique entre ces étrangers et leur patrie d'origine, il est sage de prévoir les effets de cette entrée en masse des naturalisés dans le corps électoral français. Qu'on avise donc au plus tôt ; demain, il sera trop tard[82]. »

Trois groupes sont toujours cités : les Espagnols, les Italiens,

---

80. Georges Yver, « Enfantin et l'émigration étrangère en Algérie », *Revue africaine*, 2e trim. 1918, n° 295, pp. 249-257.

81. Maurice Wahl, *L'Algérie*, Librairie Germer Baillière, 1882, p. 215 et pp. 216-217.

82. Victor Demontès, *Le Peuple algérien*, *op. cit.*, p. 612.

les Maltais. L'apport allemand est peu connu, et beaucoup de Français d'Algérie l'ignorent ou bien confondent les Allemands avec les Alsaciens, je l'ai constaté. Il faut y ajouter des contingents, plus ou moins fournis, de Suisses, de Luxembourgeois, de Scandinaves, de Roumains, de Belges, de Russes, de Hollandais, de Bulgares, d'Irlandais, de Grecs, de Polonais, d'Autrichiens, de Serbes...

Les Espagnols ont formé le groupe le plus nombreux au XIXe siècle ; le flux en a été particulièrement abondant de 1872 (71 366) à 1886 (144 530). On les trouve alors dans tous les secteurs : les travaux agricoles (défrichement, plantation de la vigne), le commerce, les travaux publics (routes, ports, chemins de fer), les petites industries et la possession de quelques domaines agricoles. Dans l'ensemble, les descriptions d'Espagnols qui sont publiées à la fin du XIXe siècle sont peu critiques à leur endroit et leur accordent au moins deux vertus : un grand courage et la sobriété[83]. Ils étaient fortement représentés en Oranie : à Oran, en 1911, les Espagnoles et les Espagnols naturalisés constituaient 65 % de la population européenne[84] ; à Alger, ils étaient de toutes les populations européennes celle qui l'emportait en nombre.

Dans une thèse soutenue à Alger en 1945, Robert Tinthoin, archiviste en chef du département d'Oran, a fait, à partir des archives, un tableau de l'émigration espagnole de 1830 à 1885 dans ce département. À l'origine des départs, il signalait la démographie excédentaire, les troubles républicains de 1873, la crise agricole, l'extension du prolétariat agricole. « Presque tous, journaliers agricoles ou petits fermiers et propriétaires ruinés, illettrés, ils débarquent par groupes [...] et dirigés par un chef d'équipe qui est venu les raccoler. » Ils s'employaient avant tout comme manœuvres agricoles ; la plupart constituaient une main-d'œuvre quasi nomade, travaillant à la pioche

83. On trouve souvent des éloges très appuyés, et ce sont toujours les mêmes, des « gens des Baléares, les "Mahonnais" comme on les appelle indistinctement » ; ne faisant « pas corps » avec les autres Espagnols, « ils ont des habitudes plus paisibles et des instincts moins violents ». « De tous les éléments étrangers que la conquête française a attirés en Algérie, il n'en est pas d'aussi estimables ». M. Wahl, *op. cit.*, p. 213.

84. M. Larnaude, *L'Algérie*, *op. cit.*, p. 114.

pour déchausser les racines des palmiers nains, des lentisques et des chênes verts et les blocs de pierre « sur lesquels se briserait le soc des charrues » ; ailleurs, on les trouvait « pauvres chevriers », fabricants de charbon de bois fait « avec des souches défrichées », et aussi se livrant au commerce de l'écorce à tan et de l'alfa. Dans quelques cas, à Bou-Sfer, à Mers el-Kébir, à Brédea, ils devinrent, dès 1859, métayers ou fermiers sur les grosses exploitations françaises. « Profitant des efforts des premiers concessionnaires français, enrichis grâce à leur niveau de vie très bas, à leur frugalité, à leur économie et à leurs aptitudes commerciales, [...] ils finissent par acquérir des propriétés », celles de Français qui avaient été découragés, ou qui étaient décimés par la maladie, ou qui étaient partis vers l'intérieur pour avoir des concessions plus étendues, « aux bénéfices plus prometteurs ». Robert Tinthoin signalait aussi des pêcheurs à Mers el-Kébir. Un seul essai de colonisation capitaliste avait été tenté et avait échoué durant cette période. Pour l'essentiel, les Espagnols étaient décrits comme très travailleurs et vivant de peu[85].

Des ouvrages de la fin du XIXe siècle affirment qu'ils haïssaient les Indigènes et les juifs, pour des « raisons historiques[86] ». Dans les entretiens, des enfants de colons ou proches de grands colons d'origine espagnole ont parlé de dureté : durs envers eux-mêmes, avec leurs enfants, les colons d'origine espagnole l'étaient aussi, tout « naturellement » pour leurs ouvriers, m'a-t-on dit.

Ce groupe présentait un caractère singulier : il comptait plus de femmes que d'hommes ; en 1896, il y avait 93 Espagnols pour 100 Espagnoles, car celles-ci venaient pour travailler (employées de maison ou dans des manufactures).

Dans tous les autres groupes, en 1896, les hommes étaient plus nombreux que les femmes ; chez les Français, il y avait 120 hommes pour 100 femmes ; et sur l'ensemble des Européens, 116 hommes pour 100 femmes[87]. Il n'y avait donc rien d'étonnant dans l'obstination de Bugeaud à répéter, quand il était gouverneur,

85. Robert Tinthoin, *Colonisation et évolution des genres de vie dans la région ouest d'Oran* de 1830 à 1885, thèse complémentaire, Alger, 8 juin 1945, pp. 295-297.

86. Jeanne Terracini décrit ainsi les émigrants venant d'Alicante et de Valence : « Paysans secs, pleins de morgue, ils nourrissaient une antipathie atavique contre les Maures, dont le sang coulait dans leurs veines », *Si bleu le ciel, si blanche la ville* (1988), Albin Michel, 1996, p. 87.

87. Les chiffres sur les différences entre les sexes ont été puisés (ou calculés à partir de tableaux) dans : V. Demontès, *op. cit.*, p. 62 et p. 65.

qu'il fallait envoyer les colons-militaires en France pour les marier : à la fin de son gouvernorat, en 1847, il y avait 148 Européens pour 100 Européennes.

Beaucoup moins nombreux étaient les Italiens. Si les descriptions leur sont moins favorables, c'est peut-être que les immigrants italiens ne semblent pas être tous venus pour des raisons économiques, certains le faisaient pour des raisons politiques : Victor Demontès parle de déserteurs des armées des divers États italiens, d'hommes voulant se soustraire à la justice ou échapper à la conscription[88] et donc suspectés d'insubordination. Selon les années, les apports étaient très variables par leur effectif et par leurs provenances ; en 1890-1891, par exemple, ils arrivaient surtout de Campanie, de Calabre, de Toscane, de Sicile. Loin de former une société complète comme les Espagnols, ils n'étaient pas agriculteurs : s'ils cultivaient la terre, c'était en tant que maraîchers. Ils étaient surtout pêcheurs, ouvriers, en particulier dans la construction et dans les travaux publics (routes, ports, chemins de fer), et petits commerçants. C'était essentiellement dans l'Est algérien qu'ils s'étaient installés, ainsi que les Maltais. Au XIXe siècle, ces derniers ont eu une mauvaise image. Cette immigration, qui progressa vite de 1833 à 1851, ne s'accrut ensuite que par l'excédent des naissances sur les décès ; en 1886, à leur sommet, ils étaient 15 533. Au tout début de la conquête, nombreux sont ceux qui semblent avoir été fournisseurs de l'armée et, pour l'essentiel, petits commerçants (débitants de boissons, gargotiers, épiciers, etc.) ; cinquante ans après, on les disait animés par un « instinct de lucre » puissant. René Lespès a insisté sur leurs qualités : « Ardeur au travail, esprit d'économie, aptitudes commerciales[89]. » On soulignera une évidence : le même trait peut être nommé péjorativement (esprit de lucre) ou positivement (aptitudes commerciales). Pierre Dimech, actuellement président national du Cercle algérianiste et qui proclame hautement son

88. V. Demontès, *Le Peuple algérien*, *id.*, p. 55.
89. René Lespès, *Alger, Études de géographie et d'histoire urbaines*, Alcan, 1930, p. 580 (coll. du Centenaire de l'Algérie).

origine « 100 % maltaise », a relevé dans la littérature algérianiste les stéréotypes les plus fréquents du Maltais : piété voyante, âpreté au gain, acharnement au travail, roublardise, sens rude de la famille. Ces « hommes-frontières » si souvent caricaturés, ridiculisés, voire méprisés, avaient fini par avoir honte de leur origine, à vouloir l'effacer, écrit-il, ce qui était facilité par leur faculté d'assimilation car ces insulaires avaient été très souvent envahis, dominés, transformés[90].

Au cours d'un entretien, un Français d'Algérie d'origine maltaise revient souvent sur les Maltais : ils ont « beaucoup de défauts, ils sont coléreux, il y a des histoires de famille, des fâcheries pendant des générations, ce sont des insulaires, des rancunes tenaces, on les dit rapaces ; il y a une qualité qu'on ne peut pas leur arracher, c'est le travail. Tous les gens que j'ai connus en Algérie sont morts à la tâche et avec dignité ». « Les Maltais sont rudes, taciturnes, c'est la différence avec les cousins italiens qui sont exubérants [...]. Les Maltais sont exubérants dans les faits, mais il y a quelque chose déjà d'oriental, ce qui est dû à leur histoire, à toutes les invasions qu'ils ont subies. Quand il ne se croit pas observé, le Maltais a souvent un visage sévère, un sourcil froncé. » Revenant sur le fait que sa communauté était « très décriée » au siècle dernier, il ajoutait que c'était « partiellement mérité ». Depuis son exil, il s'est vivement intéressé à Malte : « J'ai compris pourquoi on ne me parlait jamais de Malte [à Alger], les Maltais avaient honte. Je connais personne qui ait eu honte de ses parents en tant que tels, mais honte de la communauté. J'ai connu des Maltais qui ont fait changer leur nom, et pourtant on ne peut pas dire qu'il y ait eu des persécutions, etc. [...] On avait perdu nos attaches avec Malte, c'est le rouleau compresseur de l'école française qui est passé par là, et un rouleau compresseur consenti ; on s'est tourné en masse et en hâte vers la France [...]. On allait vers une fusion, mais au niveau des grands-parents, les Maltais, les Français, ils ne se seraient pas adressé la parole » *(entretien 55, génération de 1930-1939).*

À la fin de la présence française, les Maltais n'avaient plus, dans les livres en tout cas, cette mauvaise image, sans doute

90. Pierre Dimech, « Le personnage maltais dans la littérature algérianiste », *L'Algérianiste*, n° spécial, 1977, 2e trim., pp. 17-28. L'exil semble les avoir poussés à assumer, à afficher leur origine maltaise.

parce que le « rouleau compresseur consenti » avait bien fonctionné; le groupe maltais, écrit un démographe en 1955, a été « entièrement absorbé par les Français », et seuls les noms sont reconnaissables[91]. Cette « intégration » était, semble-t-il, ancienne et avait été rapide. « De toutes les poulations étrangères, c'est assurément celle qui a été le plus facilement assimilée : la loi de 1889 a consacré pour elle un état de fait[92]. »

Jeanne Terracini, née en 1911 à Alger, écrivant il y a peu ses souvenirs et rapportant ce qu'elle entendait lorsqu'elle était enfant, répète à peu de chose près ces stéréotypes sur les « néo-Français », comme on les appelait au début du XXe siècle : « Les Mahonnais, modestes et propres [...]. Les Maltais, au teint blême, aux cheveux poisseux, [...] habitaient des fermes longues et basses dans une promiscuité effarante avec leurs bêtes [...]. On passait d'une Espagne prolifique et misérable, superstitieuse et austère à une Italie familière et sans-gêne, s'entourant de la pacotille des bazars[93]. »

L'origine nationale a donc d'abord suscité la méfiance, puis l'intégration s'est faite par l'école et par le mariage, ce qui ne veut pas dire qu'il ne restait pas des susceptibilités ou des sentiments d'infériorité chez les uns, et, de la part des Français « de souche », une certaine condescendance, même si elle se voulait pleine de sympathie, pour évoquer par exemple l'arrivée en France en 1962 des Français qui n'étaient pas « de souche » française.

Beaucoup d'entretiens évoquent comment une origine était parfois mal vécue ou peu appréciée, et d'autres comment une origine « étrangère » peut aussi être revendiquée par un Français-très-français. « Ma femme était d'origine à 100 % espagnole tout en se prétendant parfaitement française, si bien qu'elle rejetait son hispanité; j'ai su qu'elle savait l'espagnol quand nous sommes allés en Espagne; j'ai vu qu'elle comprenait alors qu'elle faisait comme si elle ne compre-

91. Henri Weiler, « Peuplement et démographie » (1955), dans *Initiation à l'Algérie*, Adrien Maisonneuve, 1957, p. 149.
92. R. Lespès, *Alger, op. cit.*, p. 581. Rappelons que la loi de 1889 naturalisait automatiquement les enfants nés sur le sol, dont les parents étrangers étaient établis en Algérie.
93. Jeanne Terracini, *Si bleu le ciel..., op. cit.*, pp. 88-89.

nait pas l'espagnol. Je trouvais ça tout à fait ridicule, l'Espagne a été une grande nation, c'est toujours une grande nation » *(entretien 110, génération 1920-1929).*

Une femme dont les familles paternelle et maternelle étaient venues du midi de la France rapporte : une de ses cousines « fréquentait » quelqu'un qui portait un nom maltais; sa tante et sa grand-mère ont tout fait pour qu'elle rompe avec cet homme, en maintenant une forte « pression morale ». Cela l'avait choquée. Peu après, elle présenta son fiancé à sa grand-mère; et sa grand-mère dit haut et fort à l'intention de son autre petite-fille : « Tu vois, elle, au moins, elle prend un nom français. » Sa grand-mère, très certainement, dit-elle, aurait eu la même réaction vis-à-vis de tous les Européens. L'interlocutrice tenait à souligner qu'elle n'avait vu aucune discrimination au lycée *(entretien 59, génération 1930-1939).*

Sa famille paternelle était d'origine italienne, donc son nom l'était, mais, dit-il, à l'école primaire : « Je faisais semblant d'être Corse, c'était mieux, il y avait une caste des Corses, on était tranquille si on était corse » *(entretien 71, génération 1940-1945).*

« J'ai trois personnalités parce que je suis Espagnol pur-sang. Maintenant qu'on est partis d'Algérie, tous les gens racontent : "J'ai une grand-mère maltaise", "Mon grand-père était napolitain"; avant, on n'en parlait pas, il était de bon ton d'avoir un nom français. Maintenant, il y a une espèce de snobisme inverse; moi, j'en fais presque un complexe [rire], je rigole quand je dis ça, je suis Espagnol pur-sang. [...] Et puis là-dessus, il y avait la France, l'école, les maîtres, la France qu'on apprenait dans les livres, une image extraordinaire... et puis il y avait, par la vie quotidienne, il y avait une mentalité de Pied-noir. J'ai eu la chance d'avoir trois choses en moi, je n'exclus aucune [rire]. » « Mon premier contact avec la France où on est arrivés d'Italie, on est entrés dans la rade de Toulon » [débarquement de 1944] *(entretien 117, génération 1920-1929).*

Qu'il n'y ait plus eu de discriminations entre Européens après les années 1930 a été généralement affirmé : « Dans les premières générations, le problème était celui des Européens entre eux, les Maltais, les Napolitains, les Français, tout ça n'avait pas envie de se mélanger. Mais, à ma génération, il y avait longtemps que le mélange était fait » *(entretien 50, génération 1930-1939).* Le mélange était fait, c'est vrai; les entretiens racontent très souvent des mélanges, les grands-parents étant parfois de trois, voire quatre origines différentes. En même temps, comme l'a dit plusieurs fois un Français qui insiste sur son origine « mixte » : « On savait qui était qui, Untel juif, Untel Espagnol, Untel Maltais, on le savait » *(entretien 86, génération*

1940-1945). « On savait qui était qui » est une remarque qui éclaire certains traits de la vie quotidienne.

La communauté juive

Devenus français en 1870, les juifs d'Algérie (34 000 au moment de la naturalisation), demandent un examen particulier parce que leur histoire a des spécificités fortes et parce que, bien que largement occidentalisés, ils vécurent pour la plupart séparés dans l'Algérie française. Dans des ouvrages écrits à la fin du XIXe siècle, la communauté juive semble ne se mettre à exister qu'en 1870. Son passé est le plus souvent délaissé, ou bien la peinture qui en est faite est très noire – dénuement, insécurité, interdits, humiliations. Le 24 octobre 1870, le ministre de la Justice, Adolphe Crémieux, qui était chargé des affaires algériennes, soumettait au Conseil du gouvernement neuf décrets : ils concernaient l'établissement de trois départements, la division de l'Algérie entre départements et territoire militaire, l'institution du régime civil, la centralisation des fonctions administratives entre les mains d'un gouverneur général civil, des réformes de la Justice en matière criminelle, les conditions de la naturalisation des étrangers et des musulmans, et la naturalisation collective des israélites. Ce dernier décret, signé de L. Gambetta, d'A. Crémieux, d'A. Glais-Bizoin, de L. Fourichon, énonçait : « Les Israélites indigènes des départements de l'Algérie sont déclarés citoyens français : en conséquence, leur statut réel et leur statut personnel seront, à compter de la promulgation du présent décret, réglés par la loi française : tous droits acquis jusqu'à ce jour restent inviolables.

« Toute disposition législative, décret, règlement ou ordonnance contraires sont abolis[94]. »

---

94. Le mot *israélite* a été *choisi* au XIXe siècle par des notables français d'origine juive pour

Ce décret est l'aboutissement d'un travail de près de trente ans, mené en France et en Algérie[95]. Les organisations juives de France, et au premier rang le Consistoire central, avaient convaincu les personnalités de la communauté israélite d'Algérie de la nécessité pour les juifs de « se régénérer » pour « s'émanciper ». L'idéal proposé était l'accès à la culture française et un judaïsme rajeuni, épuré des « superstitions », de l'« obscurantisme », du « formalisme » nés de la situation faite aux juifs en pays musulmans. Cet appel avait été entendu par les autorités religieuses d'Algérie, d'autant plus qu'une partie de la population avait vite affiché la volonté de se franciser, de s'occidentaliser. Bien des écrits de voyageurs signalent cette transformation. André Chouraqui a raison d'écrire : « Le décret Crémieux, en 1870, ne fait qu'accélérer une évolution déjà largement dessinée[96]. »

Cette mesure, qui répondait à l'attente de juifs de France et d'Algérie, n'est en rien une « manœuvre » du colonialisme pour « diviser » les indigènes, comme l'ont affirmé certains[97]. Les juifs d'Algérie qui *ont réclamé* ce qu'ils appelaient la « dignité » d'être Français ne visaient pas à se « séparer » des Arabes : ils n'avaient jamais été unis. L'un de mes interlocuteurs, qui fut favorable à l'indépendance, a souligné à plusieurs reprises qu'il n'y avait jamais eu « aucun sentiment

---

affirmer qu'ils étaient français, qu'il n'y avait pas de « nation juive », mais qu'ils étaient de confession israélite.

95. Dans un ouvrage publié en 1902 (*Les Juifs algériens*, 1870-1901, Librairie Cerf), préfacé par Gustave Rouanet, Louis Durieu insistait sur le fait que la naturalisation collective avait été l'objet de longues discussions et avait donné lieu à des ouvrages sérieux, de Louis de Baudicour (1847) à Camille Frégier (1865). Ce dernier, dans un livre solide mais d'une emphase désuète, appuyait son entreprise sur le fait qu'il était chrétien, français, magistrat algérien (p. XLIX) (*Les Juifs algériens*, leur passé, leur présent, leur avenir juridique, leur naturalisation collective, Michel Lévy frères, 1865).

96. André Chouraqui, *Histoire des juifs d'Afrique du Nord*, Hachette, 1985, p. 381.
Il faut noter la vision du secrétaire général du parti communiste français, Maurice Thorez, *en 1939;* rendant compte de son voyage, Laurent Casanova écrivait : « Du fait des contacts qui se sont établis [avec les Français d'origine], la population urbaine d'origine arabo-berbère ou juive est en voie d'assimilation. » « Après le voyage de Maurice Thorez », *Cahiers du bolchevisme*, mars 1939, p. 287. Le « retard » du parti communiste sur l'histoire est confondant.

97. Le chanteur Enrico Macias, reprenant la musique arabo-andalouse de son beau-père, le cheikh Raymond Leyris, assassiné par le F.L.N. en juin 1961 à Contantine, affirme : « Le décret Crémieux, c'est la cause profonde de la guerre d'Algérie. C'est lui qui a créé la fracture entre les communautés juive et musulmane. Les Français ont divisé pour régner. » Propos recueillis par le *Nouvel Observateur*, 15-21 avril 1999. Il est difficile de dire autant de contre-vérités en si peu de phrases.

d'unité avec les Arabes » à cause de « la force de la religion » *(entretien 141, né avant 1910)*[98].

Dès l'enquête de la commission d'Afrique instituée par Louis-Philippe en 1833, le « chef de la nation juive » répondait que les populations juives étaient prêtes à se soumettre aux lois civiles de la France. Tout au long de la Monarchie de Juillet, des mesures portant sur les tribunaux rabbiniques et la suppression de la fonction de « chef » de la nation juive avaient opéré une certaine intégration de la communauté juive aux lois françaises. L'installation du Consistoire algérien en 1847 marquait l'assimilation du monde juif d'Algérie au judaïsme français. Dans le même temps, des démarches et des pétitions demandant la qualité de citoyen français se multipliaient; les jeunes générations fréquentaient les écoles.

Dès 1832, une école spéciale était ouverte à Alger pour les juifs et la direction en était confiée à un israélite français; peu de temps après, une école de filles était ouverte dans les mêmes conditions; « dans ce milieu quasi oriental », aucune opposition ne s'était manifestée contre la scolarisation des filles qui jusqu'alors avaient été exclues de tout enseignement. En 1858, moins de trente ans après la conquête, « 1 704 élèves juifs, garçons et filles, étaient scolarisés dans les nouvelles écoles[99] ».

En 1865, une pétition avait été remise à Napoléon III lors de son second voyage en Algérie : les israélites « ont pensé qu'ils devaient saisir avec empressement une occasion si favorable de réitérer, auprès de Votre Majesté, le vœu si constamment exprimé d'être élevés à la dignité de citoyens français[100] ». Le statut des juifs, qui était alors hybride, divisait les familles. Sous l'effet de l'action persévérante de l'avocat Adolphe Crémieux, président de l'Alliance israélite universelle à sa fonda-

98. Comment Charles-André Julien a-t-il pu affirmer que le décret Crémieux était une mesure « qui imposait aux juifs, qui n'en voulaient pas, la citoyenneté française » ? Il ne donne aucun argument, « L'insurrection de 1871 », *Preuves*, déc. 1963, p. 62.

99. A. Chouraqui, *Histoire des juifs d'Afrique du Nord, op. cit.*, p. 381.

100. A. Chouraqui, *Marche vers l'Occident. Les Juifs d'Afrique du Nord*, P.U.F., 1952, p. 105.

tion en 1860, et des campagnes menées en Algérie pour la naturalisation collective, l'Empire avançait sans hésitation vers une telle mesure ; le 8 mars 1870, le ministre de la Justice, Émile Ollivier, avait transmis au Conseil d'État un projet prévoyant la naturalisation collective. La guerre, la chute du régime suspendirent un instant la conclusion ; c'est la République naissante qui répondit à ce vœu.

Les juifs d'Algérie face à la conquête

Avant d'exprimer le désir d'être française, comment la communauté juive s'était-elle comportée ? Selon de nombreux écrits de militaires, les juifs s'étaient tournés vers la France dès l'arrivée de l'armée et l'avaient aidée à Alger et à Oran. L'enthousiasme, souvent décrit, des juifs algérois, ou au moins l'adhésion à la France, étaient partagés : par exemple, lorsque Blida, en décembre 1830, et Mascara, en décembre 1835, furent évacuées provisoirement, les juifs suivirent les troupes, de peur de représailles en raison de leur coopération [101]. Raphaël Draï avait entendu sa grand-mère rapporter que « le dey de Constantine, voulant parer à la mitraille ennemie, aurait fait attacher des juifs aux fûts de ses canons » et que l'arrivée des troupes françaises avait été ressentie « comme une libération [102] ».

Dans un mémoire inédit portant sur cent dix ans de vie juive à Laghouat, Claire Lalou parle d'une lutte « coude à coude » des juifs et des Arabes lors du siège de Laghouat ; la tradition orale rapporte, écrit-elle, que les femmes juives participèrent au combat. Si ce n'est pas un mythe, deux réalités peuvent éclairer cette exception : l'extrême étroitesse de la communauté juive – quelques dizaines de personnes – et la géographie : Laghouat, située à 420 kilomètres d'Alger, était isolée ;

101. Cf. Rapport sur l'expédition de Mascara, rédigé par Adrien Berbrugger, secrétaire du maréchal Clauzel, adressé par le maréchal au ministre de la Guerre, le 14 décembre 1835 ; le rapport parle de l'état « déplorable » des vieillards, des femmes et des enfants juifs, suivant l'armée à pied, sous la grêle ; il note que les soldats cherchaient à adoucir « autant que possible d'aussi grandes misères », *Correspondance* du maréchal Clauzel, publiée par Gabriel Esquer, Larose, 1948, t. I, pp. 326-361 (citations pp. 355-356).

102. Raphaël Draï, *Lettre au président Bouteflika sur le retour des Pieds-noirs en Algérie*, Michalon, 2000, p. 49.

les juifs, à part la religion, vivaient comme les autres habitants de cette oasis[103].

Comment expliquer le choix immédiat des juifs ? Par leur situation d'oppression sous la régence turque et en terre d'islam. André Chouraqui – né en 1917 en Algérie où il vécut jusqu'en 1952 – écrit que le sort qui leur avait été réservé fait comprendre l'accueil qu'ils firent aux Français : ceux-ci venaient « briser tant d'iniquités et rétablir la paix et la justice dans l'orbe des réalités quotidiennes[104] » ; à la suite de ce diagnostic, il rapporte des pillages de maisons, des massacres de centaines de juifs pendant les décennies précédant la conquête. Il répète pourtant, dans le même livre, qu'il n'y a jamais eu de haine historique vouée par le musulman au juif ; cette affirmation provient selon lui d'Européens « peu familiarisés avec les réalités profondes de l'Orient » et elle aurait été exploitée par une propagande antijuive. Admettant qu'il ne faut pas faire un tableau idyllique des relations judéo-musulmanes, il affirme que le sort des juifs n'était pas « désespéré[105] ».

Albert Memmi, né dans la hara de Tunis, n'a cessé de répéter avec véhémence : « La fameuse vie idyllique des juifs dans les pays arabes, c'est un mythe ! La vérité, puisqu'on m'oblige à y revenir, est que nous étions d'abord une minorité dans un milieu hostile ; comme tels, nous avions toutes les peurs, les angoisses, le sentiment constant de fragilité des trop faibles. » « Jamais, je dis bien jamais – à part peut-être deux ou trois époques très circonstantielles, comme la période andalouse, et encore –, les juifs n'ont vécu en pays arabes autrement que comme des gens diminués, exposés et périodiquement

103. Claire Lalou, *Histoire et mémoire des juifs de Laghouat.* Cent dix ans de vie juive à Laghouat, 1852-1962, septembre 1988, p. 9. Un film de Serge Lalou, *Il était une fois... des Juifs arabes*, appuyé sur ce travail, éclaire le poids de son arrière-grand-père, Jacob Lalou, dans l'entente des juifs et des Arabes de Laghouat au XXe siècle. Georges Hirtz a signalé que J. Lalou a appartenu à la commission municipale pendant quarante-sept ans et a exercé la fonction d'adjoint civil pendant plus de vingt ans ; il écrit que musulmans et juifs s'entendaient fort bien à Laghouat où il a été en poste après guerre. *L'Algérie nomade et ksourienne*, Marseille, Tacussel, 1989, p. 178.

104. A. Chouraqui, *Histoire des juifs...*, *op. cit.*, p. 286.

105. A. Chouraqui, *Histoire des juifs...*, *op. cit.*, p. 99.

assommés, massacrés, pour qu'ils se souviennent bien de leur condition[106]. »

André Chouraqui, bien que très optimiste dans ses travaux, rappelle le statut de *dhimmi* ; les gens du Livre, « s'ils ont la vie sauve en raison des vérités incomplètes dont ils sont les dépositaires, ils devront du moins reconnaître la suprématie de l'islam par le paiement d'une taxe, la *djizza*[107] ». Il énonce ensuite toutes les règles, tous les devoirs que les *dhimmis* doivent respecter et dont la violation pouvait entraîner la peine de mort. Il parle de massacres, de pillages, de fureurs populaires, en affirmant qu'il ne s'agit pas de manifestations de haine mais d'explosions d'« appétits et de convoitise ».

André Chouraqui fait remarquer que le propre des chroniqueurs étant toujours de relater les malheurs du temps, ils « taisent forcément les longues époques de tranquillité, de prospérité, de bonheur[108] ». Ce rappel est juste, mais il semble très difficile et même impossible de prouver que certains massacres ne sont pas nés de la haine mais (seulement ?) de la convoitise, de l'intérêt. Et si l'on pouvait le prouver, en quoi ce massacre-là serait-il moins grave qu'un massacre perpétré par haine ?

Sur le sort des juifs dans les pays du Maghreb, ce qui l'emporte pourtant, des ouvrages de Léon Poliakov à ceux de Haïm Zafrani, c'est l'idée que l'entente, somme toute, était bonne. Si l'on compare avec la situation des juifs dans l'Europe chrétienne, était-elle moins terrible en terre d'islam ? Albert Memmi le dément : « Si l'on excepte les crématoires, *l'ensemble des victimes des pogroms russes, polonais et allemands n'excède probablement pas l'ensemble des petits pogroms successifs perpétrés dans les pays arabes.* » Il soulignait que l'histoire juive avait été écrite jusqu'à présent par des juifs occidentaux et que ceux-ci avaient minimisé la tragédie des juifs des pays arabes[109].

---

106. Albert Memmi, *Juifs et Arabes*, Gallimard, 1974, p. 50 et p. 51.
107. A. Chouraqui, *Histoire des juifs...*, *op. cit.*, p. 93.
108. A. Chouraqui, *id.*, p. 98 ; sur « Le dhimmi », voir chap. v, pp. 91-108.
109. A. Memmi, *Juifs et Arabes*, *op. cit.*, p. 57 (les italiques sont d'A. Memmi).

Albert Memmi inventerait-il son passé anxieux ? « J'ai vécu les alertes du ghetto, les portes et les fenêtres qui se fermaient, mon père qui arrivait en courant après avoir verrrouillé son magasin en hâte parce que des rumeurs sur l'imminence d'un pogrom s'étaient répandues[110]. » Il est certain qu'il n'invente pas, mais sans doute il ne partage pas certaines idées-forces de sa communauté, il refuse les mythes consolateurs ; dans son œuvre, on ne trouve guère le regard indulgent qui minimise les exactions, ou les réinterprète.

Le regard de la communauté juive d'Algérie sur le pogrom de Constantine en août 1934 est un exemple de ce désir de minimiser les violences traumatisantes. Ce pogrom fait par des masses musulmanes est, dans beaucoup d'écrits et dans des entretiens, imputé en grande partie à la mollesse des autorités françaises et à la propagande antisémite de Français (il est exact qu'il y en avait une très violente dans cette ville). Raphael Draï, né à Constantine, écrit : « Si les égorgements et les mutilations du 5 août 1934 ensanglantèrent la mémoire des juifs de Constantine, ceux-ci furent au moins autant traumatisés par l'attitude des "forces de l'ordre". Étrangement, celles-ci n'intervinrent que tardivement et mollement face à ces tragiques événements quand elles ne restèrent pas l'arme au pied. Pourquoi ? Qui saura le démêler[111] ? » Cette interprétation est très fréquente[112].

Une recherche de Pessah Shinar sur les rapports judéo-musulmans dans le Maghreb apporte une réponse : le pogrom de Constantine est un cas *isolé* en Algérie, alors que les quartiers juifs de villes de Libye, de Tunisie, du Maroc ont connu, entre 1875 et 1967, de nombreuses scènes d'horreur pareilles[113]. On peut conclure que la présence française a plutôt contenu les violences des populations musulmanes. Albert Memmi, qui milita pour l'indépendance de la Tunisie, a écrit qu'il fallait rappeler « un fait lourd de signification : la situation

110. *Id.*, p. 52.

111. R. Draï, *Lettre au président Bouteflika...*, *op. cit.*, p. 53.

112. Dans un recueil de *Mémoires juives* (Gallimard-Julliard, coll. Archives, 1986, pp. 221-230), Lucette Valensi et Nathan Wachtel confirment cette version : « Les autorités coloniales n'ont rien fait pour empêcher les troubles. » Mais, analysant les souvenirs qu'ils publient, ils écrivent : ces souvenirs « trahissent une méconnaissance et une crainte de la population musulmane » ; « à l'inverse, la valorisation des Français va de pair avec une mise à distance qui est tout à la fois subie et voulue ».

113. Pessah Shinar, « Les rapports judéo-musulmans dans le Maghreb contemporain », dans *Les Relations entre juifs et musulmans en Afrique du Nord*, Éditions du C.N.R.S., 1980, pp. 1-31.

des juifs pendant la colonisation a été plus sûre, parce que plus légalisée[114] ».

Si l'on s'arrête sur ce fait, c'est d'abord parce qu'il a été évoqué dans quelques entretiens et parce qu'on voit qu'il y a l'Histoire telle que les historiens pensent pouvoir l'établir, et la *rémémoration* que les hommes se font d'un événement ; la rémémoration peut être différente de l'Histoire réelle, mais c'est elle *qui les fait agir, penser, réagir.*

Un autre exemple est intéressant : beaucoup de Français d'origine juive affirment que le F.L.N. souhaitait que les juifs restent. Toutefois, mais très rarement, l'assassinat de Raymond Leyris par le F.L.N. en juin 1961 est évoqué : la communauté juive « se voyait intimer l'ordre de quitter Constantine, sans qu'il demeure personne. Le signal fut entendu[115] ». Le signe a-t-il vraiment été compris par tous ? Car, en même temps, Ferhat Abbas est souvent cité comme un homme tolérant qui voulait que la communauté juive reste ; des propos qu'il a tenus quand il était à la tête du G.P.R.A. sont avancés comme preuve ; il s'agit de la propagande officielle. Mais qu'écrivait le jeune Ferhat Abbas quand il n'avait pas de position officielle ? « L'attitude la plus arrogante est encore celle des israélites. Qu'ils se soient créé, à la faveur d'un décret, une situation digne de leurs qualités et de leur puissance de travail, personne ne songerait à le leur reprocher ou à le leur envier. Mais qu'ils utilisent cette situation pour empêcher ou retarder notre évolution, voilà qui devient intolérable. » Il accusait le docteur Henri Aboulker, ce « bon néo-Français », disait-il – c'était un homme qui avait milité avec constance pour l'égalité des droits –, de s'armer de l'étendard de Jeanne d'Arc pour interdire aux musulmans l'accès du Parlement, alors que ses aïeux, lui rappelait-il, ne s'étaient « arrêtés » en Algérie que parce qu'ils y étaient « moins persécutés que partout ailleurs[116] ». L'usage du verbe « arrêter » dit sans fard aux juifs qu'ils ne sont pas chez eux ; or aucun d'eux ne semble connaître de tels propos, ou s'en souvenir. L'oubli, la réécriture sont des attitudes générales, la vie n'est pas l'Histoire. La communauté juive a peut-être encore plus besoin que d'autres communautés d'aménager son passé[117].

---

114. A. Memmi, *Juifs et Arabes*, *op. cit.*, p. 50.

115. R. Draï, *Lettre au président Bouteflika...*, *op. cit.*, p. 22.

116. Ferhat Abbas, « Ingratitude et reconnaissance », *Le Jeune Algérien* (1930), rééd., Garnier frères, 1981, p. 139.

117. Pas un seul interlocuteur n'a évoqué ou effleuré les attaques nombreuses faites par le F.L.N. contre des lieux juifs, par exemple « le saccage de la grande synagogue d'Alger » (cf. *L'Information juive*, n° 125, déc. 1960) : elle avait été totalement saccagée, le mobilier brisé, tous les rouleaux de la loi profanés, les grilles arrachées, des inscriptions « Mort aux juifs » peintes sur les murs. Ce silence peut signifier un refus de trop centrer l'entretien sur le fait d'être juif, ou il peut être un refus de réalités traumatisantes.

Ce regard qui atténue les actes hostiles, ou qui veut en trouver une explication, se comprend peut-être à partir d'une idée que Salomon Goiten dit centrale dans le judaïsme : « L'homme est maître de sa destinée, et donc inexorablement responsable de tous ses actes : telle était la croyance unanime des penseurs juifs [...]. Il semble que ce ne soit pas l'expérience pratique – quel peuple a reçu de plus cuisantes leçons de la vie que les Juifs ? – qui rende l'homme fataliste ou non, mais une attitude fondamentale. Celle d'Israël s'exprime dans l'enseignement du *Deutéronome* (XXX, 19) : "J'ai placé devant toi la vie et la mort... Choisis la vie"[118]. » Cela permet de comprendre le choix des juifs d'Algérie, ce désir d'adhérer à la langue, à la culture, aux mœurs de la France. « Que l'Algérie fût appelée à s'occidentaliser semblait une évidence indiscutable, une marque de triomphe, le progrès de la culture », écrit Jeanne Terracini[119].

André Chouraqui, retourné à sa religion et devenu citoyen israélien, parle dans ses souvenirs de l'école laïque comme d'un « laminoir » ; la formation reçue à l'école avait effacé « l'identité originelle » par une « amputation sans douleur »[120]. On a constaté dans les écrits et dans les entretiens une intégration rapide et « sans douleur » des juifs d'Algérie à la France, et même, pour certains, beaucoup plus : « Pour nous, dit une Oranaise d'origine juive, ça a été une chance phénoménale, la présence française » *(entretien 178, génération 1930-1939)*[121].

L'antijudaïsme en Algérie

La communauté juive, entreprenante, laborieuse, fascinée par la France, eut à subir à la fin du XIXe siècle l'antisémitisme le plus grossier. Rampant au début du XXe siècle, il connut son acmé avec la loi du 7 octobre 1940 : « *Article 1er*. – Le décret

118. Salomon D. Goiten, *Juifs et Arabes*, Éditions de Minuit, 1957, p. 185.

119. J. Terracini, *Si bleu le ciel, si blanche la ville, op. cit.*, p. 124.

120. A. Chouraqui, *L'Amour fort comme la mort*, Robert Laffont, 1990, pp. 82-83.

121. Rarissimes (sans doute uniques) sont les griefs généralisés de Jacques Derrida : sa communauté « fut coupée d'abord de la langue et de la culture arabe et berbère [...], de la culture et de la langue française, voire européenne [...], de la mémoire juive, et de cette histoire et de cette langue qu'on doit supposer être les siennes ». Jacques Derrida et Catherine Malabou, *La Contre-allée*, Éd. L. Vuitton/La Quinzaine littéraire, 1999, p. 81.

du gouvernement de la Défense nationale du 24 octobre 1870 est abrogé en ce qu'il règle les droits politiques des juifs indigènes des départements et les déclare citoyens français. *Article 2.* – Les droits politiques des juifs indigènes des départements de l'Algérie sont réglés par les textes qui fixent les droits politiques des indigènes musulmans algériens. »

Deux articles précisaient qui pourrait garder le statut politique des citoyens français : ceux qui, ayant appartenu à une unité combattante dans l'une des deux guerres, avaient obtenu la Légion d'honneur à titre militaire ou la médaille militaire ou la croix de guerre (article 4), et ceux qui s'étaient « distingués par des services rendus au pays » (article 5)[122]. Le retrait de la nationalité fut accompagné d'additifs, de lois et de décrets qui instituaient le *numerus clausus* à l'université, dans les lycées et les écoles, l'interdiction de certaines professions, l'aryanisation des biens[123].

Certains Français d'Algérie non juifs, sans que la moindre question leur ait été posée sur ce sujet, ont parlé dans les entretiens de cette loi et des décrets comme d'un fait marquant, ont dit leur malaise ou leur indignation : « Pour dire des choses qui m'ont marquée, mon père [avocat], il avait un secrétaire [juif] qu'il aimait comme son fils... On l'a mis dans l'obligation de le rayer... On a mis les petites filles juives à la porte de notre classe, on l'a toutes mal vécu, c'est des mesures qui nous ont indignées mais je pense qu'on subissait ça comme une fatalité » (cette Algéroise dit avoir vénéré le maréchal Pétain et ne pas avoir pu « piffer » le général de Gaulle, *entretien 27, génération 1930-1939*). Parlant de la défaite qui l'avait « anéanti », un Algérois explique qu'il était au départ antigaulliste et pétainiste; « Pétain pour moi c'était le souverain de la France. Après, bien sûr, les choses ont commencé à mal tourner, au moment des lois raciales. À ce moment-là, j'ai dit : "Ça, c'est encore les Allemands, on n'a pas pu éviter..." J'ai tout fait pour manifester mon amitié pour les juifs que je connaissais, pour témoigner, écrire à des journaux qui refusaient mes articles. J'étais bouleversé dans mes sentiments patriotiques par des choses que je jugeais honteuses » *(entretien 47, génération 1910-1919)*. Dans son milieu professionnel, la médecine, il disait s'être fait beaucoup d'amis juifs.

122. La loi était signée par le maréchal Pétain, par le garde des Sceaux, Raphaël Alibert, par le secrétaire d'État à l'Intérieur, Marcel Peyrouton. Cf. Michel Ansky, *Les Juifs d'Algérie, du décret Crémieux à la Libération*, Éditions du C.D.J.C., 1950, p. 88.

123. Michel Abitbol, *Les Juifs d'Afrique du Nord sous Vichy*, Maisonneuve et Larose, 1983, pp. 62-79.

Un Français (musulman) a déclaré au tout début de l'entretien : « La différence entre Européens et musulmans, à notre âge, ça ne se sentait pas... Ce que j'ai ressenti, c'est plutôt quand il y a eu le régime de Vichy, c'est quelque chose qu'on ne peut pas oublier, on n'était pas, nous, directement visés, mais nos petits camarades juifs, on a vraiment ressenti des choses; souvent je me rappelle cette époque. [...] Moi, ça m'a marqué, ça je ne l'oublierai pas parce que j'avais un copain juif, le directeur est venu et il a désigné ces élèves, il leur a dit : "À partir de demain vous ne viendrez plus, comme ça vous pourrez...", il a ajouté, c'est du sadisme pratiquement, il a ajouté : "Vous pourrez vous amuser toute la journée." Ils n'ont pas réagi mais on a réagi plus qu'eux, parce que, le lendemain, ils n'étaient pas là, moi j'étais privé de mon copain » *(entretien 167, génération 1930-1939).*

Deux natifs du Constantinois ont répété avec chaleur que la communauté des juifs était « admirable », s'adaptant rapidement, passant d'une grande pauvreté à une promotion remarquable; deux secteurs d'activité étaient évoqués, la médecine et le droit *(entretien 93, génération 1920-1929; entretien 149, génération 1910-1919).*

Les activités professionnelles des juifs

La présence française avait produit de grands changements dans les activités des juifs, le statut politique et le développement de l'instruction leur permettaient d'accéder à tous les métiers, à toutes les fonctions. André Chouraqui parle de la création d'une classe d'agriculteurs[124]. Le mot « classe » est sans aucun doute excessif; lors du recensement de 1941, on en comptait 472 occupés dans l'agriculture, l'élevage, les travaux des forêts[125]. D'une plus grande importance est la constitution d'une classe d'intellectuels : médecins[126], avocats, officiers

124. Les *dhimmis* n'avaient pas le droit d'acquérir des propriétés hors de leur périmètre; même si la loi n'était pas rigoureusement appliquée, explique André Chouraqui, les juifs sentaient bien l'insécurité que les convoitises feraient naître; les confiscations, les pillages étaient dans leur mémoire (*Histoire des juifs.., op. cit.*, p. 398); donc ils n'achetaient pas de terres et ils gardèrent cette habitude de prudence.

125. Ils exploitaient alors 75 667 hectares. Il y a de grandes lacunes sur les agriculteurs juifs. Un livre de souvenirs vient de paraître, écrit par la fille d'un colon d'origine juive d'Oranie *(génération 1910-1919)* : Helyett Ben Amara, *Il était une fois... Là-bas*. Grenoble, Éditions Alzieu, 2000.

126. En 1941, il y avait 231 médecins; 166 furent interdits; A. Chouraqui écrit que le *numerus clausus* était « imposé par l'Allemagne hitlérienne » (*Histoire des juifs..., op. cit.*, p. 417); c'est inexact. Sans doute A. Chouraqui ne veut-il pas imputer à la France un acte détestable. Il fut décidé par l'État français du maréchal Pétain, sans la moindre demande des autorités allemandes.

ministériels, professeurs du secondaire et de l'enseignement supérieur, instituteurs.

Utilisant le recensement non publié de 1941, André Chouraqui met au premier rang des activités le groupe des commerçants (30,08 % de l'effectif global) en précisant qu'il s'agit souvent de salariés. Le second groupe, ce sont les artisans : d'abord, le travail des étoffes, des vêtements, des industries textiles (il s'agissait souvent d'ouvriers), puis les cuirs et peaux. Il faut retenir, étant donné les fantasmes sur ce sujet, le travail dans les métaux fins et les pierres précieuses : les juifs étaient beaucoup plus nombreux que les non-juifs, mais le groupe était restreint : 594 personnes[127].

Plus la présence française était forte, plus les juifs avaient un travail. Dans le Mzab, annexé en 1882 et qui resta résolument en marge de la France, près de la moitié de la population juive était inoccupée : il y avait une quantité d'indigents, « les trop nombreux infirmes, aveugles, sourds-muets, handicapés physiques et mentaux [...], les femmes répudiées, les veuves, les orphelins » ; « ils vivaient difficilement de la charité familiale pourtant réelle et efficace. » Ils ne voulaient pas s'adresser à l'administration et aux œuvres charitables, ils en auraient eu « honte », a écrit le dernier sous-préfet de Ghardaïa, Charles Kleinknecht[128].

> André Chouraqui avait essayé, dès le début des « événements », d'attirer l'attention des autorités françaises sur les juifs perdus dans le Sahara, « la partie la plus déshéritée sans doute puisqu'elle est l'oubliée parmi les oubliées ». 1 500 juifs n'avaient aucun statut, n'avaient pas d'état civil ; inscrits dans le deuxième collège depuis 1946, ils ne votaient pas, ce qu'André Chouraqui trouvait sage[129]. C'est au dernier moment que les 1 000 juifs qui y vivaient encore (les

127. Voir A. Chouraqui, *Histoire des juifs...*, *op. cit.*, pp. 369-402.

128. Charles Kleinknecht, administrateur des services civils de l'Algérie, sous-préfet de Ghardaïa de 1955 à 1962, *Les Juifs du Mzab*, 1990, p. 39. Un originaire de Ghardaïa a parlé longuement de la majorité de la population qui était « très, très pauvre » et du plaisir qu'il avait, quand il était enfant, à aller porter un « beau plat de couscous, avec tout ce qu'il faut, avec des pommes, des poires, en plus » à des voisins qui avaient des enfants et qui n'« avaient rien » *(entretien 158, génération de 1930-1939)*.

129. A. Chouraqui, « La condition des juifs du M'zab », *Les Cahiers de l'Alliance israélite universelle*, n° 91, juin-juil. 1955, pp. 14-19.

autres étaient partis pour Israël) obtinrent la pleine nationalité française « grâce au dévouement exemplaire des administrateurs civils inquiets quant à leur survie[130] » ; ils vinrent presque tous en France.

Enfin, il y avait eu, sous l'effet involontaire de la France, l'entrée des femmes juives dans le travail, c'est-à-dire l'entrée dans la condition de la femme occidentalisée : un tiers travaillait régulièrement en 1941[131].

Si l'on s'est arrêté longuement – trop peut-il sembler – sur la communauté juive, c'est qu'elle offre matière à des réflexions stimulantes : d'abord sur *l'effet de la colonisation* sur cette communauté, et sur sa *disparition brutale*, sans laisser de traces, malgré sa très longue ancienneté – une partie était enracinée depuis plus de deux mille ans, une autre était arrivée de la fin du XIIIe (de Majorque) au XVIIIe siècle (les « Livournais ») ; les expulsés ou persécutés étaient arrivés surtout d'Espagne (1391 et deux grands exodes, 1492, 1609) ; moins considérables en nombre, des juifs étaient venus aussi d'Italie (1342), des Pays-Bas (1350), de France (1403), d'Angleterre (1422).

Malgré son occidentalisation, ce groupe cimenté par des conceptions de la vie à base religieuse, spirituelle, culturelle resta distinct, d'abord par son attachement à son identité et, aussi, par la force des préjugés et les anxiétés d'une partie des Européens ; ceux-ci avaient du mal à se constituer en communauté au cours d'une histoire qui fut brève et difficile. Pendant la guerre de 1954-1962 d'ailleurs, malgré la réserve d'une grande partie de la communauté juive devant les événements[132],

130. Freddy Raphaël, « Les juifs du M'zab dans l'Est de la France », dans *Les Relations entre juifs et musulmans...*, *op. cit.*, pp. 197-224 (citation, p. 198).

131. A. Chouraqui, *Histoire des juifs...*, *op. cit.*, p. 400.

132. Souvent discrète, la communauté juive a eu pourtant certains de ses membres dans le F.L.N., venant surtout du parti communiste, et des O.A.S. Cf. Daniel Timsit, « Algérie : récit anachronique », *Revue d'études palestiniennes*, n° 54, nouv. série, n° 2, hiver 1995. [Republié en livre, Saint-Denis, Éditions Bouchène, 1998]. Étudiant en médecine, il fabriquait des explosifs pour le F.L.N. ; arrêté en octobre 1956, condamné, il fut libéré en mai 1962. Après quelques années en Algérie, il est venu s'établir en France, car le mode de vie occidental lui convenait mieux que le « mode arabo-islamique » (p. 60). La communauté juive s'était « dans son ensemble », juge-t-il, « solidarisée » avec l'Algérie française (p. 47). Cf. Régine Goutalier, « Les juifs et l'O.A.S. en Oranie », dans : *Les Relations entre juifs et musulmans...*, *op. cit.*, pp. 188-196. D'après des archives de la Cour de sûreté de l'État, sur lesquelles s'appuie cette étude, ces juifs O.A.S. portent la responsabilité d'attentats spectaculaires et de crimes de sang parmi les plus « odieux » qui sont énumérés (p. 194).

son attachement profond au sol natal l'avait rapprochée des Européens [133]. Le mensuel algérois *L'Information juive* constatait en 1958 : « Rien ne distingue extérieurement la société juive du reste de la communauté européenne. Une même destinée unit tous ces hommes et toutes ces femmes projetés dans le carrefour d'un conflit [134]. » Une réaction rapportée par Rabi dès l'été 1956 illustre ce sentiment d'une même destinée : « Combien de fois, au cours de mes voyages en Afrique du Nord, ces dernières années, et pas seulement en Algérie, n'ai-je pas entendu ce propos indéfiniment répété : "Si la France s'en va, nous partons tous" [135] ! » Mais personne n'imaginait qu'elle puisse partir.

LES LÉGENDES NOIRES DU DÉBUT DE LA COLONISATION

La communauté des Français d'Algérie était donc, dès le départ, très diversifiée, bigarrée, clivée ; sa pauvreté et son hétérogénéité la rendaient suspecte. On a cité les jugements rudes de Bugeaud sur les Européens et on pourrait en donner beaucoup de la même encre [136]. De nombreuses descriptions brossées à la fin du XIXe siècle continuent de porter cette appréciation.

---

133. « Jamais autant qu'aujourd'hui nous n'avons aussi intensément aimé ce pays », écrivait en 1961 Jacques Lazarus, « Tels que nous sommes », *Information juive*, n° 127, févr. 1961.

134. Arnold Mandel, « Vues et points de vue de l'arpenteur », *Information juive*, n° 95, février 1958.

135. Rabi, « Destin des juifs en Afrique du Nord », *Esprit*, juil.-août 1956, p. 158.

136. Émile de Girardin, par exemple, se disait peu favorable aux tentatives de colonisation. Dans *Civilisation de l'Algérie* (Michel Lévy, 1860), il écrivait : « La colonisation a pour conséquences l'extermination, l'expulsion, l'oppression ou l'assimilation des peuplades auxquelles elle tend à se substituer » (p. 15) ; « Civilisation et conquête se tournent le dos ; elles s'excluent » (p. 74). Il soulignait que la France n'avait aucun excédent de population, et qu'il était difficile de trouver des hommes « capables, moraux et patients » (p. 6). Son jugement sur les Français qui s'éloignaient de la mère-patrie était sans appel : « Ils ne vont [...] chercher la fortune au loin que parce qu'ils n'ont pas su réussir chez eux dans aucune carrière, faute d'aptitude, de prudence et de persévérance ; ils n'émigrent guère que pour chercher l'oubli d'une faute ou la réparation d'un désastre. Ce sont le plus souvent des caractères entreprenants, mais dont le fond est l'insoumission, la paresse et la mobilité ; des gens enfin qui comptent plus sur le hasard que sur eux-mêmes. »

Enfantin semble avoir été sur ce point exceptionnel. Colonisateur décidé pour qui dès 1843 la possession de l'Algérie était « légitime et irrévocable », il s'opposait à l'opinion courante : il entendait dire que la population européenne était composée d'« un rebut d'aventuriers des côtes de la Méditerranée, qui viennent *exploiter* les Français » et d'« un rebut d'aventuriers français qui viennent *s'exploiter* entre eux et *exploiter* l'armée ». Enfantin estimait que ce jugement « un peu exagéré » et injuste demandait réflexion : les Européens « viennent pour vivre, pour *gagner de l'argent*; ils sont très pauvres. Ils sont donc, par nécessité et par habitude, *exploitants* ». Il énumérait les secteurs de leurs activités (culture de primeurs, commerce de fruits et légumes, domestiques, portefaix, éleveurs de chèvres, de porcs, de poules, pêcheurs, vendeurs de tabac...) et il les disait beaucoup plus habiles dans ces secteurs que les colons français. Ces derniers venaient aussi « *gagner de l'argent*; ils sont cafetiers, cabaretiers, épiciers, bouchers, boulangers, tailleurs, bottiers, en un mot *boutiquiers*; ils sont aussi maçons, charpentiers, terrassiers, en un mot, *ouvriers*; du moins telle est l'immense majorité des colons ». Il soulignait que les propriétaires étaient en fort petit nombre et que, s'il y avait eu parmi eux des joueurs et des agioteurs, cela tenait au fait que la France n'avait pas organisé la propriété et le travail[137]. Enfantin s'interrogeait sur le caractère « moral » de la population, c'est-à-dire son « égoïsme »; non seulement cela ne lui paraissait pas irrémédiable, mais il le voyait comme une étape normale dans la construction des sociétés. Les Français lui semblaient les plus individualistes, ne connaissant que la famille, c'est-à-dire « le plus petit état social », alors que d'autres populations, comme les Maltais ou les Mahonnais, étaient solidaires, dévoués entre eux, formaient des tribus, c'est-à-dire de petites sociétés ayant déjà quelques vertus. Bref, sans être le moins du monde découragé par l'état présent, il indiquait des jalons pour organiser la société coloniale civile[138].

137. Enfantin, *Colonisation de l'Algérie*, P. Bertrand, 1843, pp. 470-471.
138. *Id.*, pp. 476-479.

Enfantin savait et sentait que les clivages, les méfiances, les solidarités, les repliements, les rejets mêmes étaient des *étapes* de la constitution d'une société ; il était évident pour lui que celle-ci avait besoin de *temps* pour prendre sa forme. Cette attitude est singulière pour deux raisons évidentes : d'abord, Enfantin parle de l'ensemble des activités des habitants de la colonie, et pas seulement de l'agriculture ; ensuite, il cherche les raisons de ce qu'il constate, il relativise aussitôt les termes qui impliquent un jugement, alors que très généralement ceux que leur fonction amenait à aller en Algérie prenaient des instantanés sans s'interroger sur ce qui avait généré des conduites, ils les voyaient immédiatement comme des travers irréparables.

La critique des colons que Bugeaud avait clairement exprimée a été relayée dans les décennies qui suivirent par des romans, des essais, disant qu'on trouvait en Algérie le rebut de la Méditerranée. Jusque dans les années 1870, beaucoup d'observateurs se lamentèrent ou s'indignèrent des « mauvaises mœurs » des nouveaux habitants, en particulier de la prolifération de cafés, de guinguettes et des ravages de l'absinthe. Ce fléau, écrivait en 1863 le président du tribunal de Sétif, « date pour ainsi dire du lendemain de la conquête [...]. À elle seule, l'Algérie en a consommé plus que toutes les parties du monde[139] ». La fréquence des condamnations morales doit être située dans leur temps, le discours était alors saturé de morale ; il suffit de lire les incitations à l'établissement de colons par les sociétés protestantes de France et le contrôle qu'elles exercent et veulent exercer, ou les objectifs des commissions créées pour sélectionner les Alsaciens-Lorrains (constater l'aptitude bien sûr, mais aussi la moralité).

La représentation qu'Alphonse Daudet donne des Européens dans les *Aventures prodigieuses de Tartarin de Tarascon* est en fait conforme à une version *fréquente* à l'époque, les bonheurs de plume

139. Camille Frégier, dans : *L'Absinthisme en face de la loi* (1863), cité par Jules Caillat, « Le voyage d'Alphonse Daudet en Algérie », II, « L'utilisation des souvenirs », *Revue africaine*, 1er trim. 1924, n° 318, p. 131.

en plus. « "Mais c'est donc tous des gredins, dans ce pays ?"... hurla le malheureux Tarasconnais. Barbassou eut un geste de philosophe. "Mon cher, vous savez, les pays neufs..." [140]. » Tout ce que voit Tartarin, c'est la misère, la frime, des « carotteurs », une fausse Mauresque-cocotte qui sait le marseillais, « la bohème des gens de loi, des dossiers qui sentent l'absinthe, les cravates blanches mouchetées de *champoreau* » (p. 149), un bal masqué avec « quelques épaves de Bullier ou du casino, vierges folles suivant l'armée, chicards fanés, débardeurs en déroute, et cinq ou six petites blanchisseuses mahonnaises qui se lancent, mais gardent de leur temps de vertu un vague parfum d'ail et de sauces safranées... » (p. 106), une salle de jeu bariolée où des colons « qui ont fait quarante lieues pour venir hasarder sur un as l'argent d'une charrue ou d'un couple de bœufs » ont « le regard singulier du joueur, trouble, en biseau, devenu louche à force de fixer toujours la même carte » (p. 107), et puis des polkas d'Offenbach, des querelles, « des jurons de tous les pays, des cris fous dans toutes les langues, des couteaux qu'on dégaine » (p. 107), des militaires... et pas de vrais lions. « Vive Tarascon ! » crie Tartarin en quittant Alger.

Alphonse Daudet, qui était parti plein de fougue, habillé en « teur » (turc), écrit au retour une « galéjade », ainsi qu'il le regretta plus tard, peint une mascarade qui n'est même pas orientale. Il est beaucoup moins original qu'on ne l'a écrit : de tels récits sont courants, accumulant l'alcoolisme, le jeu, la galanterie, les violences, l'escroquerie, le mélange des langues, la misère. En revanche, il est original par son ton. Comme son époque, Alphonse Daudet aime observer les « classes dangereuses », c'est-à-dire les caricaturer, les juger, voire les inventer. Se moquant des mœurs des colons, il se moquait du même coup, discrètement, des déboires de la politique impériale.

On laissera donc de côté les traités de morale, les récits des mystères et des bas-fonds d'Alger, car malgré leurs prétentions réalistes, ils sont largement romancés, et à peine lisibles aujourd'hui [141]. Mais on doit constater que ces images de pacotille ont perduré.

---

140. Alphonse Daudet, *Aventures prodigieuses de Tartarin de Tarascon* (1872), « Folio », 1987, p. 155.

141. Il faut sortir de cette production *Le Sang des races*, de Louis Bertrand, paru à la fin du siècle ; il a sans aucun doute une valeur documentaire. Ce roman, réédité en 1979, dans la collection « L'Algérie heureuse » (Robert Laffont/Tchou, avec une belle iconographie), est toutefois très difficile à lire aujourd'hui.

JULES FERRY, UN TOURNANT DE LA PENSÉE COLONIALE

Jules Ferry marque un tournant dans l'évolution du rapport de la classe dirigeante française à l'Algérie. Son nom est abondamment cité ou sollicité, parfois pour assurer qu'il n'avait que mépris pour les colons, parfois pour l'épingler comme le « premier théoricien de l'impérialisme colonial », ainsi que Sartre l'a écrit. Dans une note sur l'idée coloniale en 1871, Jacques Valette affirme que les préoccupations économiques sont bien antérieures à la guerre franco-allemande et que l'idée coloniale était présente dans toute la pensée politique et économique des Français « éclairés » du XIXe siècle ; les textes et les définitions qu'il cite font ressortir en fait une grande cacophonie[142]. Des Français « éclairés », peut-être, mais la classe politique ? Jules Ferry, ainsi qu'on l'a dit, en nouant l'idée de la grandeur à redonner à la France, à sa mission « civilisatrice » et à des préoccupations économiques, forgea la première doctrine coloniale bien constituée ; elle allait s'imposer malgré les assauts de son grand adversaire sur ce terrain, Clemenceau.

On sait que, avant Jules Ferry, Prévost-Paradol qui avait lancé à la fin de l'Empire des formules percutantes sur la grandeur de la France, avait eu peu d'écho. En 1868, il écrivait que la seule et dernière ressource de la France est l'Algérie, car elle permettrait, en débordant sur la Tunisie et le Maroc, de fonder l'empire méditerranéen : « Ou bien nous resterons ce que nous sommes, nous consumant sur place dans une agitation intermittente et impuissante, au milieu de la rapide transformation de tout ce qui nous entoure [...] ; ou bien de quatre-vingt à cent millions de Français, fortement établis sur les deux rives de la Méditerranée [...], maintiendront à travers les temps le nom, la langue et la légitime considération de la France[143]. » C'était donc pour la France un besoin pressant de s'établir en Afrique et sa politique ne

142. Jacques Valette, « Note sur l'idée coloniale vers 1871 », *Revue d'histoire moderne et contemporaine*, avr.-juin 1967, pp. 158-172.
143. Prévost-Paradol, *La France nouvelle*, Calmann-Lévy, 1868, p. 418.

devait pas être freinée par « un respect exagéré des préjugés et de la faiblesse des Arabes » : il était temps « d'établir en Afrique des lois uniquement conçues en vue de l'extension de la colonisation française et de laisser ensuite les Arabes se tirer, comme ils le pourront, à armes égales, de la bataille de la vie[144]. » L'Algérie devait être « peuplée, possédée et cultivée par des Français ». Napoléon III, dans sa célèbre lettre au gouverneur Pélissier, maréchal duc de Malakoff (5 février 1863), indiquait que les indigènes devaient conserver « l'élevage des chevaux et du bétail, les cultures naturelles du sol » et que « l'intelligence » européenne devait se consacrer à « l'exploitation des forêts et des mines, les dessèchements, les irrigations, l'introduction des cultures perfectionnées » et à l'importation d'industries qui accompagnent les progrès de l'agriculture : il était éloigné des vues de Prévost-Paradol[145]. Les oscillations et les embarras[146] de sa politique montrent qu'il ne visait pas à un empire méditerranéen.

Jules Ferry, se réclamant de la Révolution française et héritant d'un pays amputé, sera un colonisateur résolu. La spécificité de la France – sa défaite – ne doit pourtant pas faire oublier que c'est l'Europe presque tout entière qui se lance alors dans la conquête du monde. Ce n'est pas la doctrine définie par Jules Ferry qui nous intéresse (elle a été bien analysée par Raoul Girardet[147]), mais c'est son regard sur les colons d'Algérie qui nous retient ici.

Dans le rapport qu'il présenta au nom de la commission sénatoriale d'étude des questions algériennes (1892), il s'arrêtait un moment sur eux. Leur état d'esprit lui paraissait « limité » et ne les disposait pas à être les arbitres du sort des

---

144. *Id.*, p. 417.

145. Lettre de Napoléon III au gouverneur Pélissier, maréchal-duc de Malakoff, citée dans René Passeron, *Les Grandes Sociétés et la colonisation dans l'Afrique du Nord*, Alger, Imprimerie de la Typo-litho, 1925.

146. Par exemple, Napoléon III rappelait que la France « sympathise partout avec les idées de nationalité » ; il critiquait « les formes tracassières de l'administration », « la dépossession partielle » des Arabes de leurs meilleures terres, et il justifiait pourtant « la dépendance » dans laquelle la France était « obligée de tenir un peuple arabe » : elle devait l'appeler à « une meilleure existence ». Mais son choix de la grande colonisation, la vente des concessions aux grandes sociétés avaient abouti à imposer aux métayers arabes « un état voisin du servage » (cf. René Passeron, *Les Grandes Sociétés et la colonisation...*, *op. cit.*, p. 83). Par ailleurs, ses déclarations sur le royame arabe – « Je suis aussi bien l'empereur des Arabes que l'empereur des Français » – montrent le côté chimérique de ses vues.

147. Cf. Raoul Girardet, *L'Idée coloniale en France de 1871 à 1962* (1972), rééd., Hachette (coll. « Pluriel »), 1978, chap. III, « Le grand débat ».

indigènes. Leur accordant brièvement des vertus laborieuses et patriotiques, il jugeait qu'ils n'avaient pas « l'équité de l'esprit et du cœur » et qu'ils ne connaissaient que leurs propres droits ; ils étaient, selon lui, animés par la rancune, le dédain et la crainte. Ce qui fondait ses critiques tient à la tâche qu'il attribuait à la colonisation : faire œuvre « d'émancipation », remplir « la mission éducatrice et civilisatrice qui appartient à la race supérieure ». Or les colons, avait-il constaté, ne croyaient pas que la « race inférieure » soit éducable, améliorable, et ils n'avaient donc rien fait pour l'arracher à sa « misère morale et intellectuelle » – rappelons qu'à l'époque la plupart des 485 000 Européens étaient arrivés pauvres, et surtout que beaucoup étaient illettrés. Tout en disant que la commission sénatoriale ne se faisait « aucune illusion sur les vertus du peuple conquis », il pensait cependant que celui-ci n'était pas « irréconciliable », qu'il était « résigné », « docile ». Il fallait donc, pour atténuer et si possible effacer le souvenir des luttes sanglantes, lui apporter la justice et un pouvoir juste et fort. C'est pourquoi il proposait de placer le gouverneur général « au-dessus des influences locales et de l'action des corps élus[148] ».

L'une des contradictions de la doctrine de Jules Ferry est flagrante, on l'a déjà souligné : les pauvres du pourtour de la Méditerranée, qui étaient venus dans des conditions très dures, cherchaient à se sortir de la pauvreté, de la misère ou même des luttes politiques qui les écrasaient. Ils venaient pour vivre, pour gagner leur vie, comme l'avait assuré raisonnablement Enfantin, et non pour civiliser. D'autre part, Ferry affirmait de la manière la plus claire que les colons appartenaient à une race supérieure. On entend sans cesse, parmi les défauts imputés aux Français d'Algérie, le fait qu'ils se pensaient supérieurs : c'est la IIIe République naissante qui le leur avait répété ; l'école

148. Jules Ferry, *Le Gouvernement de l'Algérie*, Armand Colin, 1892, pp. 79-82. Jules Ferry affirmait que le colon n'opprimait pas, ne violentait pas l'indigène ; il donnait comme preuve que, dans « la longue liste des griefs » que les Arabes des trois provinces avaient donnée à la commission, celui-ci n'était nulle part mentionné (p. 80), mais il parlait de violence dans le langage et dans les sentiments. On relève ce point parce qu'on entend aujourd'hui des histoires noires sur les violences des colons.

républicaine a inculqué avec une bonne conscience tranquille l'idée d'une grandeur de la France, de ses bienfaits, de ses devoirs, et aussi de ceux que la race vaincue, « inférieure », devait lui rendre[149].

De 1880 à 1930, s'est fortifiée une doctrine coloniale qui ne s'interrogeait pas sur les conséquences des rencontres, des chocs entre deux civilisations si différentes. Le développement de la civilisation industrielle, bâtie sur les progrès des sciences, projetait brusquement dans ce monde, avec ses valeurs, ses exigences, des populations qui étaient restées totalement étrangères aux progrès des sciences et des techniques. La civilisation industrielle était sûre de sa supériorité, le chemin qu'elle avait suivi était le seul bon, il était nécessaire et inévitable.

Un universitaire algérois publia, quelques mois avant le déclenchement des « événements » de 1954, une étude sur « l'état intellectuel et moral » de l'Algérie en 1830. Il soulignait que les Français d'alors, novices en matière d'expansion coloniale, n'avaient pas cherché à comprendre la distance qui les séparait des musulmans. Il dressait un bilan de la civilisation de l'Algérie en 1830 : « Rudimentaire, puisqu'elle ne construit plus à cette époque de monuments d'une grande valeur artistique, puisque sa littérature est médiocre et sa science en retard de plusieurs siècles. Mais il y a civilisation dès que l'homme s'impose à lui-même des contraintes morales : charité, politesse, morale familiale et qu'il est capable de dominer certains appétits terrestres. » Il concluait que l'Algérie était en 1830 « un pays resté médieval, mais l'éducation musulmane lui avait donné une grande énergie morale[150] ».

149. Manuela Semidei a fait une bonne analyse des manuels scolaires français entre les deux guerres : « De l'Empire à la décolonisation », *Revue française de science politique*, févr. 1966, pp. 56-86.

150. Marcel Émerit, « L'état intellectuel et moral de l'Algérie en 1830 », *Revue d'histoire moderne et contemporaine*, juill.-sept. 1954, p. 212.

LA FABRICATION DES LÉGENDES DORÉES

Le personnel politique de la IIIe République manifesta de l'enthousiasme pour la situation nouvelle. Quelques années avant le voyage de la commission sénatoriale que présidait Jules Ferry, Paul Bert, visitant la Kabylie – c'était son second voyage – et acceptant la présidence d'honneur de la Société pour la protection des colons et l'avenir de l'Algérie[151], tenait un discours s'articulant autour de deux thèmes : la protection des colons, ce qui veut dire qu'il avait au moins de l'intérêt et même de la sympathie pour eux[152], et la certitude que la population vaincue était « éducable », que son éducation était la condition de l'avenir de l'Algérie française. Dès 1883, il formule ce qui deviendra une version officielle de la République : « J'éprouve en effet la plus vive admiration, la plus respectueuse sympathie pour ces colons qui, au milieu de conditions si difficiles, ayant à lutter non seulement contre le climat, mais contre la lenteur, la routine, l'incohérence des mesures administratives ; tenus en défiance et trop souvent abandonnés sinon combattus par l'autorité qui aurait dû les protéger ; n'ayant pour les défendre ni journaux ni représentants ; dédaignés ou du moins négligés par les pouvoirs publics, ont su néanmoins, à force de courage et de sagesse, défricher le sol, bâtir des villes et conquérir le régime civil, c'est-à-dire la liberté. » « Si nous avons conquis l'Algérie, si nous avons dépensé pour cette conquête, presque sans compter, et l'argent et le sang ; si les riches vallées fertilisées par nos travaux sont engraissées des corps de nos premiers colons, tombés en assainissant le sol, [...] tous ces sacrifices qu'on a demandés à la France, c'est dans

151. On remarquera là encore le mot « protection » accolé à colons ; cela éclaire son emploi.

152. Je m'étais arrêtée à Paul Bert après avoir lu dans le livre de Fanny Colonna, *Instituteurs algériens*, 1883-1939, Presses de la Fondation nationale des sciences politiques, 1975, p. 39 : « Ferry (de même que Combes, Paul Bert...) n'avait que mépris pour les colons. » Je ne vois rien de tel chez Paul Bert, au contraire.

l'intérêt de la France, dans cet intérêt seul qu'on a pu les exiger et les obtenir[153]. » Ce sont à peu près les termes qu'utiliseront des Pieds-noirs quand ils défendront l'Algérie française en 1960. Le droit légitime de la propriété d'une terre, assurait Paul Bert, c'est savoir l'utiliser ; il rappelait : « Les biens de mainmorte ont été, en 1789, partagés entre les mains vivantes[154] », et il se référait au Coran qui « *donne la terre à qui la vivifie* » (souligné dans le texte).

S'intéressant cependant aux Indigènes, Paul Bert répétait qu'il leur fallait avant tout des écoles, pour acquérir « cette science qui est, avec l'esprit de justice, notre véritable supériorité aux yeux des indigènes ». Il précisait qu'il voulait des instructeurs français, des moniteurs indigènes, mais non des instituteurs ; ceux-ci ne connaissaient pas la langue et les mœurs des petits Kabyles et ils leur enseignaient les « préoccupations habituelles de l'Université », « les casse-tête de l'arithmétique, les Mérovingiens, les subtilités de la grammaire, les bizarreries de l'orthographe[155] ! ». Dans sa lettre au président de la Société pour la protection des colons, il définissait ce que devait être l'instruction primaire obligatoire des Indigènes : il rappelait d'abord que personne n'avait eu l'idée « ridicule » d'empêcher les enfants musulmans de parler la langue de leurs ancêtres, mais qu'il fallait leur apprendre la langue française, les mœurs, l'histoire, les bienfaits et la puissance de la France[156]. Sa marotte, écrivait-il, c'était de vouloir imposer le changement dans « la machine à fabriquer les hommes[157] ».

On remarquera que l'une des critiques faites aux colons est leur refus, plutôt que leur incapacité d'organiser une politique évolutive ; l'un de mes interlocuteurs dira plusieurs fois que ni la France ni les Français d'Algérie n'ont voulu faire évoluer la population musulmane, et qu'au contraire les colons, même

153. Paul Bert, « Lettre au président de la Société pour la protection des colons », 6 juillet 1883, dans *Lettres de Kabylie*, Alphonse Lemerre, 1885, p. 69.

154. *Id.*, p. 73.

155. *Lettres de Kabylie*, *op. cit.*, p. 63.

156. « Lettre au président... », dans *Lettres de Kabylie*, *op. cit.*, p. 75.

157. *Lettres de Kabylie*, *op. cit.*, p. 62.

quand ils avaient de « bonnes intentions », souhaitaient que les musulmans, qu'ils voyaient comme des enfants, restent des enfants *(entretien 47)*. Dans les années 1880, les républicains avaient exprimé l'ambition hardie et redoutable de changer les hommes, de changer donc la machine à les fabriquer. C'est une idée qui rapidement ne sera plus exprimée, ne sera plus pensée.

Tous les gouverneurs ont toujours dit que l'Algérie était peuplée d'une population nombreuse et belliqueuse, et que la France n'avait pas affaire à des sauvages sortant « des cavernes des temps préhistoriques » comme en Amérique ou en Australie. On ne saurait, avait averti le gouverneur Jules Cambon, comparer les musulmans aux Peaux-Rouges, car les musulmans avaient « laissé dans l'histoire de l'humanité la trace que vous savez » et jouaient encore dans le centre de l'Afrique « un rôle considérable, un rôle de conquérant[158] ». Cette population, qui était respectée dans les discours, fut très vite considérée comme n'étant ni assimilable ni impénétrable[159]. Jules Cambon parlait d'une tâche très difficile car il fallait refuser la dépossession par la force ou la dépossession hypocrite, et il reprochait aux Algériens – nom donné et pour longtemps aux Européens d'Algérie – de « compter beaucoup trop sur le gouvernement et sur l'État », estimant que ce mauvais pli leur venait de Bugeaud, de la colonisation officielle. Il faut se souvenir de cette critique : elle avait déjà été émise sous différentes formes ; on la retrouve longtemps et sous des plumes nombreuses.

Le comte d'Haussonville critiquait l'attitude qu'il disait permanente des habitants de l'Algérie : ils se plaignent sans cesse d'être oubliés ; mais, si on s'occupe d'eux, ils ne se font pas faute d'ajouter que c'est sans rien connaître ; lamentations, reproches, etc. sont exprimés sans répit. Il soulignait que tous les gouvernements subissaient

158. Jules Cambon, Discussion du rapport sur la colonisation d'Émile Labiche, Sénat, 26 mars 1897, dans *Le Gouvernement général de l'Algérie...*, *op. cit.*, p. 158.

159. Théodore Steeg, gouverneur de 1921 à 1925, le répétera au cours d'un banquet : « Je ne crois pas que ce bloc de cinq millions de musulmans soit impénétrable comme on l'affirme, mais je ne crois pas non plus à une assimilation qu'il ne désire pas », et il l'expliquait par les croyances religieuses, les traditions, le tempérament. *La Paix française en Afrique du Nord*, Alcan, 1926, p. 36 (discours du 9 mai 1923).

depuis 1870 les mêmes « critiques acerbes », les mêmes « récriminations violentes ». Il demandait aux représentants et à la presse d'Algérie, qui passaient si vite « du plus étrange engouement à des rages de dénigrement impitoyables », de comprendre que leurs excès les affaiblissaient : ils étaient pour quelque chose dans l'éloignement, à certains moments, de la cause coloniale[160].

Pour Jules Cambon – de nombreux visiteurs étrangers qu'il avait accueillis le lui avaient confirmé –, l'œuvre déjà accomplie était « admirable », et il en créditait les colons. Il leur reconnaissait des défauts – on vient de le signaler – et en notait d'autres : ils attaquaient toujours avec ardeur ceux qui avaient la charge d'administrer, ils confondaient parfois violence et énergie, ils suivaient souvent de manière irréfléchie les « donneurs de conseils », ils faisaient du tumulte politique ; mais Jules Cambon leur accordait dévouement, courage, laborieuse ardeur, génie[161].

Il serait très fastidieux de reproduire d'autres éloges qui ne manquèrent pas dans les décennies qui suivirent, mais il faut au moins retenir l'opinion d'un homme singulier, Maurice Viollette, gouverneur de l'Algérie en 1925-1927, honni par les colons alors qu'il était un colonisateur ardent et le demeura presque jusqu'à sa mort en 1960[162]. Même s'il avait quelques critiques à faire aux colons – sur leur égoïsme, sur leur matérialisme, mais il en expliquait les causes[163] –, il faisait en 1931 l'éloge de la ténacité, de la méthode, de l'esprit d'invention et aussi de la foi dans le succès qui leur avaient permis de

---

160. Comte d'Haussonville, « La colonisation officielle en Algérie », I, *Revue des Deux-Mondes*, 1er juin 1883, pp. 481-491 en particulier.

161. J. Cambon, *Le Gouvernement général...*, *op. cit.*, p. 172.

162. Une notice d'Ahmed Koulakssis et de Gilbert Meynier est d'un grand intérêt pour comprendre l'itinéraire de Maurice Viollette : socialiste affirmé, réformateur audacieux et acharné du statut et du sort des « indigènes » et, voulant que la France reste en Afrique, il fut aussi le « conseiller officieux influent » des trois derniers gouvernements de la IVe République. *Parcours*, n° 12, mai 1990, pp. 31-49.

163. Maurice Viollette s'inquiétait de voir que les hôpitaux, les bureaux de bienfaisance avaient reçu en cent ans de colonisation moins de libéralités que les établissements charitables d'un seul arrondissement de la France ; le colon, disait-il, « a trop tendance à ne pas voir les autres » ; il en donnait l'explication : il est pris par un immense travail du matin au soir, il investit tous ses bénéfices, il ignore non seulement le luxe mais le confort, et il a peu de loisirs. De telles conditions d'existence engendraient selon lui un matérialisme sommaire ; le colon à chaque instant n'avait en vue que ses propres affaires. *L'Algérie vivra-t-elle* ? Alcan, 1931, pp. 5-6.

> « réaliser une œuvre de première valeur économique qui a bouleversé toute l'Algérie », qui était devenue un pays européen[164]. Maurice Viollette, souvent pris à partie par les colons (au sens strict) quand il était gouverneur et lors de son projet de naturalisation sous le Front populaire, était un colonisateur inflexible. « Quelle figure ferait la France, économiquement et politiquement dans le monde, si elle se trouvait privée de son empire africain; s'il n'y avait plus d'Algérie française, il n'y aurait plus d'Afrique française[165]. »

Au fil du temps, les descriptions accentuent les qualités des colons au point d'en faire des vertus, et elles minimisent les critiques, et même elles les oublieront. Les fêtes du Centenaire en firent des héros sans reproche : on ne saurait s'étonner que ces éloges aient été entendus et soigneusement retenus par les colons.

L'ÉPANOUISSEMENT DE LA LÉGENDE DORÉE : LES FÊTES DU CENTENAIRE

La relation des fêtes – on l'a souligné au début de ce chapitre – est très difficile à analyser et même à lire, car sa tonalité est très loin des sensibilités actuelles et des interprétations faites aujourd'hui de la colonisation. Ce qui fut collectivement considéré alors comme glorieux, *sacré,* est aujourd'hui condamné, jugé *honteux.* Il faut s'arrêter sur le long compte rendu : les arguments répétés avec assurance, la reprise en charge de cette vision par des musulmans « évolués » sont des éléments décisifs pour analyser les Français d'Algérie des années 1950-1960; on comprend leur attachement à ce passé, et leur éloignement d'une métropole qui avait été profondément bouleversée, transformée par la Seconde Guerre mondiale. Il faudrait pou-

164. M. Viollette, *id.*, p. 6.
165. *Ibid.*, p. 469.

voir lire ce compte rendu et les discours comme si l'on ne connaissait pas le renversement des conceptions officielles de la France.

Ce qui apparaît au cours des fêtes qui s'étalèrent sur six mois, c'est d'abord l'image d'un colon laborieux et glorieux, acharné et hardi, dont le passé est dramatisé. Le deuxième point fort est la participation à toutes les cérémonies de nombreux délégués financiers, conseillers municipaux, bachagas, aghas, caïds, enseignants arabes et kabyles, – donc des privilégiés – prononçant inlassablement des discours qui exaltaient la France et ses « bienfaits ». Une foule énorme d'« indigènes » a assisté à ces fêtes, d'après les photographies et les récits d'alors, et rien ne permet de penser qu'ils étaient forcés d'y être ou qu'ils aient été blessés, amertumés, humiliés[166].

Une question se pose pour les « fêtes sahariennes » : que comprenaient ceux que l'on mettait en scène ? Des délégations des dix tribus et compagnies sahariennes, sélectionnées par le capitaine Lehuraux, sous-chef du service des affaires indigènes au gouvernement général, avaient été transportées à Alger et elles connurent un immense succès. Le compte rendu évoque une foule pleine de curiosité, les admirant « avec beaucoup de sympathie sans doute, mais aussi parfois avec quelque indiscrétion » ; malgré cette remarque, il affirmait que les Touareg « ne se froissaient nullement d'être ainsi l'objet de la curiosité générale et ils se montraient même très sensibles aux ovations sans fin qui leur furent prodiguées lors des fêtes sahariennes ».

Comment savoir, par exemple, ce qu'avait pensé l'Amenokal des Touareg du Hoggar quand il avait reçu du président de la République la cravate de commandeur de la Légion d'honneur, ainsi qu'un magnifique poignard, au cours d'une cérémonie publique, le 4 mai 1930 ? Le khalifa des Larbâa avait remis au président un « superbe cheval de "gâda" » pour « affirmer le dévouement et le loyalisme des tribus sahariennes, ainsi que la reconnaissance des populations du désert pour tous les bienfaits que la France leur a prodigués ». On peut se

166. Dans *Le Réformisme musulman en Algérie de 1925 à 1940*, Ali Merad assure que les réformistes éprouvèrent une blessure de ces célébrations mais restèrent prudents : « L'unanimité semblait s'être faite autour de l'événement (notables et élus musulmans ayant accepté de participer aux cérémonies officielles) » ; aussi, ils firent « contre mauvaise fortune bon cœur » [Paris-La Haye, Mouton, 1967, p. 381].

demander quelle était dans cette démarche sa part d'initiative. Puis une série d'attractions avaient été présentées : courses de mehara entre Touareg et Châamba, concours de bassours, course de foulard, simulacre de combat de Touareg... On avait aussi promené les invités : les gorges de la Chiffa, un circuit automobile, la visite d'un cuirassé... Mais cette vie « trépidante » commençait à fatiguer ces « enfants du désert » : « Aussi, les Sahariens exprimèrent-ils bruyamment leur joie lorsque, le 16 mai, ils reprirent [...] la longue route devant les conduire dans leurs tribus. » Néanmoins, Gustave Mercier se mettait à « imaginer sans peine » leurs impressions, leurs souvenirs, ce qu'ils allaient dire, leur admiration et leur attachement profond à la France, etc.[167] Le commissaire montrait indiscutablement un intérêt vif, une curiosité sincère; notre époque rejette ses sensibilités qu'elle ne comprend pas et qui sont difficiles à analyser.

Aujourd'hui et vu d'ici, cet aspect des fêtes paraît factice et leur sens, indéchiffrable; or, pour les spectateurs, aucune question ne semble s'être posée. L'un de mes interlocuteurs a parlé avec un amusement attendri de sa découverte de l'Amenokal, « homme imposant mais qui manifestement n'avait pas l'habitude de rencontres avec les Européens »; lui-même était alors étudiant et il dit avoir suivi tout cela avec intérêt, y avoir appris à « se familiariser » avec une civilisation qu'il ne connaissait pas, avec toutes les hiérarchies qui existaient dans la société musulmane *(entretien 47).*

Un aspect important de ces fêtes, c'est la *tonalité* des discours des représentants de la France, le président de la République en premier lieu; ceux-ci égalent presque les élus locaux pour exalter la France et ses méthodes de colonisation, pour vanter les vertus des colons et l'œuvre qu'ils ont accomplie, pour célébrer le loyalisme des indigènes et l'union fraternelle des populations française et indigène.

Que les Indigènes soient loyaux, dévoués, reconnaissants, et que leur union fraternelle avec les Français soit indissoluble, les trois parties en présence, la République, les Français d'Algérie et les musulmans, le disent avec la même assurance. Le président Doumergue l'avait précisé à l'hôtel de ville d'Alger : « Dans les trajets que j'ai faits aujourd'hui dans Alger, parmi

167. G. Mercier, *Le Centenaire de l'Algérie, op. cit.*, t. II, pp. 281-285.

les acclamations et les applaudissements adressés au chef de l'État, je n'ai point trouvé de différence entre ceux qui provenaient des musulmans et ceux que m'adressaient les Français[168]. » C'était une litote après ce que venait de lui déclarer un élu municipal musulman : « vénération pour votre personne », « attachement à la République », « amour pour la mère-patrie » : « 1830-1930. Dates mémorables inscrites en lettres d'or dans les annales de l'histoire de l'humanité, qui marquent de façon lumineuse la découverte par un peuple d'un autre peuple qui s'est découvert soi-même, d'un peuple qui s'est donné à l'autre peuple sans restriction, qui a lié son sort au sien et veut vivre avec lui, confondu dans un même idéal, un même destin, une même pensée ». L'orateur célébra la France, « la plus belle, la plus noble, la plus généreuse des nations », et « la belle concorde », l'« harmonie », l'union indissoluble, le désir de la population musulmane « de devenir de plus en plus française ». « L'idéal des musulmans est d'être de véritables fils de France [...], toujours prêts pour l'ultime sacrifice. » Il faut relever, car les revendications comme les promesses furent absentes des fêtes, qu'il demanda l'extension de l'instruction à tous les enfants, la suppression des juridictions d'exception, l'élargissement du statut politique[169].

Au palais d'Été, le jour de son arrivée, le président de la République avait entendu des paroles qu'il avait trouvées réconfortantes : « Comment ne serions-nous pas pénétrés d'une inexprimable gratitude pour la grande nation [...] qui a accompli dans ce pays l'œuvre magnifique dont vous venez aujourd'hui célébrer avec pompe l'éclatant succès ? La pacification des esprits, la sécurité, l'instruction, la justice, l'assistance, l'hygiène, la prospérité économique, le bien-être matériel et moral, tels sont les principaux bienfaits que nous devons à la France et qui portent le signe de son inépuisable générosité. [...] Liés définitivement à la mère-patrie, nous lui abandonnons à

---

168. Discours de G. Doumergue, président de la République, *Le Centenaire...*, *op. cit.*, t. II, p. 375.
169. Allocution de Bou Medine, *Le Centenaire...*, *op. cit.*, t. II, pp. 373-375.

tout jamais et avec une entière confiance notre destinée en revendiquant l'honneur de partager sa grandeur et sa gloire », avait dit le Bachaga Djelloul Ben Lakhdar[170].

Les autorités locales étaient si sûres de l'étroite union des peuples qu'elles avaient organisé une fête de l'union des populations française et « indigène » à Sidi-Ferruch, le 14 juin. Le commissaire général avait dit son émotion indicible de fouler « cent ans, jour pour jour, après le 14 juin 1830, ce sol où débarquèrent les premiers soldats de la France et de la civilisation ». Ce débarquement n'intéressait pas seulement l'histoire d'une grande nation, mais, proclamait-il, « celle de l'humanité tout entière ». Se réjouissant de voir tant d'Indigènes et leurs représentants qualifiés sur les lieux, il assurait que cette fête devenait la leur : « celle de leur libération ». Remettant à la commune de Staouéli un monument destiné à en perpétuer le souvenir[171], il annonçait que quelques jours auparavant, le président de la République avait fait une visite « de piété, de reconnaissance, de haute et décisive approbation » sur le lieu du débarquement[172]. Cette approbation paraissait très importante au commissaire, car il savait, et devait le déclarer lors d'une autre fête, que certains milieux parisiens avaient craint que cette célébration puisse froisser les Indigènes... Des discours avaient été prononcés à Sidi-Ferruch par des représentants de musulmans. L'un s'exclama : le 14 juin 1830, « oh, la date merveilleuse ! Mais elle est inscrite au radium de l'exultation dans nos âmes vibrantes ». Il saluait la France de Bossuet, de Voltaire, de Danton, la France « de toutes les libertés humaines », de la prise de la Bastille, et il invoquait Apulée, Ibn Khaldoun et Mahomet : « Dieu, quels pas de géant nous avons faits, guidés par une main maternelle souvent invisible, ta main, France

170. Allocution du bachaga Djelloul Ben Lakhdar, *id.*, t. II, pp. 350-351.

171. Le sculpteur Gaudissart avait représenté l'étroite union entre les deux peuples : « Deux femmes très belles dont l'une est la France, dans un geste d'ardente affection, attire vers elle l'Algérie figurée par une femme indigène qui fait don à la mère-patrie de son dévouement et de son amour filial. »

172. Discours de Gustave Mercier, 14 juin 1930, *Le Centenaire...*, *op. cit.*, t. II, pp. 289-291.

généreuse, ta main qui enseigne en caressant[173] ! » Un professeur de médersa rappelait que l'installation de la France avait connu un début pénible : « Nos aïeux [...] ignoraient les bienfaits que leur réservait [...] l'œuvre de progrès de la France. » « Oublions le passé ténébreux et savourons avec joie notre présent si beau en regardant avec confiance l'avenir plus beau encore[174]. » Un délégué financier, parlant au nom des grandes familles et des élus arabes et kabyles, saluait la date « glorieuse » du 14 juin : « Tu vins avec le flambeau de ta civilisation éclairer un peuple plongé dans les ténèbres depuis des siècles. Tu vins, et tu sus par tes grands principes de bonté et de générosité, conquérir le cœur de ce peuple arabe [...]. Laisse-moi, ô France chérie, [...] déposer à tes pieds l'hommage d'affection et gratitude éternelles de ce peuple dont la devise est désormais : "Vivre et mourir pour la France !" ». « Instruisez-nous, élevez-nous encore, élevez-nous jusqu'à vous[175]. » Dans une brève allocution prononcée en arabe – ce fut la seule –, un autre délégué financier, célébrant au nom des familles maraboutiques l'édification d'une kouba à l'endroit où reposait le marabout Sidi-Ferruch, louait le « génie bienfaisant » de la France, la beauté de l'Algérie, l'union des deux populations, et terminait en acclamant l'Algérie, « toujours plus prospère et à jamais française[176] ». De telles assertions ne pouvaient que plaire aux Français d'Algérie, ne pouvaient qu'être *crues*.

Si cette union était si forte, c'est parce que les colons avaient de hautes vertus ; tous les discours le répètent. L'inauguration, le 5 mai, par le président de la République, du monument élevé à Boufarik « à la gloire de la colonisation française[177] » rendait

173. Discours de Hadj Hamou, au nom du personnel enseignant des mosquées, *id.*, t. II, pp. 299-300. Il publia peu après, sous le nom d'Abdelkader Fikri, avec Robert Randau, un dialogue romancé, *Les Compagnons du jardin* (1933) ; l'écriture de l'écrivain est si loin du ton qu'il avait adopté pour célébrer Sidi-Ferruch que sans une remarque de Jacques Berque, je n'aurais jamais imaginé cette dualité. Ce roman vient d'être republié dans *Algérie, un rêve de fraternité*, Omnibus, 1997, pp. 59-154.

174. Discours de M. Belhadj, professeur à la médersa, *Le Centenaire...*, *op. cit.*, t. II, p. 301.

175. Discours du Bachaga Ourabah, délégué financier, *id.*, t. II, p. 302.

176. Traduction du discours d'Ali Embarek Ben Allel, délégué financier, *Le Centenaire...*, *op. cit.*, t. II, p. 304.

177. Le sculpteur Bouchard avait fait un haut-relief où, autour de Bugeaud, on voit Lamoricière, le baron de Vialar, le premier maire de Boufarik, Borély La Sapie, Du Pré de Saint-Maur,

hommage aux colons et célébrait les méthodes de la colonisation française. Dans les discours, tous passionnés et tous lyriques, qui furent tenus, on doit souligner la dramatisation donnée à la description des conditions de vie et de travail. On relève les mots et expressions « héroïsme », « long martyrologe », « élan sublime », « brousse impénétrable mortelle à l'homme », « inculture », « pestilence », « empire de la soif et de la mort », « soleil féroce », « bise glaciale », « terre infernale », « souffrances », « heures douloureuses », « sacrifices »... [178]. Cette peinture, qui a été reprise sans distance par les descendants des colons du siècle dernier, transforme les conditions réelles et surtout méconnaît les conditions de travail du XIXe siècle en Europe. On ne veut pas dire qu'il n'y ait pas eu des résultats remarquables dans l'agriculture, mais que les conditions dans lesquelles ils avaient été atteints étaient un peu différentes des descriptions; elles avaient été moins pathétiques.

> *Un seul* de mes interlocuteurs a pensé à cet aspect : « Rentré en métropole, à partir de 1962, je n'ai pas voulu rester vivre tout le temps à Paris, donc je me suis installé en montagne; la vie qui était celle des montagnards en Savoie n'était pas très différente de celle de ces colons algériens au XIXe siècle » *(entretien 175, génération 1940-1945).*

L'exaltation des colons d'Algérie par eux-mêmes était tonitruante, mais les représentants de la France célébraient l'œuvre de la France avec la même outrance. Le gouverneur général Pierre Bordes expliqua pourquoi il avait été nécessaire de commémorer solennellement le centenaire de l'Algérie : « D'abord – n'hésitons pas à le dire – pour faire apparaître au

Tonnac, Franclieu, Guyot, le docteur Pouzin, Lescanne, le colon modèle, et le caïd Ben Choua, « assassiné pour ses sentiments francophiles ». Un bas-relief, également de Bouchard, rappelle les durs travaux de la période héroïque et glorifie aussi les médecins. Un bas-relief de Bigonnet montre « les récoltes abondantes, la transformation prestigieuse du sol obtenue par le travail des Français avec la collaboration des Indigènes ». *Le Centenaire..., op. cit.*, t. I, p. 280.

178. Les discours de Gustave Mercier, d'Amédée Froger, maire de Boufarik mais aussi du sous-secrétaire d'État au Budget, Léon Barety, poussent à l'extrême la célébration des colons. *Le Centenaire..., op. cit.*, t. I, pp. 282-292.

regard du monde entier l'efficacité de nos méthodes de colonisation[179]. » Lors d'un dîner que lui offraient les Délégations financières, le président de la République tira la leçon de tous les chiffres que venait de donner le président de l'assemblée : « Tous ces renseignements témoignent d'une façon décisive des aptitudes vraiment supérieures de notre pays à la colonisation, aptitudes que certains de nos compatriotes continuent encore à mettre en doute. » Les preuves de l'excellence de ces aptitudes, c'étaient l'augmentation considérable de la population, de la richesse et du bien-être matériel, et les grands progrès réalisés dans l'"ordre spirituel" : université, écoles, lycées, médersas, mouvement littéraire et artistique[180]... À Constantine, le président de la République avait bissé l'éloge de la France : la célébration du centenaire avait démontré « d'une façon décisive le caractère humain, pacifique, juste et bienfaisant des méthodes de colonisation de la France et de l'œuvre de civilisation qu'elle poursuit[181] ». Au cours des fêtes, tout fut loué : la France, l'Algérie, les colons et bien sûr l'armée, le maréchal Bugeaud, le général Lamoricière, le maréchal Clauzel, le maréchal Randon, le général Cavaignac, etc. En avril, une grande revue militaire avait reconstitué le corps de débarquement et les troupes de 1830 à 1913[182]. Pourtant, une fois, une seule, le président de la République avait pensé à dire : « La France ne se souvient plus depuis longtemps qu'il y a eu ici, en 1830 et durant les quelques années qui ont suivi, des vainqueurs et des vaincus[183]. »

Il faut signaler que, malgré ce triomphalisme, le comité métropolitain du Centenaire disait s'être proposé d'informer la France de

179. Discours du gouverneur général, Pierre Bordes, 5 mai 1930, *id.*, t. II, pp. 397-402.

180. Discours du président de la République, Gaston Doumergue, 5 mai 1930, *Le Centenaire...*, *op. cit.*, t. II, pp. 403-408.

181. Discours du président de la République, Constantine, 7 mai 1930, *id.*, t. II, pp. 415-416.

182. Cf. *Le Centenaire...*, *op. cit.*, t. II, pp. 270-278. Le rapporteur énumérait tout le travail qu'il avait fallu mener pour faire la reconstitution « rigoureusement exacte » des anciens uniformes des types différents de l'armée française.

183. Discours du président de la République, 7 mai 1930, *id.*, t. II, p. 416.

l'œuvre française en Algérie. Le premier objectif, disait le secrétaire général, était de « créer un mouvement d'opinion durable dans la France métropolitaine, en faveur de la France africaine[184] » : c'était reconnaître qu'il n'y avait pas un tel mouvement.

Une sous-commission des publications fit paraître une collection de douze cahiers, dont beaucoup sont encore aujourd'hui utilisables[185], chacun étant tiré à 100 000 exemplaires. Le ministère de l'Instruction publique (pour 70 000 collections), les ministères de la Guerre, de la Marine, de l'Agriculture, des Affaires étrangères, des Colonies, participèrent à la diffusion de ces brochures.

Comment expliquer le ton des discours ? Est-ce que, comme on l'avait dit à propos de René Viviani, né à Sidi-Bel-Abbès en 1863, « les larges espaces avaient marqué cette éloquence de magnifiques envolées[186] » ? Les orateurs algériens, qu'ils soient musulmans ou français, semblent avoir eu en effet une petite avance sur les orateurs métropolitains en ce qui concerne les « magnifiques envolées ». Il n'en reste pas moins que le ton d'autoadmiration, d'autocélébration par les représentants métropolitains atteint un haut niveau.

Rien ne me semble plus parlant que le compte rendu des fêtes par Jean Brunhes, professeur au Collège de France, pour imaginer les sentiments et les émotions de l'époque. Il était métropolitain et il n'était pas un politique ; on peut penser qu'il était libre de son jugement, de son écriture. Il était venu suivre les fêtes dans une Algérie qu'il n'avait pas revue depuis 1900. Son ton est celui de l'émerveillement, de l'enthousiasme irréfragable : « Vaillance, santé physique et morale, courage plus acharné que jamais, ambitions aux très longs espoirs, voilà ce que nous révèle – je dirai *somptueusement* – la présente géographie humaine de l'Algérie. Les fils ont peut-être dépassé les

184. *Le Centenaire...*, *op. cit.*, t. II, p. 484.

185. Cf. en particulier *L'Évolution de l'Algérie de 1830 à 1930* par E.-F. Gautier, *Les Grands Soldats de l'Algérie* par le général Azan, *L'Art antique et l'art musulman en Algérie*, par Augustin Berque.

186. La statue de René Viviani fut inaugurée le 4 mai 1930 par le président de la République ; de longs discours furent prononcés par un député de Constantine, par un sénateur d'Alger, par le ministre de la Marine, Louis Dumesnil. *Le Centenaire...*, *op. cit.*, t. II, pp. 354-369. La phrase citée était rapportée par Gaston Thomson, député de Constantine, p. 356.

pères ; et ce doit être là le plus légitime orgueil des pères. [...] Vous nous êtes apparus plus nombreux, plus utiles, plus ardents et meilleurs encore que nous ne le savions.[...] Les colons constituent aujourd'hui la véritable chair vivante qui donne forme et beauté à l'indispensable ossature administrative [...]. Ceux d'aujourd'hui sont foule expérimentée et foule victorieuse. Les voilà décidément et définitivement sur le devant de la scène. » « Lorsque nos descendants apercevront d'un coup d'œil total l'histoire de la France, une des deux ou trois plus grandes périodes de la "geste" française sera marquée par l'œuvre coloniale de la troisième République[187]. » Soulignons ces mots : *une des deux ou trois plus grandes périodes de la « geste » française...* L'expression d'une admiration si totale fut d'autant plus agréable à ceux qui la recevaient que Jean Brunhes soulignait qu'il avait parcouru le monde entier.

La fracture qui existe entre la France d'aujourd'hui et beaucoup de Français d'Algérie s'enracine dans ce discours qui les a bercés : ils ne pouvaient que croire à cette éloquence qui les magnifiait. Au fond, les Français d'Algérie, qui étaient de plus en plus minoritaires dans un pays difficile à comprendre, à pénétrer, à façonner, n'ont pas dû s'avouer certaines de leurs difficultés ou de leurs inquiétudes.

Pourquoi la France officielle tenait-elle un tel discours en 1930 ? En fait, elle répétait ce qu'elle exprimait depuis cinquante ans, et on peut penser que cet excès de triomphalisme venait pour compenser, ou plutôt pour l'essayer, les retombées du grand massacre de la guerre de 1914. Les célébrations étaient ponctuées de sonneries « aux morts », de gerbes déposées au pied d'innombrables monuments aux morts, d'évocations des soldats « glorieux » de la conquête, mais les rappels des morts tout récents étaient infiniment plus discrets. Ce sont les notables musulmans qui, eux, parlaient hautement et hors de propos, de mourir pour la France ; ainsi, par exemple, tous les

---

187. Jean Brunhes, « À vous, d'Algérie ! », *Bulletin du Comité de l'Afrique française*, juin 1930, pp. 316-319 (citations p. 317 et p. 318).

caïds de Kabylie étaient venus prêter le serment, devant le monument aux morts de Tizi-Ouzou, « de consacrer à leur patrie bien-aimée jusqu'à la dernière goutte de sang[188] ».

Les fêtes : un faux pas ? Pour qui ?

De ces fêtes qui ont conforté les Européens dans leurs certitudes, bien peu de contemporains ont vu les ambiguïtés ou les dangers, tant cette Algérie paraissait française et tant la France ne pouvait qu'être une puissance méditerranéenne. Charles-André Julien a-t-il condamné les fêtes ? Il avait titré son compte rendu « Sous le clinquant des fêtes d'Alger », mot ironique et parfois amplement mérité quand on lit, par exemple, les cent-soixante vers de la cantate *À la gloire de l'Algérie* intégralement publiés dans le rapport que nous utilisons : ils sont illisibles. Mais que critiquait Charles-André Julien ? Le gaspillage des deniers publics prélevés sur le budget des œuvres d'assistance indigène, la cantate, composée par le directeur du conservatoire d'Orléans pour la musique et par l'ancien directeur de la sûreté d'Alger pour le livret, la représentation subventionnée du *Marius* de Pagnol et d'un *Tartuffe* massacré, le film de Jean Renoir *Le Bled*, qu'il jugeait niais, plat et faux, un *Atlas historique* subventionné, qui était, « du point de vue scientifique, une ordure[189] ». En revanche, il n'avait que compliments pour toute la « Collection du centenaire » et assurait que *l'Iconographie de l'Algérie,* de Gabriel Esquer, et *L'Algérie,* de René Lespès, étaient des œuvres qui demeureraient[190] (ce qui est exact ; j'ai

188. Lors de la fête de la Kabylie, le 25 mai 1930, devant le monument aux morts de Tizi-Ouzou, « Abderrahmane Ourabah, délégué financier, grand officier de la Légion d'honneur, dont un des fils est mort pour la patrie, vient dire son émotion, au nom de la Kabylie tout entière, ses sentiments de reconnaissance et d'attachement indéfectible à la France ». « Tous les caïds, les présidents de Djemaa [...] s'avancent et sur les cendres des morts jurent solennellement leur fidélité à la France, leur attachement sans limites et prêtent le serment de consacrer à leur patrie bien-aimée jusqu'à la dernière goutte de leur sang. » *Le Centenaire..., op. cit.*, t. II, p. 320.

189. Stéphane Gsell, nullement polémique comme Ch.-A. Julien, nullement anticolonialiste, faisait dans son introduction à *Histoire et historiens de l'Algérie (op. cit.),* une note sur cet *Atlas* : « Cet ouvrage luxueux, mais entièrement dépourvu de valeur scientifique – non moins que de valeur littéraire – quoique l'Académie française l'ait récompensé par distraction » (p. 11).

190. Ch.-A. Julien, « Sous le clinquant des fêtes d'Alger » [*Monde*, 12 juillet 1930], republié dans *Une pensée anticoloniale*. Positions, 1914-1979, Sindbad, 1979, pp. 87-92.

souvent recouru à ces livres). Acerbe pour parler des munificences et des fautes de goût du centenaire, Julien ne mettait pas en cause le principe de la célébration. Quant à la *Revue africaine*, non seulement elle ne fit pas la moindre objection à la célébration du centenaire mais elle jugea que les manifestations les plus réussies avaient été la revue navale et le défilé des anciens uniformes du corps de débarquement en 1830 et des différents corps de l'armée d'Afrique, c'est-à-dire les manifestations qui mettaient en scène non les travaux accomplis, mais la conquête[191]. Il n'y a donc pas eu d'opposition – sauf, on l'a signalé, du Parti communiste, mais il était alors minuscule. Rien n'éclaire mieux l'état d'esprit du temps que de relever le souvenir de l'abbé Scotto, bien connu des Pieds-noirs qui sont nombreux à ne pas l'apprécier, car il était partisan de l'indépendance : il prit la nationalité algérienne en 1962 et devint évêque de Constantine. Interrogé au début des années 1990, il répondit qu'il ne pensait pas avoir eu « d'enthousiasme excessif » pour les fêtes du centenaire, mais qu'il n'avait pas été « choqué »; soixante ans plus tard, il se le reprochait[192]. Ceux qui, comme lui, n'avaient pas été enthousiasmés n'avaient pas éprouvé de sentiments négatifs ou des doutes.

Qu'en était-il du côté de la population « indigène »? Bien plus tard, des Algériens devenus nationalistes dirent qu'ils avaient ressenti cette célébration comme une humiliation, Ferhat Abbas, par exemple, on l'a cité, et aussi certains de mes interlocuteurs qui pourtant choisirent d'être Français. Quarante ans plus tard, Gabriel Audisio écrivait : « Comment ne pas admettre que l'exaltation de la conquête, en 1930, agit comme un révulsif sur le peuple indigène? Foule française éblouie par les feux d'artifice de la fiesta, tu n'imaginais pas qu'ils pussent avoir pour retombée une prise de conscience par les Algériens, suscitée par le cérémonial de leur défaite passée, par sa provocation[193]. » Pourtant, célébrant en 1935 la *Jeunesse de la Médi-*

---

191. « Le Centenaire de l'Algérie », *Revue africaine*, n° 342-343, 1er-2e trim. 1930, p. 202.
192. Jean Scotto, *Curé pied-noir, évêque algérien*, Souvenirs recueillis par Charles Ehlinger, Desclée de Brouwer, 1991, p. 22.
193. Gabriel Audisio, *L'Opéra fabuleux*, Julliard, 1970, pp. 263-264.

terranée, Gabriel Audisio avait manifesté une foi entière dans l'avenir de l'Algérie française telle qu'elle était alors ; il était aussi ébloui que tous les Français d'Algérie, bien que n'étant pas né, lui, en Algérie.

Le regard sur une histoire dont on connaît le dénouement est forcément un arrangement, comme l'est la volonté chez certains, de dater de l'année 1930 le début du nationalisme, ce qui a été vivement contesté par deux historiens anticolonialistes, Charles-André Julien et Marc Ferro. Et leur opinion si assurée est confirmée par des réflexions de Jean Daniel sur « l'intensité de l'enracinement français ».

En 1974, Charles-André Julien rappelait à *Jeune Afrique* que la citoyenneté française, avec maintien du statut musulman, eut « une beaucoup plus grande popularité qu'on ne l'admet aujourd'hui », en soulignant que seul Messali Hadj s'était montré « irréductible » face au projet Blum-Viollette. Il se disait certain que le regard d'après 1962, voulant faire croire à l'ancienneté de l'implantation d'un nationalisme algérien, était faux [194]. Marc Ferro, qui enseigna en Algérie et écrivit dans *Consciences algériennes* – ce qui précise son engagement –, assure que c'est l'écho des succès des mouvements nationaux en 1952-1954 – Mossadegh, Neguib puis Nasser, Ben Youssef et Bourguiba – qui donna une forte impulsion au mouvement national qui jusque-là « manquait d'assurance » ; selon lui, malgré un passif, « les valeurs de l'intégration avaient fasciné longtemps un grand nombre d'Arabes [195] ».

Certaines réflexions de Jean Daniel, écrites en 1962 et publiées trente ans plus tard, méritent d'être longuement citées et méditées : « Les premiers maquisards de novembre 1954 ont fait ce rêve insensé de livrer d'abord une guerre civile, pour transformer tous les Algériens en étrangers à l'intérieur d'un territoire francisé. Cela ne pouvait se faire que dans le sang, par la terreur, le sectarisme, l'intimidation religieuse. Il fallait transformer en traîtres tous ceux qui n'étaient pas pour l'indépendance ou qui n'y songeaient pas. Il fallait créer un état

194. Ch.-A. Julien, « Algérie, une histoire au passé », republié dans : *Une pensée anticoloniale, op. cit.*, p. 244.

195. Marc Ferro, *Histoires de Russie et d'ailleurs*, entretiens avec Jules Chancel et Jean-François Sabouret, Baland, 1990, p. 17. Le comité directeur de *Consciences algériennes* (1950-1951) était composé de François Châtelet, Jean Cohen, Abd el-Kader Mahad, André Mandouze, Abd el-Kader Mimouni.

de rupture. Ils ont eu tout le monde contre eux mais d'abord et surtout leurs frères. Les messalistes, les fédéralistes, les communistes, la masse des paysans dépersonnalisés. Il fallait inventer le concept de trahison et faire de tous les incertains et de tous les tièdes, comme de tous les passifs, des renégats, des apostats et des collaborateurs. C'est d'abord cela la révolution algérienne. Se mettre en état de rupture. Tous les drames de cette guerre viennent, d'une part, de l'intensité de l'enracinement français et, d'autre part, de la volonté maquisarde de déracinement en débutant par une atroce guerre civile[196]. »

Une célébration sans lendemain

Plus étonnante que l'absence de critiques ou de doutes au moment des fêtes est la quasi-absence de réactions devant un fait qui aujourd'hui semble une faute politique majeure : aucune promesse n'avait été faite aux « indigènes », ni au point de vue politique ni au point de vue économique. Il faut une intervention de Maurice Viollette au Sénat, cinq ans plus tard, pour qu'on remarque cela, qui aurait dû nous apparaître avec évidence. Inquiet de la crise en Algérie, il interpella le ministre de l'Intérieur, Marcel Régnier, de retour d'un voyage, en mars 1935 : il lui demanda quelles mesures le gouvernement allait prendre pour tenir les promesses faites aux Indigènes au moment du centenaire. Il proposait l'extension progressive des droits civiques à tous les indigènes évolués, sans renonciation au statut personnel; il demandait surtout que soit développée une « politique d'égards » « dans les petites choses comme dans les grandes[197] ». Trois sénateurs d'Algérie, Paul Cuttoli (Constantine), Pierre Roux-Freissineng (Oran), Duroux (Alger), répliquèrent vivement qu'aucune promesse d'aucune sorte n'avait été faite aux Indigènes, car la France avait « largement, magnifiquement rempli ses devoirs envers eux[198] ». Pour

196. Jean Daniel, *La Blessure*, Grasset, 1992, p. 129 (20 novembre 1962).

197. Maurice Viollette, « L'Algérie au Sénat », *Renseignements coloniaux*, supplément à *l'Afrique française*, avr. 1935, p. 6.

198. Augustin Bernard, « Le dénouement de la crise algérienne », *Renseignements coloniaux*, *id.*, p. 4 ; ce commentaire précède « L'Algérie au Sénat », qui publie de longs extraits des

Cuttoli, rien ne devait porter atteinte « au grand principe de la prédominance française », et l'assimilation, si jamais elle se produisait, serait l'œuvre d'une longue évolution[199]. Le ministre de l'Intérieur, Marcel Régnier, insistait, dans sa très longue réponse, sur tout ce que la France avait fait sur le plan économique (« œuvre admirable, inégalée ailleurs ; c'est la plus belle œuvre du monde que j'ai pu voir là-bas ») ; et, en ce qui concerne les droits politiques, il était clair : « Dès 1919, nous avons fait un effort maximum. Il ne faut pas nous demander d'aller plus loin, parce que c'est impossible[200]. »

Les fêtes n'avaient donc rien promis, sauf d'affirmer l'éternité d'une union fraternelle entre les populations. Si la France avait « largement » rempli ses devoirs, pourquoi les Français d'Algérie auraient-ils dû avoir des inquiétudes ? Ils pouvaient vivre dans la sérénité.

Une anecdote, publiée par Émile-Félix Gautier dans un livre de la Collection du centenaire, dit plus encore que tous les discours l'état d'esprit du temps. Au printemps de 1918, alors que la propagande turco-allemande s'insinuait « de douar en douar, de café maure en café maure », Gautier, dans un coin perdu du Sud, parlait d'un insecte avec un Indigène. Il entendit « brusquement, sans aucune préparation », Mahmoud abandonner cette courtilière, et dire : « On m'en a dit une bien bonne, l'autre jour, au café maure [...] On m'a dit que les Français n'avaient pas toujours été ici. Toi qui es un savant, crois-tu que ce soit vrai ? – Non ! lui-ai répondu avec sérénité ; ce n'est pas vrai. Les Français sont ici de toute éternité. » Gautier s'interrogeait : est-ce que Mahmoud « charriait » ? Mais pourquoi un chamelier du Sud aurait-il été fixé sur les gestes du maréchal Bourmont ? D'ailleurs, assurait Gautier, au bachot, en France, « les interrogations révèlent des candidats qui n'ont pas des idées bien nettes sur la guerre de 70 ». Et même si Mahmoud avait « charrié, continuait-il, ma propre réponse n'était pas si mensongère ». Il énumérait les étrangers qui avaient été maîtres de l'Algérie : le Turc, l'Arabe, le Byzantin, le Vandale, le Romain, le Carthaginois. « Non seulement la conquête française n'a pas déplacé une classe dirigeante autochtone [...]. Mais

---

interventions de Maurice Viollette, des trois sénateurs d'Algérie et de la réponse de Marcel Régnier.

199. Paul Cuttoli, « L'Algérie au Sénat », *op. cit.*, p. 7.

200. Marcel Régnier, « L'Algérie au Sénat », *id.*, p. 11.

encore, il n'y a jamais eu de classe dirigeante autochtone, jamais, au grand jamais à travers les millénaires. Un fait énorme, qui a laissé indéveloppés toute une catégorie de sentiments. » Il faisait remarquer que les Indigènes continuaient à désigner l'administration par un mot turc, le *beylick*[201]. Gautier exprimait là le sentiment d'éternité éprouvé par les Français d'Algérie.

« CES MAUDITS COLONS[202] »

Un jour – le commencement se situe vers 1945 –, il y aura un renversement complet de la peinture des colons (des agriculteurs) et de la colonisation[203]. Ce sont d'abord les colons qui seront critiqués, condamnés, puis, globalement, la colonisation, et de là tous les Français nés en Algérie. Différentes études faites sur les « appelés » montrent qu'à partir de 1956 ils ont diffusé une image péjorative des colons, ce mot désignant les Français d'Algérie. Ce discours des appelés donne à entendre que la tâche de l'armée était de garder les fermes, de protéger les grosses fortunes des colons. Ceux-ci sont vus, on l'a signalé, comme exploiteurs, âpres, cupides, égoïstes, violents, irresponsables ; de plus, dans leur majorité, ils ne sont pas français : « Des Français, d'accord, il y en avait, mais pas des masses. C'était tous des gars dont le nom terminait soit par un "o" soit pas un "i" ». Claire Mauss-Copeaux résume le discours des appelés qu'elle vient d'interroger : ils dénoncent « l'illégimité de l'envoi du contingent en Algérie, car l'Algérie n'était pas la France, et les Pieds-noirs n'étaient pas des Français » ; ils n'ont défendu que « des étrangers et leurs richesses[204]. » « Ah, non, le

201. Émile-Félix Gautier, *Un siècle de colonisation*, Études au microscope, Félix Alcan, 1930, pp. 233-234 (coll. du Centenaire de l'Algérie).
202. Titre d'un livre de Claire Janon-Rossier (La Table ronde, 1966), à la gloire des colons, livre préfacé par Paul Robert et Marcel Barbut.
203. Il est intéressant de noter qu'un certificat d'*Histoire de la colonisation* a été institué à la faculté des lettres de Paris par arrêté du 12 juin 1945.
204. Claire Mauss-Copeaux, *Appelés en Algérie*, Hachette, 1998, p. 233, p. 234, p. 235.

personnage du colon n'est pas un des plus beaux personnages humains, et une nation soucieuse de santé morale, un peuple désireux de s'éviter à lui-même un pourrissement marginal et une infection généralisée se devraient d'éliminer au plus vite les séquelles du passé colonisateur », écrivait un appelé en 1962[205].

En un siècle, le portrait des colons a donc changé plusieurs fois. D'abord, « rebut » de la Méditerranée, vision aussi présente chez Daudet que chez Bugeaud; aujourd'hui, des clichés traînent encore sur leur « moralité », (ils étaient jouisseurs, avaient la vie facile, ne travaillaient pas, etc.). Ensuite, le colon vu par Jules Ferry : certes, il est travailleur, patriote, mais il est dur, égoïste, sans équité, bien qu'il ait une œuvre de progrès à conduire. Puis le colon du Centenaire : héroïque, laborieux, ardent, fraternel. Enfin, pendant la « guerre » d'Algérie, c'est une brute, riche, oppressive, réactionnaire.

Le désarroi, encore perceptible chez beaucoup de Français d'Algérie, tient bien sûr à l'exil, un exil singulier, mais aussi aux images qu'on a données d'eux. Les étiquettes qu'on leur appose ignorent leurs conditions, les métiers qu'ils exerçaient; les étiquettes politiques, ajoutées à l'étiquette « colon », ignorent totalement le climat dans lequel la IIIe République les a éduqués et donc ignorent les raisons de leurs croyances et de leurs attentes; les Français d'ici n'imaginent pas la complexité et la richesse des relations qui avaient été tissées pendant plus d'un siècle. Pourtant, Jacques Berque l'avait bien dit en 1962 : « On ne s'est pas entrelacés pendant cent trente ans sans que cela descende très profondément dans les âmes et dans les corps. La profondeur de l'impact français a dépassé ici de loin les aliénations habituelles du colonialisme, de l'exploitation coloniale et du mercantilisme[206]. »

C'est en ayant écouté longuement ces dernières années cent

---

205. Robert Bonnaud, *Itinéraire*, Éditions de Minuit, 1962, p. 58.
206. Jacques Berque cité par J. Daniel, *La Blessure*, *op. cit.*, p. 105.

soixante-dix Français d'Algérie de toutes origines, aux positions et aux métiers variés, qu'on va tenter de faire ressentir leur réalité ; on les verra proches et différents, et toujours loin des légendes.

CHAPITRE IV

Le cours ordinaire des choses

« Pendant près de quarante ans, je m'étais tu. Abasourdi par notre exode, ayant comme les autres quitté Alger avec pour tout bagage une valise, je fuyais les lieux où se rassemblent les rapatriés. Je n'avais jamais adhéré à aucune de leurs associations. J'avais systématiquement refusé de participer à tout débat sur l'Algérie. Pourquoi me serais-je infligé de remettre à vif des blessures inguérissables ? L'âge est venu, atténuant la douleur indicible. Je peux enfin témoigner[1] ! » Ces lignes extraites d'un livre publié en 1999, *Algérie : Mémoire déracinée*, disent ce que j'ai entendu des dizaines de fois sur le silence de trente ans et plus, et ce silence n'est pas l'amnésie dont certains universitaires parlent avec assurance, y voyant une mémoire gommée, parce qu'elle serait coupable. On trouve chez les Français d'Algérie un devoir de mémoire quasiment obsessionnel. D'autre part, que l'âge atténue la douleur, comme l'écrit René Mayer, n'est pas général ; un de mes interlocuteurs, mort très vieux, m'avait dit – et il me l'écrivit après notre rencontre – que sa révolte contre cette fin, cet exil, était « inusable » (*entretien 21, né avant 1910*)[2]. Un autre Algérois, mort lui aussi, m'avait dit, avec une voix tout d'un coup affaiblie et un léger haussement d'épaules : « Ici, bien sûr, j'ai été heureux. Mais je

1. René Mayer, *Algérie : mémoire déracinée*, L'Harmattan, 1999, p. 22.
2. Voir annexe I sur les entretiens, sur les critères de sélection, sur leur utilisation. À chaque chapitre, la génération est indiquée à la *première* apparition de l'entretien.

n'ai plus jamais été joyeux. Là-bas, j'étais joyeux tous les matins. Je n'étais pas déprimé, ni mélancolique, je riais quand il le fallait mais je n'avais plus une sorte de joie qui m'habitait jusque-là » (*entretien 47, génération 1910-1919*). Pour comprendre les propos entendus, qui sont plus ou moins réfléchis ou spontanés, plus ou moins clairs, il faut savoir l'émotion que presque tous ressentent et lui porter attention : « C'est un deuil que, je pense, ... nous ne ferons jamais, et quand j'en parle avec des amis proches, nous sommes tous d'accord, nous ne serons jamais complètement chez nous là où nous sommes maintenant » (*entretien 29, génération 1930-1939*). On a rencontré aussi – à vrai dire peu – des hommes se trouvant mieux ici que là-bas ; le métier (par exemple, un pêcheur, *entretien 126, génération 1920-1929*), la marginalité ethnique et géographique (par exemple, un juif des territoires du Sud, *entretien 168, né après 1945*) expliquent en grande partie ce sentiment.

À plusieurs reprises, ce natif du Mzab a déclaré que c'était une « bénédiction » d'avoir dû quitter le Sud algérien et qu'il n'avait ni regret, ni mélancolie, ni envie d'y retourner, même « pour voir ». Ses raisons étaient de trois ordres : d'abord, les contacts avec les Mozabites n'étaient pas très bons, même s'il précise avoir « occulté » un peu cet aspect. Ensuite, la France est une ouverture, il y a « beaucoup plus d'opportunités et de chances de réussir sa vie et de se développer que de rester dans son petit coin, qu'on décrit comme un coin idyllique pour les gens qui sont de passage pendant une semaine ». Enfin, la France est un lieu de liberté : « Là-bas, on avait le sentiment que... tout ce qu'on disait était à la portée de tout le monde, c'était gênant, c'était une contrainte, on pensait qu'il n'y avait pas de vie individuelle, on était surveillé, épié ; à Paris, on était complètement libre, on fréquentait qui on voulait, c'était la grande découverte » (*entretien 168*). Une telle opinion est extrêmement rare dans les entretiens.

Sans doute l'appartenance aux milieux les plus populaires, l'exercice de métiers durs, mal payés et aléatoires expliquent-ils qu'on entende s'exprimer une sorte de soulagement de vivre ici, même s'il est presque toujours souligné que les Français « n'ont pas été gentils ». « On vit mieux ici qu'à Alger, tout est mieux, c'est plus évolué, plus civilisé, c'est mieux. Il y avait le soleil, mais il y a les Arabes qui nous ont toujours étouffés... Mais quand on est né là-bas, on s'imaginait que c'était normal. [...] Dans l'ensemble, on est mieux ici, peut-être parce qu'on est à Paris[3]. » Pourtant, cette femme a répété que les Français n'aimaient pas les Pieds-noirs ; quant à la France : « On a été drôlement déçus, tous. » Cette adaptation n'empêche pas que l'exil ait été douloureux ; cette femme a souvent répété dans l'entretien les mêmes mots : « Au retour, je me cachais pour pleurer » *(entretien 100, génération 1920-1929).*

Rarissime est le verdict porté par une Oranaise sur sa jeunesse là-bas : « Oran, c'était très vilain, je n'ai pas de nostalgie... C'était vide, il n'y avait rien à faire ; la mer, on s'en lassait, on s'ennuyait un peu, la lecture, les amis, plein de gens s'ennuyaient à mourir, il n'y avait pas grand-chose. » Elle a de nombreuses fois répété les mots « vide », « ennui », pour mieux dire son bonheur de vivre à Paris *(entretien 178, génération 1930-1939).*

D'autres enfin semblent accepter sereinement d'avoir eu deux vies, n'émettent aucune plainte, mais, à un moment ou à un autre, ils disent qu'ils en préfèrent une, celle d'avant : « On voit qu'on a vécu deux fois la vie ; là-bas, le soleil, l'esprit tranquille, la santé, on ne connaissait pas les maladies ; la deuxième vie, plus de confort, beaucoup de soucis, les soucis, quelquefois on se les crée nous-mêmes, on vit autrement que là-bas », « la meilleure vie, c'était l'autre, ah oui ! ». « J'ai jamais eu envie d'aller ailleurs, jamais, on était élevé comme ça, de père en fils, dans une sorte de... tranquillité, de sincérité dans la vie, entre Dieu, les parents, la prière, la sincérité [...]. On a tout ce qu'il faut ici, la télé, le téléphone, tout ce qu'on veut, la vie qu'on a vécue là-bas, c'est... c'est devenu un rêve pour nous, on était heureux, on savait pas comme on était heureux, disons qu'on n'avait besoin de rien, ah oui ! on n'avait pas de soucis, pas

3. C'est une *femme* qui dit : « Les Arabes nous ont toujours étouffés » ; il a été plusieurs fois suggéré par des femmes que le mode de vie des « Arabes » pesait, comme une contrainte jamais énoncée, sur les femmes européennes, sur leur apparence, sur leur liberté.

d'argent pas de soucis, c'est une vie extraordinaire, je vois la différence ici » (*entretien 158, génération 1930-1939*).

Si l'on fait le bilan des écrits des Français d'Algérie et des entretiens que j'ai menés, ce qui y apparaît le plus fréquemment, quelle que que soit l'opinion politique énoncée ou devinée, c'est une blessure. Elle ajoute à un *manque*, à un mode de vie perdu, une *injustice* : injustice de l'accueil, injustice de la réputation qui leur a été faite, car ces femmes et ces hommes subissant un exil ont été perçus et furent parfois reçus comme des réprouvés, mot utilisé dans des entretiens.

En parler...

Pour répondre à la question, « en parler » ou « ne pas en parler », il a été difficile de choisir les entretiens à citer car beaucoup ont la même force, quelle que que soit leur orientation majeure. Il y a ceux qui ont dit répétitivement qu'ils n'en parlaient jamais, tout en me parlant longuement ; la dernière phrase d'un (presque) monologue est : « Voilà, je n'ai jamais parlé aussi longtemps » (*entretien 123, génération 1920-1929*). Certains aussi, beaucoup moins nombreux, ont longuement répété qu'ils ne pouvaient pas parler, parce qu'on ne pourrait pas comprendre, parce que là-bas c'était « magique », « indicible », « féerique ». Un Constantinois, « ébloui » par Alger quand il alla y faire ses études, s'interrompait sans cesse pour dire, avec exaspération : « Je peux pas exprimer..., c'est pas possible, c'est magique », « C'est pas une réticence..., c'est inexprimable » ; effectivement, son émotion l'empêchait de raconter (*entretien 61, génération 1920-1929*). « La France, c'était ma patrie, l'Algérie, c'était mon pays, on ne peut comprendre que si on a vécu..., c'est des choses qu'on ne peut expliquer » (*entretien 57, génération 1920-1929*). Certains aussi ont avoué quand je les quittais, que cela leur avait fait du bien, et d'autres que d'avoir parlé de « ça » les troublait. Un Oranais, en mettant fin à l'entretien, a dit : « Je ne vais pas dormir ce soir » (*entretien 54, génération 1920-1929*). Il faut signaler aussi – ce fut assez fréquent – que certains ne veulent pas en parler non pas parce que ce serait indicible, mais parce que les Français (de France) ne savent pas écouter ou ont des opinions toutes faites : « Cette histoire de l'Algérie, j'en parle avec vous parce que vous essayez de comprendre. Mais, avec les Français, on ne peut pas parler de ces choses-là, c'est pas possible, ils ne veulent pas comprendre ce qui s'est passé. Ils disent : "Ah, vous êtes des colonialistes, vous avez exploité les Arabes" » (*entretien 44, génération 1920-1929*). Enfin, disons une fois pour toutes que des entretiens – assez nombreux – ont fait pleurer et j'ai constaté, sans pouvoir l'interpréter, que c'était bien plus souvent le fait des hommes que des femmes.

J'ai choisi les extraits qui suivent de manière plus ou moins arbitraire puisque personnelle, pour essayer de faire entendre la diversité des réactions face au seul fait de *parler*.

> Presque à la fin d'un entretien rempli de longs silences, un Oranais ajoute : « Ça m'est extraordinairement pénible d'en parler, j'ai peur que la passion m'emporte et me fasse dire ce qui n'est pas ce que je voudrais dire... J'étais chez moi, tranquille, à faire mon métier, à aimer mon pays, à aimer ma famille et on m'a dit que ce n'était pas chez moi... La France, ce n'était pas mon pays, je ne connaissais de ce pays que la guerre, j'étais venu pour libérer, je mets des guillemets, la France, je trouvais ça normal d'ailleurs, je me sentais parfaitement Français, c'est pour cela que j'ai encore moins bien compris... Je ne suis pas encore Français à part entière... De moi-même, il y a un bon morceau qui est resté là-bas » (*entretien 20, génération 1920-1929).*
>
> « Avec le temps, tout s'arrange ; c'est un passé dont j'aime pas tellement parler... Je veux qu'on soit dans l'oubli... L'Algérie, je cherche à me l'effacer. Premièrement, je ne pourrai jamais y mettre les pieds. Ça devient quelque chose qui s'oublie totalement malgré que, dans ma mémoire, je vois tous les coins et les recoins, les trous, les bosses, et il y avait le village... et à un kilomètre et demi, il y avait un lieu qu'on n'oublie pas, La Madrague, c'était quelque chose de merveilleux, c'était un paradis, un endroit bien abrité de tous les vents, une mer toujours cristal, calme... La Côte d'Azur [*là où il vit*], c'est vrai que ça a son charme, il y a des coins merveilleux, mais ça vaut pas La

Madrague, ah, ça oui, ça reste dans la mémoire. » Il va ensuite parler longuement de Bab el-Oued, des « races et des langues mélangées », des bals, de Padovani[4], d'Alger, « c'était tout neuf, c'était quelque chose de magnifique ». « À la maison, on n'en parle pas, on ne veut pas en parler, c'est un oubli, il faut mieux oublier, tirer un trait; on pourrait dire certaines choses, mais ça servirait à rien. » Il s'interrompt souvent – « c'est tout ce que je peux vous dire » – et il se remet aussitôt à parler, à raconter la forêt de Sidi-Ferruch, les rassemblements, les chants, les petits repas et le vin blanc : « On faisait la fête dès qu'on pouvait faire une fête, c'est inoubliable. » Ici, partout, « chacun pour soi ». Tout le discours zigzague entre l'oubli souhaité et l'inoubliable, le merveilleux de là-bas et la tristesse, la dureté du départ, l'éclatement de la famille, des amis, « ce qu'on peut appeler l'exode », que l'on ne peut non plus oublier mais auquel il ne faut pas penser (*entretien 129, génération 1920-1929*).

Au bout d'une bonne heure d'entretien, un Algérois s'interrompt : « Vous m'embêtez avec tout ça, j'y pense constamment, j'en parle. » « Je suis un homme heureux »; il parle de son métier, de sa position sociale « sympathique » (c'est une véritable ascension par rapport à ses parents), mais « quand on parle avec quelqu'un comme vous, on ne peut pas en parler sans douleur, ou alors c'est qu'on est complètement vide ». Pourtant, il a trouvé en France « un chemin de rêve »; mais, « pendant longtemps, j'avais tiré le rideau, comme s'il n'y avait plus d'Algérie... au moins jusqu'en... 1968 ou plus » (*entretien 74, génération 1930-1939*).

« Quelque chose se cassait en moi à l'arrivée, je me suis mis à travailler tout de suite [...]. Je me suis fermé totalement, j'ai plus voulu parler de rien, ni de l'Algérie française ni de l'Algérie d'après. Et, arrivé à un certain âge, on arrive à être tenté de se repencher sur son passé ». Il a rejoint une association il y a dix ans, il écrit, il fait des conférences (*entretien 172, génération 1920-1929*).

Lors d'un second entretien qu'elle m'accordait en province, une femme m'a dit : « J'ai été une mauvaise mère, je n'ai jamais parlé à mes enfants de tout ça... et H. [*sa seconde fille*] m'a appelée de Paris pour me dire qu'elle vous avait parlé, qu'elle vous avait rencontrée et qu'elle était très contente. Jamais je n'en ai parlé, je croyais bien

4. « À la plage Padovani, le dancing est ouvert tous les jours. Et dans cette immense boîte rectangulaire ouverte sur la mer dans toute sa longueur, la jeunesse pauvre du quartier danse jusqu'au soir. Souvent, j'attendais là une minute singulière. Pendant la journée, la salle est protégée par des auvents de bois inclinés. Quand le soleil a disparu, on les relève. Alors, la salle s'emplit d'une étrange lumière verte, née du double coquillage du ciel et de la mer ». Albert Camus, « L'Été à Alger », *Noces* (1938), Gallimard, 1956, pp. 51-52.

faire... Je croyais qu'elle avait oublié, qu'elle n'avait pas de souvenirs, elle était si jeune quand elle est partie » (*entretien 23, génération 1910-1919*).

« J'étais en rage en 62, je l'ai enfouie, pratiquement je ne parlais jamais de l'Algérie, de la blessure, je ne pouvais pas ; dès que je commençais, je tombais complètement dans l'irrationnel, non, dans le passionnel [...]. Je peux en parler avec des gens sympathiques ou neutres, mais, pendant dix ans, il y avait une hostilité très forte. » Il ne pensait alors qu'à ses études, qu'à son travail et puis, maintenant, « il faut faire quelque chose pour porter témoignage » (*entretien 104, génération 1940-1945*).

« Je ne pensais pas à l'Algérie, je me l'interdisais », dit un Bougiote qui a adhéré vingt ans plus tard à une association qu'il a vite quittée : « Ils ne pensaient qu'à s'amuser. » Maintenant, depuis douze ans, il a trouvé une « vraie » association, on y parle. Je suis, répète-t-il, « viscéralement Pied-noir » (*entretien 132, génération 1930-1939*).

Le silence qui a duré n'est pas le signe d'une culpabilité, de la honte d'un passé critiquable, blâmable, quoique certains – fort rares – disent avoir « occulté », « refoulé », parce que l'image négative qu'ils avaient reçue en pleine figure à leur arrivée les avait mis très mal à l'aise. « C'était le désir justement, après cette expérience épouvantable, pénible [dans un lycée], faire oublier ça, m'intégrer, m'assimiler dans la vie des intellectuels, du monde enseignant parisien [...]. Peu à peu, c'est revenu comme une particularité sympathique dont il n'y avait pas lieu de se cacher... C'est à peu près dans les années 70. Tout ce qui s'était passé m'avait un peu collé à la peau, une culpabilité qu'on nous avait collée dessus ; on ne voulait pas être assimilé à ces... rapatriés dans des banlieues qui avaient du mal à s'intégrer, c'est pas très honorable tout ça, une sorte de refoulement, ce n'est pas honorable, je n'en suis pas fière..., un rejet de tout ce qui était trop folklorique, de trop méditerranéen, trop voyant, un peu vulgaire, j'avais un peu l'impression de ça. » Un quart d'heure plus tard, cette femme dit en riant : « Maintenant je fais plus que l'assumer, le revendiquer... Moi par moments, je me dis, fais attention [rire], tu as tendance à aller vers des relations exclusivement..., j'ai l'impression que je vais dans ce sens là parce qu'il y a vraiment une affinité, les gens qui ont le même parcours, les mêmes souvenirs, les mêmes valeurs rétrospectives [...] et maintenant, avec ces histoires de recherches généalogiques. Ceci dit, je crois que j'ai conscience de tout, que je maîtrise [rire] » (*entretien 161, génération 1940-1945*). Cette honte vague qui rendait certains silencieux semble avoir été rare et aussi tenir à la jeunesse des interlocuteurs et au sexe : ce sont surtout des femmes jeunes qui ont éprouvé ce malaise, elles craignaient aussi d'être un peu « vulgaires », un peu trop méditerranéennes, un peu voyantes, etc. – ce qui attire l'attention sur le statut des femmes des sociétés de la Méditerranée.

Mais le long silence a eu presque toujours deux raisons fortes : ne pas se faire souffrir, de surcroît inutilement ; et avoir été entièrement mobilisé par la volonté de s'intégrer, avoir été pris par le travail, par les enfants. Les cas, rares, de volonté de « refouler » certaines choses, sont attachés à certains métiers et à certains engagements : trois entretiens ont répété qu'il y avait des choses « sales » qu'il fallait oublier, ce qui veut dire que ces choses « sales » les taraudaient. D'autres, sans doute, peuvent avoir oublié.

La prolifération depuis quelque temps de livres de souvenirs, de réunions, de célébrations, indique que le travail de deuil a avancé ; il pourra rester inachevé, mais il a commencé. J'avais souvent regretté que la recherche que je faisais n'ait pas été menée il y a vingt ou vingt-cinq ans, en pensant en particulier aux générations mortes et à la déformation de mémoires vieillissantes. Je pense maintenant que sans aucun doute ce travail d'enquête aurait été encore plus difficile, peut-être même impossible auparavant, car refusé ou esquivé par ceux que l'on voulait entendre et analyser. Une certaine agressivité parfois dans les entretiens, des larmes, mais, en même temps, un accueil chaleureux indiquent que le temps semble venu d'écouter les Français d'Algérie et d'en parler ; que ce travail soit nécessaire, la plupart des interlocuteurs l'ont exprimé dans les entretiens et plus encore, hors des entretiens.

Parlant avec une passion retenue de ce qui lui manquait (« tout »), un natif du Constantinois s'interrogeait sur les associations actuelles, leurs buts, leurs limites : « Les associations, c'est comme les photos, il faut un révélateur..., il faut qu'il y ait des gens en face de vous pour vous répondre... La réflexion telle que vous la provoquez en quelque sorte, c'est pour nous plus satisfaisant... Le silence, alors, au départ, il y avait un aspect classique que j'évoquais tout à l'heure, une espèce de pudeur. Il y avait d'autres soucis, il y a des blessures, on ne voit vraiment pas pourquoi les évoquer. Et les années passent vite. Je suis surpris, moi le premier, de voir quantité d'articles sur les associations de Guelma, Souk-Ahras, Mondovi, toutes choses qui n'avaient aucune existence avant 62, aucune existence. Les gens ont ressorti les armoiries, on les a jamais vues, j'aurais été incapable de décrire les armoiries de Constantine... Le temps passe, les anciens se mettent à disparaître, il faut faire vite... Mais n'est-ce pas en rester à une certaine image, est-ce qu'on ne met pas de côté les rapports entre les communautés, les difficultés, une façon d'enjoliver, de rendre les choses lisses. Je vais peut-être être méchant, ils se font plaisir, voilà, ça ne va pas au-delà... Ce sont les gardiens du tombeau, ce n'est pas de leur objectif d'en parler à l'extérieur, c'est figé, c'est superficiel [...]. Trente-cinq ans après, aller parler de ça de façon monolithique..., je suis même surpris..., la transmission, ça demande une part active. » Il évoque aussitôt avec admiration *Le Premier Homme* de Camus et adhère à cette mémoire-là ; de son institutrice, à qui il doit d'avoir passé le concours des bourses en 1940, il déclare : « C'était pratiquement ce qu'a dit Camus. » Il commente des livres qu'il a lus, il se plaint d'une « carence de mémoire » et de trop de réécriture, de voir des gens qui disent : « Je pensais ça à l'époque » alors que ce n'est pas vrai. Comme beaucoup de Pieds-noirs, il écarte Jules Roy et ses *Chevaux du soleil* : « c'est laborieux », « on ne s'y retrouve pas » (*entretien 16, génération 1930-1939*)[5].

---

5. Étant donné la notoriété de Jules Roy, on pourrait s'étonner qu'il ne soit cité qu'une fois dans ce livre, et dans une annexe ; en fait il semble être largement rejeté par sa communauté : un

Ce Français d'Algérie critique essentiellement deux traits des associations : elles enjolivent un passé qui, même heureux, était en réalité souvent âpre, parsemé d'embûches et de contradictions, et elles ne cherchent pas à communiquer avec l'extérieur, à convaincre, elles parlent pour elles-mêmes. Souvent même, leur attachement viscéral à un passé transfiguré, la valorisation de choses mortes (le pataouète ou la littérature algérianiste), renforcent les malentendus, le repliement et la cassure encore perceptible avec la société globale. Il faut savoir que ces associations rassemblent peu de Pieds-noirs et beaucoup d'entretiens ont répété que ces concentrations les agaçaient, les repoussaient, en raison de leur affectivité intense, de leur passéisme et aussi de leurs inévitables *chicaïas*.

Un Algérois, le moins Pied-noir d'apparence, expliquant pourtant qu'il se sent « profondément Pied-noir à beaucoup d'égards » déclare : « J'ai une certaine tendresse pour eux, encore que souvent ils... m'ennuient enfin. J'ai pas de la pitié. Je voyais, à Nice, avec ma mère, je ne supportais pas les Pieds-noirs, elle en voyait pleurnicher sur le pays perdu, etc. ; au début, ma mère voulait m'attirer dans ces réunions. J'ai dit : "Moi, tes Russes blancs, je ne les supporte pas." [...] Je me sens, voilà, une complicité, mais complicité quand même artificielle, parce que sur la plupart des points, avec la plupart des Pieds-noirs, on n'a aucun intérêt commun, aucun goût commun » *(entretien 3, génération 1920-1929).*

S'impatientant d'une certaine littérature pied-noire, s'étonnant de la mémoire qui s'est modifiée de « façon extravagante », qui s'est « dégradée », de l'accent qui s'est « faussé et réduit », un autre Français d'Algérie dit : « Je ne supporte pas la boutique Algérie, je ne supporte pas l'exploitation de ce souvenir, cours de pataouète, etc. » (*entretien 79, génération 1940-1945*).

---

de mes interlocuteurs résume bien une opinion courante, qui a été souvent exprimée plus vivement : « Les ouvrages de Jules Roy, je ne reconnais absolument pas l'Algérie dans laquelle j'ai vécu, c'est mythique son affaire... Je lui ai dit : vous n'avez jamais montré les qualités des Pieds-noirs, vous avez montré une société qui était bâtie sur l'injustice. Franchement, y a-t-il une bonne société ? Je voudrais qu'on me la montre. Cette société où nous vivons ici est aussi bâtie sur l'injustice, et les U.S.A., l'U.R.S.S. aussi » (*entretien 32, génération 1930-1939).*

« IL EN SERAIT TOUJOURS AINSI... »

Si l'on veut reconstituer ou, plus modestement, faire ressentir la vie ordinaire des Français d'Algérie, il faut avoir comme point de départ cette proposition simple d'un Pied-noir issu d'une famille « modeste » et marquée à gauche, car elle exprime bien l'état d'esprit général : « Pour nous, l'Algérie c'était un département français comme un autre, on racontait la conquête, je ne me posais pas de questions... C'était comme ça. On avait quand même l'impression que la France apportait le progrès, elle apportait l'éducation, l'enseignement, les écoles, les médecins..., quand même, il y avait un aspect positif en dépit des aspects négatifs, on le sentait comme ça [...]. Il faut comprendre qu'une grande majorité des gens qui vivaient en Algérie n'étaient pas des oppresseurs. C'étaient des enseignants, des petits fonctionnaires, des employés des postes, des artisans... » *(entretien 137, génération 1930-1939)*. Après avoir évoqué son paysage natal, un paysage « banal » de la Mitidja, Jean Pélégri écrit : « Je ne savais pas que ce paysage avait été conquis autrefois de force, très longtemps auparavant. J'étais un enfant, et l'enfant, comme souvent les adultes, ne croit qu'aux évidences de l'œil. Je pensais, moi, qu'il en était ainsi depuis toujours et qu'il en serait toujours ainsi[6]. » *Qu'il en serait toujours ainsi...* : c'est une opinion à peu près unanime. « On vivait dans une situation où on avait l'impression que ce qui se passait était éternel... Ça durerait toujours, on n'avait pas l'impression que ce serait un jour remis en question, on n'avait pas cette impression » (*entretien 117, génération 1920-1929*) : beaucoup d'entretiens contiennent les mêmes mots, les mêmes phrases, ou à peu près, que celui-ci. Je n'ai rencontré que très peu d'interlocuteurs ayant entendu dans leur jeunesse un autre discours ; une seule femme avait reçu une leçon claire : « Mon

6. Jean Pélégri, *Ma mère l'Algérie* (1re éd., Alger, 1989), Arles, Actes-Sud, 1990, p. 10.

père nous a toujours dit qu'on n'était pas chez nous » (*entretien 63, génération 1930-1939*). Un fils de médecin rapporte : « [Avant 1939], mon père m'avait dit : un jour ou l'autre, il faudra considérer que l'Algérie sera indépendante. Mais on ne pensait pas comme ça... D'ailleurs, il ne disait pas indépendance, mais qu'il y aurait une autre organisation. Il pensait, comme médecin, que, la démographie... il y aurait un phénomène de pression, tous les médecins se rendaient compte » (*entretien 136, génération 1920-1929*). [Rien, dans l'enquête, ne m'a fait penser que les médecins partageaient ce point de vue, j'ai entendu plutôt l'inverse.] Un Oranais se souvenait que, étant tout enfant, il avait entendu son père répéter, et très souvent, qu'un jour les Arabes se révolteraient contre les Français (*entretien 141, né avant 1910*)[7]. Un Algérois s'est souvenu, bien plus tard, quand la guerre fut installée, peut-être même approchait-elle de sa fin, de propos tenus par son père : « Je lui avais dit, en lisant des livres sur les Croisades, en 40 : "C'est curieux, je ne savais pas que ça avait duré cent cinquante ans." Mon père m'avait dit : "C'est en général la durée des colonies" » (*entretien 162, génération 1910-1919*) ; on comprend qu'il n'ait pas perçu cela comme un avertissement. Enfin, sans que rien n'ait jamais été explicité dans sa famille, un de mes interlocuteurs raconte que son père, qui parlait très bien l'arabe, ne voulut pas qu'il apprenne cette langue : « Mon père voulait à tout prix que j'apprenne l'anglais et moi, je disais : "Comment, on vit dans une population musulmane, il faut que j'apprenne l'arabe !" Il disait : "Non", probablement que, inconsciemment, à cette époque-là, tout le monde avait compris que le sort était scellé...probablement oui..., parce que, comment expliquer... » Un peu plus tard, après avoir fait un détour sur les deux guerres et sur le refus de la France d'intégrer ces populations « qui

7. Edgar Chauvin, colon du Sersou, écrit en 1990 qu'en lisant le journal le lendemain du 1er novembre 1954, il s'était souvenu que sa mère lui avait dit naguère qu'un jour les Arabes se révolteraient « très gravement » ; c'était toujours sa conclusion quand elle considérait « les agissements de l'Administration, les aveuglements de certains élus mais aussi les ambitions de ceux qui les dénonçaient ». *Sersou*, chez l'auteur, 1990, p. 54.

avaient donné leur sang », il répète : « Dans l'inconscient de nos parents, probablement, ils avaient parfaitement compris que ça ne pouvait pas durer... » (*entretien 175, génération 1940-1945*). Que cela ne pouvait pas durer... En fait, le fils ne pouvait pas, au sens absolu, le penser. Il devait éprouver, comme presque tous ceux que j'ai interrogés, ce que m'a dit une Algéroise, entre deux grands rires blessés : « J'ai toujours vécu à Alger, notre avenir, c'était... vivre à Alger, se marier à Alger et mourir à Alger » (*entretien 27, génération 1930-1939*). Quelqu'un s'est souvenu, mais cela semble rare, qu'en 1945, au collège, un de ses camarades lui parlait d'indépendance : « Il m'a dit ça gentiment, comme un copain à un autre. "Mais qu'est-ce que c'est l'indépendance ?" Il m'a dit : "Nous voulons notre drapeau et notre gouvernement", mais il n'a rien dit contre nous, il ne m'a pas dit : "Vous partirez", non, il voulait le drapeau et le gouvernement, mais il n'a jamais été question que les Européens soient partis » (*entretien 142, génération 1930-1939*).

Deux de mes interlocuteurs ont assuré avoir senti au lycée qu'on n'aimait pas les Français : « On se rendait compte quand même qu'ils ne nous aimaient pas. Enfin, n'exagérons rien, j'ai eu des camarades de lycée de grandes familles...Je me suis parfaitement rendu compte qu'ils ne frayaient avec personne et qu'ils détestaient les Français. Autant dans mes petites classes, je ne m'étais aperçu de rien, autant après je me suis aperçu qu'ils nous détestaient, c'était pas difficile à voir » (*entretien 60, génération 1920-1929*). « Au lycée, en 1951-1953, il y avait beaucoup d'Arabes, déjà on sentait une espèce de tiraillement, une sorte d'antagonisme... Il était flagrant que quelque chose se préparait, l'antagonisme n'était pas que verbal, un copain kabyle avait couramment à la bouche le mot indépendance » (*entretien 82, génération 1930-1939*).

En recevant la médaille d'or du C.N.R.S., le 4 décembre 1996, Claude Cohen-Tannoudji, évoquant brièvement sa jeunesse, « sa chance de naître en Algérie, dans une famille unie », précisait : « J'ai pu terminer mes études secondaires dans une atmosphère heureuse et sereine et quitter Alger pour Paris, où j'étais admis à l'École normale supérieure en 1953, avant le début de la guerre d'Algérie et son cortège de déchirures douloureuses. » Que l'atmosphère, après la guerre mondiale, ait été, malgré les massacres d'Européens et la répression dans le Constantinois (mai 1945), *heureuse et sereine,* les Français de là-bas l'éprouvaient ainsi. Roger Le Tourneau, spécialiste renommé ayant vécu vingt-cinq ans dans les pays du Maghreb, professa à l'E.N.A. en 1954-1955 un cours sur la situation politique de l'Afrique du Nord. La troisième séance était intitulée « Vers la conciliation en Tunisie ? » (21 septembre 1954), la quatrième, « Le péril marocain » (23 septembre 1954), et la deuxième s'appelait « La sérénité algérienne » (16 septembre 1954)[8]. Roger Le Tourneau reconnaissait qu'il y avait « à certains moments des sujets de mécontentement très graves », mais il estimait qu'ils étaient solubles : « L'Algérie pourra conserver une vie relativement calme et.... la symbiose franco-musulmane qui y existe actuellement dans des conditions correctes pourra se poursuivre et même peut-être s'améliorer[9]. » Si les spécialistes ne voyaient pas, comment les Européens auraient-ils pu percevoir ? Pourtant, des fonctionnaires venus de France sentirent, malgré l'apparente « bonne intelligence » entre les communautés, qu'il fallait prendre garde. Débarquant en 1952, l'un d'eux déclare : « On sentait très bien qu'il se préparait une insurrection. J'ai dérangé beaucoup de gens en écrivant cela ; du coup, on m'a fait partir de X, on m'a fait partir en avancement » (*entretien 128, génération 1920-1929*). Un autre, qui était en poste depuis vingt ans en Algérie, dit avoir énoncé au lendemain du 1er novembre 1954 : « Ce qu'on attendait éclate » (*entretien 108, génération 1910-1919).* Il faut souligner que, malgré l'attachement très profond de ce dernier à l'Algérie au point qu'il était devenu littéralement un Pied-noir, il s'agit là de

8. Roger Le Tourneau, *La Situation politique actuelle de l'Afrique du Nord*, ENA, 1954 (cours polycopié).

9. *Id.*, p. 34. Dans « Un intellectuel français et le Maghreb », Denis Oppetit écrit : « Roger Le Tourneau quitte le Maghreb après vingt-cinq ans de travail, c'est en rupture avec une partie de sa corporation. Il est en désaccord avec la communauté des chercheurs algériens qui s'accrochent à l'Algérie française, mais pour autant il est impossible de le qualifier d'anticolonialiste ». *Correspondances*, n° 51, juin 1998, p. 14.

fonctionnaires qui avaient un autre rapport avec les populations et qui avaient accès à des renseignements.

Gabriel Conesa raconte avoir été envoyé par le *Journal d'Alger* le long de la frontière tunisienne à la fin de septembre 1954 : « On avait appris qu'il y avait du grabuge. » Ayant circulé du côté de Guelma, de Duvivier, de Souk-Ahras, il avait pensé : « Ça couvait une maladie, c'était sûr. » Revenu à Alger, il communiqua ses impressions ; le rédacteur en chef, Edmond Brua, en doutait, mais il publia ses articles. Après la sortie du deuxième texte, le gouverneur général, Roger Léonard, demanda à le rencontrer. « Je suis allé le voir. Il m'a dit : "Je ne peux pas dire le contraire de ce que vous écrivez, malheureusement c'est vrai, la situation est préoccupante. Je vous demanderai seulement une chose ; dans votre dernier article, écrivez, si vous pouvez, qu'il faut reconstituer l'armée d'Afrique." Elle était dévorée par la guerre d'Indochine. J'ai dit : "Aucune difficulté" » (*entretien, Nice, 7 octobre 1997*).

Dans ses *Souvenirs du pays perdu, Algérie, 1951-1954*[10], le gouverneur général d'alors, Roger Léonard, rapporte longuement ses inquiétudes tout au long de 1954 : au début de l'année, écrit-il, l'Algérie demeure « dans un calme qui pourrait me satisfaire, si je n'en sentais pas la précarité » (t. III, p. 2). Il suivit de près les divisions des milieux nationalistes et la dégradation de la situation au Maroc et en Tunisie. Ses appréhensions augmentèrent pendant l'été 1954 ; il était bien informé sur la scission du M.T.L.D., il n'ignorait rien du C.R.U.A.[11] et de la formation de groupes clandestins. Quelques jours avant le 1er novembre, un rapport que lui avait transmis le directeur de la Sûreté générale, Jean Vaujour[12], lui parut précis et inquiétant : le 23 octobre 1954, il envoya au ministre de l'Intérieur un rapport sur « la constitution d'un groupe d'action directe en Algérie » ; dans sa lettre, il écrivait que des précisions de ce rapport attiraient tout particulièrement l'attention sur « le danger peut-être immédiat » que pourrait comporter cette organisation. Il concluait sa lettre ainsi : « Dans ces conditions, peut-on penser que nous sommes à la veille d'attentats à Alger ? Il est impossible de l'affirmer de façon absolue, mais il convient à mes yeux de le redouter[13]. »

---

10. Roger Léonard, *Souvenirs du pays perdu, inédit* (écrit dans les années 1970), 3 vol.

11. M.T.L.D. : Mouvement pour le triomphe des libertés démocratiques (Messali Hadj). C.R.U.A. : Comité révolutionnaire pour l'unité et l'action, crée en mars 1954 par des cadres du M.T.L.D. (dont Mohammed Boudiaf) voulant réconcilier les tendances du parti en vue de l'action armée.

12. Jean Vaujour, directeur de la Sûreté générale de juin 1953 à juillet 1955, fut directeur des cabinets civil et militaire du délégué général Paul Delouvrier en 1960.

13. Lettre du gouverneur Léonard (23 oct. 1954) au ministre de l'Intérieur et rapport sur le

Le 1er novembre, le gouverneur Léonard craignait des attentats pour la nuit, ce qui arriva. « Ce qui ne peut que nous frapper, c'est le secret rigoureux dans lequel s'est développée cette vague de terrorisme, sa parfaite synchronisation, les faibles moyens dont semblent disposer les conjurés, l'ignorance totale où avaient été laissées les grandes organisations nationalistes » (t. III, p. 78). Il avait noté qu'avant les événements les Européens poursuivaient « sans complexe une vie privilégiée » dans les villes, alors que dans le bled, sur cette terre d'islam, conscients de voir grandir « la puissance de sa masse », ils ne voyaient d'avenir pour eux « que si, à une coexistence simplement acceptée ou subie », se substituait entre les deux sociétés « une authentique fraternité » (t. III, p. 2).

Citadins et bledards

Au centre de la représentation la plus courante et la plus péjorative que les Français ont de leurs compatriotes nés en Algérie apparaît le « colon », riche propriétaire, exploiteur, âpre, jouisseur, etc. Nous ne parlerons pas du mythe Borgeaud, encore parfois agité aujourd'hui, car Henri Borgeaud n'est pas représentatif d'une communauté qui était très diversifiée et tellement bigarrée. Il faut souligner que beaucoup de citadins, ayant entendu parler de « fautes », les imputent aux « colons », et ils tiennent souvent, surtout quand ils sont d'un milieu modeste, à marquer leurs distances à un moment de l'entretien. Quant aux « colons », ils critiquent facilement l'indifférence des citadins, leur méconnaissance de la vie dans le bled, leur ignorance des langues[14]. Ils pensent généralement que la mauvaise image vient des citadins et surtout des Algérois ; ils rappellent qu'ils connaissaient bien les Arabes et les Kabyles,

---

Groupe autonome d'action, publiés dans : Jean Vaujour, *De la révolte à la révolution*, Aux premiers jours de la guerre d'Algérie, Albin Michel, 1985, pp. 152-156.

14. Un ingénieur agronome, travaillant donc dans le bled, mettait parmi les causes de la rébellion, le formalisme exaspérant de fonctionnaires peu attentifs, peu aimables et qui ne parlaient pas un mot d'arabe (*entretien 110, génération 1920-1929*).

qu'ils vivaient au milieu d'eux et qu'ils avaient noué des rapports intenses : des correspondances, qui ont été poursuivies bien après 1962, en montrent selon eux la réalité et la force. L'opinion de Jean Pélégri est ici particulièrement intéressante : il a admis, tard il est vrai, l'indépendance, mais fils et petit-fils de colons, ayant vécu sur la ferme, ayant joué avec les enfants des ouvriers, ayant perçu son père comme « paternaliste », « bon » et « juste », il a répété dans *Ma mère l'Algérie* que les « colons », avec leurs contradictions, n'étaient en rien les monstres qui ont été décrits. Le mot paternalisme, souvent utilisé, revêt pour lui un double sens : « une société où un homme a tous les pouvoirs et où tout dépend de son arbitraire » ou « un type de société où les rapports sont réglés, non par des lois formelles, mais par des liens d'ordre familial. L'arbitraire subsiste, mais il est tempéré par le fait que le "père" connaît chacun de sa famille, qu'ils se parlent chaque jour, que les usages et les croyances de l'autre sont admises, et que des gestes ou des cadeaux sont échangés [15] ». Il reconnaît pourtant qu'il y a parfois eu d'impitoyables colons, comme son grand-père, arrivé dans une grande pauvreté et qui avait fait une ascension exceptionnelle : « Un homme cruel, avide et cupide qui par son travail acharné, son astuce, ses pratiques usuraires, avait fait fortune en quelques années. Et qui plus tard, dans un procès retentissant, devait être accusé d'avoir tué un de ses ouvriers [16]. »

H. Isnard l'a décrit, dans sa belle thèse *La Vigne en Algérie*, comme « le roi de la vigne » ; né en Espagne en 1838, Michel Louis était arrivé en 1846, avec son père qui loua une propriété de quelques hectares ; d'abord, il garda des bœufs, puis il travailla sur les terres des colons, effectua des transports. Grâce à son père, il put défricher, pour les planter, trois hectares de vignes ; ensuite, il loua, travailla, acheta... En 1880, ses plantations occupaient 277 hectares ; en 1890, 813 hectares, auxquels s'ajoutaient 2 700 hectares de terres nues. Il obtint sa

15. Jean Pélégri, *Ma mère l'Algérie*, *op. cit.*, pp. 31-32.
16. *Id.*, p. 25.

naturalisation et il devint maire de Sidi Moussa en 1892[17]. Son fils fit faillite, le petit-fils, Jean Pélégri, né à Sidi Moussa en 1920, fut enseignant et est écrivain.

À côté de quelques grands colons, il y avait beaucoup de colons pauvres et même très pauvres, dont le colonel Buis a parlé : « Et puis on imagine toujours le colon triomphant. C'est faux et la réalité est autrement émouvante. Tout au long de la jointure des monts du Hodna et du plateau sétifois habitaient de pauvres villages [...]. Ces bourgades se mouraient depuis un siècle. On n'avait donné à chaque colon que trop peu d'hectares d'une terre vouée à la culture extensive. Les villages avaient été peuplés par des misérables venant des plus pauvres régions de la France de Napoléon III. Ces premiers arrivants, très frustes, avaient accepté une situation qui ne les changeait certainement pas beaucoup de celle qu'ils avaient quittée. [...] En 1958, il n'y demeurait plus que des gens abandonnés, quelques Français très malheureux, terriblement menacés. [...] Survivaient aussi des bourgs un peu plus importants [...] où demeuraient encore vingt, trente, cinquante Français [...]. J'étais un homme très humble devant le courage et l'amour pour leur terre, je devrais dire pour leurs pierres, de ces Français-là[18]. »

Les entretiens avec des colons et des enfants de colons établissent au moins deux faits : l'usage parlé des langues, qu'aucune statistique n'a eu les moyens d'enregistrer, et la réalité des échanges, une cohabitation souvent marquée par des complémentarités dont les signes, « plus » ou « moins », s'inversaient selon les conjonctures. Les colons insistent sur le fait qu'ils vivaient au milieu de populations autochtones très nombreuses et que, s'ils avaient été les exploiteurs qu'on dépeint, il aurait été facile de les éliminer, de les tuer. Le sentiment de sécurité qu'ils disent avoir ressenti avant les événements est pour eux la preuve de l'entente. Il s'agit en fait d'une conviction; le respect ne peut-il pas tenir aussi parfois à des contraintes symboliques mais puissantes? Un citadin, fils et petit-fils de colons du Constantinois, a répondu de lui-même à cette interrogation : il déplorait que les colons aient été

17. H. Isnard, *La Vigne en Algérie*, Gap, Ophrys, t. II, 1954, p. 490.
18. Georges Buis, *Les Fanfares perdues*. Entretiens avec Jean Lacouture, Éditions du Seuil, 1975, pp. 195-196.

inconscients de la non-représentation de la population locale, mais il affirmait que dans l'ensemble les relations étaient « excellentes » : « Le colon ficelle qui payait mal ses indigènes, celui-là, sa ferme brûlait, il était sûr de son affaire. Quand j'étais jeune, mes parents disaient : "Chez nous, on ne brûle pas les fermes" » (*entretien 149, génération 1910-1919*)[19]. Jean Pélégri avance une « preuve » de l'entente : « Parmi tous les Pieds-noirs, ce sont les colons qui sont souvent les mieux accueillis quand ils retournent en Algérie[20]. »

Si fastidieuse que soit la lecture des chiffres, il faut avoir à l'esprit les effectifs par catégorie « ethnique » de la population des arrondissements (*en 1958*) où vivaient mes interlocuteurs.

Département d'Alger : Arrondissement d'Alger, 296 041 non musulmans ; 349 438 musulmans. Arrondissement de Maison-Blanche, 24 351 non musulmans ; 171 000 musulmans. Arrondissement de Blida, 39 237 non musulmans ; 199 988 musulmans.

Département de Tizi-Ouzou : Arrondissement de Tizi-Ouzou, 2 170 non musulmans ; 138 988 musulmans. Arrondissement de Fort-National, 887 non musulmans ; 176 702 musulmans.

Département d'Orléansville : Arrondissement d'Orléansville, 6 422 non musulmans, 137 732 musulmans. Arrondissement de Cherchell, 3 192 non musulmans ; 65 187 musulmans. Arrondissement de Teniet el-Haâd, 1 387 non musulmans ; 95 502 musulmans.

Département de Médéa : Arrondissement de Médéa, 3 966 non musulmans ; 92 854 musulmans.

Département d'Oran : Arrondissement d'Oran, 204 393 non musulmans ; 197 801 musulmans. Arrondissement de Pérrégaux, 14 582 non musulmans ; 81 135 musulmans. Arrondissement d'Aïn-Témouchent, 22 900 non musulmans ; 116 872 musulmans. Arrondissement de Sidi Bel-Abbès, 41 902 non musulmans ; 124 496 musulmans.

Département de Tlemcen : Arrondissement de Tlemcen, 17 371 non musulmans ; 116 186 musulmans.

Département de Mostaganem : Arrondissement de Mostaganem, 24 904 non musulmans ; 116 167 musulmans. Arrondissement de Mascara, 12 500 non musulmans ; 96 490 musulmans.

---

19. Parlant de la confiance que les Arabes faisaient aux Européens dans le bled, un ingénieur agronome dit : « On était très droits mais il y avait des gens qui vivaient à la petite semaine, j'en ai connu un, il faisait du prêt à 100 %, "je te donne un sac de blé, tu m'en rendras deux", je n'en ai connu qu'un, il était montré par les autres Français qui le considéraient comme un sale type » (*entretien 110*).

20. J. Pélégri, *Ma mère l'Algérie*, *op. cit.*, p. 32.

Département de Tiaret : Arrondissement de Tiaret, 8 923 non musulmans ; 121 165 musulmans. Arrondissement d'Aflou, 1 025 non musulmans ; 37 329 musulmans. Arrondissement de Frenda, 2 444 non musulmans ; 54 591 musulmans.

Département de Saïda : Arrondissement de Saïda, 7 842 non musulmans ; 77 969 musulmans.

Département de Constantine : Arrondissement de Constantine, 44 015 non musulmans ; 257 489 musulmans. Arrondissement de Philippeville, 32 569 non musulmans ; 156 241 musulmans.

Département de Bône : Arrondissement de Bône, 50 753 non musulmans ; 168 505 musulmans. Arrondissement de La Calle, 3 033 non musulmans ; 58 685 musulmans. Arrondissement de Guelma, 4 029 musulmans ; 92 885 musulmans. Arrondisssement de Souk-Ahras, 5 224 non musulmans ; 119 685 musulmans.

Département de Sétif : Arrondissement de Sétif, 8 250 non musulmans ; 64 494 musulmans.

Département de Batna : Arrondissement de Batna, 4 537 non musulmans ; 67 111 musulmans. Arrondissement de Khenchela, 908 non musulmans, 101 795 musulmans. Arrondissement de Biskra, 1 828 non musulmans ; 134 028 musulmans. Arrondissement de Tébessa, 2 302 non musulmans ; 150 547 musulmans.

Département de Bougie : Arrondissement de Bougie, 7 491 non musulmans ; 154 547 musulmans. Arrondissement de Kerreta : 910 non musulmans ; 63 854 musulmans[21].

La vie des « colons »

On a souligné ce qu'il en était des « gros colons ». En 1960, Germaine Tillion a publié la composition réelle du monde des colons : sur environ 12 000, 10 étaient « excessivement riches », 300 étaient riches, les autres étaient moyens, ou petits, ou pauvres ; plus de 7 400 possédaient moins de 10 hectares[22].

---

21. « Population des quinze départements algériens », *Documents algériens*, Série sociale, n° 50, 15 mai 1958. Un département n'a pas été retenu ici (Aumale), et, dans chaque département, on n'a retenu que les arrondissements dans lesquels nos interlocuteurs sont nés ou ont travaillé, ont vécu. Les désignations « non musulman » et « musulman » sont utilisées officiellement à partir de 1944.

22. Germaine Tillion, *L'Afrique bascule vers l'avenir* (1960), rééd., Tirésias, 1999, p. 68. Si je reproduis ces chiffres déjà cités, c'est que Fernand Braudel m'avait dit, il y a vingt ans, que si

Il faut rappeler que les superficies des terres cultivées – possédées et louées – doivent être rapportées au lieu – le Sersou est très différent de la Mitidja –, aux produits cultivés, au rendement : dans les années 1950, par exemple, un hectare de blé dans le Sersou donnait entre 6 et 10 quintaux [23]. Ce sont des évidences que la presse parisienne a ignorées, ce qui a entraîné des évaluations fausses de la richesse des colons par les Français de France et par un grand nombre d'appelés.

Sur une vingtaine de colons et d'enfants de colons que j'ai rencontrés, deux m'ont semblé représentatifs, montrant un attachement violent, indépassable, à une ferme décrite comme un lieu paradisiaque. « La ferme de mon père faisait trois hectares, c'était une petite ferme tout à fait modeste, c'était du maraîchage, j'ai toujours connu mes parents travaillant; le matin, ils se levaient très tôt. Je me souviens, mon père se levait vers 5 heures du matin, il buvait son café, il avait quelques vignes, il avait des arbres fruitiers; 7 heures, c'était la pause casse-croûte, puis il continuait à travailler, il n'y avait pas d'ouvriers avec lui. Ma mère l'aidait dans la culture et avait un petit poulailler, des porcs; tous les ans, comme il se fait dans les campagnes françaises, on tuait le porc, on avait la charcuterie qui était faite à la maison, on avait les poules, les lapins; on faisait l'huile à la maison, on s'autosuffisait pratiquement avec les produits de la campagne, on achetait seulement le café, le sucre. Nos parents ne nous ont privés de rien [...]; on a connu une vie qui était paradisiaque, il n'y avait pas de barrières... On a vécu très heureux. Chez nous, les gens de La Calle, ils venaient chez ma mère, elle avait ses clients, elle tuait le lapin, ils achetaient le

---

une chose nous paraissait importante, il faut la dire plusieurs fois; les choses dites une seule fois ne sont pas retenues par les lecteurs. Les répétitions, dans ce livre, sont toutes voulues. L'Amicale des anciens élèves des écoles d'agriculture d'Algérie a publié : *L'Œuvre agricole française en Algérie*, 1830-1962, Versailles, Éditions de l'Atlanthrope, 1990, qui est d'un grand intérêt sur les productions agricoles.

23. Le rendement moyen en France était de 22,8 quintaux à l'hectare en 1955. L'Aisne atteignait 38 quintaux à l'hectare (suivie du Nord, 37 quintaux, de l'Oise, 36,5 quintaux, de la Seine-et-Marne, 34,5 quintaux); L'Hérault, les Alpes-Maritimes étaient au-dessous de 11 hectares. Beaucoup de départements oscillaient entre 11 et 14 hectares (Ariège, Aveyron, Basses-Alpes, Corse, Haute-Garonne, Hautes-Alpes, Landes, Loire, Lot, Lozère, Morbihan, Tarn-et-Garonne). *Statistique agricole annuelle, 1955*, ministère de l'Agriculture, 1958.

lapin, ils prenaient un litre de lait, donc on vivait avec tout un tas de petites cultures que mon père faisait, en passant par la salade, les radis, les fraises, le raisin de table [...]. Je me souviens d'avoir vu chez mon père un petit cheval blanc qui s'appelait Bijou, avec une charrette, puis charger les légumes sur cette charrette, les emmener au marché et approvisionner le marché [...]. Il n'y avait pas de banque, je me souviens que ce que mon père ramenait comme recette était mis dans une boîte en fer qui était mise au-dessus de la hotte qui était au-dessus du potager. Et la banque, c'était cette boîte en fer; mon père avait un compte à la Compagnie algérienne, mais la banque était la maison » (*entretien 143, génération 1940-1945; département de Bône*).

Dans le deuxième exemple, la fille d'un colon du Sersou m'a montré de nombreuses photographies de la ferme : à l'observateur parisien, elle apparaissait isolée, triste, dans un lieu désolé, neige épaisse, arbres chétifs, rabougris, champs de cailloux... Tout cela, évoqué de manière poignante, est difficile à communiquer, la transcription ne peut pas faire imaginer un visage, un regard, ni faire entendre les inflexions de la voix.

« La ferme c'était environ 500 hectares, mais comme ça ne suffisait pas, les rendements étaient tellement bas, il y avait une partie en blé, une partie en lentilles et une partie en jachère. [...] Donc papa était obligé de louer des terres à des musulmans [...]. Papa exploitait dans les 800 hectares, ce qui lui permettait de laisser des terres en jachère. Nous avions 5 000 amandiers que le grand-père avait plantés, histoire d'avoir un peu d'ombre parce qu'il n'y avait pas d'ombre du tout, pas d'herbe; il neigeait à partir du mois d'octobre-novembre, la neige se prolongeait jusqu'en février-mars, ça donnait une végétation un peu curieuse, c'était cuit par le gel et ensuite par la chaleur; on n'avait pratiquement pas d'herbe, pratiquement pas de pâturage, tout était desséché, les amandiers donnaient un peu de fraîcheur, on ne ramassait même pas les amandes [...], on n'en vendait pas du tout, c'est curieux quand même, c'était uniquement pour l'ombre [...]. Les ouvriers, c'étaient des nomades qui s'étaient arrêtés, ils s'étaient posés sur la ferme, c'était leur domaine, ils n'auraient pas compris qu'on les empêche de se servir, ils avaient leurs petits troupeaux à eux, ils pouvaient aller manger en même temps que le troupeau de papa[24]. Papa avait beaucoup de moutons, 2 000 à 3 000 moutons qui vivaient dans le Sud normalement et il y avait des bergers qui gardaient les moutons ; on avait des vaches [...]. Il y avait beaucoup de chevaux, j'évalue ça à 40, 50 chevaux ; on avait une grande basse-cour et papa a fait beaucoup de porcs [...]. On faisait surtout du blé et des lentilles ; le blé, en moyenne, c'était de 6 à 10 quintaux, 10 quintaux c'était un maximum, les années merveilleuses. Les gens avaient trouvé une lentille qui venait d'Argentine, blonde, très tendre, sans peau, ils les cultivaient en ligne, il fallait énormément de personnel pour désherber à la main puis pour arracher les lentilles [...] ; il y avait un chef, le chef de chantier qui réunissait 200 personnes *[ce sont les nomades évoqués quelques lignes plus haut]* qui étaient sous sa responsabilité et qui devaient fournir le travail ; papa n'avait de rapports qu'avec cet homme [...]. Ensuite, le blé, il fallait aller très vite ; au début, il y avait seulement des batteuses, le blé était coupé avec des machines, on le ramenait à la ferme, on battait ça avec une batteuse, tout se passait à partir du 10 juin, il fallait qu'en un mois tout soit ramassé et trié, sinon les grains tombaient, la chaleur arrivait tellement vite, si un coup de sirocco passait, on perdait tous les grains. Il y avait des périodes où les ouvriers travaillaient 12 heures par jour... Ensuite sont arrivées les moissonneuses-batteuses, c'était une merveille, mais ça a enlevé quand même un charme. Il y avait nos ouvriers à nous, 30 familles à peu près [...], c'était une communauté familiale plus que des rapports de patron à employés, bien qu'il y ait quand même eu beaucoup de respect, il y avait des règles, des prin-

24. Edgar Chauvin parle des tribus nomades du Grand Sud venant sur le haut plateau de l'Atlas saharien, le Sersou, depuis toujours : « Aussi pendant les trois mois d'été qu'ils passaient au Sersou pour faire pacager leurs troupeaux, ces nomades se considéraient-ils comme chez eux. Oh ! Pas comme des occupants, et encore moins comme des envahisseurs, mais comme les "invités de Dieu" ». « Cette transhumance était vitale puisqu'il n'y avait pas de vie possible chez eux sans venir l'été refaire leurs forces », *Sersou*, *op. cit.*, p. 26, p. 25.

cipes qui paraissent un peu dépassés. Papa avait été malade pendant un temps assez long, maman était seule, il y avait deux ouvriers qui se relayaient à la porte, mais qui ne rentraient pas, par respect pour maman. Il n'y avait pas de téléphone, maman ne conduisait pas, s'il fallait aller chercher un médecin, il y avait toujours un ouvrier qui était là, qui veillait sur elle, qui voyait si elle avait besoin de quoi que ce soit. » À de nombreuses reprises, cette fille de colon revient sur ce type de rapports, inégalitaires, complémentaires et fixés. « On était au courant de ce qui se passait dans chaque famille, quand on pouvait les aider, on les aidait, s'il y avait quelqu'un de malade, on s'en occupait pourvu qu'il le veuille car ils appelaient d'abord le marabout, et, si ça n'allait pas, on appelait le médecin ; aussi bien maman que sa mère étaient tout le temps en train d'aller d'une *khaïma*[25] à une autre, parce qu'il y avait toujours un problème ; à la fin de l'été, il y avait des conjonctivites, on mettait des gouttes à tous les gosses. » Mais, en cas de problème chez le patron, sans que rien ne soit dit, ne soit demandé, les ouvriers savaient être présents et aider (*entretien 154, femme, génération 1940-1945, département de Tiaret*).

Edgar Chauvin, dans un récit décrivant les répercussions des « événements » dans le Sersou, explique la force des liens avec un ancien ouvrier de ses parents ; autrefois, celui-ci était venu voir la mère « pour la consoler, l'encourager, après l'avoir aidée à accoucher. Fameux collaborateur que ce Boukalifa qui, après avoir pris en charge le père et la mère, continuait à veiller sur leur fils puisqu'il était un peu le sien[26] ». Retournant au Sersou en 1947, après une dizaine d'années passées à Alger et son service militaire accompli, le narrateur avait retrouvé Boukalifa qui s'était enrichi – il possédait des moutons – et qui « avait beaucoup de choses à lui dire et des choses qu'[il] n'avait pas pu apprendre à l'école[27] » ; il venait « inspecter » la ferme, dire ce qui l'avait « contrarié », et il lui avait fait mesurer son igno-

25. *Khaïma* : tente.
26. Edgar Chauvin, *Sersou, op. cit.*, p. 34.
27. *Id.*, p. 35.

rance. Grâce à lui, il avait appris que cette société était « hiérarchisée, cloisonnée, toute faite de nuances, de distinguos, de caractères spécifiques permettant à chacun d'y trouver sa place, de la tenir et...de s'y tenir[28] ». On reparlera de ce thème, ce qui a été reçu des musulmans.

Le film *Les Oliviers de la Justice* (1962), réalisé d'après le roman de Jean Pélégri, publié en 1959, montre le groupe silencieux, hiératique des anciens ouvriers de son père, qui étaient venus au cimetière pour accompagner leur ancien patron. Une femme, parlant de son père mort pendant des vendanges en un mois de septembre terriblement chaud, se souvient : « À cause de leur religion, les Arabes ne sont pas entrés dans la maison, mais ils sont restés toute la nuit à la porte, enroulés dans leur burnous, c'est un souvenir qui m'est resté » (*entretien 83, génération 1920-1929*).

« Mon père, il était très près des Arabes, d'ailleurs il était respecté par eux, il est mort en 1957. Chaque fois qu'il y avait des *chicaïas* entre Arabes, les gars venaient en pleine nuit, mon père partait, allait dans le douar; des fois, il revenait pour partir au boulot; il allait pour essayer de les calmer, ou : "Monsieur Léon, tu viens, il y a un malheur, il y a un enfant qui va mourir..." [...]. Mon père était très près des ouvriers, ma mère, c'est pareil. Dès que les gars avaient un bobo, les enfants, les femmes venaient, ma mère les soignait. [...] D'un côté, nous, les enfants, on a été élevés un peu à l'écart du milieu, et de l'autre côté, mon père et ma mère ». « Pour mon mariage, c'était l'été 50, et mon frère, en octobre 50, à l'occasion du mariage de ses deux fils, mon père avait regroupé tous les Arabes, un couscous monstre, plus de cent personnes, les femmes avaient été convoquées, ça avait été une fête incroyable. À chaque événement familial, ils participaient et eux, réciproquement, pour le *Mouloud*[29], ils nous apportaient le couscous, avec le morceau de viande; s'ils avaient une nais-

28. *Id.*, p. 41.
29. Célébration de la naissance du Prophète.

sance, on avait droit au gâteau au miel, il y avait toujours cet échange, ça, ça n'existait pas en ville. Ça explique que les gens du bled ne pouvaient pas imaginer une seconde que cette situation ne se perpétue pas, puisqu'en fait les rapports étaient excellents... Allez leur faire comprendre » (*entretien 39, génération 1920-1929, arrondissement de Cherchell*). Cette peinture est fiable car cet homme, qui avait quitté l'Algérie depuis près de dix ans lorsque les événements éclatèrent, considérait que l'indépendance était inévitable ; sa famille et son travail le faisaient retourner souvent là-bas, et il avait averti son père : « On ne peut rien contre un peuple qui veut son indépendance. » Il n'a donc pas de raison d'embellir ce passé ; il reproche d'ailleurs au général de Gaulle d'avoir tardé à donner l'indépendance et de l'avoir fait dans « d'aussi mauvaises conditions ».

> Si ce type de relations était fréquent dans le bled, il a pu en exister parfois dans les villes, mais ce fut sans aucun doute très rare. Un Algérois raconte : son père étant parti à la guerre en 1939, sa mère était restée seule avec ses deux petits enfants ; la première nuit avait été pour elle « préoccupante » car elle avait entendu marcher sans cesse autour de la maison, elle n'avait pas fermé l'œil : « Le lendemain, elle s'est renseignée, elle a découvert qu'un homme du village à qui mon père avait rendu service avait estimé que, mon père étant parti, son devoir était de venir monter la garde. [...] La relation était une relation... même pas de dépendance, il ne dépendait pas de nous, mais de reconnaissance de sa part, d'estime de la part de mon père et de nous tous, des liens qui étaient suffisants pour que cet homme prenne des initiatives qu'il croyait devoir prendre en fonction de sa culture, de ses propres habitudes, etc. C'est une chose qui s'inscrivait dans une sorte de mode de fonctionnement auquel nous étions habitués les uns et les autres » (*entretien 29*).

Un Oranais, fils de colon, qui avait travaillé sur les propriétés familiales, dit sa surprise à son arrivée : « J'ai été un peu sidéré de cette histoire montée en épingle quand on s'est retrouvés en France, définitivement, toutes ces histoires sur les communautés, etc. Quand mon grand-père est mort après avoir été quarante-sept ans maire de X., il y avait des milliers d'Arabes qui suivaient son cercueil en disant : "Nous avons perdu notre père", ils pleuraient comme des veaux... Je ne sais que vous dire » (*entretien 6, génération 1920-1929*).

Pourtant, j'ai entendu deux récits très sévères pour les méthodes de certains colons : un haut fonctionnaire a dit qu'il avait vu des bulletins de paie affichant un salaire bien plus élevé que la somme perçue, dans le Constantinois, et ce, plus d'une fois (*entretien 128*) ; un interprète judiciaire m'a raconté longuement un conflit entre un colon et des fellahs qui utilisaient des résurgences d'eau pour irriguer leurs récoltes ; le colon, soutenant que cette eau lui appartenait, les attaqua. Un long procès, marqué par les lenteurs et même les blocages d'une partie de l'administration, aboutit à ce que le colon soit débouté et que les fellahs voient leurs droits confirmés (*entretien 164, génération 1910-1919, département de Batna*).

Un fils de colon explicite le problème des salaires ouvriers : « Nous, les meilleures années, c'était 6 quintaux à l'hectare, il y avait sur ces terres des populations considérables, qu'il fallait entretenir, c'étaient des tribus entières, vous pouviez pas les jeter, donc quand on avait besoin d'un ouvrier agricole, en fait, on en avait dix..., on vivait avec un excès de main-d'œuvre qui faisait que les salaires étaient tirés vers le bas, vous ne pouviez pas demander à un colon qui avait... un rendement de 6 quintaux, quand il les avait, parce qu'il y avait des années où il y avait les nuages de sauterelles... [...]. Ces colons du bled vivaient dans une grande pauvreté. Non, ils n'étaient pas immensément riches. » Parlant des grands agriculteurs de sa région natale, il ajoute : « On aurait pu imaginer que ces gens soient des moines-soldats, distribuant tous leurs gains, mais c'étaient pas des moines-soldats, ils faisaient tout ce qu'ils pouvaient et les populations en étaient conscientes » (*entretien 175, département d'Orléansville*). Au fond, dit une femme de Mascara : « Il y a des colons qui ont quand même fait du bien, et il y en a eu d'autres qui ont été infects, des Européens se prenaient pour des gens supérieurs, ça dépendait des milieux... Dans mon travail, aucun problème, ici, j'ai ressenti du racisme, là-bas, non » (*entretien 166, génération 1930-1939*).

RACISTE OU PAS RACISTE ?

On ne peut éviter de poser, parlant de l'Algérie française, le problème du racisme. Sur ce sujet, les versions les plus contradictoires circulent. Une version déraisonnable : par exemple, le point de vue tardif de Pierre Mendès France. Interrogé en 1976 par Jean Lacouture sur la situation en Algérie pendant son passage au pouvoir, il répond : « Des mesures intervenaient pour essayer de faire vivre une Algérie plus authentique, qui ne soit pas écrasée par la terreur raciale qui y dominait jusque-là[30]. » Quand il était au pouvoir, Pierre Mendès France faisait, dans ses discours, l'éloge de « la mission civilisatrice » de la France[31]. On veut espérer, on veut croire que, s'il y avait eu en Algérie une terreur raciale écrasant un peuple, il en aurait parlé. Ce genre de propos ne demande pas à être discuté. Pas plus que les propos tardifs d'Algériens affirmant qu'on leur interdisait les cinémas, les plages, car ce sont, là aussi, des inventions après coup[32]. À l'inverse, certains Français d'Algérie assurent qu'ils n'ont absolument jamais entendu de mots péjoratifs comme « melon », « raton », etc. S'ils veulent dire que leurs parents ne les employaient pas, c'est possible, mais il est impensable qu'ils n'aient pas entendu de tels termes, ne serait-ce qu'à l'école primaire.

Pour définir cette notion de racisme, il me paraît nécessaire, et juste, d'écouter *en premier* des Français d'Algérie qui avaient pris le parti de l'indépendance (il faut signaler qu'ils disent,

30. « Pierre Mendès France : un homme dans l'histoire », entretien avec Jean Lacouture, *Nouvel Observateur*, 2 février 1976, p. 70.

31. Cf. annexe II, « Les vérités de Pierre Mendès France ».

32. Voir la série télévisée de Peter Batty, *La Guerre d'Algérie* et le livre des interventions, paru chez Barrault, 1989 (p. 18 : Yacef Saadi : « On ne nous permettait pas d'entrer dans certains cinémas. C'était un peu l'apartheid. » Une militante F.L.N. : « On ne pouvait pas se baigner sur les mêmes plages. Il y avait une pancarte qui indiquait : "Interdit aux chiens et aux Arabes" »). *Un cas* d'interdiction de plage, de brève durée, à Zéralda, en 1942, a été évoqué à l'Assemblée consultative en juillet 1945 (voir l'intervention de Mohammed Bendjelloul, 18 juillet 1945, *J.O.*, p. 1401, col. 3).

presque tous, s'être trompés sur ce que serait l'indépendance[33]). « Je dirais non, la société n'était pas raciste. On peut donner différentes définitions du racisme. On pointe la différence, de manière négative, ironique, ou un petit peu méprisante, un petit peu paternaliste. Je parlerais davantage de paternalisme que de racisme. Je dis non, c'est peut-être que j'associe à l'idée de racisme l'idée de rejet, de ségrégation, de violence, de processus élaboré au niveau intellectuel d'une supériorité de race par rapport à une autre. Même le Pied-noir qui va traiter son voisin : "Ces ratons, ils nous emmerdent avec leurs gosses à la maison", il a un peu l'impression qu'il est un peu supérieur, pourquoi, il ne sait pas trop, mais c'est pas du racisme, la ségrégation ne va pas exister. Je vous parlais tout à l'heure du bistrot[34], j'ai jamais vu d'opposition à la présence d'Algériens à l'école, il y a eu des tas d'échanges, dans des circonstances différentes... Il reste tout de même un peu un sentiment de supériorité » *(entretien 127, génération 1930-1939).* Sa famille ayant choisi la nationalité algérienne alors qu'elle était adolescente, une Algéroise décida d'être Algérienne « dans l'exaltation »; enseignante aujourd'hui, elle dit avoir été raciste naguère : « Je ne pouvais pas imaginer qu'un Arabe puisse être mon égal. » Au lycée, une camarade lui avait demandé : « "Tu embrasserais un Arabe ?", elle m'a eue, j'ai été incapable de dire oui, c'était impensable dans ma tête de petite Pied-noire. » Elle parle d'un racisme quotidien se manifestant par le tutoiement[35], par le

33. « L'indépendance signifie liberté, au sens retrouver une égalité au niveau des droits, de l'accession à tous les postes... mais il ne relève pas d'une revendication à partir d'une nationalité. L'indépendance de l'adolescent qui quitte sa famille, qui va devenir autonome sans pour autant rompre avec sa famille, sa famille reste sa famille. [...] Je rêve sur une Algérie multiculturelle, multi tout ce que vous voulez... L'été 62, discussions sur la nation, son affirmation, une affirmation agressive d'une nationalité algérienne [...], plus de débats sur égalité, justice, développement, mais : on est des Algériens et les autres sont des étrangers, sont inférieurs [...]. J'ai vu doucement, doucement, comment mes projets étaient irréalisables... C'était complètement obsolète dans cette Algérie » *(entretien 127).*

34. Cet interlocuteur avait évoqué avec chaleur le bistrot de sa banlieue d'Alger, où les Pieds-noirs jouaient aux cartes, les Algériens, aux dominos et qui, quelquefois, jouaient ensemble, sans problème.

35. André Lanly, dans *Le Français d'Afrique du Nord*, étude linguistique (1962) (2ᵉ éd., Bordas, 1970, p. 217), précise : le tutoiement « est sans doute imputable aux arabophones eux-mêmes. On sait en effet que la langue arabe ne vouvoie pas. Les arabophones qui commençaient à parler français ont tutoyé les Européens et ceux-ci leur ont bien rendu » ; jusqu'en 1945, le tutoiement était de règle, sauf dans les milieux cultivés et dans les milieux officiels. Ayant

paternalisme, mais elle ajoute en riant : « C'était un racisme *light*, pas méchant, parce qu'il y avait une affectivité très forte chez les Pieds-noirs, ils avaient un sentiment de supériorité avec une grande gentillesse. » Sa famille, de chrétiens de gauche, qui prend parti pour un pays indépendant « qui va se construire sans injustice », usait de mots durs envers les Espagnols, les Maltais et les juifs *(entretien 84, née après 1945)*. Contradiction qu'on rencontre sans cesse dans cette société. Une femme, très sévère pour ses compatriotes pieds-noirs, les jugeant incapables de voir « qu'ils étaient assis sur un volcan », dit aussi : « Il n'y avait pas de racisme comme en France, il y avait un sentiment de supériorité mais aussi de l'attachement aux Arabes, de la tendresse. » Cette vue est d'autant plus digne de foi que son père, on l'a cité, lui avait toujours dit qu'ils n'étaient pas chez eux en Algérie *(entretien 63)*. Ces entretiens permettent de mieux cerner le sens du racisme qui avait là-bas des caractères singuliers.

Les opinions qui suivent couvrent à peu près l'ensemble des réactions entendues : « Le racisme minimum de type colonial que j'ai vécu en Algérie était effectivement un racisme d'ignorance réelle, où la méchanceté, la haine, les injures étaient un phénomème second, je l'ai vu... J'ai sûrement participé au minimum à des plaisanteries, sinon à des injures. Il y avait des plaisanteries courantes sur le dos des Arabes, comme il y a des plaisanteries sur les juifs, les Bretons, les Auvergnats, elles étaient banales » *(entretien 94, génération 1920-1929)*. C'était, déclare à plusieurs reprises un Algérois, « un racisme non voulu, un racisme involontaire » *(entretien 30, génération 1910-1919)*. « Il n'y avait pas de la haine, un peu de mépris : "Ils ne sont pas comme nous"... Les excès de vocabulaire ne traduisent pas la réalité ; il y avait de l'ignorance, ils ont pris ça

---

appris que le français usait d'un « vous » de politesse, les autochtones ont « fini par ressentir avec beaucoup de peine ce tutoiement, symbole du sentiment de supériorité du colon à l'égard du colonisé ». Des circulaires impératives ont prescrit aux fonctionnaires et aux employés de vouvoyer les autochtones et l'ont recommandé à tous les Européens. A. Lanly signale que le délégué général du gouvernement rappelait ces instructions en juin 1960.

pour du mépris, ils parlaient toujours de dignité » *(entretien 149).* Même s'il était involontaire, comment le racisme même « *light* » était-il ressenti ? « J'étais toujours premier de la classe et, quand je sortais, il y avait les mamans françaises, les mamans algériennes, elles, restaient à la maison, elles demandaient qui était le premier, ils disaient : "C'est l'Arabe", alors que j'étais Kabyle. "Vous n'avez pas honte..." devant moi » *(entretien 170, né après 1945).* Mais l'Algérois de l'*entretien 94*, qui dit avoir certainement participé au « racisme minimum » à l'égard des musulmans, raconte sa vie au lycée : « J'ai souvent donné le coup de poing pour un "sale juif" que je n'avais peut-être pas entendu... mais celui à qui je l'attribuais était capable de le prononcer et l'avait fait précédemment, je ne me trompais pas sur l'ennemi [rire] si je l'accusais d'un crime non commis en la circonstance [rire]. Être juif, ah, oui, c'était une réalité. » Un Bougiote se demande s'il y avait là-bas un comportement raciste : « On peut dire oui et non, c'était pas très net », et il compare avec la société d'aujourd'hui : « Ici, si je gronde un chrétien qui se conduit mal dans le bus, les dames à côté de moi : "Vous avez bien raison", me disent-elles, mais, s'il est noir ou arabe : "C'est une honte." Où se trouve le racisme ? » *(entretien 142).*

L'interlocuteur de l'*entretien 127*, cité précédemment, pro-indépendantiste, insistait sur la fonction des insultes xénophobes : « L'expression arrivait comme un garde-fou quand il y avait un conflit » ; dans cet état d'esprit, il avait entendu des blagues antijuives ; des « sale juif » ou « sale raton » ou « sale macaroni » sortaient facilement, les Maltais étaient pointés comme n'étant « pas particulièrement fréquentables ». Et il affirme que la désignation par l'ethnie – « passer chez le Kabyle », « passer chez l'Italien » – n'avait aucune mauvaise intention : « Il n'y avait rien derrière » *(entretien 127).* Plusieurs Pieds-noirs décrivant des itinéraires pour faire les courses disent qu'à l'époque on parlait de s'arrêter chez l'Arménien (pour acheter le café, par exemple), ou chez le juif (pour acheter des étoffes), ou chez l'Espagnol (pour faire « le » pantalon), etc.; l'un d'eux souligne que, dans son village breton d'aujourd'hui, on dit aller chez « le vieux », chez « le gros », etc., ce qui est exactement la même chose et ne comporte aucune intention dépréciative *(entretien 38, génération 1920-1929)*. Quant aux plaisanteries, ne visaient-elles pas toutes les communautés ? « Les gens étaient identifiés par leur origine : Maltais, Espagnol, juif, etc. Les insultes étaient copieuses, mais d'une façon réciproque, et ça se terminait souvent souvent par des tapes dans le dos ou une calbote » *(entretien 55, génération 1930-1939)*[36]. Tout était classement; on a cité cette remarque : « On savait qui était qui » *(entretien 86, génération 1940-1945)*. Cette société composite avait une hiérarchie, mais il est simplificateur, et donc faux, de parler, comme le fait André Nouschi, d'une « cascade de mépris »[37]. Un Bônois qui parlait avec un plaisir évident de l'esprit bônois rappelait qu'on le disait toujours « vif » : « Je ne crois pas qu'on en ait donné l'explication ; à mon sens, il vient de ce qu'il y avait ce mélange de populations qui obligeait les gens à être toujours sur le qui-vive..., il fallait en permanence être aux abois, prêt à... Ça oblige les gens à avoir l'esprit toujours en activité » *(entretien 51, génération 1920-1929)*. Un Algérois, d'origine italienne par sa famille paternelle, revient souvent sur le « mélange fantastique » dans lequel il a vécu : « On est moins bête parce qu'on a vu beaucoup de gens différents » *(entretien 71, génération 1940-1945)*. Cette société mélangée rend « moins bête », donne l'esprit vif, mais le qui-vive produit inévitablement un regard critique ; on sent bien l'ambivalence des conséquences des « mélanges », les deux aspects – être vif et être méfiant – sont inextricables. L'Algérois que l'on vient de citer, lyrique pour célébrer le « mélange » qu'il a connu dans sa jeunesse, dit à un autre moment qu'il a ressenti à l'école « un

36. *Calbote* – valenc. *calbot* : coup de poing sur la nuque. D'après A. Lanly, *Le Français d'Afrique du Nord, op. cit.*, p. 133.

37. André Nouschi, *L'Algérie amère, 1914-1994*, Éditions de la Maison des sciences de l'homme,1995, p. 321 : « Une espèce de "cascade de mépris" existe donc en Algérie ; elle part des Français chrétiens et descend jusqu'aux juifs et musulmans algériens en passant par les Européens, non français mais chrétiens. »

peu de racisme », pendant les événements, à l'égard des Arabes ; un professeur admiré avait « remis les pendules à l'heure » en affirmant qu'être raciste, c'était « avoir un complexe d'infériorité ». Plus les plaisanteries sont grosses, plus elles ont à voir avec cette remarque. Se définir, se distinguer, vouloir ressembler, classer, tout cela est la mise en scène ordinaire de soi, et elle est d'autant plus soignée qu'elle répond à des incertitudes, à une interrogation. Un Algérois, « 100 % Maltais » ainsi qu'il se définit maintenant s'est longuement attardé sur le souci que sa famille avait de l'éducation : « On mettait un gros point sur l'éducation, on aurait été très vexé si on nous avait dit qu'on avait un accent, on mettait un point d'honneur à ne pas avoir d'accent... [...]. Moi, on a voulu me donner une bonne éducation d'honnêteté, de qualité morale ; c'était la morale qui primait, c'était une morale pour la vie civile de tous les jours [...]. On voulait se démarquer de certains groupes qui étaient trop exubérants, trop vulgaires, malappris etc., qui étaient bien représentés au lycée Bugeaud ; à la maison, on disait : "C'est pas comme-i-faut", et pas "comme il"... » *(entretien 55).*

Il en est des insultes grossières comme des plaisanteries : pour ceux qui les émettaient, cela n'avait aucune suite. Le Bônois qui parlait de l'esprit vif de sa ville, soulignant la grossièreté du langage local, affirmait l'innocence des insultes : « On disait facilement p... de la Madonna, à Bône. Ceux qui disaient ça, c'étaient surtout les marins, et, le 15 août, ils portaient la Vierge sur l'épaule, ce qui veut dire que ce qu'ils disaient ne portait pas à conséquence. » Les insultes, dit-il, passaient avec l'âge et avec l'instruction *(entretien 51).* Deux de mes interlocuteurs, dont les choix sont souvent opposés, parlent avec justesse de la *commedia dell' arte* qui se déroulait là-bas, où le verbe exprime le robuste amour de la vie des Méditerranéens *(entretiens 175 et 176).*

On peut objecter que tous ces Français d'origines très variées pouvaient se renvoyer la balle, et que les musulmans ne le pouvaient pas. S'il est vrai qu'il n'y eut jamais de ségrégation, beaucoup de petits incidents « prenaient une allure raciste » : « Quand un Arabe cassait une pile d'assiettes, c'était : il est bon à rien, les Arabes sont bons à rien, etc. » ; ce n'était pas, affirme cet interlocuteur, un racisme « actif » et surtout ce n'était pas général *(entretien 78, génération 1920-1929)*[38]. Les jugements d'humeur portés à généraliser étaient fréquents, et ils pouvaient s'accompagner d'affection. Avec des limites évidentes : partie à peine adolescente, une Algéroise parlant d'une employée de maison qui était « très maternelle, qui a été comme une grand-mère », ajoute presque aussitôt : « On ne savait même pas où elle habitait » *(entretien 5, génération née après 1945).*

Si les agriculteurs connaissaient leurs ouvriers, vivaient au milieu d'eux et donc s'y adaptaient le plus souvent, si les « bourgeois » grands ou petits étaient pour la plupart lointains, indifférents, il restait une cohabitation parfois difficile dans les milieux populaires urbains; elle est très difficile à cerner, impossible à évaluer. L'un de mes interlocuteurs est revenu tout au long de l'entretien sur des heurts quasi quotidiens : « Ma famille était très pauvre et nous vivions au milieu des Arabes, dans l'immeuble nos conflits étaient quotidiens, mais c'est des conflits qu'on ne voyait pas en conflits, on les trouvait normaux [...]. Quand ma mère faisait la lessive, certaines Mauresques allaient lui salir le linge [...], ils salissaient les W.-C. communs et ils chiaient à côté du trou... Mon père, je le voyais prendre des colères, il criait : "C'est pas possible" [...] et ça on le vivait quotidiennement, mais c'était normal, on n'avait pas la haine de l'Arabe, avec eux c'était très difficile. » Il oscille entre récriminations et nostalgie : « J'avais de très bons amis arabes, très bons. Le climat était bon, la vie était belle [...]. Vous aurez peu de Pieds-noirs qui vont vous donner des témoignages équivalents parce que la majorité des Pieds-noirs n'ont pas vécu au milieu des Arabes, moi, je les avais à gauche, à droite, en haut,

38. Revenu de toutes ces attitudes, il parle du « sentiment d'extériorité » vis-à-vis des juifs et d'une certaine « coupure » qui se manifestait par exemple lors des mariages juifs : « On rigolait bêtement, c'est tout » ; il raconte aussi avoir été puni au lycée pour avoir lancé « Sale juif » en réponse à un camarade qui lui avait dit « Sale rital ». Il avait trouvé sa punition injuste.

en bas, c'est l'enfer quotidien, mais nous on ne le vivait pas comme un enfer. J'ai toujours vu mon père gueuler, ma mère crier ; les Arabes les respectaient beaucoup, parce qu'on avait des vies exemplaires [...], puis ma mère était très profondément chrétienne de cœur, donc les Arabes et les mauresques de l'immeuble, dès qu'ils avaient un pépin, venaient chercher ma mère, donc ils nous respectaient beaucoup » *(entretien 33, génération 1930-1939).* Un témoignage aussi franc et brutal a été unique ; dans d'autres cas, les conflits ne sont évoqués que de manière très atténuée. Les heurts quotidiens de gens pauvres ayant des habitudes, des coutumes différentes et aussi des attentes différentes n'étaient pas exceptionnels, mais, là encore, ces heurts pouvaient s'accompagner d'échanges et, surtout, ainsi que l'exprime bien ce banlieusard algérois, les cris, les colères, les conflits étaient la trame de la vie ordinaire, ils n'étaient pas perçus comme dramatiques.

Deux mondes étrangers, chacun étant étrange pour l'autre. « Nous avions implicitement le sentiment que les musulmans ne vivaient pas comme nous, et eux avaient le même sentiment sans que ça crée un problème. Nous cohabitions sans nous mélanger plus loin que le lycée ou le travail. Et contrairement à la façon dont on présente les choses maintenant, il a existé dans le monde des sociétés qui ont fonctionné de la même façon... Vaste sujet et périlleux parce que le problème des relations entre Européens et musulmans est devenu le point central de la question algérienne telle qu'on la présente » *(entretien 50, génération 1930-1939).*

Au cours des entretiens, que les musulmans en soient à peu près absents ou qu'ils soient omniprésents, nécessaires pourrait-on dire, on n'a à peu près jamais vu s'exprimer des sentiments hostiles à leur égard. Ce point est clair : les Pieds-noirs en veulent profondément à la France, mais pas aux musulmans. « Ma mère ne parle que de ça à longueur de journée. Son désir serait de se venger contre tous ceux qui nous ont fait perdre l'Algérie, pas les Arabes » *(entretien 69, génération 1940-1945).*

> Les rancunes et les plaintes s'expriment à l'encontre des Français, sans parler des défauts qui leur sont prêtés ; l'égoïsme qu'ils ont montré lors de l'exode des Pieds-noirs est indiscutable, mais l'imputation d'autres défauts indique aussi la difficulté de comprendre des populations qui sont compatriotes, mais très éloignées par leur histoire. Affirmant que l'Algérie n'était pas une colonie car elle avait été faite « par nous pour nous », un Algérois revient souvent sur le fait que les Pieds-noirs sont « des insulaires auxquels le Français ne comprend rien » et ajoute toujours : « La réciproque est vraie » *(entretien 98, génération 1910-1919),* cette dernière remarque est unique.

Lors de la célébration du centenaire d'El-Affroun (1948), le maire, Gaston Averseng, déplorait la vie « côte à côte » des Européens et des musulmans, sans interpénétration. « Je sais fort bien que cet état de choses n'est pas le résultat d'un parti pris délibéré d'ignorance réciproque, mais bien plutôt la conséquence de modes de vie différents, de traditions culturelles et religieuses distinctes. » Pour franchir ces barrières, il voyait un moyen : « La fusion des races des populations algériennes. » Rappelant le succès de la fusion des « races européennes » au cours du siècle qui venait de s'écouler, il faisait un vœu : « Pourquoi donc cette heureuse assimilation ne se réaliserait-elle pas un jour, avec les antiques races berbères et les autres populations que l'histoire a fixées dans ce pays ! » Il disait savoir que ces paroles pouvaient choquer certains, mais il était persuadé qu'elles étaient nécessaires. À quoi servirait-il d'instruire une fillette musulmane si « elle doit, sans recours possible, prendre le voile ancestral et se cloîtrer[39] ? »

L'OBSTACLE

Une brève nouvelle d'Albert Bensoussan, *L'Enfant perdu*, raconte une barrière infranchissable. Étant allé avec sa mère

39. Gaston Averseng, centenaire d'El-Affroun, 14 novembre 1948, *L'Écho d'Alger*, 14-15 novembre 1948.

acheter des jujubes pour la fête de *Rosh Hashana*, le petit garçon s'était perdu ; un vieillard, entendant ses cris et ses larmes, l'emmena chez lui, rue du Divan ; une petite fille de huit ou neuf ans le rassura, joua avec lui, le fit rire en attendant que son père, alerté, vienne le chercher. Après quoi, le jeudi, quand sa mère allait faire ses courses, elle le laissait en bonne compagnie, avec Fatiha ; ils sautaient à la corde, jouaient à la pâtissière, à l'école, la petite fille, qui avait deux ans de plus, étant la maîtresse. « Fatiha m'a appris à lire, à compter, à chanter et à rire. » Un jour, la mère, Lalla Zohra, est venue parler à la mère du petit garçon. « Après sa visite, ma mère ne m'a plus conduit rue du Divan le jeudi. » On lui laissa entendre qu'il ne pouvait plus la voir. Était-elle partie ? malade ? « Ce n'est que plus tard, très tard, que j'ai compris. À onze ans passés, Fatiha était devenue une femme et plus jamais elle ne se montrerait à un garçon à visage découvert. À elle le voile, la retenue, la réclusion à la maison. » Plus tard, il regardait dans son quartier les petites filles qui jouaient, « mignonnes et glapissantes », et qui, un beau jour, disparaissaient. Il ne voyait plus que des silhouettes « enveloppées d'un drap blanc », et le voile, cachant le nez et la bouche, ne laissait apparaître « que deux yeux noirs qui avaient à jamais perdu leur malice[40] ».

Ce texte d'une grande densité rend particulièrement surprenants les développements d'une Pied-noire, Marie Cardinal, sur la coquetterie et l'érotisme des voiles, et les considérations d'un non-Pied-noir, Pierre Nora, sur la femme musulmane qui « se dérobe derrière son voile, mais elle n'en attire que davantage », sur sa « réputation de docilité amoureuse », etc.[41]. Rachid Mimouni, dans un livre courageux sur l'intégrisme, a rappelé : « Le voile est destiné à inhiber le désir masculin. Leur corps occulté, les femmes se retrouvent interchangeables, réduites à leur organe génital. On parvient ainsi à refréner l'émergence de tout sentiment amoureux et à rabaisser l'acte sexuel au niveau d'un besoin trivial[42]. »

40. Albert Bensoussan, « L'enfant perdu » : dans *Une enfance algérienne*, textes recueillis par Leïla Sebbar, Gallimard, 1997. Albert Bensoussan est né à Alger en 1935.

41. Marie Cardinal, *Les Pieds-Noirs*, Place Furstenberg éditeurs, 1994, p. 31. Pierre Nora, *Les Français d'Algérie*, Julliard, 1961, p. 174.

42. Rachid Mimouni, *De la barbarie en général et de l'intégrisme en particulier* (1992), Pocket, 1996, p. 48.

Dans les entretiens, quelques femmes ont parlé du sort des musulmanes. « Ces femmes, on les plaignait beaucoup. Dans l'autocar, elles étaient au fond, voilées, avec juste un œil, malades, elles n'avaient pas le droit de descendre à l'arrêt pour se rafraîchir. Au marché arabe [*à la campagne*], il y avait des robes criardes, mais c'étaient les hommes qui les achetaient, elles étaient assises à côté du bourricot, voilées, fermées » *(entretien 83)*. Une autre se souvient d'une petite camarade musulmane, la fille du gardien de la ferme d'été ; quand celle-ci eut onze ans, son père décida de la marier, de surcroît avec un ivrogne : « Elle a été très malade, moi aussi. » Beaucoup plus tard, revenant pour son travail habiter la ville proche de cette ferme, elle se donna du mal pour retrouver cette femme, et elle la revit ; celle-ci avait trois enfants et elle allait marier l'aînée qui avait onze/douze ans. « Je lui ai dit : "Est-ce que tu te rappelles où tu es passée, ce que tu as vécu ?" Elle m'a dit très calmement : "Écoute, tu laisses les affaires des Arabes tranquilles." Je lui ai dit : "Tu as raison" et nous ne nous sommes plus vues. Moi, je l'ai très très mal vécu, à mon avis, elle aussi. C'étaient ces barrières que l'on rencontrait » *(entretien 122, génération 1920-1929)*.

Le mot « barrière » revient très souvent dans des entretiens d'hommes qui étaient ouverts et soucieux de connaître. Ils disent qu'ils ont été gênés, quelquefois exaspérés, tout en pensant : on n'y peut rien. « La France ne pouvait pas intervenir pour obliger les musulmans à faire sortir les femmes. Ce n'était pas la tradition de la démocratie française » *(entretien 117)*.

Le gouverneur Roger Léonard rapporte qu'en mai 1953 il avait reçu un groupe de journalistes turcs qui venaient de circuler en Algérie. Une jeune journaliste lui avait expliqué que la France méconnaissait un devoir impérieux : « Le port du voile chez les femmes, l'archaïque rigueur du Ramadan dans une société moderne la choquent au plus haut point. Même dans un dîner avec Ferhat Abbas et ses amis de l'U.D.M.A., elle a noté l'absence de toute femme » ; elle avait cité l'exemple de la Turquie kémaliste. Roger Léonard avait répondu que le rite malékite était d'un formalisme rigoureux et que la France, n'étant pas puissance d'islam, devait rester « timide » pour ne pas alarmer les consciences : « “C’est bien ce qui vous condamne”, me donnera-t-elle gentiment à entendre[43]. »

Un repas qui ne peut jamais être partagé, échangé, un repas sans les femmes, rendent impossibles toute convivialité et toute amitié. Germaine Tillion affirme que cette claustration n’est pas propre à la religion musulmane mais à la Méditerranée, y compris tout son littoral chrétien[44]. Certes, il y a trente ans, la séparation des sexes était encore très marquée dans les lieux publics des sociétés méditerranéennes, mais au moins il n’y avait ni mise au secret des femmes ni voile, et des rencontres amicales entre des couples étaient possibles, les repas pouvaient être partagés. L’asservissement des femmes du monde musulman en Algérie semble avoir atteint un degré bien supérieur à celui atteint le long du littoral chrétien et tout le fonctionnement de la société en était affecté, en était forcément le résultat.

La famille

« Familles, je vous aime » : Maurice Benassayag a intitulé ainsi sa contribution à un recueil écrit par des Pieds-noirs sur les Pieds-noirs[45], le fait qu’il soit d’origine juive accentue peut-être l’importance donnée à la famille, mais il est certain que le sens de la famille était très fort dans toutes les communautés ; les Espagnols et les Italiens y avaient apporté leur contribution. *Vue d’ici*, avec aussi un grand décalage dans le temps, cette

43. Roger Léonard, *Souvenirs du pays perdu, op. cit.*, t. II, p. 81.
44. Germaine Tillion, *Le Harem et les cousins*, Éditions du Seuil, 1966. « Il nous suffira de situer avec précision, dans le temps et dans l’espace, la mise à l’écart de la femme, pour constater que la zone qui lui correspond géographiquement couvre une surface dont les frontières ne sont pas celles de la religion musulmane – puisqu’il faut y inclure *encore aujourd’hui* tout le littoral chrétien de la Méditerranée, et qu’il faut au contraire en exclure de vastes régions très anciennement converties à l’islam » (rééd., 1982, p. 22).
45. Maurice Benassayag, « Familles, je vous aime », dans : *Les Pieds-noirs*, présentés par Emmanuel Roblès, Philippe Lebaud, 1982, pp. 161-176.

famille célébrée paraît pesante. Le père est très souvent loué, honoré même, dans les entretiens comme dans les livres de souvenirs. Le père est évoqué soit dans l'exercice de son métier, par exemple, un médecin plein de courage, d'initiatives, d'une énergie exceptionnelle *(entretiens 122, 136, 175)*, soit comme quelqu'un qui, privé d'études, a, par sa ténacité, sa clairvoyance, sa confiance, donné au fils la possibilité de faire les meilleures études et de réussir un parcours exemplaire *(entretiens 137, 140, 176)*. Admirable dans ces deux versions, le père a – ou *est* –, dans tous les cas, une autorité. L'obéissance semble avoir été générale : « En 1945, je suis reparti à Bordeaux, je n'étais plus sur la même longueur d'ondes, j'avais fait la guerre pendant trois ans [...]. J'ai fait le P.C.B., ça m'a été dur. J'ai fait la première année de médecine et, en deuxième année, j'en avais ras le bol. J'ai dit : "Je ne suis pas fait pour ça, j'abandonne." Je suis rentré à Oran, je me suis heurté à mon père qui m'a dit : "Si c'est comme ça, tu files à la propriété, tu vas t'occuper des labours, des vignes", etc. ; les parents étaient durs à l'époque. J'ai dit : bon. » Il s'inscrivit par correspondance à une faculté de droit, sans le dire à son père *(entretien 6)*. « J'avais échoué une nouvelle fois au bac philo, mon père le prend très mal, il m'a dit : "À partir du 1er octobre, tu es instituteur. C'est comme ça, il n'y a pas à discuter." À l'époque, on se pliait à la volonté des parents et j'ai obéi, et je me retrouve instituteur au fin fond du bled » [c'était en octobre 1959] *(entretien 53, génération 1930-1939)*. Le père semblait intervenir, et souvent très tard, dans les décisions du fils, même si celui-ci était déjà marié.

Dans les entretiens, la mère n'est à peu près jamais évoquée, semblant prise par les tâches pratiques et, a-t-on envie de dire, confinée à la marche de la maison. Maurice Benassayag écrit qu'elle tient « le rôle central », mais rien de tel n'apparaît dans les entretiens. Quand des femmes parlent de la mère, celle-ci est souvent critiquée courtoisement ; il clair qu'elle ne voulait pas que sa fille travaille, il fallait que celle-ci se marie – tôt et bien – et elle veillait sur sa virginité ; « notre virginité était en jeu ».

Cette Algéroise évoque « les mariages en grande pompe, la mode de la robe Empire pour masquer les quelques mois avancés [rire], ça aboutissait à des choses aussi stupides que ça » *(entretien 103, génération 1930-1939).* Dans une société bardée de valeurs « viriles », les femmes ont participé largement à la transmission de ces valeurs; peu d'entre elles semblent s'être vraiment insurgées; l'agacement, les frondes ne sont pas l'indépendance.

Se plaignant de l'atmosphère « étouffante » pour les filles, des mœurs venant des Espagnols et des Arabes, du rôle de « gardien » du frère aîné, du conformisme de cette « société de machos », une femme affirme à un autre moment : « Les femmes faisaient ce qu'elles voulaient dans la réalité », elles étaient « rusées » *(entretien 80, génération 1920-1929).*

« Je ne voulais pas aimer en Algérie, je ne voulais pas du milieu juif que je trouvais pesant, je sentais que j'étais couvée, que j'étais un beau parti, je trouvais que le Pied-noir type était un peu trop insouciant et désinvolte, qu'il n'était pas assez grave pour moi. Il ne me serait jamais venu d'épouser un musulman. Je ne voyais pas mon avenir personnel en Algérie »; en 1962, « je sentais le besoin de travailler, je voulais travailler, cela mettait ma mère hors d'elle ». Elle put passer un examen « en secret »; « je me suis sentie grandie d'avoir un travail à moi » *(entretien 88, génération 1920-1929).*

Études écourtées, études choisies par les parents, métiers stigmatisés, métiers interdits, ce sont là des énoncés que j'ai plus d'une fois entendus.

Un Oranais qui décrit longuement ses origines (métropole, Corse, Gênes, Valence) parle des valeurs qu'on lui a inculquées : « Le respect des anciens, des cheveux blancs, des femmes » et dit que les femmes avaient un « pouvoir colossal » dans la famille. Il le répète : elle était vraiment « la patronne de la boutique », mais elle n'avait pas de responsabilité à l'extérieur *(entretien 104).* Un homme ayant longuement parlé de son père et y revenant très souvent, fit l'éloge de la « figure du père », en général. « C'est très méditerranéen, le respect du père; les pères étaient des bons pères... [...] Il n'y a pas d'exemple de père qui ait abandonné ses enfants. » Je lui demandai, au bout de plus de quatre heures : « Quelle est la place de la mère ? », car il n'en avait pas dit un seul mot. Il répondit avec vivacité : « C'est la mère italienne, la mère que l'on met sur un piédestal, que l'on aime profondément, éducatrice, gardienne, l'image de la mère est très belle, il n'y a pas que le père », mais de sa propre mère, il ne dit rien *(entretien 179, génération 1940-1945)*. Il est exceptionnel que soit décrite, comme dans l'extrait qui suit, une mère portant une immense attention aux études du fils et surtout y intervenant ; dans beaucoup d'entretiens, c'est le père qui dirige et contrôle : « Ma mère n'avait pas le certificat d'études, elle ne savait rien au latin mais je ne suis jamais parti de la maison sans avoir récité mes déclinaisons à ma mère qui ouvrait le livre et faisait réciter » *(entretien 127)*. Déconcertée par la quasi-absence de la mère, j'ai questionné à nouveau, à la fin de l'enquête, quelqu'un qui avait montré sur beaucoup de terrains une certaine distance ; il n'avait jamais parlé de sa mère. En y réfléchissant, il répondit que les femmes avaient d'énormes pouvoirs dans les familles européennes, comme elles en avaient dans les familles kabyles *(entretien 79)*. Ambiguïté d'un pouvoir qui était très chèrement payé...

Ayant fait la campagne de France, un instituteur, d'origine sicilienne, s'était marié avec une métropolitaine, une Lorraine. Il tourne autour de « problèmes » que cela avait posés à la famille, parle de manière vague, sans doute pudique, de « débuts difficiles » pour sa femme. Pourquoi ? « Les métropolitaines n'avaient pas très bonne réputation, elles fumaient, parfois elles s'attablaient aux terrasses des brasseries, on les jugeait presque comme des femmes de mauvaise vie, elles étaient plus libres que les femmes d'Algérie » *(entretien 118, génération 1920-1929)*. « Il y avait sur le plan des mœurs non pas une rigidité mais... un sujet tabou. Il y avait une retenue que tout le monde respectait, on n'aurait pas compris en Algérie qu'une fille pied-noire... soit olé olé [rire], elle le devenait peut-être après, ça, c'est possible, car on n'empêche pas le tempérament [rire], mais dans la jeunesse, il y avait beaucoup de retenue, beaucoup. [...] Les jeunes Pieds-noirs, garçons et filles, faisaient la rue principale de leur ville, faisaient la rue Michelet à Alger, faisaient la rue d'Arzew à Oran, etc., c'est-à-dire que les groupes de garçons déambulaient en croisant des groupes de filles, puis on se regardait, et puis on se plaisait à distance, mais s'adresser la parole c'était déjà difficile, aller plus loin c'était impensable [rire] » *(entretien 112, génération 1930-1939).* Certains parlent de la *passeggiàta* ou du *paseo* : « On vit beaucoup extérieurement, on se décollette ; mon ami R. disait : "L'offensive d'été des filles a commencé [rire]" » *(entretien 88).* Un Algérois qui a été élevé, « environné », « chéri » par des femmes – la mère, la grand-mère, les tantes, « très actives, très décisives dans les remous familiaux » –, dit avec une certaine véhémence de ton que l'Algérie, « c'était une grande école de frustration ». Il évoque ses promenades rue Michelet, après le bac : « On montait, on descendait, c'était terrible » ; il monologue sur cette vie en « mondes séparés » *(entretien 86)*[46].

Le discours, quand il évoque la famille et parfois, discrètement, la sexualité, ressuscite le monde que le cinéma italien montrait il y a cinquante ou soixante ans. La Famille, avec une majuscule, est souvent saluée lyriquement comme lieu de réunions, de fêtes, de repas élargis, accueillants : « Quand on reçoit, c'est pas qu'on veut en mettre plein la vue, comme on dit vulgairement, mais on veut faire le mieux possible, voilà *(les deux bras grands ouverts)*, on étale [rire], ça, c'est oriental » *(entretien 83).*

Les souvenirs décrivent presque toujours la famille comme un lieu heureux. René Lenoir, parlant d'un pays chargé de religiosité où l'histoire familiale compte beaucoup, éclaire ainsi le regret, si souvent exprimé, les cimetières négligés ou saccagés[47]... Les Français (de France) ont souvent marqué quelque suscipion devant les lamentos des Pieds-noirs sur les tombes profanées de leurs parents et de leurs ancêtres ; cela leur paraît

46. Le lieu de ces promenades indique bien les milieux sociaux qui étaient concernés ; les filles des classes populaires – n'étant pas de « beaux partis » – échappaient à cette pratique.
47. René Lenoir, *Mon Algérie tendre et violente*, Plon, 1994, p. 292.

parfois artificiel, excessif. En fait, comme l'a bien analysé Philippe Ariès, il y a eu un changement profond de la sensibilité face à la mort ; à la piété pour les morts des années 1950 a succédé en France, vers les années 1970, l'interdit sur la mort venu des États-Unis et répandu d'ailleurs dans toutes les sociétés industrielles. On rencontre donc là un décalage marqué : les Pieds-noirs ont gardé la sensibilité d'avant l'exil et qui était alors commune aux deux rives de la Méditerranée.

Certains de ceux qui disent refuser toute nostalgie de l'Algérie retournent souvent, à un moment ou l'autre de leurs confidences, à la piété pour les morts. L'un de mes interlocuteurs insista, au tout début de l'entretien, sur le fait que le passé en Algérie est vraiment passé, et même qu'il était passé très vite : « Je n'ai jamais élevé mes enfants dans la nostalgie de l'Algérie. Moi je fais partie de ceux qui, rentrant en France, ont tourné la page. On redémarre [...], je n'ai jamais voulu faire partie d'une association de rapatriés parce que ça, c'était entretenir une mauvaise querelle, un mauvais souvenir. » Beaucoup plus tard, il confie : « Nous arrivons à la Toussaint, nos morts, ça nous tient quand même... Toute notre famille est enterrée en Algérie, c'est le seul moment de l'année où je sens que j'ai perdu mes racines... Là, je sens que j'approche au terme de ma vie. Je me demande où je vais me faire enterrer, j'ai rien ici, tous mes morts sont là-bas » *(entretien 43, génération 1920-1929).*

Le poids des valeurs familiales chez les Pieds-noirs explique la place des cimetières dans leur discours de chagrin[48]. René Lenoir a raison, ce ne sont pas les « biens de civilisation » perdus qui sont évoqués d'abord, mais ce sont souvent les anciens, les morts. Au total, on a souvent entendu dans les entretiens

48. Les bulletins d'associations locales nous apprennent beaucoup sur ce thème. Par exemple, dans *Jemmapes et son canton* (n° 1, mai 1982, collection complète, 53 numéros reçus grâce à l'extrême obligeance de M. Jean Benoit que je remercie vivement), j'ai relevé de nombreux articles sur l'état des tombes, sur des interventions de l'amicale, sur des visites faites par le président au cimetière de Jemmapes, sur des interventions du sous-préfet, du maire d'Azzaba, d'un imam et sur la visite accomplie chaque semaine par un « correspondant », Cherif. On retrouve là la piété pour les morts, la vénération des tombeaux, qui existaient intensément ici dans les années 1950.

célébrer la famille ; une large part est faite au père, dont l'autorité, pesante à nos yeux, est souvent dite comme bénéfique. On a remarqué aussi un silence presque général sur la mère. Ce silence, pourrait-il être en partie une forme méditerranéenne de la pudeur ?

L'ENSEIGNEMENT REÇU, L'ENSEIGNEMENT DONNÉ

On ne s'attardera pas trop sur le rôle des enseignants tant il est connu. La lettre de Camus à son instituteur, M. Germain, écrite quelques jours après l'attribution du prix Nobel, apporte une réponse : « Sans vous, sans cette main affectueuse que vous avez tendue au petit enfant pauvre que j'étais, sans votre enseignement, et votre exemple, rien de tout cela ne serait arrivé[49]. » Recevant en 1996 la médaille d'or du C.N.R.S., Claude Cohen-Tannoudji (prix Nobel de physique 1997) a déclaré : « Je garde de certains de mes instituteurs, institutrices et professeurs de lycée un souvenir lumineux. Quelle a été ma joie, il y a quelques semaines, de recevoir des messages de félicitations de mon professeur de philosophie de terminale et de la famille de mon professeur de mathématiques spéciales ! On ne soulignera jamais assez, à mon avis, l'importance du rôle que peut jouer un enseignant pour aider un adolescent à développer sa personnalité et sa sensibilité. » Deux « produits » de l'école primaire d'Alger et du même lycée d'Alger disent, à quarante ans d'écart, en peu de mots, ce que beaucoup d'entretiens disent avec des flots d'éloquence.

Les enseignants sont décrits comme dévoués : ils ont aidé leurs élèves – en particulier les boursiers, et nous en avons rencontré, par hasard, un bon nombre – et ils leur ont inculqué le

---

49. Albert Camus, lettre à M. Germain, 19 novembre 1957, dans : *Le Premier Homme*, Gallimard, 1994, p. 327.

goût du travail et la discipline. Aimés, ils étaient respectés et aussi, craints. Pour les parents, ils étaient des autorités indiscutables. D'origine modeste, un enseignant parle longuement de l'école de son enfance où la discipline était « très très forte », ce qu'il acceptait « très facilement ». « Mes parents faisaient une totale confiance à l'école, les maîtres étaient sacrés. Il ne fallait jamais se plaindre des maîtres, sinon j'aurais à la maison le double de la punition [rire], la notion de "parents d'élèves" était complètement impensable » *(entretien 127).* « Le maître avait toujours raison, son autorité était incontestable ; les punitions étaient fréquentes, des coups de règle et des coups de pied au derrière, mais il y avait peu de punitions du type "faire des lignes" à la maison, on les supportait mal, car on recevait alors une raclée à la maison ; si c'était un coup de règle, il y avait que nous qui le savions » ; « les maîtres étaient tout à fait remarquables » *(entretien 104).* « Mon école, elle était connue sous le nom du directeur car c'était un directeur avec lequel il ne fallait pas badiner : le contrôle des chaussures, le contrôle des cheveux, la vérification des tabliers, l'équipement. On était toujours en rang, propres et disciplinés, c'était une sévérité... que personne ne contestait, et j'y ai travaillé fort bien, dans une ambiance extraordinaire, avec des maîtres qu'on ne retrouve plus aujourd'hui » *(entretien 51)*[50]. Il est répété que les instituteurs, les directeurs d'école étaient sévères, et il est parfois dit qu'ils avaient un sens aigu et particulier de la justice. Dans une école primaire du Constantinois, le directeur venait distribuer les bulletins de « blâme », de « satisfecit » et « d'honneur » ; il donnait une « taloche » à l'élève blâmé ; en annonçant le bulletin d'honneur, il disait à mon interlocuteur : « "Toi, tu n'as pas de mérite, ton père est médecin", devant toute la classe. Ça ne me choquait pas » *(entretien 136).* Les enseignants semblent donc avoir été infatigables et sévères. Un

50. Un Constantinois dont la mère était institutrice raconte qu'elle lui disait que les parents des petits musulmans avaient une grande confiance dans les enseignants : « Ma mère disait : "Les parents arabes sont plus exigeants que les parents français" ; ils venaient voir ma mère en disant : "Tue-le mais fais-en quelque chose" » *(entretien 56, génération 1930-1939).*

ancien du lycée de Constantine s'insurgeait récemment, dans *Les Bahuts du Rhumel,* en voyant circuler une image fausse de l'enseignement de là-bas : « À écouter les étudiants d'aujourd'hui, les lycées que nous avons fréquentés autrefois furent de cruelles prisons où sévissaient de sombres brutes indûment baptisées proviseur, censeur, surveillant (général ou pas) et professeur. Quelle erreur et quelles calomnies dans leurs propos ! Certes, que ce soit au lycée de garçons ou à l'ancien lycée de jeunes filles, les bâtiments étaient rébarbatifs, la discipline stricte, le personnel plutôt sévère et les programmes denses », mais, expliquait-il, « derrière l'austérité de cette façade, se dissimulaient chez la plupart de nos maîtres une grande conscience professionnelle et surtout une profonde bonté dont nous étions conscients[51] ». Un ancien du lycée Bugeaud se souvient : « Je pense que j'ai eu de la chance de faire mes classes préparatoires à Alger ; c'était une ambiance studieuse, on travaillait le samedi après-midi, quelquefois le dimanche matin ; il n'y avait pas l'ambiance que j'ai trouvée dans les lycées parisiens, j'aurais pas pu vivre dans cette ambiance pendant trois ans. Donc je pense qu'il y avait un équilibre de vie méditerranéenne, qui était beaucoup plus stabilisant en Algérie, c'est beaucoup. Camus a raconté... » Il parle de la Taupe arabe, association qui s'est formée quand, il y a une dizaine d'années, un professeur de mathématiques du lycée Bugeaud est mort : « Je ne connais pas d'autre exemple d'associations d'anciens taupins, qui se sont formées spontanément à la suite d'un décès d'un des professeurs. Souvent on considère que c'était un bagne, et le professeur de mathématiques, c'est un cauchemar... Je ne garde pas l'idée d'un cauchemar. » Il revient sur l'enseignement : « J'ai eu encore des enseignants style IIIe République, des instituteurs qui étaient passionnés par leur métier, des professeurs de lycée qui étaient exceptionnels, c'est un souvenir merveilleux » *(entretien 137).* Sans doute, il a

51. Jean Fiorini, « Cruels souvenirs », *Les Bahuts du Rhumel*, n° 21, mai 1999 (il s'agit du journal des anciens des lycées Aumale et Laveran ; n° 1, sept. 1980).

dû y avoir un certain décalage dans le temps : il y avait encore en France des enseignants style IIIe République dans les années 1950, mais ce n'était plus le cas général.

Très importants sont dans les entretiens de Français « d'adoption », les propos sur le rôle de l'école dans cette « intégration » : on a déjà cité cet homme d'origine maltaise parlant du « rouleau compresseur consenti » ; il se souvient de l'école primaire : « C'était presque la IIIe République, le directeur avait des guêtres et des bottines, on redoutait les instituteurs, on avait un respect fabuleux pour eux » *(entretien 55)*. « Ça a fait des Français, c'était fait involontairement, c'était pas du bourrage de crâne, » dit un Pied-noir « espagnol pur-sang » *(entretien 117)*. De même, la rapidité de l'intégration des juifs est souvent soulignée comme illustrant bien le dynamisme, l'ouverture de l'école, sa croyance en une mission.

L'école sévère, dure, était aussi cérémonielle. « La distribution des prix au lycée n'était pas une simple formalité vite bâclée, mais une cérémonie, un hommage public rendu au corps enseignant et aux bons élèves. Les autorités civiles et militaires ouvraient le cortège, puis le recteur, le proviseur et les professeurs défilaient [...], tandis que la clique militaire jouait l'hymne national et que parents et enfants debout formaient une haie d'honneur. Les représentants officiels s'installaient sur une tribune devant les piles de prix et, dans le silence d'une journée estivale, l'un d'eux se levait pour prononcer le discours d'usage. » Jeanne Terracini qui écrit ce livre en 1988 « pour ne pas oublier Alger » est née en 1911[52]. Né trente ans plus tard, l'un de mes interlocuteurs décrivait avec jubilation l'escalier « énorme », l'habit d'apparat des spahis, l'orchestre philarmonique, l'estrade avec tous les professeurs, etc., bref la distribution des prix au lycée Bugeaud ; il a vérifié : « On vous en a bien parlé ? » et il a été heureux que je reconnaisse au passage le nom de professeurs pour lui inoubliables *(entretien 71)*.

Dans une population « jeune », en formation, l'école est un

52. Jeanne Terracini, *Si bleu le ciel, si blanche la ville* (1988), Albin Michel, 1996, p. 84.

élément décisif. De là, on peut comprendre aisément la susceptibilité des enseignants, leur colère quand le rôle de l'école, et donc le leur, est analysé comme un dispositif de la colonisation, comme une technique de domination[53]. Ce débat est sans issue : tantôt, la France est coupable de ne pas avoir éduqué les autochtones, de ne pas avoir construit assez d'écoles, d'avoir laissé tant d'analphabètes, etc., et *en même temps*, elle est coupable d'avoir inculqué le modèle français aux autochtones, de leur avoir enseigné la langue française, de les avoir privés de leur identité, etc. Ce procès fait à la puissance colonisatrice débouche – on peut dire, sans y réfléchir – sur le procès global des enseignants. Ce débat n'a aucun sens aujourd'hui, il en avait un lorsqu'une grande puissance s'est installée au milieu du XIXe siècle en Algérie, après une guerre de conquête. Mais, dans les années 1930 ou 1950, les enseignants avaient foi dans leur travail, dans l'apport forcément bénéfique pour les petits Européens, les petits juifs, les petits musulmans de l'apprentissage de l'écriture, du calcul, de la lecture. Aucun instituteur travaillant au fin fond de la Kabylie ou d'ailleurs ne pouvait imaginer que son enseignement pouvait être perçu comme mutilant.

Né en 1920 dans une famille de pêcheurs, d'origine sicilienne, Lucien Patania a raconté son « itinéraire singulier[54] » : le concours des bourses, l'école supérieure de Boufarik (« Je fus attiré très tôt vers cette profession de "maître d'école" qui me semblait s'apparenter à celle d'un commandant de navire, d'un pilote d'avion, d'un chef d'entreprise ou, mieux encore, d'un chef d'orchestre », p. 28), puis l'école normale de Bouzaréah. En septembre 1939, alors qu'il devait rentrer en 3e année, il reçut une nomination de maître intérimaire à l'école de garçons d'Izarazène, pour remplacer un instituteur mobi-

53. Fanny Colonna écrit que les « paradoxes », les « repentirs », les « retours en arrière » de la politique scolaire algérienne ont jeté « la confusion non seulement dans l'esprit des contemporains de tous bords, mais aussi dans celui des générations suivantes et même des historiens. C'est sans doute la raison pour laquelle l'école n'est pour ainsi dire jamais assimilée aux techniques de domination contre l'indigénat ou la réforme de la justice, dont est elle est pourtant contemporaine et solidaire ». *Instituteurs algériens*, 1883-1939, Presses de la Fondation nationale des sciences politiques, 1975, pp. 40-41.

54. Lucien Patania, *Chronique d'un itinéraire singulier*. Chez l'auteur, 1990, 396 p. L'auteur dit son itinéraire singulier : il fut en même temps, avec la même passion, enseignant et responsable dans les milieux de pêcheurs, tant en Algérie qu'en France, par piété familiale.

lisé. Après être descendu d'un autocar dans un village, Aghrib, il marcha deux heures pour rejoindre l'école par un chemin de crêtes non carrossable. Il trouva une maison vétuste, isolée, sans chauffage, un vieux gardien, une soixantaine d'enfants de six à douze ans dans une classe unique, rassemblant en fait trois degrés. Il leur apprit la grammaire, des fables de La Fontaine, des chants; il leur apprit... à s'épouiller; c'était une pratique qu'on lui avait conseillée et cela l'avait beaucoup choqué, mais, en très peu de temps, il en avait compris la nécessité : « Durant toute ma carrière d'enseignant, j'aurai toujours à l'esprit la notion du concret. » Plus que des résultats, encore qu'il en soit fier, il parle de la misère des enfants : « j'avais le cœur serré » (p. 123). L'ayant longuement rencontré *(Bandol, 8 octobre 1997)*, j'ai entendu des récits enthousiastes sur son expérience d'enseignant et l'expression d'une pitié jamais atténuée devant cette misère et la dignité des enfants. Il a répété qu'à Izarazène ces enfants, qui avaient froid, qui n'avaient pas d'habits, qui portaient des chaussures misérables, qui n'avaient que des figues ou des galettes à manger, ne se plaignaient jamais, ne disaient jamais une parole de rancune. Dans ce lieu désolé, ce premier poste l'a d'autant plus marqué qu'il avait alors dix-neuf ans; fils d'un pêcheur, donc d'un milieu modeste, il découvrit une misère atteignant un point qu'il ignorait.

Si les enseignants sont sensibles à la pauvreté, à la misère, ils restent encore plus sensibles au fait qu'ils ont appris à lire, à écrire, qu'ils ont vu des enfants s'éveiller, faire des progrès, progrès qu'ils pouvaient immédiatement constater, mesurer. Les enseignants en tirent aussi un sentiment de puissance qui n'a rien à voir avec un désir de « domination ». Ayant été parfois en tête à tête avec une population « indigène », ils pensent toujours qu'ils l'ont aidée. L'un de mes interlocuteurs, instituteur dans les années 1930, en Kabylie en particulier, a dit que c'étaient les années « les plus heureuses » de sa vie, alors qu'il occupa après 1945 des positions importantes *(entretien 66, génération 1910-1919)*. Un débutant qui enseigna dans des classes d'initiation entre 1959 et le début 1962 dit qu'il s'est « régalé » : « Ma tâche a été considérablement facilitée parce que je parlais couramment l'arabe, j'adorais les classes, ils me le rendaient bien [...]. Je parlais arabe, donc les Arabes aimaient venir me voir, je remplissais leurs feuilles d'impôts, je leur traduisais une convocation quelque part, etc., on les soignait, on soignait les enfants contre le trachome, on soignait la teigne, les bobos, les croûtes [...]. J'ai été émerveillé quand je recevais des petits Arabes qui avaient six ans au cours d'initiation et qu'à la fin de l'année ces gosses-là parlaient le français, et puis on les intégrait en classe préparatoire, j'ai beaucoup aimé ces gosses. » Pourtant, ces classes préfabriquées étaient à dix ou douze kilomètres du premier poste militaire, et mon interlocuteur a avoué avoir eu « une trouille bleue » *(entretien 53).* Que leur travail ait été une contribution à une « mission », le plus grand nombre en reste persuadé, quelle que que soit leurs opinions politiques[55]. On trouve certes des gens qui pensent qu'il aurait fallu faire bien plus (faire plus d'écoles), mais ils ne pensent pas que l'enseignement puisse être suspecté ni même critiqué. L'enseignant, tel qu'il était en Algérie il y a cinquante ans, avait le sentiment que ce métier lui conférait un statut, un certain pouvoir ; cela exigeait certes un engagement plus lourd que dans une vieille société, mais il lui procurait un vrai bonheur.

Le travail

Toutes les sociétés « neuves », et donc les sociétés coloniales, fournissent un sentiment de puissance à des métiers qui sont souvent devenus routiniers dans une vieille société ; les agents sentent qu'ils peuvent prendre des initiatives, créer, qu'ils peuvent étendre sans cesse les objectifs de leur travail. Le mot liberté, souvent prononcé, doit être entendu dans ce sens. Un médecin, un enseignant, un architecte, etc. racontent leur métier avec une animation, une joie, qu'on ne trouve plus guère ici. Ce que m'avait dit un vieil Algérois que je cite au début de

55. Cf. L'Amicale des anciens instituteurs et instructeurs d'Algérie et le Cercle algérianiste présentent *1830-1962, des enseignants d'Algérie se souviennent... de ce que fut l'enseignement primaire*, Toulouse, Privat, 1981.

ce chapitre : « Là-bas, j'étais joyeux tous les matins » m'avait émue et intriguée : il me semble que j'ai compris une partie de cette notation quand j'ai entendu des hommes aux métiers divers raconter non pas les bonheurs du loisir mais bien les satisfactions du travail, un travail dont ils voyaient les résultats.

À la sortie de l'École nationale des Ponts et Chaussées en 1952, René Mayer, major de sa promotion, avait eu la priorité pour choisir son poste ; il opta pour Constantine. Le directeur de l'École avait essayé de le faire changer d'avis ; il connaissait ses raisons sentimentales et familiales, mais tint à lui dire que c'était « une voie de garage...[56] ». Il s'obstina et prit son poste le 1er octobre 1952. Son livre, *Algérie : Mémoire déracinée*, parlant surtout de sa famille paternelle et peu de lui, j'ai souhaité le rencontrer. Quelle que soit la meurtrissure provoquée par les conditions de l'exode, René Mayer s'animait en comparant ce qu'aurait été un début à Perpignan, par exemple, et ses débuts à Constantine ; il s'occupait de beaucoup de choses, des routes, des ponts, de l'irrigation, de l'habitat..., il participait aux transformations d'un pays en train de se moderniser de manière spectaculaire ; il évoquait avec joie toutes les possibilités d'action dans ce pays neuf *(Paris, 23 mai 2000).* Très nombreux sont ceux qui avaient le sentiment non seulement de travailler beaucoup mais d'en voir les effets et de dessiner un futur. « Nous avons beaucoup travaillé, les uns et les autres nous avions le sentiment d'avoir beaucoup de choses à faire [...]. Dans un pays vaste, il y avait du travail pour tout le monde, dans lequel il y avait des possibilités de s'occuper. Ici nous avons eu le sentiment d'arriver dans une société très dense, on avait le sentiment d'être beaucoup plus en compétition les uns contre les autres, que ce n'était pas le cas là-bas » *(entretien 29).* « Ici, en France, en Europe, en Provence, ce qui est désespérant, c'est que le monde est fermé, fini, tout fait, il vit en perpétuel conflit sur ses minuscules problèmes. Nous n'avions pas de minuscules problèmes, nous avions des problèmes énormes, on avait simplement un pays à bâtir, l'essen-

56. R. Mayer, *Algérie : Mémoire déracinée, op. cit.*, p. 61.

tiel était fait, nos ancêtres l'avaient défriché, nous on avait le sentiment d'avoir quelque chose à faire » *(entretien 50).* « Mon grand-père, mon père disaient : on a fait sortir ce pays du Moyen Age parce que quand on est arrivé, il n'y avait rien, il n'y avait pas de routes, d'écoles, de chemin de fer, pas d'électricité, pas d'eau, pas d'hygiène, et les Français ont tout fait, aidés bien sûr par des fonds qui venaient de France, parce que la France a investi énormément [...]. Tout était neuf, les fermes étaient neuves, les usines étaient neuves, les écoles étaient neuves, les routes étaient neuves » *(entretien 111, femme, génération 1930-1939).* « On avait l'impression qu'on avait été bâtisseurs d'empire, peut-être que c'est un grand mot, qu'on est victimes de notre propre orgueil » ; médecin, il parle de jeunes confrères arabes de son quartier qui ne veulent pas rentrer dans leur pays, pour « une raison que j'aurais acceptée moi », affirme-t-il, c'est-à-dire « mener la vie d'un médecin de bled telle que l'ont vécue les médecins de la colonisation [...], c'est trop dur pour eux. Des générations de médecins ont accepté, c'est-à-dire partir à 2 heures du matin, aller à pied, aller accoucher dans un gourbi, risquer d'avoir, comme ils l'ont presque tous eu, la typhoïde... Je crois que c'est une chose que j'aurais acceptée, je l'aurais acceptée pour rester là-bas à condition d'avoir ma place, et ceux qui ont essayé se sont cassé les dents. Travailler dur, ça ne fait rien » *(entretien 123).* Un fils de petit colon, qu'on a cité quand il décrivait la ferme paternelle, était moniteur agricole ; il travaillait dans des sociétés agricoles de prévoyance : « Notre formation première était d'aller dans tous les villages environnants travailler pour les Algériens, mettre des tracteurs à leur disposition, labourer leurs terres, leur donner de la graine pour ensemencer leurs terrains, donner des conseils, ainsi de suite ; ça permettait de financer tout ça par la France. » « Ce qui est fortement ancré dans ma mémoire, c'est que j'avais l'impression, en Algérie, on vivait avec un but dans la vie, on avait ce but d'aider autrui, on était utile à quelque chose, c'était un pays qui avait besoin de se construire, de s'agrandir » *(entretien 143).*

La fréquence des références à l'Amérique, celle sans doute des westerns, éclaire la nature de l'attachement au pays : ce n'est pas seulement à cause de la mer, du soleil, de la « facilité » de la vie, mais c'est parce que ce pays donnait un *sentiment d'utilité* ; c'est sans doute ce sentiment si souvent exprimé qui donne, ici, l'impression que c'était une société d'un autre temps, qu'elle était loin de la nôtre. Parmi les raisons de la rancœur contre les Français d'ici, on trouve cette réalité : ils sont accusés d'avoir exploité, eux ont le sentiment d'avoir beaucoup travaillé et d'avoir fait un travail qui servait, et cela dans des métiers très divers. On leur impute un sentiment de supériorité : celui-ci tient en partie à la certitude qu'ils éprouvaient de faire des travaux tangibles, visibles, dont ils pouvaient mesurer l'effet. Un ingénieur des Ponts, un moniteur agricole, un enseignant, un postier ou un médecin, etc., ne peuvent admettre l'idée qu'ils aient exploité.

Rapports entre individus, rapports entre ethnies

On peut s'étonner de voir que presque personne, en racontant les satisfactions au travail et ses résultats, ne s'interroge sur les réactions des musulmans. Ceux qui en parlent, pensent et disent à peu près la même chose : « Ils acceptaient implicitement ce que nous leur apportions comme confort de vie, comme une chose qui ne pouvait venir que de nous et qui leur était naturellement due. Ils ne se sentaient pas partie prenante dans le processus de fabrication de leur pays ; ça pouvait se comprendre puisqu'on leur avait expliqué qu'on allait tout leur apporter » *(entretien 50)*. Un ingénieur agronome travaillant dans une grande exploitation dit le chagrin qu'il éprouvait en lisant ce qui était écrit par la presse française, par la France, car tout dans cette présentation lui semblait l'inverse de la réalité : « Nous avions tout fait pour défendre la France [...], nous étions prêts à nous faire couper en morceaux pour la France, donc quand on voyait que la France nous traitait comme une bande de brigands, de gens qui exploitaient les Arabes, qui faisaient suer le burnous, ça, on estimait que c'était faux. Moi j'ai sué la chemise pour les Arabes, mais j'aurais pas fait suer le burnous, moi je travaillais ; ce que j'ai fait, c'est quelque chose qui a profité à l'Algérie, dans la région » *(entretien 110).* Chacun raconte sa propre expérience ; cet ingénieur agronome, par exemple, n'exploitait pas les ouvriers agricoles, il affirme même qu'il leur apprenait à travailler, à cultiver. Mais les rapports entre les individus ne règlent pas les rapports entre les ethnies, a rappelé Augustin Ibazizen[57].

Un de mes interlocuteurs d'un milieu modeste, dont les ancêtres italiens s'étaient installés à l'est de l'Algérie avant l'arrivée de la France, demeura jusqu'à la fin de 1964. Je lui ai demandé ce qui l'avait fait rester : « Parce que je voulais voir, je voulais... me créer une raison de partir que j'avais pas encore... Je me disais : il y aura certainement quelque chose qui va déclencher le déclic, qui me dira : maintenant..., et c'est ce qui s'est passé. Je n'ai jamais été menacé, mais je suis parti parce que j'ai senti que je gênais ceux que je connaissais depuis toujours et qui, devant moi, ne savaient plus comment se tenir parce qu'ils voyaient que le pays s'en allait un petit peu à la débâcle, que tout ce qu'ils avaient espéré, et auquel ils avaient droit, ne se réalisait pas, alors j'étais gênant [...]. Un jeune Algérien employé à la poste demande comment faire à une receveuse, Française de France ; quand il a vu qu'il avait mal fait, il a eu un geste d'impatience, elle venait lui dire... Il s'est redressé, il a pris la dame par le bras, il l'a secouée : "Votre place n'est plus ici, foutez le camp", il l'a balancée comme ça. Là, j'ai compris qu'on les gênait, j'ai pensé qu'il fallait que je m'en aille, vers quoi, je ne savais pas » *(entretien 142).* Ce récit est à peu près unique dans les entretiens. Les uns ne voient que

57. Augustin Ibazizen, *Le Testament d'un Berbère*. Itinéraire spirituel et politique Albatros, 1984, pp. 130-131.

du positif dans les rapports, d'autres voient des ignorances, de l'inconscience, un racisme « involontaire », mais ne les analysent guère. Cet interlocuteur comprend ce qui pouvait froisser quotidiennement une population traitée comme des enfants à éduquer, même si c'était sans animosité, par exemple dans le cas de cette coopérante.

> Un citadin, passionnément attaché à l'Algérie française, a critiqué longuement l'attitude des colons qui au fond souhaitaient, dit-il, que les « enfants » ne grandissent pas. « Je crois qu'il n'y a jamais eu en Algérie une véritable politique d'évolution du pays. Localement, les Français d'Algérie se satisfaisaient de la situation... en maugréant contre... le laisser-aller [*ici la voix prend une grande distance*] des Arabes qui par exemple s'embauchaient pour travailler pour une saison, et quand ils avaient réuni suffisamment d'argent pour s'acheter quelques nourritures pour l'hiver, partaient même si c'était au milieu de la vendange. Mais il y avait, d'autre part, une certaine satisfaction à les voir persévérer dans cet état qui était un état de non-évolutivité, on craignait beaucoup l'évolution. On a beaucoup parlé de paternalisme, je pense qu'on avait raison. Il y avait parmi les colons, c'était le terme que l'on adoptait, des gens qui, loin d'être des exploiteurs aveugles et malintentionnés des Arabes, s'occupaient d'eux, les aidaient, construisaient parfois des logements pour eux, mais n'étaient pas très soucieux de les voir évoluer réellement. Je crois que l'absence de politique tendant à réaliser dans les populations une évolution dirigée, contrôlée, mais qui les aurait élus comme partenaires actifs, était quelque chose qui n'a pratiquement jamais existé » *(entretien 47).* On a cité l'éloge par Jean Pélégri d'un « bon » paternalisme ; la remarque de ce citadin semble pertinente, car on a le sentiment que beaucoup de colons souhaitaient, fût-ce inconsciemment, une société *immobile.* Une Algéroise répéta fréquemment, en changeant peu la formulation, que, pour les colons, « les Arabes étaient des enfants, et comme ils étaient des enfants, ils n'avaient pas de personnalité ». C'est très tard, pendant les événements, qu'elle-même se mit à penser qu'il aurait fallu faire et qu'il fallait impulser une évolution, « donner une formation aux indigènes pour qu'ils puissent administrer, diriger le pays » *(entretien 9, née avant 1910).*

Les contacts, sans doute, n'étaient pas ressentis par les ouvriers des campagnes comme ils pouvaient l'être dans les milieux « moyens » des villes, chez cet employé des postes, par exemple. Les ouvriers agricoles acceptaient ce rapport inégal, qui était coloré d'affectivité, parce que ce rapport pouvait aussi être complémentaire. Les couches « moyennes » devaient souffrir de cette condition, sans complémentarité possible, ils se sentaient « inférieurs », en avaient une sorte de honte. Or les Pieds-noirs, qu'ils aient fait des études ou non, s'en tiennent le plus souvent, à leurs (bonnes) intentions[58]. Très peu de mes interlocuteurs ont compris en quoi ces différences de fait pouvaient « gêner », blesser.

La grande contradiction entre les récits des Français d'Algérie et les jugements portés par beaucoup de Français d'ici tient à ce que les premiers évoquent leur milieu de travail, les rapports personnels, leur propre vie, et que les seconds, éloignés d'une société qu'ils ne connaissent pas, ne comprennent pas du tout, ne voient que les distorsions du régime colonial. Une autre question se pose : la plupart des Pieds-noirs affirment qu'ils apportaient des progrès matériels, des leçons, des bienfaits, et que les musulmans étaient passifs, n'étaient pas « partie prenante » dans la construction du pays, comme l'a dit l'un de mes interlocuteurs. Jeanne Terracini, rapportant ce que ses grands-parents racontaient sur « les nouveaux venus qui transformaient l'Algérie » – c'étaient « des hommes vifs, au teint rouge, entreprenants, tenaces, méthodiques, qui ne pouvaient rester sans rien faire ni tenir en place » –, évoque la promotion par l'école, le prestige des études, décrit les cérémonieuses distributions des prix, les parents et les lauréats qui, à la sortie, mettaient en évidence « les trophées de la culture ». Et elle commente : « Les Arabes allaient et venaient dans la rue, traînaient sur les places et ne se détournaient pas pour regarder le cortège. La séparation était nette. Pour eux, rien ne changeait. C'était “comme ça”[59]. »

58. « Il faut éviter le paternalisme, c'est aussi dur que le racisme pur; l'intention est très bonne, avec l'intention d'aider l'autre; il ne faut aider l'autre que s'il vous demande de venir, vous ne pouvez pas vous imposer pour aider l'autre malgré lui »; cet interlocuteur avait dit un instant plus tôt : « Je crois que les gens de mon origine subissent au cours de leur vie des exemples de racisme ou de xénophobie, il faut le dire; chacun gère suivant sa sensibilité, ça m'arrive même maintenant..., il y a des imbéciles partout, à toute époque » (*entretien 167*).

59. J. Terracini, *Si bleu le ciel..., op. cit.*, 1re citation, p. 57; 2e citation, p. 85.

Dans une chronique familiale, Pietro Citati, qui évidemment n'a pas connu cette Algérie, interprète autrement cet immobilisme : « Là vivait un peuple volontairement à l'écart de la course du temps, rebelle à tout progrès, libre comme pouvait l'être un peuple exproprié. Sans commerce, presque sans artisanat, il subsistait à cause de son immobilité même. Ils étaient *patients*[60]. »

On rencontre trois « explications » : l'immobilisme est « naturel » chez les musulmans ; l'immobilisme est une conduite de « résistance » ; l'immobilisme est la conséquence de l'accaparement par les Européens des places et des travaux importants. Cette dernière analyse est, plus ou moins explicitement, celle d'intellectuels musulmans. Quant aux conduites de « résistance », elles ont existé dans des franges très minces autour des années 1930, avec des mobiles religieux, mais il est impossible de les mesurer. Quand on arrive après la fin de l'histoire, on peut faire, à peu près, la part de chacune des lectures.

Émile-Félix Gautier, soulignant en 1930 la réussite qu'il jugeait remarquable des jeunes juifs, se demandait pourquoi les [autres, écrit-il] indigènes ne « suivaient » pas. Parler de « suivre » n'est-ce pas vouloir ignorer la complexité des rapports entre deux groupes appartenant à des civilisations différentes, étant à des stades d'évolution différents ? Augustin Ibazizen qui cumulait les attributs d'un Français berbère et d'un Berbère catholique ne décrit pas son intégration comme un chemin ouvert à emprunter avec une direction indiquée, mais comme une recherche, comme un grand effort : « Il fallait forcer les portes de la cité interdite », écrit-il[61]. Il ne s'agissait pas, bien sûr, d'un interdit édicté, mais d'une difficulté si grande qu'elle était plus ou moins ressentie comme une impossibilité. On peut se demander : mais alors, pourquoi les jeunes juifs « suivaient »-ils si bien ? La réponse est évidente : parce qu'ils savaient, par leurs familles, qu'ils échappaient ainsi à un statut inférieur et dur ; les témoignages en sont innombrables. Raphaël Draï rappelle qu'un rabbin avait affirmé au XVIIIe siècle : « La

60. Pietro Citati, *Histoire qui fut heureuse, puis douloureuse et funeste*, Gallimard, 1991, « Folio », 1993, p. 107.
61. A. Ibazizen, *Le Testament...*, *op. cit.*, p. 93.

communauté juive vivait “dans la douleur du passé, l’oppression du présent et l’angoisse de l’avenir”[62]. »

Les Français d’Algérie objectent toujours que le problème de la population musulmane était qu’elle n’avait pas trouvé en elle-même de quoi évoluer; bien qu’on lui proposât un modèle plein de séductions, que l’on mettait en œuvre devant elle, elle ne parvenait pas à se l’approprier, à le reproduire, ou ne le cherchait pas. Les Pieds-noirs ne se sentent pas responsables de la stagnation de cette société; au contraire, ils pensent que cette confrontation était un stimulant, que leur travail, transformant le pays, était positif. On a cité, au premier chapitre, un personnage de *L’Enfant fou de l’arbre creux*, de Boualem Sansal : « Vous nous avez enculés pendant un siècle et demi et maintenant, vous nous demandez pourquoi on marche de travers[63]. » Malgré sa brutalité, cette image a raison de rappeler les séquelles des transformations imposées. En 1914, Augustin Bernard rapportait une conversation qu’Émile Masqueray avait eue avec Jules Ferry : celui-ci avait parlé d’une victoire violente qui avait bouleversé l’Algérie « comme une herse aux dents aiguës »; cela veut dire qu’il en imaginait le coût. Cependant, rappelons-le, il était un partisan ardent de la colonisation et croyait à l’« assimilation » des musulmans en introduisant, au milieu d’eux, un élément européen[64]. La colonisation a laissé un héritage positif *et* des séquelles négatives, difficiles à analyser et surtout à surmonter. Germaine Tillion rapportait en 1957 : « Comme me disait un vieux Kabyle : “Vous nous avez emmenés au milieu du gué, et vous nous y avez laissés”[65] »; c’est-à-dire que la colonisation a placé cette société à l’intersection du Moyen Age et de la modernité.

Un fonctionnaire pied-noir quittant l’Algérie à la fin de 1963

62. Raphaël Draï poursuit : « C’est pourquoi, ainsi que me le contait – en arabe – ma grand-mère maternelle, [...] l’arrivée des troupes françaises fut ressentie par les juifs d’Algérie comme une libération. » *Lettre au président Bouteflika...*, *op. cit.*, pp. 48-49.

63. Boualem Sansal, *L’Enfant fou de l’arbre creux*, Gallimard, 2000, p. 104.

64. Augustin Bernard, *Préface* à la 2e édition d’Émile Masqueray, *Souvenirs et visions d’Afrique*, Alger, Adolphe Jourdan, 1914, p. XVIII.

65. Germaine Tillion, « L’Algérie en 1957 », republié : *L’Afrique bascule vers l’avenir*, *op. cit.*, p. 73.

alors qu'il aurait bien voulu rester affirme : « L'Algérie était en parfait état de marche. » C'est après coup qu'il a pensé : « Comment a-t-on pu être à ce point aveugle pour ne pas se rendre compte que quelque chose se passait autour de nous ? De qui c'était la faute ? » En même temps, il ne voit pas pourquoi les Pieds-noirs devraient s'en vouloir : « On avait le sentiment qu'on était heureux mais qu'il y avait à côté de nous des malheureux, on essayait de mettre fin à la misère ; il y avait la misère et des atouts, j'étais convaincu que ce que je faisais avait un sens, on a bien travaillé » (*entretien 76, génération 1910-1919*).

Vide politique d'une société jeune, politisation d'une société déchirée

Quand ils s'interrogent sur la fin désastreuse de l'Algérie française, la plupart des Pieds-noirs distinguent la France (sous-entendue « responsable ») et la vie quotidienne[66]. L'Algérois qui critiquait l'absence de politique d'évolution à l'égard de la population musulmane soulignait une responsabilité des Pieds-noirs : « Il n'y a jamais eu dans ces Français d'Algérie des hommes politiques de grande envergure ; ceux que nous avons connus comme élus étaient sans grande idée, sans projet. C'étaient des élus à la petite semaine » (*entretien 47*). Qu'il n'y ait pas eu d'hommes politiques de grande envergure, qu'il n'y ait pas eu de « communicateurs », cela semble exact. Mais comment expliquer ce vide politique[67] ? Avant tout, a affirmé

66. Il a été assez fréquent que soit dit dans les entretiens : on ne se rendait pas compte, sans autre précision. Un de mes interlocuteurs pied-noirs suggère : « Ils étaient de bonne foi », mais ils semblaient « ne pas se rendre compte qu'ils vivaient auprès d'une population musulmane » (*entretien 149*).

67. Un homme, dont le père a exercé pendant longtemps des responsabilités locales importantes, affirme : « La société était très politisée, mais dans un sens local ; on aimait beaucoup la politique locale, beaucoup ; les gens s'y intéressaient beaucoup ; les campagnes électorales, ce serait intéressant à reprendre, il y avait des journaux électoraux, le petit peuple y participait, mais ce n'étaient pas des partis politiques, on était pour Untel, pour Untel, les partis politiques

l'un de mes interlocuteurs, par la perte de cadres du fait de la guerre ; il évoquait les très nombreuses morts en 1944-1945 et parlait aussi des études, et donc des projets sacrifiés par cette longue coupure. Il soulignait qu'en outre beaucoup de jeunes étaient partis pour Paris après 1945 parce qu'Alger manquait de vie intellectuelle (*entretien 174, génération 1920-1929*). Il semble en effet qu'entre les années 1930, où s'épanouissait encore une grande activité intellectuelle, et les années 1950, un recul s'était produit. Dans les entretiens, ce sont des Pieds-noirs de la génération 1940-1945 qui ont facilement porté des jugements sans aménité sur leurs contemporains[68]. Ce recul de l'activité intellectuelle fut renforcé par une politisation qui fut hâtive sous le coup des événements. C'est un homme de droite, alors étudiant, qui décrit comment il a vu la politisation de ces années-là : « Je pensais que ça finirait mal. Ah ! il ne fallait pas dire ça à n'importe qui, car si vous parliez avec quelqu'un dans la rue que vous ne connaissiez pas très bien, de cette façon, ça pouvait tourner mal [...]. C'était encore plus répandu à l'université. Les étudiants étaient très travaillés par un mouvement, je crois, France-Résurrection, style Jeune Nation, les frères Sidos, avec la croix celtique [...]. Laissez-moi vous dire que c'était pas l'ouverture d'esprit la plus complète qui régnait [...]. D'ailleurs, ils choquaient souvent les officiers qui étaient des gens de métropole, plus âgés, et qui trouvaient ces gens-là assez bornés. Souvent, j'ai vu des officiers : “Vous ne connaissez rien, vous êtes des petits cons” [...]. Je trouvais pas normal qu'il y ait une telle idéologie dominante, c'était de l'idéologie écrasante. Il faut comprendre aussi que tous les gens qui lisaient dans le journal qu'on avait égorgé un agriculteur à tel endroit, fait sauter une bombe à tel endroit, qu'on avait tué des fois des enfants, il faut bien comprendre que ces gens-là étaient exaspérés et

---

n'ont jamais été très florissants, les étiquettes n'avaient pas de sens. Il y a eu une classe politique d'une assez grande qualité » (*entretien 179*). Il faut insister sur le terme « local ».

68. Rentrant en Algérie après une année à Paris, un Algérois s'est dit frappé par le décalage culturel avec ses camarades : « Ils me paraissaient sympathiques mais analphabètes, à quelques exceptions près ; ils jouaient bien au volley, étaient sportifs, nageaient bien, etc., mais avec qui j'avais des conversations... un peu rapides » (*entretien 69*).

que, pour eux, l'heure des discussions, des échanges, était passée depuis longtemps [...]. Je pense que cet état d'esprit est né en 56 » (*entretien 32*). Il distinguait au passage les élites, frange « très mince » (« on était peu intellectualisés »), et les gens « qui avaient l'esprit pionnier, qui étaient des chefs d'entreprise, qui étaient des types formidables ». Il soulève ainsi un vrai problème : une société jeune pense beaucoup plus à un travail concret, à des occupations matérielles, qu'à un projet politique, elle pense au présent et non à l'avenir.

Le général Catroux fut, en 1943-1944, commissaire d'État aux Affaires musulmanes et gouverneur général de l'Algérie ; il eut à élaborer des réformes pour « éloigner », écrivait-il un peu plus tard, la population musulmane des revendications nationalistes et pour garder l'établissement de la France au Maghreb. Il avait vu alors passer un « souffle d'émancipation » sur l'Afrique du Nord. Il le disait, encouragé bien sûr par les Américains, « adversaires déclarés des régimes coloniaux », mais il venait aussi « du fond des âmes berbères, naturellement xénophobes, et de l'intolérance religieuse de l'islam[69] ». Il faisait quelques observations justes sur les Français d'Algérie : ils formaient « une collection d'individualités beaucoup plus qu'une collectivité encadrée, organisée sur un corps de principes et de traditions ». Ils demeuraient ce qu'étaient leurs pères, « des hommes d'action, des isolés », ne se rassemblant que pour la défense de leurs intérêts. Il jugeait que, par rapport à leurs devancières, ces générations s'étaient éloignées de la France : « L'université d'Alger dispense seule la culture aux Français d'Afrique dans une atmosphère intellectuelle qui n'est plus celle de la métropole. Et il s'ensuit que, de plus en plus, l'A.F.N. tend à vivre de sa propre substance et sur un lot d'idées qui ne se renouvelle pas[70]. »

Quand on suit la brève histoire de cette communauté en formation, on constate deux faits indiscutables : à partir des années 1930, elle se centre sur elle-même, donc elle s'est éloignée de la France et elle s'est éloignée de la communauté musulmane, alors qu'à son arrivée elle avait voulu la connaître et avait partagé beaucoup de choses avec elle[71]. On l'a déjà signalé : en montrant des photographies du temps

69. Général Georges Catroux, *Dans la bataille de Méditerranée*, Julliard, 1949, p. 431.

70. *Id.*, p. 433. Rappelons que la manifestation du 6 février 1956 à Alger contre Guy Mollet visait le général Catroux qui venait d'être nommé gouverneur et dont Guy Mollet obtint et annonça la démission le jour même.

71. La *Revue africaine* montre l'intérêt vif des débuts de la colonisation pour le monde musulman. Il faut noter la participation de nombreux « autochtones » dans les débuts de la revue et le nombre élevé d'articles sur les mondes arabe et kabyle (la *Table des matières* de 1882 à

de leurs grands-parents ou en racontant des histoires familiales, certains de mes interlocuteurs ont souligné la différence entre ce qu'ils avaient connu et ce qui existait auparavant (*entretiens 18, 30, 43, 48* en particulier). « La communauté algérienne, celle du temps de mon grand-père, les Français recevaient les Algériens, les Algériens recevaient les Français, les hommes avec les hommes, les femmes avec les femmes. Chez mon grand-père, j'ai vu déjeuner des notables algériens, il n'y avait pas de problèmes, les gens se connaissaient. Un beau jour, ça a été fini, à partir des années 1930 » (*entretien 30*). Un fonctionnaire parlait d'une « convivialité » plus forte avant la guerre de 1914 : « Après 1918-1919, alors là, il y a un mur. La situation d'Algérie était devenue beaucoup plus prospère, l'agriculture, la viticulture surtout, avait pris un mouvement considérable, et les Français qui avaient un petit concept de supériorité..., l'élément de la richesse, de la réussite professionnelle ou sociale les a encore plus grisés » (*entretien 108*). Ces remarques amènent à rappeler que la population des Français d'Algérie ne peut être décrite comme fixée, éternelle, mais comme une population *en devenir*.

L'interlocuteur de *l'entretien 32*, cherchant à comprendre pourquoi la communauté française n'avait pas eu de représentant, s'arrêtait, comme plusieurs autres l'ont fait, sur Jacques Chevallier, élu maire d'Alger en 1953, personnalité énigmatique, controversée : pour les uns, il était – ils le disent encore aujourd'hui –, F.L.N., pour d'autres, il aurait pu être un vrai porte-parole, et il y a chez ceux-là un regret qui se colore d'un peu de remords. Réfléchissant donc sur l'absence de « communicateurs », l'interlocuteur de *l'entretien 32* déclare : « Il y a eu Chevallier, il avait les défauts qui sont ceux des Pieds-noirs, il n'a pas su prendre les virages en douceur, il a été trop brusque, trop franc. C'était un type extrêmement populaire avant la guerre d'Algérie, il a été élu triomphalement, il a fait de très bonnes choses, il a eu l'idée, extrêmement curieuse dans le contexte, d'admettre des types du M.T.L.D., il a fait comme s'il était en France [...]. L'erreur de Chevallier a été d'aller trop vite [...]. Avec la versatilité qui est celle des gens à Alger, le très populaire maire est devenu le très impopulaire maire. C'est sans doute quelqu'un qui avait une vision des choses » (*entretien 32*)[72].

1921, par exemple, fait état de 37 % des articles consacrés à l'arabe et au monde arabe – musique, écrivains, monuments, mœurs, langues, etc.). À partir des années trente, il y eut un changement visible ; l'Algérie est, dans les écrits, de plus en plus française.

72. Voir chapitre v. La correspondance de Jacques Chevallier avec Boris Souvarine, que j'ai pu lire, montre un homme lucide ; après coup, on voit que ses descriptions, ses diagnostics sont souvent justes. En avril 1953, Jacques Chevallier avait été élu au 1er tour des élections municipales : il avait obtenu près de 31 000 voix, contre la liste à forte participation communiste

L'un des drames des Français d'Algérie c'est que peu préoccupés de politique dans leur vie ordinaire, ils devinrent, dans les déchirements des événements, prêts à entendre des imprécateurs plutôt que des réformateurs. L'accueil hostile reçu par Camus à Alger en janvier 1956 quand il souhaitait obtenir une « trêve civile » est explicable[73] : cette hostilité tient certes en partie à une extrême droite sans intelligence politique, mais aussi à des gens malheureux, affolés. Charles Poncet note dans son Journal qu'un chauffeur de taxi, réfugié républicain espagnol, avait déclaré à Mme Poncet : « Ce Camus va parler à la place du Gouvernement, il veut donner l'Algérie aux Arabes. Et c'est un Pied-noir ! Il a pas honte[74]. » On peut difficilement demander à des hommes pour qui le problème se posait en termes de vie et de mort de se soucier de nuances, d'évolution, ou même de prendre le temps de réfléchir.

Dans ce document inédit, Charles Poncet publie un échange de lettres tardif (en 1976) avec Amar Ouzegane. Celui-ci, présent à la réunion de la trêve civile, avec Ferhat Abbas et Mohammed Lebjaoui, tous membres du F.L.N. mais le dissimulant bien sûr, revendique la « paternité » de ce mouvement (lettre du 7 octobre 1976)[75]. La Trêve civile était « une opération tactique et psychologique au service d'une guerre révolutionnaire scientifique ». « Nous avions l'ambition de transformer le mouvement de la Trêve civile contre le colonialisme diabolique. » « La Trêve civile – et le mouvement des libéraux – nous donnaient l'occasion d'aider les honnêtes gens [...] à ouvrir les yeux et à se rendre compte progressivement et par leur propre expérience que le F.L.N. avait raison et qu'il n'y avait pas d'autre moyen efficace pour en finir [*sic*] la dictature des bourreaux suceurs de sang, les maîtres de la vigne, de la mine, du monopole du pavillon, de la

---

conduite par le général Tubert (15 000 voix) et une liste conservatrice (Berger-Vachon, 9 000 voix) ; d'après R. Léonard, *Souvenirs du pays...*, *op. cit.*, t. II, p. 82.

73. Edmond Brua fit un compte rendu très favorable de cette soirée ; trouvant l'appel « admirable et pathétique », il disait que, s'ils l'avaient entendu, ceux qui avaient poussé des cris hostiles, « auraient eu honte de leurs cris » (« Albert Camus a lancé hier un pathétique appel pour la protection des civils innocents », *Le Journal d'Alger*, 22-23 janv. 1956). *L'Écho d'Alger* expliquait que l'hostilité visait « la politique mendésiste » et non la personnalité de l'écrivain, et que « tout auditoire ne pouvait qu'approuver cette condamnation de la haine » (22-23 janvier 1956, « Remous autour d'une conférence d'Albert Camus », non signé, pp. 1 et 9).

74. Charles Poncet, *Camus et l'impossible Trêve civile, document cité*, p. 39

75. Lettre d'Amar Ouzegane à Charles Poncet, Alger, 7 oct. 1976, dans : Charles Poncet, *Camus et l'impossible Trêve..., document cité*, p. 205.

banque. » Quelques lignes plus haut, Amar Ouzegane écrivait : « Nous, militants du F.L.N., nous n'avons jamais eu la naïveté de croire à la possibilité de la Trêve civile [...] On n'apprivoise pas le fauve colonialiste, on lui brise les reins » (lettre du 19 juillet 1976)[76]. L'échec, qui ne pouvait qu'être évident, tient à ce que Camus, vivant à Paris, n'étant plus en contact direct avec une société en pleine évolution, s'appuyait sur ses amis libéraux ; dans ces temps dramatiques, ceux-ci étaient plus ou moins clairvoyants et sans doute, certains d'entre eux, plus ou moins francs.

Certains de mes interlocuteurs, affirmant avoir été sûrs alors que les personnalités musulmanes (Abbas, Lebjaoui, Ouzegane) étaient membres du F.L.N., disent aussi qu'ils ne pouvaient du coup comprendre la démarche de Camus. Il faut souligner, d'autre part, que Pierre Mendès France, dans une note à Guy Mollet, avait acerbement écarté « de vains appels à la trêve – auxquels personne ne croit, pas même ceux qui les lancent[77] ».

En lisant le texte inédit, très scrupuleux, de Charles Poncet, on a le sentiment que déjà à cette époque il n'y avait pas de troisième voie possible pensable dans l'Algérie en guerre. La solitude de Camus et de ses amis « libéraux » s'explique bien. Le Comité algérien pour une Trêve civile écrivit au président du Conseil, le 7 mars 1956, ce fut son dernier signe : après avoir demandé une négociation « loyalement désirée et loyalement conduite, avec tous les représentants sans exclusive, des musulmans et des Européens d'Algérie », la lettre continuait : « Si une telle négociation échouait, si la preuve était alors donnée que l'adversaire ne cherche pas à rendre la dignité à son peuple, à alléger le fardeau de sa misère, à lui apporter la justice et l'égalité dont il est frustré, s'il était prouvé qu'il poursuit on ne sait quel rêve absurde de rupture totale avec la France dans l'établissement d'un fanatisme qu'aucun de nous n'admettrait, alors seulement il ne resterait plus que la guerre. Et la France, jetant tout le poids de ses armes, obtiendrait la victoire. Mais quelle victoire ? De votre propre aveu, “le refus de mettre un terme aux combats” rendra “la situation irréversible” et “tuera la fraternité franco-musulmane”. Une haine ineffaçable submergera ce pays où nous ne pourrions vivre, nous qui pourtant ne saurions vivre ailleurs[78]. » À peu près tous les libéraux conviendront plus tard, avec douleur, que leur pari était impossible.

76. Lettre d'Amar Ouzegane à Charles Poncet, Alger, 19 juillet 1976, *id.*, p. 166, p. 169, p. 171, p. 170.

77. Pierre Mendès France, « Note pour Guy Mollet sur l'Algérie », 21 avril 1956, repris dans *Œuvres complètes, IV, Pour une République moderne, 1955-1962,* Gallimard, 1987, p. 184.

78. Lettre insérée dans : Ch. Poncet, *Camus et l'impossible Trêve civile.*

La mauvaise image des Pieds-noirs a été renforcée, on l'a signalé, auprès des métropolitains par les manifestations de foule que les actualités diffusaient pendant les événements; c'étaient toujours des « braillards » qui étaient montrés. L'un de mes interlocuteurs, lui-même politisé, déclare : « Il y en avait qui étaient complètement aveugles, aveugles et sourds, ils n'étaient pas muets [rire], c'étaient quelques ultras, mais c'était quoi ? C'était *peanuts* par rapport à l'immense famille algérienne » (*entretien 175*). Un autre, qui avait adhéré au groupe de Martel, « le chouan de la Mitidja », en 1958, puis s'en était assez vite séparé, dit en riant : « Les communiqués que le MP13 envoyaient au *Monde*, il les publiait, ce qui donne à réfléchir, car on ne représentait pas grand-chose » (*entretien 37, génération 1920-1929*)[79]. Les noms souvent cités dans les histoires de la guerre d'Algérie (Pierre Lagaillarde, Bernard Lefèvre, Robert Martel, Jean-Claude Perez, Joseph Ortiz, Jean-Jacques Susini...) contribuent à la mauvaise image des Pieds-noirs : ce sont des extrémistes, et la « pensée » de certains est profondément archaïque, loin du réel et de l'époque. On comprend que certains de mes interlocuteurs, abordant la politique, parlent, sur un ton un peu sarcastique, d'« inculture politique crasse » et de méthodes sans portée et « bêtes ». « Nous manquions indiscutablement de maturité politique parce que "radical-socialiste" en Algérie *[long sifflement]*, c'était Borgeaud, Borgeaud, en France, c'était le milliardaire de la colonisation [...]. Nous avons réagi non par l'intelligence, la politique, la subtilité, mais par la colère, la mauvaise humeur, par des manifestations, par des invectives. Alors, évidemment, pour les

79. Le Mouvement populaire du 13 mai (MP 13), créé par un militaire, le général Chassin, est très vite exprimé par son animateur, Robert Martel, qui militait au nom du Christ-roi. Dans leur *Histoire de la guerre d'Algérie*, Bernard Droz et Évelyne Lever parlent d'une protestation s'organisant contre le plan Soustelle, autour de Benquet-Crevaux, de Boyer-Banse et de Robert Martel « qui jettent les bases d'une Union française nord-africaine dont le rôle ne va cesser de grandir dans les mois suivants » ; Éditions du Seuil, 1982, nouv. éd. revue, 1984, p. 73. Comment ce rôle grandissant a-il-été mesuré ? Edmond Jouhaud fait dans *Ô mon pays perdu* un portrait sévère de la personnalité de Martel (« Martel, de la doctrine professée par la Cité catholique, ne semble avoir retenu que la haine du libéralisme et la justification de tous les moyens pour accabler ses adversaires ») ; il parle de pamphlets « assez largement diffusés » mais d'une organisation « ténue ». Fayard, 1969, pp. 205-207.

gens qui ont une vieille culture politique et la rouerie de tous les hommes dont c'est le métier, c'était du gâteau » (*entretien 117*). « On a dit : "c'est le communisme international", "l'arabisme avec Nasser", "l'islamisme est appuyé par les Américains" ; on détestait les Américains, on les aimait cow-boys, pionniers..., une sorte de guerre politique à Alger [rire], au bout de dix minutes, les vitres du Centre culturel américain étaient jetées bas » (*entretien 55*). « On a eu des réactions de mal-aimés, explique une Algéroise, des enfants qui font des bêtises parce qu'ils veulent attirer l'attention des parents sur eux, c'était une façon de crier qu'on était malheureux, c'était pas perçu comme ça en métropole » (*entretien 80*). Non seulement leurs réactions improvisées sous l'effet du désarroi n'étaient pas comprises par les métropolitains, mais certains Français d'Algérie ne les admettaient pas. L'un d'eux, qui est resté huit ans après l'indépendance, exprime une grande fureur contre le général de Gaulle et contre les Français, mais montre aussi une fureur consternée contre ses compatriotes de là-bas : « Jamais je n'ai pensé que les Pieds-noirs étaient aussi... bêtes qu'ils l'ont été. Si on a perdu l'Algérie, après l'indépendance, c'est bien de leur faute. Quand la consigne passe qu'à partir de cinq heures de l'après-midi vous prenez une casserole, une cuillère et vous tapez dessus "Algérie française", et que vous avez toute la ville d'Alger qui rentre chez elle et qui tape sur une casserole, eh bien, ils ont pas grand-chose dans le crâne [...]. Il fallait faire l'Algérie algérienne, il fallait la faire avec les Pieds-noirs et pas contre les Pieds-noirs. Et quand la bande de l'O.A.S. dit : partez tous, partez, partez, ils ont mis trois pelures dans la voiture et ils sont partis, ils ont abandonné les voitures, ils ont pris le bateau, l'avion. Vous pensez que c'est des gens qui sont normaux ? Ils sont manipulés, c'est affreux, affreux » (*entretien 47*). C'est un fait que les concerts de casseroles, vus de Paris, paraissaient une conduite dépourvue de sens ; une Algéroise lui en trouvait un : « On faisait ça pour qu'on nous oublie pas » (*entretien 5*).

Helyett Ben Amara, qui était passionnément de gauche – ses souvenirs le montrent – raconte : « Gais ! Gais ! Amusons-nous ! Des cœurs désemparés jugèrent sainement de fêter le jour de l'an 1962 chez nous. L'an 1961 finissait dans le bruit et le sang. On ferait semblant. L'ardeur que je mis à préparer cette soirée du 31 décembre ne fut jamais plus égalée.[...] Tout le monde s'amusait ou faisait semblant.[...] Minuit sonna à tous les clochers de la ville. Quelqu'un dit : "Les casseroles !" Une immense clameur s'élevait de la ville : derrière les volets des balcons, dans les cours, depuis les terrasses sombres, jaillirent des concerts improvisés de casseroles, sous un ciel serein, lui. En un rien de temps, chacun s'était débrouillé, sa casserole et sa cuillère à la main, tapait avec l'énergie du désespoir "Algérie française ! !" [...] Après ce concert de casseroles, réconfortant et éprouvant à la fois, l'ambiance aux petites heures du jour se fit mélancolique[80]. »

Mouloud Feraoun a écrit dans son Journal, en septembre 1961, ce qu'il ressentait en entendant ces concerts : « Ces casseroles, ces sifflets, ces klaxons Al-gé-rie française, ont quelque chose d'émouvant. Cela a duré deux heures sans une seconde d'interruption. Ce n'est plus de l'hystérie mais un cri désespéré, interminable, qui remue les plus endurcis. Voilà comment on est balancé continuellement entre deux mondes qui s'entretuent, pleurent, souffrent, appellent au secours : cri dérisoire des casseroles, quête pathétique d'un impossible miracle » et il enchaîne immédiatement : « Cela ne me fait pas oublier les autres, les miens qui ne finissent pas de tomber, de se faire haïr et ne parviendront sans doute jamais à émouvoir leurs vis-à-vis car il y a longtemps qu'on se refuse à les prendre pour des hommes[81]. »

Il faut analyser les Français d'Algérie en les situant toujours dans leur contexte, à un moment précis. Il est vrai qu'aujourd'hui ils sont devenus, partiellement, autres, mais leurs conduites de naguère sont *intelligibles*. On constate que, dans les temps ordinaires, quels que soient les votes, les étiquettes, cette société qui se pensait heureuse était de fait conservatrice, au sens fort : elle voulait simplement perdurer. Un Français musulman[82], affirmant que le statut de 1947 était

80. Helyett Ben Amara, *Il était une fois... Là-bas*, Grenoble, Éditions Alzieu, 2000, pp. 228-230 ; la scène se passait à Oran.

81. M. Feraoun, *Journal*, *op. cit.*, 26 septembre 1961, p. 337.

82. Cette désignation peut sembler sans nécessité ou maladroite ; elle veut attirer l'attention sur le sens de la phrase, sur l'état d'esprit de l'émetteur ; une certaine distance de cet inter-

« une excellente chose » – « Je pense que ça aurait changé la face de l'Histoire » –, regrettait qu'il n'ait pas été appliqué tant il avait rencontré d'oppositions, et il commentait : « Il est vrai que quand quelqu'un est dans l'aisance, quand il a ce qu'il faut et même plus qu'il lui faut, il n'a pas envie de changer » (*entretien 167).* En fait, ceux qui ne voulaient pas changer étaient infiniment plus nombreux que ceux qui vivaient dans l'aisance ; les satisfactions, les joies éprouvées dépassaient de beaucoup la possession de biens matériels.

LES FRANÇAIS D'ALGÉRIE ET LA FRANCE

Les évocations de la France se ramènent à quatre thèmes : l'amour ardent d'une *France idéale* où se mêlent un passé hétéroclite – Bayard, Jeanne d'Arc, les Droits de l'homme, etc. –, la littérature et les rivières, l'herbe, la neige, etc. Deuxième thème : un *patriotisme* exacerbé et l'amour de l'armée, celle-ci étant plus rêvée que connue. Troisième élément : chez beaucoup de ceux qui y étaient venus, il y a eu souvent une déception, la *France réelle* étant perçue comme vieillotte, étriquée, maussade chez la plupart, pas chez tous. Enfin, la *France marâtre*, celle qui les a « bradés », et qui n'a pas su les accueillir, une France dont ils comprennent mal l'Histoire : près de quarante ans après un exode dramatique, une rancune et une colère inusables les empêchent souvent de prendre le pays pour ce qu'il est, de le connaître ; les entretiens sont parfois sur ce point loin de la réalité, et cela malgré une intégration remarquable. On parlera de ce quatrième thème, la marâtre, et de l'exode au chapitre suivant.

---

locuteur, sa sérénité au moins apparente, sa capacité de gérer la « perte » de l'Algérie, posent des questions sur les blessures et la colère des Pieds-noirs.

La France idéale

Pour faire voir la France idéale, on a eu, là encore, des choix difficiles à faire tant ce thème, se structurant autour des mêmes éléments, est abordé dans tous les entretiens.

C'est d'abord un beau pays, magnifique même : « Vers 52, je faisais du vélo avec un copain de lycée, on va faire une promenade dans le Sahel, début septembre, c'est la descente de Chéragas. En descente, on parle, je dis : "C'est beau, on se croirait en France". – Ah, il me dit d'un air décidé, "c'est un paysage de France." Moi, impressionné, j'avais jamais été en France, je dis : "Tu connais, mais moi je ne connais pas la France." Il me répond : "Moi non plus"... On aimait la France, du moment que c'était beau, c'était la France » (*entretien 55*). « Ah, c'était un monde absolument merveilleux, inaccessible, j'avais l'impression que je ne pouvais pas y aller, on ne partait pas, on était d'un milieu très modeste [...]. Toute l'histoire tournait autour de la France, même les textes de lecture du français me montraient un monde que j'ignorais, complètement exotique, lointain, inaccessible [...]. La basse-cour telle qu'on la voyait dans les livres, c'était pas la basse-cour qu'il devait y avoir en Kabylie [rire], c'était un monde magique, le monde des plantes aussi, le chèvrefeuille me faisait rêver » (*entretien 161*).

Belle à faire rêver, la France était aussi généreuse en biens matériels : « On ne vivait que dans l'image de la France, tout ce qui venait de France, les lettres, les camemberts, le beurre [...]. On était tournés vers la France [...]. La seule chose qui intéressait, c'était la France. Mon père, la première fois qu'il a mis les pieds en France, c'était pour faire la guerre, la première fois que j'ai mis les pieds en France, c'était pour faire la guerre [...]. L'école nous bourrait le crâne tout le temps sur la France, la France, Ah ! la soupe fumante, à la lampe, la neige, vous comprenez [rire], il y avait un conditionnement involontaire qui a été finalement bénéfique, parce que, bon, ça a fait des Français, c'était fait involontairement, c'était pas du bourrage de crâne » (*entretien 117*).

« La France, c'était une sorte d'Olympe, de sanctuaire. [...] La France a apporté aux Maltais les trésors de sa civilisation. Vous ne pouvez pas savoir, madame, comment on aimait la France [...]. Elle représentait non seulement l'amélioration des conditions de vie, mais l'amélioration de l'intelligence, l'instruction, la culture, la civilisation, elle nous impressionnait » (*entretien 55*). La France *était* la culture. « Moi, j'ai été formé à la culture française, moi je me suis battu, c'est pour La Fontaine et pour Molière ; j'adorais l'histoire, la France était une grande nation, avec un passé extraordinaire, il y avait la splendeur des images dans les livres, c'était un pays équilibré » (*entretien 118*). « La France..., c'était tout. On apprenait l'histoire de France, mon père avait une grande admiration pour la France, les philosophes, alors c'était, d'une manière un peu abstraite, le pays des Droits de l'Homme, la République, la Révolution française... Mon père me parlait aussi des gens comme Jaurès, Zola, Victor Hugo » (*entretien 137*). Bref, que ce soit par sa nature ou par sa culture, la France était perçue, imaginée, comme splendide, unique ; relevons que les phrases qu'on vient de citer sont prononcées par des Français d'Algérie dont aucun n'était de « souche » française.

La Mère-Patrie

Il est nécessaire de s'arrêter d'abord sur un jugement de Charles-André Julien ; c'est un historien dont on ne peut balayer une pensée parce qu'elle semble gênante sans l'avoir examinée, car son œuvre reste importante. En 1952, dans *L'Afrique du Nord en marche*, il écrivait que le Français d'Algérie est un soldat admirable, « se battant avec un sacrifice total pour une patrie qu'il connaît mal et, au fond, aime peu[83] ». On sait, plus que les Pieds-noirs ne le croient, le prix qu'ils ont payé dans les campagnes d'Italie et de France; on sait aussi que beaucoup n'y reviendront qu'en 1962. Charles-André Julien affirme qu'au fond les Pieds-noirs aiment peu leur patrie. D'où vient cette assertion? Il renvoyait en note au livre du général Catroux, *Dans la bataille de Méditerranée* (1949), en indiquant une page. Que dit cette page? Le général Catroux, après avoir expliqué le vichysme de ses compatriotes d'Afrique du Nord (Pétain apportait la sécurité pour leurs biens, le maintien de leurs privilèges, et la soumission des indigènes à l'autorité) poursuivait : « Quant à alléguer comme on l'a fait que ces Français avaient délibérément accueilli l'armistice, c'est faire injure à eux-mêmes et aux faits. Ils ont, à l'époque, multiplié les démarches auprès du général Noguès [...], pour qu'il demeurât dans le combat. Leur patriotisme ne peut être mis en cause. Il est attesté aussi bien par le chiffre élevé de leurs morts au cours de la Première Guerre mondiale que par leur empressement à obéir en 1942 à l'ordre de mobilisation de Giraud, que par leur importante contribution aux campagnes de Tunisie, d'Italie et de la Libération et que par les pertes qu'elles ont coûtées. Seulement, chez eux, le patriotisme est un réflexe de l'instinct élémentaire[84]. » Est-ce que ce sont ces derniers mots que Charles-André Julien traduit par « aime peu » la patrie? Il me semble que c'est une affirmation que rien n'autorise.

L'amour extasié de la patrie lointaine engendrait un patriotisme voyant et profond. « On a été pétris de l'admiration, la vénération, l'amour de la Mère-Patrie avec deux grandes majuscules, ma mère en avait plein la bouche » (*entretien 83*). « Grand-père était très cocorico, très patriote, il voulait que je sois imprégné d'histoire de France [...]. La défaite, oh là là, j'étais chez mon grand père justement, c'était midi, nous étions à table. Je me souviendrai toute ma vie, le poste de radio mar-

83. Charles-André Julien, *L'Afrique du Nord en marche* (1952), 3e éd. revue, Julliard, 1972, p. 42.
84. Général Georges Catroux, *Dans la bataille de Méditerranée*, *op. cit.*, pp. 432-433.

chait, on attendait les nouvelles. Tout d'un coup, c'est le maréchal Pétain qui a pris la parole... pour demander : « Dans la dignité et dans l'honneur, je fais don de ma personne à la France, nous avons déposé les armes », etc., et mon grand-père pleurait à chaudes larmes, alors [rire], nous nous sommes tous mis à pleurer autour de lui, on était désespérés, désespérés » (*entretien 6*). « Mon père est décédé en 46, dans la brève période où je l'ai connu, [...] on parlait énormément de la guerre, je pense que c'était dans beaucoup de familles comme ça, il y avait un état d'esprit d'enthousiasme patriotique, on a grandi là-dedans. Je ne peux même pas dire qu'il y avait une espèce de culte des valeurs nationales..., c'était comme ça » (*entretien 32*). « La France [rire], c'était quelque chose qu'on chérissait, peut-être plus que ceux qui étaient en France [...] un frère de mon père avait été tué en 14, un autre avait été blessé, mon père s'était engagé à dix-sept ans; on parlait de la France, la France c'était quelque chose... et c'est toujours [*long silence*]. À dix-neuf ans *[en 1943],* j'avais la crainte de ne pas être admis au conseil de révision, j'ai eu la joie d'être appelé, j'avais le désir de débarquer en France » (*entretien 121, génération 1920-1929*). « J'ai vu l'émotion des gens quand on a commencé à débarquer..., je ne sais pas comment on peut qualifier ça, on sentait que ces gens *[Pieds-noirs et musulmans],* c'est chez eux qu'ils arrivaient pour défendre leur pays, et il y en a qui ont laissé leur vie [...]. Jamais on n'avait atteint un tel pourcentage de personnes mobilisées que dans la communauté pied-noire, d'abord, il y a eu la campagne de Tunisie, la Corse, l'Italie, la France, il y a eu un pourcentage de tués et de blessés que les générations correspondantes en France n'ont jamais connu [...]. C'est une histoire qu'il est difficile de nous enlever; mais qui en parle ? Qui en tient compte ? Pas grand monde; si, on parle de la 2e D.B., de Leclerc, en réalité c'est pas eux qui ont fait le gros du boulot, loin de moi la pensée de nier tout ce qu'ils ont pu faire, mais il y en a eu d'autres aussi qui se sont battus, plus nombreux qu'eux, et aussi bien qu'eux. Ça, c'est le souvenir d'un ancien combattant [rire] » (*entretien 15, génération 1920-1929*).

Dans les entretiens comme dans les écrits, les souvenirs de guerre tiennent une place considérable. L'amour de la France rêvée fut renforcé par le combat dans la guerre ; c'est sans doute l'un des éléments des différences, voire de l'opposition entre les Français d'ici et ceux de l'Algérie. Les chiffres de morts ne suffisent pas à donner idée de l'état de la France et de l'univers mental des Français au sortir de la guerre de 14 ; au-delà des chiffres effroyables des morts, c'est un tournant de son histoire, peut-être une certaine sortie de l'Histoire. Un pacifisme profond explique en partie le désastre de 40 ; l'occupation, malgré la réalité de la Résistance et les symboles forts qu'elle incarnait, a rendu obsolètes certaines valeurs et même a pu amener à en inverser. Le goût des Français d'Algérie pour l'armée, pour les défilés, pour les habits d'apparat, pour les décorations, la célébration de l'armée de Bugeaud, de celle de Juin, de celle de Massu montrent un grand décalage avec la France[85]. Pas plus que les Français de l'Hexagone ne comprennent les Pieds-noirs, les Pieds-noirs ne comprennent l'histoire, on a envie de dire matérielle autant que spirituelle, de la France.

Le patriotisme est lié à l'amour de l'armée, comme l'exprime à plusieurs reprises un Pied-noir se présentant comme militant de gauche : « On développait le culte du service patriotique. J'avais un grand-père qui s'était engagé dans la guerre de 1870, et naturellement pas Français [...]. Je me souviens, dans ma chambre d'adolescent..., d'ailleurs c'était un peu mortifère, j'avais les portraits de deux frères de mon père qui avaient été tués en 14-18, qui étaient chasseurs d'Afrique ; [...] d'ailleurs je porte le nom d'un frère de mon père, tué ; et puis mon père me racontait comment il avait été blessé, comment il était monté au

85. Le gouverneur Léonard avait reçu en février 1954 le maréchal Juin qui venait apporter de hautes distinctions militaires (une grand croix de la Légion d'honneur, et deux plaques de grand officier) : « Je ne puis que me réjouir de ce brillant triplé. Peut-être ici plus qu'ailleurs la population aime voir honorer ses chefs militaires : elle en tire orgueil et réconfort. » La venue du maréchal Juin avait été accueillie avec joie : « Il apparaît comme le vivant symbole de l'Algérie française, son paladium et sa caution. » *Souvenirs du pays..., op. cit.*, t. III, p. 9.

front et donc, on m'avait inculqué qu'il fallait servir la patrie... J'aimais, j'aime toujours d'ailleurs les défilés, *la Marseillaise, le Chant du départ*, ce qu'on appelle le faste militaire tout bêtement, et puis on aimait le pays. » « L'armée, comme dans la chanson, on applaudissait l'armée française, on avait une grande admiration pour ce qu'elle était, elle nous paraissait belle, pleine d'allant et peuplée d'officiers compétents » (*entretien 22, génération 1940-1945*).

Le commandant Saint-Marc m'a assuré que l'attachement à la guerre de 1944-1945, l'évocation permanente des guerres n'ont « pas été inventés après coup » ; ils étaient présents quand il arriva en Algérie en 1955. Il voyait chez des Algérois « des décorations du père, de 14, dans un cadre, des décorations du frère, de 40, un képi ou un turban de tirailleur algérien exposé ». Il parle de « religiosité pour tout ce qui touchait aux guerres ». Il l'explique par le fait que les Pieds-noirs, très minoritaires, étaient « assiégés », et donc tenaient à l'armée par « un sentiment d'insécurité, sans doute inconscient », et un raisonnement simple : « Nous avons sauvé la France, à eux de nous sauver » *(Paris, 21 janvier 1998).*

Peut-être aurait-on pu attendre le chapitre final pour décrire les regards des Français d'Algérie sur l'armée pendant la guerre d'Algérie. On a décidé d'en parler dès maintenant, en malmenant la chronologie, afin de réserver le dernier chapitre aux *émotions* de la marche vers l'exil. Les jugements sur l'armée appartiennent au fond au cours ordinaire de la vie.

L'*entretien 22* qu'on vient de citer permet de ressentir les problèmes posés par la situation concrète des Pieds-noirs ; on comprend son agacement contre les intellectuels parisiens : « Ils ne vivaient pas ce qu'on vivait. » Sa famille et lui-même condamnaient les tortures : « En même temps, comment faire pour éviter que quand vous soupçonnez un type d'avoir distribué des grenades sans vouloir dire à qui il les a distribuées, avec le risque que ça comporte... imaginez qu'on se contente de le déférer au juge d'instruction [...], et puis, quand on donne le pouvoir à l'armée, le pouvoir judiciaire, en vérité tout, la responsabilité entière du maintien de l'ordre... il ne fallait pas s'étonner que... il y ait des bavures. Mais on avait une image très positive de l'armée. » « Je ne me sentais ni d'accord avec les camarades qui répétaient ce qu'ils entendaient chez eux et qui me disaient : "On aurait dû comme en 45 en liquider..., on se serait assuré...", je ne pouvais être d'accord avec ce discours, et en même temps je n'étais pas d'accord avec ce que je lisais dans la presse française et qui tendait à dépeindre l'ensemble de l'armée française, ce qui n'était pas le cas, comme des tortionnaires. Nous, on avait les militaires du contingent, il leur arrivait de commettre des excès, c'est vrai qu'ils brûlaient des mechtas surtout quand... après avoir retrouvé 80 de leurs camarades égorgés... L'ensemble des officiers n'était pas de cette nature d'officiers, beaucoup d'officiers, c'était un mélange complexe, ils avaient été intoxiqués par l'Indochine, ils n'étaient pas pour le grand colonat... et ils prétendaient instaurer un ordre plus juste, c'était la mystique des S.A.S., d'ailleurs[86]. » « Dans ma famille, on était contre la torture généralisée, etc. Alors l'insoumission, je ne comprenais pas non plus [...], je raisonnais plutôt en disant : "Si je suis à la tête d'une section, j'empêcherais des exactions, j'empêcherais... qu'on se conduise mal", mais l'idée qu'on refuse de servir la République, le gouvernement tout simplement, non. » Il dit avoir eu dans les années 1975 une discussion très vive avec un « porteur de valises » : « Il me disait : "Au fond, vous acceptiez l'indépendance", et je lui disais : "Oui" [...]. Je lui tenais un raisonnement en disant : "C'est parce que je suis Français que je peux pas accepter que des Français aient en quelque sorte trahi leur pays." Lui disait : "C'est parce que je suis fidèle à l'image que je me fais de la France que j'ai fait ça." On était dans une incompréhension totale; moi, c'est un seuil que je ne pouvais pas, même intellectuellement, accepter de franchir. Qu'on puisse être favorable à l'indépendance, c'était une chose; qu'on puisse prêter la main à ça, c'est quelque chose que je ne comprenais pas. » Les mots *contradictoire, complexe, compliqué* reviennent sans arrêt dans ses réponses, et il les applique autant à lui-même qu'à la situation vécue en Algérie, tant dans le cours ordinaire de la vie que dans les années de la guerre.

Un Pied-noir nullement de gauche a, à plusieurs reprises, condamné l'armée en Algérie : « Le grand responsable, c'est Massu, il s'est comporté comme un boucher, comme un fou furieux, il avait créé ces fameux D.O.P.[87], avec des gens qui faisaient marcher la gégenne, tout ça est exact, il n'y a pas à le nier, c'est pas les Pieds-noirs qui ont fait ça, c'est l'armée... Des militaires qui s'étaient battus contre les Boches, ils ont fait exactement la même chose [...]. C'est l'armée française qui a alimenté les maquis du F.L.N. » (*entretien 175*). Il est

86. S.A.S ; Sections administratives spécialisées, créées en 1955 par Jacques Soustelle, pour remédier à la sous-administration et à la misère du bled. Dirigée par un officier, chaque S.A.S., comprenant des civils et des supplétifs, s'occupait d'aide sociale, d'enseignement, donnait des soins médicaux, etc., et assurait la protection.

87. D.O.P. : Détachement opérationnel de protection.

revenu plusieurs fois avec colère sur ce thème : il faut en souligner la singularité et la véhémence du ton. Quelques autres refus, très rares, étaient tourmentés. « Il y a eu quelquefois des vrais conflits avec mes parents, là, quand j'entendais parler de torture, [...] mon père, voilà, ne pouvait pas y croire... et puis, quand il y avait des attentats, une position qui... visait à justifier des méthodes dures pour réprimer, pour lutter contre le terrorisme. Dans ce genre de débats, j'avais plutôt des positions pacifistes, là, je m'accrochais avec mes parents, avec mes cousins, mes tantes, mes oncles ; ah oui, quelquefois, des débats plus que vifs... C'est le genre de débat qu'on a toujours dans ce type de situation où on est un peu déchiré entre des positions contradictoires » (*entretien 140, génération 1930-1939*).

On trouve, de manière dominante, chez les interlocuteurs qui d'eux-mêmes ont parlé de la torture (car je n'ai jamais soulevé cette question), l'acceptation d'une torture « limitée ». La justification est toujours la même : c'est une horreur commise pour prévenir une nouvelle et plus grande horreur : « Alors, à Alger, il y a eu la bataille d'Alger, il y a eu Massu, tous ces problèmes, les tortures. Est-ce qu'il faut l'accepter ? Dans mon milieu, ah oui, on en parlait, on était confronté avec ces problèmes, c'est un problème de conscience. Je me souviens d'un dîner chez les F., et on discutait, et il disait : "Mais, dites, vous mettez vos enfants dans un bus pour aller au lycée le matin, on vous rapporte les morceaux d'enfants..., vous croyez pas que quand vous avez un enfant en morceaux, vous... faites lâcher des renseignements pour pas que ça continue." On l'a mal vécu, vous savez ; il ne faut pas la nier, elle a existé, mais est-ce qu'ils ont hésité eux, à torturer ? Dites, œil pour œil, dent pour dent... ces femmes qui sont devenues à moitié folles dans le bled... c'est pas une raison pour rendre le mal pour le mal, mais enfin, que faire ? Ça, on le savait que Massu torturait, on le savait » (*entretien 27*). Ce qu'il faut souligner, c'est que ceux qui en parlent assurent que c'était, presque chaque jour, un sujet de débat, de conflit ; il n'y a jamais eu d'indifférence au problème posé par la torture. « L'abbé disait : "Dieu n'accepte pas cette chose-là" et le lieutenant C. : "Qu'il y ait 30 morts parce qu'il y en a un qui a décidé de les faire mourir ?" Voilà la discussion entre l'abbé et le lieutenant. Moi je pensais comme le lieutenant. Il y avait une guerre, tous les moyens sont bons, ou il ne faut pas la faire... Truman a lancé la bombe atomique, c'était la guerre et alors ? C'est pas bien de tuer comme ça. Alors il ne faut pas faire la guerre. La discussion se faisait partout, partout » (*entretien 44*).

Il est intéressant d'entendre les propos d'un « libéral », Charles Poncet, qui a longuement écrit à Jules Roy sur la torture. En mai 1972 – rappelons qu'il était rentré en France en 1968 –, il approuva le livre de l'écrivain *J'accuse le général Massu*, mais lui disait aussi : Massu « n'est-il pas en droit de demander à ceux qui le jugent [...] ce qu'était Alger au temps du terrorisme triomphant, les civils hommes, femmes, et enfants indistinctement assassinés sur les routes, les attentats à la bombe ou au plastic qui fauchent les spectateurs des stades, les danseurs du dimanche, les consommateurs du Milk Bar, du Coq hardi, de la Cafétéria, les passants devant les réverbères ou aux arrêts d'autobus, les voyageurs européens et musulmans de tous âges. Refuser inconditionnellement la torture, c'était délibérément condamner de nombreux civils innocents à la mort [...]. Pour Massu, il s'agissait d'arrêter ce massacre et, pour cela, il n'y avait que deux moyens, deux, pas trois. Faire la paix, immédiatement, c'est-à-dire accorder l'indépendance à l'Algérie, ou démanteler les réseaux terroristes, cette nuit même et pas dans six mois ou dans un an[88] ». Il continuait : « J'ai l'air de m'enferrer, d'être incapable de surmonter mes contradictions. » « Ce mensonge généralisé fut l'engrenage décisif qui devait mener à la torture. Mensonge constant des gouvernements, à commencer par celui de Mendès France avec son ministre de l'Intérieur Mitterrand, mensonge de Guy Mollet et de Lacoste [...], mensonges aussi du général de Gaulle (peut-être ne pouvait-il plus faire autrement ?) [...]. Mensonges constants et stupidement intéressés des prépondérants, mensonges même des Pieds-noirs envers eux-mêmes, mais eux étaient excusables, comme le sont les gens simples dont les intérêts vitaux sont menacés. *Submergée par le mensonge, comment cette communauté aurait-elle pu voir la réalité [...]. Peut-on croire qu'une communauté quelconque en France, placée dans une tragédie de la même ampleur, se fût comportée différemment*[89] *?* »

Enfin, dans de très rares cas, la condamnation, nette, portait sur les deux camps : « Les tortures étaient affreuses, il y en a eu des deux côtés » (*entretien 30*).

88. Le général Massu a déclaré récemment : « La torture n'est pas indispensable en temps de guerre [...]. Quand je repense à l'Algérie, ça me désole, car cela fait partie d'une certaine ambiance. On aurait pu faire les choses différemment », *Le Monde*, 22 juin 2000.

89. Lettre de Charles Poncet à Jules Roy, Nice, 2 mai 1972, insérée dans : *Camus et l'impossible Trêve civile*, *op. cit.* ; lettre de dix pages dactylographiées avec un interligne simple (les dernières lignes ont été soulignées par moi).

La France réelle

La célébration de la France idéale n'empêchait pas une vue déçue de la France réelle par certains qui venaient y passer des vacances ou qui l'avaient traversée en 1944. « La Savoie, c'était un pays magnifique, bien sûr ; mais quand vous alliez voir les fermes des paysans qui vivaient avec les bouses de vache et tout, quand on voyait des gosses au milieu..., on se disait : dans une ferme d'Algérie, on n'aurait pas vu ça, c'est vrai, même chez les Arabes... Par contre, dans les villes, Annecy et tout, c'étaient de belles villes » (*entretien 15*). Allant avant guerre, quand elle était toute petite, passer des vacances chez une arrière-grand-mère paternelle, à quelques kilomètres de Châlons-sur-Marne, une femme se souvient d'avoir trouvé la ferme « sale », le pays « sale, attardé » ; « je ne pensais qu'à rentrer chez moi » (*entretien 14, génération 1920-1929*). « Je ne ressentais aucune affinité avec la Nièvre, je savais que c'était le pays de mes grands-parents [...]. Quand je venais, je pensais que la vie des gens de la Nièvre m'apparaissait extrêmement étriquée, petites dimensions, tout était petit. Là-bas, nous avions l'espace » (*entretien 96, génération 1930-1939*). Parlant du désastre de 1940, un Algérois remarque : « J'ai dû avoir la réaction de tout le monde, d'humiliation nationale, avec peut-être ce sentiment : nous l'avons pas volé, [...] cela ne pouvait se terminer que de cette façon... Les Français étaient laids, c'était vrai, ils ne savaient pas se tenir, ils n'avaient pas de civisme, leurs rues étaient sales [...]. On avait honte de la France, en particulier quand on pénétrait en Allemagne, en Italie ou en Suisse. Nous voulions, comme Pieds-noirs, la France plus belle qu'elle ne pouvait être » (*entretien 1, génération 1920-1929*)

Dans la plupart des entretiens qui évoquent la France d'avant guerre, ce sont les mêmes adjectifs qui reviennent : étriqué, figé, attardé, sale... Ces images ont dû sans doute, de manière inconsciente, s'ajouter aux expériences dramatiques du retour. Il fallait du temps pour apprivoiser la France où les petits bonheurs de là-bas ne se trouvaient pas et ne se retrouvèrent pas.

DE PETITS BONHEURS

L'émotion est si forte dans la plupart des entretiens, quels que soient l'âge, le métier, le lieu de vie, qu'on sent qu'il existe, au-delà de l'amertume de l'exode et des ressentiments contre la mère-patrie, des attachements puissants : ils nous paraissent (à nous) bâtis sur des petits riens. Camus écrivait dans sa jeunesse : « Ce pays est sans leçon. Il ne promet ni ne fait entrevoir. Il se contente de donner, mais à profusion. Il est tout entier livré aux yeux et on le connaît dès l'instant où on en jouit[90]. »

Après avoir affirmé – presque tous le font – que tout le monde éprouve un tel attachement pour « son endroit d'enfance », pour son enfance (ce qui est loin d'être vrai), la plupart des interlocuteurs parlent en désordre de ce qu'ils aimaient, tout en répétant que c'est très difficile à expliquer. « On se contentait de ce qu'on avait, la vie était faite de petits bonheurs, qui peut-être maintenant paraîtraient ridicules..., de bonnes relations avec le voisinage, des relations simples, les uns chez les autres, on avait une autre façon de vivre, c'était le pique-nique de la Saint-Couffin... C'est difficile d'expliquer l'atmosphère, je suis d'Algérie avant tout » *(entretien 41, femme, génération 1910-1919, Constantine*). Assurant qu'il pense très peu à l'Algérie alors qu'il avait voulu y rester et y resta quelques mois après l'indépendance, affirmant qu'il n'est pas « imprégné » d'Algérie, montrant parfois une très grande émotion (« l'émotion, je ne saurais dire pourquoi [rire], c'est

90. A. Camus, « L'été à Alger », *Noces, op. cit.*, p. 44.

difficile, très difficile »), un Algérois dit que ce qui l'a marqué : « C'est la vie orientale, la pensée orientale, que j'ai retrouvées en Turquie, au Caire, j'ai retrouvé une ambiance... Il y a une espèce d'atmosphère du point de vue humain, une façon d'être, une gentillesse, apparente peut-être, mais une gentillesse qui est très spéciale ; il y a les odeurs, les bruits, il y a la lumière... Ce sont des souvenirs d'enfance qui reviennent, j'ai le même plaisir en Grèce ou à Beyrouth... Je suis comme les gens qui sont allés en Orient, il en reste quelque chose, c'est très curieux, une façon de vivre, beaucoup plus de liberté, beaucoup moins pris dans des canons, des règles, etc. [...]. C'est aussi les éblouissements de la jeunesse qui ne peuvent se reproduire » *(entretien 162).* Pourquoi avoir tant pleuré au moment du départ ? ai-je demandé à une femme qui répétait avec intensité qu'elle avait beaucoup pleuré : « C'était mon pays, j'aimais la terre, les gens, les paysages, j'avais l'impression de pouvoir être utile. En plus, c'était beau, il y avait beaucoup de choses dures, mais c'était beau. Dur le climat par moments, je supportais mal le climat quand j'étais petite, à Batna, les hivers comme les étés. À Alger, je supportais mal l'humidité, le climat n'était pas facile... C'était mon pays, on était prêts à aider le pays à faire un bond de mille ans, comme a dit Ibazizen » *(entretien 102, génération 1920-1929).*

« On a vécu au bord de la mer, avec cette Méditerranée, un climat particulier, une atmosphère particulière, dans la rue, souvent des rapports humains extrêmement familiers... Je ne me rappelle pas avoir eu de problèmes... L'atmosphère dans laquelle on a vécu, pas seulement avec mes camarades, les gens qu'on croisait dans la rue... Moi, j'ai toujours beaucoup aimé Oran, ma femme est d'Oran, j'allais me promener dans la rue à Oran, uniquement pour le plaisir de croiser des gens sur le trottoir, comme ça, voir vivre les gens, je n'ai jamais retrouvé... C'est un monde disparu » *(entretien 15).* « C'est mon pays, c'est ma terre, le temps ne vous console pas, on avait un formidable sentiment de liberté, Camus rend le mieux compte de ce qu'on pouvait ressentir, une appartenance charnelle au pays, j'ai jamais retrouvé » (*entretien 37*). « Oran, c'était chez nous, j'aimais la ville, la manière de vivre, le climat, on ne se rendait même pas compte que c'était la douceur de vivre, on se rendait pas compte à l'époque que c'était le Paradis, on avait nos attaches, nos morts... L'exil, c'est dur » (*entretien 46, femme, génération 1920-1929*). « Je me disais, je suis né à Bône, je mourrai à Bône, j'étais chez moi ; Bône, c'était la mer, la campagne, la montagne, la famille, mon lycée, j'étais dans mon monde, il n'était pas question pour moi d'aller ailleurs, aller courir le monde n'était pas dans mon domaine, j'étais bien. » « "Le cimetière de Bône, envie de mourir, il te donne", c'est pas le cimetière européen qui a donné naissance à cette expression, c'est le cimetière musulman car il est organisé sur une colline qui domine une plage qui s'appelle Le lever de l'aurore parce qu'elle est orientée à l'est, et effectivement, le matin, quand le soleil se lève à l'est et qu'on est dans ce cimetière et qu'on a ce spectable grandiose sur la baie de Bône..., il est vrai que ce cimetière vous donne envie de mourir » (*entretien 51*). « C'est le pays où on est né, un pays superbe, j'avais peu voyagé... Une sensation de vie, de rires, de cris de joie, on était tout le temps gais, joyeux, la mer... était une seconde mère, ça nous manque beaucoup, une vie insouciante, facile, on s'amusait avec pas grand-chose ». « On était des manuels, des extravertis, des heureux de vivre, des rieurs, des rigolards, on aurait sacrifié père et mère, presque, pour un bon mot, on aimait rire, on aimait la vie, on n'approfondissait pas beaucoup..., ils étaient infantiles, méditerranéens, matamores » (*entretien 80, femme ;* « infantiles », « matamores », « machos » : bien des femmes le disent en parlant des Méditerranéens). « J'aimais la lumière, mais la lumière, on la trouve dans le Var à peu près, une chose que je ne trouve pas ici, l'absence du sens de propriété, pas de limite, de clôture, de barrière, cette absence de clôture donnait une impression de liberté, d'extension dans l'espace et le temps [...]. Les odeurs, les senteurs... Dans le Var, il n'y a pas ce mélange d'huile d'olive, de friture, de crottes de bique, de beurre rance, ce mélange... Sur les hauteurs d'Alger, ça sentait la fleur d'oranger, c'était subtil, mais, dans le bled [rire], tout ce mélange de parfums, rien que d'y penser, ça me rentre dans les narines... Je ne retrouve pas en France les fruits, les légumes, ces figues qui ont un jus qui perle... Les Arabes nous donnaient des gâteaux de miel, on avalait ça, et, le matin, à l'aube, les grappes de raisin, roses, qui étaient toutes givrées de rosée... J'ai pas ça » (*entretien 83*). « Tout se vivait au quotidien, sans heurts, sans difficultés, dans la bonne humeur, dans la rigolade. Ne pas rire, pour nous, c'était impensable. » « On menait une vie bien remplie, pleine d'activités, de mouvements, d'agitation permanente » (*entretien 117).*

Celui qui parle maintenant appartient à la génération 1930 et 1939 : « Nous sommes des fils de la Méditerranée, Albert Camus et d'autres l'ont dit et surtout ressenti mille fois mieux que moi. J'avais un plaisir intense à aller, à l'âge du bachot, sur la place du Gouvernement, à boire le café dans les tasses des petits bistrots arabes, on vendait les gâteaux à la sauvette sur la place en criant le nom arabe, on payait avec une monnaie qui a disparu depuis... trois siècles, le douro, c'était l'Alger de 1840 [...]. Notre façon de sentir le temps n'était pas du tout la même, nous étions infiniment plus proches de la nature qu'on peut l'être en Europe, en raison du climat sans doute, du fait qu'on vivait sur une terre moins urbanisée qu'ici... C'est que notre vraie richesse, c'était la mer, le soleil, le climat, les hauts plateaux, le désert. On était moins matérialistes que les Européens, du moins au sens pécuniaire du terme [...]. Nous étions des Méditerranéens, nous le restons avant tout » (*entretien 50*).

La Méditerranée tient souvent une grande place. Un Algérois répète : « L'Algérie n'est pas ma mère, ma mère, c'est la lumière de la Méditerranée, le bateau, la peinture, mon métier. » Et il parle à plusieurs reprises de la Méditerranée : « Là où je suis pris à la gorge, c'est quand j'entre en Méditerranée, je suis chez moi. Les Grecs, ce sont des frères, les Grecs maritimes, je comprends leurs entourloupettes, leurs pièges, leurs façons d'être, leurs attitudes vis-à-vis des femmes, de la nourriture, la simplicité de leur vie... la chaise de paille, la table avec l'anisette, l'ouzo, c'est la même chose, une vie qui est pleine comme un œuf. Huit jours à Patmos, j'ai de l'Algérie plein la figure, avec un peu plus d'histoire, de profondeur... Je suis plus près de la mer Égée que de l'Algérie » (*entretien 1*). La Méditerranée est multiple : « J'étais totalement dépaysé à Athènes, je quittais une Méditerranée austère, musulmane, pour découvrir un monde où les bateaux étaient les mêmes, les arbres, les mêmes, où il y avait des tavernes, on buvait, on chantait, et on peignait des yeux à l'avant des bateaux, alors que, la Kabylie, si belle fût-elle, il n'y a rien, il n'y a pas de cafés, il n'y a rien, c'est une vie secrète, il y la *djema* pour discuter, où les femmes n'ont pas le droit d'aller; on peut parler à des gens très accueillants, mais il y a ce monde de l'islam. En fait, en Crète, j'ai eu le sentiment de quelque chose de très différent, ce Maghreb, ce n'est pas l'Orient » (*entretien 79*).

« Je revenais en septembre, je me souviens des odeurs qui m'ont toujours fasciné, la terre mouillée après un orage, l'odeur d'eucalyptus, du caroubier, les plantes sauvages... Le souvenir vient par les odeurs, au point que quand je vais... en Turquie, vous êtes dans les souks, vous retrouvez les odeurs des épices... J'ai vécu ces allers-retours entre la France et l'Algérie, le chez-nous, c'était là-bas, c'était pas en France. » « Il y a le ciel bleu, le climat. Si on dit que les gens de Paris sont un peu renfrognés, le ciel gris y joue un petit peu. On vit mieux sous ces latitudes qu'en France, une certaine façon de vivre qui était faite d'une très grande facilité relationnelle, on s'interpelle, on se rencontre, on mange ensemble, on échange, on rit, on pleure, on est très cyclothymiques, l'envers des gens figés » *(entretien 56).* « On était bien, des plages tentatrices, l'hiver on allait piquer une tête, on avait même la chance d'avoir une station de ski à 70 kilomètres... On ne bougeait pas, on était bien où on était, on était inscrustés. » « À Miliana, j'étais ivre de joie de voir la couleur de ces terres, la dureté du bleu du ciel, le minerai de fer tout rouge; au-dessus de Miliana, c'était absolument le site de Mycènes, les cyprès, les amandiers, les oliviers, cette terre très forte, très belle... Qui n'a pas vu les couchers de soleil sur l'Ouarsenis... ». « On était les frères de Camus, je pense que c'est cela qu'il a voulu rendre, l'Algérie c'est ma mère, c'est sa mère, mais il faut voir au-delà, il y a un lien charnel qui nous attachait au pays et qui échappe à toute notion politique » (*entretien 55*). « Les odeurs, c'est ce qui me frappe le plus, c'est cette absence d'odeur que j'ai maintenant... Les plages étaient formidables, c'était tout un contexte, cette habitude de vivre dehors, une maison, c'était quelque chose où uniquement on dormait, on vivait dehors, même le soir ; il y avait ce qu'on appelle "prendre le frais", discuter, parler, prendre un peu de fraîcheur. [...] Alors, l'immensité, pas... la douceur de vivre, mais une vie qui s'écoulait calmement avec beaucoup de facilité. » (*entretien 42, génération 1930-1939*). À la nature, à la « facilité » de vie, au rire, sans cesse évoqués, s'ajoute la connivence : « Quand on parle avec les Pieds-noirs, ceux avec qui on a fait la scolarité, quand je dis : "Tu sais, c'est devant le Bazar du globe" tout le monde sait, c'est tout » (*entretien 40, génération 1930-1939).*

« Il y a un mot qui vient à l'esprit, qu'on n'employait pas à l'époque, c'est convivialité. On rigolait, on s'amusait, ce qui manque un peu aujourd'hui, ce sont des rapports simples, on riait énormément, on était des gens très... très marrants, alors il y a des choses qui ne vous feraient peut-être pas rire, que vous trouveriez grossières [...]. On était heureux malgré ce qui se passait, on était heureux parce qu'on s'amusait, on riait, on plaisantait. On pouvait passer une soirée à quatre ou cinq, à ne rien faire, simplement se faire rire les uns les autres, des trucs qu'on ne peut pas raconter [...]. Une vie relativement facile, Camus en a très bien parlé, on pouvait très bien être heureux et vivre en n'ayant pas un sou en poche » *(entretien 32).* « La Kabylie, c'est l'endroit qui m'a le plus marqué, elle sent tout, le clou de girofle, la vanille, ce piment doux, ce piment fort... Moi, je suis un enfant du bled, j'ai côtoyé les Arabes, j'ai attrapé leurs poux, j'ai attrapé l'impétigo, j'ai eu tout, j'ai vécu à leur contact, et forcément je les ai aimés et forcément ils m'ont manqué, ils me manquent. À avoir vécu à leur contact, j'ai pris certaines de leurs manies, leur façon de parler, leur façon de vivre. J'adore la cuisine arabe ; quand j'étais petit garçon, je partais avec mon goûter dans mon petit panier, où j'avais un morceau de chocolat, quelques morceaux de sucre et un morceau de pain, mon goûter, je n'avais de cesse que de le changer très vite avec mon petit Arabe pouilleux qui arrivait avec son burnous tout gras, avec son petit morceau de galette » (*entretien 53*). « Dans le bled, il faisait tellement chaud que tout le monde avait un cabanon, on se baignait, on allait à la pêche, on avait des bateaux, on vivait une vie de sauvageon, on adorait ça... On a vécu une vie très saine, très sportive, très simple, on vivait pieds nus, en maillot de bain tout l'été » (*entretien 111, femme*). Un homme, parlant avec amertume bien plus de l'exil et des Français d'ici (« on ne parle pas la même langue ») que de « là-bas », arrête brusquement l'entretien : « Avec qui j'irais boire le coup ici ? » (*entretien 144, génération 1930-1939).*

La génération qui suit, née après 1940, tient le même discours : « Des plaisirs simples qui consistaient [...] [à] déconner, balancer un camembert ou jeter des boules puantes, rire bêtement, le côté pipi-caca, voilà. Et puis les amitiés viriles [...], le foot jouait un rôle considérable, il ne se passait pas de jour sans que sur un terrain vague on posait nos vestes et nos cartables, et donc on jouait. Et là j'ai commencé à nouer avec un certain nombre de camarades musulmans des liens d'amitié, ces liens d'amitié n'ont jamais conduit à une fréquentation familiale, c'est-à-dire qu'ils ne venaient pas chez moi et je n'allais pas chez eux. » « D'autre part, je me suis interrogé sur cette espèce de désert culturel...[91], en plus, il y avait un discours, en gros, qui méprisait tout ce qui est intellectuel, moi quand la guerre a

91. « Le goût de la culture dans la rue, c'était facilement assimilable à certaines mœurs, aimer la littérature, c'était être un peu pédé » ; un jour, l'un des chefs O.A.S. lui avait dit : « Nous en sommes à tel point qu'il n'y a plus place pour le recueillement de la lecture », alors qu'il souhaitait chercher des slogans dans René Char, plutôt que de faire des « slogans à la con » (*entretien 79*). « Moi j'étais considéré comme un type anormal parce que je lisais toute la journée, Camus raconte ça. [...] Il y avait une sainte horreur du snobisme. J'ai rencontré un type qui m'a dit qu'un jour il voulait faire une conférence sur Mounier ; il faut imaginer pour les Constantinois ce que c'est que de parler de Mounier [rire], on peut pas expliquer ça [rire], c'est

éclaté, j'ai entendu : "C'est à cause de ce pédé de Sartre", de "cet enculé de Mauriac", etc. [...]. Mais, en même temps, comme je partageais ce qu'on appelait une amitié virile avec mes copains, que j'allais à la chasse, que j'aimais jouer au foot avec eux... c'est d'abord pour ça qu'en vieillissant, Camus m'est devenu beaucoup plus fraternel, parce que je me suis aperçu qu'il y avait cette dualité chez Camus, que naturellement Sartre ne jouait pas au foot » (*entretien 22*). « Tout m'attachait. On peut en parler. C'était la terre, son environnement, les paysages de ville, de campagne, la partie de désert... Ce qui m'attachait, les odeurs du pays, la vie avec l'Arabe, je continue encore à avoir des copains arabes en France [...]. C'est la terre où je suis né, c'est la perte de quelque chose, je me sentais le destinataire du travail de mon père » (*entretien 52, génération 1940-1945*). « C'était un pays merveilleux, unique car il a disparu..., il y avait des couleurs, des odeurs, on passait les vacances à Cap-Djinet, c'était un endroit unique comme il y en avait des milliers en Algérie ; c'était un été qui n'en finissait plus ; de la plage on remontait vers les pins, il y avait une odeur extraordinaire. C'était la liberté » (*entretien 113, génération 1940-1945*). « Je retiens surtout ce lieu paradisiaque, sur le plan de l'entente, mais également sur la richesse de la nature ; je me souviens des parties de chasse, il y avait beaucoup de gibier d'eau, des canards, des vanneaux, ensuite la pêche, je me souviens des pêches au harpon, on faisait des pêches miraculeuses. » « Je parle avec des métropolitains, je parle de parties de chasse, de pêche, ils ne vous croient pas, alors on devient tout de suite des fanfarons, des grosses gueules, on devient tout de suite des gens qui exagérons les choses, alors qu'en fait nous disons la vérité. » « Je reviens sans cesse à penser au village, j'arrive pas à me défaire de ces souvenirs et je pense que je suis plus Pied-noir, plus Algérien que je suis Français. Il y a rien ici qui me rappelle un souvenir » (*entretien 143*).

---

comme si vous branchiez des gens des banlieues profondes sur Arte » (*entretien 177, génération 1940-1945*).

« Ce qui me manque, mon village, la tombe de mon père[92], cette couleur du ciel, cette luminosité, cette couleur du sable, la couleur de la mer qui est très claire et qui en fait semble très calme ; la mer, mon père avait acheté une résidence au bord de la mer, à Courbet-Marine ; tous les étés, c'était magique. Je voudrais retrouver mes anciens copains arabes, raconter ce qu'on a fait jusqu'à maintenant. Je voudrais revoir la neige, la senteur des arbousiers, les petits chemins kabyles, les acacias..., la Kabylie, un pays magnifique » (*entretien 131, né après 1945*).

« L'AMOUR FOU... »

Il n'est pas nécessaire, je pense, de citer d'autres entretiens : de très nombreux passages tournent autour de la beauté de la nature et de la forme de vie, simple, calme, facile, joyeuse... Sur ces deux aspects, la plupart des interlocuteurs expriment des émotions identiques, usent presque des mêmes mots ; ces attachements éclairent les réactions face aux événements et à l'exode. « C'était un pays de soleil, les gens vivaient dans une sorte d'insouciance continue. Oui, moi aussi, jusqu'à ce que les événements se déclenchent... En 54, je disais : c'est quand même terrible tout ce qui se passe dans le Constantinois, et nous qui sommes en Oranie, personne ne bouge et tout le monde continue à rire comme si cela ne devait jamais nous atteindre » (*entretien 82). Comme si cela ne devait jamais nous atteindre :* on comprend en partie pourquoi ces passionnés

92. Son père a été assassiné en 1955 par le F.L.N. ; sa mère partit alors s'installer à Alger. Presque au début de l'entretien, il dit : « Mes meilleurs amis, c'étaient tous des Arabes ; quand vous êtes d'une famille de huit enfants et que la mère travaille, on a tendance à attendre la mère, on reste un peu dans la rue, et donc tous mes copains, c'étaient des Arabes et aussi des enfants de gendarmes de métropole, tout ça a marché magnifiquement bien jusqu'au jour où il y a eu une scission, juste après les Barricades ». « Avant, j'ai toujours été bien, j'ai vu dans les regards, il y avait cette... cicatrice qui permettait de dire, c'est la faute des adultes, c'est pas notre faute » (*entretien 131*).

n'ont pas su trouver des hommes politiques de poids ; ils n'imaginaient rien de ce qui pouvait arriver, ils ne se préparaient à rien, ils étaient là pour l'éternité. Ils n'ont rien entendu des *avertissements* qui ne manquaient pas.

Le journaliste Paul Reboux titra son reportage, publié en livre en 1946, *Notre (?) Afrique du Nord, Maroc, Algérie, Tunisie. La valise... ou le cercueil*[93] *!* ; il écrivait qu'il avait vu ce slogan écrit sur les murs d'Alger... Dans un article consacré en avril 1952 à « La tâche de la France » en Afrique du Nord, un journaliste du *Monde* utilisait, avec des guillements, l'expression « la valise ou le cercueil » pour affirmer qu'il existait des solutions intermédiaires[94]. Les entretiens qui ont parlé de ce slogan assurent que c'est tardivement que le F.L.N. l'a lancé. Or il circulait bien avant. On trouve, dans des romans publiés avant 1954, l'affirmation d'une menace contre les Européens. René-Jean Clot, par exemple, dans un roman publié en 1949, *Fantômes au soleil*, met en scène des nationalistes prêts à jeter les Européens à la mer, dans les dix ans à venir... Il parle d'affiches collées un peu partout dans la Kasbah, proclamant : « La valise ou le cercueil[95] ». Pourtant, après l'exil, il montrera un désespoir aussi profond que celui de Pieds-noirs qui n'avaient pas eu la moindre idée d'une menace de rébellion.

L'une des multiples difficultés que posait ce sujet – qui étaient les Français d'Algérie ? – c'est la contradiction entre une population travailleuse, dynamique, ouverte, sensible à la joie, à la beauté, et des conduites déraisonnables, irraisonnées, et destructrices. Il me semble qu'un de mes interlocuteurs explique cette contradiction. Homme de gauche, il parle avec passion de son père : « Cet homme, qui avait été dans son adolescence, communiste, révolutionnaire, est devenu, à partir de 1959 ou 60, un fou de l'Algérie française, comme beaucoup de gens là-bas qui étaient d'extrême gauche, qui ont dit : "Ça, non, on ne peut pas faire ce qu'on va faire aux Français d'Algérie." [...]

93. Paul Reboux, *Notre (?) Afrique du nord. Maroc, Algérie, Tunisie. La valise... ou le cercueil* ! Bruxelles, Éditions de Chabassol, 1946.
94. Pierre Frédérix, « Coup d'œil sur l'Afrique du Nord, II, La tâche de la France », *Le Monde*, 11 avril 1952.
95. René-Jean Clot, *Fantômes au soleil*, Gallimard, 1949, p. 218.

Mon père est mort de rage en octobre 62 ». Il juge que la situation des Arabes était « épouvantable », que l'indépendance était « inéluctable », mais, « quand on a senti que l'Algérie s'en allait, on a eu un amour fou pour ce pays » (*entretien 171, génération 1930-1939).* C'est bien un amour fou qui explique les conduites, les concerts de casseroles, les engagements, l'O.A.S., les rancunes, les larmes et aussi la capacité ultérieure de « rebond » des Pieds-Noirs. Si ceux qui trouvaient l'indépendance inéluctable pensent : « Ça a été une injustice de l'histoire terrible, ça s'est fait de la façon la pire, la pire » (*entretien 171*), on comprend que ceux pour qui l'indépendance était impensable ressentent encore de la colère, de la rancune et le regret violent, inapaisable, d'*un pays qui n'existe plus.*

CHAPITRE V

La marche vers l'exode

Quand les « événements » éclatent, le 1er novembre 1954, rares sont les Français d'Algérie qui comprennent qu'il se passe là quelque chose de nouveau. « La seule personne de mon entourage que j'ai vue sérieusement alarmée par les bombes de la Toussaint, je veux dire : avec un sentiment d'apocalypse, était ma mère », écrit André Rossfelder, et il rapporte une page plus loin ce qu'elle avait dit alors : « Avec eux, on n'en finira jamais [1]. » Terminant son service militaire en France à cette époque, un Algérois se souvient : « Mon sang s'est glacé et j'ai eu l'impression presque tout de suite que c'est irrattrapable, ma mère, pas du tout. » Il est vrai qu'il était en alerte bien avant le début des événements ; par exemple, un jour, en 1948, il avait été hébergé avec ses parents chez un sous-préfet : « Il était très fier de lui, il disait qu'il avait rempli les urnes pour faire élire Untel plutôt qu'un autre, [...] là encore j'avais fait un esclandre. Je leur avais dit que c'était pas possible, qu'ils allaient nous faire foutre à la porte, pas de quoi être fier. Mon père voulait me faire taire, enfin, ça avait été un énorme scandale, le sous-préfet ! [rire] » *(entretien 3, génération 1920-1929)*. Un autre Algérois, s'il fut moins catégorique, était lui aussi inquiet, parce qu'il connaissait, dit-il, le mouvement de Messali Hadj, la composante des Oulémas, le discours de Brazzaville, l'Indo-

1. André Rossfelder, *Le Onzième Commandement*, Gallimard, 2000, p. 354 et p. 355.

chine : « En 54, j'ai pas eu beaucoup d'espoir, j'ai pas eu le désespoir que j'ai eu en 55, 56 où j'ai vu dans le bled comment les mécanismes étaient mis en place pour que ce soit fatal, mais je n'ai pas eu beaucoup d'espoir » *(entretien 172, génération 1920-1929).* De même que la mère d'André Rossfelder connaissait ce qu'il appelle les « anciens coups de folie arabes, rares mais inattendus et cruels », une femme qui vivait à Bône remarque : « Les massacres des Européens par les Arabes, c'étaient des choses tellement dans notre histoire depuis la conquête, mais en même temps, on n'y pensait pas. » Aussi, en 1954, elle ne fut pas « étonnée » : « Novembre 54, ça faisait tellement partie de l'histoire, grand-mère m'avait parlé des bandits des montagnes... On n'a pas réalisé que c'était quelque chose de vraiment politique, les premiers événements ne nous ont pas réellement atteints [...]. L'abandon de l'Indochine nous a quand même beaucoup touchés, en particulier le fait que des gens aient dû quitter leur pays pour aller en France, on se disait : c'est pas pareil [...]. Je crois qu'on avait une bête confiance dans la France, bête et archaïque, c'est comme si on avait été protégés, la France va réagir, etc. » *(entretien 122, génération 1920-1929).* Vivant dans les Aurès, là où les attentats commencèrent, l'un de mes interlocuteurs dit : « Là, on a pensé : c'est très grave ; il y avait eu dans les Aurès des signes précurseurs ; on les réalise une fois qu'on a connu l'événement ; il y avait eu l'attaque d'un percepteur dévalisé, on disait : ce sont les bandits de l'Aurès ; en juillet, il y avait eu au centre-ville une série d'explosions violentes d'un magasin tenu par un musulman, c'était un stock de bombes artisanales qui avait explosé, le commerçant avait disparu... Je considérais qu'il fallait tenir, résister » *(entretien 93, génération 1920-1929).* « En 54, tout le monde a compris qu'il se passait des choses, mais enfin, pendant deux ans, on ne voyait rien, il ne se passait rien à Alger, ça nous paraissait des événements qui se passaient à l'intérieur du pays... Il y avait deux Algéries, la côte et l'intérieur, l'intérieur, c'était un vaste monde. [...] Dans ma famille, les gens étaient tout de suite pessimistes, ils ont tout de suite dit : c'est très moche, ça va mal finir; en écoutant ça, j'étais influencé » *(entretien 32, génération 1930-1939).* « J'ai flairé que c'était une histoire qui allait durer longtemps et qui allait être désagréable, les premiers tracts annonçaient l'indépendance [...]. J'étais pas pessimiste, j'ai dit : c'est une histoire très sérieuse, ça va durer très longtemps; pessimiste sur le fait, mais pas par nature [...]. D'abord, on n'a pas compris. "Qu'est-ce qu'ils veulent?" Ma mère m'a dit ça; on s'est dit : c'est pas difficile à régler. Puis, tout de suite, on a été frappés par l'inertie du gouvernement. » Si ces réflexions peuvent paraître manquer de cohérence (« ça va durer longtemps » et en même temps : « c'est pas difficile à régler »), c'est que pour cet Algérois qui le répète souvent au long de l'entretien, « on avait le sentiment d'éternité, on ne pensait pas qu'on partirait » *(entretien 117, génération 1920-1929).* Ce *sentiment d'éternité* explique la sous-estimation à peu près générale de ce qui était en train de se passer : « Les événements, je les ai immunisés; au début, c'était dans les Aurès, que je ne connaissais pas, les gens qui bougent dans les Aurès, on va les calmer... Au fur et à mesure que des manifestations se sont produites dans les grandes villes d'Algérie, alors là, tout de même, j'ai pris un peu mieux conscience de l'étendue du problème, avec tout de même la confiance en une fin heureuse » *(entretien 47, génération 1910-1919).*

Il est très intéressant, pour comprendre ce climat, de lire ce que Mouloud Feraoun avait noté le 6 novembre 1955, dans son *Journal* : « Il y a un an, lorsque la révolte éclata, nous n'avions pas voulu en mesurer l'importance. Effectivement, ce n'était pas important. Nous nous étions installés dans une quiétude sincère, une existence supportable faite de petites nécessités, de besoins et de devoirs quotidiens, de maladies qu'on soigne, de difficultés qu'on surmonte, d'espoirs raisonnables [...]. Et cette quiétude, il était inconcevable que du jour au lendemain on la crût menacée[2]. »

2. Mouloud Feraoun, *Journal*, 1955-1962, Éditions du Seuil, 1962, p. 13.

Les traces des événements dans les entretiens

Deux traits frappent quand mes interlocuteurs parlent des événements : souvent, ils les minimisent; ensuite, alors que généralement ils citent peu de dates dans leurs récits (ou des dates peu vraisemblables, souvent incohérentes), quand ils parlent des actes terroristes, ils en repoussent presque toujours la venue. Ainsi, beaucoup d'Oranais (mot désignant ici les habitants de l'ensemble de l'ancien département d'Oranie) assurent que les choses ont démarré très tard chez eux, en 1960, en 1961... Or de nombreuses photographies, soigneusement datées, qui m'ont été prêtées montrent que déjà en 1956, autour de Perrégaux, de Saint-Denis-du-Sig, de Turenne, du barrage de Beni-Badhel, un pont avait sauté, des mines étaient posées sur des routes, des lignes téléphoniques et électriques sabotées, des convois de protection étaient imposés, des sacs de sable et des casemates étaient sur les toits-terrasses des fermes, et des sentinelles avec armes et grenades... Des photographies prises au même moment montrent des gens souriants au milieu de fleurs et d'une nature splendide, recevant des amis : la maison est en état de siège, mais ses habitants déjeunent ou boivent tranquillement, à quelques pas des sacs de sable[3]... Des drames ont été signalés très tôt. *Le Monde*, par exemple, rapportait des assassinats d'ouvriers musulmans en Oranie, et ce journal, décrivant en juin 1957, un « raid de terreur » à Wagram, près de Saïda, et l'incendie complet de Vauban, à quelques kilomètres à l'ouest d'Orléansville, s'interrogeait sur l'insuffisance de protection : « On peut donc redouter que de nouveaux villages ne soient exposés aux coups du F.L.N., ou qu'ils ne cèdent à la ter-

3. Ces photographies m'ont été prêtées par Roger Dujardin, ingénieur à l'Établissement de traitement des eaux Chabal ; non Pied-noir, il participa de 1947 à 1958 aux travaux pour fournir l'eau douce à Oran, à Tlemcen, à Perrégaux, à Saint-Denis-du-Sig, à Jean-Mermoz, à Prévost-Paradol. Je remercie très vivement Roger Dujardin de ce prêt et de ses explications passionnantes sur les travaux.

reur et ne renoncent à toute tentative de rapprochement[4]. » Le terrorisme était donc bien installé depuis longtemps en Oranie, même s'il est certain qu'il n'avait pas l'ampleur qu'il atteignait dans le Constantinois.

On peut faire l'hypothèse que la participation différentielle aux élections de l'automne 1958 indique le poids du terrorisme dans chaque région : il y a eu plus de votants en Oranie (73,5 %) que dans la région d'Alger (64 %), et il n'y eut que 59,2 % de votants dans la région de Constantine; toutefois, l'interprétation de ces chiffres doit être prudente, car, à l'intérieur d'une région, on trouve de grandes variations, par exemple, dans la *ville* de Constantine, la participation a été supérieure à celle d'Alger (67 % et 59,2 %)[5].

On comprend en partie ce que dit à plusieurs reprises une Oranaise, avec de légère variantes : « Quand on vit les choses, on ne les perçoit pas de la même façon, on est tellement pris dans cette ambiance qu'on ne se rend pas compte; c'est après, avec le recul, qu'on se dit : "Comment on a pu vivre, passer des moments comme ça ?" » Mais elle dit aussi : « Les choses heureuses, elles sont beaucoup trop loin, elles sont occultées par les derniers moments qu'on a passés » *(entretien 133, génération 1930-1939).* En fait, les entretiens montrent le plus souvent l'inverse : le souvenir des choses heureuses a amené à minorer les horreurs et leur durée. Certes, comme je m'intéressais aux Français d'Algérie et non aux « événements », mes interlocuteurs ont sans doute voulu ne pas trop en parler; d'autre part, une douleur encore présente peut avoir participé à cette euphémisation. Un Oranais donna spontanément une autre réponse; il avait regardé, avant notre entretien, des photographies de plage : « Maintenant, on voit qu'il y avait plein de militaires derrière nous, mais on ne les voyait pas à l'époque, je ne sentais

4. *Le Monde*, « Au lendemain de la tuerie de Melouza, Nouveau massacre en Oranie : trente-six ouvriers assassinés », 2-3 juin 1957, p. 1.

5. Peut-on se fier à ces chiffres ? Malgré des plaintes, la Commission centrale de contrôle et le Comité consultatif constitutionnel n'ont annulé aucun résultat, disant qu'il n'y avait pas eu de truquages matériels, mais seulement des « pressions ». Cf. Christian Purtschet et André Valentino, *Sociologie électorale en Afrique du Nord*, P.U.F., 1966, p. 98.

pas de peur » *(entretien 104, génération 1940-1945).* Il faut donc, pour bien lire les extraits des entretiens, penser à cette réalité : les Français d'Algérie continuaient à vivre, la plupart du temps, comme d'habitude. « Dans mon quartier, il y avait des voitures piégées, des grenades lancées dans des cinémas. Ce qui m'a beaucoup frappé, pendant cette période, c'est qu'on vivait au milieu des dangers sans en mesurer la portée, on vivait à peu près comme si de rien n'était. Quand des amis m'ont dit : "Mais comment les gens peuvent-ils rester à Beyrouth ?" [rire] je disais : oui, mais finalement, toutes choses égales, on a continué à vivre... Je me souviens d'une espèce de certitude, de... de courage physique qui portait à un certain irréalisme. [...] On continuait, par exemple, à aller systématiquement au cinéma, alors qu'il y avait des attentats, des bombes » *(entretien 22, génération 1940-1945, département de Tiaret).*

Les Constantinois, qui ont vécu, dès le tout début des événements, dans une ville dangereuse, protégée, effrayante, en parlent très peu, sans doute parce qu'il est très difficile de trouver comment parler d'horreurs vraiment *vues,* de trouver des mots, des expressions qui transmettent les émotions ressenties devant des corps mutilés. Raphaël Draï évoque l'un des faits qui l'ont marqué ; en juillet 1957, une grenade offensive fut lancée sur des clients attablés à la brasserie du casino de Constantine dont son père assurait la direction. Des dizaines de morts déchiquetés et de blessés à vie : « Je revois mon père organisant les secours dans les cris et les hurlements, et pleurant des larmes qui venaient de plus loin que ses yeux[6]. » Il est sans doute difficile de formuler de telles phrases dans le temps bref de la parole. Ce qu'on ressent en écoutant parler ces témoins, ce n'est pas la violence des actes, c'est la trace en eux d'émotions qui sont toujours latentes.

En juin 1957, une Algéroise échoua à son deuxième bac, après

6. Raphaël Draï, *Lettre au président Bouteflika sur le retour des Pieds-noirs en Algérie,* Michalon, 2000, p. 38.

l'attentat au dancing du casino de la Corniche (8 morts, 92 blessés) ; parmi les morts, dit-elle, « je ne connaissais personne, c'est là que j'ai réalisé, je crois, s'attaquer... Sans doute des enterrements et des ratonnades... J'étais complètement traumatisée par ça, j'ai échoué... C'est là que je me suis aperçue qu'il y avait quelque chose qui n'allait pas, je n'avais pas peur, franchement non, mais ça n'allait pas... J'allais mal, j'allais mal » *(entretien 59, génération 1930-1939).* « L'attentat de la Corniche, c'était horrible ; c'était le genre de débat qu'on a toujours dans ce type de situation, on est un peu déchiré entre des positions très très contradictoires, c'est sûr que l'attentat de la Corniche m'avait ébranlé ; cela étant, quand j'ai vu les ratonnades qui se sont passées après l'attentat... » *(entretien 140, génération 1930-1939).*

Dans les entretiens, les agressions commises par le F.L.N. contre des musulmans profrançais et contre les autres mouvements, sont souvent mentionnées : massacres collectifs (Melouza[7]), assassinats, mutilations... « Un grand *mea culpa*, tous les assassinats de musulmans, gardes champêtres, porte-drapeau, on n'a pas senti d'Alger l'extrême gravité de ces attentats qui étaient en train de faire disparaître des personnes qui étaient représentatives de la France. On était dans l'inquiétude, mais... dans l'incrédulité, on ne pouvait même pas concevoir au plan intellectuel l'hypothèse de notre départ » *(entretien 55, génération 1930-1939).* « J'étais à B..., à une quinzaine de kilomètres, il y avait un caïd qui était profondément profrançais ; on n'a pas assassiné ce type, on a tué ses enfants les uns après les autres, au fil des mois, il savait qu'inéluctablement ils les tueraient tous, sans qu'il ait la moindre protection de l'autorité française, il était un ancien combattant, il s'était dévoué à l'administration française [...], ce type qui a vu disparaître ses fils est devenu une loque [...], il est mort de désespoir. C'était emblématique : "Si vous êtes avec les Français, ce sera comme le caïd de..." » *(entretien 172).* Le professeur Lagrot m'a montré longuement, froidement si l'on peut dire, des photographies de mutilations punitives de la face, il en avait pratiqué la réparation chirurgicale[8]. C'est sans doute l'un des aspects de ce temps qui rend

7. En mai 1957, le F.L.N. massacra tous les hommes d'un village au sud de la Grande-Kabylie, Melouza, accusé d'être M.N.A. ou « protégé » par la France, qui en tout cas n'était pas rallié au F.L.N. Le *Monde* l'annonça en page 1, le 1er juin 1957, parlant de trois cents morts. Le président de la République, René Coty, adressa un message diffusé par la R.T.F. : « Il n'est pas un homme de cœur qui n'ait été bouleversé de pitié et d'horreur en apprenant les atrocités massives qui en quelques heures viennent de coûter la vie à plusieurs centaines de nos compatriotes musulmans d'Algérie. [...] Je donne l'assurance solennelle que la France, qui veut leur garantir la sécurité et la justice, ne les abandonnera jamais. » Appel publié dans *Le Monde*, 2-3 juin 1957, p. 1.

8. On a une idée de ces mutilations dans : Félix Lagrot, Jean Greco, « Les mutilations punitives de la face dans l'Histoire et au cours du terrorisme en Algérie. Leur réparation chirurgicale », *Algérie médicale*, n° 61, 1957, pp. 41-66.

terrifiant le jugement de Simone de Beauvoir : « Nous refusions de nous indigner contre les méthodes de lutte du F.L.N. [...] On criait à l'assassinat quand en France les militants algériens liquidaient des traîtres [...]. En vérité, l'A.L.N. n'avait pas le choix : elle se battait avec les moyens du bord[9]. »

On a remarqué que l'optimisme s'est maintenu longtemps malgré les attentats ; c'est la foi en *un avenir heureux* qui explique, sans doute, le silence presque complet sur la période des années 1955-1958 ; il est parlé seulement de l'attentat du dancing de la Corniche, des bombes cachées dans les lampadaires proches d'un arrêt d'autobus à Alger. En revanche, il est assez souvent raconté, dans le rire ou dans la colère, le voyage de Guy Mollet et les tomates qu'il a reçues (6 février 1956)[10].

Des lettres privées de Jacques Chevallier, maire d'Alger, le montrent alarmé et très pessimiste *dès 1956* : « La pacification de Lacoste est une gigantesque escroquerie. Jamais on n'a eu autant de pertes ni d'attentats. Autour de la ferme de mon frère, à 60 km d'Alger, il comptait, il y a huit jours, en une seule nuit, près de 30 incendies de fermes, de dépôts de tabacs, etc., à telle enseigne qu'il pouvait lire son journal comme en plein jour. Je ne vous parle pas de la ville d'Alger » *(24 septembre 1956).* « L'idée d'indépendance a fait ces dernières semaines un terrible chemin... et, ce qui est plus grave que tout, elle l'a fait dans la masse musulmane. Jusqu'à présent, celle-ci n'y croyait pas, ne la souhaitait pas. Elle considérait l'idée même comme un argument de discussion du F.L.N. en deçà duquel on eût pu s'entendre. Maintenant, l'esprit a changé [...] Le moment est venu non plus de frapper... mais plutôt de faire de l'acupuncture politique [...]. Si on ne le fait pas suffisamment, le pourrissement accentué, l'accroissement des attentats auxquels nous assistons, en dépit des pronostics et affirmations optimistes, en dépit du bluff officiel, ira en s'accentuant jusqu'à la fin janvier. À des signes qui ne trompent pas, je vous prédis dans les semaines qui viennent de véritables Saint-Barthélemy. Nous y laisserons peut-être notre peau... mais le régime y laissera aussi un peu de la sienne et en tout cas la France y perdra l'Algérie. Quant à moi, comme mort ou vif je resterai ici, quel que soit l'état nouveau, il n'y a pas d'autre problème que celui d'un mauvais moment à passer » *(décembre 1956)*[11].

---

9. Simone de Beauvoir, *La Force des choses*, Gallimard, 1963, p. 363.

10. *Le Journal d'Alger* (7 février 1956) énumérait des projectiles très variés : tomates, oranges, pommes de terre, boîtes de conserve emplies de terre, pierres grosses comme le poing, morceaux de fonte, grilles d'égout, grilles d'arbres, etc. ; la bagarre, très violente, avait duré de 14 heures jusqu'à plus de 20 heures ; les insultes visaient le général Catroux, Guy Mollet, les C.R.S.

11. Une lettre de Jacques Chevallier [20 août 1956], également très pessimiste, en particulier

Ce qui rend le travail d'entretiens très difficile dans ce cas, c'est que cherchant à connaître la vie ordinaire d'une communauté, il faut écouter des propos amalgamant les bonheurs et les indignations, les ententes et les tueries, les croyances et la réalité. On ne peut brosser un portrait des Français d'Algérie en séparant totalement l'avant (1954) et l'après ; les propos glissent souvent de l'un à l'autre, les mélangent. Par exemple, dans le même entretien, le professeur Lagrot pouvait passer de descriptions de mutilations, réellement dures à supporter pour l'interviewer, à de longues évocations passionnées de bains de mer, toujours heureux, parfois périlleux, parfois froids – en janvier, par exemple –, bains qu'il prenait toute l'année, tous les jours, dans le décor inoublié de la baie d'Alger *(Toulouse, 5 juin 1996).* Pour comprendre nos compatriotes d'Algérie, il faut les situer dans leur temps, dans leur contexte, et l'on constate que toutes leurs conduites sont *intelligibles.*

Les intermittences du cœur : certitudes et désespoirs

Le sentiment de confiance en *une fin heureuse* est sans aucun doute ce qui l'emporta dans les premiers temps. Ensuite, il y eut des hauts et des bas, des alarmes et des illusions immenses, des désespoirs et des certitudes. Les récits passionnés sur mai 58 et surtout sur le premier voyage du général de Gaulle en Algérie au début de juin éclairent la force de la croyance. On a retenu ici, cette fois sans hésiter, deux récits faits par des hommes marqués à gauche : « Il a fallu quelques jours pour que de Gaulle arrive sur le devant de la scène, alors là, il y a eu une ambiance extraordinaire, absolument extraordinaire... On a parlé de fraternisation et c'est vrai qu'il y a eu pendant quel-

---

sur la politique de Robert Lacoste, parle de la psychologie des musulmans, telle qu'il dit la connaître : « Le musulman algérien a un complexe d'infériorité qui n'est autre qu'une mélancolie de l'européanisation dont il constate les bienfaits et il n'a de cesse de tenter de s'intégrer, de s'identifier à l'Européen. Le Kabyle le dit ouvertement : "Nous voulons être des Français comme les autres"... Aujourd'hui, il dit plutôt : "des hommes comme les autres". » Cette notation est intéressante pour comprendre certaines croyances d'une grande partie de la communauté européenne. Ces lettres de Jacques Chevallier adressées à Boris Souvarine sont citées avec l'autorisation de Mme Chevallier que je remercie vivement.

ques jours une ambiance absolument folle. C'était l'époque où je passais mes concours, j'ai un souvenir de ça vraiment formidable, parce qu'on sortait le soir de nos épreuves, alors que jusque-là il y avait le couvre-feu, on a levé le couvre-feu, à nouveau on avait une ambiance détendue, on allait prendre un café, ou alors on allait... faire un forum [rire], on allait voir ce qui se passait, c'était une impression assez extraordinaire. D'autre part, j'étais sur le Forum le jour de "Je vous ai compris", on attendait... C'était fantastique, le monde qu'il y avait, c'était hallucinant, quoi ; je ne sais pas, il y avait... il y avait bien 500 000 personnes qui étaient massées dans les environs, et je dois dire que "Je vous ai compris", moi j'ai trouvé ça... il y avait une ambiguïté dans "Je vous ai compris", ça je l'ai vraiment perçu, ah oui, ah oui. C'était un peu "Je vous vois bien", il y a eu un hourra [rire] qui a mis du temps [rire]. Le reste du discours, je ne m'en souviens pas vraiment » *(entretien 140).*

« C'est les mois les plus heureux de ma vie, vraiment, il faisait très beau [...], il y avait les fêtes juives, les fêtes arabes, le *Mouloud.* On nous dit, en plus, il va y avoir la paix, de Gaulle, il va nous régler la situation. On mobilise les scouts, on faisait le pied de grue, on l'attendait, je vous dis pas, il y avait les scouts, les S.D.F., ça veut dire Scouts de France [rire], les éclaireurs-unionistes, les scouts musulmans, on était tous avec nos fanions, il y avait je ne sais combien de milliers de personnes mélangées, et quand on disait "Algérie française", à part un petit groupe..., la majorité c'était : on veut faire une France égalitaire [...]. Il me semble qu'au balcon du théâtre de Constantine il y avait de Gaulle, Salan et Soustelle, puis il y a une jeune femme qui s'est dévoilée en public [...]. À partir de là, on passe un été absolument fabuleux [...] et, au fur et à mesure, les trucs se dégradaient... Il y a eu profondément un sentiment de trahison, on a senti que l'Algérie, pour de Gaulle, c'était un moyen pour lui, un moyen que nous avions payé, nous. Après, il y a eu un sentiment de déréliction, on est trahis, la France nous comprend pas, on est dans le désespoir, qu'est-ce qu'on va faire, c'est pas seulement une dégradation comme en

Afrique du Sud, c'est le fait d'avoir été trahis... Moi je suis talmudiste, relisons le discours mot à mot et vous allez voir s'il y avait une possibilité de double emploi. Il n'y avait pas de possibilité de double emploi » *(entretien 177, génération 1940-1945).*

Ces extraits donnent à entendre les émotions partagées par la plupart des Pieds-noirs : ayant sur beaucoup de points des opinions et des choix différents, à ce moment-là, ils se ressemblèrent, ils éprouvèrent la même joie, ils « se dépassaient », a dit le Constantinois.

Pourtant, des réticences ne manquaient pas : « Le 13 mai 58, ça ne m'a pas enthousiasmé, ça a l'air banal de le dire en 96, je le disais en 58, précisément parce que j'avais été élevé dans cette notion de différence, vous n'imaginez pas que par un décret on va ajouter dix millions de Français... Ça me paraissait impensable, impensable. De la même façon, il me paraissait impensable de ne pas chercher quelque chose qui fasse cohabiter ces deux groupements, je ne pensais pas du tout au retour en France, très honnêtement, mais je ne pouvais pas concevoir l'addition comme ça » *(entretien 16, génération 1930-1939)*[12]. Ayant assisté à la manifestation du 4 juin, parlant de « l'enthousiasme indescriptible » de la foule, un Algérois dit : « Je ne partageais pas ces sentiments d'euphorie parce que j'ai jamais cru ; dans ma famille, on était très pessimiste ; je ne croyais pas à cette époque-là qu'on puisse maintenir l'Algérie française [...]. Ça nous paraissait trop beau pour être vrai » *(entretien 32).*

Charles Poncet se souvenait que, n'ayant pas assisté à la manifestation du 13 mai, il s'était senti le soir « silencieux et troublé » par l'ambiance survoltée. Il pense que la manifestation du 16 mai avait été largement fabriquée tout en disant qu'il était probable que, parmi les dizaines de milliers d'Arabes et de Kabyles, beaucoup étaient encore « sincères ». Soulagé en voyant le général de Gaulle assumer le pouvoir, il écrit être resté « de glace » en entendant « Je vous ai compris », mais avoir applaudi après, en entendant : « Reconnaître la dignité..., assurer une patrie... » Il dit qu'il soupçonna de Gaulle

12. Alain Peyrefitte note que le général de Gaulle lui avait dit, le 20 octobre 1959 : « On peut intégrer des individus, des familles, des petits groupes ; et encore, dans une certaine mesure seulement ; et ça prend des générations. On n'intègre pas des peuples, avec leur passé, leurs traditions, leurs souvenirs communs de batailles gagnées ou perdues, leurs héros ». *C'était de Gaulle*, t. I, Fayard/de Fallois, 1997, p. 56.

d'« intentions cachées », car il n'avait pas prononcé le mot d'intégration[13]. On a entendu, dans les entretiens, beaucoup de souvenirs d'euphorie et aussi des souvenirs beaucoup plus nuancés, intéressés et inquiets, séduits et perplexes. En tout cas, à peu près personne n'a pensé que ce moment était purement factice, était une simple mise en scène.

Une note écrite par Albert Camus dans ses *Carnets* en juillet 1958 indique que ni la journée du 16 mai ni le discours du 4 juin ne l'avaient rassuré ou fait espérer : « Le matin l'Algérie m'obsède. Trop tard, trop tard... Ma terre perdue, je ne vaudrais plus rien[14]. » Le sous-lieutenant Émile Mus, fils de Paul Mus, professeur au Collège de France, engagé et basé alors à Cherchell, envoya une lettre à sa mère, quelques jours après le 13 mai ; son analyse a un double mérite, il s'agit d'une lettre privée et c'est une réaction à chaud : « Le fait que l'armée dirige plus ou moins le mouvement est évidemment pincer la queue du dragon, mais peut réellement donner un renouveau à notre politique. Les deux faits marquants sont que tout le monde, ici, est pour la France et qu'ils ne conçoivent même pas la séparation, comme le laissent entendre les discours venant de France par la radio. L'autre fait est la prise de position dans la *masse* des musulmans : ils affirment être pour nous, en masse, se brûlant définitivement vis-à-vis du F.L.N. Si nous les laissons tomber, ils n'ont d'autre solution que de se faire égorger ou de se dédouaner en commettant des atrocités sur nous. Je crois que nous tenons une bonne carte, mais si nous ne savons pas la jouer, il est bien possible que, de toute façon, le problème algérien soit liquidé par une vague définitive de terrorisme, qui nous rendrait la vie intenable[15]. »

L'Algérois qui avait pensé le 1er novembre 1954 que c'était « irrattrapable » vivait à Paris en 1958 ; il essaie de retrouver

13. Charles Poncet, *Camus et l'impossible trêve civile, inédit*, pp. 91-95. Là encore, on connaît la pensée du général de Gaulle : « Si je n'étais pas là, la majorité de l'Assemblée aurait voté d'enthousiasme l'intégration de l'Algérie française, cette élucubration abracadabrante des colons d'Algérie et de quelques colonels acquis à leur cause. » *C'était de Gaulle, op. cit.*, 5 mars 1959, p. 51. Rappelons ce qu'a dit l'un de nos interlocuteurs : « L'intégration, c'étaient les politiques, c'était Soustelle ; les gens comprenaient : être encore plus liés à la France, être encore plus dans la République française » *(entretien 32)*.

14. Albert Camus, *Carnets, III, mars 1951-décembre 1959*, Gallimard, 1989, 29 [juillet 1958], p. 251.

15. Paul Mus, *Guerre sans visage*, Lettres commentées du sous-lieutenant Émile Mus, Éditions du Seuil, 1961 [Cherchell, 21 mai 1958, p. 134]. Émile Mus, blessé dans la nuit du 18 au 19 juillet 1960, mourut le 21 juillet, quelques jours avant sa libération. Ses lettres à ses parents furent publiées par son père. Paul Mus avait publié dans *Esprit* une intéressante réflexion sur « Le chemin de la décolonisation » (juil. 1954, pp. 227-246).

ses réactions : « Il devait y avoir l'actualité au cinéma, on avait quelques vues animées des événements, cette espèce de grande fraternisation, ça me tirait un peu des larmes des yeux, en me disant : tout ça est... grotesque [...]. J'ai pensé, quarante ans après, c'est bien difficile de savoir ce que j'ai pensé, j'aurais tendance à dire que ma réaction c'était, quand même, on peut accentuer les choses, on peut les exalter, mais on ne peut pas les créer de toutes pièces, il y avait quand même quelque chose... qui était vrai » *(entretien 3).* L'époque d'euphorie, ce n'est pas seulement mai 1958 et le « Je vous ai compris » du 4 juin 1958, c'est aussi le plan de Constantine, présenté en octobre 1958 [16] : « Nous avons vécu l'appel de De Gaulle complètement, le plan de Constantine, la relance économique, nous avons vécu tout cela au premier degré, sans du tout imaginer qu'il puisse y avoir quelque chose de faussé » *(entretien 29, génération 1930-1939).*

Pour l'observateur qui connaît la fin de l'histoire, les oscillations s'exprimant dans les entretiens sont presque incompréhensibles : croyance illimitée dans le discours de juin 1958 et dans le plan de Constantine, puis découragement brutal avec le discours sur l'autodétermination (septembre 1959), puis activités nouvelles, confiance relancée, désespoir, et refus de l'impensable... Le 16 septembre 1959, « j'étais effondré, j'étais seul à Alger, septembre c'est le mois où mon père prenait son congé, si bien que, le soir je lui ai téléphoné, j'étais effondré, ça m'a marqué, pour moi, il y a eu un tournant ». Comme, dans les phrases suivantes, cet homme parlait de travail, « normalement, sans problèmes », d'investissements, etc., je lui posai une ques-

16. Le 3 octobre 1958, le général de Gaulle, reprenant un plan de propositions déjà mis en route, exposa à Constantine les mesures concrètes qui allaient être appliquées (plan dit de Constantine). Il rappelait les résultats du référendum constitutionnel en Algérie (trois millions et demi de femmes et d'hommes ont apporté « à la France et à moi-même le bulletin de leur confiance »), « fait aussi clair que l'éclatante lumière du ciel », fait qui « engage l'une envers l'autre et pour toujours l'Algérie et la France » ; « 100 millions d'hommes ont décidé de bâtir ensemble leur avenir dans la liberté, l'égalité et la fraternité ». Cf. annexe III. Alain Peyrefitte, surpris d'entendre le général de Gaulle tenir des propos hostiles à l'intégration, lui avait demandé quel était alors le sens du plan de Constantine : « Je l'ai fait parce qu'on ne peut sortir de cette boîte à scorpions qu'en faisant évoluer l'Algérie du tout au tout. Il faut essayer de lutter contre la clochardisation des Algériens » (5 mars 1959), *C'était de Gaulle, op. cit.*, t. I, p. 51.

tion pour comprendre cette apparente contradiction; il répondit : « Vous venez de perdre un être cher, c'est un choc et puis vous reprenez la vie. Heureusement que la nature humaine est faite de telle façon qu'elle arrive à reprendre le dessus. On a repris le dessus, je pense [...]. Nous, mon père et moi, contre vents et marées, nous avons continué à y croire; mon beau-père, il a continué à investir encore en 61 [...]. Cela prouve bien l'insouciance des gens et la confiance des gens, on continue à vivre comme si... » *(entretien 43, génération 1920-1929).* Parlant de son « inquiétude grandissante » après le discours de septembre 1959, un industriel oranais raconte aussi qu'il allait en France pour convaincre des entreprises d'investir en Algérie : « J'y ai cru », répète-t-il, et il persuada certains industriels de venir en Algérie; « Ils ont tout perdu car ils ne figurent pas dans les lois d'indemnisation, j'en ai gros sur le cœur » *(entretien 85, génération 1910-1919).* Ce désaccord entre pensées intimes et actions semble avoir été presque général.

Même dans les moments forts, la semaine des Barricades (janvier 1960), le putsch des généraux (avril 1961), il n'y a pas eu d'unanimité. Ces actions furent certes soutenues par une forte majorité, mais elles inquiétèrent ou exaspérèrent des franges non négligeables. Ce n'est pas un homme de gauche – le reste de l'entretien le démontre – qui dit : « Salan, avec ce putsch, la République dominicaine, c'était burlesque ! » *(entretien 82, génération 1930-1939).* Cette population, loin d'être le bloc monolithique souvent décrit et surtout jugé, avait des opinions et des conduites diversifiées. Les entretiens sont souvent inattendus et pleins de contradictions, parce que ces Français ont eu à réagir à chaque instant à des situations qui sortaient de la vie ordinaire. Entre les petits bonheurs préservés et les angoisses, ils eurent à s'ajuster et ils cherchaient, sans répit, un nouvel espoir, une issue. Un Algérois l'exprime bien : « Il n'y a pas eu de moments décisifs, il y a eu une inquiétude et un découragement progressifs. Vous ne pouvez pas imaginer quelle était l'atmosphère dans laquelle on vivait pendant ces derniers mois là-bas, une espèce d'angoisse larvée qui n'était pas ouverte mais que vous ressentiez quand même, une inquiétude permanente. Petit à petit, il n'y a pas eu de moments décisifs, bien sûr, il y a des dates marquantes, le putsch des généraux, ça nous avait donné vraiment... Ça a vite avorté. Dans cette atmosphère d'inquiétude, les gens sont naïfs finalement, il y avait toujours une parcelle d'espoir.

De temps en temps, il y avait des émissions clandestines, on était à l'affût de ça, on se disait : "Qu'est-ce qui va arriver ?" Et jusqu'au bout, il y a toujours eu un peu d'espoir » *(entretien 15, génération 1920-1929).* Au milieu de l'entretien, cet Algérois avait dit : « On peut difficilement comparer une étude historique qu'on fait à tête reposée avec des documents, avec le contexte des événements qu'on est en train de vivre, il est très difficile de prendre ses distances quand on est dans le mouvement. »

L'IMPENSABLE

Pour comprendre les agitations, les manifestations, les conduites extrêmes (l'O.A.S.) ou dérisoires (les concerts de casseroles) des Français d'Algérie, les conditions dramatiques de l'exode et leur ressentiment, il suffit de retenir l'idée, répétée sans fin, d'un départ *impensable.* Là-dessus, on pourrait citer presque tous les entretiens, ce sont des phrases qui surgissent n'importe quand. Ce peuvent être des déclarations simples : « Je me disais, ça ne viendra pas jusqu'ici, ça s'arrangera... On était tellement vissés à cette terre que vraiment on ne voulait pas y penser, on se refusait... On préférait presque mourir que d'y penser » *(entretien 19, génération 1920-1929).* « Ça nous effleurait pas qu'on serait obligés de quitter » *(entretien 23, génération 1910-1919).* « Il y avait une évolution historique inéluctable et c'était normal qu'on arrive à ce que ce pays soit indépendant... En même temps, c'était plus fort que nous, il n'est pas possible qu'on soit arrachés à ce pays, à notre pays » *(entretien 161, génération 1940-1945).* « C'était impensable pour un Pied-noir de penser... jamais, penser à une autre terre que l'Algérie, ça ne traversait même pas l'esprit » *(entretien 127, génération 1930-1939 ; partisan de l'indépendance, il a dû quitter l'Algérie en 1970).*

Parfois, l'interlocuteur s'attarde sur cette idée : « Nous ne concevions pas – je dis nous parce que c'est le fait de la majorité des Français d'Algérie –, nous ne concevions pas que la présence de la France en Algérie pouvait être remise en question. Quand parfois, au fur et à mesure que les choses se détérioraient, je passais dans les rues d'Alger, et que je voyais toute cette ville, qui est une belle ville... c'était une belle ville, et penser que ça pouvait ne plus être français... je n'arrivais pas... C'est pas vrai, c'est pas possible... il y avait quelque chose de névrotique » *(entretien 47).*

Un Bônois qui était encore dans sa ville le jour de l'indépendance explique : « J'étais encore à Bône, pensant que... c'était la même chose que la veille, que rien n'avait changé. Il a fallu que je voie les déferlements de cette horde tirant des coups de fusil et de mitraillette dans tous les coins de la ville pour comprendre que nous n'étions plus chez nous, je n'avais pas compris, je n'avais pas compris jusqu'à la fin. Je pensais que nous étions toujours chez nous, je ne pensais pas qu'un jour ou l'autre il fallait partir de chez nous... J'étais peut-être un inconscient » *(entretien 51, génération 1920-1929).* « L'indépendance, j'y crois tellement pas que mes parents sont restés jusqu'au mois de septembre, et moi, le soir de l'indépendance, je l'ai vécu très mal puisque je pensais que le vote ne pouvait pas donner l'indépendance à l'Algérie, je l'ai découvert le soir. [...] *[Il parle d'un de ses amis, musulman].* Je le considérais comme un frère, il avait pavoisé toute sa maison de drapeaux algériens et rien ne me faisait penser la veille que ce gars aurait pu choisir l'indépendance plutôt que de continuer avec la France [...]. J'ai découvert les drapeaux algériens un peu partout, c'est là que j'ai pris conscience que l'Algérie n'était plus française » *(entretien 143, génération 1940-1945).*

Qu'ils aient été favorables à l'indépendance, qu'ils aient fini, plus ou moins tard, par l'accepter ou par s'y résigner ou qu'ils la refusent encore, ni les uns ni les autres ne concevaient un départ. Même quand ils s'aperçoivent qu'ils sont bien mieux ici qu'en Algérie, que certains après coup voient comme un pays « pourri », l'exil était incroyable : « C'est pas possible, c'est là que se trouve le point central de l'exil... Il est impossible qu'Alger ne soit pas française, les choses arrivent, l'exilé découvre l'incroyable » *(entretien 1, génération 1920-1929).* Disant que les choses se sont arrangées pour lui au bout de cinq ou six ans et qu'il a depuis « pleinement profité de la France », il explique que jamais, alors que son métier aurait pu être un atout, il n'avait pu imaginer partir ; il y insiste longuement, il se répète. Cas un peu énigmatique et isolé : un Algérois avait décrit sa jeunesse avec des adjectifs dépréciatifs : c'était « étriqué », « petit », « minable », et il parla de son activité dans l'O.A.S. Je lui demandai d'expliquer comment il conciliait ce passé maussade et l'engagement pour garder l'Algérie : « Garder quoi, eh oui ! comment garder une vie étriquée, oui, comment [*long silence*] ne pas perdre... Que les choses ne changent pas, ne pas partir... la peur de l'inconnu, je sais pas » *(entretien 86, génération 1940-1945)* ; l'interlocuteur tient fortement au « sentiment d'altérité » que lui donne son identité de Pied-noir, et il a de « grandes bouffées de colère » quand il entend un métropolitain sortir les pires clichés. Ces moments éclairent de quelle manière il était attaché à cette société qu'il voulait garder.

Pour les Français d'ici, il est difficile de comprendre pourquoi les Pieds-noirs, soumis à l'insécurité permanente, à des chocs, à des deuils, ne sont pas partis au plus fort du terrorisme par exemple. Ceux qui sont partis – certains avant tout parce qu'ils tremblaient pour leurs jeunes enfants – sont plus ou moins suspectés. Plusieurs ont dit d'eux-mêmes pourquoi on ne devait ou on pouvait pas partir. En 1961, un Bônois était venu en France pour des raisons professionnelles et un avoué qui partait à la retraite lui avait proposé de lui laisser sa charge ; père de trois enfants, il avait répondu qu'il devait en parler à sa femme : « Je l'ai dit à ma femme en disant : “La raison fait qu'on devrait foutre le camp, mais moralement il y a quand même un problème.” On en a débattu la moitié d'une nuit et on a décidé de rester » *(entretien 136, génération 1920-1929).* Un Algérois *savait* qu'il faudrait partir : « J'ai été pratiquement le seul dans mon entourage à ne pas acheter un appartement en Algérie ; ma femme m'aurait presque traîné chez un promoteur.

Je lui ai toujours dit : "La rébellion nous foutra dehors." Mais partir, ah ! non, ça aurait été une trahison ; j'ai l'habitude de dire qu'au-delà de l'espérance il y a le courage [...]. Ce pays était le mien et je suis parti le 18 juin, quand nous avons eu l'ordre de l'O.A.S., à laquelle je n'avais jamais cru, mais nous avons eu l'ordre de partir [...]. Je ne serais pas resté à l'indépendance mais je ne suis pas parti avant le mois de juin, ça aurait été une trahison » *(entretien 172).* Alors qu'il travaillait à Paris depuis plusieurs années, un fils de colon fut invité en 1959 par un responsable ministériel à passer à son bureau : « "Faites rentrer votre famille de l'Algérie, gardez ça pour vous." Je dis : "Vous n'y êtes pas, je ne me vois pas dire ça à ma famille, ils me lynchent..." Lui ouvrait des yeux comme ça... J'ai dit : "Ils vont me lyncher, c'est pas possible, ils ont choisi de rester, ils vont rester." On était dans l'indivision, les frères. Moi, il ne m'est jamais venu à l'esprit de rompre l'indivision [...]. J'en ai jamais parlé à mon frère, et je crois qu'il fallait mieux que je n'en parle pas, ça aurait changé dans nos rapports, il serait resté. Vous pensez qu'il a planté de la vigne au début 61... Ils sont revenus après l'indépendance, par la force des choses » *(entretien 39, génération 1920-1929).*

L'impensable avait paru inéluctable au délégué du gouvernement, Paul Delouvrier : « Comment je voyais les Pieds-noirs vivre dans une Algérie indépendante ? Je le voyais mal, car quelles que fussent les modalités de la paix, les Algériens les évinceraient par des tracasseries journalières, des assassinats et autres drames. Une paix tranquille me paraissait impossible[17]. »

Pourquoi l'O.A.S.

L'histoire de l'O.A.S. (Organisation de l'armée secrète) est sans aucun doute impossible à faire ; les livres qui en parlent

17. Roselyne Chenu, *Paul Delouvrier ou la passion d'agir*, Éditions du Seuil, 1994, p. 194.

font une sorte de chronique officielle avec des leaders, une doctrine, des tendances... Quant aux journalistes de l'époque qui ont tout de suite élaboré et soutenu cette vision [18], ils ont eu tendance à croire et surtout à écrire que tous les Français d'Algérie ou presque étaient O.A.S. L'O.A.S. fut hétéroclite, elle est insaisissable, et l'exploitation de ses archives ne permettrait pas de trouver qui étaient les hommes vraiment engagés dans l'action, d'en connaître la diversité et les raisons. Sur un peu plus d'une quinzaine de personnes qui m'ont *dit* avoir été O.A.S., bon nombre sont difficiles à classer; ils étaient viscéralement attachés à cette terre et souvent effrayés par un avenir incertain, redoutable, tous énervés, désorientés par les promesses et les tournants, ou les reculades du gouvernement.

L'expression « être O.A.S. » renvoie à trois postures au moins. D'abord les chefs : en mettant à part les généraux Jouhaud et Salan, qui semblent avoir été lointains, ils étaient d'extrême droite, faisant de la géopolitique, visant, au-delà de la politique du général de Gaulle, la scène internationale, l'Algérie devenant un bastion du monde libre. On trouve ensuite des troupes hétérogènes et peu nombreuses. André Rossfelder rapporte que Jean-Jacques Susini lui avait déclaré lors de leur première rencontre, à la fin de 1963 : l'O.A.S., c'était « un mythe. Même au sommet de la vague, quand on lui prêtait le contrôle d'Alger. Une minorité dans une minorité. Quinze cents malheureux gars. Cinquante combattants chevronnés. Pas d'armes, ou presque, souvenez-vous que les officiers

18. *Le Monde* publia, du 15 au 19 novembre 1961, 4 articles de reportage sur l'O.A.S; la présentation disait : « C'est un mouvement structuré qui aujourd'hui dirige, prépare, ordonne les opérations. Et quiconque se rebelle contre lui se voit à son tour menacé, épié d'abord, châtié ensuite. Ses victimes de prédilection sont les hommes à qui mission a été donnée de le combattre. » Évidemment, le journaliste n'avait rencontré que des Pieds-noirs tenant des propos condamnables. « Les lynchages, monsieur, quand vous voyez des braves gens se faire descendre d'une balle dans la nuque, comme des chiens, eh bien ! je les approuve » (16 nov.). « Je préférerais encore vivre sous un drapeau allemand que sous le drapeau fellaga. Les Allemands nous ont fait bien du mal, mais ce sont tout de même des gens comme nous, nous avons quelque chose de commun avec eux » (17 nov.), etc.; il signalait cependant la diversité du mouvement, sa faiblesse, tout en disant qu'il bénéficiait de « puissants appuis » (Alain Jacob, « L'O.A.S. telle que la voient les Européens d'Algérie ». Edmond Jouhaud écrivit quelques années plus tard qu'il « serait fastidieux de retracer les différentes étapes ayant conduit à la structuration de l'O.A.S., mise sur pied par tâtonnements successifs ». *(Ô mon pays perdu*, Fayard, 1969, p. 215), et son livre donne l'impression d'une absence complète de coordination, de direction.

frondeurs d'avril 1961 n'avaient pas voulu ouvrir les armureries aux civils. Et dans les derniers jours de l'Algérie, il ne restait rien de l'organisation[19]. » L'un de mes interlocuteurs, qui a « côtoyé » des militants de l'O.A.S. en raison de son travail, mais qui affirme n'avoir jamais porté les armes, assure : « Ils étaient très peu ; en Algérie, c'est cinq cents personnes à tout casser, c'est rien ; sur Alger, sous réserve de vérification... deux cents, deux cent cinquante à tout casser » *(entretien 175, génération 1940-1945).* Enfin une multitude, impossible à évaluer, d'hommes et de femmes, était sentimentalement O.A.S. Un colon de l'Oranie décrit cette attitude sans qu'aucune question ne lui ait été posée là-dessus : « L'O.A.S., je l'ai suivie de cœur ; pour les actes, c'est une autre paire de manches. Pour rien au monde, je n'aurais été tuer un type... Je ne tue pas un moineau, je ne vais pas aller tuer un être humain... Il y en a beaucoup qui ne voulaient pas passer aux actes » *(entretien 62, génération 1920-1929).* Francine Dessaigne, parlant dans son *Journal d'une mère de famille*, de l'« emprise » de l'O.A.S. sur les esprits des Pieds-noirs, en précise le but : la population « a été bien surprise des sentiments que certains lui prêtaient. Elle ne voulait ni conquérir la métropole, ni la gouverner, mais simplement rester française sur le sol où elle est née[20] ».

On a rencontré des Français d'Algérie qui réprouvaient l'O.A.S., ses meurtres ciblés comme ses assassinats aveugles, ses méthodes et aussi son inefficacité ; il y a, parmi eux, aussi bien des partisans de l'indépendance que des Français attachés passionnément à l'Algérie française. Raphaël Draï, jugeant les crimes de l'O.A.S. inexcusables, tient à dire que la naissance de cette organisation et ses méthodes *ne sont pas inexplicables* : « Rien ne saurait se comprendre à ce propos sans tenir compte des virages et des revirements de la politique algérienne du général de Gaulle », revirements qui furent ressentis « comme autant de trahisons ». Les travaux des historiens sont une chose

19. André Rossfelder, *Le Onzième Commandement, op. cit.*, p. 599.
20. Francine Dessaigne, *Journal d'une mère de famille pied-noir* [sic], Éditions France-Empire, 1972, p. 228.

poursuit-il, mais ce qui est vécu « dans l'immédiateté passionnelle par une population aux origines trop dispersées » est autre chose[21]. L'O.A.S., dit un enseignant à qui je n'avais pas posé de question sur le sujet, « je n'aime pas en parler, il faut comprendre ce mouvement, mais il ne faut pas en approuver les manifestations » *(entretien 118, génération 1920-1929).*

Dans les entretiens, certaines confidences faites par des hommes que l'Algérie arrachée bouleverse encore ne sont ni gênées, ni honteuses, ni tonitruantes. Aucun ne regrette son action, même si certains déclarent avoir changé[22]. Ce sont toujours les interlocuteurs qui ont pris l'initiative de parler de leur choix, quelquefois rapidement, comme s'il n'y avait rien à en dire : « J'ai suivi le général Salan, j'ai été O.A.S., il n'y a eu aucun problème » *(entretien 150, génération 1920-1929).*

Les engagements ont été parfois une réaction à des drames indépassés : un Oranais trouva un jour deux de ses copains émasculés. « À partir de ce moment-là, je suis devenu une machine de guerre, j'avais plus de sentiments, je revoyais tout le temps ces copains. » L'entretien patine longuement autour de ces émotions, avec les mêmes mots, avec une grande difficulté d'expression *(entretien 134, génération 1930-1939).*

Beaucoup expliquent comment, de l'extérieur, ils voyaient ce mouvement, c'est-à-dire comment les historiens devraient, selon eux, le voir : « Les gens qui ont adhéré, c'étaient des gens qui n'avaient jamais fait de politique pour la plupart, et qui se retrouvaient dans un système qui les obligeait à faire quelque chose. Je ne sais pas si, au niveau des dirigeants de l'O.A.S., si les officiers... Quelles étaient leurs motivations ? Est-ce qu'elles étaient pour ne pas revivre l'Indochine, l'abandon, est-ce que

21. Raphaël Draï, *Lettre au président Bouteflika...*, *op. cit.*, p. 39 (voir plus loin l'entretien 3, mené en 1996).

22. Celui qui avait connu une enfance maussade « étriquée », déclare : « À distance, je referais la même chose, ça a servi à rien, faire la même chose, mieux. J'aurais honte si j'avais décidé comme certains, parce que la situation était intenable si on ne voulait pas entrer dans l'O.A.S. à l'université.. certains allaient faire leurs études à Paris, à Poitiers, je ne sais où, c'est soulageant et meilleur pour les études aussi, j'aurais honte, un peu honte de moi si j'avais fait ça... Les choses dont j'ai honte, c'est plutôt les insuffisances que j'ai eues dans cette attitude-là, pas ce que j'ai fait » *(entretien 86).*

c'était vraiment pour l'Algérie... [...] ? Mais je parle des gens d'Algérie qui ont adhéré, pour eux, ils ont considéré, et moi j'ai considéré avec eux, que c'était, au point où on en était arrivé, le seul moyen de faire quelque chose et de répondre par la violence à la violence, qui était le seul moyen qui restait pour s'exprimer. Alors, c'est vrai que ça a été complètement galvaudé, on en a fait des fascistes, etc., mais, à l'origine, je pense que c'étaient des gens qui n'avaient rien d'ultras, qui ne savaient même pas ce qu'était un fasciste et qui se sont trouvés complètement coincés » *(entretien 96, génération 1930-1939).* « Qu'est-ce que l'O.A.S. ? Il ne faut pas croire que c'est des terroristes comme les terroristes palestiniens, c'est des braves gens de toutes origines qui se sont dit : nous, on veut se défendre, on va se défendre, c'est tout. Qu'il y ait eu des gens qui se soient mis là-dedans, qui avaient d'autres perspectives, d'autres points de vue, ça, peut-être, je ne le nie pas, mais l'ensemble des gens qui ont marché dans le mouvement, ce sont des braves gens. » Et cet interlocuteur est certain qu'ils bénéficièrent de la « complicité » de plus de la moitié des Pieds-noirs *(entretien 15).* « Je voyais ça comme la résistance en France, il y avait un ennemi ; c'était un chant de désespoir, mais je voyais ça comme un dernier sursaut ; il y avait aussi des militaires, et quelques abrutis, vous aviez de tout » *(entretien 31, femme, génération 1930-1939).*

Les positions sont parfois nuancées : « Je n'étais pas pour l'O.A.S., mais je comprenais, je n'étais pas hostile, je ne voyais pas l'O.A.S. comme un ennemi. Il y a eu énormément de sensibilité dans toute cette affaire d'Algérie, les gens ont tous été touchés dans leur chair, les gens aimaient profondément le pays, tous, tous, mais très profondément, on a du mal à imaginer [...]. J'ai compris, je comprends toujours, les gens ont eu des attitudes différentes, mais la démarche, au départ, était la même, il y avait l'amour du pays, tous voulaient rester sur cette terre, tous ensemble. Je considérais que l'O.A.S. n'était pas la bonne méthode, et que la position de De Gaulle n'était pas la bonne méthode non plus ; nous nous sommes trouvés en porte-à-faux » *(entretien 179, génération 1940-1945).*

Deux interlocuteurs qui se montrent critiques font des remarques d'un grand intérêt : « Il est très difficile pour les gens qui ont vu des égorgements... Ça a été des choses horribles, et c'est ce qui fait que l'O.A.S. a proliféré, l'O.A.S. était un parti d'assassins, j'aime mieux vous le dire. La réaction générale a été : on nous tue, alors on tue, mais enfin, ils ont commencé à tuer en 61 et non pas en 54 » *(entretien 123, génération 1920-1929).* Il est juste d'attirer l'attention sur cette date : longtemps, beaucoup avaient été sûrs que la France les protégeait et qu'il y aurait une fin positive ; la détresse est venue de l'interminable époque des attentats et de l'issue enfin aperçue et qui n'était pas heureuse. Un mouvement qui aurait été seulement politique, ainsi qu'il est toujours décrit, aurait commencé plus tôt ; si les chefs qui, eux, étaient « politiques » – et de piètres politiques – n'ont pas commencé plus tôt, c'est parce qu'ils n'auraient pas trouvé de troupes[23].

Parlant souvent sur un ton dramatique, celui qui a « côtoyé » les O.A.S. par son travail, dit, après avoir affirmé la faiblesse des effectifs des combattants : « Toute la population européenne de l'Algérie était du côté de l'O.A.S., toute, sauf... Mgr Duval [...] Il y a des assassinés par accident, ils ont été assassinés par des fous [...]. Nous étions en guerre civile, et là vous aviez tous les psychopathes qui sortaient de l'ombre, vous ne pouvez savoir l'insécurité qui régnait, et il y a aussi la guerre des clans, vous êtes en plein en Méditerranée, regardez la guerre civile en Grèce, il y a [rire] ce qu'on appelle aujourd'hui les dommages collatéraux. [...] Il y a eu les actions commandées, exécutées, et puis il y a les dommages collatéraux qui ont été fort nombreux. [...] Les commandos Delta, les groupes Z, c'est... l'expression extrême de la colère pied-noire. Dire que la population dans son ensemble approuve cette action, c'est faux ;

23. Beaucoup de Français d'Algérie séparent à juste titre l'O.A.S.-métropole, mouvement uniquement politique, d'extrême droite, et le mouvement de « désespoir » en Algérie ; certains ont dit aussi n'avoir rien su de l'O.A.S.-métro.

certains tolèrent, certains protestent, la plupart se taisent, c'est la majorité désespérée qui est silencieuse [...]. On peut toujours se demander si, en lançant les accords d'Évian, en excluant les Européens d'Algérie, qui n'étaient pas à la table, on ne faisait pas le jeu de l'O.A.S. puisque, pour être à la table des négociations, il fallait avoir porté les armes contre la France [...]. C'est en cela que les Européens d'Algérie ont considéré que l'action de l'O.A.S. avait une justification; les Européens d'Algérie, c'étaient pas des assassins... L'action de l'O. A. S, c'est la négation même de tout le combat de l'Algérie française, puisque pendant toutes ces années que nous appelions, nous, les événements, on n'a cessé de dire que le F.L.N., c'était une bande d'assassins, une bande de tueurs, pour faire, à la fin, la même chose qu'eux. Il y a une contradiction, c'est clair. Si finalement la population européenne d'Algérie... a fini par accepter sans rébellion... cette révolte armée de l'O.A.S. au nom de l'Algérie française, c'est que chacun a bien compris que c'était la dernière chance d'être admis à la table de négociations, dans les conditions les plus apocalyptiques qui soient, les plus abominables » *(entretien 175).* Ce long passage, avec ses contradictions flagrantes, rappelle deux réalités importantes : le climat atroce des deux dernières années, qui a produit une folie ambiante, et le drame d'une fraction des Pieds-noirs. Ils étaient contre les actes meurtriers de l'O.A.S., pourtant ils ont espéré qu'ils serviraient à les faire entendre. En arrivant après coup pour analyser les Pieds-noirs, on se demande si la question de leur sort *réel* a préoccupé les négociateurs et le gouvernement. Qui les avait jamais écoutés[24] ?

24. Roger Roth, député-maire de Philippeville, qui fut vice-président de l'Exécutif provisoire et vice-président de l'Assemblée constituante algérienne, m'avait parlé, dans un entretien, de consultations par Louis Joxe et Jean Morin, délégué général, de « libéraux » et de musulmans (maires, conseillers généraux, parlementaires) pendant les négociations engagées avec le F.L.N.. Dans une note qu'il m'a écrite (4 décembre 2000), il indique la composition, d'ailleurs variable, de cette délégation et son objet : « Il était visible que cette réunion informelle était destinée à informer les négociateurs français sur l'accueil fait aux propositions concrètes formulées par les négociateurs algériens et sur les contre-propositions à leur opposer. » Ces rencontres *secrètes* montrent un certain optimiste des libéraux et, au moins, une certaine attention portée par Louis Joxe aux Français d'Algérie. Mais consulter des élus musulmans dont il pensait qu'ils avaient « un certain crédit » auprès de la population semble non seulement optimiste, mais naïf. C'était mal apprécier l'emprise, les méthodes et les visées du F.L.N.

Les journalistes et les commentateurs ont montré un irréalisme total. Par exemple, Maurice Duverger écrivait : on « ne peut nier l'importance des garanties que les accords d'Évian établissent pour les Français d'Algérie », mais il savait que ceux-ci ne croyaient pas à l'application des accords. Il leur assurait qu'ils avaient « *la garantie des garanties* » : « La vraie "garantie des garanties", c'est la volonté des Français d'Algérie de rester sur leur terre et d'y vivre libres. » « [Les musulmans] devront nécessairement compter avec cette énorme minorité nationale, forte à la fois par le nombre et par la volonté. Quand on voit l'énergie farouche et désespérée que ses membres manifestent aujourd'hui, on se dit qu'ils auront une grande influence dans la République algérienne et qu'ils sauront s'y faire respecter, s'ils y déploient autant d'efforts sous d'autres formes[25]. » C'était ne rien comprendre au désespoir de Pieds-noirs qui, eux, avaient compris.

Un Pied-noir qui condamne à plusieurs reprises la violence et les violences remarque : « La collectivité à laquelle j'appartiens a subi le traumatisme de la terreur. [...] Toute cette collectivité pied-noire était peut-être trop diluée, pas assez dense pour... qu'elle ait pu être tentée de réagir plus rapidement. Elle a attendu tout de même sept ans, en 61, avant de commencer des réactions de désespoir. Moi, je pense que ça témoigne d'une grande capacité d'encaisser les coups, sept ans, c'est long, sans réagir. Ça n'excuse pas ce qui s'est passé après, mais ça permet peut-être de comprendre un peu mieux. » Bien plus tard dans l'entretien, il poursuit : « Nous nous sommes, qu'on le veuille ou non, identifiés à l'O.A.S., comme un mouvement de désespoir qui tentait une dernière chance, qui n'en était pas forcément une, je suis d'accord, qui a fait des choses abominables, j'en suis d'accord, mais qu'est-ce que représentent ces abomi-

25. Maurice Duverger, « La garantie des garanties », *Le Monde*, 27 mars 1962. Jean Morin, dernier délégué général en Algérie (septembre 1960-avril 1962), écrit en 1999 : « On pourra constater que, dans les textes finals des accords d'Évian, les négociateurs français ont obtenu satisfaction sur toutes les exigences concernant les Français d'Algérie. Toutes. Quels que soient les agissements de l'O.A.S. et malgré l'espèce de folie meurtrière qu'elle répandra autour d'elle, les Français d'Algérie resteront au cœur des préoccupations des responsables français. Au premier rang, le général de Gaulle ». *De Gaulle et l'Algérie*, Mon témoignage, 1960-1962, Albin Michel, 1999, p. 162. C'est un témoignage que celui de Roger Roth conforte, mais il n'a aucune chance d'être entendu par la communauté des Français d'Algérie ; les résultats des accords ont été un échec complet.

nations auprès de huit ans de tragédie, de terrorisme ? » Encore plus tard : « Alors, bien sûr, l'O.A.S. a aggravé, a accéléré, je pense que, ce faisant, elle a rendu service au gouvernement qui, tout en la combattant, l'a encouragée aussi..., il y a eu des manipulations..., l'O.A.S. a aidé à accélérer la fin. Ça ne prouve que l'incompétence politique de ses animateurs » *(entretien 29).*

La presse de l'époque accumule le récit d'atrocités commises des deux côtés[26]. L'horreur tient non pas seulement au nombre élevé des victimes, mais aux moyens, aux procédés utilisés, aux mises en scène... Dans cette période d'exaspération, tous les repères, tous les critères avaient changé. Sur le climat, un militaire d'alors dit : « Dans l'ambiance d'une guerre, on n'est pas raisonnable... Je crois que la guerre fait perdre la mesure à l'homme... C'est pas une question de racisme » *(entretien 167, génération 1930-1939).* Bon nombre de Pieds-noirs ont répété au cours des entretiens : « J'étais fou. » « Un engrenage..., d'où une haine aveugle, féroce; on a été en état de folie, comme des gens trompés et, en même temps, on s'est accrochés de plus en plus à cette terre, contre vents et marées, et, c'est facile de le dire trente-cinq après, contre la vraisemblance » *(entretien 55).* Or ils ne sont pas « fous » du tout dans le cours ordinaire de l'Histoire. Un Pied-noir qui passa plusieurs années à travailler à Alger après l'indépendance et qui est loin d'une sensibilité O.A.S. donne une explication : « L'O.A.S., ça m'a toujours paru une création de De Gaulle... Non pas par machiavélisme, pas à ce point là ! Je veux dire que l'O.A.S. m'a toujours paru une folie, et que, quand une population devient folle, c'est que probablement on l'a rendue folle. Là, je crois que c'est le double langage. Faire vivre une population dans le double langage pendant trois-quatre ans, lorsque c'est sa vie qui est en

26. Dans son édition du 11-12 mars 1962, donc quelques jours avant la signature des accords d'Évian, *Le Monde* parlant du « bilan des deux terrorismes » pour le vendredi et la matinée suivante, note : « Ce sont les commandos F.L.N. qui ont donc été les plus meurtriers. » L'époque est maintenant présentée comme étant le temps de l'O.A.S. ; c'était le temps du meurtre, de l'acharnement des uns, du désespoir des autres.

jeu, en cause, ça rend les gens fous [*lui même vivait alors à Paris et allait régulièrement à Alger pour voir son père*]. Je voyais la population pied-noire dans son jus ; à partir de 59, je les ai vus fous. J'avais un cousin de mon père [*magistrat de haut rang*], et je l'ai vu sortir sur son balcon avec une casserole et taper dessus ; j'ai dit : "Il y a des choses qui ne vont pas..., c'est pas dans sa nature." [...] Je ne sais pas ce que j'aurais fait si j'avais été à Alger [rire] » *(entretien 3).*

Il y a trente ans, Gabriel Conesa a écrit : « Comment avons-nous pu en arriver à cet égarement, à ce défi, à ce suicide collectif : déclarer la guerre à l'armée française ? C'est parce que le désespoir nous a tous rendus fous. Nous sommes tombés dans une déraison sans espérance et nous nous y sommes installés. Puisqu'on ne peut plus rien sauver, autant tout détruire. Un torrent nous emporte chaque jour plus vite, et même si un seul d'entre nous avait conservé sa liberté d'esprit, il ne pourrait reprendre pied. Pourtant, notre folie a sa logique et sa morale propres que chacun de nous peut expliquer et justifier, mais que personne hors d'ici ne peut plus comprendre[27]. »

Comment les Pieds-noirs pouvaient-ils comprendre que plusieurs centaines de soldats du 9e régiment de zouaves aient manifesté en mars 1962 en criant : « À bas les Pieds-noirs ! » Ils ne retenaient que le cri et non ce qui l'avait suscité : les soldats pouvaient-ils admettre un attentat au plastic qui venait de tuer un jeune militaire et d'en blesser deux[28] ? Ce n'est pas en examinant ces années de violence qu'on peut décrire les Français d'Algérie ; on n'a pas voulu parler de la guerre d'Algérie, mais pour comprendre leurs comportements, leur arrivée dramatique, leur amertume, il faut penser à ces temps-là.

27. Gabriel Conesa, *Bab el-Oued, notre paradis perdu*, Robert Laffont, 1970, p. 39.
28. « Manifestation des soldats du contingent à Alger », *Le Monde*, 11-12 mars 1962.

LE DÉPART ET L'ARRIVÉE

Sa mère l'envoya en France au début de 1962, car, bien que très jeune, il faisait « des bêtises » ; le jour du départ, « ma mère m'avait dit une chose : "Regarde Alger, imprègne-toi, mais après il faut pas te retourner" » *(entretien 131, né après 1945).* Il est, parmi ceux que j'ai rencontrés, l'un des très rares à être parti tranquillement. La plupart parlent du départ avec colère ou hébétude. « On est partis, je ne sais pas pourquoi, je vous le dis franchement. Il y a eu un mouvement de panique, tout le monde a suivi ; on nous disait qu'on allait nous égorger, nous tuer. Tout le monde est parti » *(entretien 134).* « Je suis parti le 22 juin 62, le 15 juin, je plaidais encore des affaires de loyer, de divorce..., le vide, je suis parti. » « Les derniers jours de Pompéi, les gens sont dans la situation où ils ont été saisis, nous, c'est pareil » *(entretien 106, génération 1920-1929).* « J'ai fini mon service militaire à la fin avril [1962], j'ai installé dans la maison de mes parents une pièce qui était destinée à me servir de bureau, quinze jours ; j'ai fait faire des étagères, j'ai déployé mes dossiers, ça m'a mis vers le 15 mai. J'ai quitté l'Algérie le 2 juin [...]. On disait : on reste, on reste. Puis, un jour, on s'est dit : c'est pas possible, nous sommes aveugles, fous, c'est pas possible, la France ne reste pas en Algérie, nous n'avons plus rien à faire dans un pays qui n'est plus français... Alors nous sommes rentrés... comme on continue d'écrire..., rentrés, mais nous n'étions jamais partis [...] Mes sentiments ont été ceux de quelqu'un qui a perdu son pays, nous nous retrouvions les uns et les autres un petit peu déconcertés » *(entretien 29).* « En France, on a été dispersés, et ça a été très dur. On s'est trouvés projetés dans le nord, à Paris, dans des villes qu'on ne connaissait pas [...], on se sentait culpabilisés, on était ceux qui n'auraient pas dû être là-bas, on avait fait des profits, on était présentés comme des profiteurs, c'était bien fait ce qui nous arrivait, ça devait arriver ; donc non seulement on avait vécu sept ans de cauchemar, mais en plus... [...] c'était un autre monde, qui nous a déphasés » *(entretien 111, génération 1930-1939).* « À l'arrivée, j'étais pas... disons normal, je ne voyais pas la réalité des choses [...] À Marseille, c'était une ville à ne pas mettre les pieds, ces vieux avec des baluchons qui descendaient, ce désarroi, cet affolement, beaucoup de femmes arrivaient sans leur mari, ne sachant pas où aller. » Il épousa une Pied-noire dont il avait fait connaissance en France : « Marié, je suis rentré de plain-pied dans la réalité des choses. J'ai compris que c'était fini, que le retour, c'était pas la peine d'y compter » *(entretien 132, génération 1930-1939).* Ayant voté « oui » au référendum sur l'indépendance car il voulait rester, mais ayant été contraint de partir à la fin de 1962, un Algérois dit : « Ces départs [en avril-juin], j'ai trouvé ça ahurissant, incompréhensible, cette frayeur de la foule, tout d'un coup ; alors qu'ils avaient eu des bombes, ils avaient continué à vivre comme si de rien n'était ; tout à coup, tout s'arrêtait, à ce moment-là, une frayeur comme s'il y avait le feu..., peur des assassinats ; en juillet 62, nous n'avions plus de troupes pour nous défendre ; j'ai pensé qu'ils avaient bien tort de partir comme ça, il fallait attendre et partir en ayant pris ses précautions, en s'étant organisé [...], l'affolement, on le voyait. Une ville qui déménage d'un coup, m'avait dit un ami, c'était hallucinant, dans les ordures qui s'étaient accumulées, qu'on brûlait sur place, dans les rues, affreux, affreux » *(entretien 162, génération 1910-1919).*

Les départs pendant ces quelques mois restent, dans les entretiens, comme une fuite inévitable et incompréhensible ; pour certains même, que fallait-il emporter ? Certains disent qu'ils sont arrivés avec des choses inutiles, dérisoires, et qu'ils ont laissé des objets qui leur tenaient à cœur. S'il ne dit mot de son départ, l'un de mes interlocuteurs parle avec emportement de l'arrivée des « petites gens » : « Les métropolitains, ils étaient absolument interloqués, parce qu'ils voyaient cette misère s'étaler sur le port de Marseille, de Sète, partout, et ces gens qu'on leur avait présentés comme de grands colons [rire], ils débarquent là sans un rond, c'était une armée de clodos qui envahissaient toutes les villes de la Méditerranée, qui remontaient à Paris [...]. Ces gens voyaient débarquer de pauvres familles complètement démunies, désespérées, en larmes, avec des valises vides, parfois sans valise » *(entretien 175)*[29]. Quelles qu'aient été leurs opinions sur le destin de l'Algérie pendant les événements, les Pieds-noirs, presque tous, parlent encore avec chagrin, de ces pauvres. « Les petits Français de Bab el-Oued sont partis comme un seul homme quand l'O.A.S. leur a dit de partir, ils sont tous partis, ça a fait des malheureux en France... J'ai été faire un reportage quand j'étais à la radio; ces petites gens, c'était affreux, il y en a qui se laissaient mourir avec une petite retraite de 1 500 francs [...]. Ils ont été complètement désaxés »*(entretien 30, génération 1910-1919).*

Presque personne ne parle d'indemnisation dans les entretiens, seulement ceux que leur travail ou leur militantisme ont amenés à défendre des dossiers *(entretiens 80, 85, 143, 151).* Il ne semble pas y avoir d'unanimité sur ce sujet : « D'autres associations m'agacent par leurs revendications... Il est tout à fait scandaleux, effectivement, que la personne qui a perdu sa maison à Lorient en 1943 ait été dédommagée, et que celui qui a perdu sa ferme à Ben Chicao ne soit pas dédommagé ou dédommagé d'une façon dérisoire, insultante; mais, quarante ans après, j'avoue que ces gens qui sont là uniquement préoccupés de telle indemnité..., c'est tellement se foutre du monde, alors que la majorité des gens qui en avaient le plus besoin sont morts; ce pouvoir me dégoûte, aller quémander auprès de ce pouvoir... Je leur jette pas la pierre, je comprends tout à fait... » *(entretien 172)*[30].

Paul Delouvrier a évoqué, trente ans après le retour, son état d'esprit d'autrefois : « J'étais scandalisé par la manière dont la France métropolitaine accueillait [les Français d'Algérie] : la question était loin d'être réglée et seuls quelques prêts avaient été versés[31]. »

---

29. Un Pied-noir resté en Algérie jusqu'en 1970 dit : « Les histoires des Pieds-noirs à l'arrivée sur les quais de Marseille, sur le moment, ne me touchent pas. Ce n'est que bien après que... j'ai pu regarder cette situation avec des yeux un peu plus indulgents, avec plus de compréhension. Quand je vois les émigrés albanais, yougoslaves sur des bateaux surchargés, j'imagine ce qu'a pu être la situation des Pieds-noirs » *(entretien 127, génération 1930-1939).*

30. Un comité de liaison des Associations nationales des rapatriés réunit douze associations consacrées à la défense des rapatriés (président du comité : Jacques Augarde). Un livre a été publié il y a un quart de siècle sur ce sujet : Jacques Ribs, *Plaidoyer pour un million de victimes*, Robert Laffont, 1975; il rassemble des données qu'il faut connaître.

31. Roselyne Chenu, *Paul Delouvrier ou la passion d'agir, op. cit.*, p. 123.

Ce n'est pas seulement le souvenir de l'état de pauvreté qui indigne et émeut encore, c'est aussi « la propagande mensongère sur les véritables personnalités de la communauté des Français d'Algérie, on veut faire croire en France que ce sont des colons, des riches ». « L'exode, j'ai pas vu, je trouvais ça atroce, trop injuste, c'était affreux, c'était politiquement impossible, toutes les valeurs pour lesquelles s'étaient battus tous ces juifs d'Algérie que j'avais connus, rejetés aux poubelles de l'Histoire pour des crimes qu'ils n'avaient pas commis, par une communauté française de gauche, par *Le Monde*, qui n'avaient jamais pris le moindre risque..., en disant, de leur bureau parisien capitonné : “Ces gens-là, ils ont assez fait suer le burnous”, alors que les plus favorisés avaient ce malheureux tiers colonial de fonctionnaire, et les autres, la grande majorité des autres, vivaient dans la pauvreté » *(entretien 171, génération 1930-1939).*

De nombreux interlocuteurs explosent pour parler du manque de cœur du pouvoir en place et des Français. Philippe Ariès, avec un élan qui semble avoir été rare, avait demandé de la compassion pour les Français d'Algérie. « Aucune grande voix ne s'est élevée en leur faveur : pas de Michelet ni de Lamennais, ni de Proudhon. Peut-être Camus, s'il avait vécu ? » écrivait-il en avril 1962[32]. Un peu plus tard, il constatait : « Jamais Charles de Gaulle n'a laissé tomber un mot de tendresse et de pitié pour ce peuple arraché cependant à ses sources, jamais un geste d'encouragement, un don personnel[33]. » Philippe Ariès s'en prit aussi, à plusieurs reprises, au silence de l'Église et à l'indifférence des Français pour les Français d'Algérie dont il entendait dire qu'ils n'étaient pas français... Plusieurs Pieds-noirs ont comparé leur solitude à l'arrivée avec la mobilisation que la télévision a plus tard organisée pour les Kosovars : « La ferveur qu'on a aujourd'hui pour les gens du Kosovo, est-ce

---

32. Philippe Ariès, « Ces citoyens perdus, nos frères », *La Nation française*, 4 avr. 1962, *Le Présent quotidien*, édition, avant-propos et notes de Jeannine Verdès-Leroux, Éditions du Seuil, 1997, p. 295.
33. Philippe Ariès, « Examen d'un régime », *id.*, 2 janv. 1963, *Le Présent quotidien*, *op. cit.*, pp. 350-351.

qu'on n'aurait pas pu l'avoir pour nous à l'époque ? » *(entretien 143)* On comprend que, dans les entretiens, beaucoup de propos soient amers, révoltés, inapaisés, outranciers aussi parfois pour parler des Français d'ici ; il est vrai que ceux-ci furent, dans l'ensemble, insensibles, souvent méfiants et parfois hostiles et hargneux. Pouvait-on aller plus loin que Simone de Beauvoir parlant de leur arrivée : « Quand les Pieds-noirs se ruèrent sur la France, disputant logements et travail aux autochtones, alors seulement ils devinrent impopulaires : on vit naître, juste à point pour remplacer l'ancien, un nouveau racisme entre gens de la même race[34]. » Le verbe « se ruer », qui condamnait les exilés, n'a jamais été relevé, il n'a fait sursauter personne... Le général du Gaulle, dans son célèbre discours « Je vous ai compris » (4 juin 1958), avait terminé en s'exclamant : « Combien c'est beau, combien c'est grand, combien c'est généreux, la France ! » À leur arrivée, les Français d'Algérie ne ressentirent rien de beau et de généreux. La rancune persiste encore chez certains, ce que d'autres regrettent : « Ce que je reproche trop à ma communauté pied-noire, c'est de trop vivre dans le souvenir de cette période et de rabâcher un peu toutes ces rancœurs. Il faut quand même s'adapter, on a essayé de s'adapter, cela ne veut pas dire qu'on oublie. Ça n'est plus la même chose, c'est un souvenir, le souvenir de quelque chose qu'on sait absolument irréversible, irrécupérable, mais un bon souvenir » *(entretien 15).* Un Pied-noir invitait récemment les responsables associatifs et les élus des deux côtés de la Méditerranée à regarder l'histoire commune « avec sérénité » au lieu de « gratter les plaies, de perpétuer les mensonges et d'enfermer tant de gens dans des rancœurs injustifiées et sans issue[35] ! ». Si le terme « sans issue » est sans aucun doute approprié, « injustifiées » risque d'exciter les rancœurs. Pourtant, la volonté de regarder le passé commun avec réalisme, et non en continuant à l'habiller d'accoutrements

34. Simone de Beauvoir, *La Force des choses, op. cit.*, p. 651.
35. Georges Morin, « Pourquoi je suis un Pied-noir en colère », *Le Monde,* 24 juin 2000.

idéologiques et de le falsifier, constitue un enjeu central non seulement pour les Pieds-noirs, mais pour l'Algérie et pour la France. Les Français (de France) qui n'ont pas de rancœurs personnelles devraient se donner cet objectif ; ils en sont très loin.

Les jours de colère

Au-delà des expressions de désarroi, d'hébétude, trois filons de colère traversent les récits de l'arrivée : les « trahisons » et l'insensibilité du général de Gaulle ; le rejet de la France ; la critique des Français, leur responsabilité et leurs défauts.

Sur le général de Gaulle, le seul jugement raisonnable est ce que dit un Algérois : « Il n'a jamais eu un mot de compassion, de miséricorde, de charité » *(entretien 172).*

En revanche, répéter comme beaucoup le font : « Il ne nous aimait pas » est une rumeur que rien ne pourra ni prouver ni démentir. Même si le général de Gaulle éprouvait un quelconque sentiment pour cette population, sa politique ne passait pas par les sentiments. Ce n'est pas parce qu'il « ne les aimait » pas qu'il a fini par « lâcher » l'Algérie ; c'est pour des raisons politiques, on peut même dire historiques.

Le deuxième thème, c'est la mère-patrie devenue une marâtre. « Pour ce qui est des affaires nationales, nous nous en remettions toujours aux Français, à la France. Tout à coup, comprendre qu'elle voulait nous laisser tomber, ça nous est apparu comme une monstruosité, c'était pas possible, c'était une espèce de mère qui abandonnait ses enfants » *(entretien 117).* « Mon patron m'a dit quelques années après notre retour : "Une mère qui abandonne ses enfants, c'est une putain." C'est un peu le sentiment que nous en avons » *(entretien 123).* « La France n'est plus mon pays, je m'en moque » *(entretien 9, femme, génération 1920-1929).* Ces sentiments de rejet sont-ils éprouvés à ce point ? N'y aurait-il pas là une certaine outrance verbale de Méditerranéens ? En tout cas, la rancune affleure souvent, même quand elle n'est pas exprimée sous une forme aussi brutale.

« En quittant malgré moi l'Algérie, il n'était pas question pour moi de venir m'installer en France que je rejetais par... tous mes pores. » Son métier, les circonstances économiques, politiques firent que cet interlocuteur ne put pas s'installer dans le pays qu'il avait choisi ; il vit en Provence : « J'ai beau être en Europe depuis trente-cinq ans, ici, j'étouffe et je ne peux me déprendre de ce sentiment ; tous les matins, en me levant, j'étouffe » *(entretien 50, génération 1930-1939).* Le mode d'être d'un vieux pays semble avoir déçu et éloigné : « J'imaginais que c'était un petit peu comme l'Algérie ; quand je suis arrivée ici, j'ai dit : c'est un pays de petits soldats de plomb, tout est balisé, tout est répertorié ; là-bas on vivait un petit peu... pas en sauvages..., c'est très très différent » *(entretien 19).*

Le troisième thème – et il est envahissant – ce sont les critiques sur les Français d'ici ; elles ne portent pas seulement sur leur attitude au moment de l'arrivée, mais sur des défauts en quelque sorte éternels. « Moi, je n'ai pas senti d'hostilité parce que ça se voyait sur ma figure que je n'étais pas prêt à supporter qu'on me dise des âneries, mais des tas de gens ont avalé des couleuvres, des réflexions désagréables, des choses mesquines et inutiles... Les Français sont très égoïstes, c'est un peuple égoïste, moi je l'ai observé cent fois. » « C'est vrai qu'on nous a calomniés » *(entretien 117).* « Vous débarquez comme ça, cherchant un travail, un appartement, des dossiers à constituer, des choses qu'on ne souhaiterait même pas parfois à son ennemi. Alors j'ai eu des réactions un peu de rejet vis-à-vis des populations de France. Je leur reproche... c'est qu'ils étaient complices d'une solution aussi catastrophique, ils avaient participé, avec les référendums et autres [...]. Je crois que, dans l'ensemble, les Français nous ont rendus coupables de la situation, ils ont dit d'une façon brutale : “Ils ont ce qu'ils méritent”, dans bien des cas [...]. Les choses se sont tassées parce que tout compte fait, l'intégration s'est bien passée. Je ne veux pas en attribuer tout le mérite aux rapatriés, la conjonction de l'époque et d'un ensemble de phénomènes... Cela fait apparaître *a contrario* l'absence d'imagination totale des pouvoirs publics dans la réinstallation des rapatriés » *(entretien 16)*. « Il m'est apparu que les gens manquaient d'esprit d'entreprise, étaient trop... terre à terre, trop... timorés [...]. Ils sont sclérosés dans leurs certitudes. Quand vous dites que vous êtes d'Algérie, tout de suite, vous êtes l'étranger, le suspect. Moi j'ai été l'immigré parce que je venais d'ailleurs [...], j'ai ressenti le racisme à mon encontre » *(entretien 96)*. Sur ce point, on l'a souligné dans le chapitre introductif, « le » Pied-noir reste souvent un Français qui gêne.

En mars 1996, une enquête d'opinion a soumis aux Français sondés une liste de groupes humains à classer. Dans l'ordre et intégralement, cette liste était : « Les homosexuels, les Pieds-noirs, les jeunes Beurs, les Juifs, les Espagnols et Portugais, les Maghrébins, les Tziganes et Gitans, les Asiatiques, les Antillais et les Noirs d'Afrique. » S'étonnant de cet amalgame et soulignant que les Juifs et les Antillais avaient dû y être sensibles (sans parler des homosexuels), Maurice Calmein concluait son article sur des discriminations visant les Pieds-noirs : « Notre combat pour la réhabilitation et pour notre identité a encore de beaux jours devant lui[36]. »

Parce que les Français les ont injustement jugés, les Pieds-noirs leur renvoient des jugements sévères, plus ou moins fondés. « Les Pieds-noirs étaient... très remontés contre une métropole avachie, renonçante, incapable de tenir son patrimoine [...]. On a vécu ça douloureusement, la France ne valait pas un clou, les Français, même de Gaulle le disait, c'étaient des veaux. Un pays qui est entré en décadence, c'est quand même une idée qui ne nous a pas quittés [...]. On méritait autre chose que ce qu'on a vécu, je pense qu'un jour l'Histoire nous donnera raison, j'espère. Bien intégré en France avec quand même un œil un peu critique sur la France et les Français » *(entretien 56, génération 1930-1939)*. « Alors, les Français, ça a été froid, il y a

36. Maurice Calmein, « Sommes-nous français ou sympathiques ? » *L'Algérianiste*, n° 75, sept. 1996, pp. 129-130.

trente-sept ans que je suis là et ça n'a pas changé. [...] Ici, on vit chacun chez soi, maintenant on commence à s'adapter mais, au début, ça a été très difficile à vivre, les gens étaient plutôt hostiles » *(entretien 139, femme, génération 1930-1939).* « À Cavalaire, on nous a dit : "On n'était pas au courant du tout." Ils imaginaient jamais qu'il puisse y avoir en Algérie des Français comme eux qui vivaient, on leur avait fait croire que c'était des gros colons ; quand ils ont vu que nous étions des ouvriers comme eux, plus malheureux qu'eux, ils ont compris » *(entretien 125, femme, génération 1920-1929).* « À Marseille, là, ça a été horrible. On nous a attendus comme des mafiosi alors qu'on était des loques. On a mis les hommes d'un côté, les femmes de l'autre. On a inspecté nos bagages brutalement. » « Un pasteur très bien nous disait à Marseille : "Il faut expliquer, les gens savent pas." D'accord, mais quand vous avez mal et qu'on vous tape là où vous avez mal... c'est pas possible. » Quelqu'un à qui elle racontait son pays « féerique », la façon d'y vivre, lui avait répondu : « "Mais, madame, vous irez en vacances". Ces choses là nous ont cassés » *(entretien 122).* La personne qui a dit : « mais vous irez en vacances » montre avant tout un manque d'imagination, mais elle n'avait pas de « mauvaises intentions ». Les Français d'Algérie ressentent de nombreuses conduites comme des agressions, leur trouvent de mauvaises raisons, alors que souvent ce n'est pas le cas[37]. Parfois cela tra-

37. Exemple : les éloges du journaliste Jean Brune et la suspicion portée sur ceux qui ne connaissent pas ou n'apprécient pas son « œuvre ». Dans un livre qu'elle lui consacre, Francine Dessaigne écrit : « Parce qu'il était de droite, parce qu'il avait milité pour l'Algérie française, la grande presse et la télévision, pas plus qu'elles n'avaient cité ses livres sortis dans les années où il eût été primordial et courageux de prendre position, n'ont fait état de sa disparition » (*Jean Brune, Français d'Algérie,* chez l'auteur, 1983, p. 9). J'ai lu la plupart des livres de Jean Brune, dont *Cette haine qui ressemble à l'amour* (La Table ronde, 1961), que certains de mes interlocuteurs m'ont présenté comme un chef-d'œuvre. Ce gros roman m'avait paru aussi démonstratif, aussi laborieux que les romans « réalistes socialistes ». Jean Brune s'est expliqué, et très bien, dans sa préface à *Interdits aux chiens et aux aux Français* (La Table ronde, 1967) : « Je savais, avant d'écrire la première ligne de *Cette haine qui ressemble à l'amour*, que rien n'est plus antiromanesque que ce souci d'explication et de démonstration. Mais l'une et l'autre étaient pour moi, de très loin, plus importantes que l'éventuelle perfection esthétique. En d'autres termes, les livres publiés jusqu'ici sont, dans mon esprit, des outils de combat avant d'être des romans. J'y ai volontairement sacrifié la pure qualité littéraire à l'intention de forger une arme » (p. 10). Effectivement, Jean Brune n'est pas un bon écrivain et le dire n'implique pas une hostilité à sa qualité de Pied-noir, mais ses « frères » exagèrent considérablement sa place et ses talents.

hit seulement de la méconnaissance – c'est le cas aussi dans le racisme « involontaire ».

Ce ne sont pas seulement des individus qui ont manqué de sensibilité, ou de sympathie, ou de charité, mais aussi les grandes institutions... Une protestante, fille de colon, se montre amère : « En 1930, l'Église réformée montait aux nues les colons, elle les descend en flèche dans les années 1955. On nous a accablés de tous les maux, on a très très mal vécu, on n'a pas été bien accueillis... Dans les sermons, les torts qu'on pouvait avoir... On se sentait culpabilisés » *(entretien 89, femme, génération 1930-1939).* Un Bônois éprouve de la rancune à l'égard du curé de son quartier lors de son arrivée dans une ville de province : « À la messe de minuit, là le prêtre a demandé à ses ouailles de recevoir des petits musulmans, alors que nous étions démunis, nous n'avions pas de meubles, nous n'avions rien..., dans un froid glacial que nous ne connaissions pas. » Dans la ville, l'accueil a été défavorable, nettement hostile, dit-il, puis il s'est modifié : « J'avais le verbe facile, on avait sur le cœur ce qui nous était arrivé, on nous avait fait partir de chez nous, on avait signé les accords d'Évian qui étaient respectés d'un côté et pas de l'autre, je racontais à tout le monde tout ça. Des jeunes femmes du bureau qui découvraient tout ce que nous avions pu passer me disaient : "On a ignoré tout ça" » *(entretien 51).* Gabriel Conesa a porté un bon diagnostic : « Beaucoup des nôtres ne sont plus que des Français non pratiquants[38]. »

Les exceptions

Très rares sont, parmi les Français d'Algérie que j'ai rencontrés, ceux qui m'ont dit avoir été bien reçus : cela a pu être

38. Gabriel Conesa, *Bab el-Oued, op. cit.*, p. 220.

une aide matérielle *(entretiens 61, en Lorraine, 132, en Bretagne)* et donc forcément un contact amical, et parfois, juste une marque de sympathie, de compréhension : « Nous avons été très bien reçus par les habitants; dans les boutiques, avec ma sœur on se mettait à discuter, on parlait; alors les commerçants : "Oh madame, asseyez-vous, racontez-nous ce qui s'est passé, parce que nous ne savons rien, et nous savons trop ce que c'est de quitter son pays, nous l'avons quitté pendant la guerre, c'est trop terrible." On n'avait pas envie de parler, on voulait oublier tout, mais il fallait en parler, on a été très bien très bien reçus par tout le monde, les enfants à l'école, très bien » *(entretien 157, femme, génération 1920-1929; la scène se passait à Dunkerque).*

Intégration économique et intégration profonde

« Nous, en France, nous ne sommes pas des Français comme les autres; politiquement absolument rejetés, idéologiquement à part, psychologiquement, malgré les apparences, pas intégrés du tout. La seule intégration que nous ayons complètement réussie, c'est notre intégration économique, dans l'ensemble. Je suis persuadé que c'est la moins importante de tout, une insertion économique, ça peut se faire partout..., mais le plus important n'est pas fait..., nous faisons avec. C'est une des raisons pour lesquelles nous restons facilement entre nous » *(entretien 50).*

Dans les entretiens et dans les livres de souvenirs, on raconte très rarement comment l'installation en France s'est passée, c'est-à-dire comment, au milieu de la détresse, des insomnies, des larmes, les Pieds-noirs se cherchèrent de nouveaux repères, se reprirent à vivre. Dans un livre récent, Raphaël Draï a consacré une dizaine de pages faisant ressentir au lecteur l'arrivée chez son oncle, près de la Bastille, dans un appartement-refuge où des familles venaient transiter « pour retrouver leur souffle, pleurer tout leur soûl, épancher leur détresse, avant de se mettre en quête d'un logement et d'un travail, quel qu'il fût, à Paris ou dans la grise et alors lointaine banlieue. Nous nous relayons jour et nuit à la gare de Lyon pour véritablement ramasser les nouveaux arrivants ». Notre souffrance n'était ignorée de personne, affirme-t-il, en évoquant le témoignage d'Alain Peyrefitte qui avait demandé – sans succès – au général de Gaulle, de faire un discours d'accueil pour soulager leur détresse morale[39]. Après beaucoup de lectures, je constate que Raphaël Draï se trompe sur ce point : la profondeur de leur souffrance était ignorée. L'indifférence générale tient largement à un manque d'informations ou à de fausses informations, et aussi au manque d'imagination ; très peu de monde a *vu* cette arrivée. En tout cas, ses belles pages qui décrivent la « dévastation » de l'existence que fut l'exil pour tant de Français devraient être lues et retenues.

Un Pied-noir qui vivait depuis longtemps à Paris porte un regard nuancé sur cette arrivée : bien sûr, dit-il, l'exode, énorme, imprévu, a été difficile, le général de Gaulle avait vraiment cru que les Pieds-noirs retourneraient en Algérie, Robert Boulin, secrétaire d'État aux rapatriés, aussi, de même qu'un grand nombre de responsables du F.L.N., ce qui, souligne-t-il, était « absolument ne rien comprendre ». Les Pieds-noirs avaient « les nerfs à vif », « l'attitude des pouvoirs aurait pu être plus généreuse, quand même » ; mais il ne veut pas retenir que les éléments négatifs, il y a eu du « dévouement », et « malheureusement les Pieds-noirs n'ont pas fait beaucoup d'efforts, ils se sont refermés sur eux-mêmes, il y a même eu des maladresses ». Mais il répète ce qu'un très grand nombre d'entretiens disent : « Qui veut noyer son chien l'accuse de la rage » *(entretien 78, génération 1920-1929).*

Il faut souligner cet aspect essentiel : l'intégration économique, remarquable, a été parfois accompagnée d'un repli sur soi, d'une exaltation de l'altérité, d'une distance vis-à-vis de la

39. Raphaël Draï, *Lettre au président Bouteflika...*, *op. cit.*, p. 62 et p. 67. Sur la demande d'Alain Peyrefitte au général de Gaulle, voir annexe III.

France – certains, par exemple, m'ont dit n'avoir jamais voté. On a noté l'expression de Gabriel Conesa : « des Français non pratiquants », lourde d'implications. C'est *la première fois* qu'un tel phénomène se produit dans l'histoire de la France ; il marque un tournant : la France a perdu son unité ou plutôt sa volonté permanente d'unité et elle est tombée dans l'acceptation ou la célébration d'une France « plurielle », ce qui est un affaiblissement et un risque à l'époque où l'Europe tente de se construire. La prolifération actuelle des communautarismes a commencé avec l'échec de 1962. La France, qui avait été minée par les deux guerres, n'a pas eu la force et l'intelligence historique d'expliquer, de communiquer aux Français d'outre-mer son histoire, ses fondements, ses particularités ; mais comme elle n'avait pas su assurer un bon accueil, pouvait-elle faire ce travail d'intégration profonde, réelle ?

Gabriel Conesa écrit en 1970 : « La première fois que mon père a mis les pieds en France, c'était pour faire la guerre ; la première fois que j'ai mis les pieds en France, c'était aussi pour faire la guerre. Pendant qu'il se battait, sa mère est morte ; pendant que je me battais, il est mort. Il avait choisi la France et cela nous coûta à tous les deux dix ans de nos vies dont sept de guerre. Qui prétend nous enseigner la France[40] ? » Il y a là un malentendu profond ; la guerre n'apprend pas ce qu'est la France, sinon tous les musulmans que la France a requis l'auraient appris autant que les Pieds-noirs. Les batailles autour des chiffres des morts, fréquentes chez les Pieds-noirs, montrent au moins de la naïveté. L'interminable hécatombe de la guerre de 14 n'est pas exprimée seulement par le nombre effroyable de ses morts ; on n'arrive pas à définir les conséquences de toutes ces morts et destructions sur la vie du pays tout entier. L'universitaire anglais George Steiner a remarqué que, à cause des cadres décimés, des villes rayées de la carte, « la trame serrée de la vie française se trouva gauchie. Elle n'a retrouvé depuis lors ni son équilibre ni sa souplesse[41] ». Cette remarque, discrète, est juste et profonde.

L'analyse des conséquences de la Seconde Guerre mondiale est encore plus difficile, plus incertaine. Les Pieds-noirs arguant du

40. Gabriel Conesa, *Bab el-Oued*, *op. cit.*, p. 17.
41. George Steiner, *Dans le château de Barbe-Bleue* (1re éd. franç., 1973), « Folio », 1986, p. 43.

chiffre de leurs morts n'essaient pas d'imaginer ce qu'a été la longue occupation : déportation, otages, morts, tortures, temps de délation, d'humiliations, de destructions, d'appauvrissement, pays pillé[42]... Leurs récits glorieux de la campagne d'Italie, ponctués d'accusations, montrent beaucoup de méconnaissances. D'abord, le général de Gaulle est accusé de minimiser cette campagne : il suffit de lire le tome II de ses *Mémoires de guerre, L'Unité (1942-1944)* [paru en 1956] pour constater la place très importante qu'il accorde à cette campagne, ses éloges très vifs de Juin et du corps expéditionnaire, qu'il proclame « hors de pair »[43]. Les Pieds-noirs lui reprochent aussi d'escamoter le débarquement de Provence, toujours parce qu'il n'aimait pas les Pieds-noirs ; c'est faux. C'est le 15 août 1964, à Toulon, que le général de Gaulle échappa à un attentat préparé par un Pied-noir, André Rossfelder, qui en parle très longuement dans ses Mémoires, *Le Onzième Commandement.* Le vingtième anniversaire du débarquement, le général de Gaulle le célébra en Provence car c'est là qu'avaient débarqué les troupes françaises, et il était sur ce point inflexible. Les Pieds-noirs se plaignent que la campagne d'Italie ne soit pas connue, ne soit pas célébrée ; des travaux précis lui ont été consacrés, décrivant la participation française ainsi que le corps expéditionnaire français. L'un des livres écrits par un spécialiste, le colonel Le Goyet, a pour sous-titre « Une victoire quasi inutile[44] » : on voit que cette campagne dure, meurtrière, héroïque n'a pas eu d'effet décisif ni même d'effet important sur la fin de la guerre, car la victoire n'a pas été exploitée, et c'est ce qui explique que cette campagne soit peu invoquée.

Les Pieds-noirs ont assez de raisons d'avoir été déçus par la France et par les Français, pourquoi s'inventent-ils ici des griefs injustifiés ? Sans doute parce que la condition de minorité et de minorité « vaincue » et calomniée entraîne une sensibilité avivée et une susceptibilité excessive qui rend malheureux.

---

42. Un seul Pied-noir semble sensible à la tristesse de Paris, pourtant libéré, quand il alla en permission chez des amis de sa belle-sœur : « Ils m'ont reçu bras ouverts, mais je me suis rendu compte de la tristesse, de ce qu'il pouvait y avoir de dur dans la vie que les Parisiens avaient connue pendant toute cette période ; ils n'avaient pas de chauffage, c'était en plein hiver, je me rappelle avoir dîné chez eux avec ma capote, le col relevé, ils avaient encore cet affreux pain de maïs qui est dur..., la joie des gens en nous voyant mais la tristesse de la vie quotidienne » *(entretien 15).*

43. Charles de Gaulle, *Mémoires de guerre*, II, L'unité (1942-1944), « Combat ».

44. Pierre Le Goyet, *La Participation française à la campagne d'Italie*, 1943-1944. Imprimerie nationale, 1969. *Le Corps expéditionnaire français en Italie*, 1943-1944, Imprimerie nationale, t. I, 1971, t. II, 1973. *La Campagne d'Italie*, Une victoire quasi inutile, Nouvelles éditions latines, 1985.

LE REBOND

Un interlocuteur indigné par la réputation que la presse a faite aux Pieds noirs « jetés aux poubelles de l'Histoire » s'indigne aussi de l'arrivée « sans truc d'accueil, c'était terrible ». Il enchaîne : « Si ce peuple n'avait pas montré une joie de vivre, un esprit d'entreprise, une possibilité de travail, de survivre, farouche, ça aurait pu être quelque chose de... tragique, c'était la chance de tomber sur des gens qui ont pu survivre à ça » *(entretien 171).* Le dynamisme de la communauté est très souvent souligné, et il est en effet remarquable : « Les Pieds-noirs, en général, ont bien réussi, parce qu'ils ont quand même du cœur au ventre; l'adversité a été souvent un aiguillon. "Vous allez voir ce que vous allez voir, vous allez voir de quoi on est capables." [...] En général, ils se sont bien débrouillés. On n'était pas aussi mauvais que certains ont bien voulu le dire, c'est une satisfaction *a posteriori* » *(entretien 56).* « Ce qui m'a stupéfié, c'est la capacité d'adaptation de tous les Pieds-noirs; je vois tous les gens de ma famille qui ont réussi à rebondir avec une énergie peu banale » *(entretien 137, génération 1930-1939).* Mais un autre déclare : « On parle des gens qui ont réussi, mais on n'a pas montré les petites gens qui sont en train de souffrir, qui ne sont pas réintégrées. » Il parle des harkis[45], des suicides à l'arrivée, et dit qu'actuellement 1 500 à 2 000 familles de l'agriculture et de l'artisanat sont plongées dans « une forte détresse »; il travaille à les défendre *(entretien 143).*

45. Cet interlocuteur a paru se soucier vraiment des harkis, alors que souvent, dans les entretiens, la mention des harkis semble conventionnelle; il s'agit plus d'une accusation, justifiée certes, portée contre la France, que l'expression d'un intérêt fort pour les harkis. Un chapitre, « Le silence de la France », du livre de Mohand Hamoumou, *Et ils sont devenus harkis* (Fayard, 1993), montre la responsabilité du gouvernement français qui, en abandonnant les harkis, a permis le massacre, de la manière la plus abominable, de dizaines de milliers d'entre eux.

« Le rapatrié est donc bien une chance pour la France »

Un rapport publié par la *Documentation française*[46] a dressé, près de quinze ans après leur arrivée, un bilan général de l'intégration des « rapatriés ». Il ne faisait pas toujours montre d'une grande subtilité (par exemple : « La deuxième erreur grave fut de considérer les Français d'Algérie comme trop attachés à leur sol pour qu'ils l'abandonnent », p. 5 ; ou : « Les Français d'Algérie affirmaient eux-mêmes qu'ils ne concevaient pas d'autres rapports que ceux de la période coloniale », p. 6), mais il jugeait aussi que « l'action en leur faveur n'a sans doute pas été à la mesure de l'apport largement positif qu'ont représenté les rapatriés pour la collectivité nationale ». Il en soulignait le dynamisme, parlait de « modernisme », d'« ouverture d'esprit » (p. 60), de « largesse de vue », de « réceptivité », d'« esprit coopérateur », d'« imagination », d'« audace » (p. 61). Sa conclusion : « Le rapatrié est donc bien une chance pour la France » est d'autant plus forte qu'il avait brossé un tableau pessimiste de leur arrivée : population « inadaptée à la France » du fait de la distorsion entre les nécessités nationales et la structure professionnelle des Pieds-noirs, handicap que constituait sa composition : « Elle comprend beaucoup d'Espagnols, d'Italiens, de Maltais, naturalisés certes, mais maniant la langue française avec beaucoup de difficultés » (p. 8). Il avait signalé aussi le repli, la méfiance des métropolitains qui surestimaient considérablement l'effectif et la fortune des Français d'Algérie. Il concluait de manière appuyée sur l'apport essentiel des agriculteurs, des commerçants et des artisans, ce qui ne voulait pas dire, rappelait-il, qu'il n'y avait pas eu un certain nombre d'échecs.

---

46. Pierre Baillet, « Les rapatriés d'Algérie en France », *Notes et études documentaires*, n° 4275-4276, mars 1976.

UN EXIL SINGULIER

« C'est une sorte d'exil très particulier... Quand un Russe comme Nakobov est aux États-Unis, il est exilé, il sait que le régime a changé, mais il sait aussi que les Russes continuent à boire le thé, la vodka... Il sait aussi que, s'il retourne en Russie, il va retrouver les usages, tandis que nous, on a quitté un pays où tout a changé de nom et où, en somme, on efface tous les signes »*(entretien 18, génération 1920-1929).*

Ce n'est pas seulement un pays perdu, c'est *un pays qui n'existe plus,* ces derniers mots ont été très souvent répétés par des interlocuteurs différents. De nombreuses populations ont été déplacées, chassées au cours du xxe siècle, mais la passion *singulière* des Pieds-noirs pour leur passé tient à ce que le pays magnifique qu'ils aimaient a disparu ; le caractère tragique de cet exil tient à cette *disparition.* « Le plus dur, c'est que ce pays n'existe plus, je veux dire ce pays qui a été le nôtre. » Le voyage que cet Algérois fit là-bas en 1983 a été bénéfique par certains côtés : « Je n'en rêve plus », alors que depuis juin 1962, dit-il, « je rêvais de l'Algérie comme beaucoup, je pense que vous l'avez entendu souvent, c'est vrai que nous en rêvions[47] ». Mais ce voyage a aussi été cruel : « Ce qui est navrant, c'est que vous ne pouvez imaginer ce qu'ont pu être les grandes villes, Alger, Oran, Constantine, qui ont été des métropoles véritables, et Alger, on disait, la deuxième ville de France, à juste titre, par le rayonnement, l'éclat, la beauté même de la ville. C'est peut-être le plus cruel dans ce retour que j'ai fait en 1983... de constater la décrépitude de cette ville, comme

47. De très nombreux interlocuteurs parlent en effet de rêves. À la fin d'un entretien très triste (son père a été assassiné par le F.L.N.), un homme du bled, du Constantinois, parle des voyages qu'il effectue depuis dix ans à travers le monde, et qui lui font du bien ; il dit brusquement : « Il n'y a pas de remèdes, je ne passe pas une nuit sans penser à tous les oliviers qui sont chez moi, qui étaient chez moi » *(entretien 25, génération 1920-1929).* « Je rêve encore que je suis dans les rues d'Alger et quand je me réveille, ce rêve-là a plus de présence que le paysage que je vois par ma fenêtre. C'est dire que nous sommes bien malades » *(entretien 50).*

dans ces bandes futuristes catastrophiques dans lesquelles on voit les villes en ruine, ces murs qui se lézardent... Tout est usé. J'ai fait au pas de gymnastique le tour de l'hôpital Mustapha qui était un superbe hôpital ; en 83, c'était devenu des choses abominables et tout est à l'avenant, c'est très cruel, ça fait beaucoup de peine. [...] Alger, c'était une ville européenne très bien organisée et qui fonctionnait bien... C'est désolant parce que ça, c'est mort. » « Le retour à Alger, dit-il dans un second entretien, a été une épreuve que j'ai différée pendant vingt et un ans. Il fallait voir le pays mort pour en faire le deuil. » Mais il répète aussi des mots qui contredisent cette affirmation : « C'est vrai qu'il y a un deuil infaisable, irréalisable, mais vous vous êtes bien aperçue que nous ne passons pas notre temps à pleurer. [...] Nous ne nous plaignons pas, ce serait gros de nous plaindre, mais, c'est vrai, nous ne ne pouvons pas dire que nous soyons chez nous. » À de multiples reprises, il ponctue les entretiens de la même phrase : « Je crois que nous ne nous en sommes jamais complètement remis » *(entretien 29).*

Que le pays soit abîmé, chacun le constate, quelles qu'aient été jadis ses opinions politiques et ses attentes sur l'avenir de l'Algérie. Ayant approuvé l'indépendance, n'ayant pas éprouvé de regret en partant, une femme est retournée en Algérie, en 1973 : « Quand je pense que j'ai adhéré... que j'étais pour cette libération en somme, et que les gens sont malheureux ; ils vous le disent en tête à tête. J'ai revu Blida, ma maison, c'était désert, triste, la Mitidja commençait à être très dépeuplée, déjà il y avait moins d'arbres fruitiers, de légumes, il n'y avait rien sur les marchés, c'était le socialisme... soviétique installé [...]. Je suis revenue avec une grande nostalgie, une mélancolie des individus et une tristesse terrible de voir comment ils étaient » *(entretien 103, génération 1930-1939).* « J'y suis retournée avec beaucoup de plaisir... avec beaucoup de... je ne peux pas dire de peine... si, de voir un pays qui a été abîmé, tout ce qu'on avait laissé, qui est dans un tel état... Je crois que c'est le bonheur de le revoir qui est passé au-dessus de tout, je crois que la joie de retourner a été plus forte que l'angoisse que j'avais au départ » *(entretien 41, génération 1910-1919; il s'agit d'un retour à Constantine, en 1989).* « Je suis allé à Alger, en mai 2000, pour des raisons professionnelles... À Alger, un immense bonheur et une immense tristesse, un immense bonheur dès que je suis descendu de l'avion, sentir l'odeur de l'Algérie..., un pays a une odeur, et cet immense bonheur, le ciel, le ciel que j'avais connu, il n'a pas pu changer, l'air, on n'a pas pu le changer, donc il reste encore quelque chose de mon Algérie... et une immense tristesse devant les bâtiments délabrés, mais surtout une immense tristesse devant le gâchis. » « Une envie de retourner très partagée, une attraction très forte, et en même temps la peur d'être confronté à mes souvenirs, la peur que le retour efface les souvenirs d'autrefois... Je sais que je retournerai d'une façon ou d'une autre à Bône... Je suis attiré comme un aimant »*(entretien 179).*

Le « retour » là-bas a été vécu parfois, mais rarement, de manière entièrement positive : « Rien n'a pu m'empêcher de retourner... J'ai eu une joie barbare, assez forte à ce retour; on a fait un film, je suis hyperesthésié, je ne me reconnais plus, je parle, je gesticule, déjà j'ai l'accent, j'étais hors de moi... J'ai réussi à voir tout ce que je voulais voir à travers ce que je ne voyais plus et à écarter ce qui me gênait » *(entretien 55).* « Jusqu'à ce que j'y retourne, en 1981, j'en ai rêvé presque chaque nuit », ajoute-t-il beaucoup plus tard. Les voyages de retour et les émotions rapportées illustrent la puissance de l'attachement au pays.

Beaucoup d'interlocuteurs ont parlé de voyages effectués, d'accueils chaleureux et émouvants, et d'autres de voyages qu'ils ne veulent surtout pas faire, à cause de tout ce qu'ils ne pourraient pas retrouver. « Je suis obsédé par un texte de Wiesel, un texte insupportable; lui aussi il veut retrouver, dans sa ville natale..., c'est un deuxième traumatisme parce qu'il ne retrouve pas sa maison, ça, je m'y attends. Moi, je veux... réajointer, resynchroniser les plans de ma mémoire pour ensuite construire, je ne veux pas retourner pour faire du tourisme. Qu'est-ce que je vais voir? Je vais voir qu'il n'y a plus rien à voir, je vais retourner plus désespéré encore. » « Moi, je n'ai pas voulu aller... C'est peut-être ma formation juive, talmudique, quand la mort a saisi... il faut remettre du vivant, beaucoup, beaucoup, il ne faut pas aller voir la mort » *(entretien 177).*

Beaucoup d'entretiens zigzaguent entre l'évocation du pays natal, le pays qui n'existe plus et la France qui est belle, mais qui n'est pas vraiment leur pays. « Le fait de me retrouver en France, jusqu'à... récemment, il y a encore sept, huit ans, j'étais pas en France de manière définitive dans mon esprit, j'étais de passage, il fallait vraiment que je fasse un effort sur moi-même pour me dire : mais c'est fini, c'est définitif, tu ne repartiras jamais. [...] Être ici *ad vitam aeternam...* Je ne pensais pas que je mourrais ici, que je serais enterré ici » *(entretien 53, génération 1930-1939).* « Je suis marié en France, j'ai des enfants, je n'ai pas le sentiment d'être chez moi. Je paye mes impôts, je suis un citoyen ordinaire, je peux éprouver des joies, mais je ne suis pas chez moi, avec tout ce que ça peut comporter... On peut imaginer des choses compulsives, une inaptitude à la vie, n'exagérons pas » *(entretien 79, génération 1940-1945).*

Une partie de cette communauté insiste sur sa différence, qui rend l'exil plus « profond » : « La mentalité française, c'est pas du tout notre mentalité d'Afrique du Nord, c'est le jour et la nuit, il n'y a aucune comparaison à faire, aucune » (*entretien 124, génération 1940-1945).*

« Puis, maintenant, c'est une évidence de vivre ici, c'est très différent, mais je ne peux pas dire que vraiment j'en souffre, c'est plutôt un manque... qu'une douleur... Le sentiment d'appartenance, quand j'étais là-bas, les choses, les gens, les paysages, c'était à moi. Ici, je suis en visite... Je schématise, bien sûr, de façon un peu ridicule, j'en ai conscience, mais c'est un peu ça... Étranger, oui, c'est vrai... peut-être, si je puis dire, la façon de prendre la vie... J'ai l'impression qu'ils sont peut-être plus près d'eux-mêmes que de l'extérieur, et les Français d'Algérie, plus près de l'extérieur que d'eux-mêmes... Eh bien, Camus est un Français d'Algérie, et peut-être la relation qui existe entre lui et le monde est une relation plus participante que celle d'un auteur métropolitain » *(entretien 47).*

La fierté de la différence et la solidarité de la communauté

Il est fréquent d'entendre parler dans les entretiens de la fierté d'être Français d'Algérie, sans que l'interlocuteur ne s'y attarde. Certains en disent un peu plus : « Ce sentiment d'étrangeté, je ne le cultive pas, l'Algérie m'a apporté ce sentiment d'étrangeté, un regard. » « Ça m'a donné le bénéfice d'une étrangeté, cette enfance particulière dans un monde dont la particularité était, à cause de la géographie et surtout de l'histoire, de vivre dans un décalage par rapport à la métropole ou à la marche du monde ordinaire, qui lui donnait un charme fou » *(entretien 79).* « Être Pied-noir, ça me donne toujours, à chaque instant, le sentiment d'une altérité... Il y a une distance que je vis avec un rien de vanité, j'ai l'impression que j'ai un supplément d'information, presque une ambivalence, je suis là et ailleurs ; j'hésite pas à me dire Pied-noir » *(entretien 86).* D'où vient cette distance ? Beaucoup d'entretiens parlent du fait d'avoir vécu dans un pays « mélangé » comme d'un plaisir et d'un atout. Si les interlocuteurs de milieux populaires parlent du bonheur de vivre dans des quartiers « mélangés », il s'agit du mélange de populations européennes et de leurs langues. Quand il s'agit d'habitants du bled et de personnes ayant, disons schématiquement, fait des études, c'est généralement l'apport de la civilisation musulmane qui est affirmé. « Il nous a fallu être coupés de ce monde-là pour comprendre tout ce que la cohabitation avec une autre civilisation nous avait apporté, ça nous a apporté quelque chose dont les Occidentaux sont totalement dépourvus, c'est tout simplement de comprendre qu'on puisse penser autrement que nous » *(entretien 50).* Nous laissons ici de côté tout ce qui a été dit sur le sens de l'hospitalité, qui aurait été reçu du monde arabe, c'est un thème archiconnu, et les formulations sont trop identiques dans les entretiens pour ne pas paraître un peu conventionnelles. Très fréquentes aussi, et convaincantes, me semble-t-il, sont les évocations du temps « ralenti » appris des Arabes, qui s'accompagnent parfois de la détestation du temps « hâtif » des Parisiens. Les descriptions de ce temps-là sont souvent lyriques, parfois savoureuses.

Jeanne Terracini évoque « l'intrusion des horloges et des carillons » : « Irréversible et irrévocable, fuyant et toujours présent, tyrannique et lancinant, le temps réglait et dominait l'existence des Français », alors qu'autrefois lui disait sa mère, « il n'y avait pas d'heures, mais des lunes et des ombres longues ou courtes. Le temps était approximatif, capricieux, anarchique ». « Le temps oriental dépérit », juge-t-elle, quand les Français « plantèrent des horloges à tous les carrefours[48] ». Non, le temps oriental n'était ni mort ni même évanoui. Au contraire, il n'est pas rare que des entretiens et des récits s'arrêtent avec plaisir sur le temps que le monde musulman leur apprenait, ou plutôt leur imposait. Jean Daniel, dans un livre où il se remémore son enfance, raconte la visite d'un Kabyle au magasin de son père : « L'usage était de ne pas lui parler affaires avant un long moment. Cela viendrait plus tard, par hasard, dans la conversation, après, bien après qu'on se fut inquiété les uns des autres pour finir par la promesse de se retrouver dans les pèlerinages qui réunissaient juifs et musulmans sur le tombeau des saints marabouts[49]. » L'un de mes interlocuteurs a raconté avec talent, avec des gestes et des silences, les tractations entre un commerçant de détail et son père qui était commerçant en gros d'étoffes indigènes fabriquées en France. Il mettait en scène la « comédie » des négociations : le notable arabe arrivant « avec ses trois burnous, avec ses enfants, avec majesté » ; il me donnait à mesurer l'importance, les formes, et la longueur des salutations, le café ou le thé offerts plusieurs fois, bref comment passer un temps fou à ne rien faire. Puis, petit à petit, le commerçant de détail levait la tête, il voyait, tout en haut des rayons, une étoffe : « Qu'est-ce c'est, là-haut ? Tu veux la voir ? » Suivait un échange de propos, il ne voulait pas déranger, etc., puis « ça glissait ». Le père faisait un serment sur la qualité de sa marchandise, le commerçant de détail assurait qu'il ne voulait pas marchander, bref la discussion allait être inter-

48. Jeanne Terracini, *Si bleu le ciel, si blanche la ville*, Albin Michel, 1996, p. 63 et p. 64.
49. Jean Daniel, *Le Refuge et la Source*, 1re éd., 1977, « Folio », 1979, pp. 23-24.

minable. Mon interlocuteur prit tout son temps pour me faire comprendre le sérieux de cette comédie *(entretien 141, né avant 1910).* Il n'a pas été rare d'entendre célébrer avec attendrissement, dans les entretiens, le temps suspendu appris des Arabes, un temps utile.

On a déjà cité ce que Jean Pélégri et Edgar Chauvin ont écrit avoir reçu dans le bled ; ce ne sont pas seulement des « colons » qui apprenaient. L'un de mes interlocuteurs, que j'ai vu longuement et qui disait que son approche pouvait me paraître « décousue » (elle était en fait pleine de méandres et aisée à suivre), mais qu'elle était « la meilleure » commentait : « C'est que les Arabes ont déteint sur moi », et il m'expliquait ce qu'était la sincérité dans l'instant, la justesse de la tradition orale *(entretien 120, génération 1930-1939).* Un autre, d'origine sicilienne, rappelant que les Arabes avaient « créé » la civilisation sicilienne, dit : « Le *mektoub* a marqué sur nous, nous sommes intuitifs, pas conformistes, fatalistes » *(entretien 118).*

Si les Pieds-noirs se sentent obligés, de toute façon, de se déclarer comme tels, c'est qu'ils appartiennent à une minorité caricaturée, calomniée et qui, à certains moments, a été en péril. Parlant de sa réaction lors de la semaine des Barricades, et plus généralement des manifestations, une femme dit : « On tenait bon, pour rien. J'approuvais puisque c'était les miens. Ça paraît une conduite pas logique ; la raison disait : "pour rien", et l'affectivité disait : "c'est les tiens qui sont là" » *(entretien 80, génération 1920-1929).* La solidarité est si forte qu'elle engageait tout autant des membres de la communauté qui vivaient au loin, et qui parfois n'étaient pas d'accord. « Je n'étais pas toujours d'accord, mais je sentais comme une espèce d'impératif catégorique l'obligation absolue, vraiment absolue, d'être solidaire, c'est-à-dire même des choses que, maintenant, j'aurais tendance à condamner, par exemple les actions violentes de l'O.A.S., le début des événements de 58 même ; je sentais qu'étant ici et à l'abri matériellement, marié en France, que l'Algérie soit ou non indépendante, ça n'avait pas beaucoup d'importance pour moi, j'avais d'autant moins le droit de me désolidariser. Je me suis dit : "Tu n'as pas le droit de réfléchir, tu n'as pas le droit d'apporter ton petit point de vue, les tiens sont en danger", jusqu'à la fin et même au-delà. [...] Vous vous souvenez du fameux accord F.L.N.-O.A.S., j'ai vibré ce jour-là, j'ai trouvé ça merveilleux » *(entretien 78).* « Cette communauté, on m'y a mis, j'ai réagi très violemment, en 62, au moment de l'O.A.S. Je n'ai jamais été attaqué personnellement, j'étais à Paris, et si j'avais voulu, personne ne me prenait pour un Pied-noir donc je pouvais passer absolument inaperçu. Justement, j'entendais tout le temps des propos fort désagréables sur les Pieds-noirs, alors là, je réagissais toujours en disant : "Je suis un Pied-noir, allez vous faire foutre", ou à peu près. Des solidarités, oui, je n'appartenais à une communauté que parce que je la sentais attaquée, ce qui est classique » *(entretien 3).*

On se trouve devant un enchaînement de conduites qui est compréhensible, inévitable. Une supériorité – un « plus » – est attachée à la condition de Pied-noir; la cohésion de la communauté est nécessaire puisqu'elle était attaquée; puis le « onzième commandement » (« Tu seras fidèle aux tiens, surtout quand la nation les oublie ou les diffame ») doit être respecté puisqu'elle a été vaincue, terme souvent utilisé.

La fidélité à la communauté amène d'abord à pratiquer une discrimination positive : « Dans mon travail, je fais jouer la solidarité pied-noire, on se sent pas vraiment identique aux gens de ce pays, je n'en fais pas étalage » *(entretien 150).* « Rien n'est plus dur que d'être un renégat. Je suis très ouvert, très attentif; à chaque fois que j'ai pu aider un compatriote, quelle que soit son origine, y compris les Arabes, parce que... il y a quand même toute une tranche de ma vie, la vie de mes parents, de mes grands-parents, ça a été un moment de l'histoire qui s'est défait. J'estime un certain devoir de conservation le plus longtemps possible et que tout geste de solidarité vis-à-vis des membres de la communauté pied-noire fait partie des obligations, il n'y a pas de discussion possible ». Il insiste pourtant sur le fait que, militant très engagé dans les mouvements Algérie française, il a « peu de choses communes » avec la communauté, « les repas, tout ça, je ne l'avais pas là-bas, je ne l'ai pas ici, c'est sûr » *(entretien 69, génération 1940-1945)*[50].

Cette solidarité « clanique » soulève des problèmes réels. Jean Daniel rapporte que le Pied-noir Jacques Berque soulignait, en 1962, que la soldarité clanique, le clan, est au-dessous de la communauté, qui est elle-même au-dessous de la nation ; en s'éloignant du « clan » pied-noir, il s'était, disait-il, davantage solidarisé avec la nation. Jean Daniel commentait : « Reste que lui et moi pensons à Camus et à sa phrase à Stokholm où il assurait que, si on l'obligeait à un choix, il préférerait toujours sa mère à la justice. Nous sommes trop, Berque et moi, "de là-bas" pour ne pas comprendre le principe d'une réaction de ce genre. Il faut un singulier effort sur ce qui est le plus sacré pour dénoncer les siens au profit de principes universels[51]. »

Ce qui est redoutable, ce n'est pas cette solidarité, ni la fierté, c'est la fabrication, contre la lecture injuste qui a été faite de leur vie, de leur histoire, d'un récit monolithique qui sur certains points n'est pas crédible, car il est trop lissé et ponctué de lacunes. Cette histoire a été très complexe, remplie de contradictions, de malentendus, de méconnaissances, les expériences ont été fructueuses, mais coûteuses de part et d'autre, la « limpidité » qu'ils lui donnent souvent sonne faux. À moins d'écrire *Autant en emporte le vent,* comme le suggérait Braudel... On a cité précédemment un Pied-noir qui disait son étonnement, un certain agacement en voyant les associations se faire gardien du tombeau, et n'étant pas capables d'une relecture critique de leur propre histoire : « Trente-cinq ans après, aller parler de ça de façon monolithique... » *(entretien 16).* Quarante ans aurait pu, et dû, être une bonne mesure pour repenser ce passé. Or rien

---

50. Il dit aussi : « Strictement, je n'ai aucun attachement à l'Algérie. Je n'ai aucune nostalgie de l'Algérie, de ses odeurs, et je ne serais pas resté en Algérie si ça s'était bien passé. Je serais quand même vraisemblablement venu vivre à Paris. [...] L'Algérie, j'en garde pas un souvenir absolument extraordinaire... C'est vrai que les brumes du printemps sur le port d'Alger, il y avait quelques spots... Ceci dit, Orléansville, il faut aimer, hein [...]. Quant à Alger, ce n'est pas un climat extrêmement agréable, c'est humide, la mer, c'est bien, on la trouve partout, je n'ai pas aimé la Méditerranée, c'est comme ça. J'aime Ostende, j'aime la Frise orientale, chacun a le romantisme qu'il veut ; donc je n'ai vraiment aucun regret, je déteste l'odeur du jasmin, l'odeur des merguez, c'est comme ça. Je rêve rarement de l'Algérie, contrairement à beaucoup de gens qui en rêvent » *(entretien 69).*

51. Jean Daniel, *La Blessure*, Grasset, 1992, p. 99.

n'est moins sûr : la lecture dominante qui avait été fabriquée dans la violence des combats, quand il s'agissait de morts d'hommes, de souffrances, de grands principes et de valeurs à défendre, loin d'être repensée, critiquée, exagère encore ses schématismes, ses oublis, ses falsifications, ses jugements.

Les vœux ardents des Français d'Algérie et leur solitude

« Le gouvernement nous doit trente-cinq ans de soleil, de fraternité, de tout ce qu'on a laissé là-bas, même si nous n'avions pas de biens » *(entretien 134).* Les Français d'Algérie attendent, réclament une réappréciation de ce qu'ils sont, de ce qu'ils ont fait. On en est fort loin. En juin 2000, un prêtre, ancien secrétaire pastoral d'études politiques auprès du cardinal Jean-Marie Lustiger, demandait dans *Le Monde* que l'Église proclame sa repentance pour ses « lourds silences » « tant vis-à-vis des crimes du colonialisme que ceux de la torture depuis l'Indochine jusqu'à l'Algérie ». Certes, ce « docteur en théologie morale et en histoire » écrivait que « les générations engendrées n'ont pas à supporter le principe moral inadmissible de la responsabilité collective », mais il ne précisait pas ce qu'étaient les « générations engendrées », ni ce qu'il appelait les « persécuteurs indirects »[52]. Or pourrait-on se repentir d'un silence si ce qui avait été tu n'était pas criminel ? Et si l'époque coloniale, les sociétés coloniales étaient criminelles, comment réévaluer l'image de ses habitants, nés là-bas, ayant vécu là-bas ?

Il faut souligner que l'Église n'a pas fait silence sur les colonies : au contraire, elle glorifiait ce qu'elle disait constater, et à ses yeux il n'y avait visiblement pas de crimes... Rien n'est plus

52. Père Alain Maillard de La Morandais, « La leçon de dignité de Louisette et l'amnésie suspecte de Bigeard », *Le Monde*, 24 juin 2000. « Louisette », qu'il remercie, est une militante algérienne, Louisette Ighilaghiz, torturée en 1957. Elle a connu une une « parenthèse politique » importante dans sa vie et fut nommée « directeur central du F.L.N. en 1980 ».

probant que le congrès eucharistique qui s'est tenu à Alger du 2 au 8 mai 1939. L'archevêque de Paris, Mgr Verdier, conduisit une importante délégation de prélats de la métropole. La veille de son départ, il avait précisé le caractère de ces fêtes : « Il est peu d'assises religieuses dont l'intérêt aura été aussi grand et cela pour trois raisons : d'abord, à Alger, les catholiques qui seront réunis, montreront par leur présence et leur nombre déjà considérable, que notre Afrique du Nord est le simple prolongement de la France métropolitaine. C'est la politique impériale qui tout naturellement s'affirme. Au même titre que Bordeaux ou Besançon ou Lyon, Alger est une cité française de premier ordre. La France est là, de l'autre côté de la Méditerranée comme de ce côté, chez elle. Ensuite, nous tenons à ce que, par-delà le geste de piété et de commémoration souligné par le choix du centenaire de l'érection d'Alger en évêché, on voit dans le déroulement du congrès un témoignage de bien profonde sympathie à l'égard de tous nos frères musulmans et, d'une façon générale, plus étendue, à l'égard de tous les ressortissants de notre Empire [...]. En outre, nous apporterons un tribut de gratitude aux chefs militaires, aux administrateurs civils, aux fonctionnaires, aux colons qui, depuis plus d'un siècle, ont travaillé, souvent au prix de leur vie, pour que la conquête de 1830 soit digne du pays dont ils ont là-bas installé et fait flotter les couleurs. » Des cérémonies « émouvantes », des réceptions, et le « déférent hommage » apporté « spontanément » par le grand muphti d'Alger et le grand rabbin avaient permis de dégager la « portée universelle » de ce congrès[53]. On ne saurait parler de silences de l'Église. Si elle se livrait à la « repentance » que recommande, que souhaite ce prêtre, l'Église devrait se repentir plutôt de ses excès de paroles.

53. « Algérie, le congrès eucharistique », *Bulletin de Comité de l'Afrique française*, mai 1939, pp. 144-145. Un seul Pied-noir a parlé de ce congrès : « Une erreur qui a été commise, c'est d'avoir fait un congrès eucharistique, je devais avoir treize-quatorze ans, qui a amené de très grosses manifestations religieuses et j'ai eu l'impression que les musulmans n'appréciaient pas du tout ça » *(entretien 60, génération 1920-1929)*. Il insistait, comme beaucoup d'autres, sur la tolérance de la République laïque vis-à-vis d'une communauté musulmane croyante et pratiquante.

Le gouverneur Léonard a exprimé de la manière la plus claire comment « la vieille Église d'Afrique à l'esprit missionnaire » avait été « étroitement associée à la présence française » jusqu'en 1954. En apprenant la nomination à Alger de Mgr Duval, en janvier 1954, Roger Léonard avait été « quelque peu inquiet » : Mgr Duval ne lui semblait pas capable d'acquérir l'autorité dont avait joui son prédécesseur, Mgr Leynaud, en raison certes de « son apparence ascétique, son absence de chaleur humaine », mais surtout en raison du tournant complet de l'Église – Roger Léonard l'avait tout de suite vu, l'avait bien compris. À cause de sa « soumission aux directives de Rome qui a choisi de ne plus compromettre sa cause avec la nôtre », Mgr Duval risquait de ne pas avoir accès « au cœur un peu rude » des Pieds-noirs. Roger Léonard avait conclu : « Il est clair que nous ne ramons pas sur le même bateau[54]. » Mais, jusqu'en 1954, l'Église ramait, énergiquement et bruyamment si l'on peut dire, sur le même bateau, pour l'Empire.

On a décrit, au chapitre III, la célébration du centenaire de l'Algérie et analysé les discours qui submergeaient les « colons » de louanges sans mesure; leur « œuvre » était saluée comme étant magnifique et profitable aux populations colonisées. L'Église n'était pas en retrait sur ces appréciations, loin de là. Les Français d'Algérie ont baigné dans ce climat, y ont cru. En 1960, la classe politique ayant « oublié » ce qui avait été affirmé en 1930, a dit l'inverse, et brutalement. Quant à l'Église, elle a effectué aussi un virage radical, et, il faut le souligner, avec une petite avance sur la classe politique. Ayant très longtemps encouragé des actions qu'elle trouvait admirables, elle a voulu prendre ses distances pour sauver l'(hypothétique) avenir de l'Église en terre d'islam, et elle découvre à présent que les actions dans les colonies étaient criminelles... Le retournement de la classe politique et celui de l'Église expliquent en partie le désarroi des Pieds-noirs. André Rossfelder désigne comme « chapitre de colère » les quelques pages qu'il consacre

54. R. Léonard, *Souvenirs du pays perdu*, *op. cit.*, t. III, pp. 8-9.

à la stupeur, à l'incompréhension, à la douleur des Pieds-noirs quand ils virent le gouvernement de la France et l'Église effectuer, si l'on peut dire, un tournant de 180 degrés. « Ces jours d'autrefois où les métropolitains parlaient fièrement de leur empire de "cent dix millions de Français" en louant le génie colonisateur de la France et les faits d'armes qui l'avaient porté là où le soleil ne se couchait jamais ; où les Bugeaud, les Gallieni et les Lyautey étaient des héros nationaux et les colons des bâtisseurs, ces jours-là étaient à oublier. La "mission civilisatrice de la France" n'appelait plus que le sarcasme ou la contrition[55]. »

Un Pied-noir s'interrogeait au cours de l'entretien sur un problème capital : comment se fait-il que tout au long de l'Histoire, arrivent des moments où une chose existant avec une certaine permanence ne peut plus être soutenue, défendue ? Il posait, il ruminait même la question suivante : « Comment, historiquement, les choses deviennent insupportables ? » Il parlait d'un processus lent et irréversible *(entretien 141).* L'un des drames des Français d'Algérie, c'est que la remise en question d'une époque ait été non pas progressive, mais très rapide, brusque même. On a cité, au premier chapitre, José Aboulker commentant ses réactions lors du débat sur l'Algérie en juillet 1945 ; homme de gauche, député à l'Assemblée consultative provisoire, il était longuement intervenu ; l'état d'esprit qu'il décrit permet de comprendre les Français d'Algérie : « On n'était pas anticolonialiste, on n'était pas pour une indépendance, ça n'existait pas [...]. J'étais contre le colonialisme dominateur et répresseur contre les individus, injuste et moralement inacceptable, mais ça n'allait pas du tout jusqu'à admettre encore l'idée d'indépendance. Et à mon avis le terme de décolonisation n'existait pas encore ; quand j'ai fait mon intervention en 45, ça

55. A. Rossfelder, *Le Onzième Commandement, op. cit.*, p. 434. Il attaque, deux pages plus haut, des prêtres, des ordres et le pape : « Pie XII, qui avait gardé le silence devant l'holocauste hitlérien et se taisait devant le goulag stalinien, dénonçait la dureté des interrogatoires menés par des militaires français sans vouloir condamner la coercition par l'horreur sans laquelle elle n'aurait pas existé » (p. 429).

n'existait pas, il n'existait pas en français en tout cas. Alors, la chose... » *(entretien du 18 mars 1997).* Or la remise en question de l'Algérie française, qui s'est produite en très peu d'années, a amené, de manière également très rapide, les Français – beaucoup d'entre eux, du moins – à juger les Pieds-noirs et à les condamner sans appel, parce qu'ils étaient nés de l'autre côté de la mer.

L'AVENIR DES FRANÇAIS D'ALGÉRIE

L'apaisement des Français d'Algérie passera par la révision des jugements portés sur eux et par l'écriture d'une histoire équitable. Ils se trouvent en butte à l'histoire « officielle », ou du moins à une histoire qui *domine* en France, même si elle se trouve *à l'opposé* de l'histoire qu'assume avec fierté l'actuel chef d'État, Jacques Chirac.

On a déjà cité cette allocution, mais elle mérite d'être relue tant elle est à l'opposé de ce que l'essentiel de la presse et de l'Université affirme – avec, il faut le dire, un certain terrorisme – de violents anathèmes. Inaugurant, le 11 novembre 1996, un monument à la mémoire des victimes civiles et militaires tombées en Afrique du Nord de 1952 à 1962, Jacques Chirac, après avoir salué les 25 000 soldats disparus auxquels il associait la mémoire des soldats de l'armée d'Afrique, exaltait l'œuvre française : « Pacification, mise en valeur des territoires, diffusion de l'enseignement, fondation d'une médecine moderne, création d'institutions administratives et juridiques, voilà autant de traces de cette œuvre incontestable à laquelle la présence française a contribué [...]. Traces matérielles, certes, mais aussi apport intellectuel, spirituel, culturel [...]. Aussi, plus de trente ans après le retour en métropole de ces Français, il convient de rappeler l'importance et la richesse de l'œuvre que la France a accomplie là-bas et dont elle est fière. [...] Les uns et les autres ont mérité les honneurs de la mémoire[56]. »

56. Allocution de Jacques Chirac, président de la République, 11 novembre 1996, *Bulletin d'information du GNPI, organe semestriel du Groupement national pour l'indemnisation des biens spoliés ou perdus d'outre-mer,* févr. 1997, n° 145, p. 42.

Les Français d'Algérie sont aussi en butte à l'histoire que leur pays natal a construite. Il est vital qu'une collectivité naissante, l'Algérie, se cherche un passé, une continuité, mais, en utilisant des mots comme « troupes d'occupation », « occupation[57] », le président actuel de l'Algérie pose un problème douloureux aux Français d'Algérie. Il porte aussi une condamnation inique sur les Algériens qui étaient francisés, qui sont Français. En faire des « collabos », des collaborateurs des « occupants », c'est ne pas vouloir assumer l'histoire réelle et empêcher de construire un avenir vivable si le passé est à ce point malmené, noirci, et si une grande partie de la société est mise en accusation[58].

Face à ces versions de l'Histoire – celle qui domine en France, celle, officielle, de l'Algérie – qui les accablent, les Français d'Algérie ont tendance à raconter une histoire irréelle. L'histoire réelle est à construire ; au volume considérable de matériaux classiques qu'il faudrait analyser s'ajoutent des œuvres littéraires écrites durant la présence française – en premier lieu, *Le Premier Homme,* d'Albert Camus – et un nombre très élevé de livres de souvenirs, de mémoires, de romans, imprimés ou non, écrits depuis plus de vingt ans et dont le volume ne cesse d'augmenter, en incluant bien sûr les récits des Algériens. De nombreux livres de Pieds-noirs gomment les tensions et les drames ; les relations entre les communautés sont arrangées ; les injustices sont souvent atténuées, parfois tues. Ces récits manquent le plus souvent, il faut le reconnaître, d'interrogations sur ce passé et sur son éclatement final. Mais il faut comprendre que la violence des événements, la brutalité du départ ne pouvaient qu'être incompréhensibles, incomprises. Les Pieds-noirs ont subi une histoire à laquelle ils n'ont pas participé, ou si peu. « En 62, j'avais l'impression que les événe-

57. Voir par exemple l'allocution du président Abdelaziz Bouteflika, Constantine, 6 juillet 1999, reproduite dans : R. Draï, *Lettre au président Bouteflika*..., *op. cit.*, pp. 131-140.

58. Il faut y insister, ce ne sont pas seulement les harkis qui sont stigmatisés, mais tous ceux qui ont choisi la France. On notera par ailleurs que parler d'« occupation », c'est faire des Pieds-noirs des « occupants », il est alors paradoxal de les inviter.

ments qui me forçaient à partir étaient des événements qui me dépassaient complètement. J'ai bien l'impression qu'eux non plus ne comprenaient pas non plus pourquoi [...]. Je ne veux pas dire qu'il n'y avait pas de problèmes, de contradictions ; s'il y a une révolution, une guerre aussi dure, c'est qu'il y avait d'énormes contradictions, des problèmes économiques, des problèmes politiques. Mais, sur le plan du vécu individuel, ça ne venait pas jusqu'à nous... ou alors, sous une forme très atténuée » *(entretien 32).* Cette stupeur devant la fin de l'Algérie française est très fréquente. Jean Daniel a sans doute raison d'écrire : « Le problème algérien n'a-t-il pas dépassé tout le monde, de Gaulle, les Français[59] ? »

Nul doute que cette stupeur ait existé de l'autre côté. Il faut enregistrer ce que m'a dit un Constantinois : allant en Algérie en 1981, il rendit visite à un proviseur de lycée qui avait été son élève ; les discussions avec lui furent « délicates », mais le père de ce proviseur, un vieil instituteur qui avait fait la guerre de 14, qui était commandeur de la Légion d'honneur, lui a dit plusieurs fois : « "C'est incompréhensible, je ne sais pas ce qui s'est passé, nous ne savons pas ce qui s'est passé entre nous." Il était atterré qu'un tel fossé se soit creusé entre..., il m'a dit : "Je me sens profondément français, je n'ai aucune explication à vous donner pour ce qui s'est passé entre nous" » *(entretien 114, génération 1920-1929).* Ce témoignage est d'autant plus fiable que l'enseignant qui rapporte ce fait ne montre pas de regret, pas d'émotion forte, et qu'il est resté à Alger un an après l'indépendance. Il s'interroge même sur la réalité de la nostalgie des Pieds-noirs ; en revanche, il répète plusieurs fois que le départ fut « un drame » et que « les choses auraient pu se passer différemment ».

Le but de ce livre était donc, après avoir longuement écouté des Pieds-noirs, dotés d'activités diverses, de conditions et de préoccupations variées, de les donner à voir. L'évocation des épisodes historiques qui a été faite ici avant de les laisser parler – la guerre de conquête, l'implantation des populations, la fabrication des légendes, la mise en forme par la IIIe Répu-

---

59. Jean Daniel, *La Blessure, op. cit.*, p. 104 (texte écrit le 1er mars 1962).

blique d'un discours conquérant, la célébration du centenaire – était indispensable pour comprendre les idées, les conduites, les attentes des Français d'Algérie, pour montrer comment ils ne pouvaient qu'être tragiquement bousculés, voire égarés par un virage brutal de l'Histoire. On a voulu montrer qui ils étaient. Jean Pélégri avait senti, juste avant l'indépendance, que ce peuple, le sien, allait être traité comme des « humiliés de l'histoire » et n'a cessé de rappeler que ses frères étaient « comme les autres. Ni meilleurs ni pires[60] ». Il me semble qu'en lisant ce qu'ils m'ont dit, quel que soit leur métier, qu'ils aient fait ou non des études et quelles que soient leurs opinions, on retrouve certaines de leurs spécificités, de leurs qualités, et leur force. Si on les lit de près, on verra en tout cas qu'ils n'ont rien à voir avec les clichés qui traînent encore. On pourrait objecter : s'ils étaient comme ils se montrent quarante ans plus tard, comment a-t-on pu en faire jadis une peinture aussi négative ? On l'a déjà indiqué, mais il faut le redire, ce sont toujours les « minorités gueulardes[61] » qui tiennent le devant de la scène, qui attirent l'attention, la retiennent, et dont les outrances, l'aplomb, les aspects caricaturaux fascinent la presse ; c'est d'elles qu'elle parle, et seulement d'elles. Un maire d'une grande ville d'Algérie, réfléchissant aux questions que je lui posais sur cette mauvaise image, m'indiquait que, en près de huit ans de guerre, une seule fois un journaliste était venu l'interroger *(entretien 138, né avant 1910)* : la pondération, la raison n'excitent pas les journalistes ; ils ont besoin de donner à voir à leurs lecteurs de l'extraordinaire, du tragique, du sordide, du sang... D'autre part, quand les événements éclatèrent, la population traumatisée, angoissée perdit souvent sa mesure : plus d'un de mes interlocuteurs a parlé, on l'a répété, de sa déraison à un moment donné. Il était sans doute presque impossible de brosser alors une image honnête, exacte, de cette population, ou alors il aurait fallu des qualités exceptionnelles, éprouver de la distance

60. Jean Pélégri, *Ma mère l'Algérie* (1re éd., Alger, 1989), Arles, Actes-Sud, 1990, p. 72.
61. L'expression « minorités gueulardes » est empruntée à la traduction de : Joseph Schumpeter, *Capitalisme, socialisme et démocratie* (1942).

et de l'empathie pour rendre intelligibles, « normales », des conduites qui *s'adaptaient* à une conjoncture dramatique. Au contraire, les « observateurs » firent comme s'ils décrivaient les Pieds-noirs *éternels,* ils inventèrent un type abstrait et bien sûr coupable, condamnable. On ne veut surtout pas rappeler, pour finir, ces mauvaises copies et nommer leurs auteurs, mais on peut se demander pourquoi elles ont convaincu, pourquoi elles *perdurent* en partie. Ces textes exprimaient les opinions des auteurs et non la réalité complexe d'une population jeune, en voie de formation, traversant des événements tragiques qui y mirent un terme. Un Algérois a plusieurs fois déclaré, sous des formes très proches : « Nous avons toujours conscience de représenter un moment qui n'aura pas de postérité, pas de prolongement, nous sommes une fin de course » *(entretien 29).* Ceux pour qui sonnait le glas étaient trop menacés, trop anxieux, trop atteints au profond d'eux-mêmes pour donner au monde extérieur (dont les représentants étaient, il faut le souligner, dépourvus de sensibilité) une image positive.

On veut enfin attirer l'attention sur le talent qu'a cette communauté méditerranéenne de verbaliser dans des entretiens ses émotions, ses passions, ses regrets et même ses colères inapaisées. Non pas, bien sûr, qu'elle ait dit la vérité de ce passé, car tout passé est toujours, par chacun, réécrit, déformé, mais elle a su parler d'elle-même. Il me semble qu'un Pied-noir, Raphaël Draï, a posé une bonne question : « Pourquoi les Pieds-noirs n'auraient pas été en Algérie tels qu'ils se sont révélés en France, pour peu qu'on les eût aidés, à force d'éducation digne de ce nom, sans les mener comme les relais inconscients d'un système qui faisait avorter leurs immenses qualités avant qu'elles aient eu le temps d'apparaître au jour[62] ? »

62. Raphaël Draï, *Lettre au président Bouteflika...*, *op. cit.*, p. 75.

Annexes

I

Sur les entretiens

Qui étaient les Français d'Algérie, tel était donc l'objet de cette recherche. L'arrivée de cette communauté qui souffre d'une mauvaise image tenace – qu'elle connaît bien – a introduit une cassure dans l'histoire de la France : volonté d'être et de rester différente, « étrangeté » fièrement sauvegardée, avec, souvent, une certaine distance au pays, le critiquer et le juger plus que s'y fondre. Dans toute son histoire, la France n'avait jamais eu à absorber d'un coup une énorme communauté ; de plus, cette communauté était dite « française... mais ». L'échec qu'a représenté en 1962 un exil qui ne fut ni voulu ni aménagé par le gouvernement d'alors reste dans l'histoire de la France lourd de conséquences.

Les entretiens me sont apparus comme le seul moyen de connaître les spécificités de cette communauté. Je pensais à ce qu'avait écrit Marc Bloch parlant des *Mémoires* de Saint-Simon : il soulignait que, sur les événements du règne, les informations étaient très souvent controuvées, mais que le récit apportait en revanche une grande lumière sur la mentalité d'un grand seigneur de la cour du Roi-Soleil. J'attendais des entretiens auprès de Français d'Algérie un éclairage sur leur mentalité et sur leur histoire existentielle. Je n'attendais pas qu'ils racontent l'histoire *officielle* de ce territoire – l'histoire qu'ils réécrivent est trop belle, trop simple pour être réelle –, je ne cherchais pas sur les événements des informations cachées dont ils auraient été les seuls dépositaires, car les mémoires, toujours déformantes, ne sont pas exemptes d'erreurs[1], d'oublis et d'oublis délibérés, d'exagéra-

1. Le rapport aux dates, qui peut paraître neutre, par exemple, est déconcertant pour l'interviewer, car son métier l'a amenée à attacher une grande importance à la chronologie des faits ; or les confusions de dates sont très courantes.

tions, de transfigurations, etc. En revanche, ils détiennent la mémoire d'une histoire qui est niée, caricaturée ou inversée, la mémoire de gestes banals, du *quotidien* qui laisse peu de traces écrites. Sous le discours reconstruit, portant sur la vie ordinaire, chaque interlocuteur apparaît, avec ses héritages, ses joies, ses habitudes, ses impatiences, ses inerties, ses goûts, ses opinions, etc. Ainsi se révèle une mentalité, mot aujourd'hui critiqué et souvent écarté, pourtant plein de sens. Parfois, c'est à son insu que l'homme parle le plus et le mieux de lui-même. De là naît l'une des nombreuses difficultés de l'utilisation des entretiens : c'est hors entretien, au cours d'un déjeuner, dans la digression d'un coup de téléphone que peut passer « quelque chose » qui n'avait pas été dit dans un face-à-face.

Ce qu'on pensait avoir appris, compris dans les entretiens, a été complété par la lecture d'archives privées de vivants et de disparus – comportant des correspondances, des journaux personnels écrits dans les temps passés, parfois contemporains de ce qu'ils racontent, et des inédits d'aujourd'hui –, par l'examen de photographies de famille, par l'assistance à quelques conférences et rassemblements ; cela permettait de vérifier, de raffermir ou de modifier l'interprétation que l'on élaborait.

On a rencontré deux difficultés importantes : comment *transmettre* ce qu'on a reçu, deviné, interprété, et d'abord comment *choisir* les personnes à interroger ? Quatre critères s'imposaient d'entrée de jeu pour rechercher la population à rencontrer : les métiers, c'est-à-dire les milieux sociaux, les générations, les lieux de vie, les origines ethniques. Assez rapidement, on a vu qu'il fallait aussi, même si on ne recherchait nullement l'histoire politique de cette communauté, inclure les deux extrêmes de l'espace politique : des pro-indépendantistes et des O.A.S., pas des O.A.S. de « sentiment », mais des hommes ayant participé à l'action (dont certains l'ont payé par la prison ou l'exil) ; il y a là des sensibilités à comprendre et à intégrer à un tableau d'ensemble. Il fallait faire un échantillon qui ne soit pas une simple réduction de la société globale, mais qui inclût des individualités qui ont eu là-bas un poids singulier, ou qui, du fait de leur âge, l'ont acquis après l'exil. Ainsi, dans le premier cas, l'éditeur Edmond Charlot[2], dont l'influence a été considérable ainsi que l'a confirmé Jacques Berque dans ses écrits, ou, dans le second cas, par exemple,

2. Cf. Michel Pluche, *Edmond Charlot, éditeur*, Pézenas, Domens, 1995, recense les ouvrages (plus de trois cents) publiés par Charlot qui a montré un attachement constant à la Méditerranée.

un Pied-noir prix Nobel, le physicien Claude Cohen-Tannoudji ; il n'a vécu là-bas que vingt ans, mais, dans son discours de réception à Stockholm (1997), il s'est défini par son origine : Français d'Algérie et juif ; il est donc bien un fils de l'histoire de cette communauté. On sait, de plus, le poids que l'école garde au cours de toute la vie pour cette génération. Au fur et à mesure de l'enquête, on a dû modifier les critères d'abord retenus, les étendre ou les abandonner en partie. On s'est aperçu, par exemple, que des hommes ayant exercé la fonction de maire, parce qu'ils avaient vécu un certain type de rapports avec les communautés, avaient une connaissance particulière de la société ; il s'agissait alors d'écouter ce que disait un homme ayant occupé une position de carrefour, et beaucoup moins un récit personnel, encore que certains entretiens répondent à ces deux registres : entendre aussi quelques députés.

S'agissant des professions, on ne voulait surtout pas s'en tenir à ceux qui, ayant fait des études, sont toujours faciles à retrouver, mais rencontrer des représentants de métiers dits modestes : pêcheur, gardien de phare, couturière à domicile, femme de ménage, vendeuse, garçon de café, petit artisan, policier, employé, etc. Ils appartiennent rarement à des associations, celles-ci rassemblant surtout des milieux « moyens » ; ils ont été difficiles à repérer. On a constaté assez vite que, dans les milieux les plus populaires[3], l'attachement aux gestes, aux souvenirs passés, *semblait souvent* moins puissant, moins passionné, peut-être parce que leur vie quotidienne était plus dure là-bas que celle qu'ils ont bâtie ici après un long effort d'adaptation. Il peut paraître un peu énigmatique que les milieux populaires parlent, en fait, moins volontiers d'eux-mêmes que d'autres milieux ne le font ; la différence est, en tout cas, nette. Ils paraissent accumuler moins de souvenirs et les conserver de manière souvent imprécise : on a eu un exemple avec des récits de la campagne d'Italie par des hommes issus de milieux très différents ; le récit d'un homme de milieu populaire pouvait ignorer le nom du lieu du débarquement, le nom des villes traversées ou des combats. L'un de mes interlocuteurs évoqua des marches, du vacarme, des peurs, la maladie, sans date et sans lieu, faisant ainsi une relation qui paraissait irréelle *(entretien 45, génération 1920-1929)*[4]. Dans la sélection des souvenirs, un trait semble à peu près général chez les gens des milieux populaires que

3. Je parle ici des personnes que j'ai rencontrées ; je pense qu'on peut faire l'*hypothèse* qu'il s'agit d'une attitude générale, mais il aurait fallu prolonger la recherche pour pouvoir l'affirmer.

4. Il s'agit dans ce cas d'un homme qui s'est engagé *très* jeune : l'extrême jeunesse peut expliquer en partie cette distance à la réalité de la guerre : l'âge, donc, peut avoir joué, et pas seulement l'origine.

j'ai rencontrés : retenir davantage les difficultés que des satisfactions ou des joies. Je fus déconcertée parce qu'un pêcheur qui avait commencé à travailler en 1934, qui avait donc passé près de trente ans de l'autre côté de la Méditerranée, ne me raconta que des histoires de « gros temps ». Il avait pourtant connu plus de beau temps que de gros temps, mais c'était à celui-ci que revenait sans cesse sa pensée, son souvenir, comme si les jours ordinaires et même les bons jours, ceux où la pêche avait été abondante, n'avaient guère laissé de traces ou peut-être ne lui paraissaient pas (ou moins) « intéressants » à raconter, sans qu'on puisse décider ici quelle est la bonne réponse *(entretien 126, génération 1920-1929).* J'ai entendu parfois, comme une sorte d'excuse, en début d'entretien de « petits » métiers : « Que vous dire, je vivais comme tout le monde » *(entretien 115, génération 1910-1919)*; il fallait comprendre : j'ai peu de choses « intéressantes » à raconter. Encore qu'une femme de pêcheur ait déclaré quand je quittai le couple : « J'espère que vous y trouverez votre bonheur » *(entretien 125, génération 1920-1929).* Si ces entretiens sont en général plus courts que ceux accordés par des « diplômés », ce n'est pas du tout que ces femmes et ces hommes aient été gênés, honteux ou intimidés par l'enquêtrice[5] : ils la recevaient comme quelqu'un qui a écrit des livres, et qui allait en écrire un autre, sur eux-mêmes. Ce livre à venir leur faisait plaisir, ils le disaient toujours. Simplement, ils se demandaient ce qu'elle allait faire avec toutes ces « choses »; d'où leur étonnement, leurs questions, tout en racontant par exemple, avec animation, les jeux lointains de l'enfance ou les malheurs et déboires de l'exil. Je pense ici aux entretiens menés avec deux sœurs *(12 et 13, génération 1930-1939)*; elles se faisaient tantôt rire, tantôt pleurer, mais s'interrompaient souvent pour savoir si c'était *utile*, si je voulais entendre d'autres histoires. Tous ces récits étaient « utiles », ils me faisaient découvrir des sensibilités, des joies, des émotions. Il m'a semblé, cependant, que j'apprenais moins de choses sur les façons de vivre de la communauté que de la part de ceux que leur métier et leur position ame-

5. C'est avec bonne humeur et sérieux que, retraçant la vie de sa famille d'origine espagnole, « qui n'était pas riche », l'un de mes interlocuteurs déclare : « J'ai eu mon certificat d'études, ce qui était primordial » *(entretien 151, génération 1920-1929).* Pierre Bourdieu (*La Misère du monde*, 1993), qui affirme que les milieux populaires sont gênés, honteux, face à l'interviewer, indique en fait que certains sociologues ou historiens, *par leur attitude,* suscitent ces sentiments. Car, dans l'exercice normal de ce travail, écouter, prendre un verre ou une collation avec des hommes et des femmes de milieu populaire n'entraînent pas, heureusement, ces réactions – sinon, il faudrait renoncer à faire ces entretiens ! La « théorie » de Pierre Bourdieu s'appuie sur une curieuse psychologie.

naient à avoir une connaissance plus étendue de la société complète[6]. À la fin de l'enquête, un déséquilibre est donc apparu entre la représentation des petits et rudes métiers et les autres, en particulier ceux qui sont liés à la poursuite d'études; certaines interrogations, nées des lectures comme des entretiens, me poussèrent à rencontrer des milieux qui pouvaient facilement y apporter des éléments de « réponse » ou au moins en proposer, ou des éléments de doute, ou susciter d'autres questions. Ce déséquilibre a été renforcé, puisque j'ai voulu rencontrer ceux qui avaient écrit sur leur famille, sur leur enfance (par exemple, Andrée Montero, Jean Pélégri), ou se mettaient à écrire *maintenant* sur ce passé (par exemple, ces derniers mois, René Mayer, André Rossfelder, Raphael Draï).

Un autre déséquilibre existe, voyant et facile à expliquer : la faible représentation des femmes : 57 alors qu'il y a 113 hommes[7]. Cette disproportion s'est imposée : d'abord, certains métiers n'étaient occupés que par des hommes; ensuite, dans certaines générations, le travail était extrêmement rare chez les femmes : une vie sans activité professionnelle, donc ayant moins de rapports aux autres, entraîne un récit qui dit moins de choses sur la société que ne le fait tout détenteur d'un travail. On s'aperçoit dans les entretiens que la *dimension « travail »* est essentielle, elle génère des histoires non pas simplement sur le travail, mais sur tout un milieu, sur la vie en général. De plus, l'accès tardif des femmes au droit de vote (1944) peut expliquer en partie, pour certaines générations, un intérêt plus faible pour la vie collective de la communauté (ou sa faible connaissance) et le repli sur les histoires familiales et amicales. J'ai donc, à un moment, cessé de rechercher des entretiens avec des femmes; la moindre richesse de certains récits de femmes éclaire et juge la condition qui leur était imposée et explique cette sous-représentation.

En ce qui concerne les générations, le sujet le plus âgé était né en 1899, le plus jeune en 1949. La génération la plus représentée, ainsi que je le voulais, est celle des années 1920-1929 : 70 personnes; elles ont dû changer leur cadre et leur mode de vie, et parfois leur métier,

---

6. Si la plupart des interlocuteurs, de tous les milieux, expriment leur stupeur devant la fin, les milieux populaires n'hésitent pas à dire qu'ils ne comprennent rien, ayant assisté « passifs » à des drames pour eux imprévus, inexplicables, dépourvus de tout sens; ces milieux populaires semblent avoir encore plus tardé à sentir la gravité des événements; ils parlent comme s'ils avaient été très longtemps sans aucune inquiétude pour l'avenir. Un Bônois dit : « On n'a pas fait attention à la guerre en 1954 », puis il parle de tués, d'enterrements, de bombes, etc., et il dit : de nombreuses fois, « on espérait un retournement » et surtout : « je ne comprenais pas » *(entretien 65, génération 1940-1945).*

7. 2 femmes nées avant 1910; 6 femmes nées de 1910 à 1919; 23 femmes nées de 1920 à 1929; 18 femmes nées entre 1930 et 1939, 4 femmes nées entre 1940 et 1945, 4 femmes nées après 1945. On a rencontré, en plus des cent soixante-dix Pieds-noirs, dix personnes : des Français musulmans et quelques Français que leur métier avait amenés à vivre un certain temps dans ce pays; ils l'ont aimé, ont voulu le comprendre et aiment en parler.

alors qu'elles avaient entre trente-trois ans et quarante-deux ans à leur arrivée en France. Viennent ensuite 47 personnes nées entre 1930 et 1939; 21 sont nées entre 1910 et 1919, et 8 avant 1910; 17 sont nées entre 1940 et 1945. Un bon nombre d'entre elles ont donc changé de vie à vingt ans, 7 sont nées après 1945. Dans ces deux derniers cas, c'est un autre type d'expérience et un autre type de blessure; on a conclu en tout cas que les générations plus âgées, affirmant que les « jeunes » n'ont pas eu à souffrir comme eux-mêmes, se trompent dans bien des cas.

Les lieux de naissance ne coïncident pas toujours avec les lieux de résidence; ceux-ci ont parfois varié au cours d'une vie. C'est pourquoi j'indique ici les lieux de naissance[8]; ils étaient presque toujours proches les uns des autres : naître à Frenda et vivre à Trézel, naître à Aïn el-Türck et vivre à Oran[9]... Une naissance en ville peut être due à une exigence médicale (naître à Alger, mais vivre dans le bled); dans quelques cas, le métier amène à des déplacements (par exemple, instituteur ou enfant d'instituteur, enfant de fonctionnaire en général, enfant de militaire). L'important était de ne pas écouter seulement les habitants des grandes villes et de la côte. Les noms cités en note montrent la grande diversité des lieux, en particulier des villes de *l'intérieur* sont présentes (par exemple, Batna, Biskra, Saïda, Tiaret), ce qui entraîne une grande diversité des récits : avoir entendu raconter le grand marché de moutons à Trézel donne à ressentir la vie quotidienne, le mélange de populations et des modes de vie dans une ville où les Européens étaient très minoritaires[10], et cette vie-là n'a rien de commun avec la vie d'un Algérois ou d'un Oranais.

On a eu dès le départ le souci de rencontrer des hommes et des

---

8. Les 48 lieux de naissance sont les suivants : Aflou, Aïn el-Türck, Alger, Arzew, Batna, Biskra, Blida, Bône, Bougie, Bou-Sfer, Burdeau, Castiglione, Cherchell, Constantine, Delly-Ibrahim, El-Biar, El-Affroun, Fort-de-l'Eau, Fort-National, Frenda, Ghardaïa, Guelma, La Calle, Maison-Carrée, Mascara, Ménerville, Morris, Mostaganem, Oran, Oued Amizour, Ouled Fayet, Perrégaux, Philippeville, Rio Salado, Rovigo, Saïda, Saint-Arnaud, Saint-Eugène, Sedrata, Sidi Bel-Abbès, Sidi Moussa, Souk-Ahras, Souma, Staouéli, Teniet el-Haâd, Tiaret, Tlemcen, Zéralda.

9. Un interlocuteur dont je savais qu'il avait vécu à Trézel me parla longuement de sa famille, de sa naissance à Frenda qu'il avait dû quitter à vingt ans pour un poste d'instituteur. Très heureux à Trézel, d'après l'entretien, il parlait beaucoup, comme d'un *grand changement*, de « la rupture » avec le pays d'enfance. J'ai regardé ensuite une vieille carte Michelin; les deux villes, à l'orée des steppes présahariennes, sont distantes de 30 ou 40 kilomètres l'une de l'autre *(entretien 163, génération 1910-1919).*

10. L'interlocuteur de *l'entretien 163* m'a donné un beau livre de photographies, de témoignages reproduisant des documents de la fin du XIXe siècle, des comptes rendus de voyages de retour récents, etc. : Odette Caparros et l'Amicale des Trézéliens, *Il était une fois... Trézel*, Boofzheim, ACM éditions, 1994. Des associations locales publient en ce moment des monographies qui constituent des documents précieux pour aborder un monde largement méconnu, difficile à comprendre.

femmes de toutes origines : française, espagnole, italienne (cette dernière comporte une particularité et des variantes très visibles[11]), maltaise, allemande, et juive. Les noms des Français d'Algérie interrogés, donnés à la fin du livre, rendent mal compte de cette réalité : celui de la mère n'apparaît pas, celui de l'époux cache souvent l'origine, etc. Très rares sont ceux qui peuvent se dire 100 % Espagnol, ou 100 % Maltais et même 100 % Français. Le mélange des origines représente la condition la plus courante; les récits sur les « racines », ainsi qu'ils disent, m'ont permis de vérifier que la population observée reflétait assez bien la société réelle, avec une petite surreprésentation des Français « de souche ». Et il y a une sous-représentation de la population d'origine juive [19 personnes nées dans 9 villes, ayant vécu dans 8 villes].

Les entretiens sont extrêmement hétérogènes, d'abord en raison du *temps consacré;* généralement, je ne pouvais accorder que peu de temps aux entretiens menés en province[12], car je cherchais à rencontrer le plus de métiers possible, en particulier certains que je ne pouvais pas trouver dans la région parisienne. Dans cette dernière, je pouvais écouter cinq, six heures de suite ou plus. Ensuite, la *phase de la recherche,* le moment où j'ai rencontré mes interlocuteurs, explique aussi en partie le contenu des entretiens[13]. Au début, c'était avant tout écouter et essayer de construire la suite de l'enquête; le temps passant, des questions se sont imposées. Les *métiers* ont joué un rôle important : il est facile de poser des questions à un enseignant ou à un médecin, et très difficile à des professionnels de certains

---

11. Il faut souligner un fait qui, sans doute, n'est pas remarqué : les interviewés dont les ancêtres venaient d'Espagne se disent d'abord d'origine espagnole, puis indiquent la ville ou la région d'origine. Les « Italiens » ne se présentent jamais comme étant d'origine italienne, mais indiquent que leur famille venait de Naples, d'Udine, de Bergame, ou de Sicile, etc., donnant même parfois le nom d 'un petit village et non celui de la région. Il est vrai que les familles sont arrivées au début de l'unité italienne ou même avant. De manière générale, ils ne manifestent aucune nostalgie de la terre de leurs ancêtres et n'y sont pas allés pour la connaître; ce qui n'est pas le cas des Français d'origine espagnole, minorquine ou maltaise.

12. Mes interlocuteurs vivent à Paris et dans l'Île-de France, ainsi que dans les Alpes-Maritimes, les Bouches-du-Rhône, le Gard, la Gironde, la Haute-Garonne, l'Hérault, la Marne, le Var.

13. Tous ceux qui veulent enseigner comment (bien) faire une enquête insistent sur le travail de préparation. Mais, dans ce cas, comment préparer le travail de terrain quand les études (actuelles) touchant à ce sujet sont idéologiques, d'opinion, etc. ? (Pour les époques anciennes, on est débordé, au contraire, par les études de qualité). Si je veux faire le point, je dois noter que j'ai passé beaucoup de temps à lire des livres qui ne servent à rien. Quelques livres sont à mettre à part, par exemple celui de Jacques Berque, *Le Maghreb entre les deux guerres* (1962), que j'ai cité plus d'une fois. La carrière et la culture de son père, Augustin Berque, et sa propre expérience l'amènent à regarder le monde avec ouverture : son parti est pris, et bien pris; mais il sait que ce qu'il analyse était toujours ambigu pour les contemporains trente ans plus tôt, et il se montre compréhensif, même pour ceux qu'il désapprouve; il les comprend. L'essentiel de mon travail de préparation a été constitué avant tout par les vingt premiers entretiens ou environ.

métiers, ceux de la mer, par exemple; on a alors laissé, sans aucun doute, de côté des pistes qu'il aurait fallu saisir, faire développer, approfondir.

Les différences entre l'étendue et la profondeur des propos recueillis tiennent aussi, c'est capital, au *climat affectif* de l'entretien : j'ai été souvent prudente, peut-être trop, quand le retour sur le passé, sur le pays perdu déclenchait des émotions vives chez l'interlocuteur. J'ai toujours bien supporté l'agressivité ou les colères, mais mal les larmes ou les états proches des larmes, même s'il est arrivé qu'un homme qui avait pleuré, qui n'arrivait pas à énoncer certaines choses – même, tout simplement, à parler –, m'ait dit, avec un grand sourire retrouvé en me quittant, que cela lui avait fait du bien. Faudrait-il être indifférent aux émotions, aux désarrois, aux blessures ? Certainement pas. Il faut, pendant l'entretien, être animée d'un désir vif, entier, de comprendre, tout en s'interdisant de brusquer, de passer outre... On ne doit ni risquer de manipuler ni s'en tenir à l'observation froide. Il faut faire parler, mais jusqu'où [14] ? Bien des choses indicibles, sans aucun doute, nous échappent; on pourrait obtenir plus, mieux... Sur un sujet resté brûlant – être né en Algérie, avoir traversé une fin tragique, jugée impensable –, l'interviewé peut arriver à dire ce qu'il s'était empêché jusque-là de penser [15], ou au contraire à taire ce qu'il pense clairement, par peur de se faire mal. Et l'interviewer se met en jeu bien plus qu'il ne le croyait au départ de la recherche.

Cela amène à souligner les difficultés de l'*utilisation* des matériaux ainsi rassemblés; on a été d'abord débordée par leur volume considérable et par leur contenu disparate. Il fallait s'interroger minutieusement sur la crédibilité, la sincérité, la validité des propos enregistrés et sur la transmission de ce qu'on pensait avoir compris et qu'on jugeait fiable. Il est certain que l'interviewer, ayant encore en tête une voix, des expressions, une présence, retrouve tout le sens, toute

14. Parlant d'un « grand traumatisme », l'un de mes interlocuteurs dit : « Vous savez, même ceux qui disent qu'ils ont tourné la page, ce sont des gens qui se sont fait une carapace. Creusez la carapace, même s'il faut un marteau-piqueur, et puis ça explose. C'est peut-être, des fois, les plus endurcis qui explosent le plus violemment, ils ont verrouillé, ils ont entré leurs réactions; ceux qui s'épanchent comme moi, facilement, ça passe... sans trop rompre les barrages » *(entretien 55, génération 1930-1939)*. Cet entretien est souvent cité dans ce livre, et je suis loin d'avoir cité tout ce qu'on pouvait citer, tant, comme il le dit, il s'épanchait facilement, à la fois longuement (cinq heures sans aucune interruption) et avec précision.

15. L'un de mes interlocuteurs, âgé alors de quatre-vingt-cinq ans, me déclara quand je le quittai : « Je vous ai dit des choses que je n'avais jamais pensées » ; cette phrase m'avait semblé un excès de politesse pour mon travail. Quelque temps plus tard, il me l'écrivit. Ce qui peut donner à penser ce qu'a de difficile l'exercice de l'entretien quand il porte sur un tel sujet *(entretien 47, génération 1910-1919)*. D'autre part, l'âge ne facilite-t-il pas l'aveu de choses profondes, indicibles auparavant ? Plusieurs de mes interlocuteurs l'ont dit, là aussi, en dehors de l'entretien.

l'épaisseur du discours, même quand il est figé par la transcription, dans l'écriture. Mais le lecteur plus ou moins lointain, se heurtant à des phrases bredouillées, embrouillées, inachevées, qui ont été transcrites *sans corrections*, va-t-il, lui, vouloir poursuivre la lecture? C'est, à l'évidence, un problème essentiel. Les maladresses, les incorrections même, ne sont pas nécessairement liées, il faut le rappeler, au degré d'instruction; certains qui n'ont aucun diplôme construisent leur discours, le dirigent, le soignent; d'autres, ayant fait les meilleures études, sortent, dans le désordre et parfois avec une certaine confusion, des réalités qui peut-être les avaient mis mal à l'aise en leur temps. Fallait-il citer des passages confus ou ambigus, ou maladroits? J'ai choisi en priorité de citer des propos *clairs*, c'est-à-dire ne demandant aucun ou peu d'efforts au lecteur. Pourtant, à de rares reprises, sur des points douloureux, j'ai laissé entendre quelqu'un qui parlait avec des difficultés mal surmontées, avec de grands silences, car il était le seul à avoir abordé cet aspect. La *forme* de l'entretien oblige donc à une sélection, et sans doute le souci d'une transmission aisée a amené à laisser de côté des aspects qui pouvaient avoir de l'importance. Et le choix des *thèmes* retenus se pose aussi : certains sujets que j'ai entendu aborder dans les entretiens ne sont pas repris dans les chapitres IV et V; par exemple, le rôle du football[16], la place de la religion, des religions dans cette société. Si je ne parle pas de ce dernier problème, ce n'est pas par un oubli étourdi, c'est que je ne parviens toujours pas à être assurée de la réponse : à certains moments, cette société me semblait très religieuse, à d'autres moments, plus spectaculairement, plus théâtralement religieuse qu'emplie de spiritualité personnelle. À un prêtre qui lui reprochait de fréquenter peu l'église de son village, la grand-mère de l'une de mes interlocutrices avait répondu : « Travailler, c'est prier », car, le dimanche, elle travaillait sur la ferme, comme d'habitude... *(entretien 83, génération 192-1929).* Est-ce irréligieux, ou est-ce une forme de foi[17]? Des anecdotes sur la religion m'ont laissé indécise, même si

16. Du football, quelques, rares, interlocuteurs ont parlé avec enthousiasme, mais de manière générale, conventionnelle, sauf l'*entretien 148, génération 1930-1939*, mais je le rencontrais pour cela même; il m'a semblé que parler du sport ne servirait pas à comprendre les conduites des Français d'Algérie; cela serait resté anecdotique. Je n'ai pas non plus évoqué le pataouète, d'une part parce que presque personne n'en a parlé, et que le pataouète, « c'était une langue intellectuelle fabriquée. Personne ne parlait aussi bien que Musette » *(entretien 30, génération 1910-1919)* (Musette, auteur de la série *Cagayous*). La volonté de certains milieux d'apprendre, de diffuser le pataouète est aussi « folklorique » et stérile que les retours périodiques aux patois et il n'apprend à peu près rien sur les Français d'Algérie. C'est d'ailleurs une mode qui exaspère certains de mes interlocuteurs.

17. J'avais relevé, en lisant Joseph Czapski, une rencontre qu'il avait faite en 1948 avec un prêtre pied-noir en Île-de France; celui-ci lui avait dit : « Là-bas *aussi* il y a peu de chrétiens, mais il y a des musulmans, et eux, monsieur, ils croient en Dieu. Le contact avec eux est bien plus facile. » Il avait dit aussi : « Vous pensez sans doute que c'est un pays sauvage [...]. Ce

je pense plutôt que, religieuse comme les autres sociétés méditerranéennes dans ses manifestations, cette société était, dans la vie quotidienne, plutôt tiède et qu'elle semblait éloignée de l'institution ecclésiale.

Les critiques violentes adressées à Mgr Duval, archevêque d'Alger, par les Pieds-noirs qui lui prêtent plus que ce qu'il a fait – et qu'il a dû faire par obligation – me semblaient donner une indication sur la religion *vécue*. Des notations du gouverneur Roger Léonard sur sa réaction en apprenant la nomination de Mgr Duval en janvier 1954, que j'ai citées au chapitre v, semblent confirmer mon hypothèse. « Avec Mgr Duval, c'est l'esprit de la Curie romaine désormais qui va régner », avait-il immédiatement compris. Il voyait que Mgr Duval se soumettait aux directives de Rome qui avait « choisi de ne plus compromettre sa cause » avec la cause de la France en Algérie[18]. Les Français d'Algérie attaquent Mgr Duval, comme s'il avait fait un *choix politique personnel* et n'imaginent pas qu'il était un rouage se soumettant à son institution. Dans leur esprit, ils n'avaient pas à écouter, à suivre leur évêque, à suivre l'Église, c'était à leur évêque de les suivre.

J'ai recueilli, au cours des entretiens, deux types de réponse : les sujets dont mes interlocuteurs parlaient d'*eux-mêmes* ; par exemple la mer, l'école, le travail, les repas, la fête, la « montre » [= le paraître] (ce dernier thème est ambigu, les Pieds-noirs comparent souvent le « paraître » de l'Algérie des années 1950 à, si l'on peut dire, l'absence du « paraître » dans notre société aujourd'hui. Mais qu'en était-il ici en 1950 ?) et des sujets que j'avais introduits. Ce que j'ai retenu dans les chapitres IV et V rassemble, sans les distinguer, des thèmes spontanés[19] et des thèmes proposés. Les entretiens dont je ne cite aucun passage ont été pris en compte autant que ceux que je cite pour décider des thèmes retenus. Certains sujets qui souvent étaient évoqués spontanément n'ont pas été retenus, par exemple le sens de l'hospitalité qui est présenté comme emprunté au monde arabe : peu de sujets me semblaient aussi conventionnels, et le fait que les mêmes mots soient souvent répétés ne suffit pas à en assurer la vérité ou la profondeur.

Par ailleurs, il existe chez les « observateurs » – comme chez les « observés » – des discours obligés : ainsi, perplexe devant les lieux communs que profèrent certains « observateurs » sur la virilité médi-

---

n'est pas vrai. C'est ici, en Île-de-France, que je me sens en pays barbare », « À la mémoire de Georges Bernanos » (1948), *Tumulte et spectres*, Montricher (Suisse), Éditions Noir et Blanc, 1991, p. 38. Des notations faites en dehors de tout contexte politique apportent, après coup, beaucoup pour qui veut essayer d'écrire l'histoire réelle.

18. Roger Léonard, *Souvenirs du pays perdu, inédit*, t. III, pp. 8-9.

19. J'ai, sans hésiter, écarté des réactions à des drames intimes qui m'avaient été rapportés (un père ou un mari assassiné, une blessure morale sous le régime de Vichy, par exemple), car ils demandent la capacité *de les transformer* pour les transmettre, mais ces confidences m'ont servi dans la peinture générale de cette communauté.

terranéenne, j'ai délibérement omis d'en parler, bien que certains entretiens de femmes aient évoqué, avec ironie, grâce au temps écoulé et aux transformations de notre société, les valeurs viriles de leur communauté. D'abord, je ne voyais pas comment trancher sur cette question difficile ; quelqu'un comme Georges Devereux le pourrait, mais cela demande une formation longue et précise. Ensuite, parce que très souvent ces verdicts sont de la pure idéologie ; mettre en cause à propos de tout la virilité méditerranéenne, ou la « super-virilité », pour expliquer ce qui visiblement n'est pas compris sert avant tout à critiquer, à condamner ou à se moquer.

Vincent Monteil, rendant compte en 1961 du livre de Pierre Nora sur *Les Français d'Algérie*, se précipita sur un paragraphe pour le commenter : « La clef de ces rapports ambigus, c'est, à n'en pas douter, ce que Nora appelle exactement "la supervirilité méditerranéenne". Je pense ici à la *rujûlé* des "*Abadây*" levantins, à l'*omertà* napolitaine, au *machismo* hispano-américain [...]. On peut, évidemment, se demander si l'obsession sexuelle n'est pas l'envers de l'angoisse des impuissants[20]. »

Vingt-cinq ans plus tard, Monteil se répétait. Il discutait, dans un livre sur Louis Massignon, une phrase que celui-ci avait prononcée en 1961 ; il avait parlé de colons catholiques latins, de leur dignité. « Quant à leur "dignité de chrétiens et d'Européens", non, sous cette forme, c'est impossible à avaler : il s'agit en réalité, et Pierre Nora l'a bien vu, du *machismo*, de l'imbécile et vantarde virilité méditerranéenne (l'*omertà* napolitaine et sicilienne, la *rujûlé* des *Abadây* – les fiers-à-bras – libanais), celle des "Petits Blancs" cramponnés à leur privilèges[21]. » Ce sont-là des « réflexions » de pacotille, quoi que l'on puisse penser de l'exaltation de la virilité dans les sociétés méditerranéennes. Et les fiers-à-bras, ne seraient-ce pas plutôt, ou ne seraient-ce pas *aussi* les intellectuels qui portent des jugements bêtes et méchants à propos de problèmes humains difficiles à analyser ?

Les thèmes ayant été retenus, puis les extraits choisis après un travail très long, vu le volume des matériaux et la qualité de beaucoup d'entretiens, il restait à décider comment les présenter : j'indique la génération et le sexe, et quelquefois, pour des raisons si évidentes qu'elles n'ont même pas à être justifiées ici, la ville ou la région. Après avoir longtemps hésité, j'ai à peu près toujours écarté l'indication du métier – sauf quand il s'agit de descriptions de « colons » faites par des enfants de colons – : le lecteur trouverait sans doute quelque fascination, ou une satisfaction accrue, s'il apprenait que telle réflexion vient d'un gardien de phare ou d'un homme exerçant un métier qu'il n'a jamais rencontré dans sa propre vie et que sans

20. Vincent Monteil, compte rendu de « Les Français d'Algérie » de Pierre Nora, *Esprit*, oct. 1961, p. 483.
21. V. Monteil, *Le Linceul de feu, Louis Massignon*, Éditions Vagapress, 1987, p. 139.

doute il ne rencontrera jamais. Mais j'ai pensé que la profession de l'interlocuteur risque surtout d'orienter la lecture, de troubler le lecteur : celui-ci regarderait, j'en ai peur, autrement, un texte curieux ou émouvant, s'il apprenait que celui qui raconte cette parcelle de vie quotidienne est par exemple un policier pied-noir qui a travaillé en Algérie à l'époque des événements.

La force, me semble-t-il, de cette réunion de petits bonheurs, d'émotions, de regrets suivis parfois de colères, est qu'elle permet de *rendre intelligibles* ces compatriotes différents de nous ; elle montre aussi comment une communauté s'est forgé, à travers l'exil, une ressemblance, une identité : les métiers (les milieux sociaux), les opinions politiques pèsent finalement assez peu, plus de trente ans après, dans les récits[22]. Il est, dans la plupart des cas, impossible de déceler qui est derrière ce discours, ou de savoir si l'interlocuteur était instruit ou non, par exemple... Quelques-uns, il est vrai, se distinguent par l'originalité de leur analyse, par l'économie de leur langue, mais *la plupart* trouvent dans l'expérience passée et le regret indépassé d'un pays qui n'existe plus, une certaine unité. Il me semble qu'on peut les lire à peu près tous avec le même intérêt.

Un manuscrit se corrige, se censure, choisit ses termes, l'auteur prend tout son temps. La parole a une vertu propre, avec ses limites, ne serait-ce que le temps bref qui lui est imparti ; elle a sa spontanéité et des trouvailles : les Méditerranéens ont le goût du verbe. Les lecteurs le ressentiront, me semble-t-il, en lisant ici ce verbe, même sans que soient entendus ses accents, ses rires, ses larmes, ses emphases, ses pudeurs, ses longs silences.

22. Certains entretiens seraient étiquetés en « métropole » à l'inverse de ce que leur auteur a annoncé comme étant son opinion.

II

Les vérités de Pierre Mendès France

Pour bien des Français d'Algérie, Pierre Mendès France est un « bradeur » de l'Empire; pour d'autres – bien moins nombreux – un homme qui avait affirmé : « L'Algérie, c'est la France » et qui s'était renié. Pour les premiers, la méfiance a toujours existé quoi que Mendès France ait pu dire; pour les seconds, la confiance qu'il avait obtenue par des engagements sans ambiguïté qui n'ont pas été remplis est remplacée par un grand ressentiment. On analyse ici ce que Pierre Mendès France a déclaré pendant son bref passage au pouvoir (14 juin 1954-5 février 1955), ce qu'il a dit lorsqu'il était mis sur la touche dans le gouvernement de Guy Mollet, puis quand il fut dans l'opposition, et surtout dans l'opposition franche après mai 1958; et ce que, bien plus tard, il affirmait avoir dit et fait ou voulu faire quand il était au pouvoir.

En 1976, Jean Lacouture, l'interroge lors de la sortie de son livre *La Vérité guidait leurs pas* : « Entre l'explosion du 1er novembre, vos premières déclarations et ce discours du 3 février 1955, est-ce que vous aviez reçu des informations; est-ce que vous aviez des contacts ? » Il répond immédiatement : « Bien sûr » et enchaîne : « La phrase qu'on a répétée souvent : "*L'Algérie, c'est la France*", il faut comprendre ce qu'elle voulait dire et ce que j'ai dit à l'époque. Quand nous discutions avec la Tunisie – puisque c'était le précédent que j'avais créé – ou avec l'Indochine, nous avions des interlocuteurs. [...] En Algérie, rien de semblable, pas d'interlocuteur, pas de grandes familles, pas de chefs militaires, rien. On les avait tous détruits les uns après les autres, depuis des générations. Juridiquement et pratiquement, c'était la France. Il n'y avait, pour parler avec nous, personne de qualifié et les décisions nécessaires étaient forcément unilatérales. C'était à nous qu'il appartenait de prendre les mesures qui feraient naître les interlocuteurs avec lesquels ensuite on discuterait. L'initiative relevait de nous, de la seule souveraineté française. » Un peu plus loin, parlant de mesures qu'il avait prises alors, il en résumait l'intention : « Essayer de faire vivre une Algérie plus authentique, qui ne soit pas écrasée par la terreur raciale qui y dominait jusque-là[1]. » Il en venait à parler des personnalités qu'il avait contactées et écoutées, « y compris ceux que l'on considérait à l'époque comme les plus méchants, par exemple Ferhat Abbas. J'ai été le premier à le recevoir à la présidence du Conseil ! Par Jacques Chevallier, maire d'Alger et membre de mon gouvernement, j'ai eu d'autres contacts très larges... Des hommes, durant cette période, m'ont alerté. C'étaient Mitterrand, ministre de l'Intérieur, Ch.-A. Julien et Fonlupt Esperaber [...]. Ils étaient parfaitement clairvoyants[2]. »

On doit souligner ici un des innombrables pièges de l'utilisation des témoignages. Dans un colloque d'historiens sur la décolonisation de l'empire français, André Mandouze, se présentant comme ayant été l'intermédiaire entre le F.L.N. et Pierre Mendès France, poursuit : « J'ai vu avec terreur comment l'absence de véritables éléments de réflexion et d'archives allait coûter cher. Quand j'ai expliqué à Mendès France ce qui se passait, il m'a dit qu'il n'avait pas de dossier et, pendant une heure, il a tout noté[3]. » Cela a été affirmé dix ans après les propos de Mendès France. Aucun historien n'a posé une question à André Mandouze dont le témoignage est d'ailleurs vague et non daté.

Pierre Mendès France intervint le 12 novembre 1954 ; un débat avait été ouvert pour fixer la date de la discussion *au fond* qui avait été réclamée à la suite des événements survenus le 1er novembre en Algérie. Il précisa l'esprit dans lequel il abordait ce problème : « Vous pouvez être certains, en tout cas, qu'il n'y aura, de la part du gouvernement, ni hésitation, ni atermoiement, ni demi-mesure dans les dispositions qu'il prendra pour assurer la sécurité et le respect de la loi. Il n'y aura aucun ménagement contre la sédition, aucun compromis avec elle, chacun ici et là-bas doit le savoir. On ne transige pas lorsqu'il s'agit de défendre la paix intérieure de la nation, l'unité, l'intégrité de la République. Les départements d'Algérie constituent une partie de la République française. Ils sont français depuis longtemps et de manière irrévocable[4]. » Il critiqua vivement

1. « Pierre Mendès France : un homme dans l'histoire », propos recueillis par Jean Lacouture, *Le Nouvel Observateur*, 2 février 1976, citation p. 70.
2. *Ibid.*, p. 73. Rappelons que le président de la République, Vincent Auriol, avait reçu Ferhat Abbas en juin 1947.
3. André Mandouze, intervention dans une discussion sur « Les prodromes de la décolonisation dans les États du Levant et au Maghreb », dans : *Les Chemins de la décolonisation de l'empire français*, colloque organisé par l'I.H.T.P., sous la dir. de Ch.-R. Ageron, Éditions du C.N.R.S., 1986, p. 433.
4. Intervention à l'Assemblée nationale, 12 novembre 1954, *Œuvres complètes*, III, *Gouverner c'est choisir, 1954-1955*, Gallimard, 1986, pp. 454-458, citation p. 455.

certains députés qui avaient fait des rapprochements entre la politique française en Algérie et en Tunisie : « Aucune comparaison n'est plus fausse, plus dangereuse. Ici, c'est la France, là, c'est un pays étranger étroitement associé au nôtre et que nous protégeons. » Le seul point commun entre les problèmes tunisien et algérien était que les uns et les autres avaient « reçu de l'extérieur des encouragements et même des provocations d'une extrême gravité. [...] Malgré nos interventions répétées auprès des autorités égyptiennes, les émissions dites de la Voix des Arabes se poursuivent à la radio officielle du Caire, encourageant les populations d'Afrique du Nord à la révolte, à l'insurrection armée; voire, dans certains cas, au meurtre individuel[5]. » « Le moment est venu, pour le gouvernement égyptien, de mesurer ses responsabilités. Pour sa part, le gouvernement français n'hésiterait pas, si se poursuivait contre nous une action injustifiable, à prendre les mesures qu'il estimerait utiles et efficaces[6]. » Deux autres points de cette intervention sont à relever : la France partageait la tristesse ressentie par les Français des départements algériens, qu'ils soient d'origine métropolitaine ou musulmans, mais elle éprouvait aussi « la satisfaction de constater que l'immense majorité de nos compatriotes d'origine musulmane a montré dans ces circonstances un sens civique sans défaut et un loyalisme sans équivoque[7]. » En accord avec des intervenants qui avaient déclaré que les problèmes étaient d'abord d'ordre économique et social, il ajoutait qu'ils provenaient « d'une expansion démographique rapide, elle-même provoquée par l'amélioration des conditions sanitaires[8] ». Quelques semaines plus tard, il revenait sur la pression démographique qui, selon lui, était à l'origine de la misère : « Cette pression démographique qui submerge les ressources alimentaires est un phénomène qui se constate dans toutes les régions du monde et dont l'administration française n'est pas responsable, sinon par les progrès, que nous ne pouvons pas regretter, de l'hygiène et de l'équipement sanitaire que nous avons mis en place[9] » : en écartant la responsabilité de la France comme « fauteur » de misère, en mettant le doigt sur les conséquences d'une croissance démographique accélérée, Mendès France prend une position alors extrêmement rare dans la gauche; la gauche marxiste, qui était bien plus large que le parti communiste, expliquait tout par « l'exploitation ».

5. *Ibid.*, p. 456.
6. *Ibid.*, p. 457.
7. *Ibid.*, p. 455.
8. *Ibid.*, pp. 456-457.
9. Intervention à l'Assemblée nationale, 3 février 1955, *Œuvres complètes*, III, *op. cit.*, p. 711.

Pierre Mendès France fit, au comité exécutif du parti radical en janvier 1955, une intervention dont deux passages, d'un grand intérêt, sont clairs : « Si l'Algérie est blessée c'est tout le corps français qui se sent profondément atteint, qui se sent malade, et il n'en est pas un parmi nous qui ne réalise qu'il ne resterait rien de la France et de sa grandeur si elle venait à manquer un jour de ce soubassement fondamental où elle puise en réalité sa grandeur, non seulement sur le plan géographique, sur le plan militaire que du point de son rayonnement, de sa puissance internationale[10]. » Il n'y a là aucune exégèse à faire. Pour Mendès France, l'Algérie française devait rester française; d'ailleurs, il venait juste de dire : « L'Algérie est la chair de la France. » De tels passages amènent à mettre sérieusement en question l'interprétation que Pierre Mendès France donne en 1976 des propos qu'il a tenus en 1954 et de ses actes d'alors.

Une seconde affirmation est à retenir car elle est en plein accord avec l'appréciation que portent encore aujourd'hui les Français d'Algérie : il avait tenu à souligner que, alors que les « coupables » de la « provocation » du 1er novembre devaient espérer « une réaction populaire » et « des désordres localisés », « rien ne s'est passé » : « C'est une chose émouvante de constater qu'au lendemain d'une pareille provocation le pays n'a pas bougé et que toute la population – j'allais dire l'immense majorité, mais je me suis trompé –, l'unanimité de la population autochtone a marqué par son calme, par son sang-froid, et avant même que le service d'ordre ait été mis en place, qu'elle se désolidarisait complètement des criminels qui avaient pris l'initiative que vous savez[11]. » C'est une vue que les Français d'Algérie gardent : les « fellaghas » étaient, affirment-ils, complètement isolés à ce moment-là, et le mot « criminels » a évidemment leur assentiment.

Confiant à son parti que les événements d'Algérie occupaient une place d'exception dans ses préoccupations et par moments dans ses « angoisses », il tenait à minimiser les « difficultés » localisées dans l'Aurès, car elles étaient, selon lui, traditionnelles : l'Aurès « a toujours été un territoire isolé dans lequel des éléments de désordre, des bandes plus ou moins indisciplinées se déplaçaient dans les montagnes, rançonnant quelquefois les fermes, descendant de temps à autre les vallées[12] ». « L'ordre est rétabli, l'ordre est complet », affirmait-il, et il adressait une « pensée émue » aux « petis gars » qui

---

10. Intervention devant le comité exécutif du parti radical, 26 janvier 1955, *Œuvres complètes*, III, *op. cit.*, p. 689.
11. *Ibid.*, pp. 689-690.
12. *Ibid.*, p. 689.

étaient partis là-bas et à leurs familles [13]. Il justifiait son choix du nouveau gouverneur, Jacques Soustelle, dont la nomination venait d'être critiquée par René Mayer devant ce même comité exécutif du parti radical [14] : « La République est Une et Indivisible. Le gouverneur général représente la République Une et Indivisible et il ne serait pas question qu'il fît une politique autre que celle de la République Une et Indivisible [15]. » Quelques jours plus tard, dans une allocution radiodiffusée à la veille d'un nouveau débat sur l'Afrique du Nord – qui devait être le dernier de sa présidence –, Mendès France démontrait la pertinence de son choix : « Nous venons de choisir, pour présider aux destinées de l'Algérie, un gouverneur général dont les qualités sont connues de tous et qui a la réputation justifiée d'être un homme de réflexion et d'action, un homme tout à la fois ouvert aux idées de progrès et inébranlablement déterminé à maintenir l'unité et l'indivisibilité de la République dont fait partie l'Algérie, partie intégrante de la République tout comme la France métropolitaine [16]. »

Le discours qu'évoquait Jean Lacouture dans l'entretien cité au début de ce chapitre est une réponse, ponctuée d'interruptions, que Mendès France fit le 3 février 1955 dans un climat tendu, sur les problèmes de l'ensemble du Maghreb. Estimant que certains gouvernements, dont celui du Caire, évoluaient vers une appréciation plus juste des événements d'Afrique du Nord, il répétait : « L'excitation des milieux fanatiques ou déshérités des trois pays d'Afrique du Nord par des agitateurs étrangers constitue une immixtion intolérable et dangereuse dans nos affaires [17]. » Il critiqua l'intervention d'un député républicain indépendant, Jean Crouzier, qui avait dit avoir ressenti une « psychose de peur » en Algérie lors d'un voyage récent et qui avait parlé de salles de spectacles vides. Le chef du gouvernement s'était fait communiquer les déclarations fiscales des salles de cinéma des départements algériens et les avait comparées mois par mois, de novembre 1953 au début janvier 1955 : il avait constaté à Alger une diminution ne dépassant pas 1 %, ce qui avait fait rire « à gauche » ; et il avait trouvé « une augmentation massive » des recettes des salles de spectacles dans les départements d'Oran et de Constantine [18]. Il assurait qu'aucun colon, aucun Européen n'avait été assassiné depuis

13. *Ibid.*, p. 690.

14. René Mayer a été député de Constantine de 1946 à 1955 et conseiller général du canton de Sétif; il faut souligner qu'il était métropolitain.

15. *Ibid.*, p. 692.

16. Allocution radiodiffusée, 29 janvier 1955, *Œuvres complètes*, III, *op. cit.*, p. 695.

17. Intervention à l'Assemblée nationale, 3 février 1955, *Œuvres complètes*, III, *op. cit.*, p. 706.

18. *Ibid.*, pp. 706-707.

le 1er novembre et que la sécurité était maintenue grâce à 175 000 hommes en Afrique du Nord; mais il réaffirmait que l'ordre n'était pas dissociable pour lui du progrès politique, économique et social. Il insistait : il ne fallait pas promettre de rétablir d'abord l'ordre, puis, l'ordre étant rétabli, d'agir sur la situation économique, puis, lorsque celle-ci serait en progrès, d'améliorer les institutions politiques; ce serait en fait « une politique de pure répression en attendant les hypothétiques lendemains où l'on rase gratis [19] ». Les solutions devaient intervenir en même temps, sur tous les plans. Mendès France savait qu'il existait en Algérie une misère trop réelle, mais la France pouvait faire état « avec fierté » des investissements, des barrages, des écoles, des hôpitaux, de l'extension des terres cultivées, des grands travaux qu'elle avait accomplis; les pays « orientaux », au lieu de critiquer ses efforts, devraient les envier. Mais il fallait être aux côtés des autochtones « dans la lutte ancestrale contre le dénuement et contre la faim qui les oppriment [20] ». Il clôturait son discours par l'expression de sa conviction profonde : « Ce soir, je ne fais pas de politique. [...] Je ne pense, ce soir, qu'à la pérennité française en Afrique du Nord, à cette pérennité que symbolisera demain l'implantation en Algérie de notre nouvelle école de Saint-Cyr. Je ne pense, ce soir, qu'à préserver, même par des moyens que tous, là-bas, ne comprennent pas toujours parce qu'on ne leur a pas toujours dit la vérité, je ne pense qu'à préserver et à enrichir le patrimoine spirituel et matériel de la France dans cette Afrique où se joue son destin. » Cette conclusion, applaudie à gauche, l'avait été aussi « sur plusieurs bancs à l'extrême droite [21] ». Deux jours après ce débat, Mendès France avait redit sa foi en l'Algérie française [22]; la confiance fut refusée au gouvernement, le 5 février 1955 au matin, par 319 voix contre, 273 pour et 22 abstentions [23].

Dans *L'Express* du 24 janvier 1956, Pierre Mendès France attira l'attention sur l'avenir des familles d'origine française, l'un des aspects « les plus délicats » du problème de l'Algérie : « Les 1 200 000 hommes et femmes qui les composent ne sauraient envisa-

---

19. *Ibid.*, pp. 710-711.
20. *Ibid.*, p. 711.
21. *Ibid.*, p. 716.
22. Le gouvernement « croit que l'Algérie française peut connaître un développement harmonieux par une politique économique et sociale hardie qui resserrera les liens existants entre tous les Français d'Algérie ». Intervention à l'Assemblée nationale, 4 février 1955, *Œuvres complètes*, III, *op. cit.*, p. 728.
23. Avaient voté contre : 94 communistes; 4 progressistes; 20 radicaux; 4 UDSR; 73 MRP; 17 républicains sociaux; 40 républicains indépendants; 27 ARS [= Groupe indépendant d'Action républicaine et sociale; c'est-à-dire dissidents du gaullisme], 21 indépendants paysans; 16 paysans; 3 non-inscrits.

ger de vivre ailleurs que sur cette terre à laquelle leurs parents et eux-mêmes ont donné un visage nouveau. [...] En sauvant la paix, il s'agit précisément, pour nous, de sauver – alors qu'il est temps encore – ces petits colons isolés courageusement dans leurs fermes, qui subissent le contrecoup du terrorisme et de la répression ; de sauver ces ouvriers, fonctionnaires ou cadres qui peinent dans les villes ; de sauver ces professeurs, médecins, instituteurs, missionnnaires qui se sont acharnés depuis des années à montrer aux Algériens le visage de la France civilisatrice et bienfaisante. » On a déjà souligné ce point, mais il faut le redire, car le visage de la France « civilisatrice et bienfaisante » en Algérie dont il parlait en 1956 serait remplacé, *vingt ans plus tard*, dans les propos de Mendès France, par une Algérie « écrasée par la terreur raciale qui y dominait ». Si c'était la réalité, comment se fait-il qu'il l'ait cachée à l'époque ? Ou, pire, qu'il l'ait transfigurée ? Et pourquoi avait-il dit qu'il refusait « une fois pour toutes » toute « sécession » entre ces populations, qui auraient donc été « terrorisées », et la France[24] ? Le sort de toute l'Afrique du Nord française, avait-il conclu en janvier 1956, est en même temps « le salut de la Patrie[25] ». Comment expliquer ce renversement complet de la vision que donne Mendès France de l'Algérie française ? Surtout, a-t-il vraiment *pensé* ces deux énoncés qui révèlent une profonde contradiction. Le deuxième énoncé, en tout cas, pèse lourdement sur les descriptions de l'Algérie française et sur l'image des Français d'Algérie.

En mars 1956, alors qu'il était ministre du gouvernement Guy Mollet, il analysa dans un journal de province ce qu'il jugeait être à l'origine du drame algérien : la France n'avait pas appliqué loyalement le statut de 1947[26]. Or elle avait mené, au moins depuis les lendemains de la guerre de 1914-1918, une *politique d'assimilation* : celle-ci répondait à l'ambition des Algériens – « devenir citoyens français dans la plénitude de ce terme » –, ils en avaient souhaité l'extension et l'accélération. Le sabotage de 1947 avait brisé la

24. Les expressions « pas de sécession concevable », « une fois pour toutes » sont utilisées dans l'intervention du 12 novembre 1954, *Œuvres complètes*, III, *op. cit.*, p. 455.

25. Pierre Mendès France, « Le salut de l'Algérie », *L'Express*, 24 janv. 1956, *Œuvres complètes*, IV, *Pour une République moderne, 1955-1962*, Gallimard, 1987, pp. 158-159.

26. Quelques mois auparavant, lors du 51e congrès ordinaire du parti radical, Pierre Mendès France avait assuré que l'application « intégrale » du statut constituait, « il y a peu de temps encore, un objectif qui pouvait valablement être proposé à toutes les populations algériennes » ; il disait que cette application, « plus urgente que jamais », était « impossible à réaliser dans les conditions initialement prévues », mais les difficultés n'en étaient pas insurmontables ; il définissait une politique dont l'élément décisif serait constitué « par des élections de caractère indiscutable » ; discours du 5 novembre 1955. Dans *Œuvres complètes*, IV, *op. cit.*, pp. 121-138 (citation pp. 121-122).

confiance qu'ils avaient placée dans la politique annoncée et les avait poussés vers une action violente sans compromis pour obtenir leur émancipation[27].

En avril 1956, il envoya une longue note à Guy Mollet, en se disant angoissé par la situation en Algérie. Il était hanté, comme tous les Français, affirmait-il, par les échecs, le recul de la France. Il revenait sur l'autorité que la France avait eue : ce qui l'avait établie, « c'était l'impression générale qu'elle cherchait à satisfaire les aspirations des peuples désireux de faire mieux ». « Les Algériens comptaient sur la France pour assurer leur émancipation graduelle dans les domaines social, économique, culturel et même politique. [...] Le divorce s'est produit dès qu'a pu prévaloir le sentiment que la France manquait à ses promesses ou qu'elle faisait seulement semblant de les tenir. [...] Dès lors, ceux qui, même dans leurs revendications et leurs exigences, faisaient confiance au système s'en sont détournés. Un Ferhat Abbas avait toujours préconisé les élections libres et un statut politique en étroite association avec la France ; n'allait-il pas jusqu'à contester l'existence d'une véritable nationalité algérienne ? Or, maintenant, nous sommes en présence d'un Ferhat Abbas qui ne croit plus la France capable d'organiser des élections honnêtes, qui ne croit plus à l'association intime et loyale de l'Algérie et de la France ; il s'est rallié au F.L.N. qui se réclame d'une nation algérienne et qui exige pour elle l'indépendance. Ferhat Abbas est le symbole de ces éléments [...] que nous avons déçus et qui sont passés de l'autre côté[28]. » Il estimait que la détérioration de la situation pouvait amener la perte de l'Algérie : son « union avec la France doit être préservée à tout prix dans l'intérêt vital de l'une comme de l'autre ». Parce qu'il voulait maintenir absolument cette union, Mendès France approuvait les mesures militaires qui venaient d'être décidées : 100 000 hommes allaient être envoyés pour renforcer le demi-million ou presque qui étaient en Afrique du Nord ; ces dépenses, très lourdes, étaient nécessaires : « Nous ne pouvions pas laisser en danger nos compatriotes qui, à chaque instant, risquent leur vie. La présence d'une armée renforcée est, au surplus, la preuve, aux yeux des autochtones, que nous avons la volonté de rester[29]. » Or la rébellion

---

27. P. Mendès France, « L'origine du drame algérien », *L'Éclair de l'Est*, 15 mars 1956, dans *Œuvres complètes*, IV, *op. cit.*, pp. 171-173.

28. Note pour Guy Mollet sur l'Algérie, 21 avril 1956, repris dans *Œuvres complètes*, IV, *op. cit.*, p. 177. En fait, c'est *avant* la non-application du statut de 1947 que Ferhat Abbas avait changé ; dans le *Manifeste du peuple algérien* (1943), il écrivait, on l'a déjà cité : « Le refus systématique ou déguisé de donner son accès dans la cité française aux Algériens musulmans a découragé tous les partisans de la politique d'assimilation étendue aux autochtones. »

29. *Ibid.*, p. 174.

était parvenue à s'assurer « du soutien d'une large majorité des musulmans d'Algérie »; 25 000 insurgés – évaluation reprise sans donner de source – n'auraient pas été un danger grave sans « la solidarité morale de la masse » avec eux. C'est donc en avril 1956 qu'il disait voir le choix de la population musulmane en faveur des insurgés, choix très différent de la distance ou plutôt de l'opposition entière qu'il avait affirmée en novembre 1954[30]. « L'action politique peut seule créer une situation où les autochtones accepteront la présence française, où ils se rallieront à une structure nouvelle comportant cette présence. Sans une telle action, il sera impossible de desserrer l'étreinte[31]. » Il faut relever le verbe : *accepter*. Mendès France faisait remonter à la journée du 6 février – avec les conditions qu'il jugeait « inadmissibles » du retrait du général Catroux – puis à l'amplification de la répression, la fin des espoirs et l'approfondissement du fossé entre la population et les autorités françaises. Il proposait sept mesures « significatives » : « Libération des détenus politiques qui ne sont sous le coup d'aucune inculpation [...], liberté de presse [...] sous réserve que restent interdits les appels à la haine et les provocations à des crimes et à des délits [...]; élimination des fonctionnaires qui ont orienté et orientent l'administration dans le sens du mépris des autochtones, de la loi et de la justice; dissolution des autorités municipales partout où elles abusent de leurs pouvoirs, [...] promulgation d'une nouvelle loi municipale [...]; expropriation effective des grands domaines fonciers en vue de leur transformation en petites propriétés familiales [...]; réforme fondamentale du Crédit agricole [...]; augmentation sensible des salaires[32]. » Avec vigueur, il refusait l'idée répandue qui affirmait que le pays colonisateur profite d'un système où le pays colonisé « donne beaucoup pour recevoir peu » : la France donne beaucoup[33], affirmait-il; l'aide française à l'Algérie, – calculée par habitant – était « trente fois supérieure » à

30. On a cité au chapitre v une lettre de Jacques Chevallier, alors maire d'Alger; il voyait un basculement de la population musulmane à la fin 1956. La lecture du *Journal* de Mouloud Feraoun [Éditions du Seuil, 1962] est ici très intéressante. Le 6 juillet 1956, il assure « que la rébellion est unanime, que la population obéit au doigt et à l'œil, elle est heureuse d'obéir ainsi » (p. 137), mais peu auparavant, le 13 juin, il avait noté : « Les exécutions brutales, les rançons qu'on fixe arbitrairement, l'arrogance d'une autorité toute fraîche, bornée et méprisante, tout cela prendra peu à peu l'allure d'un joug beaucoup plus insupportable que celui que l'on prétend secouer. Tout cela aussi ne pourra guère durer et se retournera contre les apprentis tyrans lorsqu'on sera persuadé qu'on est en train de se laisser mener par des hommes sans scrupules et sans éducation, des bandits qui doivent réintégrer leurs geôles, non des conducteurs ou des guides pour un peuple qui souffre » (p. 129). Ses jugements changent ainsi souvent, ce qui fait penser que l'opinion de toute la population devait être probablement très fluctuante sous le coup des événements.

31. Note pour Guy Mollet, *op. cit.*, p. 175.

32. *Id.*, pp. 180-181.

33. *Ibid.*, p. 181.

celle que les États-Unis et les institutions internationales accordaient ensemble aux pays sous-développés (Asie du Sud-Est, Moyen-Orient, Afrique, Amérique latine)[34]. Pour lui, « l'héritage » était clair, il était fait « bien plus de responsabilités que de bénéfices », « telle est la vérité[35] ». Il n'oubliait pas la communauté française : « Il n'est pas question de sacrifier les Français d'origine européenne, leur sécurité personnelle, leurs intérêts, leur avenir et celui de leurs enfants. Bien au contraire, il s'agit de les sauver[36]. » Il était convaincu, ainsi que Guy Mollet l'avait perçu et dit, que les manifestants du 6 février étaient de bonne foi, tout au moins dans leur grande majorité : ils s'étaient crus abandonnés « au fanatisme et à la haine des fellaghas ». Guy Mollet aurait dû s'expliquer avant son voyage à Alger. Mendès France voulait rester optimiste en rappelant tous les facteurs qui jouaient en faveur de la France, « les liens de la géographie et ceux qu'a forgés l'histoire, et les intérêts communs de l'ordre économique, et l'association des cultures[37] ».

À cette époque encore, en avril 1956 donc, le but est d'assurer la permanence de la France dans ces territoires où elle a « si largement contribué au progrès et à la civilisation », écrivait Mendès France. Il réaffirmait la nécessité impérieuse, vitale de la pérennité de la présence française : « Croyez bien que tous ceux qui ont étudié les problèmes dont vous m'entretenez savent que la perte de l'Algérie (et ensuite inévitablement de toute l'Afrique du Nord) serait un désastre national sans précédent. La France en souffrirait profondément, et pendant des dizaines d'années il lui faudrait en effet transformer alors d'une manière profonde toute sa structure économique. [...] Le rôle de la France dans le monde au point de vue politique serait aussi bouleversé d'un seul coup[38]. »

Un mois plus tard, en mai, Mendès France remettait sa démission à Guy Mollet : elle était motivée, la première phrase le disait, par la politique suivie en Algérie. En plein accord avec « le recours aux armes » (« J'aurais même préféré, vous le savez, l'envoi plus rapide

34. *Ibid.*, p. 182 ; Mendès France *affirme* que les 800 millions d'habitants de ces continents avaient reçu de 1950 à 1955, environ 1 400 milliards, et que les 10 millions d'habitants de l'Algérie avaient reçu dans le même temps 500 milliards.

35. *Ibid.*, p. 182.

36. *Ibid.*, p. 183.

37. *Ibid.*, p. 184. Dans cette note, Mendès France écrit : « Il nous appartient de prendre, et sans tarder, l'intiative politique non par de vains appels à la trêve – auxquels personne ne croit, pas même ceux qui les lancent – mais au moyen d'actes non équivoques. » Il pense à l'appel à la trêve qu'avait lancé Camus en janvier 1956 ; on peut se demander pourquoi Mendès France ne lui avait pas donné son opinion quand la démarche était annoncée.

38. Lettre à M. Malosse sur la présence française en Algérie, 21 avril 1956, *Œuvres complètes*, IV, *op. cit.*, pp. 184-185.

d'effectifs plus nombreux »), il savait pourtant que cette politique ne pouvait suffire : il fallait répondre aux sentiments et aux misères du peuple autochtone, en ramener les éléments qui avaient « si longtemps fait confiance à la France pour assurer leur émancipation graduelle ». Si ceux-ci avaient été détournés par « d'abominables propagandes extérieures et intérieures », ils l'étaient aussi du fait des erreurs de l'incompréhension des gouvernements français. Rappelant les mesures qu'il avait proposées un mois auparavant, et dont aucune n'avait été retenue, il déplorait des brimades, des sévices, les camps d'internement, mais il continuait à parler de « l'Empire qui faisait notre fierté », et il était encore sûr qu'il était possible de sauver « la paix et la permanence française en Algérie ». Une éviction de l'Algérie, écrivait-il, est ce « que nous avons le devoir d'empêcher coûte que coûte[39] ». Il a exprimé alors avec force et clarté sa « fierté » de l'Empire : ce sentiment, qui a été partagé par des générations entières, est aujourd'hui passé sous silence.

Le 25 octobre 1956, se prononçant favorablement à l'Assemblée nationale sur la politique générale du gouvernement de Guy Mollet, Pierre Mendès France affirmait son refus de négocier « avec ceux qui nous combattent ou avec ceux que nous venons de capturer », c'est-à-dire les cinq responsables, dont Ahmed Ben Bella, l'avion marocain qui les transportait ayant été intercepté par l'armée[40]. Ces négociations étaient jugées « inopportunes » : « Elles créeraient, elles cristalliseraient une situation à laquelle je ne peux me résigner quant à moi : d'un côté, la France, 43 millions de Français plus un million de Français d'origine européenne et, de l'autre côté, 10 millions de musulmans [...] ; toute la masse française d'une part, toute la masse musulmane d'autre part. C'est contre cela que nous n'avons cessé de nous élever[41]. »

À Guy Mollet qui avait demandé en février 1957 aux leaders de la majorité de soutenir fermement sa politique, Mendès France répondit : « Je me rallie sans réserve [*à la réponse du bureau du parti radical*], notamment sur l'indissolubilité des liens entre l'Algérie et la France, sur l'incompétence des Nations unies et sur la condition essentielle pour que la procédure envisagée par vous soit efficace,

39. Lettre de démission de Pierre Mendès France, 23 mai 1956, *Œuvres complètes*, IV, *op. cit.*, pp. 187-188.

40. Pierre Mendès France, s'interrogeant sur les conséquences qui pouvaient sortir de l'interception de cet avion, disait : « L'État républicain est-il toujours prêt à se laisser berner de la même manière ? Sur le plan des droits de l'État, il y a là une grave question qui ne peut pas rester sans réponse. » « Sur la politique du gouvernement en Algérie », 25 octobre 1956, *Œuvres complètes*, IV, *op, cit.*, pp. 226-227.

41. *Ibid.*, p. 225.

qu'un accord de tous les partis consultés s'affirme sur des mesures positives à prendre en Algérie. » Il s'alarmait d'une situation qui lui paraissait « terriblement aggravée » en Algérie[42].

Ce même mois de février 1957, c'est dans *Le Monde* que Pierre Mendès France réagissait à l'internationalisation du problème algérien. Un an auparavant, l'O.N.U. avait voté sa compétence, par 28 voix contre 27. En cette année 1957, la commission politique avait adopté, par 37 voix contre 27, une motion (nippo-thaïlandaise) qui impliquait la compétence de l'O.N.U. Puis l'assemblée générale avait voté un texte que Pierre Mendès France trouva « relativement acceptable dans ses termes » : elle prenait acte des propositions françaises et exprimait le vœu qu'une solution pacifique soit rapidement trouvée sur cette base. Pierre Mendès France rappelait les déclarations de Guy Mollet et de Christian Pineau : « "Cessez-le-feu" sans exigences politiques ni désarmement préalable des combattants, élections au collège unique aussitôt après ; contrôle de ces élections par des États étrangers[43]. » Il soulignait l'émergence sur le plan international d'une « autorité politique algérienne, personnifiée par le F.L.N. et qui intervient dès maintenant, avant même que les élections l'aient consacrée ». Il se demandait si les élections ne seraient plus désormais qu'un « prétexte à discussion » et même, si elles auraient jamais lieu. Il était encore temps, estimait-il, « mais tout juste », de réaliser une solution franco-algérienne, sinon il faudrait accepter une solution « imposée du dehors et beaucoup moins avantageuse pour la France et pour l'Algérie[44] ».

> Quelques semaines avant ce vote, Mendès France avait énergiquement affirmé devant l'Association de la presse anglo-américaine que non seulement l'O.N.U. était « incompétente », mais que le débat au cours duquel s'exprimeraient « les passions les plus violentes et les plus outrancières » ne ferait qu'aggraver l'affaire algérienne[45].

En octobre 1957, rentrant de Bamako où il avait assisté au congrès du Rassemblement démocratique africain, il se disait fier d'y avoir vu les élites qui avaient été créées par la France ; il affirma dans *l'Express* qu'en Algérie « nos atouts » étaient assez puissants pour « que le rôle de la France et ses positions puissent être sauvés et

---

42. Lettre à Guy Mollet, 1er février 1957, *Œuvres complètes*, IV, p. 279.
43. « Après le vote de l'O.N.U. sur l'Algérie », *Le Monde*, 23 février 1957, *Œuvres complètes*, IV, p. 285.
44. *Ibid.*, p. 289.
45. Déclaration devant l'Association de la presse anglo-américaine, 14 janvier 1957, *Œuvres complètes*, IV, p. 249.

consolidés[46] ». Pourtant, inquiet de la crise française – il n'y avait pas de gouvernement depuis la chute du cabinet Bourgès-Maunoury, le 30 septembre –, il montrait un certain pessimisme : « Si nous voulons sauvegarder la situation des Français d'Algérie, et leur avenir, s'ils doivent continuer à jouer un rôle décisif, cela ne sera possible que dans la mesure où on trouvera un équilibre *auquel les musulmans auront donné leur consentement.* C'est la seule protection réelle, valable à long terme. La seule manière de maintenir la *présence française* en Algérie. Les intérêts que nous avons en Algérie seront progressivement détruits par la guerre, si elle s'éternise. La guerre sans fin, c'est la perte de tout[47]... »

En *1958*, Mendès France parla de *décolonisation* : c'était un changement radical. Il rappelait le passé : « Au XIXe, le colonialisme apparaissait comme un fait normal, durable, voire permanent, comme un fait qui, d'ailleurs, était conforme à l'intérêt de tous, aussi bien des pays industrialisés en voie d'expansion et qui recherchaient des matières premières[48], que des pays arriérés pour lesquels la présence d'une administration européenne semblait être la garantie du progrès technique, économique et social. Cette vue générale, ce jugement simple n'étaient pas totalement faux et on doit reconnaître que la colonisation a apporté autre chose que des inconvénients ou des maux, autre chose qu'une exploitation sans contrepartie[49]. » L'aspiration des peuples à l'indépendance lui paraissait maintenant inéluctable, les anciens colonisateurs devaient s'y adapter. Mendès France écartait deux options qu'il ne jugeait « ni réalistes ni conformes à l'intérêt des peuples en cause et à l'intérêt général du monde moderne » : « le refus pur et simple des aspirations nationalistes » et une indépendance accordée « sans délai, sans réserve, sans précaution, sans transition ». Il soulignait les inconvénients durables qu'une indépendance totale pouvait entraîner : départ accéléré des populations européennes, manque de techniciens, hémorragie de capitaux... ; une rupture impliquait trop souvent « l'abandon de vastes régions sous-développées à un sort cruel et inquiétant ». « Paradoxalement,

---

46. « La guerre d'Algérie est une guerre psychologique », *L'Express*, 10 octobre 1957 (interview), *Œuvres complètes*, IV, p. 364.

47. *Id.*, p. 366 (les italiques sont dans le texte de Mendès France). Il semble y avoir là encore une contradiction flagrante dans la pensée de Mendès France : il parle ici de sauvegarder les « intérêts » de la France en Algérie et, en avril 1956, il avait insisté avec force sur le coût élevé de l'Algérie pour la France. Que désigne-t-il alors par le mot « intérêts » ?

48. Il est difficile de faire entrer la conquête de l'Algérie – lente, très coûteuse, sanglante, remplie d'hésitations – dans la recherche de matières premières. C'est cinquante ans après le début de la conquête que Jules Ferry parla des besoins de l'industrialisation.

49. Postface de Pierre Mendès France à Simone Gros, « La politique de Carthage » (paru en septembre 1958) reproduite dans *Œuvres complètes*, IV, *op. cit.*, p. 431.

on pourrait soutenir que l'ancienne métropole, brusquement débarrassée des charges financières qu'elle s'était imposées pour ses anciennes colonies, serait, tout au moins en première instance, la seule à profiter d'une amélioration par rapport à la situation antérieure[50] ! » Il invitait à l'abandon de positions idéologiques sommaires et à la recherche de solutions raisonnables tenant compte des liens historiques entre les pays industrialisés et les régions d'outremer[51].

En juin 1960, *L'Express* l'interrogea à nouveau sur les Européens d'Algérie ; il se disait préoccupé par leur sécurité dans la période immédiate et prochaine, et dans un avenir plus lointain. Dans la phase qui suivrait le cessez-le-feu, il n'y a pas de doute, disait-il, « c'est la présence de l'armée française qui garantit la vie quotidienne des Européens. Cette situation devra se prolonger aussi longtemps qu'elle apparaîtra nécessaire ». C'est un vœu qui ne fut pas entendu, et surtout pour lequel il ne s'est pas battu, au moment des accords d'Évian en particulier. Mendès France était encore moins réaliste pour parler de l'avenir « plus lointain » : il pensait que la tradition musulmane admettait fort bien « le principe d'autonomies locales » et que le F.L.N. devrait accepter « une nécessaire décentralisation des pouvoirs ». « Cela signifie, par exemple, que la police d'Alger, d'Oran ou des villes d'Algérie, où la communauté européenne est nombreuse, devra être une police mixte, avec, portant le même uniforme, des Européens et des musulmans. » Cette affirmation révèle une méconnaissance complète de l'idéologie du F.L.N. et de ses ambitions. La métropole devait tout faire, répétait-il, pour rassurer la masse européenne, « au lieu de l'abandonner aux entreprises des excités et des fanatiques[52] ».

À *l'automne de 1960*, interrogé sur l'indépendance de l'Algérie, Mendès France répondit que l'on n'avait ni le droit, ni d'ailleurs le moyen, d'empêcher l'indépendance du peuple algérien s'il la voulait. Mais il expliqua que pendant longtemps et jusque récemment, il avait cru à un règlement autre : « Je pensais que ce qui nous avait unis pendant longtemps, les liens noués, les services qui avaient été rendus,

50. Jacques Marseille écrit en conclusion d'un exposé sur Mendès France : « Contrairement à ce que je présupposais, Pierre Mendès France n'a jamais émis l'idée que l'empire colonial était un "boulet" entravant la modernisation de l'économie française à l'heure de ses nécessaires reconversions » [« Pierre Mendès France et le boulet colonial », dans : *Pierre Mendès France et l'économie*, Éditions Odile Jacob, 1989, p. 414.] Or Mendès France découvre en 1958 que l'ancienne métropole, débarrassée des charges financières de ses anciennes colonies, y trouverait une *amélioration.*

51. Postface de Pierre Mendès France à Simone Gros, *op. cit.*, p. 434.

52. « La sécurité des Européens dans l'Algérie future », *L'Express*, 30 juin 1960, *Œuvres complètes*, IV, *op. cit.*, pp. 594-596.

l'influence de la culture française qui s'était exercée dans ce pays, je pensais que tout cela permettait l'établissement d'une sorte de fédération. » Il faut souligner que cette vue qu'il dit avoir été longtemps la sienne paraît *très différente* de ce qu'il avait exprimé en novembre 1954 et au début de 1955 quand il était président du Conseil. Il faut relire ce qu'on a déjà cité : « *Les départements d'Algérie constituent une partie de la République française. Ils sont français depuis longtemps et de manière irrévocable.* » Rien n'annonce là « une sorte de fédération »... En ce qui concerne le sort des Européens, il en était venu à un simple vœu : j'espère, disait-il, que la plupart « trouveront la possibilité de continuer à travailler, à vivre, à prospérer et à apporter leur contribution à l'édification de l'Algérie nouvelle ». Il espérait aussi que « des relations étroites, des besoins de coopération extrêmement profonds » pourraient se créer entre les deux peuples[53].

En mars 1961, après la rupture des négociations franco-algériennes, il fit, dans une conférence de presse, un long exposé, sans grande originalité pour des raisons évidentes : « L'issue est d'ores et déjà clairement connue de tout le monde ». Il était sévère pour le gouvernement et pour le général de Gaulle : il condamnait ses habiletés, ses précautions, ses « termes sibyllins ou contradictoires », sa façon de négocier en finassant, de manœuvrer « en valorisant artificiellement » le M.N.A. et en le protégeant, même s'il accordait au passage à Messali Hadj un rôle de précurseur, et disait comprendre son amertume... Mendès France était certain de la représentativité du seul F.L.N. : apparu pour lui au milieu de 1956, il n'avait pas à l'époque le monopole du combat ; mais à présent tout montrait, assurait-il, que les masses algériennes le reconnaissaient comme la seule autorité. Parlant de la défense des intérêts français, il affirmait : « Ce n'est pas à Chantilly, mais bien à Tunis que des Européens d'Algérie parmi les plus importants, soucieux de leur avenir, sont allés s'enquérir des conditions dans lesquelles ils pourront vivre et travailler dans une Algérie devenue indépendante », affirmation qui reconnaissait donc l'autorité et la responsabilité du G.P.R.A.[54]. Dans un bilan qu'il dressait « sans plaisir », il disait « retentissante » l'intervention des États-Unis : « Des ministres du G.P.R.A. ont été reçus par l'ambassadeur américain à Tunis, dans des conditions sans précédent. » L'avenir

53. « Sur l'indépendance de l'Algérie », réponse à une question posée lors d'une réunion de la section PSU de Saint-Denis, le 7 octobre 1960, publiée dans *Œuvres complètes*, IV, pp. 616-618.

54. Conférence de presse sur les négociations franco-algériennes, hôtel Lutétia, 5 avril 1961, *Œuvres complètes*, IV, *op. cit.*, p. 640.

montra qu'il n'était pas réaliste sur les points à négocier (par exemple, sur l'exploitation des ressources pétrolifères[55] ou sur l'organisation du Maghreb[56]) et sur la période transitoire. Il continuait de penser que la France ne manquait pas de « cartes » pour aborder la négociation : « L'Algérie de demain, comme le Maroc et la Tunisie, ont besoin de nous, et ils le savent[57]. » Il appelait tous les Français, qu'ils fassent confiance au pouvoir ou s'en défient, à faire pression pour des négociations rapides, pour obtenir « une politique généreuse, compréhensive », pour s'opposer « aux hésitations gouvernementales, aux propagandes intéressées et même au terrorisme des ultras » ; bref, c'était le peuple français qui ferait prévaloir, « en dernier et souverain ressort, la paix et la réconciliation[58] ».

Dans une lettre du 19 mars 1962, il critiquait la lenteur qu'avait montrée le général de Gaulle pour négocier : « Il pouvait aller beaucoup plus vite, et... s'il avait pris un certain nombre d'initiatives audacieuses à cette époque, la situation ne se serait pas empoisonnée et pourrie. » Il affirmait que le général de Gaulle n'avait jamais pensé à « la nécessité de conduire les peuples colonisés à leur indépendance ». « Ni avant de venir au pouvoir ni pendant la première année de son retour, il n'a jamais dit un mot qui évoque une véritable émancipation. Tous les discours qu'il a prononcés à l'époque étaient des discours intégrationnistes comme c'était particulièrement le cas du discours de Constantine. » Estimant que les accords d'Évian étaient « un pas important », il leur apportait son appui, comme le faisaient tous ceux qui comme lui avaient souhaité depuis longtemps « une pareille politique[59] ».

Sur l'usage de la torture, Pierre Mendès France a tenu un autre langage que celui des gouvernements de l'époque. Il en savait l'utilisation, le disait, mais il n'a jamais pensé qu'elle était « généralisée ». On doit rappeler les assimilations de l'armée française au nazisme faites à cette époque par l'extrême gauche : ces comparaisons étaient impensables pour lui. Il se voulait toujours mesuré. Par exemple, en

55. « Nous nous intéressons à juste titre au pétrole que nos chercheurs ont découvert au Sahara et que nos ingénieurs commencent à en extraire. [...] L'Algérie ne dispose et ne disposera pas de si tôt de techniciens, des équipements, de l'expérience, des capitaux qui sont nécessaires à l'extraction du gaz et du pétrole sahariens. C'est un fait que la France au contraire peut les procurer, et mieux que n'importe quel pays au monde. » Pour Mendès France, il était clair qu'il y avait dans ce domaine une « étroite imbrication réciproque des intérêts ». Il parlait de protection de « nos intérêts économiques », *ibid.*, pp. 645-646.

56. Il indiquait, comme conditions à débattre : statut et protection des minorités en Algérie, exploitation des ressources pétrolifères, fonctionnement de la zone franc, etc., et, plus tard, avec le Maroc et la Tunisie, l'organisation du Maghreb, *ibid.*, p. 642.

57. *Ibid.*, p. 644.

58. *Ibid.*, pp. 647-648.

59. Lettre à M. Aschère, 19 mars 1962, *Œuvres complètes*, IV, *op. cit.*, p. 716.

octobre 1956 : « On me dit souvent, quand on évoque les horreurs qui ensanglantent cette terre, quand on dénonce tel ou tel excès de mauvais traitements, de tortures : "Mais, de l'autre côté aussi, il y a des choses atroces." C'est bien vrai. Mais lorsque des extrémistes, qui ne conçoivent l'avenir de l'Algérie que dans le départ de la France et des Français, commandent de sang-froid de pareilles exactions, ils savent bien qu'ils dresseront plus complètement encore les populations l'une contre l'autre. Il est de leur politique et de leur intérêt de provoquer de pareilles horreurs [...]. Mais nous, quand nous nous laissons aller à de pareilles fautes, c'est contre notre propre intérêt que nous travaillons. [...] Les horreurs, les exactions, les massacres font le jeu des ennemis de la France, quelle que soit la partie qui les commet. » Il demandait l'épuration de l'administration, le châtiment de certains fonctionnaires, de certains préfets. C'est « la réputation de la France qui est en cause », concluait-il[60].

Il lança à diverses reprises ce cri d'alarme dans son parti. Par exemple, devant un comité radical en avril 1957 : « brutalités » et « excès » « nous blessent dans notre conception même du rôle de la France outre-mer. [...] Quelle que soit la provocation des crimes atroces perpétrés de l'autre côté, il est des actes que ne saurait commettre quiconque se réclame d'une mission civilisatrice ». Il ne fallait pas affecter d'ignorer ou de minimiser ces faits, il fallait frapper les coupables, « non de médiocres agents d'exécution, mais les responsables[61] ».

S'il parle d'excès odieux, Mendès France ne s'en prend pas à l'armée car « le concept républicain veut qu'il n'y ait pas de différence entre la nation et l'armée, et défendre la nation c'est défendre l'armée[62] ». C'est devant des rappelés qu'il parle ainsi, assurant : « Les fautes qui sont commises en Algérie ne doivent pas être mises sur le compte de l'armée en tant que telle, car l'armée désavoue ces actes avec horreur[63]. » Cette position était sans nul doute difficile à tenir en des temps qui furent d'une extrême violence ; son ton ne pouvait satisfaire aucun parti, d'autant qu'il insistait sur « les crimes atroces » de l'autre camp. Il éprouvait de la honte de voir des actes condamnables commis par la France, d'où son sursaut quand il avait

60. Séance du 13 octobre 1956 du congrès radical, Lyon, *Œuvres complètes*, IV, *op. cit.*, pp. 222-223. Il faut souligner que très tôt il a compris et dit que l'indépendance voulue par le F.L.N. incluait absolument le départ des Français.

61. Comité radical de Pont-Audemer, 8 avril 1957, *Œuvres complètes*, IV, *op. cit.*, pp. 303-304.

62. Étrange proposition : l'affaire Dreyfus avait montré que défendre l'armée, ce n'était pas du même coup défendre la nation...

63. « Dites ce que vous avez vu », allocution devant les « rappelés » de Noisy-le-Sec, 19 avril 1957, *Œuvres complètes*, IV, pp. 304-305.

lu sous la plume de Mauriac : « La torture a toujours existé, même sous les gouvernements mendésistes » (on peut se demander ce que vise ce pluriel). Il envoya alors une longue note à Jean-Jacques Servan-Schreiber sur les sévices en Afrique du Nord; de « mauvaises habitudes », des actes condamnables étaient répandus, écrivait-il, mais ils étaient longtemps restés clandestins. À partir de l'été 1955, ces procédés (la torture dite de la baignoire, par exemple) avaient été en quelque sorte officialisés, affirmait-il[64].

L'analyse des prises de position les plus marquantes de Pierre Mendès France démontre donc qu'au début des événements il ne voulait pas brader, « liquider » l'Empire. Son virage, amorcé en 1956, est devenu radical en 1958 : comme le général de Gaulle, il s'est *résigné* à prendre en compte une évolution historique, et il a essayé d'y répondre d'une manière qu'il jugeait raisonnable, en oubliant totalement ses certitudes passées – ou faisant comme s'il les oubliait – et aussi les espérances qu'il avait contribué à alimenter et à prolonger par des engagements sans aucune ambiguïté. Qu'il parle, en 1954, d'« agissements criminels », qu'il affirme alors l'isolement complet des « coupables », qu'il mette en cause l'intervention de l'Égypte ou qu'il renvoie les violences de l'Aurès à des traditions étrangères au politique, les imputant à des « bandes » permanentes, il tient le même discours que presque tous les Français d'Algérie; comme eux, il s'insurge contre l'internationalisation du problème algérien et il trouve inadmissibles les interventions des États-Unis. Ces aspects de son action politique ont très vite été complètement dissimulés. Par exemple, Jean Lacouture, en 1976, n'éprouva nul besoin de le faire parler de son évolution qui pourtant est spectaculaire, et il semble ne pas avoir remarqué ce qu'avait de nouveau dans la bouche de Mendès France l'affirmation d'une « terreur raciale » existant en Algérie en 1954. C'est un dommage irréparable que Mendès France n'ait pas été interrogé sur ses transformations en très peu d'années et sur ses réactions devant l'exil massif des Français d'Algérie en 1962.

On est frappé aujourd'hui par un certain vocabulaire : Empire, Algérie française, patrie, rayonnement, puissance de la France, République Une et Indivisible : ces termes sont, on peut dire, automatiques, chez Pierre Mendès France. Né en 1907, il a été formé ainsi par l'école; il se réfère à Maurice Viollette, à Léon Blum, au de Gaulle de 1944, au statut de 1947. Il voulait transformer l'Algérie,

64. Note sur les sévices en Afrique du Nord, été 1959, archives de Mendès France, *Œuvres complètes*, IV, pp. 520-526.

amener à l'égalité des droits, à « l'émancipation graduelle » des populations autochtones, cette expression indique bien qu'il les percevait comme une population en retard, attardée. En aucun cas, il ne voulait « perdre » l'Algérie. On ne soulignera jamais assez ce que l'on a déjà cité : « La perte de l'Algérie (et ensuite inévitablement de toute l'Afrique du Nord) serait un désastre national sans précédent[65]. » Ce verdict surprenant impressionne d'autant plus qu'il est énoncé seize ans après le désastre infiniment dramatique de 1940. Pourtant, Mendès France n'écrivait pas cela étourdiment, car relisons *le début* de la phrase : « Croyez bien que *tous ceux qui ont étudié les problèmes dont vous m'entretenez savent* que la perte de l'Algérie [...] serait un désastre national. » On se demande comment un texte aussi vigoureux, aussi clair et aussi inattendu, peut ne pas poser de questions aux historiens et aux hagiographes.

Quand, en 1958, Pierre Mendès France enregistra le phénomène de décolonisation qu'il jugea inévitable, il déclara aussi avec une grande détermination : « C'est une vue tout aussi erronée de croire qu'un pays peut passer sans difficulté, et même sans douleur, d'une totale dépendance à une indépendance totale. » Il s'était convaincu qu'il fallait assurer une transition; sinon il faudrait craindre « des pertes durables, des appauvrissements, des retours en arrière »; il a compris alors tout ce que les peuples jeunes risquaient de subir et il l'a dit. Sur cette position, il était très isolé : le tiers-mondisme, qui remplaçait la foi communiste très ébranlée par le rapport Khrouchtchev, ne connaissait aucune nuance, ne faisait même aucune analyse; c'était la foi nouvelle. Pierre Mendès France demandait que, au moment où les pays anciennement dominateurs faisaient sa part au mouvement d'émancipation, tous les éléments constructifs, valables, qui avaient été édifiés au temps de la colonisation, soient sauvés. L'Histoire a montré qu'en s'efforçant d'être à mi-chemin des deux positions qu'il critiquait – une vieille domination sans changements, ou une indépendance sans transition –, il n'a pas été entendu. On peut même dire qu'il a perdu. Il faut reconnaître que son pessimisme a reçu une confirmation par l'Histoire : les peuples jeunes ont subi les « retours en arrière » qu'il annonçait.

Mettant en question la colonisation, Mendès France disait, on l'a déjà souligné, qu'elle avait apporté « autre chose que des inconvénients ou des maux, autre chose qu'une exploitation sans contrepartie ». C'est une appréciation qui, là aussi, est aujourd'hui souvent vio-

65. Lettre à M. Malosse sur la présence française en Algérie, 21 avril 1956, *Œuvres complètes*, IV, *op. cit.*, p. 184.

lemment condamnée : notre époque parle des « crimes du colonialisme », ce qui inclut un jugement sur les Français qui étaient nés, qui vivaient dans les colonies[66]. À partir de 1958, il critiqua *l'origine des liens* forgés entre les pays européens et les pays d'outre-mer « au plan des principes », mais il concluait par une réflexion qui était très rare, peut-être unique, on l'a dit aussi au premier chapitre : « L'on commettrait, à l'égard des vivants, une grande erreur et peut-être une grande injustice en voulant mettre fin brutalement à toutes les conséquences d'un état de choses dont l'origine remonte à leurs ancêtres[67]. » Donc il pensait aux Français d'outre-mer, mais les connaissait-il, à part Jacques Chevallier et quelques autres élus qui n'étaient pas forcément représentatifs. Ce qui frappe, après coup – mais on y pense, il faut le reconnaître, dans la tranquillité d'un bureau –, c'est le niveau où se situent les réflexions, la vision de Pierre Mendès France : la puissance de la France, son rayonnement, son rôle international. Du coup, sa pensée et son action politiques ignorent les individus concrets, les Français d'Algérie, malgré quelques remarques sur leur sécurité et leur avenir, mais tout autant, et peut-être plus, les « autochtones » qui apparaissent, dans ses discours, comme lointains, comme des sujets « loyaux », des étrangers en quelque sorte.

66. D'après Camus, cette condamnation a existé de longue date : « Englober dans un mépris général, ou passer sous silence avec dédain un million de nos compatriotes, les écraser sans distinction sous les péchés de quelques-uns, ne peut qu'entraver, au lieu de la favoriser, la marche en avant que l'on prétend vouloir. Car cette attitude se répercute naturellement sur celle des Français d'Algérie. À l'heure présente, en effet, l'opinion de la majorité d'entre eux [...] est que la France métropolitaine leur a tiré dans le dos », « La bonne conscience », *L'Express*, 21 octobre 1956, dans *Cahiers Albert Camus*, 6, Gallimard, 1987, p. 72.

67. Postface à « La politique de Carthage » de Simone Gros, *op. cit.*, *Œuvres complètes*, IV, pp. 430-434.

III

Une page déchirée

On ne cherche pas ici à analyser la politique du général de Gaulle, mais à rappeler les points essentiels de ses discours sur l'Algérie : les Français d'Algérie, quand ils parlent d'abandon ou de trahison, s'appuient toujours sur des bribes de discours qu'ils disent avoir entendus, retenus, qui leur avaient donné de l'espoir et qu'ils jugent contraires à la politique finalement suivie. Pour comprendre leurs illusions, leur amertume, leurs indignations, il faut connaître les termes exacts des discours du général de Gaulle.

Malraux rapporte, dans *Le Miroir des limbes*, qu'il avait entendu le général de Gaulle dire, au temps des négociations de Melun : « Ça ne plaît pas à Michel Debré ? Et à moi, croyez vous que ça me plaise[1] ? » et marquer, au début, qu'il croyait un accord « possible[2] ». Ce témoin très proche note donc qu'il y a eu chez de Gaulle une évolution nette. Dans ses *Mémoires d'espoir*, celui-ci écrit qu'en reprenant la direction de France il était résolu « à la dégager des astreintes, désormais sans contrepartie, que lui imposait son empire », et il reconnaissait que, pour un homme de son âge et de sa formation, « il était proprement cruel de devenir [...] le maître d'œuvre d'un pareil changement[3] ». Il affirmait qu'il n'avait pas de plan préétabli en 1958 :

1. André Malraux, *Le Miroir des limbes*, II, *La Corde et les Souris*, Gallimard, 1976, rééd. « Folio », 1996, p.152. À Alain Peyrefitte, qui essayait de faire « vibrer la corde sensible » du général, à propos du malheur des « réfugiés » d'Algérie, celui-ci répondit : « N'essayez pas de m'apitoyer ! Cette page m'a été aussi douloureuse qu'à quiconque. » *C'était de Gaulle*, I, Fayard/Éditions de Fallois, 1994, p. 257. Ce qui laisse comprendre qu'il n'était pas préparé de longue date à l'idée d'une Algérie indépendante.

2. *Id.*, p. 277. Selon Malraux, de Gaulle avait ajouté : « Malheureusement, rendre Ferhat Abbas intelligent ne dépend pas de moi. »

3. Charles de Gaulle, *Mémoires d'espoir*, Le Renouveau, 1958-1962, Omnibus/Plon, 1994, p. 37.

« Les données en étaient trop diverses, trop complexes, trop mobiles pour que je puisse fixer exactement à l'avance les détails, les phases, le rythme de la solution[4] », mais il excluait toute idée d'assimilation des musulmans au peuple français et le maintien du *statu quo*.

Raymond Aron, voulant bien admettre en 1962 que le général de Gaulle envisageait sans doute dès 1945 « l'accession des protectorats et des colonies à un statut d'autonomie, voire d'indépendance et d'association[5] », ironisait sur les certitudes de Louis Terrenoire : ce ministre « n'aperçoit qu'une ligne droite sans courbe ni détour[6] » menant du « Je vous ai compris » du 4 juin 1958 au référendum d'avril 1962. Raymond Aron estimait que si l'on accordait à de Gaulle une « vision infaillible », il fallait alors lui reconnaître « un art extrême dans la dissimulation[7] ». Louis Terrenoire, publiant en 1964 *De Gaulle et L'Algérie*, écrivait que ce « témoignage » était né « d'une réaction de stupeur et d'indignation » en voyant une version faussée de l'action du général de Gaulle sous des plumes « réputées » : Gilbert Cesbron, Hubert Beuve-Méry, André François-Poncet, Gaston Defferre parlaient de duplicité, de trahison, de tromperie d'un de Gaulle terminant l'affaire algérienne « tout autrement qu'il l'avait commencée[8] ». Au moment des accords d'Évian, Raymond Aron suggérait qu'on lise ou relise les déclarations de l'époque du R.P.F. : « On aurait peine, écrivait-il froidement, à y déceler les indices de cette volonté clairvoyante[9]. » Les discours du général de Gaulle demandent en effet lecture et on en analyse ici l'évolution, les transformations.

Avant d'en venir aux discours du chef du R.P.F., il faut commencer par celui que le général de Gaulle avait prononcé à Constantine en 1943[10]; bien des Pieds-noirs, qui n'ont pas dû le lire, affirment

4. *Id.*, p. 43.
5. Raymond Aron, « Dénouement provisoire », *Preuves*, juin 1962, p. 6.
6. *Id.*, p. 7.
7. *Ibid.*, p. 6.
8. Louis Terrenoire, *De Gaulle et l'Algérie*, Témoignage pour l'Histoire, Fayard, 1964, p. 9 et p. 8.
9. R. Aron, « Dénouement provisoire », *article cité*, p. 6.
10. Pendant la guerre, de Gaulle s'était adressé deux fois à la « France musulmane ». Le 18 janvier 1942, à l'occasion de la nouvelle année de l'Hégire, lui souhaitant « une année de bonheur et de prospérité », il rappelait que la France musulmane, du Niger à Casablanca, avait « grandement contribué à la victoire de la France » en 1918. Sûr qu'elle était restée « française de cœur », il l'appelait à l'union et au combat. Signe du temps, il s'adressait « aux citoyens, aux sujets et protégés musulmans de l'Empire français ». Le 18 mars 1943, il adressait un message aux musulmans de l'Afrique du Nord française à l'occasion de la fête du Mouloud : « Les Musulmans de l'Afrique française ont leur rôle à jouer. Leur constante et affectueuse fidélité est pour la France le plus sûr garant que les populations musulmanes de l'Afrique française seront à la hauteur de leur devoir envers la patrie, envers la grande France d'hier et de toujours [...]. La France nouvelle qui en sortira sera digne des traditions de la France que vous connaissez et que vous aimez. Elle saura, à ce moment, récompenser tous ceux de ses fils qui n'auront jamais

aujourd'hui qu'il avait alors promis aux Musulmans la gestion par eux-mêmes de leurs affaires, donc l'indépendance, et bien des gaullistes pensent que tout a commencé là. Dans cette allocution prononcée place de La Brèche le 12 décembre 1943, le général de Gaulle, après avoir exalté la France qui vivait depuis deux mille ans « dans le risque », annonçait qu'elle allait tirer toutes les leçons du combat mené dans des conditions « particulièrement cruelles » : « Si, après guerre, dont l'enjeu est la condition humaine, chaque nation aura l'obligation d'instaurer au-dedans d'elle-même un plus juste équilibre entre tous ses enfants, des devoirs plus vastes encore s'imposent aux pays qui, comme le nôtre, se sont, depuis l'âge des grandes découvertes, associés à d'autres peuples et d'autres races. » L'Afrique du Nord, où reparaissaient les libertés et qui était le siège du gouvernement de la France, imposait cette volonté de renouveau. Des résolutions « importantes » venaient d'être prises en Algérie : attribution à plusieurs dizaines de milliers de Français musulmans de « leurs droits entiers de citoyens, sans admettre que l'exercice de ces droits puisse être empêché, ni limité, par des objections fondées sur le statut personnel »; augmentation de la proportion de Français musulmans dans les assemblées traitant des problèmes locaux; accession à un grand nombre de postes administratifs de « ceux qui en auraient la capacité »; amélioration « absolue et relative des conditions de vie des masses algériennes »; les mesures nécessaires en seraient connues, mais le général de Gaulle soulignait qu'il s'agissait d'une « œuvre de longue haleine ». Et il rappelait que « personne ne peut, enfin, nier que rien ne serait concevable sans le labeur acharné de ces colons, qui fit jaillir du pays les richesses de la nature[11] ».

Le général de Gaulle prit position en 1947 sur le projet du statut de l'Algérie lors de sa discussion à l'Assemblée, sous le gouvernement Ramadier, affirmant qu'il s'agissait pour la France tout entière d'un événement « capital ». Il salua avec fierté l'œuvre accomplie, même si elle n'était ni « parfaite » ni « complète » : elle avait sorti l'Algérie d'une « anarchie millénaire ». La France avait apporté « l'ordre, l'administration régulière, la justice, la technique, de vastes travaux [...], un grand effort d'instruction, d'hygiène, de protection sociale ». C'est la population d'origine française ou européenne qui, ayant fourni « une somme énorme de travail et d'iniative », avait été le « levain » servant au progrès de tous les habitants; la population

---

désespéré de sa grandeur. » *Discours et messages*, I, *Pendant la guerre*, juin 1940-janvier 1946, Plon, 1970, pp. 167-168 et p. 274.

11. Sauf mention contraire, les discours sont cités d'après les volumes 1, *Pendant la guerre* (juin 1940-janvier 1946), 2, *Dans l'attente* (février 1946-avril 1958), 3, *Avec le renouveau* (mai 1958-juillet 1962), édition établie avec le concours de François Goguel, Plon, 1970.

musulmane y avait concouru par « ses capacités agricoles et pastorales, son exceptionnelle endurance, sa grande bonne volonté ». Le nouveau statut devait rendre l'exercice de l'autorité plus efficace et mieux organiser la collaboration entre les Algériens d'origine française et les Algériens musulmans. Le général de Gaulle mettait au premier plan la souveraineté française : « Seul un sytème dans lequel la France exercera pleinement les droits et les devoirs de sa souveraineté et dans lequel les deux grandes catégories de population seront associées et équilibrées dans la délibération des affaires proprement algériennes sera un sytème assez équitable et pratique pour conduire vers leur développement les trois départements français d'Algérie. Souveraineté de la France ! Cela signifie, d'abord, que nous ne devons pas laisser mettre en question, sous aucune forme, ni au-dedans ni au-dehors, le fait que l'Algérie est de notre domaine. » Une assemblée locale devait être constituée pour décider, dans le cadre des lois, des problèmes qui concernaient spécifiquement l'ensemble des trois départements algériens ; cette assemblée devrait comporter « deux sections égales et équivalentes, élues chacune par un collège qui comprenne tous les électeurs de l'une des deux catégories de la population ». De Gaulle rappelait alors l'ordonnance du 7 mars 1944[12] et demandait qu'une de ses dispositions soit abandonnée : pour les conseils généraux et municipaux, le premier collège élisait les trois cinquièmes des élus et, par compensation, plusieurs dizaines de milliers de Français musulmans avaient été introduits dans le premier collège. En maintenant cette dernière disposition, « on risquerait de fausser, au détriment de la population d'origine européenne et pour l'éventuel profit d'une dangereuse démagogie, tout l'équilibre du système. La France, quoi qu'il arrive, n'abandonnera pas l'Algérie ». Il fustigeait les « séparatistes d'obédiences différentes » et les « entreprises d'étrangers intéressés » qui voulaient provoquer de l'agitation : « Ceux qui, d'aventure, risqueraient le désordre, perdraient la partie. » Il rappelait que la France, « dont l'Algérie fait par-

12. L'ordonnance du 7 mars 1944 affirmait dans ses deux premiers articles l'égalité des droits et des devoirs entre tous les Français non musulmans et musulmans d'Algérie, nonobstant la conservation de leur statut personnel coranique ou coutumier par ceux de ces derniers qui n'auraient pas « expressément déclaré leur volonté d'être placés sous l'empire intégral de la loi française ». L'article 3 définissait les catégories de Français musulmans admis à titre personnel à exercer leurs droits civiques dans les mêmes conditions que les citoyens de statut civil français. L'article 4 commençait par affirmer : « Les autres Français musulmans sont appelés à recevoir la citoyenneté française », mais il laissait à la future Assemblée nationale constituante le soin de fixer « les conditions et les modalités de cette accession ». Dans l'immédiat, il reprenait les propositions de la commission sur la représentation spéciale des Musulmans dans les assemblées algériennes, mais il avait écarté la proposition de leur accorder en même temps une représentation paritaire au Parlement français (la Commission préparatoire comprenait 4 hauts fonctionnaires, 6 Français non musulmans et 6 Français musulmans).

tie intégrante », était résolue « à assurer elle-même le progrès de tous ses enfants » (18 août 1947).

En octobre 1947, le général de Gaulle se rendit à Alger pour mener campagne en vue des élections municipales. Il saluait les efforts et les sacrifices consentis par les Français d'Algérie, quelles que fussent leur race et leur religion, pour la libération de la France : ils avaient fourni la grande partie de l'armée victorieuse et avaient versé le plus de sang, en proportion, sur les champs de bataille. C'est pour cette raison que la France portait avec confiance ses regards vers l'Algérie française – mot utilisé dans la première phrase –, alors qu'elle-même était menacée par la Russie soviétique qui avait établi sa domination sur les deux tiers de l'Europe. Il expliquait que la France avait, en 1944, espéré de Staline « un esprit de coopération ». Or la création du Kominform en septembre 1947, à laquelle il faisait allusion sans le nommer, lui paraissait une menace pour la sécurité française et pour la paix générale ; il mettait en cause très vigoureusement les hommes qui, « chez nous, font le jeu de l'étranger », ne sont « que les délégués de cette entreprise étrangère qui prétend absorber la France à son tour ». Le « parti de la dislocation nationale », c'est-à-dire le parti communiste, faisait porter, disait-il, ses plus grands efforts, son « action malfaisante » sur l'Algérie dont l'importance stratégique était capitale pour la France : en cas de conflit armé, celle-ci ne pourrait plus alors utiliser pour sa défense ce territoire qui serait « en proie à l'anarchie ». Disant qu'il comprenait pourquoi les rapports entre les catégories diverses de la population se développaient dans une « atmosphère délicate », il affirmait avec foi que le bien de l'Algérie n'était « pas séparable du bien de la patrie française ». « Le bien de l'Algérie consiste en ceci que la France y poursuive et y développe l'œuvre admirable qu'elle a entreprise depuis cent dix-sept années. » Cette œuvre était due à trois éléments : l'autorité de la France, « l'effort de ses fils venus de la métropole » et « le travail des autres ». Il voulait que la France réaffirme fortement son autorité ; les Algériens d'origine métropolitaine devaient continuer ce qu'ils avaient entrepris « sans avoir à redouter d'être jamais submergés » ; les Français musulmans devaient trouver, dans le cadre de la souveraineté française et avec leur statut personnel, « toutes possibilités d'améliorer leur destin [...] et d'exercer leurs capacités à mesure qu'ils les développent ». Leur donner à croire qu'ils pourraient séparer leur sort de celui de la France ne ferait qu'« ouvrir la porte à la décadence ». Il comprenait pourquoi les Français d'Algérie n'accueillaient pas « sans malaise » le statut promulgué : il avait été adopté dans un climat « d'incertitude, d'irréalisme, souvent de surenchère ». C'est, leur disait-il, « un vice inhérent à des pouvoirs politiques qui ne procèdent que des partis ». Il mettait en garde tous ceux qui rêvaient de sécession : « Les abus qui vous mécontentent mais que vous devez contribuer à réformer, que sont-ils en comparaison des douleurs, des contraintes, des humiliations, qui vous attendraient à coup sûr si jamais la France, en reculant, rompait les digues de l'Occident ? » Il annonçait la naissance d'un grand mouvement de « salut public », le Rassemblement du peuple français, et il appelait à l'union des Algériens « de toutes tendances et toutes races » lors des prochaines élections municipales (12 octobre 1947).

En 1953, le général de Gaulle alla inaugurer à Bamako le monument élevé à la mémoire de Félix Éboué : gouverneur du Tchad, il avait rejoint la France libre le 25 juin 1940, ouvrant ainsi une série de ralliements qui avaient abouti « à mettre en œuvre, pour la libération de l'Europe, l'Afrique française tout entière ». Il rappelait qui était Félix Éboué : « Il était un Français noir. Sa raison et sa culture l'avaient fait entrer au plus profond de l'esprit de la France, tandis que son sentiment la plaçait en plein dans son cœur. » S'enthousiasmant des transformations profondes de l'Afrique, de « ces terres devenues neuves pour s'être assoupies si longtemps », il ajoutait : « Ah ! Ce n'est pas qu'il faille se contenter de ce qui est accompli déjà ! Non ! » Il dessinait alors la tâche immense qui s'offrait à la grande Union française « pour les cent prochaines années » : « Créer la prospérité, apporter la santé, ouvrir les âmes, instruire les intelligences, mais pour le compte et le profit de tous ; amener chacune des contrées et chacune des races qui les peuplent à marquer ses traits distinctifs [...], à prendre une part sans cesse plus grande à ses affaires et à son destin ; lier tous les territoires à la France par des institutions où chacun d'eux trouve son droit, sa place, son avenir. » Il désignait tout ce qui s'opposait à l'œuvre commune de la France et des peuples qui lui étaient associés : l'impérialisme soviétique qui poussait à la subversion, la surenchère américaine, et certains États européens qui, hier défaits, voulaient séparer la France de ses territoires d'outre-mer. « Non ! L'Union française est un tout que nous ne laisserons briser ni par les propagandes, ni par les pressions étrangères, ni par les actes diplomatiques. » La « grande œuvre » accomplie apportait, à travers les épreuves, « toutes les raisons d'une grande fierté et d'une grande espérance » [Bamako, 8 mars 1953].

Au cours d'une conférence de presse en juin 1955, interrogé sur la situation en Afrique du Nord, le général de Gaulle faisait observer : « La passion nationaliste, que l'ébranlement général du monde a, presque partout, fait flamber », s'y faisait sentir. Il jugeait que la France avait accompli une œuvre « magnifique » en ouvrant ces territoires à la « civilisation », et qu'elle continuerait à l'accomplir : sans la France, ces territoires connaîtraient le « désordre » ou seraient « les victimes d'une dictature totalitaire ». Il affirmait « qu'aucune autre politique que celle qui vise à substituer l'association à la domination dans l'Afrique française, en y apportant, bien sûr, la fermeté qui est nécessaire, [...] ne saurait être ni valable ni digne de la France », l'association pouvant prendre soit la forme d'un lien de nature fédérale entre États (Maroc, Tunisie), « soit celle de l'intégration d'un territoire ayant son caractère à lui, par exemple l'Algérie, dans une communauté plus large ». Il jugeait très sévèrement le régime : il fallait le changer, sinon les territoires de l'Afrique du Nord « risqueraient fort d'être soustraits à l'Union française, pour arborer, en dehors d'elle, des formules fictives d'indépendance ». Dans ce cas, ils retomberaient dans l'anarchie politique, ou dans tel système d'exploitation internationale. « Notre territoire d'Algérie, l'empire du Maroc, le royaume de Tunis, chacun pour son compte, ont beaucoup mieux à faire avec la France » (30 juin 1955).

En septembre 1957, alors que le gouvernement Bourgès-Maunoury déposait à l'Assemblée un projet de loi-cadre sur les réformes à appliquer en Algérie, les milieux politiques et surtout journalistiques attribuaient au général de Gaulle les opinions les plus opposées, chacun affirmant diffuser sa pensée sur ce projet. Le cabinet du général publia alors un communiqué qui mérite attention : « *Les propos attribués parfois dans la presse au général de Gaulle par certains de ses visiteurs, à la suite de conversations occasionnelles et fragmentaires, n'engagent que ceux qui les lui prêtent.*

« *Quand le général de Gaulle croit utile de faire connaître à l'opinion ce qu'il pense, on sait qu'il le fait lui-même et publiquement.*

« *Cela s'applique, notamment, au sujet de l'Algérie* » (12 septembre 1957)[13].

C'est en respectant l'esprit de ce communiqué qu'on poursuit l'analyse des discours prononcés par le général de Gaulle. Le 19 mai 1958, lors de sa conférence de presse tenue au palais d'Orsay, il évoqua « les Algériens qui crient "Vive de Gaulle !" comme le font, d'instinct, les Français quand ils sont plongés dans l'angoisse ou emportés par l'espérance », et qui donnent « le spectacle magnifique d'une immense fraternisation, qui offre une base psychologique et

13. Le général de Gaulle suivait de près les problèmes de l'Algérie. Voir son périple saharien de huit jours en mars 1957. « Colomb-Béchar a fait un accueil enthousiaste au général de Gaulle. Le ministre résident l'accueille. Le cheikh Ben Abdallah : "Vous représentez notre espoir comme en 1940 !" » *Journal d'Alger*, 10-11 mars 1957. « Poursuivant sa visite à Colomb-Béchar, de Gaulle : "D'immenses perspectives s'ouvrent au Sahara pour les amis de la France" », 12 mars 1957. « Visitant les forages de Hassi-Messaoud : "Le Sahara peut tout changer dans notre destin" », 17-18 mars 1957.

morale aux accords et aux arrangements de demain, base infiniment meilleure que les combats et les embuscades. Enfin, ils donnent la meilleure preuve que les Français d'Algérie ne veulent pas, ne veulent en aucun cas, se séparer de la métropole ». Quelques phrases plus loin, il soulignait : « Ce qu'il y a de mieux à faire et même la seule chose à faire, c'est ce qui doit empêcher que l'Algérie s'écarte de la France, ce qu'elle ne veut absolument pas et la France non plus » (19 mai 1958).

Le 4 juin 1958, il prononça au Forum d'Alger le « Je vous ai compris ! », discours archiconnu, archicommenté et dont beaucoup disent aujourd'hui qu'il était volontairement habilement ambigu et, en fait, annonciateur. Ce discours, très bref, follement acclamé, contient peu d'idées : « Je déclare qu'à partir d'aujourd'hui la France considère que, dans toute l'Algérie, il n'y a qu'une seule catégorie d'habitants : il n'y a que des Français à part entière, des Français à part entière, avec les mêmes droits et les mêmes devoirs. » Il ajoute, un peu plus tard, que ces Français à part entière forment un seul et même collège [14]. Il faisait des propositions vagues aux musulmans : ouvrir des voies, moyens de vivre, dignité, patrie. Il saluait l'armée, si « éprouvée », qui avait fait « une œuvre magnifique de compréhension et de pacification ». Il disait ouvrir « les portes de la réconciliation ». « Jamais plus que ce soir je n'ai compris combien c'est beau, combien c'est grand, combien c'est généreux la France ! »

Jean Lacouture écrit, dans *1962, Algérie, La guerre est finie,* que « Je vous ai compris », « sous les apparences de la spontanéité chaleureuse, porte au comble l'ambiguïté [15] » ; dans sa biographie, il juge que de Gaulle, par ses quatre mots, « tient » les Français d'Algérie : « c'est son tour de force absolu [16] ». L'un de mes interlocuteurs m'a déclaré avec efficacité ce que beaucoup d'autres ont tenté d'exprimer : « "Je vous ai compris", qui était une duperie, est la plus grande, la plus géniale [*la voix s'enfle sur ce mot*], je parle en mon nom, la plus géniale escroquerie, le plus génial coup qu'un homme politique

---

14. Les Français d'Algérie s'étaient vivement opposés, en 1956 et en 1957, au projet d'un collège unique ; cf. par exemple : « Rentrant hier de la mission confiée par le conseil général et la Fédération des maires, M. Laquière : "Nous avons bien engagé à Paris la bataille contre le collège unique" », *Le Journal d'Alger*, 21 mars 1957, p. 1 ; l'idée est souvent émise que, malgré le « Je vous ai compris », de Gaulle, dès le départ, était loin de l'opinion des Pieds-noirs et savait où il voulait aller.

15. Jean Lacouture (avec la collaboration de C. Grünblatt), *1962, Algérie, La guerre est finie*, Bruxelles, Éditions Complexe, 1985, p. 14. Plus crédible que le jugement de J. Lacouture est ce que dit un Constantinois que j'ai longuement cité au chapitre v : « Moi, je suis talmudiste, relisons le discours mot à mot et vous allez voir s'il y avait une possibilité de double emploi. Il n'y avait pas de possibilité de double emploi » *(entretien 177, génération 1940-1945).*

16. J. Lacouture, *De Gaulle*, II, Le politique, Éditions du Seuil, 1985, rééd., « Points », p. 518.

ait pu faire... parce qu'il avait trouvé le mot qu'il fallait. On avait, vous le sentez d'ailleurs à mes propos, on avait un besoin d'amour : "Je vous ai compris". Et moi qui ai porté [rire] pendant huit jours la croix de Lorraine [rire]. Ça a été une stupeur, le big-bang, c'est le miracle, il a su toucher la corde sensible. Nous étions des sensibles, nous avions une inculture politique crasse [...] et il nous dit : "Je vous ai compris", on aurait fait n'importe quoi. C'est même beaucoup plus fort que si il était venu nous dire : "Je suis avec vous, je vous approuve"... "Je vous ai compris", c'était le miracle. Moi, deux ans avant, avec mes parents, etc., devant la troupe, on essayait de se faire... comprendre » *(entretien 55, génération 1930-1939)*. Le général de Gaulle a écrit plus tard dans ses *Mémoires d'espoir* : « Je lui jette les mots apparemment spontanés dans la forme, mais au fond bien calculés, dont je veux qu'elle s'enthousiasme sans qu'ils m'emportent plus loin que je n'ai résolu d'aller[17]. »

Le commandant Hélie de Saint-Marc a rapporté ses réactions : « Mes réticences s'effacèrent lors de son apparition historique au balcon du Forum [...]. Un grondement de tonnerre l'accueillit, pendant quatre minutes. La clameur enfla, diminua, reprit comme un vent dans les Aurès. Et de Gaulle parla. Je me souviens avoir hoché la tête à chaque phrase [...]. J'étais abasourdi [...]. Je n'aurais jamais osé rêver, quelques mois auparavant, qu'un dirigeant français prononce un tel discours d'intentions[18]. » Il faut relever ce que le spectateur engagé et scrupuleux, Raymond Aron, retint des premières déclarations du général de Gaulle : « En dépit de la similitude entre le programme de De Gaulle et les propositions des gouvernements précédents, il y a une différence, et une différence considérable. Le monde doit prendre note que ni les colons et l'armée, ni le gouvernement de Paris ne seront jamais prêts à abandonner l'Algérie. Cela peut nous plaire ou nous déplaire, mais la décision semble définitive[19]. »

Ce voyage mena le général de Gaulle à Constantine, à Bône, à Oran, à Mostaganem. C'est à Mostaganem qu'il cria : « Vive l'Algérie française ! » Pour Jean Lacouture, c'est « soit tactique, soit fortuit[20] ». Dans sa biographie, il glose longuement, vérifie auprès de témoins s'il l'a bien dit, etc.[21] Pour Hélie de Saint-Marc : « Il était trop fin politique pour ne pas connaître le poids[22]. »

Notons que, le 25 mars 1964, interrogé par Alain Peyrefitte sur le « Vive

17. Ch. de Gaulle, *Mémoires d'espoir*, Le Renouveau (1958-1962), *op. cit.*, p. 45.
18. Hélie de Saint-Marc (avec la collaboration de L. Beccaria), *Les Champs de braise*, Perrin, 1995, p. 236.
19. R. Aron, discours à Harvard, 12 juin 1958, *Le Monde*, 5 juillet 1958 ; republié dans *Commentaire*, févr. 1985, pp. 440-442.
20. J. Lacouture, *1962, Algérie...*, *op. cit*, p. 14.
21. J. Lacouture, *De Gaulle*, *op. cit.*, pp. 524-526.
22. H. de Saint-Marc, *Les Champs de braise*, *op. cit.*, p. 237.

l'Algérie française » lancé à Mostaganem, le général de Gaulle lui avait répondu : « Eh bien, cet été là, c'était ce que je pouvais souhaiter de mieux à l'Algérie, sinon à la France ! Je ne pouvais pas écarter cette option sans l'avoir essayée de bon cœur ! Et encore aujourd'hui, je souhaite sincèrement à l'Algérie de rester française comme la Gaule est restée romaine, je lui souhaite d'être irriguée et fécondée par notre culture et notre langue. En revanche, je n'ai jamais accepté de parler d'intégration [...]. Je ne l'ai jamais accepté, parce que c'est une connerie. On intègre de petites unités, on n'intègre pas une vaste population[23]. » Cette réponse de De Gaulle semble contenir trois idées : essayer l'option Algérie française (mais sous quelle forme ?) ; souhaiter une Algérie francisée par la culture ; enfin une Algérie francisée qui ne pouvait pas être partie intégrante de la France. Il était impossible pour les Français d'Algérie qui ont bien entendu ce cri d'imaginer sa polysémie.

Jean Lacouture, évoquant la visite à Oran, parle de règlements de comptes du général de Gaulle avec les comités de Salut public à la préfecture. Mais il ne cite pas le discours tenu au stade, discours que plusieurs spectateurs d'alors m'ont littéralement récité avec une passion rageuse. Quelques phrases méritent d'être citées : « La France est ici ! Elle est ici avec vous, hommes et femmes de toutes communautés, catégories et conditions. [...] Oui, oui, oui ! La France est ici pour toujours, elle est ici avec sa vocation millénaire qui s'exprime aujourd'hui en trois mots : Liberté, Égalité, Fraternité ! [...] Vive Oran, ville que j'aime et que je salue, bonne, chère, grande ville française[24] ! » Est-il nécessaire ici de gloser : ce que disait de Gaulle était-il ambigu ? Les Oranais ont entendu : la France est ici pour toujours, Oran est une ville française. Le général Massu, qui reproduit, dans *Le Torrent et la digue*, ce discours jamais évoqué ne le commente pas. On peut enfin noter un mot du général de Gaulle à Bône : « Ici, avec vous tous, Algériens, [la France] a à faire quelque chose d'immense[25] » : les Bônois ne pouvaient pas concevoir que la chose immense à faire était ou serait l'indépendance.

Il n'est pas nécessaire de s'apesantir sur les discours des autres voyages du général de Gaulle, sauf sur celui de Constantine, en octobre 1958 ; il y exposait le plan de réformes devant transformer l'Algérie. Saluant d'abord tous les « oui » que le référendum du 28 septembre avait recueillis en Algérie, en dépit des menaces « des fanatiques » contre les familles et contre les biens des électeurs[26], il proclamait que ce fait clair, capital, engageait « l'une envers l'autre et

23. Alain Peyrefitte, *C'était De Gaulle*, *op. cit.*, t. II, p. 434.
24. Général de Gaulle, discours d'Oran, *La Dépêche quotidienne*, 7 juin 1958.
25. Voir le discours de Bône dans : Jacques Massu, *Le Torrent et la Digue*, Plon, 1972, pp. 168-169.
26. Oui : 3 589 876 ; non : 121 920.

pour toujours l'Algérie et la France ». « 100 millions d'hommes ont décidé de bâtir ensemble leur avenir dans la liberté, l'égalité et la fraternité. » Il détaillait le plan de cinq ans : dans les corps de l'État, les administrations, la magistrature, l'armée, l'enseignement, les services publics français, effectifs « obligatoirement pris dans l'une des communautés arabe, kabyle, mozabite », un dixième tout au moins ; salaires et prix en Algérie portés à un niveau comparable à ce qu'ils sont en métrople ; 250 000 hectares attribués à des cultivateurs musulmans. Cette phase de cinq ans comportait notamment « l'arrivée et l'utilisation du pétrole et des gaz sahariens, l'établissement de vastes ensembles métallurgiques et chimiques, la construction de logements pour un million de personnes, le développement adéquat de l'équipement sanitaire, des routes, des transmissions, l'emploi régulier de 400 000 travailleurs nouveaux ». Au cours des cinq années à venir, plus des deux tiers des filles et des garçons seraient scolarisés. Il annonçait l'amplification par l'armée d'un « fraternel contact humain », et des élections prochaines[27]. Disant qu'on ne pouvait donner les suites politiques dans le détail, il affirmait que les suffrages des Algériens au référendum venaient de prouver qu'ils désiraient que ce soit fait « avec la France ». Il invitait ceux qui prolongeaient des combats « absurdes » à les cesser, et il conseillait vivement aux États qui jetaient « de l'huile sur le feu » de laisser la France accomplir ce que les Algériens demandaient (3 octobre 1958).

Interrogé au cours d'une conférence de presse, en octobre 1958, sur le rôle qu'il assignait à l'armée, le général de Gaulle précisa : « Son premier devoir, naturellement, c'est d'empêcher que l'Algérie soit perdue par les armes et sur le terrain. » Interrogé sur le F.N.L., il répondit que la lutte armée ne servait « vraiment plus à rien ». Il proposait et définissait « la paix des braves » : « Que ceux qui ont ouvert le feu le cessent et qu'ils retournent, sans humiliation, à leur famille et à leur travail ! » « Comme lui a écrit plus tard Malraux, je croyais alors à la paix des braves[28] ! » Selon le général de Gaulle, les solutions futures auraient pour base « la personnalité courageuse de l'Algérie et son association étroite avec la métropole française » (23 octobre 1958).

La presse d'Algérie, rendant compte chaque fois longuement des discours et de tous les dits du général de Gaulle, savait retenir pour ses titres les phrases les plus claires et les plus rassurantes : par exemple, le *Journal*

27. Dans deux mois, l'Algérie allait élire ses députés : « Les deux tiers, au moins, d'entre eux, devront être des musulmans. »
28. A. Malraux, *Le Miroir des limbes*, *op. cit.*, p. 152.

d'Alger rendant compte le 24 octobre de cette dernière conférence titrait : « Quelle hécatombe connaîtrait/ce pays si nous étions/assez stupides et assez/ lâches pour l'abandonner » et « La paix des braves[29]. »

Il faut noter ce que Paul Delouvrier a dit d'une rencontre avec le général de Gaulle quand il revenait d'une mission de trois semaines en Algérie, pour laquelle le général de Gaulle lui avait demandé de voir « tout le monde, surtout des musulmans », de rapporter « une vue panoramique du problème algérien et la manière de le prendre ». À son retour, le 25 novembre 1958, les réalités étaient claires, affirme-t-il : « Décidé à aller au fond des choses, je lui annonçai d'emblée : "Mon général, ma conclusion est que l'Algérie sera indépendante." Il n'a pas sourcillé, a répondu négligemment : "Peut-être... dans vingt ans"[30]. » Paul Delouvrier fut nommé quelques jours plus tard, délégué général du gouvernement en Algérie. « Avec quelles instructions êtes-vous parti ? » lui demande Roselyne Chenu : « J'avais à transformer le discours de Constantine en réalité, à organiser des élections municipales et cantonales (le général de Gaulle voulait savoir si, à travers ces élections, émergerait une "troisième force", c'est-à-dire des Algériens, autres que ceux réfugiés à Tunis, susceptibles d'être les chefs de leur communauté). C'est tout. Je ne reçus que le mot d'ordre : "Ne dites jamais : Vive l'Algérie française", et la consigne écrite : "Vous êtes la France en Algérie"[31]. »

La lettre d'intention du 18 décembre 1958 était assez générale : « Il vous faut pacifier et administrer, mais en même temps transformer. La transformation à réaliser en Algérie dans la période actuelle est, au total, d'ordre humain. Moralement, c'est le contact des hommes, le sentiment d'une véritable égalité des droits, la conviction qu'un grand effort est entrepris pour élever la condition de chacune et de chacun, qu'il s'agit de développer. Matériellement, c'est la mise en valeur économique du pays au profit de tous ses habitants qui doit être menée à bien. Politiquement, socialement, administrativement, c'est à la recherche et à la formation des élites qu'il y a lieu de s'appliquer. Cette promotion humaine implique, évidemment, l'instruction généralisée. » Un paragraphe rappelait ensuite l'importance « primordiale » de l'action militaire « de protection ou d'offensive » ; le suivant portait sur « la régularisation rigoureuse » à apporter à toutes les opérations de police, à toutes les mesures préventives ou répressives. Enfin, il était dit au délégué qu'il aurait à mettre à profit les enquêtes et l'expérience de la commission de sauvegarde et lui donner les moyens d'accomplir sa mission[32].

Presque un an plus tard, le 16 septembre 1959, le général de Gaulle en arrivait à l'*autodétermination*. Par l'approbation massive au référendum de septembre 1958, les Algériens avaient, selon lui, « marqué

---

29. *Le Journal d'Alger* avait pour rédacteur en chef Edmond Brua, auteur, entre autres, des *Fables bônoises* (1938) et de *La Parodie du Cid* (1942). Dans le discours du général de Gaulle tel qu'il a été officiellement publié, la phrase est : « Et à quelles hécatombes condamnerions-nous ce pays si nous étions assez stupides et assez lâches pour l'abandonner ! »

30. Roselyne Chenu, *Paul Delouvrier ou la passion d'agir, entretiens*, Éditions du Seuil, 1994, p. 180.

31. *Id.*, p. 184.

32. Le général de Gaulle à M. le délégué général, 18 décembre 1958, dans : *Paul Delouvrier ou la passion..., op. cit.*, pp. 384-386.

leur intention que leur avenir se fasse avec la France ». « Compte tenu de toutes les données, algériennes, nationales et internationales, je considère comme nécessaire que ce recours à l'autodétermination soit, dès aujourd'hui, proclamé. » Il rappelait avec insistance qu'il n'y avait jamais eu d'unité, ni à plus forte raison de souveraineté algérienne, il n'y avait jamais eu d'État algérien[33], c'est un thème qu'il répétera inlassablement, même après l'indépendance. « Quant à la date du vote, je le fixerai, le moment venu, au plus tard quatre années après le retour effectif de la paix. » Il exposait trois solutions « imaginables » : « La sécession, où certains croient trouver l'indépendance, [...] je suis convaincu qu'un tel aboutissement serait invraisemblable et désastreux » ; il le dépeignait comme « une misère épouvantable », « un affreux chaos politique », « l'égorgement généralisé, et, bientôt, la dictature belliqueuse des communistes ». « Il faut que ce démon soit exorcisé et qu'il le soit par les Algériens. » Sur la deuxième hypothèse, la francisation complète, il ne portait pas de jugement ; le peuple français s'étendrait « dès lors, effectivement, de Dunkerque à Tamanrasset ». La troisième solution était « le gouvernement des Algériens par les Algériens », en union étroite avec la France, « pour l'économie, l'enseignement, la défense, les relations extérieures » ; le régime intérieur serait de type fédéral, pour que les communautés française, arabe, kabyle, mozabite, etc. y trouvent des garanties (16 septembre 1959).

Dans la conférence de presse du 10 *novembre 1959*, qui contient beaucoup de redites (sur les conditions de la cessation des combats, les effectifs militaires, les pertes, la diminution des pertes civiles, sur le logement, l'école, les récoltes...), le général de Gaulle s'adressa aux Français d'Algérie : « Vous, les Français d'Algérie, qui avez tant et tant fait là pendant des générations, si une page a été tournée par le grand vent de l'Histoire, il vous appartient d'en écrire une autre. Trêve de vaines nostalgies, de vaines amertumes, de vaines angoisses, prenez l'avenir comme il se présente et prenez-le à bras-le-corps. Plus que jamais l'Algérie a besoin de vous. Plus que jamais la France a besoin de vous en Algérie ! » (10 novembre 1959).

Pendant la semaine des Barricades (janvier 1960), le général de Gaulle prononça une allocution dont certains points paraissent aussi

---

33. Ferhat Abbas, dans *La Nuit coloniale*, attaquait le général de Gaulle qui avait répété qu'il n' y avait jamais eu d'unité ni, à plus forte raison, de souveraineté en Algérie : « Le général de Gaulle est dans l'erreur. [...] En 1830, l'Algérie était un *État souverain*. Pourquoi le nier ? Le fait que la France l'ait détruit prouve la puissance de la France, mais non pas l'inexistence de *l'État algérien*. » Il décrivait sur plusieurs pages l'État algérien, l'entité algérienne. Julliard, 1962, p. 48 *sq*.

clairs que forts. Réaffirmant que l'autodétermination était la seule issue possible, « la seule politique qui soit digne de la France », il s'engageait sur deux refus : « L'organisation rebelle [...] prétend ne cesser le feu que si, auparavant, je traite avec elle, par privilège, du destin politique de l'Algérie, ce qui reviendrait à la bâtir elle-même comme la seule représentation valable et à l'ériger, par avance, en gouvernement du pays. *Cela, je ne le ferai pas.* » « Certains Français de souche exigent que je renonce à l'autodétermination [...]. Cela non plus, je ne le ferai pas. *L'autodétermination est le seul moyen grâce auquel les Musulmans pourront exorciser eux-mêmes le démon de la sécession*[34]. » Il avait déjà prononcé cette phrase dans l'allocution du 16 septembre 1959. Il prit la peine de s'adresser longuement à la communauté française : « Elle me connaît depuis bien des années. Elle m'a vu maintes fois au milieu d'elle et, notamment, au cours de la guerre, quand ses fils, en grand nombre, servaient dans les rangs de l'armée de la libération, ou bien quand, au lendemain de la secousse de mai 1958, j'ai repris la tête de l'État [...] Il y a entre elle et moi des liens exceptionnels qui me sont très chers et très vivants. Je sais parfaitement bien quels services elle rend à la France par son labeur séculaire en Algérie, quelles épreuves cruelles elle traverse, quelles émouvantes victimes elle pleure. » Et il annonçait qu'il allait lui parler « clair et net » ; on peut penser qu'il n'y avait là aucune ambiguïté, aucune ruse, aucun souci de dissimulation : « Comment pouvez-vous écouter les menteurs et les conspirateurs qui vous disent que [...] la France et de Gaulle veulent vous abandonner, se retirer de l'Algérie et la livrer à la rébellion ? » Il leur donne les *preuves* qu'il n'y aura pas d'abandon : maintien d'une énorme armée, pertes d'hommes, un millier de milliards (anciens) de dépenses civiles et militaires en 1959, œuvre immense de mise en valeur, pétrole et gaz du Sahara. Il assura que rien ne causerait plus de joie à la patrie et à de Gaulle que le choix par les Algériens de « la solution la plus française ». Il adjurait la communauté française de rentrer dans l'ordre. Puis il s'adressait à l'armée qui, grâce à ses « magnifiques efforts » était en train de remporter la victoire en Algérie, qui était chargée de liquider « la force rebelle qui veut chasser la France de l'Algérie et faire régner sur ce pays sa dictature de misère et de stérilité » et qui avait contribué à amener les populations musulmanes à la France « par le cœur et la raison ». Il l'appelait à lui obéir en disant qu'il croyait qu'elle le ferait (« je vous estime », « je vous aime »), et il exprimait sa

34. J'ai mis ces deux phrases en italique parce que c'est sur de tels arguments que s'appuient les Pieds-noirs quand ils parlent de « trahison ».

confiance dans le général Challe. Il termina par son appel célèbre à la France : « Eh bien ! Mon cher et vieux pays, nous voici donc ensemble, encore une fois, face à une lourde épreuve » (29 janvier 1960). Ce discours ne manque pas de force ; les thuriféraires du général de Gaulle ne manquent pas de dire : « Quel art ! Il ne parle jamais d'intégration », mais les Français « de base » n'en parlaient pas ; ce sont des politiques qui en parlaient, les Français d'Algérie voulaient avant tout rester sur leur sol natal, et rester dans la France[35]. Le général de Gaulle s'en prenait donc à ceux qui voulaient chasser la France, il parlait de solution française et promettait de ne jamais traiter avec l'organisation rebelle. N'étaient-ce pas des engagements clairs ? (29 janvier 1960).

Dans la conférence de presse de septembre 1960, après avoir parlé d'entité algérienne, de personnalité algérienne, le général de Gaulle parla d'*Algérie algérienne* et il en vint à *deux possibilités* : une Algérie algérienne contre la France, « par sécession, par rupture avec la France », ou « en association, en union amicale, avec elle ». Cette conférence est un *tournant*, au grand jour. Il va pourtant répéter avec indignation qu'il n'est pas question que la France en vienne à traiter « avec la seule organisation extérieure de la rébellion, avec les insurgés, de tout l'avenir politique de l'Algérie », en vienne « à les bâtir comme étant la représentation unique de l'Algérie tout entière, bref, à admettre que le droit de la mitraillette l'emporte d'avance sur celui du suffrage », ce que pourtant le général de Gaulle et la France feront. « Pour qui me prennent ceux qui imaginent que je pourrais converser avec les chefs de la rébellion tant que les meurtres continuent de telle sorte qu'à mesure de ma conversation avec eux, on viendrait, peu à peu, m'annoncer que de malheureux Musulmans ont encore été égorgés dans des douars d'Algérie ou des faubourgs de la métropole, qu'on a jeté des grenades sur des marchés arabes, qu'on a tiré sur des femmes et des enfants à la baignade » : cette tirade avait un ton d'indignation et d'honneur outragé (5 septembre 1960).

Deux mois plus tard, le projet du général de Gaulle s'affirme plus fortement, certains jugements sont prononcés. L'affaire algérienne est « pendante » depuis cent trente ans : on est loin des discours sur l'œuvre « magnifique » de la France, et de l'Algérie française pour toujours. « Le caractère, la religion, la misère de la masse nous la rendaient difficilement pénétrable. » Ce pays n'a jamais été ni un État ni

35. « L'intégration, c'étaient les politiques, c'était Soustelle ; les gens comprenaient : être encore plus liés à la France, être encore plus dans la République française » *(entretien 32, génération 1930-1939)*. J'ai recueilli plusieurs fois des propos similaires.

une nation. « Si nous avons fait beaucoup de choses en Algérie et pour l'Algérie, nous n'avons pas fait à temps d'autres choses qu'il eût fallu faire », ce qui a un jour a fait « sauter le couvercle ». De Gaulle accumule ensuite des redites, des contradictions et des illusions : le « magnifique effort de pacification » mené par l'armée et par l'administration ; les effets du plan de Constantine ; l'Algérie algérienne sera ou avec la France ou contre la France ; attaque contre les dirigeants rebelles qui ont choisi pour protecteurs les empires totalitaires avec, en conséquence, le risque d'une Algérie soviétique ; attaque contre « les deux meutes ennemies, celle de l'immobilisme stérile et celle de l'abandon vulgaire » ; attaque contre l'empire soviétique, « la puissance la plus terriblement impérialiste et colonialiste que l'on ait jamais connue[36] », dont la Chine communiste veut prendre la relève ; rappels de problèmes raciaux énormes, notamment en Amérique ; condamnation des « déclarations menaçantes de la part des oppresseurs de l'Est » et des « commentaires tendancieux » du monde libre. « Mais l'État est là ! » Il avait annoncé une *République algérienne* qui « existera un jour, mais n'a encore jamais existé » ; en fin de compte, la responsabilité des affaires de l'Algérie sera « à tous les étages, assumée par les Algériens » (4 novembre 1960). Le tableau est sombre, mais on ne saurait trop rappeler dans quelles conditions très difficiles, à l'intérieur comme sur le plan international, le général de Gaulle a dû gouverner. Ses discours, souvent remplis de contradictions et d'incertitudes, s'expliquent largement par les tumultes du temps ; toute la France d'alors a été le plus souvent très violente, jamais raisonnable, toujours passionnée.

Il est intéressant et étonnant de voir comment Paul Delouvrier interpréta les termes utilisés, Algérie algérienne, République algérienne : « Du point de vue sémantique, il y avait une différence radicale d'interprétation entre "Algérie algérienne" et "République algérienne" ; la première expression pouvait signifier que l'Algérie nouvelle devait être bâtie, bien sûr avec les Algériens, mais aussi avec les Européens vivant sur son sol ; tandis que la seconde, déjà utilisée par Ferhat Abbas, excluait les Pieds-noirs[37]. » Il semble difficile de croire que la moyenne des Européens pouvait comprendre cette différence.

Le 20 décembre 1960, le général de Gaulle expliqua aux Français le sens du référendum qui aurait lieu le 8 janvier 1961, et la réponse qu'il en attendait : le peuple dira s'il approuve que les populations

36. C'est l'une des premières fois que de Gaulle utilise le mot « colonialiste » dans un sens péjoratif.
37. Roselyne Chenu, *Paul Delouvrier...*, *op. cit.*, p. 166.

algériennes choisissent elles-mêmes leur destin « lorsque la paix régnera » : « Ou bien rompre avec la République française, ou bien en faire partie, ou bien s'y associer. » « L'Algérie de demain sera donc algérienne. » Il assurait que plus d'un million d'habitants d'origine européenne qui y étaient implantés avaient « le droit strict de l'être » et qu'ils étaient dans l'ensemble « essentiels à la vie de l'Algérie[38] ». Il faisait le bilan de l'aide apportée par la France : plus de 400 milliards d'anciens francs investis en 1960. « L'œuvre administrative, économique, technique, sociale, réalisée en Algérie par les Français ne souffre aucune comparaison avec ce qu'aucun peuple du monde accomplit à cet égard en aucune autre région », etc. « En vérité, tout commande à l'Algérie de demain d'être associée à la France. » Si la réponse du peuple était positive, les pouvoirs publics algériens seraient organisés, en attendant l'autodétermination. La solution étant en vue, la France mesurait mieux les services rendus par l'armée, assurait le général de Gaulle : elle a « longuement et courageusement rétabli la sécurité en toutes régions du territoire » et a instauré « d'innombrables contacts humains » avec la population, contacts qui compteront dans la future association de l'Algérie avec la France. Il se disait prêt à recevoir « les délégués de ceux qui nous combattent » et promettait que le gouvernement réglerait « *avec les diverses tendances algériennes*, et notamment avec les dirigeants de la rébellion », les conditions dans lesquelles l'autodétermination aurait lieu. Il attendait des Français un oui « franc et massif »[39]. Il faut remarquer la promesse faite de régler le conflit avec les différentes tendances algériennes et, aussi, que, pour la première fois, de Gaulle parla de recevoir les délégués de ceux qui combattaient la France (20 décembre 1960).

Dans la conférence de presse du 11 avril 1961, le général de Gaulle avança un argument décisif : « *L'Algérie nous coûte, c'est le moins qu'on puisse dire, plus cher qu'elle ne nous rapporte*[40]. » « La France considérerait avec le plus grand sang-froid une solution telle que l'Algérie cessât d'appartenir à son domaine, solution qui, en d'autres temps, aurait pu paraître désastreuse pour nous et, qu'encore une fois nous considérons actuellement d'un cœur parfaitement tranquille. » Il

38. D'après Alain Peyrefitte, le général de Gaulle a déclaré, en 1963 : « Ben Bella lui-même a toujours proclamé que la coopération entre la France et l'Algérie supposait d'abord le départ des Pieds-noirs, et l'arrivée de techniciens français venus avec leurs valises, mais n'estimant avoir aucun droit sur le pays. On ne peut pas l'accuser d'avoir changé d'avis. » *C'était De Gaulle*, *op. cit.*, II, p. 438 (1er octobre 1963).

39. Résultats : métropole : oui, 15 200 073 ; non : 4 996 474 ; Algérie et Sahara : oui : 1 918 532 ; non : 786 536.

40. Mots mis en italique par moi.

évoquait la conférence de Brazzaville[41] car, disait-il, depuis, « je n'ai jamais cessé d'affirmer que les populations qui dépendaient de nous devaient pouvoir disposer d'elles-mêmes ». Il dressait alors le bilan des indépendances qu'il disait avoir accordées ou approuvées depuis 1941 (Syrie et Liban)[42] et rappelait son approbation du statut de l'Algérie de 1947 qui, « s'il avait été appliqué, aurait probablement conduit à l'institution progressive d'un État algérien associé à la France ». Il résuma ses décisions annoncées en 1958, en 1959, en 1960 (« Algérie algérienne »), reparla du référendum du début de 1961 et détailla les mesures prises pour permettre aux Musulmans de prendre en main leurs affaires locales, en attendant de les prendre au niveau du gouvernement. Attaquant une fois encore, « toutes les démagogies de l'univers » qui excitaient les populations naguère dominées, il reconnaissait que cette action n'était pas le seul moteur du « prurit d'indépendance » traversant le monde. « Les raisons qui avaient conduit naguère certains peuples civilisés à prendre sous leur coupe directe certains autres qui ne l'étaient pas, ces raisons-là sont en train d'achever de disparaître dans l'esprit même des ex-colonisateurs. » Il rappelait ce qu'il pensait être les origines de l'Empire fran-

41. « En Afrique française, comme dans tous les autres territoires où des hommes vivent sous notre drapeau, il n'y aurait aucun progrès qui soit un progrès, si les hommes, sur leur terre natale, n'en profitaient pas moralement et matériellement, s'ils ne pouvaient s'élever peu à peu jusqu'au niveau où ils seront capables de participer chez eux à la gestion de leurs propres affaires. C'est le devoir de la France de faire qu'il en soit ainsi. Tel est le but vers lequel nous devons nous diriger. Nous ne nous dissimulons pas la longueur des étapes » (discours du 30 janvier 1944). René Pleven, commissaire aux Colonies, avait ouvert cette Conférence de Brazzaville le 30 janvier 1944 : « Nous lisons de temps en temps que cette guerre doit se terminer par ce qu'on appelle un affranchissement des peuples coloniaux. Dans la grande France coloniale, il n'y a ni peuples à affranchir ni discriminations raciales à abolir. Il y a des populations qui sentent français, et qui veulent prendre et à qui la France veut donner une part de plus en plus large dans la vie et les institutions démocratiques de la communauté française. Il y a des populations que nous entendons conduire, étape par étape, à la personnalité, pour les plus mûres aux franchises politiques, mais qui n'entendent connaître d'autre indépendance que l'indépendance de la France » [textes dans : Raymond-Marin Lemesle, *La Conférence de Brazzaville de 1944 : contexte et repères*, C.H.E.A.M.,1994]. Il est intéressant de noter ici l'opinion de Pierre Messmer. Disant s'être étonné de l'approbation donnée par le général de Gaulle à la déclaration « calamiteuse » du 24 mars 1945 sur l'Indochine, il précise : « Il aurait été facile de se référer à la récente conférence de Brazzaville dont les conclusions chaleureuses, vagues et ambiguës autorisaient les interprétations les plus variées, ce qui en assura longtemps la réputation. » *Les Blancs s'en vont*, Albin Michel, 1998, p. 41.

42. Raymond Aron, dans son commentaire des accords d'Évian, avait ironisé : de Gaulle, « à en croire ses déclarations d'aujourd'hui, a toujours su, dès 1944, que le vent de l'histoire soufflait dans le sens de la libération des peuples coloniaux (ce qui n'empêche pas le même général de Gaulle de déclarer à l'ambassadeur de Sa Majesté britannique qu'il regrettait de ne pas avoir les moyens de faire la guerre à l'Angleterre qui, en Syrie, avait "manqué" à la France) ». « Dénouement provisoire », *article cité*, p. 6. De Gaulle n'évoquait pas alors l'Indochine. En 1949, il avait affirmé : « La France doit rester en Indochine. Elle doit y rester pour l'Indochine, car sans la présence et le concours de la France, l'indépendance, la sécurité, le développement de l'Indochine seraient compromis » (conférence de presse du 14 novembre 1949).

çais : en France, « l'activité intérieure avait atteint une espèce de plafond » – industrie qui n'innovait guère, agriculture stagnante, courants d'échanges immuables, etc. –, « nos vieilles ambitions d'hégémonie européenne et de frontières naturelles se heurtaient aux barrières des traités de 1815 et, après 1870, à l'unité et à la force de l'Allemagne menaçante ». La France s'était donc cherché des prolongements : « Elle n'a pas du tout à le regretter [...]. Il y a une grande œuvre humaine qui, malgré les abus et les erreurs, [...] fait pour toujours honneur à la France. » Désormais, « il nous faut employer d'abord pour nous, chez nous, les moyens dont nous disposons ». Il insistait sur les moyens qu'il fallait déployer pour assurer la défense face à l'impérialisme soviétique et aussi pour l'emporter dans « l'immense concurrence » engagée entre « les régimes humains et les régimes de servitude ». « La décolonisation est notre intérêt et, par conséquent, notre politique. » Il avertissait les populations algériennes que, si elles voulaient se laisser mener à la rupture avec la France, celle-ci ne continuerait pas à « engouffrer » ses ressources, ses hommes, son argent dans cette entreprise. Il inviterait à revenir les nationaux qui couraient alors « trop de risques » et renverrait chez eux les Algériens qui cesseraient d'être Français[43]. Si la France se retirait, ces territoires tomberaient, comme il était souvent dit, « dans la misère, le chaos, en attendant le communisme ». On disait aussi que l'Union soviétique ou l'Amérique essaieraient de prendre la place : « Je réponds qu'à toutes deux je souhaite d'avance bien du plaisir ! » Il pensait que sans doute les populations algériennes décideraient une association de l'Algérie nouvelle avec la France et s'y disait favorable. « Si j'ai mis en route le plan de Constantine, qui est pour nous une lourde charge, c'est pour préparer cette association de l'Algérie et de la France, parce que je la crois conforme au bon sens. » En attendant une rencontre avec les dirigeants de la rébellion qui n'avaient pas répondu aux invitations qui leur avaient été adressées, la France continuait « à ramener l'ordre public, à accomplir son œuvre de progrès, à aider l'Algérie à devenir algérienne dans sa structure politique, administrative, économique » (11 avril 1961).

« Je pense, m'a dit une interlocutrice au bord des larmes, qu'on se serait mieux laisser faire si de Gaulle... nous avait plaints..., s'il avait manifesté un semblant de cœur... vis-à-vis de ce que vivaient les Pieds-noirs... Quand même, il avait quoi dans la tête ? » *(entretien 80, génération 1920-1929).*

---

43. Le général de Gaulle parlait aussi de retirer certaines populations « qui ne devraient rien, au départ, à une unité algérienne dont elles ne feraient pas partie, à une souveraineté qui n'a jamais existé, à un État algérien qui serait encore à naître ».

La blessure ressentie par les Français d'Algérie en entendant la conférence de presse d'avril 1961 peut s'imaginer quand on voit comment Jules Roy, ardent partisan de l'indépendance, a réagi sur le coup : « Comme Français né en Algérie d'une famille établie là-bas depuis 1850, je dirai pour ma part que je ne goûte pas du tout l'art politique dont ce texte cynique, cruel et goguenard peut faire preuve et que je me sens outragé par le ton que le président de la République a employé à l'égard de mes compatriotes autant que par le fond de sa pensée. [...] Les façons d'annoncer un malheur varient avec le degré d'attachement et d'estime qu'on éprouve pour ceux qui sont touchés. Même quand il s'agit d'un ennemi, il y a des formes à respecter pour adoucir les coups qui frappent en lui l'homme. Les Français d'Algérie pouvaient encore nourrir des illusions sur leur sort. Désormais, le désespoir sera leur pain quotidien [...] au terme d'un exode tragique, les nouveaux sinistrés, noyés dans une masse indifférente, presque étrangère, auraient perdu non seulement le ciel et la terre de leur province mais leurs maisons, leurs coutumes, leurs amis, et, pour la plupart, leur travail. Les Français d'Algérie perdront aussi leurs morts [...]. Dans toute la conférence de presse du président de la République, il n'y a pas un mot de compassion pour eux[44]. »

Avant le putsch donc, de Gaulle avait tout décidé : la conférence de presse le montre et elle a été comprise dans ce sens. Léon Noël donne une version différente : « Me recevant le 31 août [1961], de Gaulle se montra – et on le comprend – monté contre "les Pieds-noirs" qui, à Oran en particulier, venaient de s'en prendre brutalement aux musulmans et à leurs biens, ce qui suffisait à rendre impossible toute autre solution que l'indépendance de l'Algérie. Ce jour-là, le général me dit : "Je ne l'annonce pas encore aux Français, mais je suis décidé à renoncer à l'Algérie." Cette réflexion confirme que si, depuis longtemps, de Gaulle jugeait à peu près inévitable ce sacrifice, il n'en avait pas moins tenté de trouver, pour un temps tout au moins, une solution de compromis qui aurait permis de l'écarter. L'aveuglement des "Pieds-noirs" rendait vains tous les efforts militaires et politiques qui étaient mis en œuvre là-bas et qui auraient pu, s'ils s'y étaient prêtés, retarder l'évolution à la longue inéluctable[45]. »

---

44. Jules Roy, « Ce 11 avril » (paru le 15 avril 1961), *Autour du drame*, Julliard, 1961, pp. 140-142.

45. Léon Noël, *De Gaulle et les débuts de la Vᵉ République, 1958-1965*, Plon, 1976, pp. 168-169. [J'ai retenu ce texte car Léon Noël était à l'époque président du Conseil constitutionnel]. Roger Roth, député-maire de Philippeville, rencontra le général de Gaulle à l'Élysée, en *janvier 1962*. D'une note qu'il m'a adressée (4 décembre 2000), qui résume cet entretien, on peut remarquer : « La décision prise par la France de négocier lui paraissait la moins mauvaise, et, sans enthousiasme particulier, il faudrait bien poursuivre dans cette direction la politique de la France et rechercher un accord de paix dès que ce sera possible. Il insista sur le fait que les solutions qui se dessinaient en fonction des négociations déjà entreprises étaient les moins mauvaises. *Le ton n'était ni tranchant ni assuré et encore moins triomphaliste*. L'avenir était plein d'incertitudes et les négociations, si elles reprenaient, pleines de périls. La France ferait au mieux. » Ce décalage entre les deux entretiens tient-il au fait que le général de Gaulle ne voulait pas encore dire aux Pieds-noirs la réalité attendue ? Ou bien était-il encore hésitant ?

Le général de Gaulle ouvrit la conférence de presse de *septembre 1961*, en déclarant que la conception de l'Algérie était « complètement différente » de celle qui avait été pratiquée depuis la conquête, pour des raisons françaises, algériennes et mondiales. Désormais, la source de la prospérité et de la puissance de la France, « c'est son propre développement »; « le métier d'être les possesseurs et les nourrisseurs de cette région, nous n'y tenons pas du tout ». La tâche prochaine était l'institution d'un État algérien, qui ne pouvait sortir que de l'autodétermination, car « il n'existe pas de légitimité, de souveraineté antérieure à la conquête ». « Cette autodétermination veut dire un référendum qui instituera l'État algérien et, ensuite, des élections d'où sortira le gouvernement définitif. » Mais il fallait d'abord qu'il y ait un pouvoir provisoire algérien ayant assez de « consistance » et d'« audience ». « On avait pu imaginer – peut-être peut-on encore imaginer – que le F.L.N., pourvu que tous les combats et les attentats aient cessé, ferait partie d'un tel organisme »; c'est, disait-il, l'un des objets principaux des conversations que la France avait engagées avec ses représentants[46]. Il insistait sur la nécessité d'un tel aboutissement, sinon la France, dont il rappelait le « succès » sur le terrain, serait amenée « à regrouper dans une région déterminée les Algériens de souche européenne et ceux des musulmans qui voudraient rester avec la France »; quant à la situation de ceux qui voulaient être transférés en métropole, elle serait réglée incessamment[47]. Enfin, il parlait du Sahara : « Notre ligne est celle qui sauvegarde nos intérêts et qui tient compte des réalités. Nos intérêts consistent en ceci : libre exploitation du pétrole et du gaz que nous avons découverts ou que nous découvririons, disposition de terrains d'aviation et droits de circulation pour nos communications avec l'Afrique noire. Les réalités, c'est qu'il n'y a pas un seul Algérien, je le sais, qui ne pense que le Sahara doive faire partie de l'Algérie et qu'il n'y aurait pas un seul gouvernement algérien [...] qui ne doive revendiquer sans relâche la souveraineté algérienne sur le Sahara. [...] Ce qui nous intéresse, c'est qu'il sorte de cet accord, s'il doit se produire, une association qui sauvegarde nos intérêts. Si la sauvegarde ni l'association ne sont possibles du côté algérien, il nous faudra, de toutes ces pierres et de tous ces sables sahariens, faire quelque chose de particulier aussi longtemps et pour autant que, pour nous, l'inconvénient ne sera pas supérieur à l'avantage »; quant aux populations saha-

46. Conversations avec le G.P.R.A., recommencées le 20 juillet 1961 et interrompues le 28 à la demande de la délégation algérienne.
47. Un secrétariat d'État aux Rapatriés avait été créé le 24 août 1961 ; Robert Boulin en fut le premier titulaire.

riennes, en nombre « infime et rarissime », elles seraient consultées sur leur sort (5 septembre 1961).

Mouloud Feraoun réagit dans son *Journal*, le 11 septembre, à cette conférence de presse du général de Gaulle : « J'avais l'impression qu'il incarnait la France jusque dans le découragement, la lassitude, la colère et presque la mauvaise foi. Comment ne pas comprendre la souffrance de cet homme qui porte le poids d'un siècle d'erreurs, d'égoïsme, de grandeur, qui vient d'un monde ancien mais qui voit clairement ce que sera le monde nouveau et qui déclare accepter ce monde nouveau en cachant un désespoir immense. Bon, il accepte tout et ne songe qu'à "dégager" la France de l'Algérie[48]. »

Dans une allocution télévisée, le 2 octobre 1961, le général de Gaulle répétait ce qu'il avait déjà dit pour ramener la paix en Algérie – régler les conditions de l'autodétermination, fixer les éléments de la coopération franco-algérienne – et il ajoutait un appel : « Nous adjurons les Français d'Algérie, quels que puissent être les regrets que leur inspire une époque révolue, de se tenir avec la France, d'apporter leur franc concours à la naissance de l'Algérie nouvelle, celle que souhaite la France, c'est-à-dire qu'ils y aient leur digne place »; s'il n'en était pas ainsi, leur protection serait en tout cas assurée. Une partie du discours était consacrée à la transformation de la France, tâche nationale pleine de soucis et d'espérances, dans un temps « de danger mondial » (2 octobre 1961).

Le 5 février 1962, au milieu de « jours assez tendus » – il s'agit avant tout des attentats au plastic de l'O.A.S. à Paris –, le général de Gaulle dressait un tableau optimiste; il n'y avait « pas de risque de naufrage ». « Jamais il n'a été, en France, produit, construit, instruit, autant. Jamais le niveau de vie moyen des Français n'a atteint celui d'aujourd'hui. Jamais, nulle part, on n'a compté moins de chômeurs que nous n'en avons. Jamais notre monnaie et notre crédit ne furent plus forts qu'ils ne le sont, au point qu'au lieu d'emprunter nous prêtons maintenant aux plus riches. » Après cet exposé général, il en venait à l'Algérie : l'insurrection, le terrorisme, l'attachement porté par beaucoup de Français à ce territoire avaient rendu la décolonisation « extraordinairement difficile et méritoire ». Il condamnait, au nom de la France, les « entreprises subversives et criminelles » de Français « indignes ». Malgré ces meurtres et ces destructions, l'objectif fixé approchait : un État souverain et indépendant, et une coopération qui impliquait pour la France des charges « nombreuses et onéreuses ». En échange, il exigeait que les intérêts essentiels de la

48. Mouloud Feraoun, *Journal, 1955-1962*, Éditions du Seuil, 1962, p. 331.

France, c'est-à-dire d'abord le Sahara, soient respectés, et que soient garanties à la minorité européenne sa participation aux activités algériennes ainsi que la sécurité des personnes, de leur mode de vie, de leurs biens ; ceux qui choisiraient de s'établir en France y recevraient « l'aide nécessaire à leur changement d'existence ». Bref, il était sûr que tous les pays du monde pourraient mesurer « ce qu'a de généreux, de réaliste et de constructif son intention d'être utile à l'Algérie algérienne et d'entretenir, demain, avec elle, des rapports féconds et amicaux » (5 février 1962).

Le 18 mars 1962, le général de Gaulle annonça l'accord sur le cessez-le-feu. Il insistait sur tout ce qui imposait à l'Algérie de coopérer avec la France et citait, parmi ces raisons, la communauté de souche française et le rôle qu'elle jouerait dans l'activité locale. Il affirmait que, au-delà des combats et des épreuves, et malgré « toutes les différences de race, de vie et de religion », il y avait entre l'Algérie et la France « une sorte d'attrait particulier et élémentaire ». Cette solution dite de « bon sens » devait tout à *la République,* à *l'armée*, et surtout au *peuple français*. La République avait su réformer et pratiquer ses institutions. L'armée, par son action, ses « pertes glorieuses », ses efforts, ses « contacts humains et amicaux, si longtemps et fâcheusement négligés », était restée « ferme dans le devoir », « malgré la nostalgie éprouvée par nombre de ses cadres », malgré les tentatives de subversion, et elle s'était assuré la maîtrise du terrain dans chaque région et aux frontières. Quant au peuple français, par son « bon sens », sa « solidité », sa « confiance constamment témoignée envers qui porte la charge de conduire l'État et la nation », il avait « permis que mûrisse, puis aboutisse la solution. Je le dis, non point, qu'on veuille m'en croire ! par vantardise nationale ou démagogie politique. Mais je le dis pour que notre pays s'affermisse dans la conscience de ce qu'il vaut » (18 mars 1962).

Philippe Ariès, alors presque inconnu, ayant écouté « au bord des larmes » ce commentaire des accords d'Évian, s'indigna de la voix « satisfaite » « qui plongeait tout un peuple dans le malheur », de cette rhétorique qu'il jugeait « banale, intemporelle », et il écrivait avec passion : « Même s'il avait fallu en venir à cette extrémité, l'histoire et ses morts méritaient un autre ton[49]. » L'annonce des accords par le général de Gaulle était en effet brève, banale, et il ne disait pas un mot pour les Français d'Algérie.

Le général de Gaulle prononça encore deux allocutions à propos de

49. Philippe Ariès, « Les nouveaux "Versaillais" », 28 mars 1962, dans : *Le Présent quotidien, 1955-1962*, Éditions du Seuil, 1997, p. 289.

l'Algérie, le 26 mars et le 6 avril 1962, avant le référendum sur les accords d'Évian. Le 26 mars, il demandait aux Français un *oui* « qui pèsera lourd » non pas seulement pour la paix, la coopération etc., mais pour lui-même : « Enfin – je puis et je dois le dire – répondre affirmativement et massivement, comme je le demande, à la question que je pose aux Français, c'est, pour eux, me répondre à moi-même qu'en ma qualité de chef de l'État ils me donnent leur adhésion. » Il affirmait que les accords d'Évian représentaient beaucoup plus que le terme mis aux combats : « Il s'agit, pour la France de toujours et pour l'Algérie de demain, d'entreprendre ensemble une œuvre de commune civilisation. » Il espérait, même il croyait, que les Français d'Algérie, « une fois dissipées les suprêmes illusions, instruites les ultimes ignorances, liquidés les derniers maîtres chanteurs du terrorisme », se consacreraient à cette nouvelle entreprise. Au passage, il avait jugé « dérisoires » les « outrages » prodigués à la France qualifiée de « colonialiste » par un certain empire totalitaire et par quelques dictateurs qui ne faisaient que réaliser « la misère de leurs peuples ». « Le peuple français va contribuer, une fois de plus dans son Histoire, à éclairer l'univers. Mais, par-dessus tout, c'est en nous-mêmes et pour nous-mêmes que notre référendum revêt une importance extrême. Faire, et justement au sujet de la grave affaire algérienne, la preuve éclatante de notre unité et de notre volonté, c'est marquer que nous sommes capables de résoudre délibérément un grand problème de notre temps. »

L'allocution du 6 avril appelait à rendre définitive « une décision qui renouvelle le présent et dégage l'avenir », la « solution humaine et raisonnable » d'un problème posé depuis cent trente-deux ans, qui avait entraîné pour l'Algérie « à côté de réalisations qui lui furent souvent favorables, des drames périodiquement renouvelés », tandis que l'unité de la nation française en était altérée. Il disait tout le bien, toute la nécessité de la pratique du référendum passant dans les mœurs et qui ajoutait « quelque chose d'essentiel à l'œuvre législative du Parlement ».

Il faut rappeler et même souligner que les Français d'Algérie ne furent pas appelés à voter et que le général de Gaulle n'en parla pas. Un député d'Alger, Philippe Marçais (Unité de la République), le signalait au cours de la campagne : « Nous, Français d'Algérie, les premiers intéressés, nous n'avons pas aujourd'hui le droit d'exprimer notre vote, nous sommes par là même exclus déjà de la communauté nationale[50]. » On peut, sans aucune hésitation, dire que les métropoli-

50. Déclaration radiodiffusée de Philippe Marçais (3 avril 1962) dans : *Le Référendum du 8 avril 1962*, sous la direction de François Goguel, Armand Colin, 1963, p. 211. Voir aussi les discours de deux autres députés d'Algérie, Robert Abdesselam (pp. 209-210), et Marc Lauriol

tains furent indifférents à cette exclusion. Le *oui* fut massif. Abstentions : 24,39 % ; *oui* : 17 505 473, soit 90,70 % des suffrages exprimés et 64,87 % des inscrits ; *non* : 1 794 553. Mais son sens ne peut pas se lire comme de Gaulle l'annonçait ; bien des *oui* aux accords d'Évian pensaient en même temps *non* à de Gaulle, et pas seulement l'électorat communiste.

Un Pied-noir qui travailla plusieurs années à Alger après l'indépendance déclare : « De Gaulle, je n'y ai jamais cru, jamais, dès mai 58. Sans doute parce que j'ai une bonne formation littéraire et ça vous fait entendre ce qui est derrière le texte. Et ce que j'entendais, dans les discours de De Gaulle... [...] je ne dis pas qu'il y avait en de Gaulle du racisme, un sentiment de supériorité... mais un sentiment d'altérité et que... ces gens-là, ce n'est pas nous, et nous, nous ne sommes pas là, et que le mieux c'est que chacun vive chez soi ; je crois que ça, je l'ai pensé de De Gaulle, c'est pour ça que je n'y ai jamais cru. Ce qui me mettait parfois en colère, c'est que je trouvais qu'on n'avait pas le droit de tromper comme ça, parce que les Pieds-noirs n'avaient pas assez de pratique pour entendre ce qu'il y avait dans les discours » *(entretien 3, génération 1920-1929)*[51].

À l'issue du Conseil des ministres du 9 octobre 1963, le général de Gaulle dit à Alain Peyrefitte, à propos des Algériens : « S'ils s'entretuent, ce n'est plus notre affaire. Nous en sommes *dé-bar-ras-sés,* vous m'entendez ? Les Arabes, les Kabyles, c'est une population fondamentalement anarchique, que personne ne contrôle et qui ne se contrôle pas elle-même[52]. » Après le Conseil du 22 juillet 1964, qui avait supprimé le ministère des Rapatriés « en signe de réussite », le général de Gaulle affirma : « En Algérie, les Français n'étaient pas chez eux [...]. Jamais l'Algérie n'a été française. Elle l'était dans les fictions juridiques. Elle l'était dans la tête de colonels braillards, et de la masse des Européens d'Algérie qui avaient fini par s'en persuader[53]. »

Le 21 avril 1965, après voir appris que l'armée venait de prendre le pouvoir en Algérie, le général de Gaulle commenta : « Il n'y a pas d'opinion publique en Algérie. C'est un troupeau de malheureux, qu'on peut soulever par le fanatisme. Ils se sont révoltés contre nous

(pp. 213-214) : ce dernier se présenta comme un "Pied-noir authentique" ; l'usage du mot Pied-noir confirme qu'il n'était pas péjoratif dès les premières années de sa mise en circulation.

51. Alain Peyrefitte consigne que, le 5 mars 1959, le général de Gaulle lui avait dit : « Les musulmans, vous êtes allé les voir ? Vous les avez regardés, avec leurs turbans et leurs djellabas ? Vous voyez bien que ce ne sont pas des Français ! » *C'était de Gaulle*, t. I, Fayard/ de Fallois, 1997, p. 52.

52. Alain Peyrefitte, *C'était De Gaulle*, II, *op. cit.*, p. 439.

53. *Id.*, p. 140.

par dignité, parce que nous les avions longtemps traités indignement[54]. » Cette réflexion conduit à repenser à tous les discours dans lesquels le général de Gaulle avait parlé abondammment et fièrement de l'œuvre « magnifique » de la France en Algérie, de tout ce qu'elle lui avait apporté, et comment elle l'avait ouverte à la civilisation. Y aurait-il eu un double langage permanent?

Des Français d'Algérie le disent véhémentement, répétivement dans les entretiens. Écoutons des bribes de cette rancune passionnée : « On n'a pas pensé que ça pouvait se terminer comme ça s'est terminé. Je conçois que c'est un mouvement qu'on ne pouvait pas freiner [...]. On n'a jamais pensé qu'il faudrait partir, jamais, jamais... Quand vous voyez le plan de Constantine, des discours, on construit une gendarmerie toute neuve dans chaque village, vous ne pensez jamais que vous allez partir, on construit une préfecture qui a coûté deux milliards, on ne pense jamais qu'on va partir, jamais. Le peuple indigène, s'il avait voulu son indépendance, ça n'aurait pas duré sept ans, ils nous auraient vite foutus à la mer..., on se disait ça va se redresser... À l'O.A.S., on pensait faire quelque chose, on pensait pas que ça allait arriver... jamais, jusqu'au dernier moment, nous on pensait que ça continuerait. Il y avait des améliorations à apporter sur le plan de la direction du pays, etc., dans notre petite tête, on pensait que ça pouvait continuer [...]. J'admets qu'il fallait donner l'indépendance, mais différemment, on pensait jamais que ça arriverait [...] les accords d'Évian, là il fallait partir... J'étais [rire] dans un mouvement, une organisation qu'on appelle O.A.S., je savais que c'était fichu [...]. Ce qui m'a le plus frappé, c'est le mensonge, le mensonge, on nous a menti, constamment, constamment, constamment, c'est ça que je peux pas avaler... Il a fallu tout abandonner, du jour ou lendemain [...]. On n'a pas eu le droit de voter en 62, c'est vraiment dur à avaler, c'est tellement gros [...]. C'est un sujet de discussion, on a été trompés, trompés par quelqu'un en qui on a mis notre confiance, on a crié : "Vive de Gaulle" haut et fort... J'avais une grande admiration... C'est lui, après, qui nous a enfoncé la tête dans l'eau [...]. Plus on vieillit, plus on pense au passé, c'est toujours le même leitmotiv, on nous a trompés, on a été trahis » *(entretien 121, génération 1920-1929)*[55].

54. *Ibid.*, p. 448.

55. Paul Delouvrier affirme sereinement à Roselyne Chenu, qui venait de dire que le général de Gaulle avait « plutôt abusé » l'armée : « Quand les militaires disent qu'il les a trompés, ils n'ont pas tort. Mais il a toujours dit que ruse et dissimulation sont nécessaires à un chef. Sa capacité de mentir était étendue. En vérité, ceux qui le connaissaient s'attendaient à être trompés », *Paul Delouvrier..., op. cit.*, p. 359.

Notre objet, rappelons-le, n'était pas d'évaluer, de juger la politique du général de Gaulle, sinon il faudrait restituer sans arrêt le contexte auquel il adaptait son discours, le modifiait, un contexte extrêmement difficile et tumultueux ; notre objet est de donner à voir et à comprendre les réactions, les passions des Pieds-noirs et les raisons qu'ils en donnent. L'auteur de *l'entretien 121* est né à Oran ; il avait assisté au meeting du 6 juin 1958, quand de Gaulle avait dit : « La France est ici pour toujours. [...] Vive Oran,... bonne, chère, grande ville française ! » Ces mots reçus comme des présents précieux alimentaient l'espoir et ils déclenchèrent les rancunes : l'important ici est que ces mots *aient été dits* ; il est beaucoup moins important de savoir si de Gaulle les pensait ou s'il « trichait », quand on cherche à comprendre l'état d'esprit des Pieds-noirs.

Un autre interlocuteur déclare : « Il ne pouvait pas y avoir d'autre issue en Algérie que celle qui a été provoquée par de Gaulle ; ce que nous ne lui pardonnons pas, ce que je ne lui pardonne pas, c'est la manière honteuse dont nous sommes partis. Trente ans après, si on raisonne bien, comment la France aurait-elle pu intégrer trente millions de musulmans ? Ce n'était pas possible, donc il avait bien vu les choses, mais il avait beaucoup de dédain pour nous, beaucoup de mépris, et il nous a fait partir dans des conditions effroyables... effroyables. C'est ça que je ne lui pardonne pas » *(entretien 118, génération 1920-1929).* « Une débâcle épouvantable à La Senia en mai 62, c'est quelque chose d'abominable, c'est affreux... en plus de nous avoir vendus, trahis, c'est la plus grande haine qu'ont les Pieds-noirs contre de Gaulle, de ne pas avoir organisé de façon décente le rapatriement des gens » *(entretien 53, génération 1930-1939).*

Philippe Ariès s'était ému, en avril 1962, de voir une communauté « régionale », les Français d'Algérie, repoussée de la communauté nationale. Mais plus que par le silence du pays, il était indigné du ton du général de Gaulle et des conditions de l'exode : « Je lui reproche moins l'indépendance de l'Algérie que la honte, le sang qui en furent le prix, les corps torturés des dix mille harkis, les cités blanches investies et occupées comme des villes ennemies, les hommes poussés hier au désespoir et à des crimes par la menace du déracinement et aujourd'hui traqués, humiliés, emprisonnés, condamnés[56]. » Il faut souligner que cette prise de position fut tout à fait singulière, même dans la famille politique d'Ariès ; son « Examen d'un régime » ne se ramène pas à des considérations politiciennes, l'historien est sensible non pas à l'Histoire telle qu'elle est retracée, réécrite, mais aux vivants et aux morts.

Un Pied-noir, qui se dit « gaulliste toujours, mais pas gaullien – le

56. Ph. Ariès, « Examen d'un régime », 2 janvier 1963, dans : *Le Présent quotidien*, *op. cit.*, p. 350.

18 juin, ça compte plus que le reste », s'arrête sur ses contradictions et ce qu'il appelle ses partialités. À un moment, il dit : « Le destin de l'Algérie, l'indépendance, il faut être bien... borné pour estimer qu'on pouvait l'éviter facilement, c'était très difficile vu l'évolution du monde », et il raconte ses activités d'alors pour essayer de trouver « une planche de salut », pour « au moins mettre un amortisseur sur l'évolution », et il dit qu'il a soutenu à la radio le putsch d'avril 1961. Il revient souvent au cours de l'entretien sur le « rapatriement », la réinstallation, et dit avec passion que cela a été mal, très mal fait. Pourtant, il avait senti qu'il partirait : « Un jour, Delouvrier m'a dit : "Attention, ne vous engagez pas trop ; la République algérienne, si elle doit exister, aura besoin de vous." C'était raisonnable, ce qu'il me disait. J'ai réagi, peut-être pas très intelligemment, mais j'ai réagi avec mes tripes ; je lui ai dit : "Je suis prêt à servir une République, mais une seule, c'est la française, je ne servirai pas une République algérienne, étrangère, en aucun cas." J'étais le Pied-noir type... Ce qui comptait c'était d'avoir un pays où la France aurait pu mettre de l'ordre, sans lui tourner le dos comme elle l'a fait. Moi, je tenais à cette province, mais ma nation, ma patrie, c'est la France. [...] Verdun, tout ça, ça marque, nous portions en nous la France de 1914, on était des périmés, des anachroniques parce qu'insulaires. » Les Pieds-noirs sont avant tout, pour lui, des Français et des victimes. « Ce sera terminé dans la génération qui suivra celle qui actuellement a une trentaine d'années. Ça se sent encore. » « C'est une douleur qui ne sortira pas, c'est trop grave, trop profond... Vous savez, c'est un déménagement... il faut l'avoir fait... la plaie reste ouverte... ça ne disparaîtra qu'avec eux » *(entretien 98, génération 1910-1919).* Acceptant finalement, douloureusement, l'indépendance, il critique avec une grande émotion les conditions de cette rupture, de cet exil.

Cette colère, cette douleur, on les trouve dans beaucoup d'entretiens : « Sur le fond de l'affaire, je lui donne raison ; de Gaulle, au départ, avait promis l'Algérie française, et je pense que, quand il a dû faire les comptes, il a dû se dire : Algérie française, ça veut dire que vingt millions ou trente millions d'individus, avec la carte nationale française, demain, ils peuvent venir s'installer ici. Je pense que c'est ce qui l'a préoccupé, et que c'est pour cette raison qu'il a fait marche arrière. Sur le fond, je suis un peu d'accord avec lui, c'était, à mon avis, presque impossible, mais j'aurais voulu rester, travailler, je mentirais si je disais le contraire, mais là où il aurait dû faire quelque chose, c'était de ne pas nous abandonner, ne pas, après le 19 mars, retirer la troupe, la police... les événements du 5 juillet à Oran[57], c'est

57. Le jour de l'indépendance fut marqué à Oran par des massacres d'Européens commis

quelque chose d'inimaginable. [...] De Gaulle n'aurait pas dû nous abandonner comme ça. Il aurait dû dire : j'ai réfléchi au problème, c'est impossible, vous allez partir, ceux qui veulent rester restent, mais l'autorité française va rester là, en place, tant que ce problème ne sera pas réglé. Tandis que c'est le contraire qui s'est passé, plus d'armée, plus rien, plus d'autorité, rien, c'était catastrophique, on nous tuait, on nous assommait, on nous volait, la jungle » *(entretien 62, génération 1920-1929*; il est resté jusqu'à l'automne 1963).

Un Pied-noir modéré, qui s'était installé en France plusieurs années avant l'indépendance, dit : « Je ne pensais pas que de Gaulle serait allé si vite... Je continue à penser qu'il aurait pu faire un retrait plus humain pour les gens qui vivaient là-bas... Peut-être qu'il n'y avait aucun moyen de faire autrement, peut-être l'Histoire le dira après coup... mais peut-être qu'il pouvait rendre le départ des Pieds-noirs un peu moins dramatique qu'il l'a été... Ceci dit, il y avait des crispations » *(entretien 137, génération 1930-1939)*. Même un homme qui acceptait l'indépendance, qui l'avait prévue, fut choqué par la rapidité, par la brutalité de cette fin : « Mon père, il me l'a dit plusieurs fois, il s'imaginait que de Gaulle allait faire une sorte de loi-cadre à la Defferre, ce qui permettrait d'acheminer tranquillement l'Algérie vers l'indépendance, sans trop de casse. Alors, naturellement, il a été très déçu, lui, par le bradage brutal et il est devenu beaucoup plus critique envers le général de Gaulle qu'il ne l'était au début » *(entretien 22, génération 1940-1945)*. Enfin, la rancune immense contre le général de Gaulle tient, chez certains, à la grandeur, reconnue, du personnage ; c'est parce qu'il n'était pas comme les autres hommes politiques qu'il est condamné. « Je pense à ce qui aurait pu être fait et ce qui n'a pas été fait, à ce ratage ; pour moi, c'est un immense ratage. Je rends de Gaulle responsable avant tout ; d'autres ont eu des torts, mais avant tout de Gaulle, dans la mesure où sa carrure politique, l'homme du 18 Juin, lui permettait de faire admettre des choses qu'aucun homme ne pouvait faire admettre... Il aurait pu faire admettre dans le plus humain..., il aurait pu faire passer des choses qu'aucun autre homme n'aurait pu faire passer... Il a eu une politique extrêmement égoïste, il voulait être le décolonisateur, il fallait sacrifier les Européens » *(entretien 179, génération 1940-1945)*.

Que la page soit déchirée, le général de Gaulle ne semble pas l'avoir compris, ni même entrevu. Ainsi, après la suppression du

---

par des foules musulmanes, tandis que l'armée française restait passive. Les chiffres fournis sont très variables ; ce qui est certain c'est que le nombre des morts fut élevé.

ministère des Rapatriés, en juillet 1964, il dressa le bilan : « Le problème des rapatriés est réglé pour l'essentiel, même s'il reste encore des choses à régler. Ils ont été absorbés comme un papier buvard. Ça aurait pu êre un fléau pour la France, ça n'en a pas été un. Ça a fait beaucoup d'écorchures individuelles, ça ne fait pas une plaie nationale. Alors qu'on pouvait penser que c'en serait une, matériellement et moralement, nous constatons qu'ils contribuent à l'expansion française[58]. » Il dira quelque temps plus tard, lors de la discussion sur l'amnistie : « Indiscutablement, à part quelques agitateurs, les rapatriés d'Algérie ont une attitude fort convenable, une attitude nationale [...]. L'attitude des Pieds-noirs est compréhensible et même excusable[59]. »

Un an avant, à Saint-Quentin, dans un discours aujourd'hui oublié, il avait dressé le bilan du « problème » de l'Algérie, qui avait été résolu « comme il fallait, conformément au génie de la France et à son intérêt ». Il donnait un bon point aux Français qui avaient montré « une grande compréhension et une grande générosité » et plusieurs bons points aux « rapatriés » ; ils avaient montré « beaucoup d'intelligence, beaucoup d'esprit de labeur et d'entreprise et beaucoup de patriotisme » ; ils s'étaient intégrés « sans heurts, sans drames, sans douleurs ». Une Oranaise, dans un cahier où elle notait ses réactions sur la fin de l'Algérie française et ses séquelles, avait collé ce discours paru dans *Le Monde* (14 juin 1963) ; sur la page opposée, elle avait juste écrit : « "Sans heurts, sans drames, sans douleurs." Il aura eu tous les toupets[60]. »

La tragédie a été complexe ; il est certain que le général de Gaulle n'avait pas imaginé, conçu de longue date l'indépendance de l'Algérie. Rien ne permet de dire qu'il y pensait en 1958. Ses discours montrent de nombreux essais et des reculades, celles-ci étant plus ou moins masquées par le verbe. Qu'il ait parlé, en privé, de « page douloureuse » (comme l'a écrit Alain Peyrefitte, et comme André Malraux l'avait entendu) et qu'il ait écrit qu'il était « proprement cruel » d'être le maître d'œuvre d'un tel changement sont des réactions compréhensibles. Mais il est sûr qu'il a très mal « tourné » la page.

---

58. A. Peyrefitte, *C'était de Gaulle*, II, *op. cit.*, p. 140 (22 juillet 1964).
59. *Id.*, p. 141 (16 décembre 1964).
60. *Archives privées, génération 1910-1919.* La lecture de correspondances et de journaux manuscrits m'a permis de connaître des émotions écrites à chaud, et de les confronter au discours actuel. Un Bônois que j'interrogeais sur les effets du temps qui s'était écoulé a répondu vivement : « C'est toujours très proche des sentiments de l'époque, oui, l'émotion, ça ne s'effacera jamais, c'est une blessure ou une quantité de blessures, oui, ça fait un être un peu différent des autres, ça aide à mieux comprendre les souffrances des autres » *(entretien 179).*

Manque de sensibilité ? Manque d'un certain sens de l'Histoire pour ne pas avoir su accueillir les Français d'Algérie ? Alain Peyrefitte rapporte qu'il avait écrit un discours pour les « rapatriés » et qu'il avait dit au général de Gaulle : « Il y a pire que leur détresse physique. C'est leur détresse morale. Je sais que vous avez pris votre décision en fonction des intérêts supérieurs du pays. Mais ces gens sont nés sur cette terre, qu'ils ont dû quitter dans des conditions dramatiques. Ils ont perdu leur patrie, celle où sont enterrés leurs parents et leurs ancêtres. Ils ont besoin qu'on leur parle. Ils ont besoin que vous leur disiez que la mère-patrie leur ouvre tout grands les bras », et il lui montra son esquisse d'allocution. Le général de Gaulle la trouvant bonne, lui dit : « Vous n'avez qu'à leur dire ça à la télévision. » Peyrefitte en fut consterné et protesta : « Ça n'aura pas le millième de l'impact que ça aurait si ça venait de vous ! » De Gaulle répondit : « C'est votre travail. Vous avez été mis à ce poste pour ça. » Alain Peyrefitte cherchait les raisons de ce silence, de ce flegme, car écrit-il, le général de Gaulle savait bien que « ce million de rapatriés, c'est le signe tangible d'un grave échec[51] ». Ce silence confirme ce qu'on a noté à propos de Pierre Mendès France : les politiques ignorent ou veulent ignorer les hommes concrets ; ils manient de grandes catégories, affirment toujours agir en fonction d'intérêts supérieurs, dussent les vivants en souffrir.

61. A. Peyrefitte, *C'était de Gaulle*, I, *op. cit.*, pp. 253-254 (22 octobre 1962).

Index choisi

Les folios indiqués en italique renvoient aux noms cités dans les notes.

C

F

G

H

I

J

K

REMERCIEMENTS

Cent quatre-vingts entretiens que j'ai menés de 1996 à 2000 (dont cent soixante-dix auprès de Français d'Algérie) constituent une source essentielle de cette recherche. Je remercie infiniment ces femmes et ces hommes du temps qu'ils m'ont accordé, de leur ouverture, de leur patience. Dans le livre, ils sont cités sous un numéro attribué arbitrairement.

Ce sont Mesdames et Messieurs :

José Aboulker, Louis Alibeilli, Paulette Arnaud, Pierre Arnaud, Jean Arthaud, Andrée Atlan, Gaby Atlan, Jacques Augarde, Aimé Baldacci, Suzanne Baldacci, Michel Baldino, Jacques Ballester, Marc Baroli, Roger-Michel Baroni, Marie-Rose Bauvais, Robert Bauvais, Sylvie Bectarte, Henri Belasco, Paul Bellat, Maurice Benassayag, Paul Bénichou, Pierre Bénichou, Anne-Marie Blanchenay, Anne-Marie Blanquer, Roland Blanquer, Kheïra Bouabsa, Georges Boumendil, Jean Boulenger, Mahiédine Bourafa, Marie-Louise Bourgeon, Pierre Bourlier, René Braun, Madeleine Brement, Georges Busson, Philippe Carles, Charles Carmagnol, Paul Chabaud, Michel Challande, Edmond Charlot, Yvon Charriaud, Christiane Chaulet-Achour, Fernand Chazalon, Jacques Chouillou, Charles Clarac, Émile Cochet, Janine Cochet, Claude Cohen-Tannoudji, Gilles Cohen-Tannoudji, Norbert Condet, Gabriel Conesa, André Cosso, Geneviève Cousturian, Francis Curtès, Jean Daniel, Raphaël Draï, Jacques Debrie, Marie-Louise Debrie, Hélène Delcourt, Juliette Devezeaud, Pierre Dimech, Pierre

Duclos, Gilberte Dupuy de la Grand'Rive, Jacques Dupuy de la Grand'Rive, Miriem Elant, René Esclapez, Georges Espinera, Danièle Estève, Denis Fadda, Mario Faivre, Christiane Faure, André Febo, Marcel Fenouillet, Roger Florès, Jean-Dominique Foata, Marie-Claude Font, Antoine Frappoli, Gérard Garcia, Pierre Gassiot, Rose Gatto, Bernard Giraudet, Odette Goinard, Annie Gomez, Jean Gorbi, Jeanine Guérin, Mohammed Gueroui, Claude Guiss, Isabelle Guyot, Alain Harki, Georges Hirtz, Cécile Horn, Colette Horvilleur, Jean Jolly, Lucien Jover, Odette Julien, Rosette Inesta, Marie-Laure Isman, Félix Lagrot, Michel Lagrot, Alain Lardillier, Colette Lardillier, Marc Lauriol, Geneviève Leblanc, Pierre Le Baut, Bernard Lefevre, Jacques Lenoir, André Lopez, Jean Mahistre, Jean de Maisonseul, Jean Maitre, Jean Malpel, Ginette Maniquaire, Dolly Martin, René Mayer, Camille Medinger, Pierre Medioni, Hamlaoui Mekachera, René Mekki, Bernard Meley, Gabriel Mène, Odile Moncuit, Jean Montaldo, Jean Monneret, Sébastien Montoyo, Andrée Montero, Hélène Morell, Frédéric Musso, Jeanne Musy, Yves Musy, Georges Nadal, Philippe Nouvion, Raphaël Partouche, Lucien Patania, Jean Pélégri, Jean-Louis Pélissard, Suzanne Person, Jeanine Pleven, Yves Pleven, Gisèle Pradelle, Laurent Preziosi, Suzon Pulicani-Varnier, Paul Raoux, Marie-Louise Rivière, Jean Rives, Monique Rives, Claude Rochette, André Rossfelder, Roger Roth, Jocelyne Roumanet, Jules Roy, Janine Sadeler, Michel Sadeler, Jean Saint-Jean, Micheline Saint-Jean, Hélie de Saint-Marc, Xavier Salado, Marcienne Sarrouy, Jean-Claude Scotto, Louise Schembri, Lazare Sebban, Leïla Sebbar, Claude Siben, Jean-Louis Siben, Joseph Sieni, Paulette Sieni, Jeanne-Marie Souillard, Jean-Pierre Stora, Arlette Suarez, Jean Sutter, Jacques Schweitzer, Jacky Taltavull, Jean-Jacques Tavera, Jeanne Tavernier, Charles Thiery, Germaine Tillion, Jeanne Torrès, Jean-Pierre Vacarisas, Gaston Vuillemot, Saïd Yaya Cherif, Jean Zaccaro, Jean-Marcel Zagamé.

Un bon nombre d'entre eux ont apporté à cette recherche des aides variées : documents signalés ou prêtés ou donnés, recherche de métiers, fourniture d'adresses, etc., sans parler de toutes les aides matérielles, lors de mes séjours en province en particulier, de tout ce qu'ils ont fait pour faciliter mon travail. Je leur exprime ici toute ma reconnaissance.

Je remercie vivement pour des documents donnés ou prêtés, ou pour des adresses recherchées, ou pour des autorisations accordées (pour des inédits et des lettres privées),

Mesdames et messieurs :

Jean-Pierre Bénisti, Jean Benoit, Catherine Camus, Hélène Carcassonne (Mme Roger Carcassonne), Renée Chevallier (Mme Jacques Chevallier), Roger Dujardin, René Hernandez, Charles Kleinknecht, Serge Lalou, Jean-Claude Léonard, Jean-Claude Poncet, Simone Rinaudo, Roger Rives, Evelyne Torrès.

Table des matières

CHAPITRE PREMIER

Jalons pour une histoire existentielle

CHAPITRE II

La lente éclosion de l'Algérie française

CHAPITRE III

Le triomphe de la colonisation

CHAPITRE IV

Le cours ordinaire des choses

CHAPITRE V

La marche vers l'exode

Impression réalisée sur CAMERON par
BRODARD ET TAUPIN
La Flèche
en juin 2001

Édition exclusivement réservée aux adhérents du Club
Le Grand Livre du Mois
15, rue des Sablons
75116 Paris
réalisée avec l'aimable autorisation des Éditions Fayard

Imprimé en France
Dépôt légal : juin 2001
N° d'impression : 8267
ISBN : 2-7028-4685-8